中國國家圖書館編

國家圖書館藏敦煌遺書

第一百四十三冊　北敦一五三五四號——北敦一五四六二號

北京圖書館出版社

圖書在版編目(CIP)數據

國家圖書館藏敦煌遺書・第一百四十三册/中國國家圖書館編;任繼愈主編. —北京:北京圖書館出版社,2012.5

ISBN 978 -7 -5013 -3705 -7

Ⅰ.國… Ⅱ.①中…②任… Ⅲ.敦煌學—文獻 Ⅳ.K870.6

中國版本圖書館 CIP 數據核字(2012)第 028964 號

書　　名 國家圖書館藏敦煌遺書・第一百四十三册

著　　者 中國國家圖書館編　任繼愈主編

責任編輯 徐　蜀　孫　彦

封面設計 李　璀

出　　版 北京圖書館出版社　(100034　北京西城區文津街 7 號)

發　　行 010 -66139745　66151313　66175620　66126153

66174391(傳真)　66126156(門市部)

E-mail btsfxb@ nlc. gov. cn(郵購)

Website www. nlcpress. com → 投稿中心

經　　銷 新華書店

印　　刷 北京文津閣印務有限責任公司

開　　本 八開

印　　張 54.25

版　　次 2012 年 5 月第 1 版第 1 次印刷

印　　數 1 -250 册(套)

書　　號 ISBN 978 -7 -5013 -3705 -7/K・1668

定　　價 990.00 圓

目錄

如經若由遠直故不錯直由遠直故非如用此於意諸
善法順直故益是生用自在說如來居興遠一切世間總
如彼見住轉轉彼雨等法此海法亦是所造作以言非若經
實淨淨俱是所持而得違互從遠順異不同世作者
如實施川三子定之令施福居大於垂空了為象那經
虛則令那除滅作以不亦令那居大是為那遠於生入如則
滅善順於生入如則居故不貪世比則通興淨淨順淨
遠此上約始終教說又又隨類通一切法想是生用具
帝網微細重重無盡自在圓融是知不轉合名性寂
隨如此百門所辨約圓教顯耳　四約教顯者生如
又二門一乘生如三乘生如一乘亦二門一名教證圓通程多
說含無盡如因陀羅網及微細等居此百句如中說二同
教者是為三乘等同從由若迴向故入一乘攝　二末三
乘生如亦是二門一頓教如維摩直默以顯玄意者是
此如後於教等於前想俱不及如大教等集瑜伽實相
說二漸教者略是三門一始二終三世間所為初終教中
後是二種一如如卅二菩顯不二法門者是二終民文殊所
顯為二末是此如經高門並具無分了教等空是二
門二如教中亦三一如如百法於之無為屬一切法攝顯人

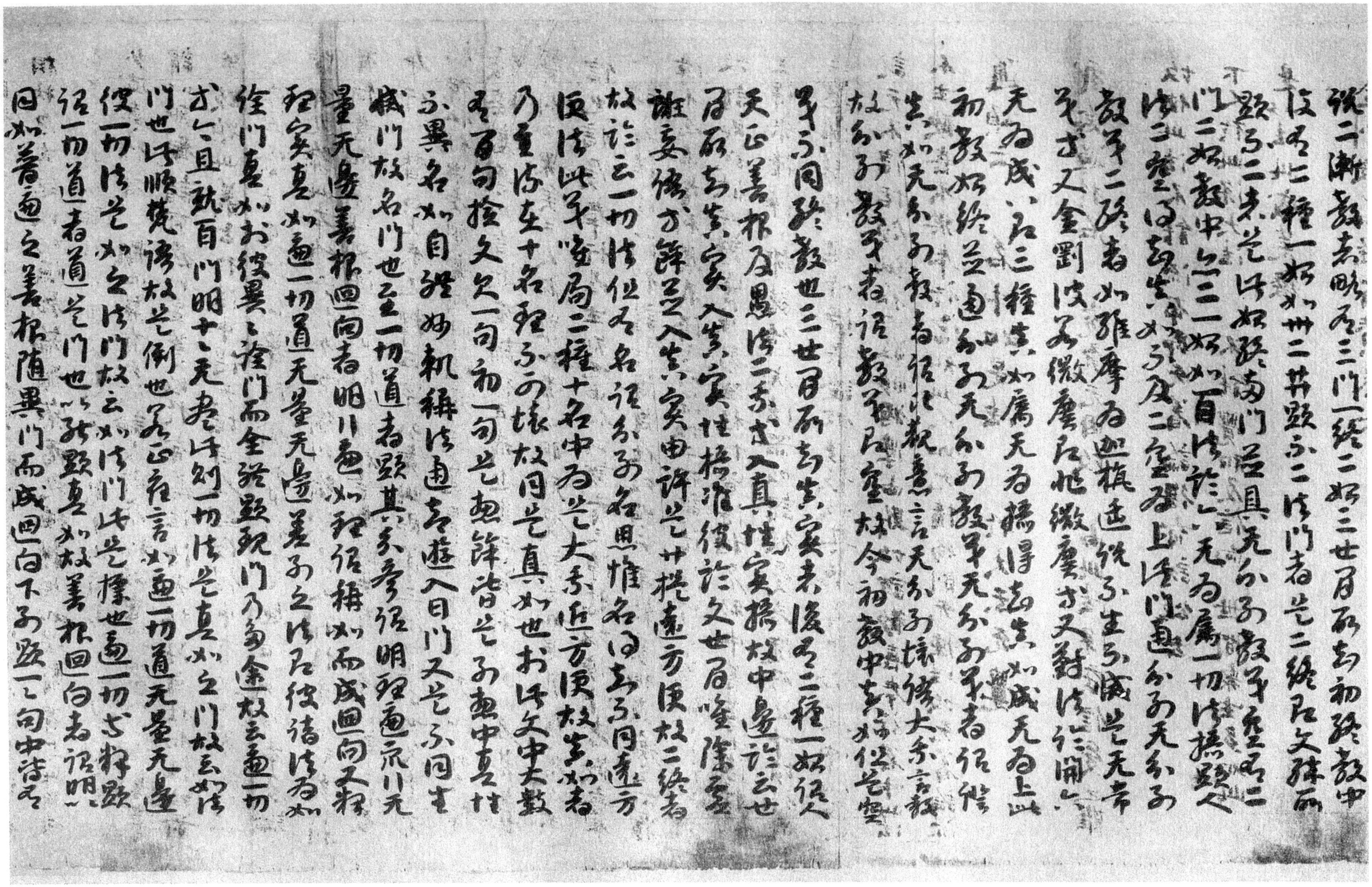

BD15354號　華嚴經探玄記卷八　（15–2）

詮門真如於從異二詮門而全體顯現門乃多途故云通一切
故二且就百門明十二無盡此别一切法是真如之門故云如法
門世此順梵語故是倒世又正應言如通一切道無量無邊
從一切法是如之法門故云如法門此是標世通一切等釋顯
從一切道者道是門也以釋顯真如故善根迴向者顯明
因如普通之善根隨異門而成迴向下子段一一句中皆是
三果一如二者標舉如體從如從生如二善根亦者舉善
同如三迴向等者以同如善根迴成同如之益是故此迴善
根及所向衆生并所成益亦俱是真如而所成世又此
三中初釋如二顯如亦三釋迴向故名如亦迴向世又初雜釋
二亦三用即是真如三大也下一一句皆亦如是於此子中莫法
師分為十分謂初十明賢首位中如二十明十住如三十明十行
位中如四十明十向位中如五十明淨心地中如六十明行迹地中如七
十明決定地中如八十究竟地中如九十明如來位中如來地十
明佛地中如此等分文之來見其順又靈裕法師於意盡法
師短法師等各分作十名意不同然於文勢並皆不順故不
叙之遠法師云此等似異之亦難淨今且言之初之十句總
就地前所辯如後八十八數初地上所辯如此第一難今
謂諸門各是一法並攝生如體亦用者之不可相說為不
殊於中諸門寧如皆體從孫異謂性如亦亦如等善根同
如之隨門又是故性如善根亦是相如善根等從異門體
起用之異是故性門迴向無性亦門迴向空亦亦等下請門皆
准之遍去亦同等有亦州大範法師云此破小乘三世之
執謂彼執過去為有是者便同現在今既無故
云亦同言未來亦應復者小乘之執未來有是法法宗現在
又不有是故法之既未來孫事至故畢竟無法故云亦故
現在亦異者彼執現在空是有之明待孫假合非有
則無故不異過未之無故云亦異　裕法師云過去既同
者集起而無集起亦故者轉變而亦轉變亦異者亦不而

云非同言未來非故者不系之觀未來者不法法實現在
是不存是故法之究未來孫未至故畢云无法故云非故
現在非異者彼觀現在史空是不之明待孫假合推之
對无故不異過未之无故云非異　裕法師云過去非同
者集起而无集起非故者轉變而非轉變非異者執不而
非執不發起新新者轉過去世除滅生死者同未來世法淨
生者似非異也　遠法師云過法无常同不(?)老滅於現在
无故曰非同未法新生非本有性故曰非故現法皆空故曰非
異名無三非非之為如　暉法師云過去非同者明以雖隨在
過去而非過滅云同於未來非故者隨法集起而无起相
明已起之變非故現在非異者隨在現在而无於變不異
過未　英師云過去滅法与无相似名之為同之明依如
起新新所不同彼无故曰非同微塵故業學於方處名之為
故之明諸如餘彼故業故云非故現造業結不同過未名之
為異之欲業雖本无造起果亦法淨故云非異業起新
之等釋過去世除滅等釋未來世法淨等釋現在世之更
釋汎於三世法有二門一性空門二緣有門性空者謂過去已滅故
空未來未至故空現在不住故空之緣有約緣有門謂前念
法是過去滅之於引起後念法生是即過去非同一往唯斷滅
也後念是前念實未來法由前念滅後念生故非无前念
法所倚望後念故云未來非故也故是前念中舊法今无所也
現在法望前念同未來望後念同過去故云非異故是前
念謝滅法非同據彼无法望後後念續前法依前起
法新非故是故迴向中教起新新於於一者以前念非同今後
念續起今於於一不斷也由後念非故而以念念新新令義
以不常世除死淨生跡之作業文意如此思之可見又現在
之之成正覺者謂了達現在平等故見理名覺上來四段
意是第二正迴向云　自下第三結迴所成位如是迴時
者謂前起後世諸由前善根同以迴向是故得一切法平

三謝懺除小同壞彼无作令滅往念續前除依前起往
復新小故者於迴向中發起新新於此一者以前念小同今復
念續起令於於此以不斷也由後念小故前以念念新新念念滅
以不常也除死淨生顯作業文意如此思之可見又現在
三三成正覺者謂了達現在平等故見理名覺上來四段
想之第二正迴向竟　　自下第二結迴所成位如文之通時
者謂前起緣也謂由前善根同以迴向之故得一切法平
等而知用也十句分五初二約受一又等而成嚴二又等而於
中持法於二次二約人一菩薩等而生彼所行起一切者所者
之菩薩也二銳身佛體不殊三次三約佛一約法性三約法耳又一
真二俗四次二約[illegible]一菩[illegible]二佛行五後二約位一約佛體等二
約佛用等之名下結名可知上來位竟
自下第二明位果中得果一得佛法果謂得无邊淨法門
者體法多也深也之得佛體也為人雄者成佛於世无畏所
者得佛依世成就菩薩者得佛所化也子休息者得佛化時
世又初證法深世二成人處世三化盡在世四化時常世此
上之想句下九顯子一得佛國身二得佛國音三得佛國力
四得佛國法謂超出眾生故云勝而已甚微故云五得佛國
通六得佛國示現一切世用謂不思議故之世七得佛國定八
得佛國辯九得佛國覺謂現佛等覺於眾生也下結
第二偈頌中廿九頌分五初二頌前行體二菩思惟下四頌迴
向所生及廿於三以此下二頌實際迴向四淨樂下十六頌結
歎无畏自在迴向於上百出歎頌分表文不決第廿於中初七頌
正頌前體歎同迴向法九頌歎所依果無盡可見[illegible]
五偈頌迴所成位可知　　第九迴向作限分別初釋名
此无縛无著解脫以迴向約无畏大行立名无縛著不立種
一由離凡故不縛生死不出彼故不著二離[illegible]縛外緣不縛
離第七執於內不著三離現行縛无種子著[illegible]不縛

BD15354號　華嚴經探玄記卷八

（15–6）

心故云不輕生生死一下皆隨此不輕也二中一下明仏果除故二
堪成無上大菩提如法花經中乃至一小音皆已成仏道於如是
俱施子不果大方如上義首品中掃塔等善成仏果中謂嚴光
於故不可轉世間羅有天魔能動善根何故下結一念無等於而
明不輕含此嚴微少世人所輕菩薩收攝下至於此尚不可輕況
餘一切故結此於餘世界中二雜善二攝善三愿隨餘於前二
積集中十句初一通由可積前諸善根故是故世界樂攝受使
善下九句可知一攝令不失二辨其相三和合故云安住三思念除
斷四堅其更增名長養五不失一法依善根故云不著心縛
正一而成使故云具足正等七無退失不簡郎故云不選擇又七
八善斯收故云不異世八堪成仏果故云隨順九能得仏果故
正得自在前句順向仏果此句正得仏果果界所迴義示
自下第二正迴向中二初六十門明所求大迴向二從不妄取世間下
廿門明甚深迴向除著無著為大迴向菩提又亦二初是衆生迴向後
是實際迴向前中亦二初十門明所求顯菩薩自在作用於中初
一門總明無待無著解脫一是能迴之心謂善根者依前所
攝諸善根迴向具足等正是所向也明此中不言迴向衆生
何以答但令成就菩薩三業方能普益衆生界而攝化也
是故之是迴向衆生於世下九顯菩薩三業作用於中但三
十門上攝法界自在作用或理或事或除或自利或化生
或能或用或因或果或人或法如是名總攝一切法故不可九門可
科令為分二初廿四門顯菩薩因位究竟二從於一念壞居下
卅五門顯菩薩果位究竟以菩薩入門內通因果故名普門也又釋
前約自分修行勝進以三分無畏皆菩薩位故前中亦二初十四
門明菩薩自在三業二從作是念下十門明菩薩廣大三業
前中初一是川所依解由勇進令門自在下明所成位初四門明
總約無畏意業自在次六門用無畏是身業自在後一明圓音

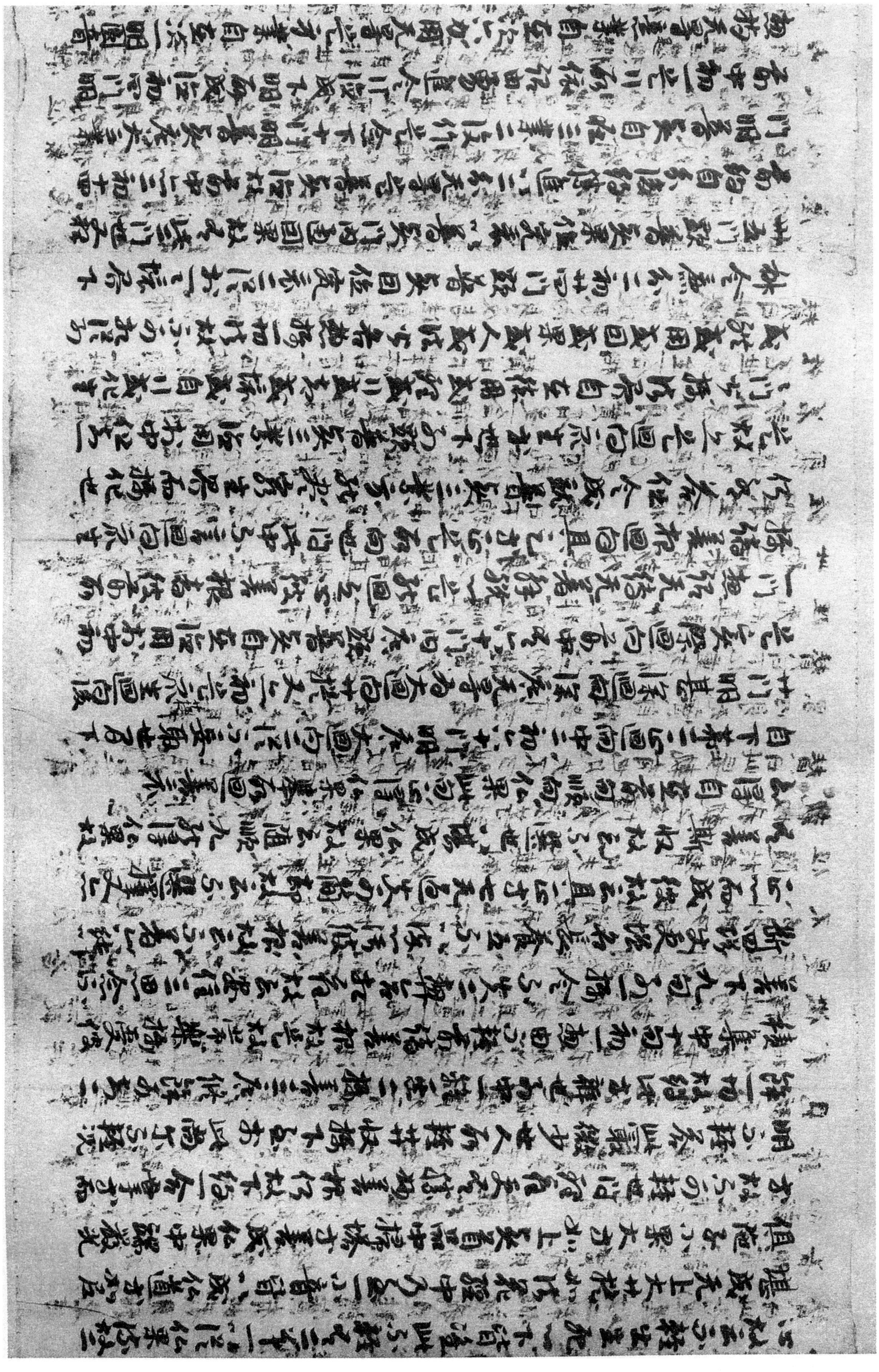

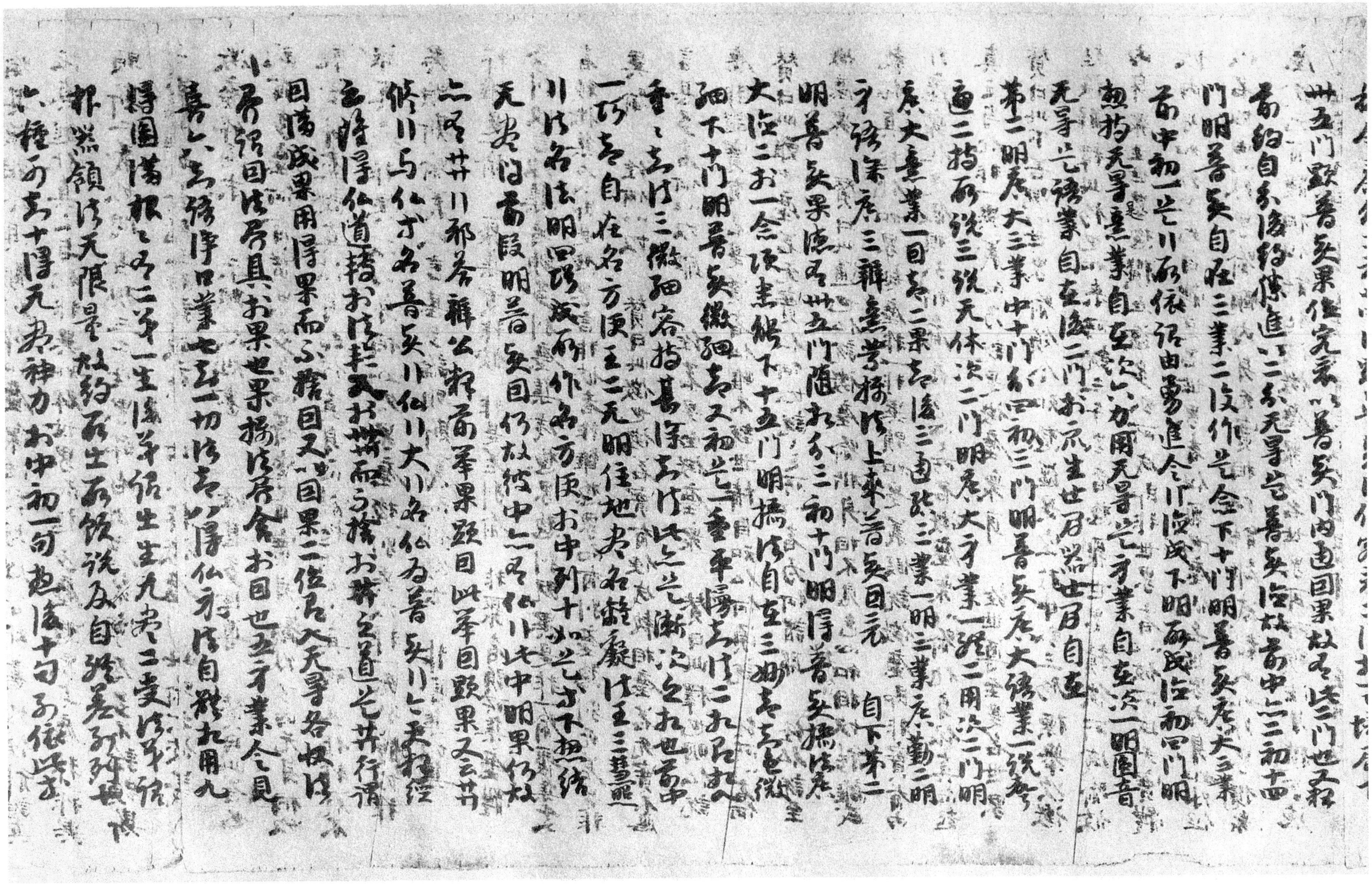

BD15354號　華嚴經探玄記卷八

（15–8）

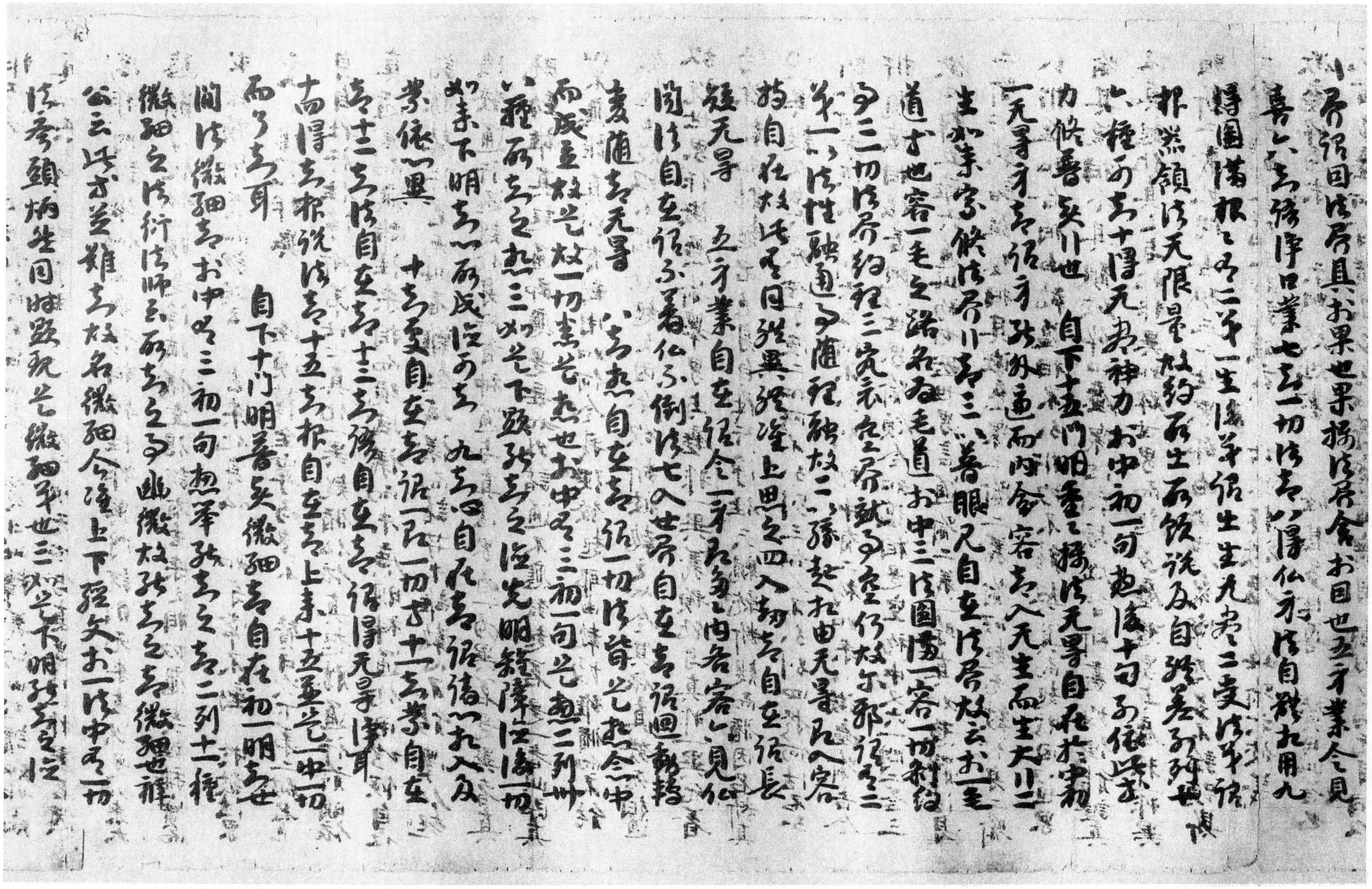

BD15354號　華嚴經探玄記卷八　（15–9）

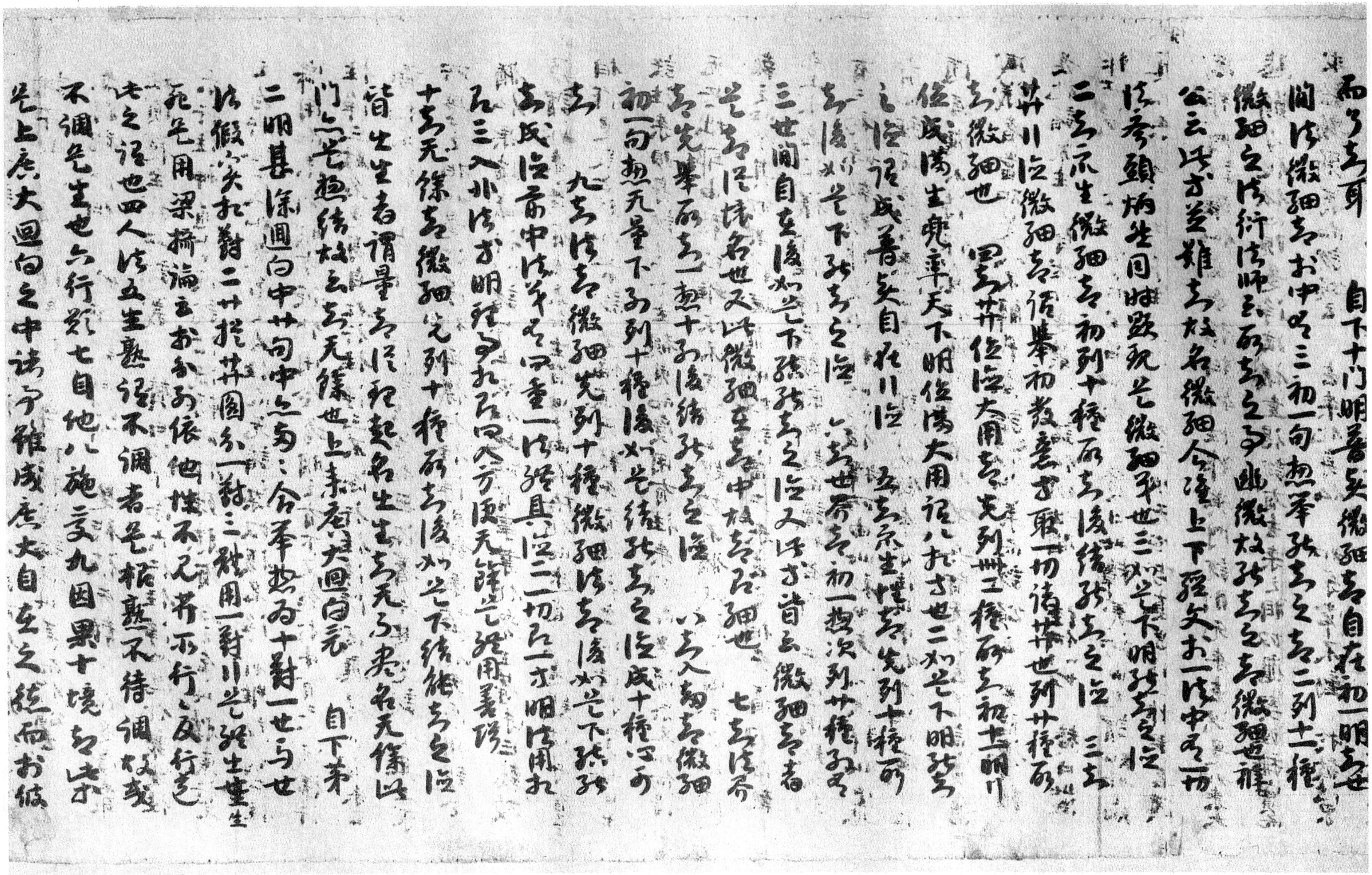

BD15354號　華嚴經探玄記卷八

（15–10）

二明甚深迴向中廿句中文為二：合舉然為十對一世与世
法假實對二廿揔菩薩圓分一對三體用一對則是衆生生
死是用梁攝論云於分別依他性不見有不行行及行之
法之證也四人法五生熟證不調者是根熟不待調伏義
不調是生也六行影七自他八施受九因果十境智宗
是上辰大迴向之中諸分雖成辰大自在之能而於彼
法无妄執取是如少分容易取也上來百門竟
自下第二數餘九百中列十種章門初一結前百門
不屬餘九次第結顯九百證如无縛无著心不攝善
根成此百門迴向无縛无著解脫身不攝善根亦如是
迴向餘皆准此十中初三是三業次二業報次二依淨
土證世間涅槃是化變也次二根藥謂衆生是不化化
是法藥也下一無文此十是无羈自在而生善根用
成迴向具普賢德是如上皆云无縛无著解脫如上世一
初置善根如是迴向餘略准皆具如上應知上來
辰略總一千門大迴向竟
　　自下第二明彼果中文
二初行果後位果前中文十句初三同三世佛菩薩迴得
四得正教五得正法證證法也六等境界證衆生為
悲境也七同善根八等不住證大悲地是不住涅槃名
覺位九同一境證真諦十不遠菩不離分也　佛子下結
名二明位果於中十三句初得二種果一現成果二轉生果
現成之二初行堅果二行勝果初二句標此二果一切衆魔
下釋顯初果二善行下三句釋行勝果一辰行勝二證
化勝三離涅槃勝二摩訶菩薩明六句轉生果之二初明得
眷屬果證不壞眷屬也二內得成德果文五句一成法
器德二深行德三因圓德四果用德五因果无礙德
第二偈頌中文五十一頌分三初三偈頌不迴行體二不作

BD15354號　華嚴經探玄記卷八

（15–11）

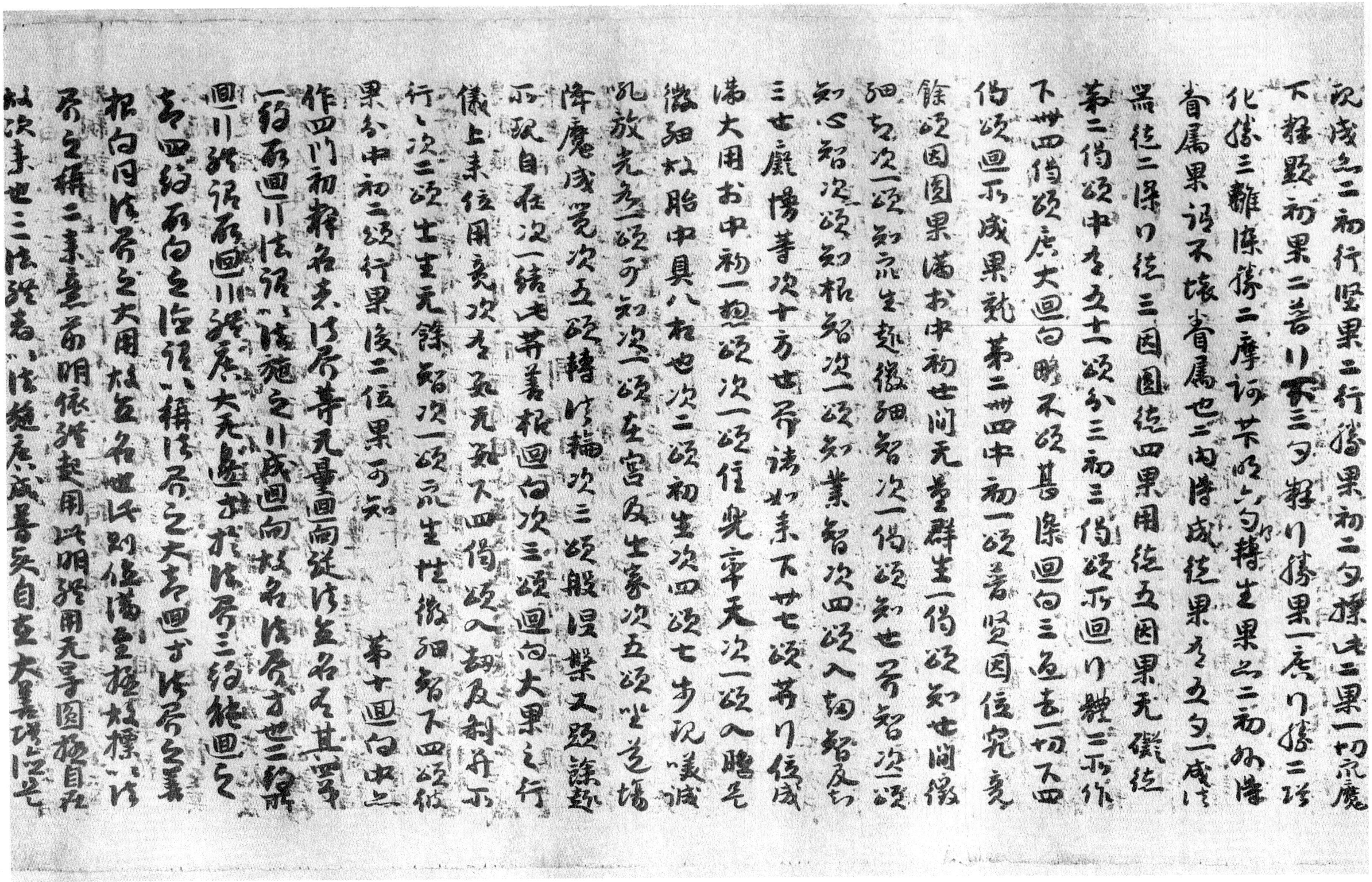

況德爲二初行堅果二行勝果初二句標也二果一切衆魔
下釋顯初果二菩薩下三句釋行勝果一底句勝二法
化勝三離障勝二摩訶下明六句轉生果果之二初明勝
眷屬果後不壞眷屬也二內勝成德果有五句一成法
器德二除障德三因圓德四果用德五因果無礙德
第二偈頌中有五十一頌分三初三偈頌所迴體二下作
下卌四偈頌辨大迴向勝不頌甚深迴向三後四偈一切不四
偈頌迴所成果就第二卌四中初一頌菩賢因位究竟
餘頌因圓果滿於中初廿聞無量群生一偈頌知世間微
細知次一頌知衆生趣微細智次一偈頌知世界智次二頌
知心智次頌知根智次一頌知業智次四頌入劫智及知
三世麤攝等次十方世界諸如來下廿七頌菩薩位成
滿大用於中初一總頌次一頌住兜率天次一頌入胎也
微細如胎中具八相也次二頌初生次四頌七步現嘆誠
乳放光之頌可知次一頌在宮及出家次五頌坐道場
降魔成覺次五頌轉法輪次三頌般涅槃又顯諸趣
所現自在次一結也菩善根迴向次三頌迴向大果之行
儀上來位用竟次有五頌不四偈頌入劫及刹并不
行之次二頌出生无餘智次一頌衆生性微細智下四頌彼
果分中初二頌行果後二位果可知　　第十迴向中亦
作四門初釋名者法界無量迴向從法立名名其等
一迴所迴以法故法施之以成迴向故名法界等世二迴所
迴以能所迴三能底大無邊於法界三迴總迴之
者四迴所向之法住八稱法界之大者迴等法界之量
根向內法界之大用故立名也此則位滿當極故標法
界之稱二來意前明依體起用此明體用無导圓極自在
故次來也三法體者法施爲體成善失自在大善根以之

BD15354 號　華嚴經探玄記卷八

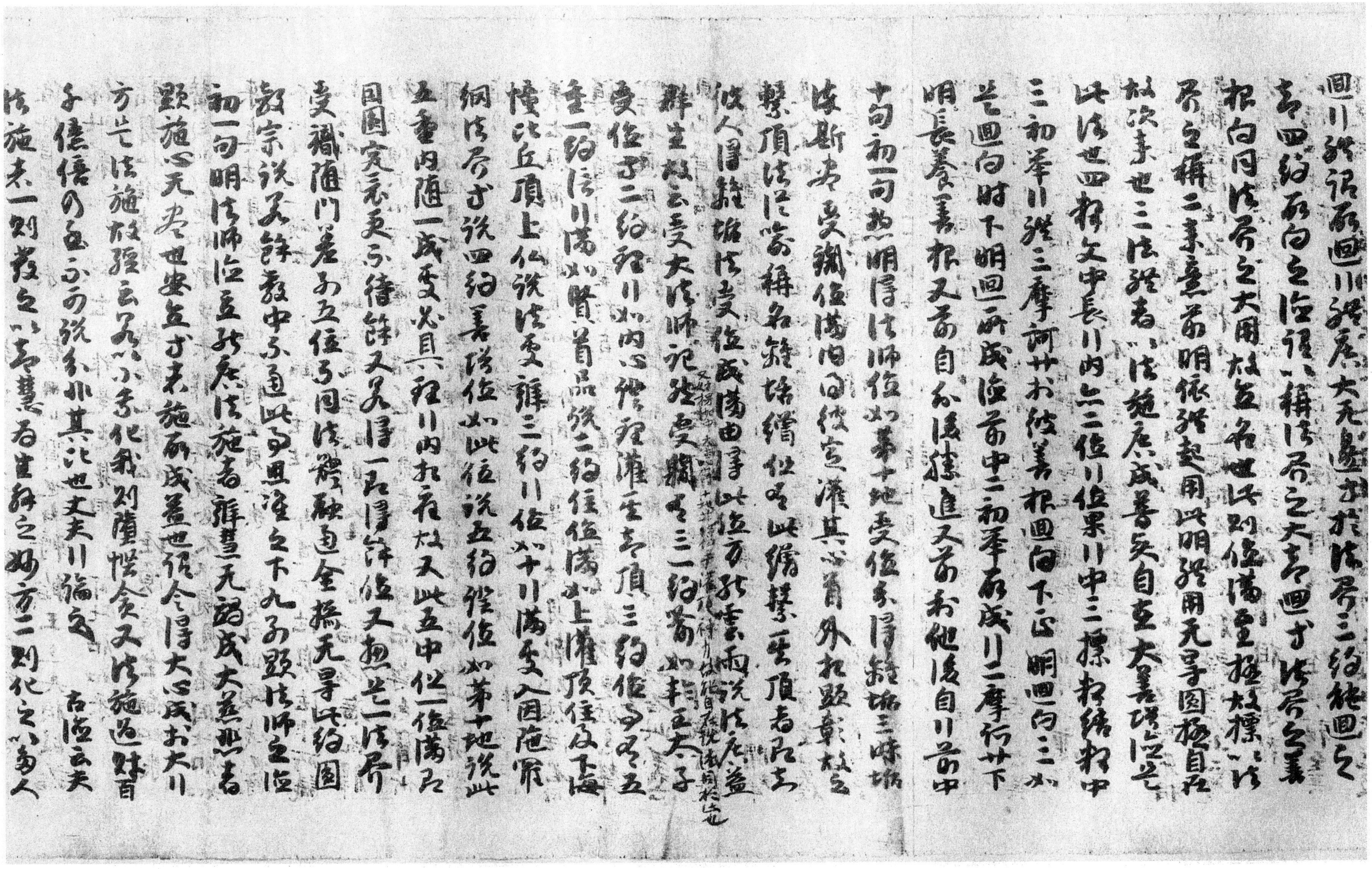

BD15354號　華嚴經探玄記卷八　（15–13）

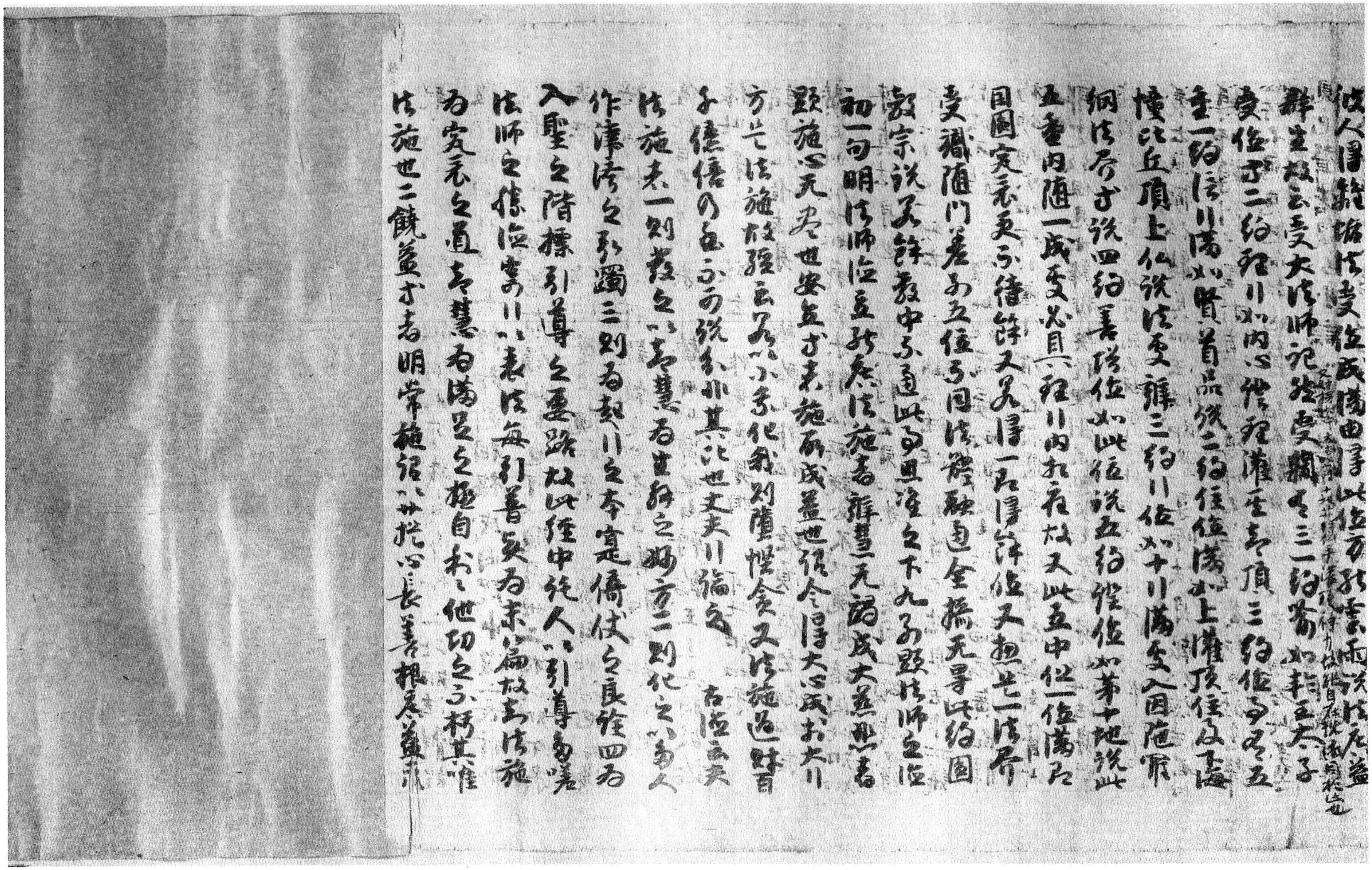

彼人得能歸依法受位成滿由是此位方能雲雨說法灌益
群生故云受大法師記位受職等三一約喻如轉王太子
[illegible]
受位等二約理謂如內心證理灌頂名頂三約位有五
重一約信謂滿如賢首品說二約住位謂如上灌頂住及[illegible]
幢比丘頂上佛說法受職三約行位如十行滿受入因陀羅
網法門等說四約善根位如此位說五約證位如第十地說此
五重內隨一成受必具經謂內外有故又此五中後一位滿足
因圓究竟更不待餘又至得一已得餘位又總是一法界
受職隨門差別五位可同法體融通全攝無量此約圓
教宗說又餘教中不通此等思準之下九句顯法師之位
初一句明法師位立此名法施者辯慧無滯成大益也言
顯施心無悔世安立等末施所成益世謂令得大心成於大利
方便法施故強云又以不為化我別障慳貪又法施過財
令億倍由不可說不可說其比世丈夫則論文　古德云又
法施者一則教之以智慧為其解之路二則化之以為人
作津濟之引導三則為教訓之本實是依仗之良詮四為
入聖之階梯引導之要路故此經中說人以引導為喻
法師之德[illegible]以表法每引善友為求論故立法施
為究竟之道者慧為滿足之極自利利他功之不朽其唯
法施也二饒益者明常施諸以於心長善根益

BD15354號　華嚴經探玄記卷八　（15–15）

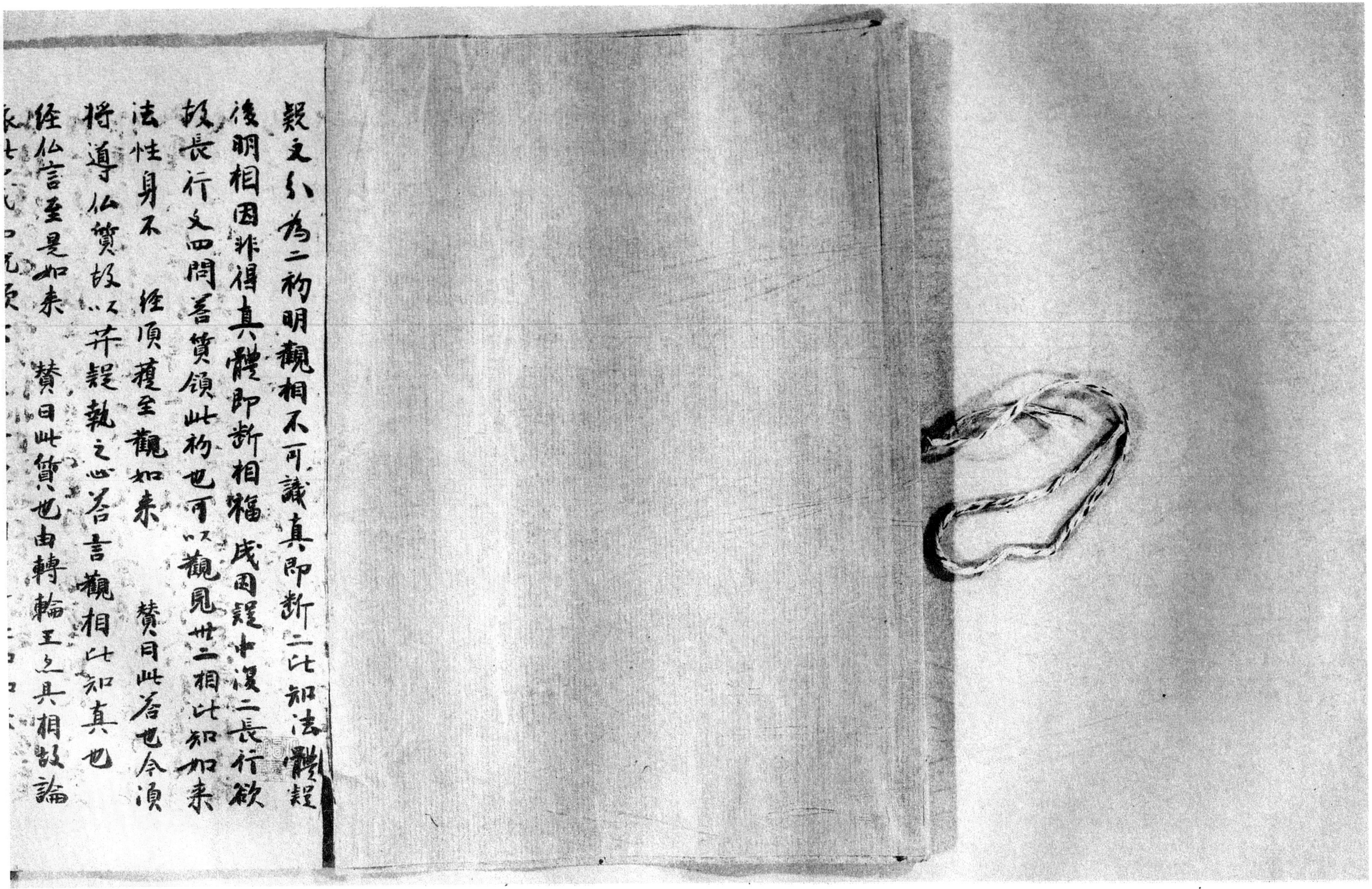
疑文分為二初明觀相不可識真即斷二比知法體疑
後明相因非得真其體即斷相福 戌因疑中復二長行欲
故長行文四問答質領此初也可以觀見卅二相比知如来
法性身不 経頌複至觀如来 賛曰此答也今須
將導仏質故以并疑執之心答言觀相比知真也
経仏言至是如来 賛曰此質也由轉輪王之具相故論
[illegible]

BD15354 號背　金剛般若經旨讚卷下

疑更分為二初明觀相不可識真即斷二比知法身疑
後明相因非得真體即斷相福成因疑中復二長行欲
故長行文四問善質領此初也可以觀見卅二相比知如来
法性身不　　經須菩至觀如来　　贊曰此答也令須
將導仏質故以菩提執之心答言觀相比知真也
經仏言至是如来　　贊曰此質也由轉輪王之具相故論
依此義而說頌云　　轉輪王非仏　非是色身相　可比知如来
諸身仏唯法身　　經須菩至觀如来
贊曰此頌也如我先来解仏所說必不可以觀見諸相比知如
来真法身也　　經尔時至見如来　　贊曰此頌成也餘
本此後更一頌云　　應觀仏法性　即道師法身　法非所識
故彼不能了　　譯此經者要略斯文由此論依廣而解
初頌顯示如所不應見謂若求見真仏法身而尋色聲行
耶也故但見世諦非契於理則不能見如来法身如此法身所不
應見故色聲心不可見也既尔法身如何可見故次半頌答此
義云應觀仏體真如法性即是導師法身報化應法名曰
導師導引凡聖於真理故導師必以法性為所是彼色聲
心所不應見也何故色聲心而不能見耶文下半頌答此義云
見色聲者是分別識以此法性唯內證知非是分別識所識
故彼色聲心不能見也論依此義而說頌云　　唯見色聞聲
是人不知仏　以真如法身　非是識境故　　經須菩至莫作
是念　　贊曰下明相因非得真體斷第廿三相福成因疑
分為三問遠示正此初二也恐諸菩薩作是執若不以相比
知如来寧以相因得法身果說相好因作得仏故為離此疑

是人不知仏　以真如法身非是識境故　经須菩提莫作
是念　　讚曰下明相因非得真體斷第廿三相福成因疑
以為三問遠示正此初二也恐諸菩薩復作是執若不以相此
知如來寧以相因得法身果說相好因作得仏故為離此義
復吉言汝更作念如來豈不以相具足為因證得便遮心云莫
作是念名以相因得獲者轉輪聖王亦應證得此中之意作
是例難以前已後经不重言　经如来至三菩提
讚曰此結示正義也謂仏身者理智為體但由發起真无相
智親證法性名得菩提不以具足福相為因而能證得无上覺
方便因相各差別故論依此義而說頌云　非相好果報
依福德成就　而得真法身方便異相故　经須菩提莫
作是念　讚曰次下第五不住生死菩薩心斷第廿五失福及
果疑令其學仏无住妙行前令學仏以无相智觀正證於
取法身非得法身便永寂滅次令學仏起報化身不斷福
業不住菩提着福業不住生死而諸菩薩不能學仏行无住道與
大菩薩返疑福業有捨有取作是疑云既說如來唯智如成非福因
得則應證得法身之時所脩相好福德應失福德失故无所感
果豈非證寂為斷滅耶若非斷滅不住菩薩則取福德應住生
若證寂滅同二乘住生死故則同凡類如何能得无住菩薩由執
故不契无住之理由疑故不脩无住之因今欲斷彼執之心令成无
住大菩薩果故說發心不說斷滅所作福德不應貪无著无着約除
執而成无住名不住生死菩薩心天親就遣疑而脩行因名斷失福
及果疑文分為二初也發趣大乘初心菩薩尚不欲住寂滅菩薩況我
如來得无住道故令菩薩知仏果德而以願求速成大果然諸菩薩
意願虛空法界等盡我願方盡故不可說同於二乘捨大悲
心而求斷滅便遮心云莫作是念　经何以故　讚曰此微也

BD15354 號背　金剛般若經旨讚卷下　（15–3）

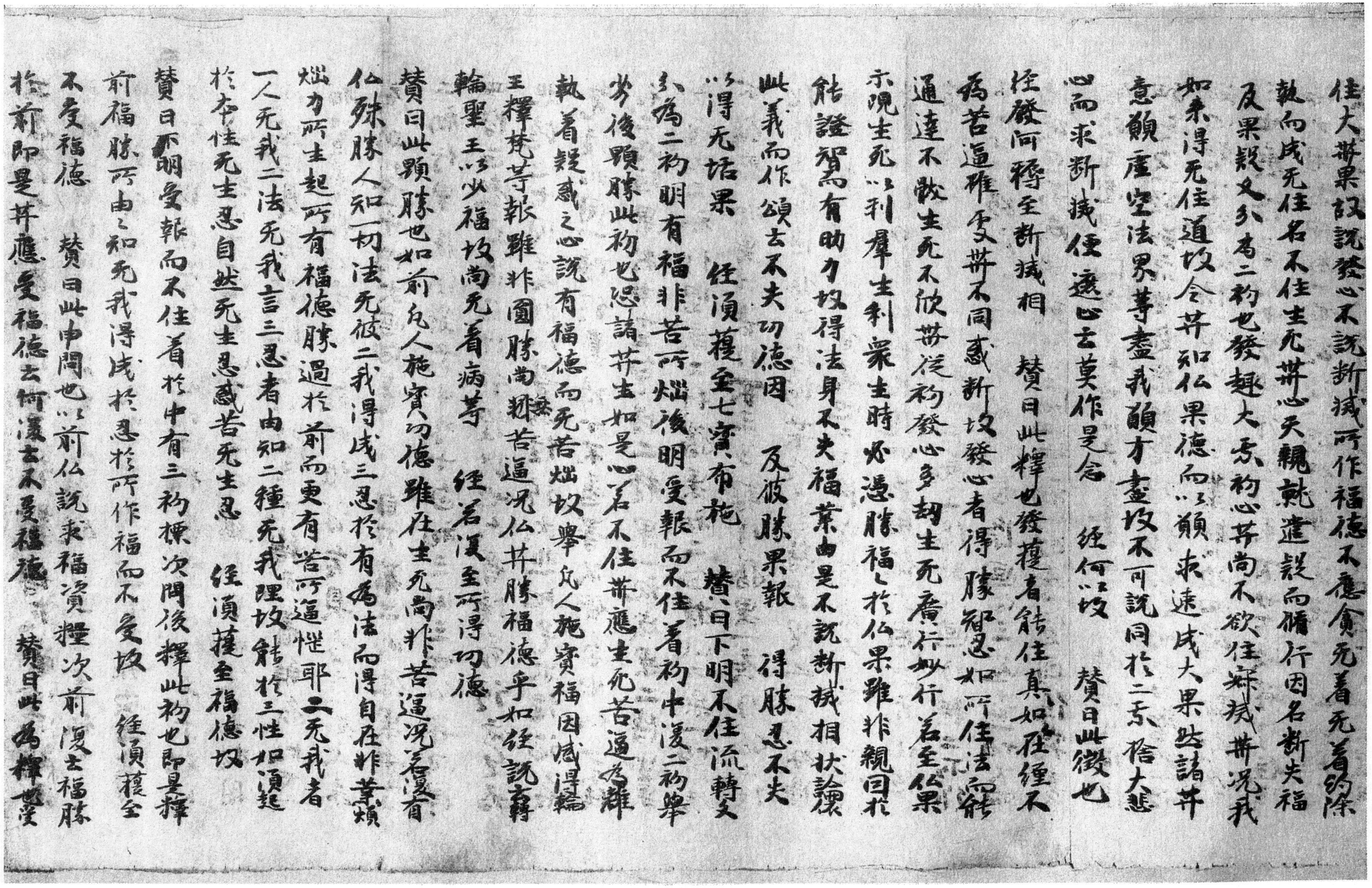

BD15354 號背　金剛般若經旨讚卷下　　（15–4）

於本性无生忍自然无生忍惑若无生忍　經須菩提若福德故
贊曰不明受報而不住著於中有三初標次問後釋此初也即是釋
前福勝所由。知无我得成於忍於所作福而不受故　經須菩提
不受福德　贊曰此中問也。以前仏說求福資糧次前復云福勝
於前即是菩薩受福德云何復云不受福德　贊曰此爲釋也受
有二種一者无貪領受二者貪著取受菩薩是无貪无漏福德即應
領受不住菩薩若是貪著有漏福德則應不受不住生死前令
領受故說菩薩求福資糧福勝於前今說所作不應貪著故
說菩薩不受福德非是總令弃捨於福論依此義而作頌云
亦勝福德相　故重說譬喻　是福德无報　如是受不取
經須菩提至我所說義　贊曰次下第六行住淨心爲化衆生住
來行住神通方便說法流轉所作殊勝有爲之事此勝處行名
之爲行安處如是名之爲住而无諸染故復名淨前雖總明无住
寂用而未別明方便化用今爲明之有下又起於中有三一威儀行
住淨二破名色身自在行住淨三不染行住淨隨威應緣似有來去
觀悟不執成大神通於說法等而無染著令具足說令其上求
所學之相如是次第初威儀行住淨即斷第廿六化无受用疑令
脩仏果威儀行以諸菩薩上求仏地所有事業化衆生等未巨執故
乃謂如來實有去來而生習學由不悟化而迷真故遂疑法身有去來
相作是疑云既如前說是福德无報无有漏報云何得於十方世界
設住來現身說法令生觀見而受用乎有住來故即是漏果又如何得
无苦惱耶由執故雖求不成就由疑故不脩成就之因今欲斷彼疑
執之心令其欣樂勝威應用故說實无來去之相无著內除執
而上求名威儀行住淨天親執斷疑而識化名斷化无受用疑又云
有三初標執顯非次徵非所以後釋所由此初也先標後非此中應
有四種威儀言來去者即謂行也餘亦有住此中略无此四威儀但
隨感應不待作意任運而成若化若真皆无來去若言實有

BD15354 號背　金剛般若經旨讚卷下　　（15–5）

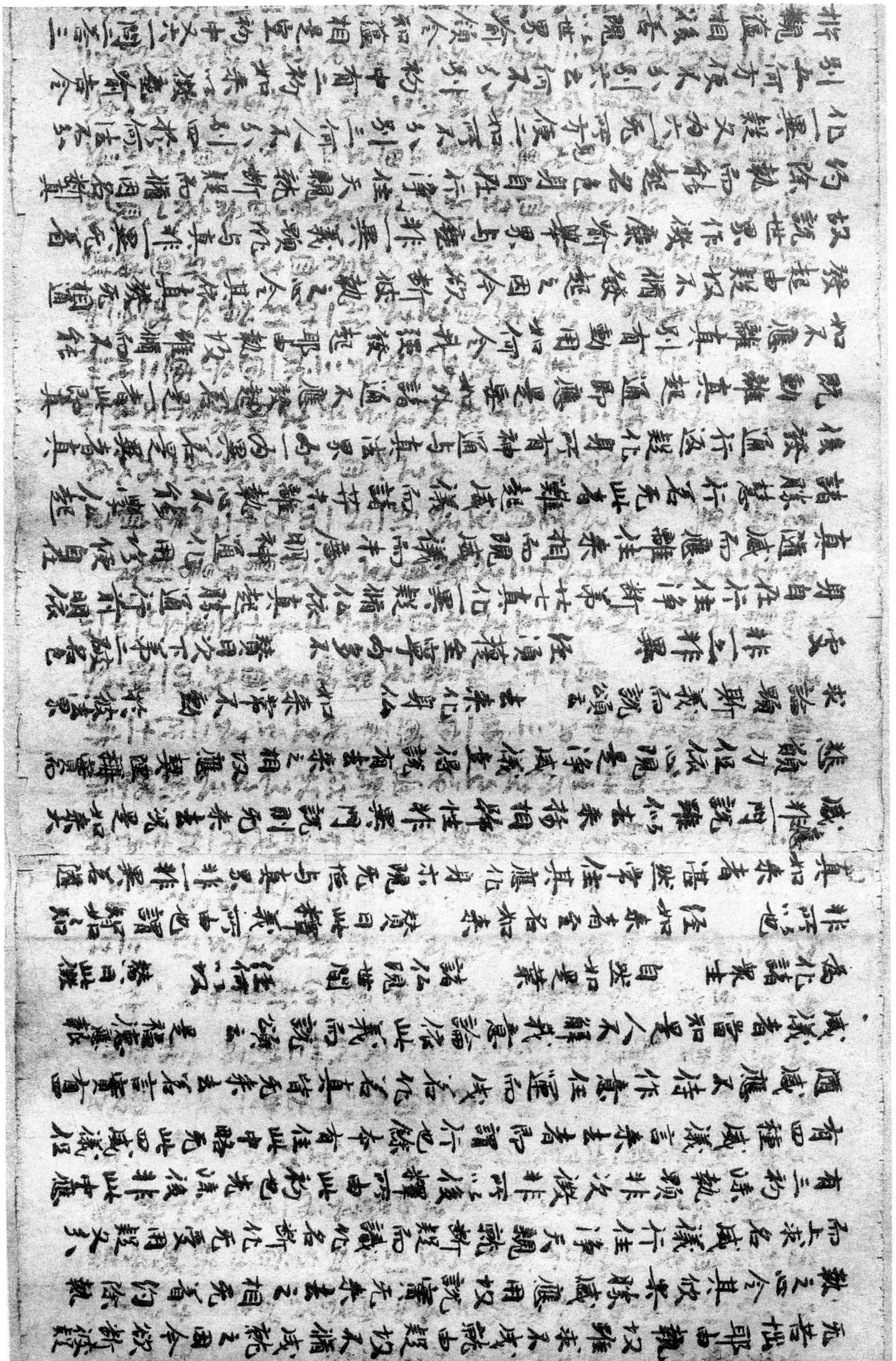

設往來現身說法令生親見而受用有往來故所是漏果又如何得
无苦惱耶由執故雖求不成就由疑故不循成就之因令欲斷彼疑
執之心令其攸果勝威應用故說實无來去之相无著約除執
而上求名威儀行住淨天親就斷疑而識化名斷化无受用疑又分
有三初陳執顯非次徵非所以後釋所由此初也先陳後非此中應
有四種威儀言來去者即謂行也餘本有住此中略无此四威儀但
通威應不待作意任運而成若化若真皆无來去若言實有四
威儀者當知是人不解我意論依此義而說頌云　是福德應報
為化諸衆生　自然如是業　諸佛現世間　經何以故　贊曰此徵
非所以也　經如來者至名如來　贊曰此釋義所由也謂智契如如
真如來者湛然常住其應化身亦現无㤼与真界非一非異若隨
威應非一門說雖似去來稱相歸性非異門說則无來去況是如來大
悲願力但依心現是淨威儀豈得說有去來之相故應契理稱實而
求論顯斯義而說頌云　去來化身仏　如來常不動　於彼法界
處　非一之非異　經須菩提至寧為多不　贊曰次下第三破色
身自在行住淨斷第廿七真化一異疑循仏依真起勝通行前明依
真隨威而應離往來相而現威儀而未廣明神通化用修便自在
諸勝慧行若无此者難起威儀而諸菩薩未離執心不修學仏起
後發通行返疑化身所有神通与真法界為一為異若是異者真
既動離真起通即應是妄如外諸通不應發起若是一者此即真
如不應離真別有動用如何令我經發起耶由執故雖循而不能
發起由疑故不循發起之因令欲斷彼執之心令其依真發无礙通
故說世界作微塵喻舉界与塵非一異義顯化与真非一異无著
約除執而能起名色身自在行淨住天親就斷疑而循因名斷真
化一異疑文為六一无所方便二如所不分別三何人不分別四於何法不分
別五何方便不分別六云何不分別初中有二初如來以微塵喻言令
析觀蘊相後舉現世界喻領令知蘊相是空初中又六一問二答三

BD15354號背　金剛般若經旨讚卷下　　（15–6）

約除執而能起名色身自在行淨住天親就斷疑而循因名斷真
化一異疑又為六一无所方便二如所不分別三何人不分別四於何法不分
別五何方便不分別六云何不分別　初中有二初如來以微塵喻责令
析觀蘊相後舍現以世界喻領令知蘊相是空　初中又六一問二荅三
徵四釋五難六通此初也然世界言通喻二義一喻真如法身
二喻所執諸蘊總相其微塵衆之喻二義一喻所起无數化身二喻
分析蘊和合相由執蘊相不分析故不能契真而起於因以世界
喻其蘊相令其觀破碎如塵衆法執煩惱皆斷盡故便能證真
依真起化真之与化非異如碎世界而起多塵揔界与塵非一非異
顯斯二義故問善現三千世界碎為微塵衆寧為多不論顯斯
二義故問善現上而說頌云　世界作微塵　此喻示彼義
微塵碎為末　示現煩惱盡　經甚多世尊　賛曰此荅也
既有多塵何有實界多色心等寧有實身觀以乃因无身相故
執或都盡證真法身即依真身而能起化之別真揔真化非一亦不
離真之化非異故內身相如外界塵揔別異故非一无別體故非
異顯斯喻義故言甚多論顯斯義而作頌云　非聚集故集
非雖是一喻　聚集實非彼　非是差別喻　非聚者顯所集塵體
各別故言故集者顯多別塵集成揔界揔別既異是非一喻聚集更
者顯微集事即是揔界言非彼者非離揔界而有別塵揔別无若是非
異喻　經何以故　賛曰此徵也微若實有便成執相塵若无實不應
言甚多者何以故耶　經若是聖微塵衆　經所以者何
塵非謂實有若是實者仏雖不說世情自知仏何須說　經仏說
賛曰此難也塵若无實仏何故說之所以者為何謂耶　經仏說聖
微塵衆　賛曰此通也仏說微塵喻析身相不見色心和相故能離
執依真起化如界塵非一非異顯如是義假說微塵即非實有而
外塵衆但是假想分析麁蘊色心所名微塵衆以喻化身依真而起
真之与化非一異義而乃說是微塵衆耳　經世尊至是名世界

塵非諸實有若是實者仏雖不説世情自知仏何須説　経所以者何
賛曰此難也塵若无實仏何以説之所以者為何謂耶　経仏説微
微塵衆　賛曰此通也仏説微塵喻析身相不見色心相故能離我
執依真起化如界起塵非一非異顯如是義假説微塵即非實有而
外塵衆但是假想分析麁色心所名微塵衆以喻化身依真而起
真之与化非一異義而乃説是微塵衆耳　経世尊至是名世界
賛曰此下善現以世界喻領会知總遍是空於中分三初標舉次微
起後解釋此初也如来所説三千界者總聚世界積微所成喻彼
内身衆生世界總攬五蘊多分所成即非世界者以破所成无實體
故内身如外亦无自體是名世界者但聚他塵假名世界内身如外但
假名故由以外界喻觀内身无實相故能離我執又如外界攬衆
塵成无有體相但能起彼微塵衆故名世界耳所顯法身攬万德
成无有諸相以能起彼此身相故名法身耳　経何以故
賛曰此微起也外界内身及与法身皆无相者何故説耶
経若世界至一合相　賛曰下釋所由有二初正破後顯空此初也
若説外界内身實有者是一合相之者執也謂執内外都无體相微
聚集物一摶合既有執心便生煩惱如何能顯无相法身
経如来説至一合相　賛曰下顯空中文復分二初善現辯後如来成
此初也如来常説外界内身一合相者其體都空以於勝義情有
理无而真諦中情之非有但順彼情名一合耳　経仏言至不可説
賛曰下仏重成於中文二初體實无後妄執有此初也謂仏乃知外
界内身无實自體是可説者　経但凡夫貪著其事
賛曰此妄執有也凡夫不了體空无故隨音聲妄生法執起我
執我執之生憎貪愛等諸煩惱也論顯此義而作頌云
但隨於音聲　凡夫取顛倒　経汝複至義不　賛曰下明如所
不分別即无能見前破我法所緣之境今破能緣我法見心乃
是所起分別今翻令作无分別心故言如所不分別也文中分四問答

BD15354 號背　金剛般若經旨讚卷下　（15–8）

界內身无實自體是可說者　經但凡夫至其事
贊曰此妄執有也凡夫不了體空无故隨音聲妄生法執起故我
執我執之生增貪愛等諸煩惱也論顯此義而作頌云
但隨於音聲　凡夫取顛倒　贊曰下明如所
不分別即无能見前破我法所緣之境今破能緣我法見心乃
是所起分別今翻令作无分別心故言如所不分別也文中有四問荅
微釋此初也仏說我見有其二意一為安置人无我理謂顯无有所執
我相但有虛妄有我見心故二為安置法无我見體之非實法所
見既无能見无故如是觀察實无二見能取心者即是相應三摩
鉢帝之方便也非謂知无所取我法存能見心為入方便論明此義
而說頌云　非无二得道　遠離於我法　仏欲破彼有我見執故問
善現有人謂仏說實我見解我意不　經世尊至所義
贊曰此荅也為破二執假說我見非謂實有此我見體若言
仏說實我見則是彼人不解仏意　經何以故
贊曰此徵也既无實見仏何故說我見者何以故耶　經世
尊至者見　贊曰此釋也文中有三謂時非謂世尊說有我見
等者為欲除彼我法執障令息虛妄而假說也即非實有此
我見等以无所我豈有能見无始熏習妄分別起於真理中本無見
故是名細障令見真如二无我理得遠離故而假說為我見等也
論明此義而說頌云　見我則不見　无實虛妄見　此是微細
障　見真如遠離　經發向稱至獲者　贊曰此顯何人不
分別也此所簡者凡夫外道及二乘者有學隨庇二見俱是實
有未能悟入二空之理唯菩薩者有勝知能欲趣獲斷二障故是
可名為不分別者　經於一切法　贊曰明於何法不分別二空之
人不求適智非於一切而不分別異破於一切法觀无我法而不分
別　經應如是至信解　贊曰此顯何方便不分別即何定智必
以此緣无分別故然此方便總別有三名依此論諸境義是名者

BD15354號背　金剛般若經旨讚卷下　（15–9）

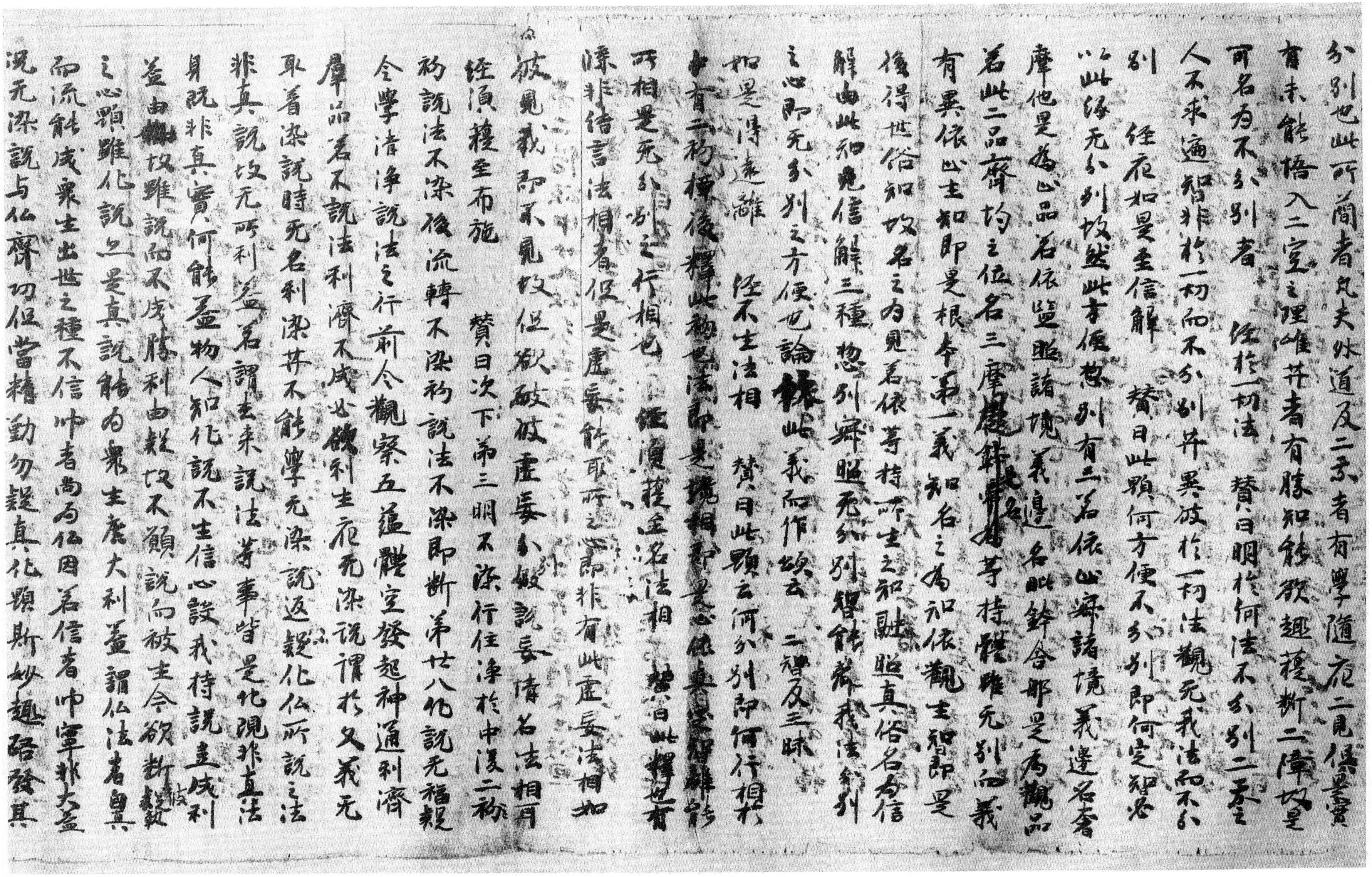
分別也此所簡者凡夫外道及二乘者有學隨位二見俱是實
有未能悟入二空之理唯菩薩者有勝知能欲趣種斷二障故是
可名為不分別者　經於一切法　贊曰明於何法不分別二乘之
人不求遍智非於一切而不分別菩薩異彼於一切法觀无我法而不分
別　經應如是知如是至信解　贊曰此顯何方便不分別即何定智必
以此緣无分別故然此中便想別有二若依心解諸境義邊名奢
摩他是為心品若依覽照諸境義邊名毗鉢舍那是為觀品
若此二品齊均之位名三摩鉢底等持體雖无別而義
有異依心生知即是根本第一義知名之為知依觀生智即是
後得世俗知故名之為見若依等持所生之知融照真俗名為信
解由此知見信解三種物別解照无分別智能斷我法分別
之心即无分別之方便也論釋此義而作頌云　二智及三昧
如是得遠離　經不生法相　贊曰此顯云何分別即何行相於
中有二初標後釋此初也法即是境相即是心依真智離能
所相是无分別之行相也　經須菩提至名法相　贊曰此釋也有
緣非法言法相者但是虛妄能取所取之心即非有此虛妄法相如
彼見我即不見故但欲破彼虛妄分別說妄情名法相耳
經須菩提至布施　贊曰次下第三明不染行住淨於中復二初
初說法不染後流轉不染初說法不染即斷第廿八化說无福疑
令學清淨說法之行前令觀察五蘊體空發起神通利濟
群品若不說法利濟不成也欲利生應无染說謂於文義无
取著染說時无名利染菩薩不能學无染說返疑化佛所說之法
非真說故无所利益若謂去來說法等事皆是化現非真法
身說非真實何能益物人知化說不生信心設我持說豈成利
益由此故雖說而不成勝利由此疑故不顯說而被生今欲斷疑
之心顯雖化說之是真說能為衆生廣大利益謂佛法者真
而流能成衆生出世之種不信也者尚為佛因若信者也寧非大益
況无染說与佛齊功但當精勤勿疑真化顯斯妙趣啓發其

BD15354 號背　金剛般若經旨讚卷下　　（15–10）

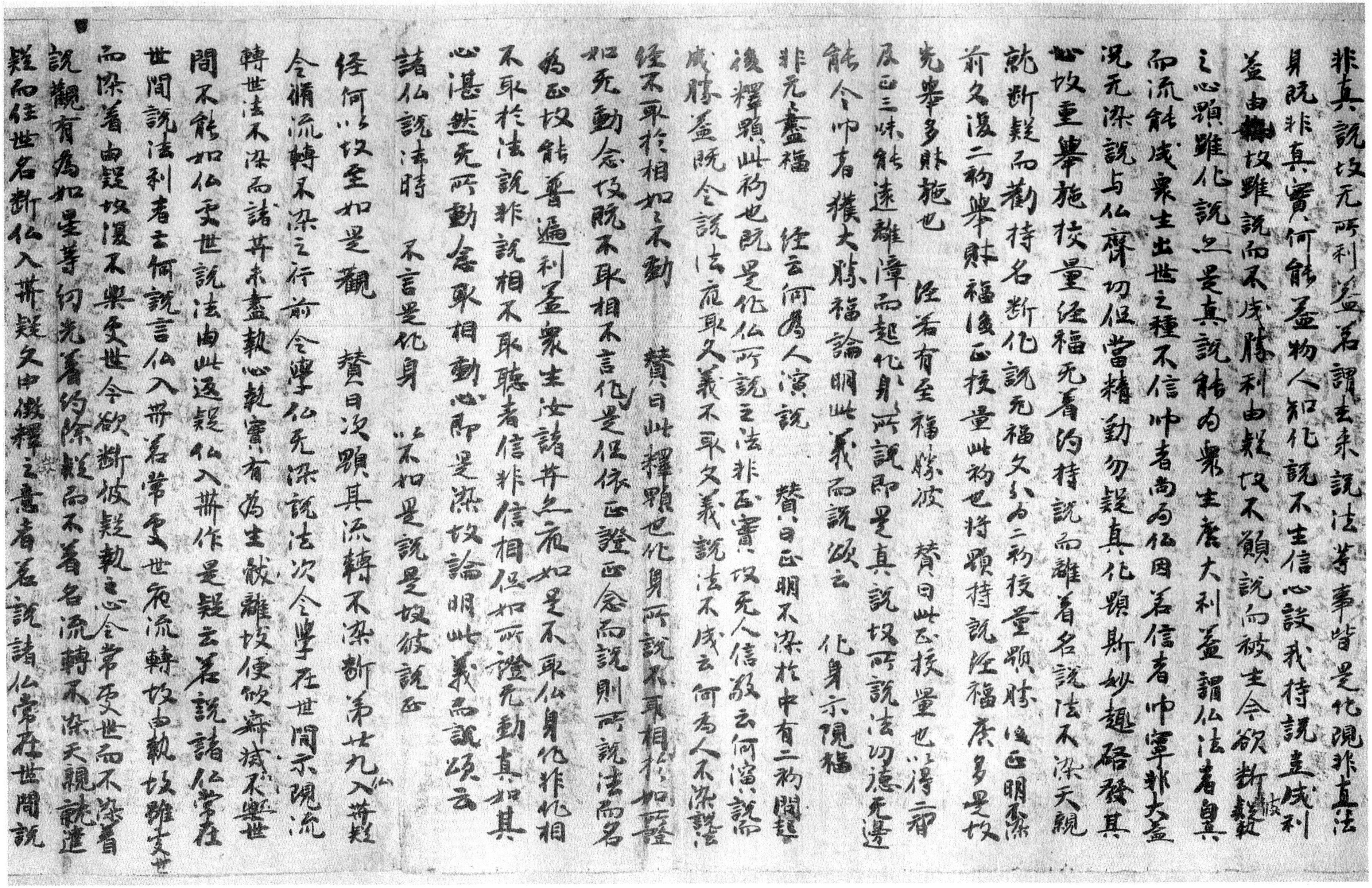

BD15354 號背　金剛般若經旨讚卷下　　（15–11）

轉世法不染而諸菩薩未盡執心執實有為生猒離故便於寂滅不樂世
間不能如仏受世說法由此返疑仏入菩薩作是疑云若說諸仏常在
世間說法利者云何說言仏入菩薩若常受世而流轉故由執故雖受世
而染着由疑故復不樂受世今欲斷彼疑執之心令常受世而不染着
說觀有為如是等仍光着仍除疑而不着名流轉不染天親就遣
疑而住世名斷仏入菩薩疑文中微釋之意者若說諸仏常在世間說
法利者何所以故云般若般若則不受世而言諸仏常住菩薩常受
何以故耶以彼疑執而作此徵故以斯偈遣彼疑執菩薩仏者非同二示
以非即有為非離有為故非有為故不住世間非離有為故不住
寂滅始可名為仏菩薩矣何故能爾耶得无住道故以何能得无住
道耶以於有為如约習故仏既由此得无住道雖處流轉而能
不染故諸菩薩於有為如是習習是如觀察論明七義故說頌云

非有為非離　諸如來菩薩　九種有為相　妙智正觀故

言有為者謂緣起法由帶四相之所表示顯是遷流造作法故
然有惣別開合之相惣者或惣為三謂初三喻顯自性相即見相
識有為自一切有為不離此故其次三喻顯受用相即器身受能
所用相器為所受身受是能必此以三成受用故其後三喻顯三世
相即過現未三世之事必以此三成世法故或惣為四一自性相即前初
三義如前釋二着所住味相即前所受器世界相於中境界是所
住味着劍境故三隨順過失相謂前能用身受二法身是无
常過失隨逐受為苦過所隨順故前同受用故合為一令能所
別故開為二四隨順出離相謂前三世由觀三世遷流不定成出離
故論依前義而說頌云

觀相及受用　觀於三世事　於有為法中　得无垢自在

言別開相者別以九喻喻九有為一觀相如星星在夜
有盡日則无相分之亦无明夜有智日无故二觀見如翳翳於淨空妄
見毛等二見亦之妄於真理見我法故三觀識如燈燈以油注潤而
得住報識之尔由業所引受潤住故四觀器仍之以例見妄生味着器
境之尔无一實體妄着用故五觀身如露露少時住不得久停身之如
是无常過失常隨逐六觀受如泡泡速起滅是不安隱受之如是三
受隨順三苦過故七觀過去如夢夢唯是念都无實體過境之亦唯

BD15354號背　金剛般若經旨讚卷下　（15–12）

見毛等二見亦名妄於真理見我法故三觀識如燈燈以由注潤而
得住報識名亦由業所引受潤住故四觀器物物以例見妄生味著器
境名亦无一實實體妄著用故五觀身如露露少時住不得久停身名如
是无常遍失常隨逐六觀受如泡泡速起滅是不安隱受立如是三
受隨順三苦遍故七觀過去如夢夢唯是念都无實體遍境名亦唯
是心念无實實體故八觀現在如電電忽有无非久時住現法立亦適
生即滅不暫停故九觀未來如雲雲於淨空无而忽有未法於種本无
相狀忽生起故功德施論觀察為九種體相如星翳等与此異同
而義无越彼論所喻觀察頌云　觀自在境物　遷動及體性
少滅壽作者　觀心兼有无彼論長行廣釋頌意恐繁不敘樂者述之
謂以智觀諸有為如星等故於有為法得无著深自在而住故前
半頌顯此義言於法中得无著自在然經偈中有其三節即初一
句舉所喻法其次句舉能喻相其後一句總結觀餘本及論
皆有九喻此本唯六仍加影喻列喻次第又前後者不知羅什別
有何意而譯此文深成可惟加減仏言極過失耳　經仏說至信受
奉行
　贊曰上來已釋正宗分竟此即第三流通分也文中三節
初標仏化畢次明眾同仰後頌受遵奉須獲等義如前已釋
優婆塞等此言近事謂授五戒近事三寶前比丘比丘尼者男女
贊別四眾矣天人脩羅如常所明智度論云如是我聞者今生
信也信受奉行為生智也由仏所說有三淨勝故使仰者歡喜奉
二說者清淨二以於諸法得自在故顯无取執妄相愚癡之所覆
障不為名譽利養我慢之所染故二所說清淨仰如實知清淨法體
故謂即說彼所證實理教理根性皆得相應初中善等十淨勝故
三得果清淨以離諸障成法器故謂彼受者隨所至仰境行果
三遠離疑謗起行得果證彼境故以其聽者根器宜仰仏正為
說无不信悟領納在心敬順脩學由斯故說歡喜奉行君仰此法
不生歡喜不樂奉行當知此人如无情物則无種性故无著論流
通頌云　若仰如是法　於大乘无覺

故謂即說彼所證實理教理根性皆得相應初中善等十淨勝故
三得果清淨 離諸障成法器故謂彼受者隨所宜中境行果
三遠離疑謗起行得果證彼境故 其聽者根器宜中仏所為
說无不信諮領納在心敬順觀學由斯故說歡喜奉行君中此法
不生歡喜不樂奉行當知此人如无情物則无種姓故无著論流
通頌云　君中如是法　於大乘无覺
我念遍於石　究竟无因故　由此法深廣　信受之難
故佉此法不能流布即无著論復有說頌　法
下人於此深大法　不能覺知及信向　世間衆生多如此
是以法此成荒穢

金剛般若経旨贊卷下

廣德二年六月十九日客僧法澄於沙州龍興寺寫

BD15354號背　金剛般若經旨讚卷下

(15-14)

故使此法不能流布即无着論復有說破法
下人於此深大法　不能覺知及信向　世間衆生多如此
是以法此成荒廢

金剛般若經旨贊卷下

廣德二年六月十九日客僧法澄於沙州龍興寺寫

BD15355 號背　護首　　　　(1–1)

BD15355 號　大方廣佛華嚴經(晉譯六十卷本　聖本)卷四五　　　　(39–1)

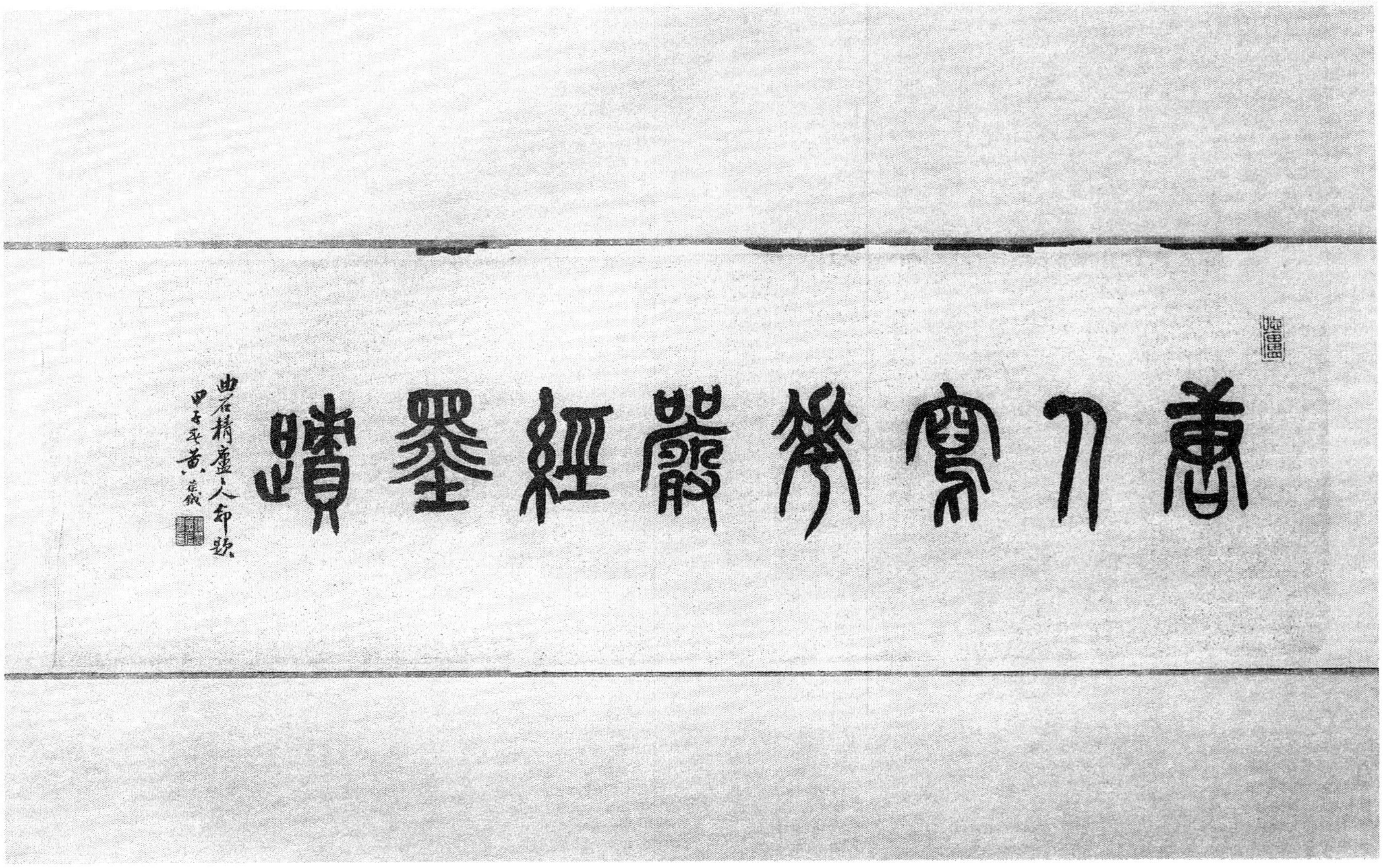

BD15355號　大方廣佛華嚴經（晉譯六十卷本　聖本）卷四五　　（39–2）

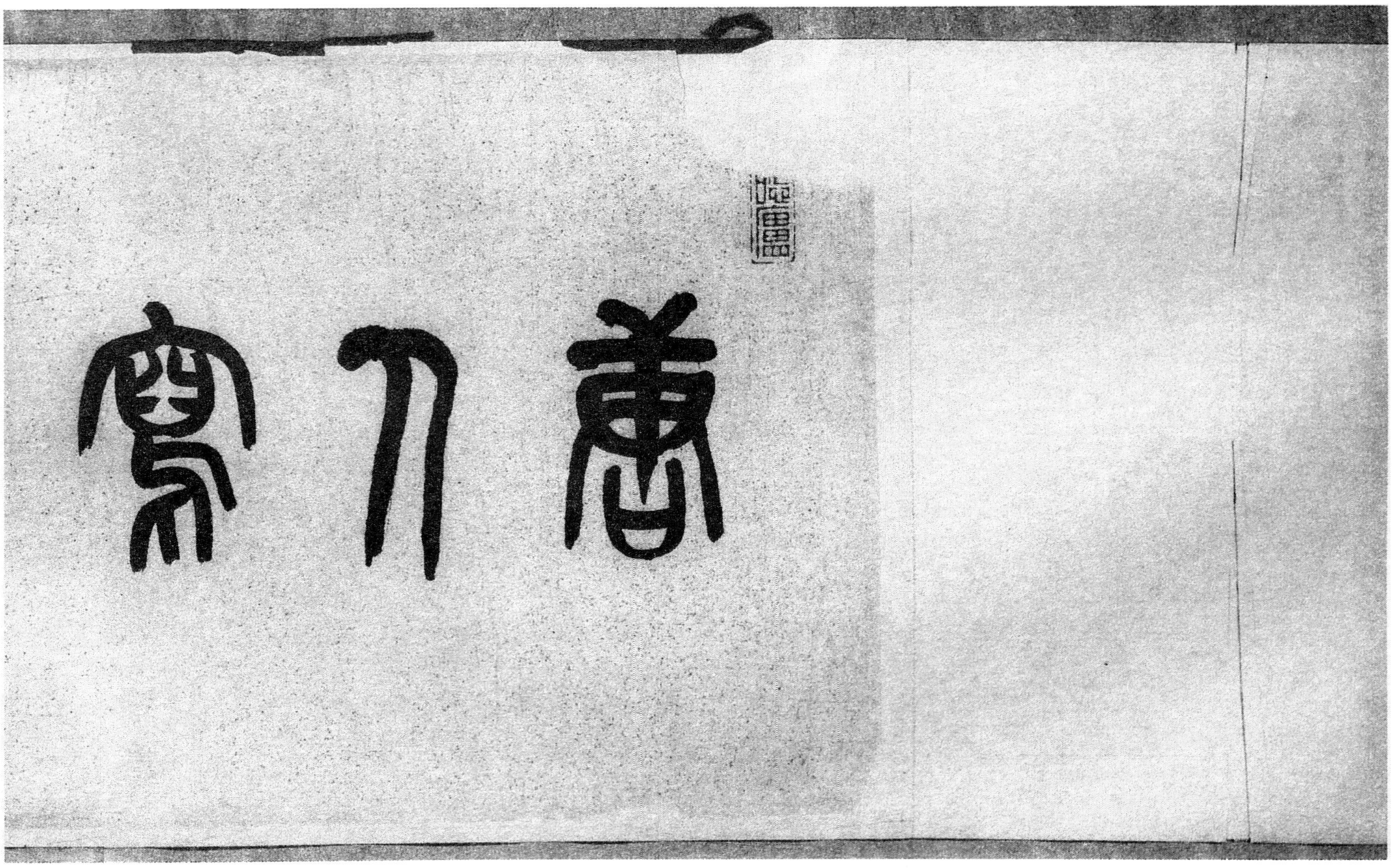

BD15355號　大方廣佛華嚴經（晉譯六十卷本　聖本）卷四五　　（39–3）

BD15355 號　大方廣佛華嚴經（晉譯六十卷本　聖本）卷四五　　（39–4）

BD15355 號　大方廣佛華嚴經（晉譯六十卷本　聖本）卷四五　　（39–5）

大方廣佛華嚴經入法界品第卅四
尒時佛在舍衛城祇樹給孤獨園大莊嚴重
閣講堂與五百菩薩摩訶薩俱普賢菩薩文
殊師利菩薩爲上首夜光幢菩薩須弥山幢
菩薩寶幢菩薩无导幢菩薩華幢菩薩離垢
幢菩薩日光幢菩薩匹幢菩薩離塵幢菩薩
明淨幢菩薩大地端嚴菩薩[illegible]端嚴菩薩大
慧端嚴菩薩金剛智端嚴菩薩離垢端嚴菩
薩法日端嚴菩薩一切德山端嚴菩薩智光端
嚴菩薩普妙德端嚴菩薩大地藏菩薩虛空
藏菩薩蓮華藏菩薩寶藏菩薩日藏菩薩淨
德藏菩薩法印藏菩薩明淨藏菩薩齊藏菩
薩蓮華藏菩薩善德眼菩薩普見眼菩薩清
淨眼菩薩離垢眼菩薩无导眼菩薩普眼菩
薩善觀眼菩薩青蓮華眼菩薩金剛眼菩薩
寶眼菩薩虛空眼菩薩善眼菩薩天冠菩薩
普照法界慧天冠菩薩道場天冠菩薩普照

BD15355 號　大方廣佛華嚴經（晉譯六十卷本　聖本）卷四五　（39–6）

藏菩薩蓮華藏菩薩寶藏菩薩日藏菩薩淨
德藏菩薩法印藏菩薩明淨藏菩薩齊藏菩
薩蓮華藏菩薩善德眼菩薩普見眼菩薩清
淨眼菩薩離垢眼菩薩无导眼菩薩普眼菩
薩善觀眼菩薩青蓮華眼菩薩金剛眼菩薩
寶眼菩薩虛空眼菩薩善眼菩薩天冠菩薩
普照法界慧天冠菩薩道場天冠菩薩普照
十方天冠菩薩生諸佛藏天冠菩薩一切世
閒最上天冠菩薩眼淨天冠菩薩无量寶天
冠菩薩受一切如來師子座天冠菩薩普照
法界虛空天冠菩薩梵王周羅菩薩龍王周
羅菩薩一切佛化光明周羅菩薩道場周羅
菩薩一切願海音摩尼寶王周羅菩薩出生
如來光衆寶自在周羅菩薩莊嚴一切虛空
摩尼寶王周羅菩薩一切如來自在光幢摩
尼王網普覆周羅菩薩一切佛音轉法輪周
羅菩薩三世慧音周羅菩薩大光菩薩離垢
光菩薩寶光菩薩離塵光菩薩夜光菩薩法光
菩薩寂靜光菩薩日光菩薩自在光菩薩
天光菩薩一切德幢菩薩智幢菩薩法幢菩薩
諸通幢菩薩光幢菩薩華幢菩薩摩尼幢菩
薩菩提幢菩薩梵幢菩薩普光幢菩薩梵音
菩薩海音菩薩大地音菩薩世主音菩薩山
相擊音菩薩充滿一切法界音菩薩一切法

BD15355 號　大方廣佛華嚴經（晉譯六十卷本　聖本）卷四五　（39–7）

菩薩寂靜光菩薩曰光菩薩自在光菩薩
天光菩薩功德幢菩薩智幢菩薩法幢菩薩
諸通幢菩薩光幢菩薩華幢菩薩摩尼幢菩
薩菩提幢菩薩梵幢菩薩普光幢菩薩梵音
菩薩海音菩薩大地音菩薩世主音菩薩山
相擊音菩薩充滿一切法界音菩薩一切法
海雷音菩薩降伏一切魔音菩薩大悲方便
雲雷音菩薩滅一切苦安慰音菩薩法上菩
薩勝上菩薩智上菩薩功德須弥山上菩薩
功德珊瑚上菩薩稱上菩薩普光上菩薩大
慈上菩薩智海上菩薩如來性起上菩薩光
妙德菩薩勝妙德菩薩上妙德菩薩明淨妙
德菩薩法妙德菩薩月妙德菩薩虛空妙德
菩薩寶妙德菩薩妙德幢菩薩智妙德菩薩
娑羅林王菩薩法王菩薩衆生王菩薩梵王
菩薩山王菩薩寶王菩薩離生王菩薩寂靜
王菩薩不動王菩薩仙王菩薩勝王菩薩寂
靜音菩薩无㝵音菩薩說大地音菩薩大海
雷音菩薩雲雷音菩薩法光音菩薩虛空音
菩薩一切衆生善根雷音菩薩開悟過去願
音菩薩圓滿道音菩薩智須弥山音菩薩虛
空覺菩薩離垢覺菩薩无㝵覺菩薩善覺
菩薩普照三世覺菩薩廣覺菩薩普光覺菩

BD15355號　大方廣佛華嚴經（晉譯六十卷本　聖本）卷四五　（39–8）

菩薩一切衆生善根雷音菩薩開悟過去願
音菩薩圓滿道音菩薩智須弥山音菩薩虛
空覺菩薩離垢覺菩薩无㝵覺菩薩善覺
菩薩普照三世覺菩薩廣覺菩薩普光覺菩
薩法界光覺菩薩如是等五百菩薩此諸菩
薩皆悉出生普賢之行境界无㝵充滿一切諸
佛刹故持无量身悉能往詣一切佛故具足
无㝵淨眼見一切佛明自在故至无㝵處一
切諸佛成正覺時悉能往詣現前見佛无休
息故无量智光普照一切諸法海故於无量
劫說不可盡辯清淨故究竟虛空界智慧境
界悉清淨故无所依止隨其所應現色身故
除滅癡瞖普分別知衆生界故虛空智慧放
大光網普照一切諸法界故復與五百大聲
聞俱悉覺眞諦證如實際深入法性離生死
海安住如來虛空境界離結使縛不着一切
遊行虛空於諸佛所疑惑悉滅深入信向諸
佛大海復與諸天王俱悉已恭敬供養過去
諸佛長夜饒益一切衆生心常行慈未曾忘
失守護群生入勝智門不捨一切衆生出生
諸佛正法境界守護佛法受持佛性生如來
家專求一切智門尒時諸菩薩聲聞天人及
其眷屬咸作是念如來行如來智境界如來
持如來力如來无畏如來三昧如來住如來

BD15355號　大方廣佛華嚴經（晉譯六十卷本　聖本）卷四五　（39–9）

諸佛長夜饒益一切衆生心常行慈未曾忘
失守護群生入勝智門不捨一切衆生生
諸佛正法境界守護佛法受持佛性生如来
家專求一切智門尒時諸菩薩聲聞天人及
其眷属咸作是念如来行如来智境界如来
持如来力如来无畏如来三昧如来住如来
勝妙功德如来身如来智一切天人无能知无
能度无能得底无能受无能思惟无能觀察
无能分別无能開發无能宣明无能為人如
實解脫除佛持力自在力威神力如来本願
力過去善根力親近善知識力清淨信心方
便力樂求勝妙法力清淨正直菩提心力深
心一切智願力又諸大衆種種意種種欲種
種解種種語種種地種種根種種方便種種
心境界種種依如来功德種種樂聞法世尊
往昔發一切智願求一切智菩薩諸願清淨
波羅蜜菩薩諸地菩薩滿足行菩薩莊嚴菩
薩方便莊嚴菩薩道莊嚴菩薩出生方便海
莊嚴菩薩自在莊嚴菩薩本生海菩提門自
在海如来自在轉法輪如来刹清淨自在如
来方便莊嚴衆生界如来法王法如来道明
普照一切〻来自在入一切衆生處如来為
一切衆生作最上福田如来為一切衆生說
功德達觀三輪化度一切群生唯願世尊大

BD15355 號　大方廣佛華嚴經（晉譯六十卷本　聖本）卷四五　（39–10）

来方便莊嚴衆生界如来法王法如来道明
普照一切〻来自在入一切衆生處如来為
一切衆生作最上福田如来為一切衆生說
功德達觀三輪化度一切群生唯願世尊大
悲慈愍具足顯現尒時世尊知諸大衆心之
所念以大悲身大悲門大悲為首大悲隨順
方便法入師子奮迅三昧令一切衆生樂清
淨法入三昧已時大莊嚴重閣講堂忽然廣
博无量无邊不可破壞金剛寶地清淨莊嚴
一切摩尼寶王遍布其地散无量寶華奇妙
衆寶琉璃為柱以明淨寶而莊嚴之衆寶莊
校飾无量閻浮檀寶以為樓閣衆寶蘭楯
却敵寮向阿僧祇蘭楯而以莊飾諸天王寶
堅固衆寶而莊嚴之摩尼寶網彌覆其上達
衆寶幢懸諸幡蓋放大光網普照法界又以
不可說衆雜妙寶莊嚴其外四邊階道衆寶
合成尒時佛神力故令祇洹林忽然廣博與
不可說佛刹微塵數世界等衆寶莊嚴不可
說寶遍布其地阿僧祇寶以為垣牆寶多羅
樹列植道側无量香河激流盈滿一切寶華
以為波浪皆悉右旋演說一切佛法音聲不
可思議分陀利華皆悉開敷彌布水上衆寶
華樹高顯榮茂列植其岸不可思議樓閣層
尼寶網羅覆其上阿僧祇妙寶莊嚴光明普
照阿僧祇摩尼寶王嚴飾其地出衆妙香達

BD15355 號　大方廣佛華嚴經（晉譯六十卷本　聖本）卷四五　（39–11）

樹列種道側无量香河嵚流盈滿一切寶華
以為䟦浪皆悉右旋演説一切佛法音聲不
可思議尒隨利華皆悉開敷彌布水上衆寶
華樹高顯榮茂列植其岸不可思議樓閣摩
尼寶網羅覆其上阿僧祇妙寶莊嚴光明普
照阿僧祇摩尼寶王嚴飾其地出衆妙香逮
立无量摩尼王幢香幢衣幢憣幢 繒幢 華
幢莊嚴具幢鬘幢寶乘帶幢衆寶蓋幢大摩
尼幢普照摩尼寶憣出佛音幢師子寶王幢
出一切佛本生海幢一切法界幢摩尼寶王幢
以為莊嚴時祇洹林上虛空中有不可思議
天寶宮殿雲不可思議衆香樹雲不可説須
彌山雲莊嚴虛空不可説不可説衆寶樂器
演妙法音讚詠如來不可説寶樹雲彌覆虛
空不可説衆寶座雲覆以寶衣菩薩處上歎
佛功德不可説天寶像雲以為莊嚴不可説
白淨真珠網雲以為莊嚴不可説解脱樓閣
雲以為莊嚴不可説妙解脱音樂雲雨以為
莊嚴何以故如來善根不可思議故如來白
淨法不可思議故如來威神不可思議故如
來一身充滿一切法界自在不可思議故一
切佛刹莊嚴入一佛身不可思議故一微塵
中現一切佛一切法界不可思議故一毛孔
中盡過去際一切如來次第顯現不可思議

BD15355號　大方廣佛華嚴經（晉譯六十卷本　聖本）卷四五　（39–12）

雲以為莊嚴不可説妙解脱音樂雲雨以為
莊嚴何以故如來善根不可思議故如來白
淨法不可思議故如來威神不可思議故如
來一身充滿一切法界自在不可思議故一
切佛刹莊嚴入一佛身不可思議故一微塵
中現一切佛一切法界不可思議故一毛孔
中盡過去際一切如來次第顯現不可思議
故放一光明照一切刹不可思議故如來一
毛孔中出一切佛刹微塵等化身雲充滿一
切世界不可思議故如來一毛孔中現一切
佛刹成壞不可思議故如此祇樹給孤獨園
見嚴淨佛刹一切法界虛空界一切世界所
見嚴淨亦復如是如來充滿來詣祇洹菩薩
充滿一切如來大衆海安住普雨一切妙莊
嚴雲雨一切衆寶光明普照一切摩尼王雲
雨一切蓋雲莊嚴一切天身雲雨一切華樹
雲莊嚴一切雜色衣雲雨一切鬘雲流任莊
嚴一切摩尼寶王莊嚴雲雨一切衆生身雜
色香雲雨寶華雲諸天女雲各持妙寶於虛
空中迴轉莊嚴一切衆寶鉢曇摩華雜寶師
子座莊嚴虛空尒時東方過不可説佛刹微
塵等世界海有世界名金剛雲明淨燈莊嚴
佛号明淨妙德王彼大衆中有菩薩名明淨

BD15355號　大方廣佛華嚴經（晉譯六十卷本　聖本）卷四五　（39–13）

空中迴轉莊嚴一切衆寶鈴曇摩華雜寶師
子座莊嚴虛空尒時東方過不可說佛剎微
塵等世界海有世界名金剛雲明淨燈莊嚴
佛号明淨妙德王彼大衆中有菩薩名明淨
願光明與不可說佛剎微塵等菩薩俱來向
此土興種種雲莊嚴虛空所謂興天華雲散
天末香雲雨天鬘帶雲雨天寶雲天莊嚴雲
天寶蓋雲天寶衣雲天幢蓋雲充滿虛空以
可悅樂衆寶莊嚴來詣佛所礼拜供養即於
東方化作一切莊嚴樓閣寶蓮華藏師子之
座如意寶網羅覆其身與其眷屬結跏趺坐
南方過不可說佛剎微塵等世界有世界名
金剛藏佛号普照妙德王彼大衆中有菩薩
名不可壞精進勢王與不可說佛剎微塵等
菩薩俱來向此土皆悉齎持一切妙香神力
持諸普勲一切佛世界海執持一切摩尼寶
網華鬘瓔珞寶衣寶像妙德光明諸莊嚴具
一切妙師子寶以為莊嚴神力持故充滿一
切諸佛世界來詣佛所礼拜供養即於南方
化作白淨妙寶樓閣普照十方寶蓮華藏師
子之座結跏趺坐以寶華網羅覆其身西方
過不可說佛剎微塵等世界有世界名寶燈
須弥山幢佛号法界智燈彼大衆中有菩薩

BD15355 號　大方廣佛華嚴經（晉譯六十卷本　聖本）卷四五　　（39–14）

化作白淨妙寶樓閣普照十方寶蓮華藏師
子之座結跏趺坐以寶華網羅覆其身西方
過不可說佛剎微塵等世界有世界名寶燈
須弥山幢佛号法界智燈彼大衆中有菩薩
名无上普妙德王與世界海微塵等菩薩俱
來向此土興不可說佛剎微塵等種種色香
須弥山雲充滿一切法界不可說佛剎微塵
等種種色香水須弥山雲充滿一切法界不
可說佛剎微塵等種種色摩尼寶王須弥山
雲充滿一切法界不可說佛剎微塵等種種
色光明莊嚴寶幢須弥山雲充滿一切法界
不可說佛剎微塵等種種色金剛藏摩尼寶
王須弥山雲充滿一切法界不可說佛剎微
塵等閻浮檀寶幢須弥山雲充滿一切法界
不可說佛剎微塵等摩尼寶王遍照一切法
界須弥山雲普覆虛空一切如來不可說佛
剎微塵等相好摩尼寶王普照須弥山雲充
滿一切衆生境界一切如來為菩薩時不可
說佛剎微塵等所行須弥山雲充滿法界一
切如來示現不可說佛剎微塵等莊嚴道場
來詣佛所礼拜供養即於西方化作一切香
王樓閣以真珠寶網羅覆其上如帝釋幢寶
蓮華藏師子之座結跏趺坐金色寶網羅覆

BD15355 號　大方廣佛華嚴經（晉譯六十卷本　聖本）卷四五　　（39–15）

切如來示現不可說佛剎微塵等莊嚴道場
來諸佛所礼拜供養畢於西方化作一切香
王樓閣以真珠寶網羅覆其上如帝釋幢寶
蓮華藏師子之座結跏趺坐金色寶網羅覆
其身如意寶王為髻明珠北方過不可說佛
剎微塵等世界有世界名寶衣光明幢佛号
法界虛空妙德彼大衆中有菩薩名无㝵妙
德藏王與世界海微塵等菩薩俱來向此土
以一切寶繒雲莊嚴虛空神力持故充滿虛
空雜寶衣雲雜香熏衣雲日幢摩尼寶衣雲
金色妙衣雲衆寶網衣雲閻浮檀金色莊嚴
衣雲白淨寶衣雲明淨寶王衣雲妙光寶衣
雲海莊嚴寶王衣雲莊嚴虛空神力持故皆
悉充滿一切虛空來詣佛所礼拜供養畢於
北方化作大海摩尼寶王樓閣琉璃寶蓮華
藏師子之座結跏趺坐妙寶王網羅覆其身
清淨寶王為髻明珠東北方過不可說佛剎
微塵等世界有世界名救離垢歡喜光明網
佛号无㝵眼彼大衆中有菩薩名法界善化
願月王與世界海微塵等菩薩俱來向此土
興寶樓閣雲皆悉充滿一切世界香樓閣雲
香烟樓閣雲華樓閣雲栴檀樓閣雲金剛樓
閣雲摩尼樓閣雲金樓閣雲寶衣樓閣雲鋒

願月王與世界海微塵等菩薩俱來向此土
興寶樓閣雲皆悉充滿一切世界香樓閣雲
香烟樓閣雲華樓閣雲栴檀樓閣雲金剛樓
閣雲摩尼樓閣雲金樓閣雲寶衣樓閣雲鋒
曇摩樓閣雲皆悉普覆一切佛剎來詣佛所
礼拜供養畢於東北方化作一切法界門寶
山樓閣不可稱香王寶蓮華藏師子之座結
跏趺坐摩尼華網羅覆其身妙莊嚴藏摩尼
寶王以為天冠東南方過不可說佛剎微塵
等世界有世界名香雲莊嚴幢佛号龍自在
王彼大衆中有菩薩名法義慧炎王與世界
微塵等菩薩俱來向此土興无量金色圓滿
光雲普覆虛空无量寶色圓滿光雲佛白豪
相圓滿光雲衆寶雜色圓滿光雲寶蓮華藏
圓滿光雲衆寶樹華圓滿光雲如來无見頂
相圓滿光雲閻浮檀金色圓滿光雲日光圓
滿光雲月光圓滿光雲普覆虛空來詣佛所
礼拜供養畢於東南方化作明淨摩尼寶王
樓閣金剛寶蓮華藏師子之座結跏趺坐寶
炎光網羅覆其身西南方過不可說佛剎微
塵等世界有世界名日光藏佛号法月普照
智王彼大衆中有菩薩名壞散一切衆魔智
幢王與世界微塵等菩薩俱來向此土一一

樓閣金剛寶蓮華藏師子之座結跏趺坐寶
炎光網羅覆其身西南方過不可説佛刹微
塵等世界有世界名曰光藏佛号法月普照
智王彼大衆中有菩薩名壞散一切衆魔智
幢王與世界微塵等菩薩俱来向此土一一
毛孔普興虚空界等寶華炎雲遍照一切世
界放香炎雲衆寶炎雲金剛炎雲香烟炎雲
大龍自在電光炎雲明淨摩尼寶炎雲金色
寶炎雲妙德藏摩尼寶王網炎雲一一毛孔
各放虚空界等如来光明海雲普照三世来
詣佛所礼拜供養即於西南方化作一切方
門光網普照法界摩尼樓閣香燈炎寶蓮華
藏師子之座結跏趺坐摩尼寶藏王妙光明
網羅覆其身冠一切衆生向解脱音摩尼寶
王冠西北方過不可説佛刹微塵等世界有
世界名淨願摩尼寶藏佛号普明淨妙德須
弥山王彼大衆中有菩薩名明淨願智幢王
與世界微塵等菩薩俱来向此土於念念中
一切相好一切毛孔皆出三世一切諸佛身
雲充備一切虚空界又出一切菩薩身雲一
切如来眷屬身雲一切如来變化身雲一切
如来本生身雲一切聲聞緣覺身雲一切如
来道場菩提樹雲一切如来自在雲一切世
界王身雲一切嚴淨佛刹雲於念念中一切

BD15355號　大方廣佛華嚴經（晉譯六十卷本　聖本）卷四五　（39–18）

一切相好一切毛孔皆出三世一切諸佛身
雲充備一切虚空界又出一切菩薩身雲一
切如来眷屬身雲一切如来變化身雲一切
如来本生身雲一切聲聞緣覺身雲一切如
来道場菩提樹雲一切如来自在雲一切世
界王身雲一切嚴淨佛刹雲於念念中一切
相好一切毛孔皆出如是等雲充滿虚空来
詣佛所礼拜供養即於西北方化作諸方清
淨摩尼妙寶樓閣清淨一切衆生摩尼寶
蓮華藏師子之座結跏趺坐堅固光明真珠
寶網羅覆其身首冠普覆摩尼寶冠下方過
不可説佛刹微塵等世界有世界名一切如来
光圓滿清淨佛号无閡虚空智幢王彼大衆
中有菩薩名壞散一切障智慧勢王與世界
微塵等菩薩俱来向此土於一一毛孔出一
切衆生語海音雲三世菩薩行海音雲一切
菩薩願音雲一切菩薩成滿清淨波羅蜜音
雲一切菩薩行妙音聲雲充滿一切世界一
切菩薩積集自在音雲一切菩薩往詣道場
降伏衆魔成最正覺自在音雲一切諸佛轉
正法輪脩多羅音雲隨其所應化度衆生方
便音雲令一切衆生隨時方便得妙智慧善
根音雲来詣佛所礼拜供養即於下方化作
諸佛寶光明藏莊嚴樓閣寶蓮華藏師子之
座結跏趺坐普照道場摩尼寶王為髻明珠

BD15355號　大方廣佛華嚴經（晉譯六十卷本　聖本）卷四五　（39–19）

降伏眾魔成最正覺自在音雲一切諸佛轉
正法輪脩多羅音雲隨其所應化度眾生方
便音雲令一切眾生隨時方便得妙智慧善
根音雲來詣佛所礼拜供養即於下方化作
諸佛寶光明藏莊嚴樓閣寶蓮華藏師子之
座結跏趺坐善眼道場摩尼寶王為髻明珠
上方過不可說佛剎微塵等世界有世界名
說无盡覺佛号圓滿普智光音彼大眾中有
菩薩名分別法界智通王與世界海微塵等
菩薩俱來向娑婆世界釋迦牟尼佛所一切
相好一切毛孔一切支節一切身分一切莊
嚴具一切衣服中出盧舍那等過去一切諸
佛未來一切已受記佛未受記佛現在十方
一切世界一切諸佛及眷屬雲皆悉顯現過
去所行檀波羅蜜及受施者皆悉顯現過去
所脩尸波羅蜜持戒清淨過去羼提波羅蜜
割截支節心不動亂過去脩習毗梨耶波羅
蜜過去脩習一切如來禪波羅蜜海過去脩
習一切如來轉淨法輪過去一切悉捨不著
壽命過去歡喜樂求諸菩薩道過去出生菩
薩清淨大莊嚴願過去一切菩薩力波羅蜜
過去一切菩薩圓滿智慧皆悉具足出如是
等諸自在雲充滿法界皆悉顯現來詣佛所

BD15355號　大方廣佛華嚴經（晉譯六十卷本　聖本）卷四五　（39–20）

蜜過去脩習一切如來禪波羅蜜海過去脩
習一切如來轉淨法輪過去一切悉捨不著
壽命過去歡喜樂求諸菩薩道過去出生菩
薩清淨大莊嚴願過去一切菩薩力波羅蜜
過去一切菩薩圓滿智慧皆悉具足出如是
等諸自在雲充滿法界皆悉顯現來詣佛所
礼拜供養即於上方化作金剛莊嚴藏樓閣
青金剛寶蓮華藏師子之座結跏趺坐一切
寶網羅覆其身三世佛号摩尼寶王為髻明
珠是諸菩薩及其眷屬皆悉具足普賢行願
成就三世諸佛清淨智眼轉一切佛淨妙法
輪攝取諸佛勝妙音聲脩多羅海具足一切
菩薩自在究竟彼岸於念念中悉詣一切諸
如來所現自在力一身充滿一切世界能於
一切如來眾中現清淨身於一微塵中悉能
示現一切世界隨所應化成就眾生未曾失
時於一毛孔出一切佛妙法雷音知眾生界
皆悉如幻知一切佛悉如電光知一切有趣
皆悉如夢知一切果報如鏡中像知一切眾
生如熱時炎知一切世間皆如變化具足成
就如來十力无所畏法於大眾中能師子吼
深入无盡一切辯海決定了知一切眾生語
言法海於淨法界行无导行知一切法皆悉

BD15355號　大方廣佛華嚴經（晉譯六十卷本　聖本）卷四五　（39–21）

生如熱時炎知一切世間皆如變化具足成
就如來十力无所畏法於大衆中能師子吼
深入无盡一切辯海決定了知一切衆生語
言法海於淨法界行无畏行知一切法皆悉
无諍具足菩薩諸通妙智勤脩精進摧伏諸
魔安住三世勝妙智慧无所染著清淨妙行得
佛莊嚴一切智地知一切有悉无所有深入
一切法界智海以不壞智入一切世界於一
切世界普現自在示現一切世界受生智一
切世界種種形色以微細境界現廣佛刹以
廣佛刹現微細境界於一念中住一切佛住
得一切佛住持智身得清淨慧了知十方一
切刹海於一念中悉能出生无量自在遍滿
十方一切世界海此諸菩薩皆悉成就如是
等无量功德滿祇洹林皆是如來威神力故
尒時諸大聲聞舍利弗目揵連摩訶迦葉離
波多須菩提阿㝹盧豆難陁金毗羅迦栴延
富樓那弥多羅尼子如是等諸大聲聞在祇
洹林而悉不見如來自在如來莊嚴如來境
界如來變化如來師子吼如來妙功德如來
自在行如來勢力如來住持力清淨佛刹如
是等事皆悉不見亦復不見不可思議菩薩
大會菩薩境界自在變化菩薩眷屬隨所來
方妙寶莊嚴諸師子座菩薩宮殿三昧自在

BD15355號　大方廣佛華嚴經（晉譯六十卷本　聖本）卷四五　（39–22）

洹林而悉不見如來自在如來莊嚴如來境
界如來變化如來師子吼如來妙功德如來
自在行如來勢力如來住持力清淨佛刹如
是等事皆悉不見亦復不見不可思議菩薩
大會菩薩境界自在變化菩薩眷屬隨所來
方妙寶莊嚴諸師子座菩薩宮殿三昧自在
周遍觀察菩薩奮迅勤行精進供養諸佛菩
薩受記長養善根菩薩受身清淨法身智身
願身色身相好无量光明圓滿莊嚴放大光
網變化身雲菩薩充滿一切方網菩薩諸行
圓滿具足如是等事一切聲聞諸大弟子皆
悉不見何以故脩習別異善根行故本不脩
習能見如來自在善根亦不脩習淨佛土行
又不讃歎見佛自在所得功德不於生死中
教化衆生發阿耨多羅三藐三菩提心亦不
安立衆生於佛菩提亦不守護如來種性令
不斷絶亦不攝取一切衆生亦不成就諸波
羅蜜不爲衆生稱歎勝妙智慧眼地亦不脩
習一切智行不求諸佛離世善根然不出生
自在淨刹不求菩薩諸通明眼不脩菩薩境
界不壞善根亦不知出生佛力住持菩薩大願
又亦不知諸法如幻菩薩集會悉皆如夢亦
不脩習菩薩離生聖行之心不得普賢清淨
知眼是諸功德不與聲聞辟支佛共以是因

BD15355號　大方廣佛華嚴經（晉譯六十卷本　聖本）卷四五　（39–23）

自在浄刹不求菩薩諸通明眼不脩菩薩境
界不壞善根亦不出生佛力住持菩薩大願
又亦不知諸法如幻菩薩集會悉皆如夢亦
不脩習菩薩離生聖行之心不得普賢清浄
知眼是諸功德不與聲聞辟支佛共以是因
緣諸大弟子不見不聞不入不知不覺不念
不能遍觀亦不生意何以故此是菩薩智慧
境界非諸聲聞智慧界是故諸大弟子在祇
洹林不見如來自在神力亦无三昧清浄智眼
於微細處見諸境界亦无法門神力境界亦
无諸力勝妙功德亦无是處智亦无智眼能
見聞覺知及生意念亦不樂說不能讚嘆不
能顯現不能施與不能勸化安立衆生於彼
妙法何以故以聲聞乘出三界故又以滿足
聲聞之道住聲聞果不能具足无所有智住
真實諦常樂寂靜遠離大悲常自調伏捨離
衆生是故雖與如來對面而坐不能覺知神
變自在譬如餓鬼裸形飢渴舉身燒然爲諸
鵰狼毒獸所逼往詣恒河欲求水飲或見枯
竭或見灰炭所以者何悉由宿行罪業障故
一切聲聞亦復如是雖在祇洹不覩如來自
在神力所以者何无明障瞖覆浄眼故譬如
有人於大會中昏寢夢見諸天城郭帝釋宮
殿園觀林池衆寶莊嚴散諸雜華寶樹行列

BD15355號　大方廣佛華嚴經（晉譯六十卷本　聖本）卷四五　（39–24）

變自在譬如餓鬼裸形飢渴舉身燒然爲諸
鵰狼毒獸所逼往詣恒河欲求水飲或見枯
竭或見灰炭所以者何悉由宿行罪業障故
一切聲聞亦復如是雖在祇洹不覩如來自
在神力所以者何无明障瞖覆浄眼故譬如
有人於大會中昏寢夢見諸天城郭帝釋宮
殿園觀林池衆寶莊嚴散諸雜華寶樹行列
妙衣覆上諸天男女遊戲其中自然妙音共
相娯樂受天快樂其人自覩安住此處見天
宮殿无量莊嚴其餘大會悉不知見所以者
何覺夢異故一切菩薩世界諸王亦復如是
如彼夢中无所不見深入菩薩妙法門故積
集善根出生一切智願故決定明了佛功德
故正向菩薩知擔道故滿足一切智故滿足
普賢諸行願故得一切菩薩圓滿地故得一切
菩薩三昧自在故行一切菩薩无量智故
是故一切諸大菩薩悉覩如來不可思議神
變境界深入明達究竟彼岸一切聲聞諸大
弟子皆不能知譬如雪山有諸藥草賢明良
醫悉分別知雖有捕獵放牧人等遊止彼山
悉不能知菩薩摩訶薩亦復如是具足一切
智出生一切菩薩自在明了如來神足變化
彼諸聲聞大弟子衆雖處祇洹悉不覺知所

BD15355號　大方廣佛華嚴經（晉譯六十卷本　聖本）卷四五　（39–25）

悉不能知菩薩摩訶薩亦復如是具足一切
智出生一切菩薩自在明了如來神足變化
彼諸聲聞大弟子衆雖處祇洹悉不覺知所
以者何常求自安不廣濟故譬如地中有諸
寶藏唯咒術者悉能別知記録庫藏以自資
給奉養父母振恤親屬極濟貧乏菩薩摩訶
薩亦復如是以淨慧眼入佛自在不可思議
神力境界普入无量方便大海諸三昧海恭
敬供養一切諸佛守護正法以四攝法攝取
衆生諸大聲聞雖處祇洹不覩如來自在神
變譬如盲人至大寶洲行住坐卧不見衆寶
此諸聲聞亦復如是在祇洹林大法寶洲覩
侍世尊不覩如來自在神變菩薩大衆所以
者何不得菩薩清淨眼故不能次第覺法界
故譬如有人以明淨藥而用塗眼於夜闇中處
在大衆悉見衆人行住坐卧餘人不見如來
亦尒遠得无㝵清淨智眼悉能知見一切世
間示現无量自在神變及菩薩衆諸大聲聞
不覩如來自在神變及菩薩衆譬如比丘在
大會中入一切處定所謂地水火風无衆生
境界其餘大衆悉不能見地水火風乃至境
界諸一切處如來所現不可思議菩薩悉見
諸大聲聞不知不見譬如有人以曀身藥自
塗其目行住坐卧无能見者唯有彼人悉能

BD15355號　大方廣佛華嚴經（晉譯六十卷本　聖本）卷四五　（39–26）

不覩如來自在神變及菩薩衆譬如比丘在
大會中入一切處定所謂地水火風无衆生
境界其餘大衆悉不能見地水火風乃至境
界諸一切處如來所現不可思議菩薩悉見
諸大聲聞不知不見譬如有人以曀身藥自
塗其目行住坐卧无能見者唯有彼人悉能
覩見如來亦復如是永離世間无能見者唯
一切智菩薩境界非諸聲聞之所能知如人
從生有二種天常隨侍衛一日同生二日同
名天常見人人不見天如來神變亦復如是
非諸聲聞所能知見唯諸菩薩乃能覩見譬
如比丘於大衆中入滅盡定不捨諸根亦不
滅度而不知見諸大衆事所以者何滅定力
故諸大聲聞亦復如是處祇洹林大衆之中
諸根現前而不覩見如來神變不入不知不
覺不念不生心意所以者何以如來境界甚
深弥曠難知難見難得原底无有限量遠離
世間不可思議无能壞者非諸聲聞緣覺境
界尒時明淨願光明菩薩承佛神力觀察十
方以偈頌曰

瞻察堅固人　菩提難思議　祇洹林顯現　无量自在力
如來神力持　顯現无量德　世間悉迷惑　不知諸佛法
法王甚深法　无量難思議　顯現大變化　一切莫能測
如來莊嚴相　讃嘆不可盡　以法无相故　宣明一切佛
最勝於祇洹　顯現自在力　甚深不可議　遠離諸言道

BD15355號　大方廣佛華嚴經（晉譯六十卷本　聖本）卷四五　（39–27）

方以偈頌曰
瞻察堅固人　菩提難思議　祇洹林顯現　无量自在力
如来神力持　顯現无量德　世間悉迷惑　不知諸佛法
法王甚深法　无量難思議　顯現大變化　一切莫能測
如来莊嚴相　讚嘆不可盡　以法无相故　宣明一切佛
最勝於祇洹　顯現自在力　甚深不可議　遠離語言道
觀察无量德　菩薩衆雲集　不思議刹来　供養於最勝
悉滿諸大願　常脩无㝵行　一切諸世間　莫能知其心
一切諸緣覺　无量大聲聞　皆悉不能知　菩薩行境界
菩薩大智慧　一切莫能壞　遠離諸亂想　究竟深智地
宿大名稱人　深入无量定　顯現自在力　充滿諸法界
尒時不可壞精進勢王菩薩承佛神力觀察
十方以偈頌曰
瞻察真佛子　功德智慧藏　究竟菩薩道　安隱諸世間
无量智明鑒　禪定心不動　智慧甚深廣　境界不可測
閑靜祇洹林　无量妙莊嚴　菩薩皆充滿　悉依正覺住
无量大衆海　一切无所著　十方来會此　處華師子座
除滅衆虛妄　一切无所染　離垢无㝵心　究竟諸法界
建立智慧幢　不動如金剛　諸法无變化　示現无量變
一切十方界　无量億佛刹　悉能遍往詣　而亦不分身
瞻仰釋師子　无量力自在　以佛威神故　十方大衆集
佛子悉究竟　一切諸言道　佛法不可壞　安住法界地
法性不可壞　牟尼甚深法　向身及味身　分別无窮盡
尒時无上普妙德王菩薩承佛神力觀察十

BD15355號　大方廣佛華嚴經（晉譯六十卷本　聖本）卷四五　（39–28）

一切十方界　无量億佛刹　悉能遍往詣　而亦不分身
瞻仰釋師子　无量力自在　以佛威神故　十方大衆集
佛子悉究竟　一切諸言道　佛法不可壞　安住法界地
法性不可壞　牟尼甚深法　向身及味身　分別无窮盡
尒時无上普妙德王菩薩承佛神力觀察十
方以偈頌曰
瞻察堅固人　智慧廣圓滿　善知時非時　為衆演說法
遠離諸外道　調伏諸論師　隨其所應化　為現自在力
正覺非量法　亦非无量法　牟尼悉超越　有量无量法
譬如明淨日　除滅一切闇　導師智亦然　普照三世法
譬如十五日　圓滿明淨月　最勝亦如是　白淨法圓滿
譬如虛空中　淨日光明曜　普照於一切　佛自在亦然
譬如虛空性　一切无障㝵　世間燈如是　自在无障㝵
譬如大地性　能持諸群生　世間燈法輪　能持亦如是
譬如大風性　飄疾无障㝵　佛法亦如是　速遍諸世間
譬如大水輪　世界所依住　智慧輪亦然　三世佛所依
尒時无㝵妙德藏王菩薩承佛神力觀察十
方以偈頌曰
譬如大寶山　饒益諸群生　如来功德山　饒益亦如是
譬如大海水　清涼而澄淨　如来亦如是　能除勢渴愛
譬如須彌山　安峙於大海　如来山亦然　安住深法海
譬如大海中　能出一切寶　无師智亦然　覺難覺无難
導師甚深智　无量无有數　顯現自在力　无能思議者
譬如工幻師　示現種種事　佛智亦如是　現諸自在力

BD15355號　大方廣佛華嚴經（晉譯六十卷本　聖本）卷四五　（39–29）

譬如大海水　清凉而澄淨　如來亦如是　能除埶渴愛
譬如須弥山　安峙於大海　如來山亦然　安住深法海
譬如大海中　能出一切寶　无師智亦然　覺難覺无難
導師甚深智　无量无有數　顯現自在力　无能思議者
譬如工幻師　示現種種事　佛智亦如是　現諸自在力
譬如如意珠　能滿一切意　最勝亦如是　悉滿諸淨願
譬如明淨寶　悉能照一切　導師智如是　普照一切法
譬如隨方寶　正任諸方現　无导燈亦然　諸法於中現
譬如淨水珠　澄清諸濁水　見佛亦如是　諸根悉清淨
尒時法界善化願月王菩薩承佛神力觀察
十方以偈頌曰
譬如青寶珠　能青一切色　若有見佛者　皆悉同菩提
一一微塵中　最勝現自在　悉能淨无量　无邊諸菩薩
速得甚深法　種種莊嚴事　唯諸菩薩境　世間莫能測
具足諸莊嚴　如來淨妙行　成熟菩薩道　深入諸法界
正覺所示現　不可思議刹　一切現在佛　菩薩悉充滿
釋師子成就　无量自在法　示現大神變　无量无有邊
菩薩種種行　无量无有邊　如來自在力　為之悉顯現
佛子善脩學　甚深諸法界　成就无导智　明了一切法
如來威神力　為衆轉法輪　出生勝功德　令世悉清淨
如來淨境界　甚深圓滿智　實智大龍王　度脫一切衆
尒時法義慧炎王菩薩承佛神力觀察十方
以偈頌曰
最勝有三世　聲聞諸弟子　皆悉不能知　如來舉足事

BD15355號　大方廣佛華嚴經（晉譯六十卷本　聖本）卷四五　（39–30）

菩薩種種行　无量无有邊　如來自在力　為之悉顯現
佛子善脩學　甚深諸法界　成就无导智　明了一切法
如來威神力　為衆轉法輪　出生勝功德　令世悉清淨
如來淨境界　甚深圓滿智　實智大龍王　度脫一切衆
尒時法義慧炎王菩薩承佛神力觀察十方
以偈頌曰
最勝有三世　聲聞諸弟子　皆悉不能知　如來舉足事
去來今現在　一切諸緣覺　亦復不能知　如來舉足事
何况世凡夫　結使所縛纏　愚闇覆淨眼　而能知導師
最勝无量德　具足諸智慧　超出語言道　一切莫能知
譬如明淨月　光明无能知　導師亦如是　功德不可議
如來一方便　出生无量化　无量劫思筭　不能知少分
如來一方便　出生无量德　一切智正法　皆悉无能知
若有求菩提　脩習菩薩行　是彼之境界　所能分別知
不思議方便　超度生死海　若滅吾我心　是則能究竟
清淨心无量　大願悉成滿　速得佛菩提　最勝之境界
尒時壞散一切衆魔智幢王菩薩承佛神力
觀察十方以偈頌曰
大智无导身　非身難思議　如來淨法身　一切莫能測
不思議行業　起此清淨身　无量妙莊嚴　不染於三界
普明照一切　清淨諸法界　開發菩提門　出生深定智
不離諸垢染　除滅一切障　世間明淨日　普放慧光明
永絶生死流　悉令三界淨　具足菩薩德　成就佛菩提
顯現无量色　於彼无所染　所可現衆色　一切莫能思

BD15355號　大方廣佛華嚴經（晉譯六十卷本　聖本）卷四五　（39–31）

大智无导身　非身難思議　如来淨法身　一切莫能測
不思議行業　起此清淨身　无量妙莊嚴　不染於三界
普明照一切　清淨諸法界　開發菩提門　出生深定智
永離諸垢染　除滅一切障　世間明淨日　普放慧光明
永絶生死流　悉令三界淨　具足菩薩德　成就佛菩提
顯現无量色　於彼无所染　所可現衆色　一切莫能思
人王勝智慧　能於念念中　具无量菩提　一切莫能知
具足无盡智　一切莫能壊　彼於一念中　明達三世佛
分別一切業　正念思菩提　於思而非思　隨法寂滅故
甚深不可説　遠離語言道　如来從此起　佛業難思議
尒時明淨願智幢王菩薩承佛神力觀察十
方以偈頌曰
離癡清淨念　聞持一切法　深慧能分別　諸佛无盡海
菩薩決定心　脩習菩薩行　出生甚深智　除滅諸疑惑
其心无疲猒　遠離於懈怠　常勤脩精進　究竟諸佛法
具足信智慧　安住不可動　常樂甚深智　觀察无所着
无量无邊劫　積集諸功德　專心常迴向　諸佛甚深法
雖在生死中　其心无染着　安住諸佛法　常樂如来行
世間諸所有　陰界等諸法　无畏悉除斷　安住佛正法
世間顛倒惑　生死輪常轉　脩習无导行　實利益衆生
菩薩行難穪　一切莫能知　除滅一切苦　安樂諸群生
善覺菩提智　普照諸世間　除滅愚癡闇　度脫一切衆
尒時壊散一切障智慧勢王菩薩承佛神力
觀察十方以偈頌曰

BD15355 號　大方廣佛華嚴經（晉譯六十卷本　聖本）卷四五　（39–32）

世間顛倒惑　生死輪常轉　脩習无导行　實利益衆生
菩薩行難穪　一切莫能知　除滅一切苦　安樂諸群生
善覺菩提智　普照諸世間　除滅愚癡闇　度脫一切衆
尒時壊散一切障智慧勢王菩薩承佛神力
觀察十方以偈頌曰
无量无數劫　佛音難得聞　何況親奉覲　除滅諸疑惑
如来世間燈　究竟一切法　无上勝福田　令衆悉清淨
如来妙色身　一切莫能思　无量劫諦觀　其心无猒足
佛子善觀察　如来妙色身　除滅一切障　究竟成菩提
如来妙色身　出生淨妙音　无导諸辯才　廣開菩提門
普照一切衆　无量難思議　建立大乘智　授以菩提記
功德圓滿日　出興照世間　長養一切世　无量功德力
若有值如来　遠離諸惡道　除滅一切苦　具足智慧身
若有見如来　能發无量心　長養无數智　值遇諸導師
若有見如来　得定菩提心　能自決定智　我必成菩提
尒時分別法界智通王菩薩承佛神力觀察
十方以偈頌曰
菩薩見如来　无量淨功德　皆悉善迴向　究竟一切智
饒益衆生故　如来出世間　具足大悲心　為世轉法輪
一切无能報　大仙普慈恩　不可思議劫　代衆受苦故
无量億劫中　受諸地獄苦　不捨一切衆　悉令得見佛
普能代衆生　具受无量苦　其心无疲惓　為度一切故
一切諸世間　所有惡道苦　如来常處中　悉令聞正法

BD15355 號　大方廣佛華嚴經（晉譯六十卷本　聖本）卷四五　（39–33）

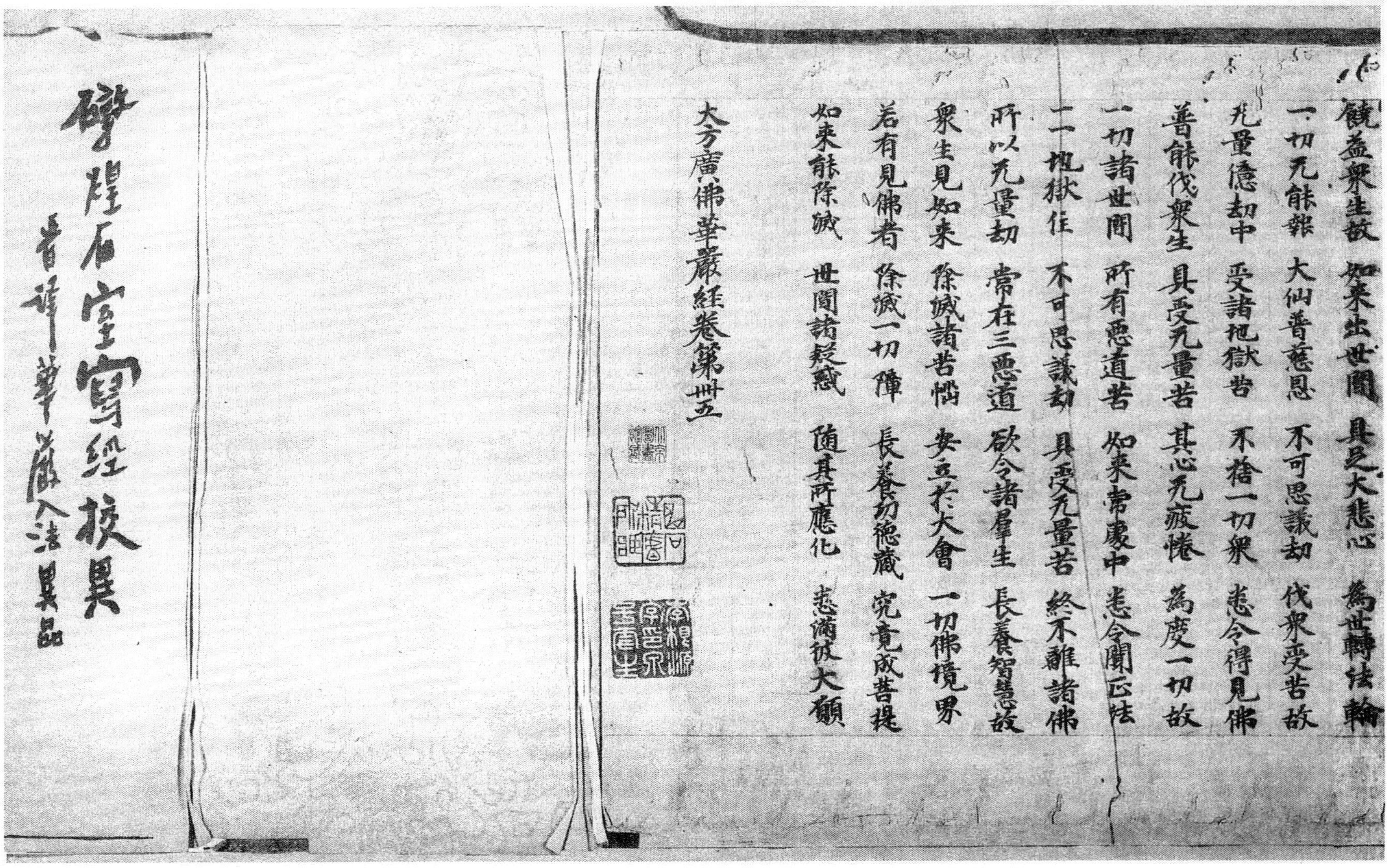

饒益衆生故　如來出世間　具足大悲心　為世轉法輪
一切无能報　大仙普慈恩　不可思議劫　代衆受苦故
无量億劫中　受諸地獄苦　不捨一切衆　悉令得見佛
菩能代衆生　具受无量苦　其心无疲惓　爲度一切故
一切諸世間　所有惡道苦　如來常處中　悉令聞正法
一一地獄住　不可思議劫　具受无量苦　終不離諸佛
所以无量劫　常在三惡道　欲令諸羣生　長養智慧故
衆生見如來　除滅諸苦惱　安立於大會　一切佛境界
若有見佛者　除滅一切障　長養功德藏　究竟成菩提
如來能除滅　世間諸疑惑　隨其所應化　悉滿彼大願

大方廣佛華嚴經卷第卌五

敦煌石室寫經校異
晉譯華嚴入法界品

BD15355 號　大方廣佛華嚴經（晉譯六十卷本　聖本）卷四五　（39–34）

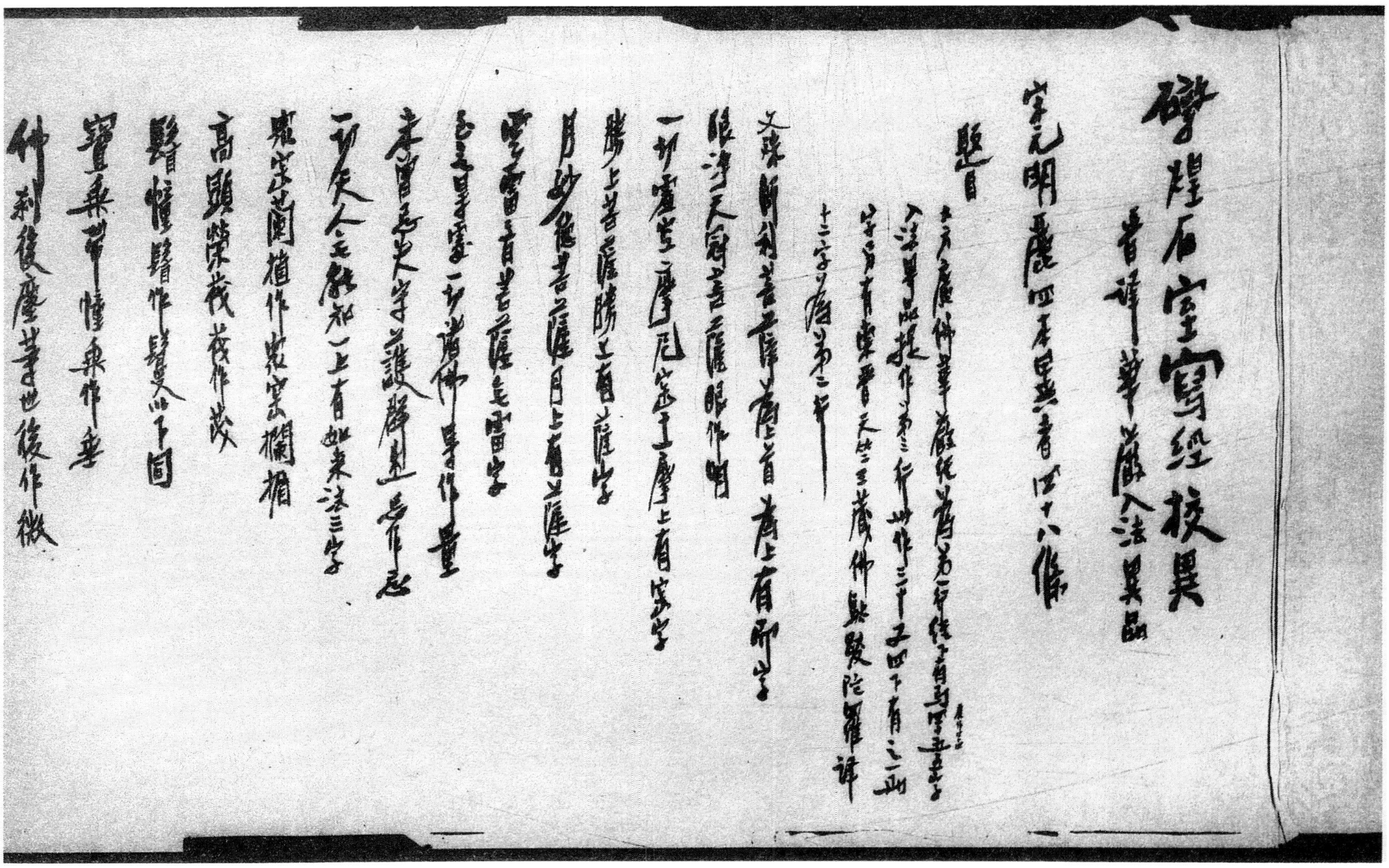

敦煌石室寫經校異
晉譯華嚴入法界品
宋元明麗四本異者廿八條
題目
[illegible]
文殊師利菩薩 [illegible]
眼淨天冠菩薩 眼作明
一切寶光摩尼王 [illegible]
勝上菩薩 [illegible]
月妙德菩薩 [illegible]
雲雷音菩薩 [illegible]
[illegible]
[illegible]
一切天人之敬知 上有如來德三字
寶莊嚴 [illegible] 欄楯
高顯榮茂 茂作茂
翳幢 翳作翳 以下同
寶乘 乘作乘
佛刹微塵等世 微作微

BD15355 號　大方廣佛華嚴經（晉譯六十卷本　聖本）卷四五　（39–35）

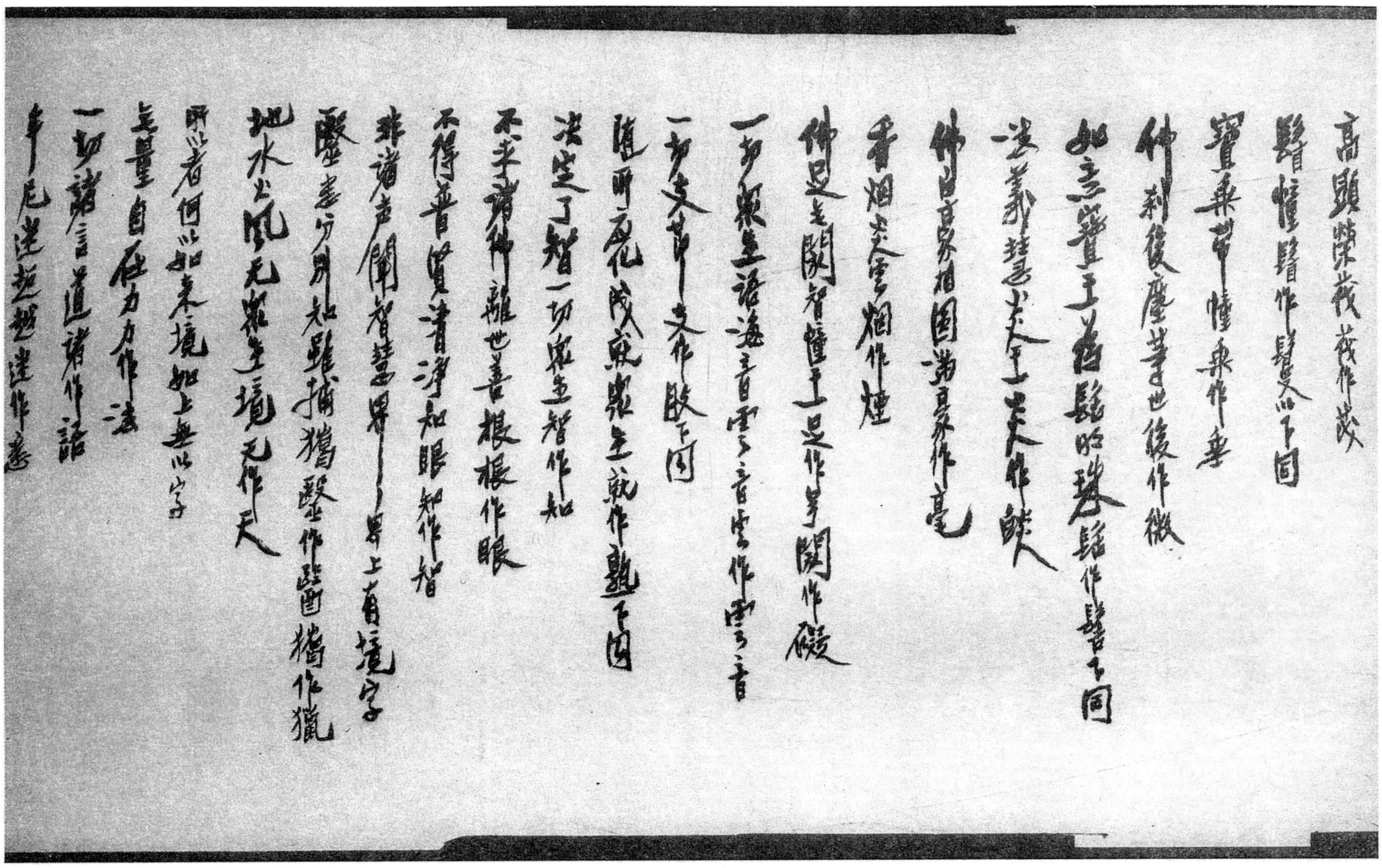

BD15355 號　大方廣佛華嚴經（晉譯六十卷本　聖本）卷四五　　（39–36）

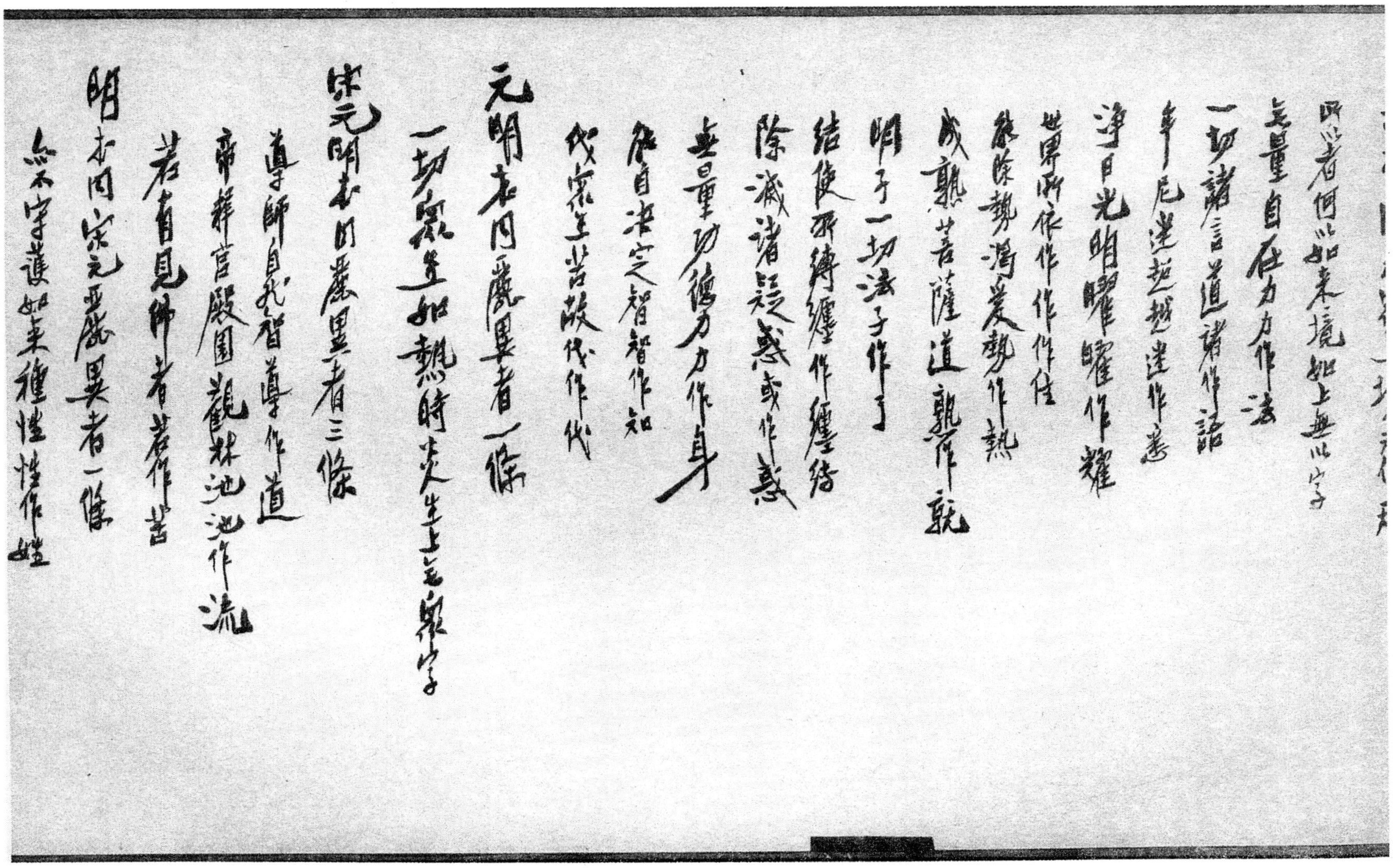

BD15355 號　大方廣佛華嚴經（晉譯六十卷本　聖本）卷四五　　（39–37）

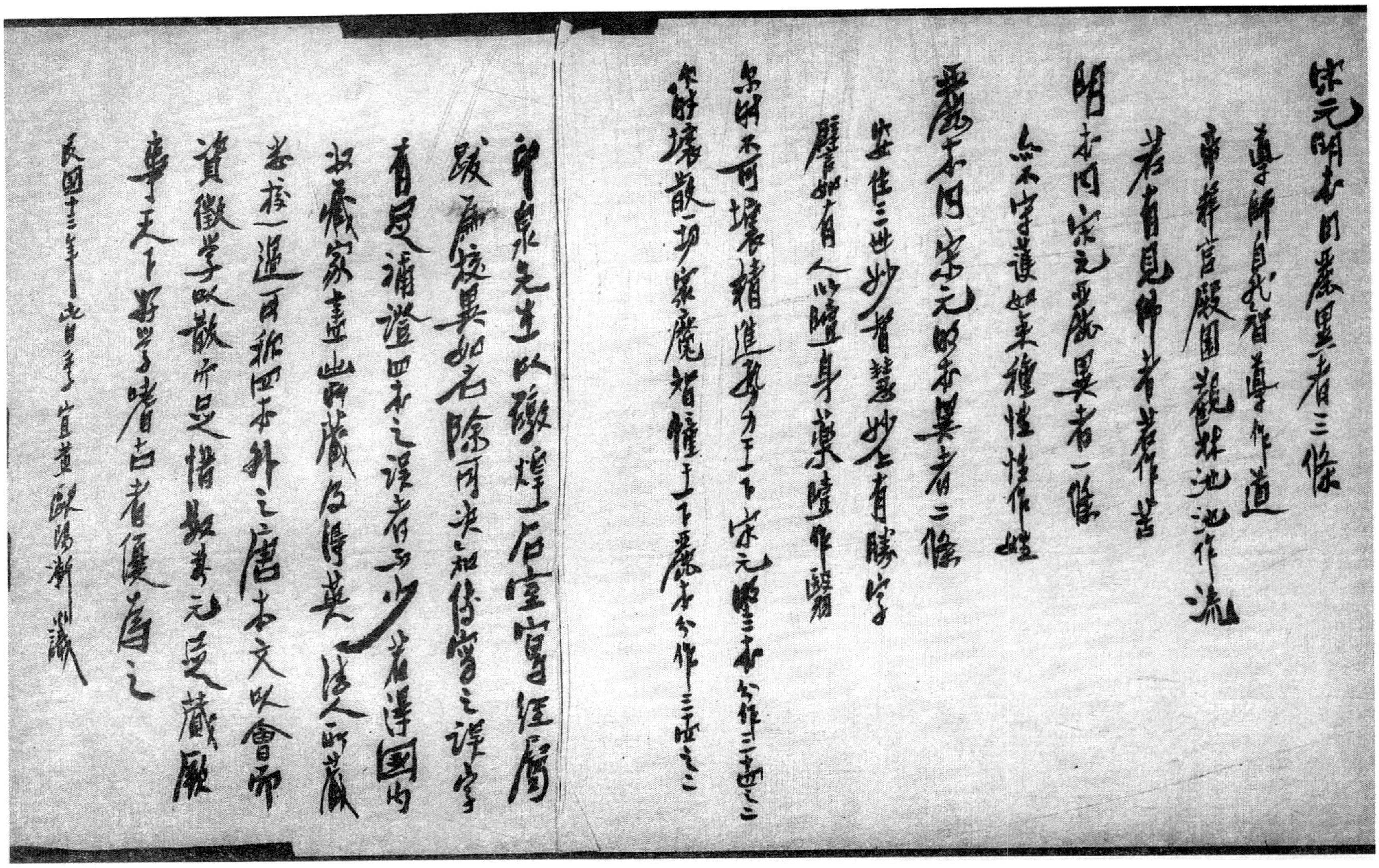

宋元明本同麗異者三條
導師自我智導 導作道
帝釋宮殿園觀林池 池作流
若有見佛者 若作苦
明本同宋元麗異者一條
如來守護如來種性 性作姓
麗本同宋元明本異者二條
安住三世妙智慧 妙下有勝字
譬如有人以墮身藥 墮作[illegible]
各明不可壞精進力 力王下 宋元明三本分作三十四之二
各時壞散一切衆魔智幢王 王下麗本分作三十四之二

印泉先生以燉煌石室寫經屬
跋。爲校異如右。除可決之爲傳寫之誤字
有足補證四本之誤者不少。若澤國內
收藏家盡出所藏，各傳其英，法人所藏
者搜一遍，可於四本外之唐本文以會而
資徵學，以啟所見，惜數未[illegible]足藏斂
導天下好學嗜古者。僕爲之
民國十二年一月九日宜黃歐陽漸識

BD15355 號　大方廣佛華嚴經（晉譯六十卷本　聖本）卷四五　（39–38）

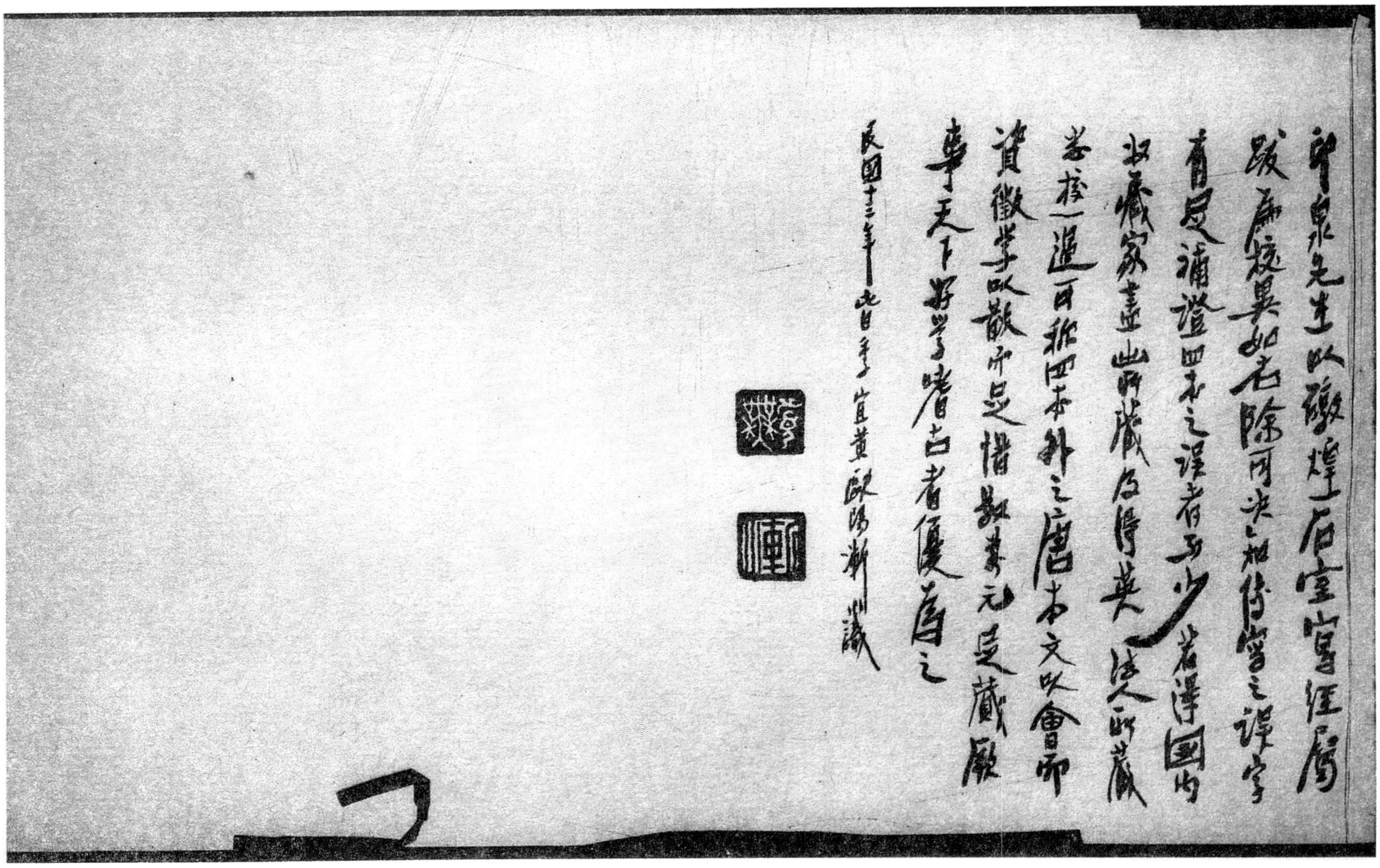

印泉先生以燉煌石室寫經屬
跋。爲校異如右。除可決之爲傳寫之誤字
有足補證四本之誤者不少。若澤國內
收藏家盡出所藏，各傳其英，法人所藏
者搜一遍，可於四本外之唐本文以會而
資徵學，以啟所見，惜數未[illegible]足藏斂
導天下好學嗜古者。僕爲之
民國十二年一月九日宜黃歐陽漸識

BD15355 號　大方廣佛華嚴經（晉譯六十卷本　聖本）卷四五　（39–39）

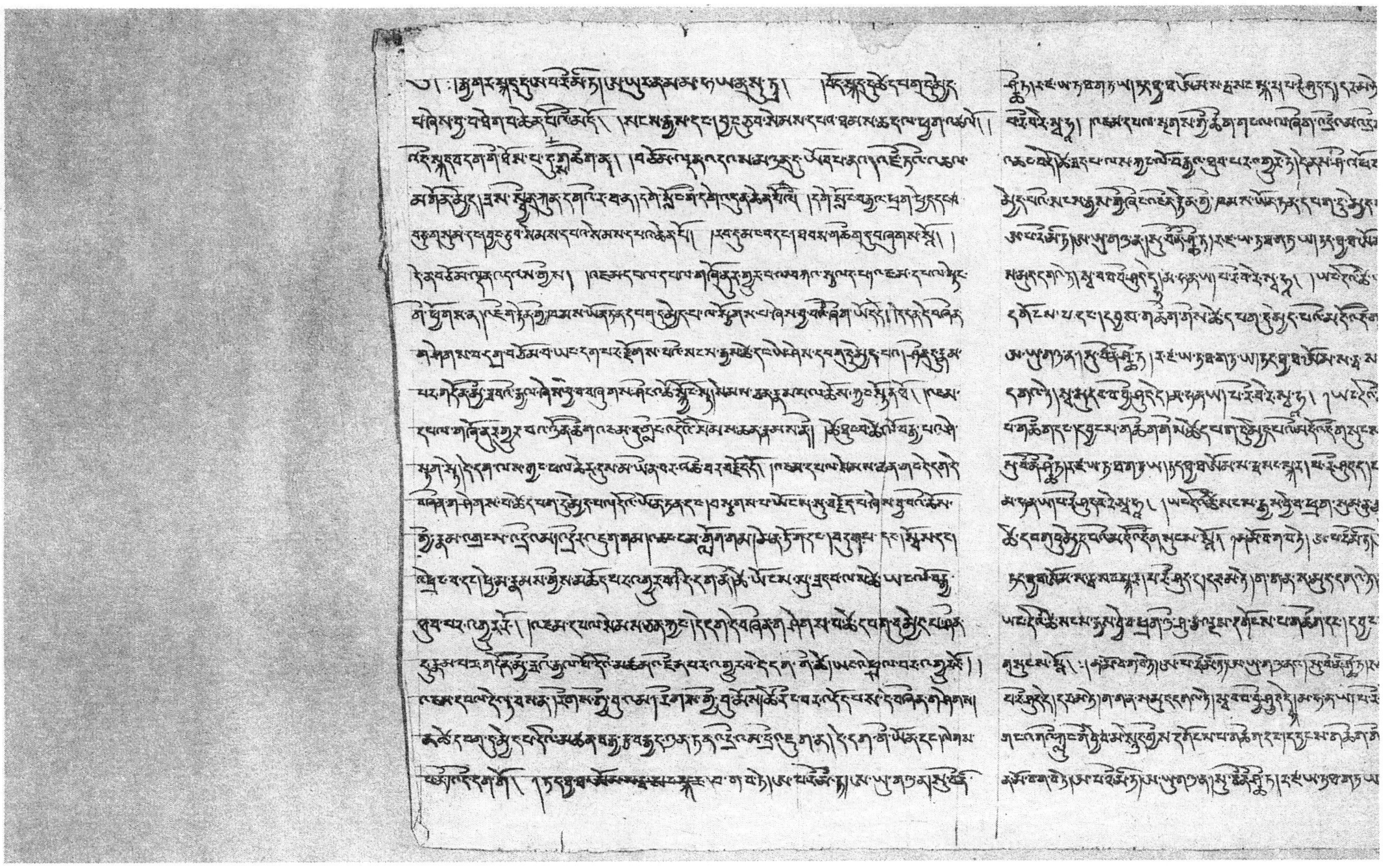

BD15356 號　藏文（無量壽宗要經甲本）　（6–1）

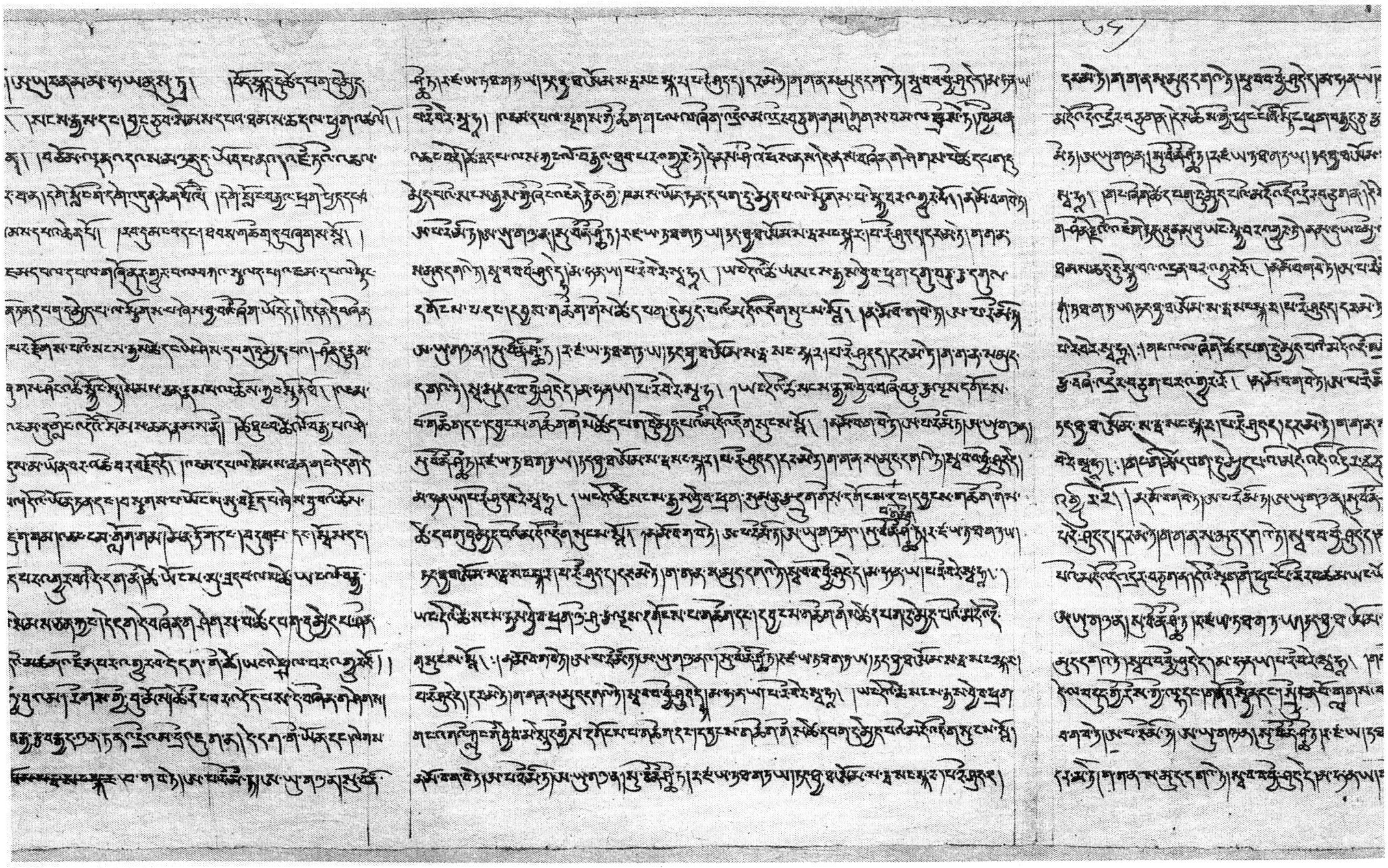

BD15356 號　藏文（無量壽宗要經甲本）　（6–2）

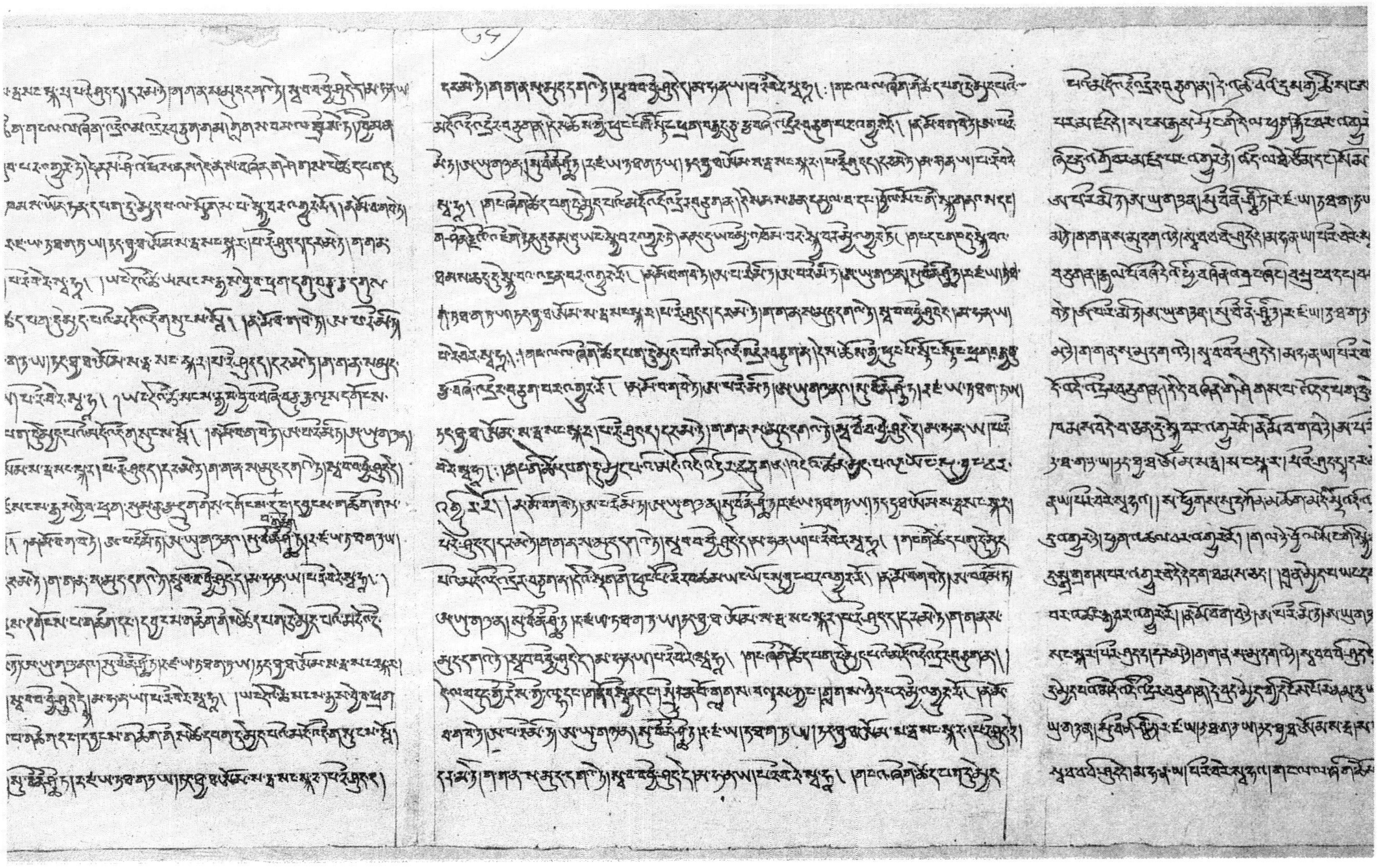

BD15356 號　藏文（無量壽宗要經甲本）　　（6–3）

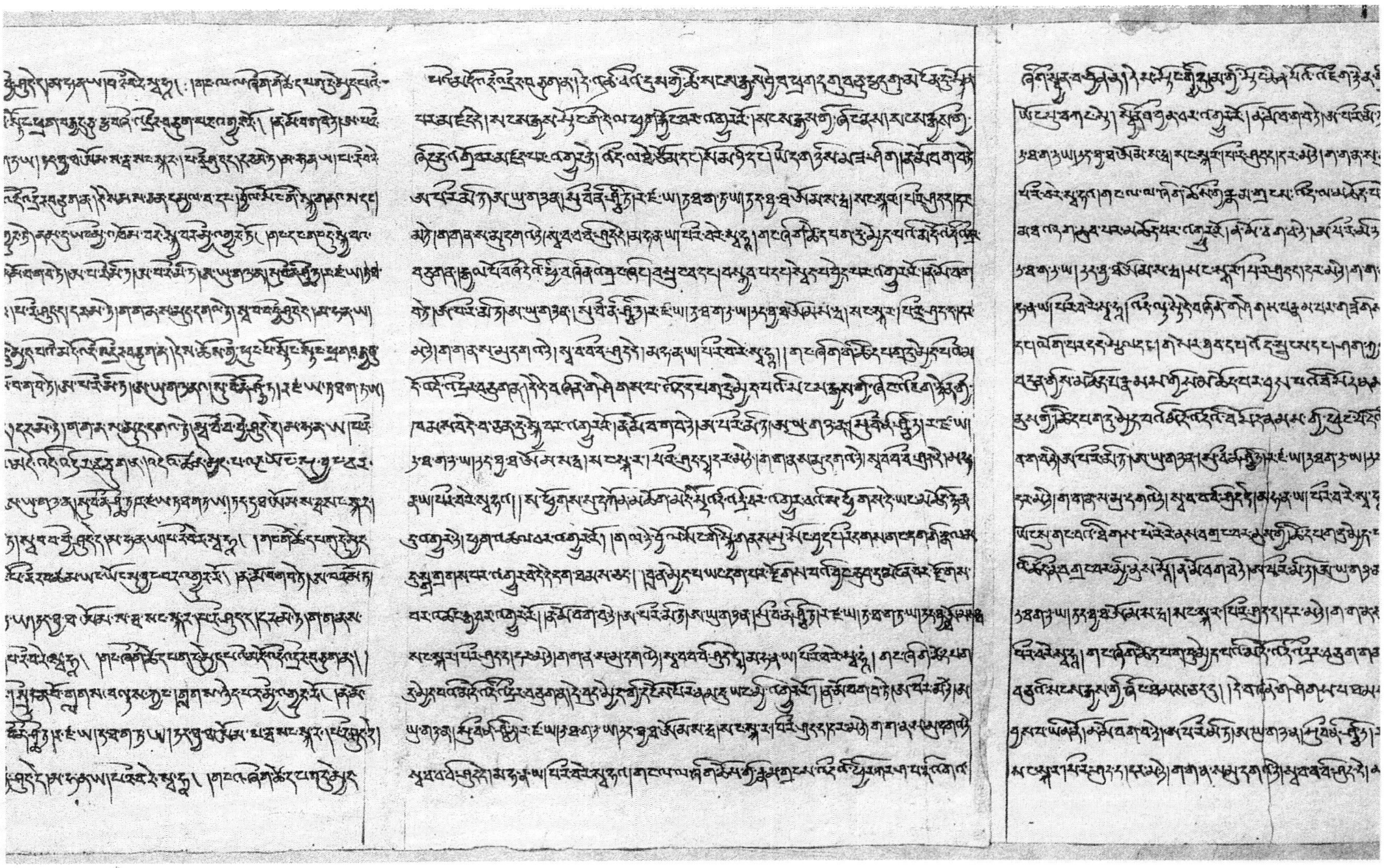

BD15356 號　藏文（無量壽宗要經甲本）　　（6–4）

BD15356 號　藏文（無量壽宗要經甲本）　　（6–5）

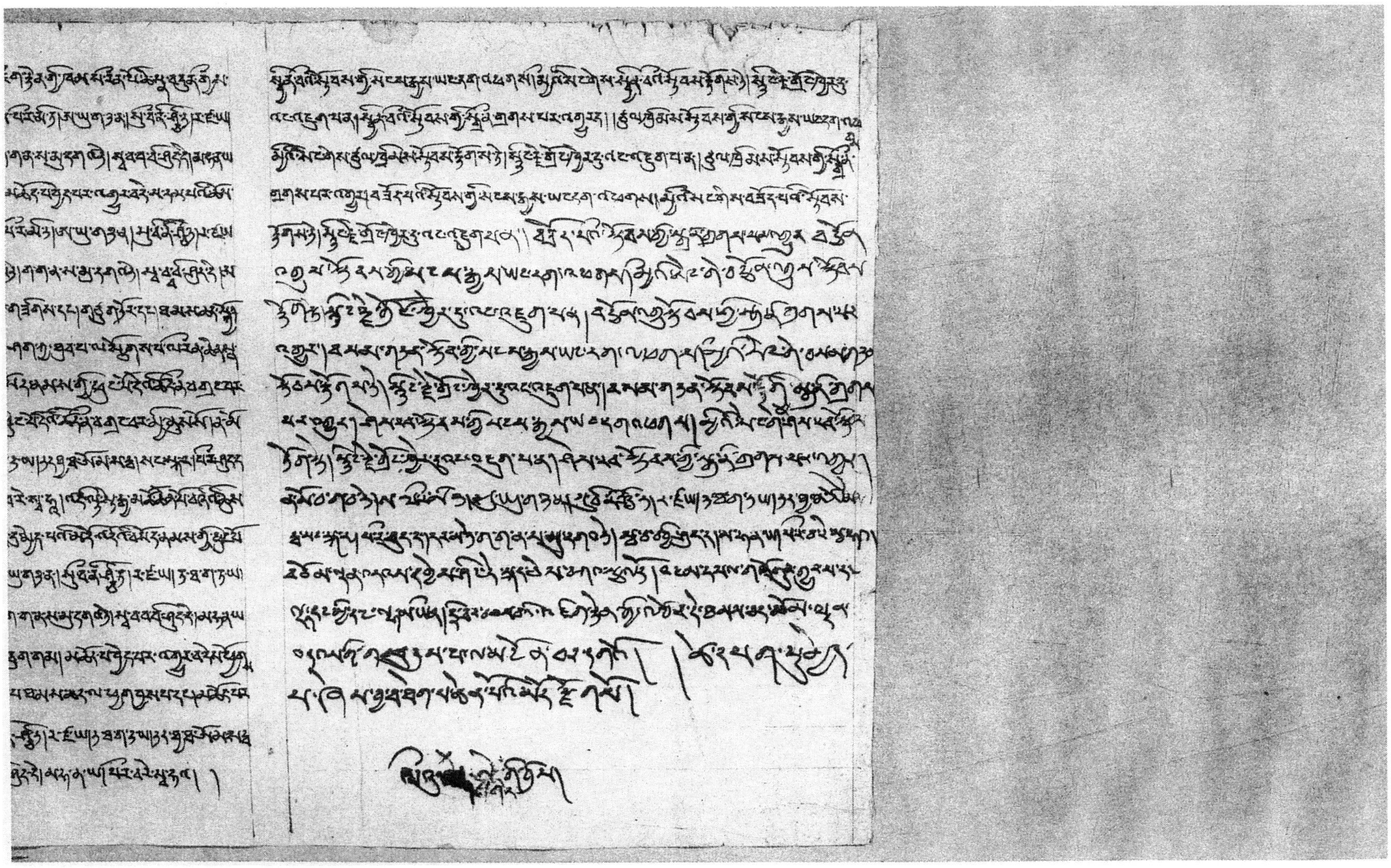

BD15356 號　藏文（無量壽宗要經甲本）　　（6–6）

故須漸受　問一時頓受得三戒者其无作躰為一為三　答但發具戒
一无作躰受无深三无作之躰若尓便是一戒如何答言三　答比丘受
得防煞无作与沙弥俗人同戒者其實躰一是以多論家據其躰望
三人始終位別言得三戒理實无三　問所以得知但一无三　答即此論文
解次第受中俗人下品五戒次中品心受得下品五戒次中品心受沙弥戒前
五戒仍本下品五外發方為中品上品心受具本前二品仍猶下中五十外
發始為上品據其以驗次第漸受三時心別同戒无作尚不發三豈況一
時受者而得有三哉知漸次望位別作三非體有三亦可心論云一切国
而交得三戒者三時漸受〻既時別重發无從有三躰故若論頓受〻
既一時方可名為望位為三非躰有三　次解捨之漸頓若望四受〻
捨但頓羯磨捨受並合漸頓為但羯磨一受〻制名捨兼漸頓問
羯磨頓受既得三戒捨時云何　答義含漸頓若也惡心三戒但捨
則頓失三是名頓捨若言我從沙弥但捨具戒言從優婆塞者又
捨十戒又言我三歸人方捨五戒名為漸頓問受之与捨但頓並漸
或以漸受頓捨此三可尓若本頓受但得具戒一无作體云何漸捨
若得漸捨便成三體如何言一　答比丘一時受防煞无作通沙弥俗人
共有防非是故捨時要心捨具不捨十戒若与沙弥戒同隨心則在故
律文言我從沙弥以十對五義亦同尓故言我從優婆塞是以

則頓失三是名頓捨若言我作沙彌但捨具戒言作優婆塞者亦
捨十戒又言我三歸人方捨五戒名為漸頓問曰之與捨俱頓並漸
或以漸受頓捨此三可尔若本頓受俱得具戒一无作體云何漸捨
若得漸捨便成三體如何言一答比丘一時受防熟无作通沙彌俗人
共有防非是故捨時要心捨具不捨十戒若与沙彌戒同隨心則在故
律文言我作沙彌以十對五義亦同尔故言我作優婆塞是以
論說據幹道三人有共用善義故說並作說三非幹有三如此釋時頓
受漸捨義亦並妨故多言譬如樹葉夏青秋黃冬時則白豈
幹有殊隨時異故樹葉色異而始終一葉戒亦如是常是一戒隨
位異故是以羯磨一受々捨俱頓並漸善來等四唯頓非漸以无作法
捨故　第八優劣　如多論說若就受患者无四受是勝羯磨為劣
若勝羯磨為劣若取住持仏法利益當覓長羯磨一勝餘四受劣言
羯磨劣者羯磨受者内實凡夫福德淺薄感得此戒多諸受患容有
毀上忻下奉持心劣令戒有羸餘四為受内法凡已去理解心中受得斯戒
持心堅固肥而不羸二者羯磨凡夫容有不樂道法捨本所受餘四受法
樂道情慇理无退捨三者羯磨容有轉為二形餘四受法法爾无此變
四者羯磨受人或起邪見斷捨善根羯磨受或有上四故稱為劣餘四受
法无前過非是以名勝此對始興若聖人受名是其勝言一勝四劣者羯磨
一受乃具六義一是時長謂通現未二處遍三方除鬱單日三報兼男
女四位該凡聖五所被无數六多聖作法以斯諸義仏法始終以白羯磨
為宗本能經續三寶住无邊利益有住持之功莫大羯磨故說為勝餘
四受中善來一受終盡雙林自外三受四閒即止又局閻浮不該餘二凡聖位若報局
男女對前六義互各闕少雖經切幾故稱四劣發戒緣竟　第二弁受解於次
中四門料簡　第一釋名出體　二戒先後　第二受隨同異
第三弁發戒緣第四所發多少第一言釋名者戒相雖衆義要二種一
曰作戒二无作戒先釋別名作与无作次解通名所目之戒言作者謂方
便身口起動進作稱之為作故心論云作者身動方便言无作者身動
滅已与餘識俱彼法隨生名為无作如善受戒識汙无記心現在前善
戒隨生惡戒亦尔次釋通名戒者此作俱有懲防咸稱為戒依善生經

男女對前六義互各闕少縱縫功義故稱四者發戒緣竟　第二弁受隨於
中四門料簡　第一釋名出體　第二戒先後　第三受隨同異
第三弁發戒緣　第四明發多少　第一言釋名者戒相雖眾義要二種一
曰作戒二无作戒先釋別名作与无作次解通名所目之戒言作者謂方
便身口起動進作稱之為作故心論云作者身動方便言无作者身動
滅已与餘識俱彼法隨生名為无作如善受戒穢汙无記心現在前善
戒隨生惡戒亦尔次釋通名戒者此作俱有懸防咸稱為戒依善生經
通有五名一名為制制斷一切諸不善故名為戒又名迮隘雖有諸惡性不
容受故名戒又名清涼遮熱煩惱令不入故又名為上能上天堂至
无上道又戒然於五中迮隘清涼是義名名餘三因名問何故得
知有作无作答諸論廣明二種戒體一如心論第三羯磨剎那作及无
作根本業道又云身口作前二有對身口无作俱不可見无對二多論
云初念戒有身口教及无教第二念唯有无教无有教數十住毗婆沙云
律儀善根有其二種一者有作二者无作作者是色非心以斯文故明知
戒有二種問何須作无作者答若无其作无作无所從生若无无作
不可一形防非故須兩戒此位言耳如上法得戒以道力故得无作戒　次弁
戒體者依多論作戒无作並是色法為體此義可謂六種分別一有為
无為分別二戒俱是有為法聚非三无為故第二有為中三聚分別作无
作戒並色法為體心及四相不相應法是其戒因故論云及无作假色
是分別色陰第三色聚中三色分別一可見有對色謂色入二不可見有對
色謂五根四塵三不可見无對色謂法入中无作若言作戒前二色收
无作戒者第三色攝故伽心二論云身作可見有對口作不見可有
對身口无作俱不可見无對論其身作前二色中皆色入攝口作
戒者是聲入收非餘八色其二无作并法入攝此作无作俱是色
陰第四就色聲中報方便分別色雖通報及方便然身作是方便非
報故心論云作者身動身方便口作唯方便以聲非報法故身口二无作
非報非方便第五三性分別身口色聲是善非餘兩故心論云以清淨
心動身口名善作等即向初色有廿種前十二唯无記後八高下長短
方圓正不正通三性局取善邊身作戒体[illegible]

對身口无作俱不可見无對論其身作前二色中唯色入攝是色
戒者是聲入法非餘八色其二无作並法入攝此作无作俱是色
陰第四就色聲中報方便分別色雖通報及方便然身作是方便非
報故心論云作者身動身方便口作唯方便以聲非報法故身口二无作
非報非方便第五三性分別身口色聲是善非餘兩故心論云以清淨
心動身口名善作等即向初色有廿種前十二唯无記後八高下長短
方圓正不正通三性局取善邊身作戒體三聲之中謂除第二因
不受四大聲如風雲等唯无記故就初因受四大聲第三因俱聲
此二邊通三性中亦取善聲身邊為口作體況論身口无作通於二性今論
戒故是善性攝第六始終分別此善作中通於終始不取始謂始從
請師終至羯磨未竟要心未熟善而非戒第三羯磨一剎那頃要
期心滿思願成就善而是戒故局取終然依得終宗无作之戒定用
非色非心為體作戒者取文不定或有取文色心為體故論文言業
者非直音聲要以心力助成故知身業亦以心力助成明知二業色入為體又
引論文以心為體是故論言離心无思无身口業故知二業思心為體又假
色為身口業體故論云身口業依此四大意心業
依此若身口業非四大為體性者意心業依心亦不應以心為體然意
業依心故即說意業用心為體故知身業此四大動為業業无別
體即用四大作體口業者四大想擊於中出聲聲成音曲有所表彰
以為字句為口作業業无別體用聲成音曲有所表彰以為字
句為口作業業无別體用聲聲假體是成音曲有所表彰以為字
句為口作業業无別體用聲作體是以論云是法名聲性法入所攝故以
遠從四大即聲成故用聲為體身業退依四大故即用所依四為體
次明二戒先後依心論說似一時得故文言第二一念作无作根本業道
又云初念戒有教无教後次第生戒但有无教无有教考故知
一時然无作三時有非戒者一者因時无作但是作但是非全戒體
二身是果時无作无作有二一是作俱二是形俱形俱一種方是戒體
三謂果後唯局形俱此是戒體然其果時有形俱故明一時得者依
此宗然先後發實云 問言何名為无作答第二一念須名為无作以

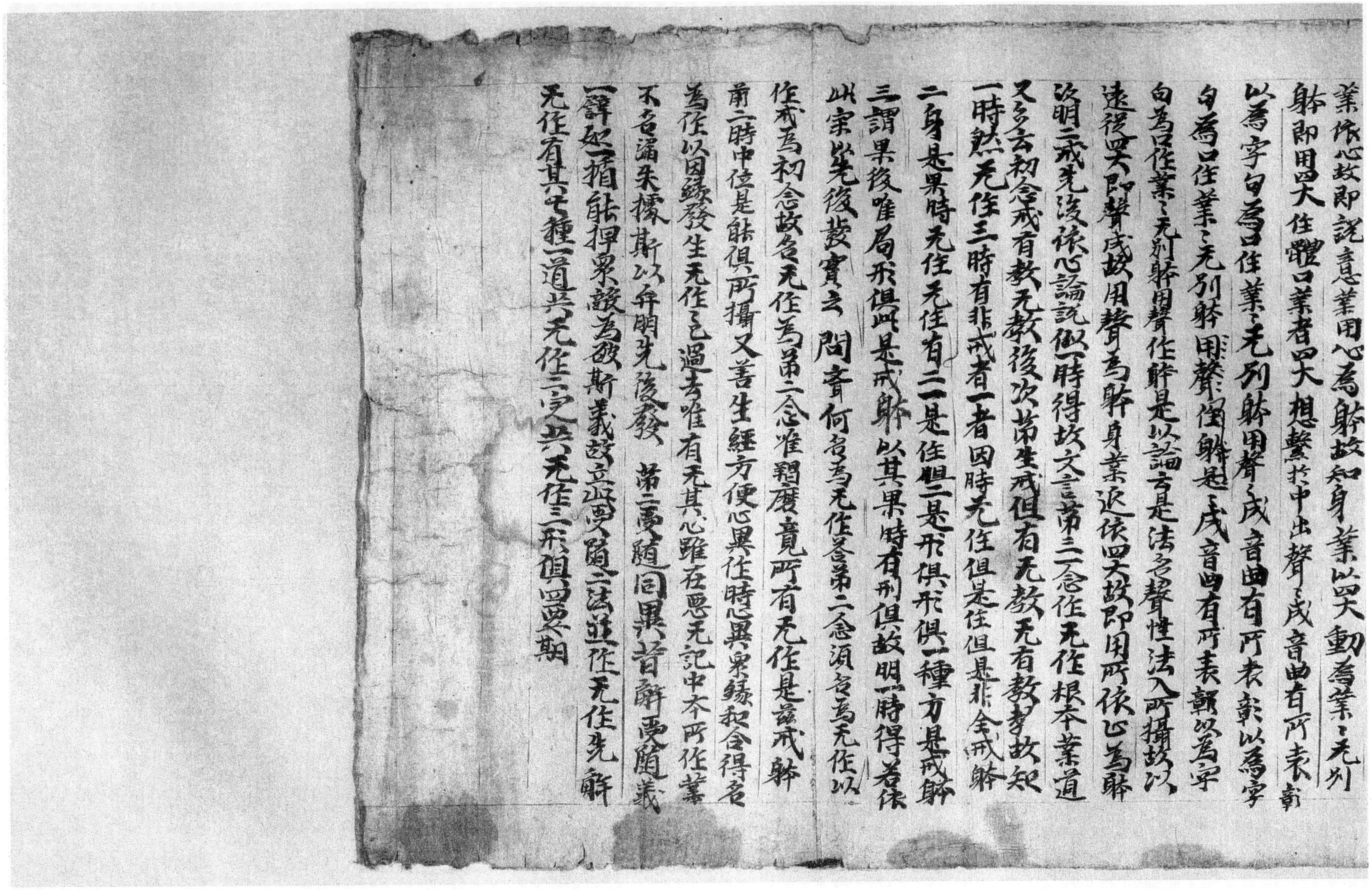

業依心故即說意思業用心爲體故知身業以四大動爲業〻无別
體即用四大作體口業者四大想聲於中出聲〻成音曲有所表彰
以爲字句爲口作業〻无別體用聲〻成音曲有所表彰以爲字
句爲口作業〻无別體用聲〻假體是〻成音曲有所表彰以爲字
句爲口作業〻无別體用聲作體是以論云是法名聲性法入所攝故以
遠從四大即聲成故用聲爲體身業還依四大故即用所依心爲體
次明二戒先後依心論說似一時得故文言第二一念作无作根本業道
又多云初念戒有教无教後次第生戒但有无教无有教者故知
一時然无作三時有非戒者一者因時无作但是作但是非全戒體
二身是果時无作〻〻有二一是作但二是形俱形俱一種方是戒體
三謂果後唯局形俱此是戒體以其果時有形俱故明一時得若依
此宗此先後義實之　問者何名爲无作答第二念須名爲无作以
作戒爲初念故名无作爲第二念唯翻覆意所有无作是其戒體
前二時中位是能俱所攝又善生經方便心異作時心異衆緣和合得名
爲作以因緣發生无作〻已過去唯有无其心雖在惡无記中本所作業
不名漏失據斯以辨明先後發　第二受隨同異者辨受隨義
一釋如一猶能得衆證爲致斯義故立此四受隨二法並作无作先辨
无作有其七種一道共无作二定共无作三形俱四要期

BD15357號　四分戒本疏卷一　（5–5）

萌生於不善處故 經彼業亦不作念我今能作種子識因愛亦不作念我能潤於種子之識彼
種子識亦不作念我今從此衆緣而生 此六明四法无作者也 經文可見 經雖然種子之識[illegible]
業田及愛所潤无明覆壞所生之處入於母胎能生名色之芽 此七明无作者而[illegible]
經彼名色芽亦非自作亦非他作非自他俱作非自在化亦非時變非自性生非假作者亦非
无因而生 此八明果无作者 經文如上所釋 經雖然父母和合時及餘緣和合之時无我之
法无我我所猶如虛空彼諸幻法因及衆緣无不具足故係彼生處入於母胎則能成就執
受種子之識名色之芽 此九明體成也 言无我法者无自在者謂作法故言无我者是无
我性故无我也 言无我所者无有我人先趣意故自此已上明人无我也 言猶如虛空者自性
空故 若如是者何故此處因緣法耶 故言彼諸幻法因及衆緣无不具足譬如幻化雖无
性相因及衆緣无不具足而現有生 此亦是如與理无違 此顯法无我也 十明雖現有多業
時不受其報 文分為四 一明現業 二明生業 三明後業 四明不定業 初又分二 一牒 二合
經如眼識生時至乃至諸餘眼等隨類而識知之 此初牒也 八文 一標 二問 三答 四作用 五餘
成 六因无作者 七果无作者 八雖无作者而成其果 經如眼識生時若具五緣而則得生
此初標也 經云何為五 此二問也 經所謂依眼色明空依作意故眼識得生 此三答也
經此中眼則能作眼識所依色則能作眼識之境明則能為顯現之事空則能為不障
之事 作意能為思相之事 此四明作用也 經若无此衆緣眼識不生若內入眼无不具
足如是乃至色明空作意无不具足之一切和合之時眼識得生 此五明餘成也 經彼眼
亦不作是念我今能為眼識所依色亦不念我今能作眼識之境明亦不作念我今能
[illegible]

BD15358號　大乘稻芉經隨聽手鏡記　　（4–1）

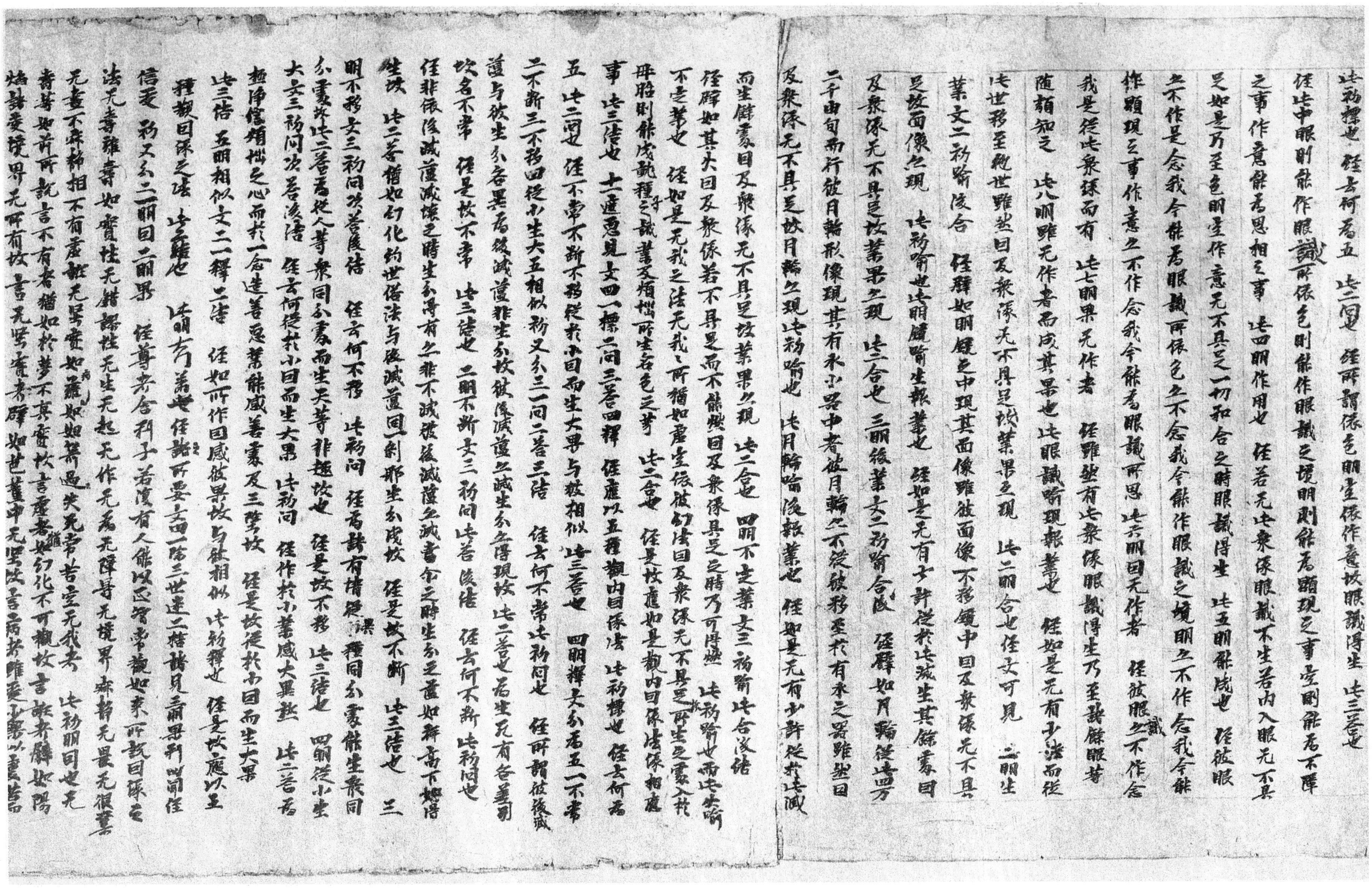

BD15358號　大乘稻芉經隨聽手鏡記　　（4–2）

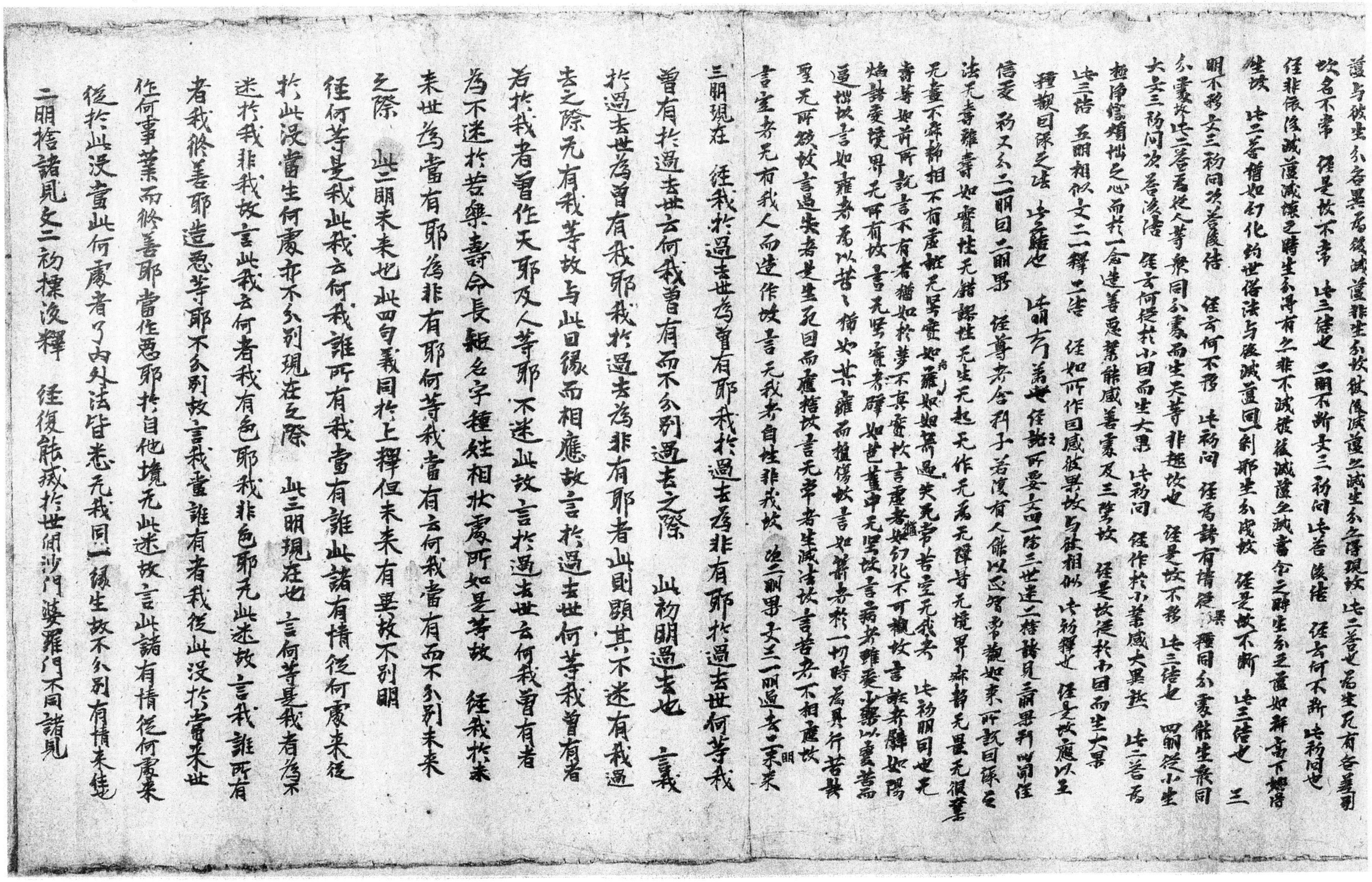
三明現在　經我於過去世為曾有耶我於過去世為非有耶於過去世何等我
曾有於過去世云何我曾有有而不分別過去之際　此初明過去也　言義
於過去世為曾有我耶我於過去為非有耶者此則顯其不迷有我過
去之際无有我等故與此因緣而相應故言於過去世何等我曾有者
若於我者曾作天耶及人等耶不迷此故言於過去世云何我曾有有者
為不迷於苦樂壽命長短名字種姓相狀處所如是等故　經我於未
來世為當有耶為非有耶何等我當有云何我當有有而不分別未來
之際　此二明未來也此四句義同於上釋但未來有異故不別明
經何等是我此我云何我誰所有我當有誰此諸有情從何處來從
於此沒當生何處亦不分別現在之際　此三明現在也　言何等是我者為不
迷於我非我故言此我云何者我有色耶我非色耶无此迷故言我誰所有
者我稱善耶造惡等耶不分別故言我當誰有者我從此沒於當來世
作何事業而稱善耶當作惡耶於自他境无此迷故言此諸有情從何處來
從於此沒當此何處者了內外法皆悉无我同一緣生故不分別有情來去
二明捨諸見文二初標後釋　經復能棄於世間沙門婆羅門不同諸見

BD15358 號　大乘稻芉經隨聽手鏡記

（4–3）

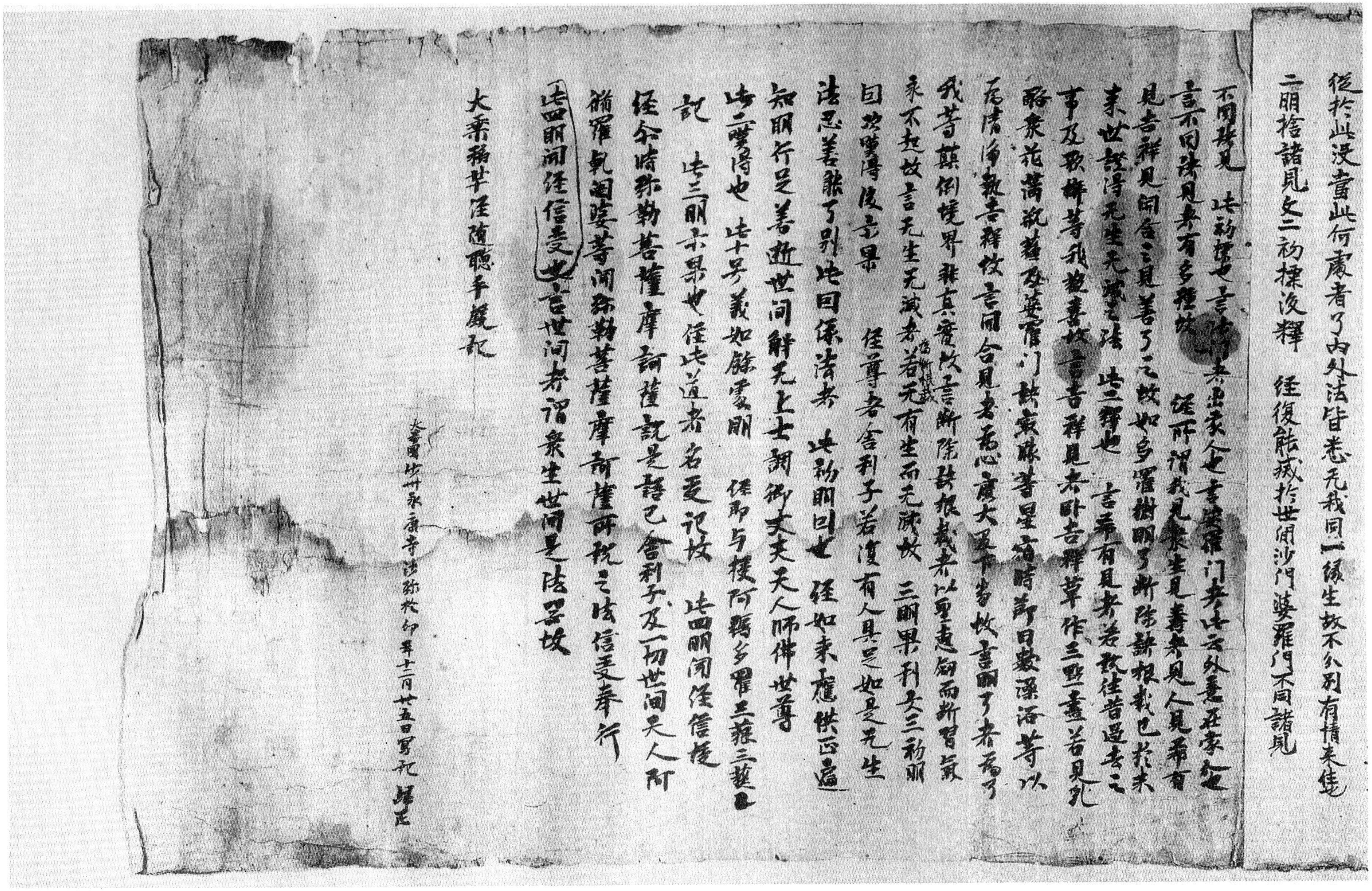

（4–4）

BD15358號　大乘稻芉經隨聽手鏡記

志成就納法。在心目之為受。言隨戒者，受興於前，持心後起，義順
受體，說之為隨。二門各開為兩。謂受門二：一者為鄣戒法，有為不能紀
起，藉因託緣，然後方發，故明緣者，（能發之緣既有其緣必有所得故次第二門義戒體言之）是以位階聖凡，報殊男女，託
緣不同。四分律并五種受戒：一曰善來，二稱上法，三名歸四，四曰八敬，五曰紹
摩斯之五，名僧如常釋。第二言受體者，標要而論，不出二種：一曰作
戒，二无作戒。言作戒者，方便身口，造趣營為，稱之為作。二无作者，發
續現四心，三性殆來，恒有不發，藉緣辯字，曰无作。斯之二種，俱有體
防同稱為戒者也。作戒以色為體，言无作戒非色非心。　第三次弁
隨戒二門者：第一專精不犯，第二犯已能悔。言專精者，上行之流
一往順教，惡離善行，稱曰專精。但持有二：一明止持，二明作持。言止
持者，念智捨等，護身口不違諸惡，稱之為止；止而无違，順受光
潔，故曰止持。言作持者，奉順聖教，作法作事，對事作法
稱之為作；作而順受，故号作持。第二犯已能悔者，不謹之人，放縱
身口，遠禁興過，不循善行，汙本所受，名之為犯。慙愧追謝還
令復本，亦名為持。雖非一往善成，然亦毀而還復。第二白法故名
犯已能懺悔持。然犯有二：一者作犯，現違聖教，廣造諸過，稱為
作犯；二者止犯，不准教奉脩，止而有違，故名止犯。對斯二犯，悔而還
復上稱為持。上來[illegible]

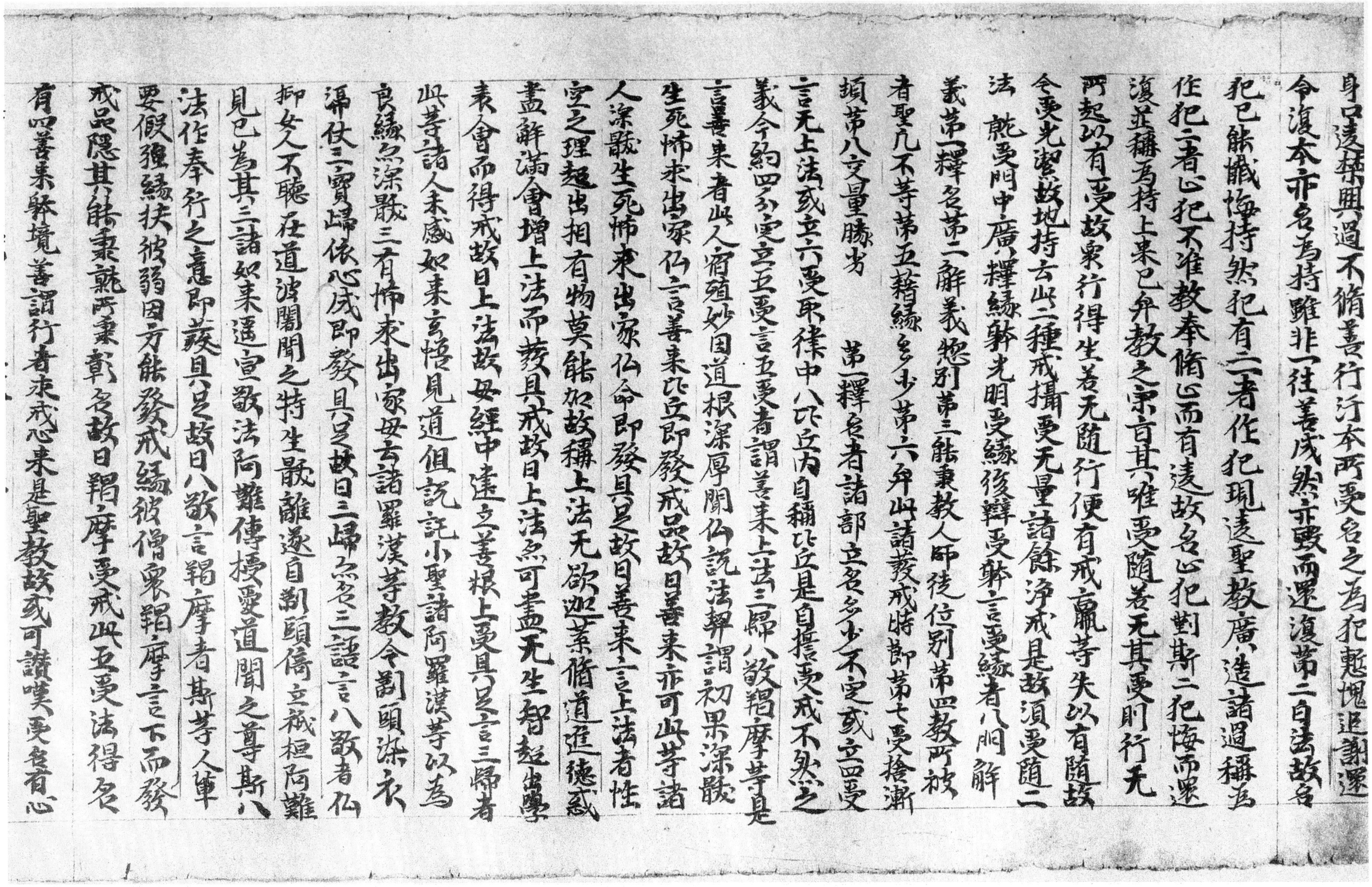
身口違禁興過不循善行汙本所受名之為犯慙愧追謝還
令復本亦名為持雖非一往善成然亦毀而還復第二白法故名
犯已能懺悔持然犯有二一者作犯現違聖教廣造諸過稱為
作犯二者止犯不准教奉脩止而有違故名止犯對斯二犯悔而還
復並稱為持上來已并教之宗旨其唯受隨若无其受則行无
所起以有受故衆行得生若无隨行便有戒羸等失以有隨故
令受光潔故地持云此二種戒攝受无量諸餘淨戒是故須受隨二
法　就受門中廣釋緣觧光明受緣後釋受觧言受緣者八門解
義第一釋名第二解義揔別第三能秉教人師徒位別第四教所被
者聖凡不等第五藉緣多少第六并此諸發戒時節第七受捨漸
頓第八支量勝劣　　第一釋名者諸部立名多少不定或立四受
言无上法或立六受取律中八比丘內自稱比丘是自誓受戒不殺之
義今約四分定立五受言五受者謂善來上法三歸八敬羯磨等是
言善來者此人宿殖妙因道根深厚聞佛說法解謂初果深厭
生死怖求出家佛言善來比丘即發戒品故曰善來亦可此等諸
人深厭生死怖求出家佛命即發具足故曰善來言上法者性
空之理超出相有物莫能加故稱上法无欲巡業脩道進德感
盡解滿會增上法而發具戒故曰上法亦可盡无生智起出學
表會而得戒故曰上法故母經中遠立之善根上受具足言三歸者
此等諸人未感如來玄悟見道但說詑小聖諸阿羅漢等以為
良緣亦深厭三有怖求出家母云諸羅漢等教令剃頭染衣
滆仗三寶歸依心成即發具足故曰三歸亦名三語言八敬者佛
抑女人不聽在道波闍聞之特生厭離遂自剃頭倚立祇桓阿難
見已為其三請如來還宣敬法阿難傳授受道聞之尊斯八
法作奉行之意即發具足故曰八敬言羯磨者斯等人輩
要假彊緣扶彼弱因方能發戒緣彼僧衆羯磨言下而發
戒品隱其能秉就所秉彰名故曰羯磨受戒此五受法得名
有四善來從境善謂行者求戒心來是聖教故或可讚嘆受名有心

滿伏三寶歸依心成即發具足故曰三歸亦名三語言八敬者仏
抑女人不聽在道波闍聞之特生厭離遂自剃頭伺立祇桓阿難
見已為其三請如來還宣敬法阿難傳授愛道聞之尊斯八
法作奉行之意即發具足故曰八敬言羯磨者斯等人輩
要假强緣扶彼弱因方能發戒緣彼僧衆羯磨言下而發
戒品隱其餘兼就所兼彰名故曰羯磨受戒此五受法得名
有四善來幹境善謂行者求戒心來是聖教故或可讚嘆受名有心
受戒仏言善來故亦上法從境又可當幹受名建立善根上受具足故謂
盡无生智歸敬二受約境就心羯磨從教亦可功德謂名辯事故
第二惣別四受是別羯磨是惣以從遠緣彰名或四或六而羯磨統收故
說為惣問羯磨受戒既有四緣何故獨彰名者何釋云從餘緣彰名乃
有多種今且隱別就通以彰名羯磨何足為妨　第三秉人多論判
言見諦自得餘六從他彼對七受釋故今類彼論以判此五遠而言之盡
從仏受以仏出世有是法故若以義推上法得戒名為自受餘之四種是
從他得云何上法名為自受論云以根本而言由仏說法得證无漏義於
具足名從仏受以義而推自以盡智明明現前而得具戒又名自得
不從他受故心論云若法者仏五比丘受師等者尒何故論云從
他教得答此據遠因而說善來八敬是仏所秉名從仏受三歸羯磨第
子所秉是從第子教重下得　第四所被分別四分律存善來受戒居
在聖位故律中云見法得法得證已去律得无漏解厭心出家至
順之極方應善來發具足戒內凡已還想心所聞非至順之極故闕不
度又上法受者要第四果以其或盡解滿故尒三歸八敬內凡已上是以多
論此二受法不羸不捨故知內凡已去言羯磨受者始興為凡興已後
三入人通被如涅槃經淨行梵志得初果已羯磨為受四分律中蓮
花色尼亦同例　第五藉緣多少善來受戒具四緣得一證初果文言見
法得法已而有出家善心文言欲於如來法中修梵行三假剃仏形文云
前白仏言四假仏教謂聖命善來上法受戒具三緣發一假仏教授如見論
說二有祈戒心是以餘文羅漢沙弥无出家意故但得其果明須有心三
得无漏現解謂盡智現前即得具戒三語受戒三緣亦具三緣一假第子形

BD15359號　四分戒本疏卷一　（4–3）

論興二受法不羸不捨故知內凡已去言羯磨受者始興八為凡一興八已後
二入人通被如涅槃經淨行梵志得初果已羯磨為受四分律中蓮
花色尼亦同例　第五類緣多少善來受戒具四緣得一證初果文言見
法得法已二兩有出家善心文言欲於如來法中脩梵行三假剃仏形文云
前白仏言四假仏教謂聖命善來上法受戒具三緣一發心二假仏教授如見論
說二有祈戒心是以餘文羅漢沙弥无出家意故但得其果明須有心三
得无漏智三解謂盡智現前即得具戒三語受戒三緣亦具三緣一假弟子形
剃諸羅漢二假弟子教謂口授三歸言辤無聲三歸依心成領前歸依故能
得戒八敬受戒具四緣教一假仏八敬之教二假弟子形三弟子教謂口宣八敬
四奉行之意故受道自陳我等頂受羯磨受戒具足四緣如律所說一僧數
滿足緣二教法成就緣三結界成就緣四身无遮難緣若具此四是大比丘
得成戒本犯戒之人罪者闕非大比丘故須此方成比丘　問善來等受
以心為緣羯磨一受何故不尒　答善來羯磨非不有心以假外緣住法
從強以弁故說因名又可羯磨惡俱得惡遍不弁心緣又准母論前四以
心為緣羯磨一受雖文不列要急須心故律文云睡眠醉狂等不得戒故
第六得戒時節善來受者唱善來竟即發具戒八敬受戒說第八記
即得戒品羯磨竟一受羯磨竟使發具戒諸論大同　第七受
捨漸頓先明受漸漸頓如何羯磨一受亦頓餘之四受頓而非漸
頓如何羯磨漸頓先受五戒次受十戒後受具戒是名為漸若不
受五十直受具戒得三種戒者何須漸說之為頓　問若一時受得
三種戒者何須漸受答深習仏法亦須次第先受五戒以自調伏
信樂漸增次受十戒善心轉深次受具戒如是次第得仏法味好
樂堅固難可退敗不失次第不破威儀如遊大海漸漸深入一時受
者既失次第又破威儀如遊大海漸漸深入一時受者既失次第又破威

羅漢故乃至十方如恒河沙等國土中衆生
尒如是復次憍尸迦若善男子善女人教閻
浮提中衆生令得辟支佛道於汝意云何是人
得福多不荅言甚多世尊佛言不如善男子
善女人以般若波羅蜜爲他人種種因緣演
說其義開示分別令易解如是言汝来善男
子受是般若波羅蜜慇讀誦說正憶念如般
若波羅蜜中所說行何以故般若波羅蜜中
出生諸辟支佛道故四天下乃至十方如恒
河沙等國土中衆生尒如是復次憍尸迦善
男子善女人教一閻浮提中衆生令發阿耨
多羅三藐三菩提心於汝意云何是人得福
多不荅言甚多世尊佛言不如善男子善女
人以般若波羅蜜爲他人種種因緣演說其
義開示分別令易解如是言汝當隨般若波
羅蜜中學當得一切智法汝若得一切智法
便得脩行般若波羅蜜增益具足若得脩行
般若波羅蜜增益具足汝當得阿耨多羅三
藐三菩提何以故憍尸迦般若波羅蜜中生
諸初發意菩薩摩訶薩故乃至十方如恒河

BD15360號　摩訶般若波羅蜜經卷一〇　　（2–1）

男子善女人教一閻浮提中衆生令發阿耨
多羅三藐三菩提心於汝意云何是人得福
多不荅言甚多世尊佛言不如善男子善女
人以般若波羅蜜爲他人種種因緣演說其
義開示分別令易解如是言汝當隨般若波
羅蜜中學當得一切智法汝若得一切智法
便得脩行般若波羅蜜增益具足若得脩行
般若波羅蜜增益具足汝當得阿耨多羅三
藐三菩提何以故憍尸迦般若波羅蜜中生
諸初發意菩薩摩訶薩故乃至十方如恒河
沙等國土尒如是復次憍尸迦善男子善女
人教一閻浮提中衆生令住阿鞞跋致地於
汝意云何是人福德多不荅言甚多世尊佛
言不如善男子善女人以般若波羅蜜爲他
人種種因緣演說其義開示分別令易解如
是言汝来善男子受是般若波羅蜜乃至如
般若波羅蜜中所說行汝便得一切智法得
一切智法已乃至便得阿耨多羅三藐三菩
提何以故般若波羅蜜中生諸菩薩摩訶薩
阿鞞跋致地故乃至十方如恒河沙等國土
尒如是復次憍尸迦一閻浮提中衆生發意
求阿耨多羅三藐三菩提若有善男子善女

BD15360號　摩訶般若波羅蜜經卷一〇　　（2–2）

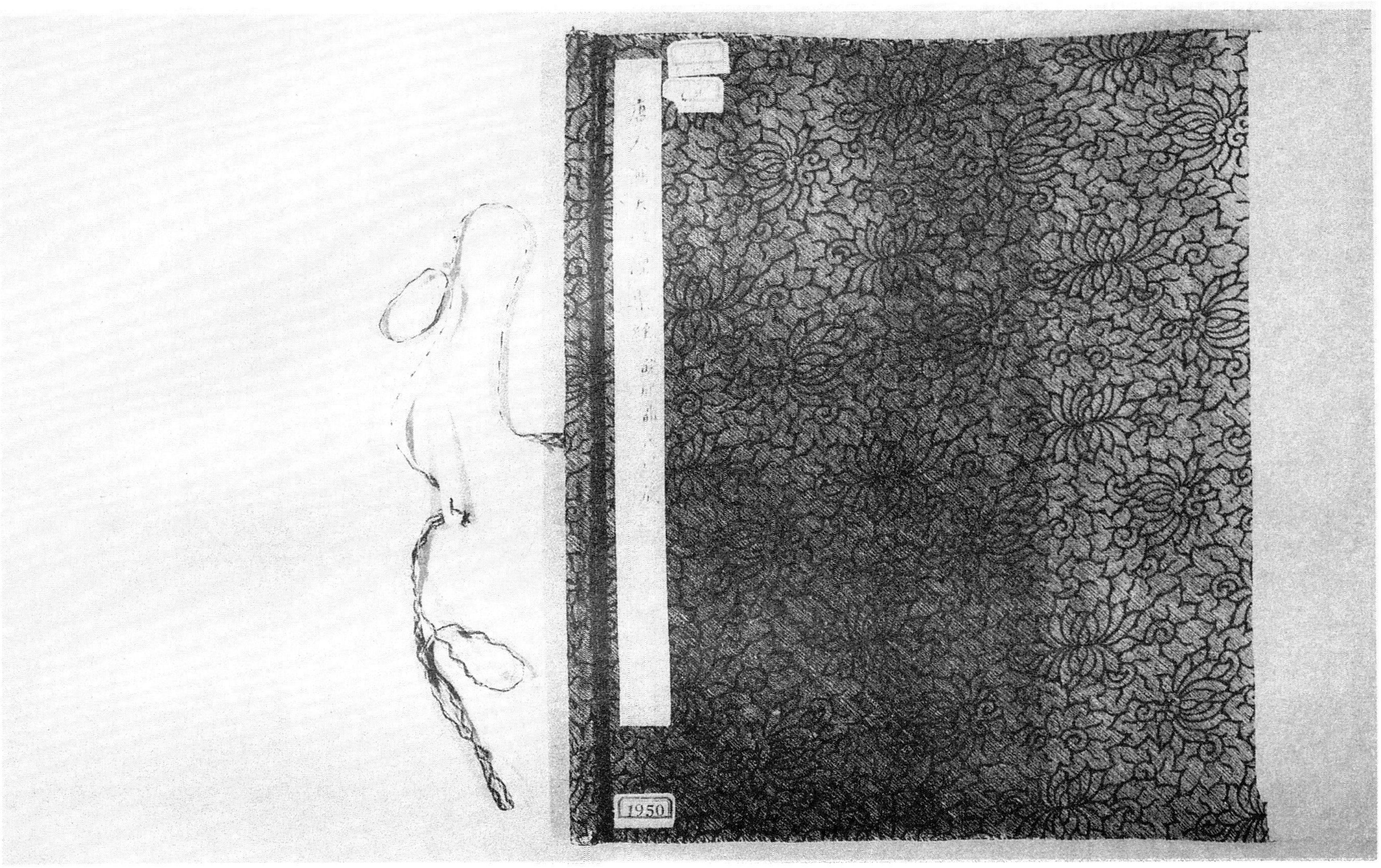

BD15361 號背　護首　　　　（1–1）

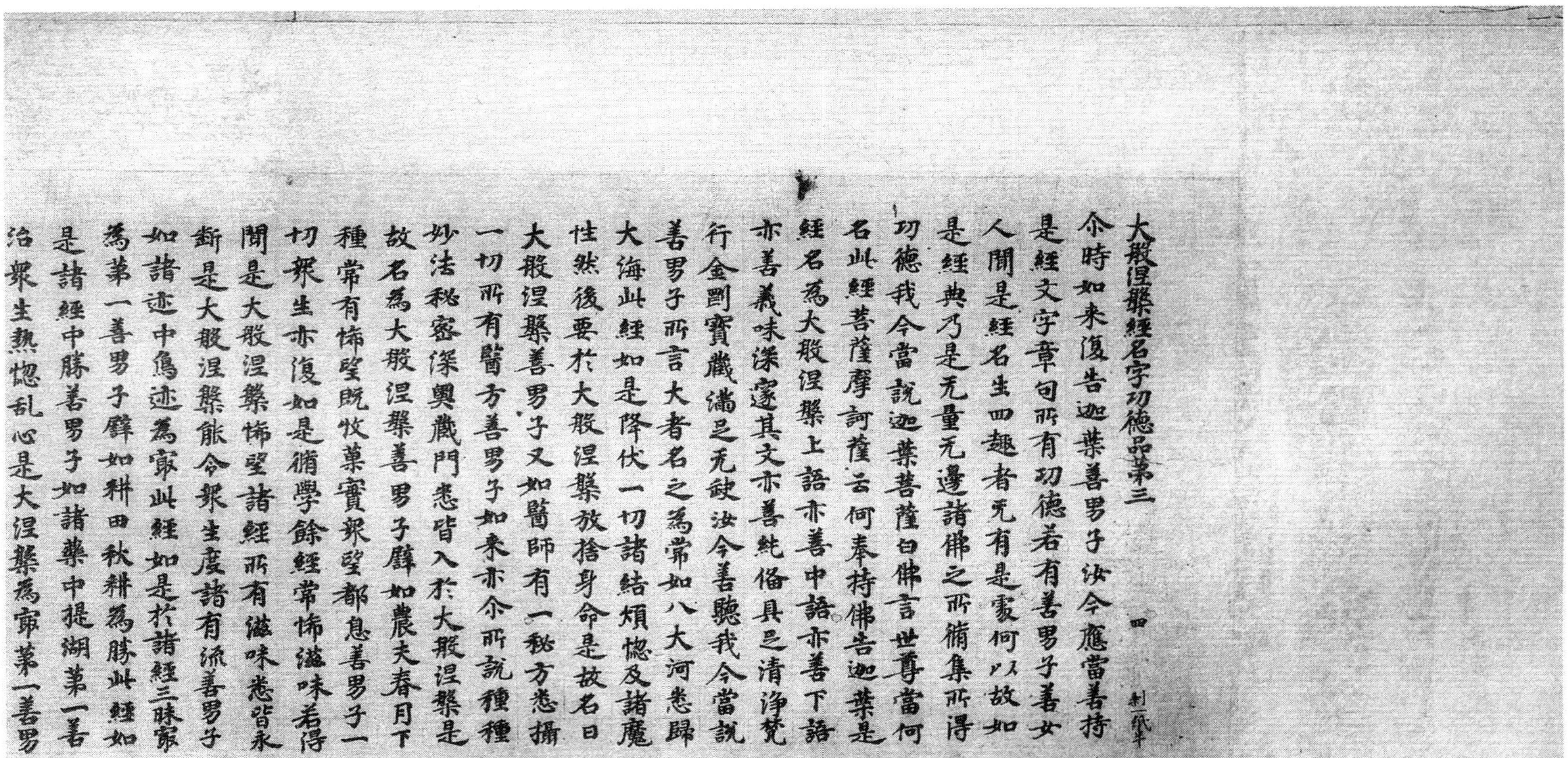
大般涅槃經名字功德品第三　　四
尒時如來復告迦葉善男子汝今應當善持
是經文字章句所有功德若有善男子善女
人聞是經名生四趣者无有是處何以故如
是經典乃是无量无邊諸佛之所脩集所得
功德我今當說迦葉菩薩白佛言世尊當何
名此經菩薩摩訶薩云何奉持佛告迦葉是
經名為大般涅槃上語亦善中語亦善下語
亦善義味深邃其文亦善純備具足清淨梵
行金剛寶藏滿足无缺汝今善聽我今當說
善男子所言大者名之為常如八大河悉歸
大海此經如是降伏一切諸結煩惱及諸魔
性然後要於大般涅槃放捨身命是故名曰
大般涅槃善男子又如醫師有一秘方悉攝
一切所有醫方善男子如來亦尒所說種種
妙法秘密深奧藏門悉皆入於大般涅槃是
故名為大般涅槃善男子譬如農夫春月下
種常有悕望既收菓實眾望都息善男子一
切眾生亦復如是脩學餘經常悕滋味若得
聞是大般涅槃悕望諸經所有滋味悉皆永
斷是大般涅槃能令眾生度諸有流善男子
如諸迹中鳥迹為最此經如是於諸經三昧最
為第一善男子譬如耕田秋耕為勝此經如
是諸經中勝善男子如諸藥中醍醐第一善
治眾生熱惱亂心是大涅槃為最第一善男

BD15361 號　大般涅槃經（北本　思溪本）卷四　　　　（21–1）

大般涅槃善男子又如醫師有一秘方悉攝
一切所有醫方善男子如来亦尒所說種種
妙法秘密深奥藏門悉皆入於大般涅槃是
故名為大般涅槃善男子譬如農夫春月下
種常有悕望既收菓實衆望都息善男子一
切衆生亦復如是脩學餘經常悕滋味若得
聞是大般涅槃悕望諸經所有滋味悉皆永
斷是大般涅槃能令衆生度諸有流善男子
如諸迹中象迹為最此經如是於諸經三昧最
為第一善男子譬如耕田秋耕為勝此經如
是諸經中勝善男子如諸藥中提湖第一善
治衆生熱惱乱心是大涅槃為最第一善男
子譬如甛蘇八味具足大般涅槃亦復如是
八味具足云何為八一者常二者恒三者安四
者清涼五者不老六者不死七者无垢八者
快樂是為八味具足八味是故名為大般涅
槃若諸菩薩摩訶薩等安住是中復能處處
亦現涅槃是故名為大般涅槃迦葉善男子
善女人若欲於此大般涅槃而涅槃者當如
是學如来常住法僧亦然迦葉菩薩復白佛
言甚奇世尊如来功德不可思議法僧亦尒
不可思議是大涅槃亦不可思議若有脩學
是經典者得正法門能為良醫若未學者當
知是人盲无慧眼无明所覆
大般涅槃經如来性品第四
佛復告迦葉善男子菩薩摩訶薩分別開示
大般涅槃有四相義何等為四一者自正二
者正他三者能隨問荅四者善解因緣義若
何自正若佛如来見諸因緣而有所說譬如
比丘見大火聚便作是言我寧抱是熾燃大
聚終不敢於如来所說十二部經及秘密藏
謗言云是波旬所說若言如来法僧无常如
是說者為自侵欺亦欺於人寧以利刀自斷
其舌終不說言如来法僧是无常也若聞他

BD15361 號　大般涅槃經（北本　思溪本）卷四　（21-2）

知是人盲无慧眼无明所覆
大般涅槃經如来性品第四
佛復告迦葉善男子菩薩摩訶薩分別開示
大般涅槃有四相義何等為四一者自正二
者正他三者能隨問荅四者善解因緣義若
何自正若佛如来見諸因緣而有所說譬如
比丘見大火聚便作是言我寧抱是熾燃大
聚終不敢於如来所說十二部經及秘密藏
謗言云是波旬所說若言如来法僧无常如
是說者為自侵欺亦欺於人寧以利刀自斷
其舌終不說言如来法僧是无常也若聞他
說亦不信受於此說者應生憐愍如来法僧
不可思議應如是持自觀己身猶如火聚是
名自正云何正他佛說法時有一女人乳養
嬰兒来詣佛所稽首佛足有所顧念心自思
惟便坐一面尒時世尊知而故問汝以愛念
多舍兒蘇不知籌量消與不消尒時女人即
白佛言甚奇世尊善能知我心中所念唯願
如来教我多少世尊我於今朝多與兒蘇恐
不能消將无夭壽唯願如来為我解說佛言
汝兒所食尋即消化增益壽命女人聞已心
大踊躍復作是言如来實說故我歡喜世尊
如是為欲調伏諸衆生故善能分別說消不
消亦說諸法无我无常若佛世尊先說常者
受化之徒當言此法與外道同即便捨去復
告女人若兒長大能自行来凡所食噉能消
難消本所與蘇則不供足我之所有聲聞弟
子亦復如是如汝嬰兒不能消是常住之法
是故我先說苦无常若我聲聞諸弟子等功
德已備堪任脩習大乘經典我於是經為說
六味云何六味說苦酢味无常醎味无我苦
味樂如甛味我如辛味常如醎味彼世間中
有三種味所謂无常无我无樂煩惱為薪智

BD15361 號　大般涅槃經（北本　思溪本）卷四　（21-3）

如是爲欲調伏諸衆生故善能分別說消不
消亦說諸法无我无常若佛世尊先說常者
受化之徒當言此法與外道同即便捨去復
告女人若見長大能自行来凡所食噉能消
難消本所與蘇則不供之我之所有聲聞弟
子亦復如是如汝嬰兒不能消是常住之法
是故我先說苦无常若我聲聞諸弟子等功
德已俻堪任脩習大乘經典我於是經爲說
六味云何六味說苦酢味无常鹹味无我苦
味樂如甜味我如辛味常如醎味彼世間中
有三種味所謂无常无我无樂煩惱爲薪智
慧爲火以是因緣成涅槃飯謂常樂我淨令諸
弟子悉皆甘嗜復告女人汝若有緣欲至他處
應駈惡子令出其舍悉以寶藏付示善子女
人白佛實如聖教珎寶之藏應示善子不示
惡子姉妹我亦如是般涅槃時如来微密无
上法藏不與聲聞諸弟子等如汝寶藏不示
惡子要當付囑諸菩薩等如汝寶藏委付善
子何以故聲聞弟子生變異想謂佛如来真
實滅度然我真實不滅度也如汝遠行未還
之頃汝之惡子便言汝死汝實不死諸菩薩
等說言如来常不變易如汝善子不言汝死以
是義故我以无上秘密之藏付諸菩薩善
男子若有衆生謂佛常住不變異者當知
是家則爲有佛是名正他能隨問荅者若有
人来問佛世尊我當云何不捨錢財而得名
爲大施檀越佛言若有沙門婆羅門等少欲
知足不受不畜不淨物者當施其人奴婢僕
使脩梵行者施與女人斷酒肉者施以酒肉
不過中食施過中食不著華香施以華香如
是施者施名流布遍至他方財寶之費不失
豪氂是則名爲能隨問荅尒時迦葉菩薩白
佛言世尊食肉之人不應施肉何以故我見

BD15361號　大般涅槃經（北本　思溪本）卷四　（21-4）

是家則爲有佛是名正他能隨問荅者若有
人来問佛世尊我當云何不捨錢財而得名
爲大施檀越佛言若有沙門婆羅門等少欲
知足不受不畜不淨物者當施其人奴婢僕
使脩梵行者施與女人斷酒肉者施以酒肉
不過中食施過中食不著華香施以華香如
是施者施名流布遍至他方財寶之費不失
豪氂是則名爲能隨問荅尒時迦葉菩薩白
佛言世尊食肉之人不應施肉何以故我見
不食肉者有大功德佛讚迦葉善哉善哉汝
今乃能善知我意護法菩薩應當如是善男
子從今日始不聽聲聞弟子食肉若受檀越
信施之時應觀是食如子肉想迦葉菩薩復
白佛言世尊云何如来不聽食肉善男子夫
食肉者斷大慈種迦葉又言如来何故先聽
比丘食三種淨肉迦葉是三種淨肉隨事漸
制迦葉菩薩復白佛言世尊何因緣故十種
不淨乃至九種清淨而復不聽佛告迦葉亦
是因事漸次而制當知即是現斷肉義迦葉
菩薩復白佛言云何如来稱讚魚肉爲美食
耶善男子我亦不說魚肉之屬爲美食也我
說甘蔗粳米石蜜一切穀麥及黑石蜜乳酪
蘇油以爲美食雖說應畜種種衣服所應畜
者要是壞色何况貪著是魚肉味迦葉復言
如来若制不食肉者彼五種味乳酪酪漿生
蘇熟蘇胡麻油等及諸衣服憍奢耶衣珂貝
皮革金銀盂器如是等物亦不應受善男子
不應同彼尼乾所見如来所制一切禁戒各
有異意異意故聽食三種淨肉異想故斷十
種肉異想故一切悉斷及自死者迦葉我從
今日制諸弟子不得復食一切肉也迦葉其食
肉者若行若住若坐若卧一切衆生聞其肉
氣悉生恐怖譬如有人近師子已衆人見之

BD15361號　大般涅槃經（北本　思溪本）卷四　（21-5）

者要是壞色何況貪著是魚肉味迦葉復言
如來若制不食肉者彼五種味乳酪酪漿生
蘇熟蘇胡麻油等及諸衣服憍奢耶衣珂貝
皮革金銀盂器如是等物亦不應受善男子
不應同彼尼乾所見如來所制一切禁戒各
有異意異意故聽食三種淨肉異想故斷十
種肉異想故一切悉斷及自死者迦葉我從
今日制諸弟子不得復食一切肉也迦葉其食
肉者若行若住若坐若卧一切衆生聞其肉
氣悉生恐怖譬如有人近師子已衆人見之
聞師子臭亦生恐怖善男子如人噉蒜臭穢
可惡餘人見之聞臭捨去設遠見者猶不欲
視況當近之諸食肉者亦復如是一切衆生
聞其肉氣悉皆恐怖生畏死想水陸空行有
命之類悉捨之走咸言此人是我等怨是故
菩薩不習食肉為度衆生示現食肉雖現食
之其實不食善男子如是菩薩清淨之食猶
尚不食況當食肉善男子我涅槃後无量百
歲四道聖人悉復涅槃正法滅後於像法中
當有比丘似像持律少讀誦經貪嗜飲食長
養其身身所被服麁陋醜惡形容憔悴无有
威德放畜牛羊擔負薪草頭鬚髮抓悉皆長
利雖服袈裟猶如獵師細視徐行如猫伺鼠
常唱是言我得羅漢多諸病苦眠卧糞穢外
現賢善內懷貪嫉如受啞法婆羅門等實非
沙門現沙門像邪見熾盛誹謗正法如是等
人破壞如來所制戒律正行威儀說解脫果
離不淨法及壞甚深秘密之教各自隨意反
說經律而作是言如來皆聽我等食肉自生
此論言是佛說互共諍訟各自稱是沙門釋
子善男子尒時復有諸沙門等貯聚生穀受
取魚肉手自作食執持油瓶寶蓋革屣親近
國王大臣長者占相星宿懃脩醫道畜養奴
婢金銀流離車𤦲馬瑙頗梨真珠珊瑚虎魄

BD15361號　大般涅槃經(北本　思溪本)卷四　(21–6)

常唱是言我得羅漢多諸病苦眠卧糞穢外
現賢善內懷貪嫉如受啞法婆羅門等實非
沙門現沙門像邪見熾盛誹謗正法如是等
人破壞如來所制戒律正行威儀說解脫果
離不淨法及壞甚深秘密之教各自隨意反
說經律而作是言如來皆聽我等食肉自生
此論言是佛說互共諍訟各自稱是沙門釋
子善男子尒時復有諸沙門等貯聚生穀受
取魚肉手自作食執持油瓶寶蓋革屣親近
國王大臣長者占相星宿懃脩醫道畜養奴
婢金銀流離車𤦲馬瑙頗梨真珠珊瑚虎魄
璧玉珂貝種種菓蓏學諸伎藝畫師泥作造
書教學種殖根栽蠱道呪幻和合諸藥作唱
伎樂香華治身樗蒲圍棊學諸工巧若有比
丘能離如是諸惡事者當說是人真我弟子
尒時迦葉復白佛言世尊諸比丘比丘尼優
婆塞優婆夷因他而活若乞食時得雜肉食
云何得食應清淨法佛言迦葉當以水洗令
與肉別然後乃食若其食器為肉所汙但使
无味聽用无罪若見食中多有肉者則不應
受一切現肉悉不應食食者得罪我今唱是
斷肉之制若廣說者則不可盡涅槃時到是
故略說是則名為能隨問荅也迦葉云何善
解因緣義也如有四部之衆來問我言世尊
如是之義如來初出何故不為波斯匿王說
是法門深妙之義或時說深或時說淺或名
為犯或名不犯云何名墮云何名律云何名
波羅提木叉義佛言波羅提木叉者名為知
足成就威儀无所受畜亦名淨命墮者名四
惡趣又復墮者墮於地獄乃至阿鼻論其遲
速過於暴雨聞者驚怖堅持禁戒不犯威儀
脩集知之不受一切不淨之物又復墮者長
養地獄畜生餓鬼以是諸義故名曰墮波羅
提木叉者離身口意不善邪業律者入戒威

BD15361號　大般涅槃經(北本　思溪本)卷四　(21–7)

故略說是則名為能隨問答也迦葉云何善
解因緣義也如有四部之衆來問我言世尊
如是之義如來初出何故不為波斯匿王說
是法門深妙之義或時說深或時說淺或名
為犯或名不犯云何名墮云何名律云何名
波羅提木叉義佛言波羅提木叉者名為知
足成就威儀无所受畜亦名淨命墮者名四
惡趣又復墮者墮於地獄乃至阿鼻論其遲
速過於暴雨聞者驚怖堅持禁戒不犯威儀
脩集知足不受一切不淨之物又復墮者長
養地獄畜生餓鬼以是諸義故名曰墮波羅
提木叉者離身口意不善邪業律者入戒威
儀深經善義遮受一切不淨之物及不淨因
緣亦遮四重十三僧殘二不定法卅捨墮九
十一墮四悔過法衆多學法七滅諍等或有
人盡破一切戒云何一切謂四重法乃至七
滅諍法或復有人誹謗正法甚深經典及一
闡提具足成就盡一切相无有因緣如是等
人自言我是聰明利智輕重之罪悉皆覆藏
覆藏諸惡如龜藏六如是衆罪長夜不悔以
不悔故日夜增長是諸比丘所犯衆罪終不
發露是使所犯遂復滋長是故如來知是事
已漸次而制不得一時尒時有善男子善女
人白佛言世尊如來久知如是之事何不先
制將无世尊欲令衆生入阿鼻獄譬如多人
欲至他方迷失正路隨逐邪道是諸人等不
知迷故皆謂是道復不見人可問是非衆生
如是迷於佛法不見正真如來應為先說正
道勑諸比丘此是犯戒此是持戒當如是制
何以故如來正覺是真實者知見正道唯有
如來天中之天能說十善增上功德及其義
味是故啓請應先制戒佛言善男子若言如
來能為衆生宣說十善增上功德是則如來

BD15361號　大般涅槃經（北本　思溪本）卷四　　（21–8）

欲至他方迷失正路隨逐邪道是諸人等不
知迷故皆謂是道復不見人可問是非衆生
如是迷於佛法不見正真如來應為先說正
道勑諸比丘此是犯戒此是持戒當如是制
何以故如來正覺是真實者知見正道唯有
如來天中之天能說十善增上功德及其義
味是故啓請應先制戒佛言善男子若言如
來能為衆生宣說十善增上功德是則如來
視諸衆生如羅睺羅云何難言將无世尊欲
令衆生入於地獄我見一人有墮阿鼻地獄
因緣尚為是人住世一劫若減一劫我於衆
生有大慈悲何緣當誑如子想者令入地獄
善男子如王國內有納衣者見衣有孔然後
方補如來亦尒見諸衆生有入阿鼻地獄因
緣即以戒善而為補之善男子譬如轉輪聖
王先為衆生說十善法其後漸漸有行惡者
王即隨事漸漸而斷斷諸惡已然後自行聖
王之法善男子我亦如是雖有所說不得先
制要因比丘漸行非法然後方乃隨事制之
樂法衆生隨教脩行如是等衆乃能得見如
來法身如轉輪王所有輪寶不可思議如來
亦尒不可思議法僧二寶亦不可思議能說
法者及聞法者皆不可思議是名善解因緣
義也菩薩如是分別開示四種相義是名大
乘大涅槃中因緣義也復次自正者所謂得
是大般涅槃正他者我為比丘說言如來常
存不變隨問答者迦葉因汝所問故得廣為
菩薩摩訶薩比丘比丘尼優婆塞優婆夷說
是甚深微妙義理因緣義者聲聞緣覺不解
如是甚深之義不聞伊字三點而成解脫涅
槃摩訶般若成秘密藏我今於此闡揚分別
為諸聲聞開發慧眼假使有人作如是言如
是四事云何為一非虛妄耶即應反質是虛

BD15361號　大般涅槃經（北本　思溪本）卷四　　（21–9）

亦尒不可思議法僧二寳亦不可思議能説
法者及聞法者皆不可思議是名善解因縁
義也菩薩如是分别開示四種相義是名大
乗大涅槃中因縁義也復次自正者所謂得
是大般涅槃正他者我為比丘説言如来常
存不變随問荅者迦葉因汝所問故得廣為
菩薩摩訶薩比丘比丘尼優婆塞優婆夷説
是甚深微妙義理因縁義者聲聞縁覺不解
如是甚深之義不聞伊字三點而成解脱涅
槃摩訶般若成秘密藏我今於此闡揚分别
為諸聲聞開發慧眼假使有人作如是言如
是四事云何為一非虚妄耶即應反質是虚
空无所有不動无㝵如是四事有何等異是
豈得名為虚妄乎不也世尊如是諸句即是
一義所謂空義自正正他能随問荅解因縁
義亦復如是即大涅槃等无有異佛告迦葉
若有善男子善女人作如是言如来无常云
何當知是无常耶如佛所言滅諸煩惱名為
涅槃猶如火滅悉无所有滅諸煩惱亦復如
是故名涅槃云何如来為常住法不變易耶
如佛言曰離諸有者乃名涅槃是涅槃中无
有諸有云何如来為常住法不變易耶如衣
壞盡不名為物涅槃亦尒滅諸煩惱不名為
物云何如来為常住法不變易耶如佛言曰
離欲寂滅名曰涅槃如人斬首則无有首離
欲寂滅亦復如是空无所有故名涅槃云何
如来為常住法不變易耶如佛言曰
譬如熱鐵　推打星流　散已尋滅　莫知所在
得正解脱　亦復如是　已度婬欲　諸有淤泥
得无動處　不知所至
云何如来為常住法不變易耶迦葉若有人
作如是難者名為耶難迦葉汝亦不應作是
憶想謂如来性是滅盡也迦葉滅煩惱者不
名為物何以故永畢竟故是故名常是句寂

BD15361號　大般涅槃經（北本　思溪本）卷四　（21–10）

壞盡不名為物涅槃亦尒滅諸煩惱不名為
物云何如来為常住法不變易耶如佛言曰
離欲寂滅名曰涅槃如人斬首則无有首離
欲寂滅亦復如是空无所有故名涅槃云何
如来為常住法不變易耶如佛言曰
譬如熱鐵　推打星流　散已尋滅　莫知所在
得正解脱　亦復如是　已度婬欲　諸有淤泥
得无動處　不知所至
云何如来為常住法不變易耶迦葉若有人
作如是難者名為耶難迦葉汝亦不應作是
憶想謂如来性是滅盡也迦葉滅煩惱者不
名為物何以故永畢竟故是故名常是句寂
靜為无有上滅盡諸相无有遺餘是句鮮白
常住无退是故涅槃名曰常住如来亦尒常
住无變言星流者謂煩惱也散已尋滅莫知
所在者謂諸如来煩惱滅已不在五趣是故
如来是常住法无有變易復次迦葉諸佛所師
所謂法也是故如来恭敬供養以法常故諸
佛亦常迦葉菩薩復白佛言若煩惱火滅如
来亦滅是則如来无常住處如彼迸鐵赤色
滅已莫知所至如来煩惱亦復如是滅无所
至又如彼鐵熱與赤色滅已无有如来亦尒
滅已无常滅煩惱大便入涅槃當知如来即
是无常善男子所言鐵者名諸凡夫凡夫之
人雖滅煩惱滅已復生故名无常如来不尒
滅已不生是故名常迦葉復言如鐵色滅已
還置火中赤色復生如来若尒應還生結若
結還生即是无常佛言迦葉汝今不應作如
是言如来无常何以故如来是常善男子如
彼燃木滅已有灰煩惱滅已便有涅槃壞衣
斬首破瓶等喻亦復如是如是等物各有名
字名曰壞衣斬首破瓶迦葉如鐵冷已可使
還熱如来不尒斷煩惱已畢竟清涼煩惱熾

BD15361號　大般涅槃經（北本　思溪本）卷四　（21–11）

是无常善男子所言鐵者名諸凡夫凡夫之
人雖滅煩惱滅已復生故名无常如來不尒
滅已不生是故名常迦葉復言如鐵色滅已
還置火中赤色復生如來若尒應還生結若
結還生即是无常佛言迦葉汝今不應作如
是言如來无常何以故如來是常善男子如
彼燃木滅已有灰煩惱滅已便有涅槃壞衣
斬首破瓶等喻亦復如是如是等物各有名
字名曰壞衣斬首破瓶迦葉如鐵冷已可使
還熱如來不尒斷煩惱已畢竟清涼煩惱熾
火更不復生迦葉當知无量衆生猶如彼鐵我
以无漏智慧熾火燒彼衆生諸煩惱結迦葉
復言善哉善哉我今諦知如來所說諸佛是
常佛言迦葉譬如聖王素在後宮或時遊觀
在於後薗王雖不在諸婇女中亦不得言聖
王命終善男子如來亦尒雖不現於閻浮提
界入涅槃中不名无常如來出於无量煩惱
入于涅槃安樂之處遊諸覺華歡娛受樂迦
葉復問如佛言曰我已久度煩惱大海若佛
已度煩惱海者何緣復共耶輸陁羅生羅睺
羅以是因緣當知如來未度煩惱諸結大海
唯願如來說其因緣佛告迦葉汝不應言如
來久度煩惱大海何緣復共耶輸陁羅生羅
睺羅以是因緣當知如來未度煩惱諸結大
海善男子是大涅槃能建大義汝等今當至
心諦聽廣為人說莫生驚疑若有菩薩摩訶
薩住大涅槃須弥山王如是高廣悉能令入
亭歷子檜其諸衆生依須弥者亦不迫迮无
來往想如本不異唯應度者見是菩薩以須
弥山内亭歷檜復還安止本所住處善男子
復有菩薩摩訶薩住大涅槃能以三千大千
世界置亭歷檜其中衆生亦无迫迮及往來
想如本不異唯應度者見是菩薩以此三千

BD15361 號　大般涅槃經（北本　思溪本）卷四　（21–12）

來久度煩惱大海何緣復共耶輸陁羅生羅
睺羅以是因緣當知如來未度煩惱諸結大
海善男子是大涅槃能建大義汝等今當至
心諦聽廣為人說莫生驚疑若有菩薩摩訶
薩住大涅槃須弥山王如是高廣悉能令入
亭歷子檜其諸衆生依須弥者亦不迫迮无
來往想如本不異唯應度者見是菩薩以須
弥山内亭歷檜復還安止本所住處善男子
復有菩薩摩訶薩住大涅槃能以三千大千
世界置亭歷檜其中衆生亦无迫迮及往來
想如本不異唯應度者見是菩薩以此三千
大千世界置亭歷檜復還安止本所住處善
男子復有菩薩摩訶薩住大涅槃能以三千
大千世界内一毛孔乃至本處亦復如是善
男子復有菩薩摩訶薩住大涅槃斷取十方
三千大千諸佛世界置於針鋒如貫棗葉擲
著他方異佛世界其中所有一切衆生不覺
往返為在何處唯應度者乃能見之乃至本
處亦復如是善男子復有菩薩摩訶薩住大
涅槃斷取十方三千大千諸佛世界置於右
掌如陶家輪擲置他方微塵世界无一衆生
有往來想唯應度者乃見之耳乃至本處亦
復如是善男子復有菩薩摩訶薩住大涅槃
斷取一切十方无量諸佛世界悉内己身其
中衆生悉无迫迮亦无往返及住處想唯應
度者乃能見之乃至本處亦復如是善男子
復有菩薩摩訶薩住大涅槃以十方世界内一
塵中其中衆生亦无迫迮往返之想唯應度
者乃能見之乃至本處亦復如是善男子是
菩薩摩訶薩住大涅槃則能示現種種无量
神通變化是故名曰大般涅槃是菩薩摩訶
薩所可示現如是无量神通變化一切衆生
无能惻量汝今云何能知如來習近婬欲生

BD15361 號　大般涅槃經（北本　思溪本）卷四　（21–13）

復如是善男子復有菩薩摩訶薩住大涅槃
斷取一切十方无量諸佛世界悉內已身其
中衆生悉无迫迮亦无往返及住處想唯應
度者乃能見之乃至本處亦復如是善男子
復有菩薩摩訶薩住大涅槃以十方世界內一
塵中其中衆生亦无迫迮往返之想唯應度
者乃能見之乃至本處亦復如是善男子是
菩薩摩訶薩住大涅槃則能示現種種无量
神通變化是故名曰大般涅槃是菩薩摩訶
薩所可示現如是无量神通變化一切衆生
无能測量汝今云何能知如來習近婬欲生
羅睺羅善男子我已久住是大涅槃種種示
現神通變化於此三千大千世界百億日月
百億閻浮提種種示現如首楞嚴經中廣
說我於三千大千世界或閻浮提示現涅
槃亦不畢竟取於涅槃或閻浮提示入
母胎令其父母生我子想而我此身畢竟不
從婬欲和合而得生也我已久從无量劫來
離於愛欲我今此身即是法身隨順世間示
現入胎善男子此閻浮提林微尼園示現從
母摩耶而生生已即能東行七步唱如是言
我於人天阿脩羅中最尊最上父母人天見
已驚喜生希有心而諸人等謂是嬰兒而我
此身无量劫來久離是法如是身者即是法
身非是肉血筋脉骨髓之所成立隨順世間
衆生法故示為嬰兒南行七步示現欲為无
量衆生作上福田西行七步示現生盡永斷
老死是最後身北行七步示現已度諸有生
死東行七步示為衆生而作導首四維七步
示現斷滅種種煩惱四魔種性成於如來應
正遍知上行七步示現不為不淨之物之所
染汙猶如虛空下行七步示現法雨滅地獄
火令彼衆生受安隱樂毀禁戒者示作霜雹

BD15361號　大般涅槃經（北本　思溪本）卷四　（21–14）

此身无量劫來久離是法如是身者即是法
身非是肉血筋脉骨髓之所成立隨順世間
衆生法故示為嬰兒南行七步示現欲為无
量衆生作上福田西行七步示現生盡永斷
老死是最後身北行七步示現已度諸有生
死東行七步示為衆生而作導首四維七步
示現斷滅種種煩惱四魔種性成於如來應
正遍知上行七步示現不為不淨之物之所
染汙猶如虛空下行七步示現法雨滅地獄
火令彼衆生受安隱樂毀禁戒者示作霜雹
於閻浮提生七日已又示剃髮諸人皆謂我
是嬰兒初始剃髮一切人天魔王波旬沙門
婆羅門无有能見我頂相者况有持刀臨之
剃髮若有持刀至我頂者无有是處我久已
於无量劫中剃除鬚髮為欲隨順世間法故
示現剃髮我既生已父母持我入天祠中以
我示於摩醯首羅摩醯首羅即見我時合
掌恭敬立在一面我已久於无量劫中捨離如
是入天祠法為欲隨順世間法故示現如是
我於閻浮提示現穿耳一切衆生實无有能
穿我耳者隨順世間衆生法故示現如是復
以諸寶作師子璫用莊嚴耳然我已於无量
劫中離莊嚴具為欲隨順世間法故作是示
現示入學堂脩學書疏然我已於无量劫中
具足成就遍觀三界所有衆生无有堪任為
我師者為欲隨順世間法故示入學堂故名
如來應正遍知習學乘象槃馬捔力種種伎
藝亦復如是於閻浮提而復示現為王太子
衆生皆見我為太子於五欲中歡娛受樂然
我已於无量劫中捨離如是五欲之樂為欲
隨順世間法故示如是相相師占我若不出
家當為轉輪聖王王閻浮提一切衆生皆信
是言然我已於无量劫中捨轉輪位為法輪

BD15361號　大般涅槃經（北本　思溪本）卷四　（21–15）

具足成就遍觀三界所有衆生无有堪任為
我師者為欲隨順世間法故示入學堂故名
如來應正遍知習學乘騎鳥馬捔力種種伎
藝亦復如是於閻浮提而復示現為王太子
衆生皆見我為太子於五欲中歡娛受樂然
我已於无量劫中捨離如是五欲之樂為欲
隨順世間法故示如是相相師占我若不出
家當為轉輪聖王王閻浮提一切衆生皆信
是言然我已於无量劫中捨轉輪位為法輪
王於閻浮提現離婇女五欲之樂見老病死
及沙門已出家修道衆生皆謂悉達太子初
始出家然我已於无量劫中出家學道隨順
世法故示如是我於閻浮提示現出家受具
足戒精懃修道得須陁洹果斯陁含果阿那
含果阿羅漢果衆人皆謂是阿羅漢果易得
不難然我已於无量劫中成阿羅漢果為欲
度脫諸衆生故坐於道場菩提樹下以草為
坐摧伏衆魔衆皆謂我始於道場菩提樹下
降伏魔宮然我已於无量劫中久降伏已為
欲降伏剛強衆生故現是化我又示現大小
便利出息入息衆皆謂我有大小便利出息
入息然我是身所得果報悉无如是大小便
利出入息等隨順世間故示如是我又示現受
人信施然我是身都无飢渴隨順世法故
示如是我又示同諸衆生故現有睡眠然我
已於无量劫中具足无上深妙智慧遠離三
有進止威儀頭痛腹痛背痛木鎗洗足洗手
洗面嗽口嚼楊枝等衆皆謂我有如是事然
我此身都无此事我足清淨猶如蓮華口氣
淨潔如優鉢羅香一切衆生謂我是人我實
非人我又示現受糞掃衣浣濯縫打然我久
已不須是衣衆人皆謂羅睺羅者是我之子
輸頭檀王是我之父摩耶夫人是我之母處

BD15361號　大般涅槃經（北本　思溪本）卷四　　（21–16）

利出入息等隨順世間故示如是我又示現受
人信施然我是身都无飢渴隨順世法故
示如是我又示同諸衆生故現有睡眠然我
已於无量劫中具足无上深妙智慧遠離三
有進止威儀頭痛腹痛背痛木鎗洗足洗手
洗面嗽口嚼楊枝等衆皆謂我有如是事然
我此身都无此事我足清淨猶如蓮華口氣
淨潔如優鉢羅香一切衆生謂我是人我實
非人我又示現受糞掃衣浣濯縫打然我久
已不須是衣衆人皆謂羅睺羅者是我之子
輸頭檀王是我之父摩耶夫人是我之母處
在世間受諸快樂離如是事出家學道衆人
復言是王太子瞿曇大姓遠離世樂求出世
法然我久離世間婬欲如是等事悉是示現
一切衆生咸謂是人然我實非善男子我雖
在此閻浮提中數數示現入於涅槃然我實
不畢竟涅槃而諸衆生皆謂如來真實滅盡
而如來性實不永滅是故當知是常住法不
變易法善男子大涅槃者即是諸佛如來法
界我又示現閻浮提中出於世間衆生皆謂
我始成佛然我已於无量劫中所作已辦隨
順世法故復示現於閻浮提初出成佛我又
示現於閻浮提不持禁戒犯四重罪衆人皆
見謂我實犯然我已於无量劫中堅持禁戒
无有漏缺我又示現於閻浮提為一闡提衆
人皆見是一闡提然我實非一闡提也一闡
提者云何能成阿耨多羅三藐三菩提我又
示現於閻浮提破和合僧衆生皆謂我是破
僧我觀人天无有能破和合僧者我又示現
於閻浮提護持正法衆人皆謂我是護法悉
生驚怖諸佛法尒不應驚怪我又示現於閻
浮提為魔波旬衆人皆謂我是波旬然我久
於无量劫中離於魔事清淨无染猶如蓮華
我又示現於閻浮提女身成佛衆人皆言甚

BD15361號　大般涅槃經（北本　思溪本）卷四　　（21–17）

見謂我實犯然我已於无量劫中堅持禁戒
无有漏缺我又示現於閻浮提爲一闡提衆
人皆見是一闡提然我實非一闡提也一闡
提者云何能成阿耨多羅三藐三菩提我又
示現於閻浮提破和合僧衆生皆謂我是破
僧我觀人天无有能破和合僧者我又示現
於閻浮提護持正法衆人皆謂我是護法悉
生驚怖諸佛法尒不應驚怪我又示現於閻
浮提爲魔波旬衆人皆謂我是波旬然我久
於无量劫中離於魔事清淨无染猶如蓮華
我又示現於閻浮提女身成佛衆人皆言甚
奇女人能成阿耨多羅三藐三菩提如來畢
竟不受女身爲欲調伏无量衆生故現女像
憐愍一切諸衆生故而復示現種種色像我又
示現閻浮提中生於四趣然我久已斷諸趣
因以業因緣墮于四趣爲度衆生故生是中
我又示現閻浮提中作梵天王令事梵者安
住正法然我實非而諸衆生咸皆謂我爲真
梵天示現天像遍諸天廟亦復如是我又示
現於閻浮提入婬女舍然我實无貪欲之想
清淨不污猶如蓮華爲諸貪婬嗜色衆生於
四衢道宣說妙法然我實无欲穢之心衆人
謂我守護女人我又示現於閻浮提入青衣
舍爲教諸婢令住正法然我實无如是惡業
墮在青衣我又示現閻浮提中而作博士爲
教幢矇令住正法我又示現於閻浮提入諸
酒會博弈之處示受種種勝負鬪諍爲欲
拔濟彼諸衆生而我實无如是惡業而諸衆
生皆謂我作如是之業我又示現久住冢間作
大鷲身度諸飛鳥而諸衆生皆謂我是真實
鷲身然我久已離於是業爲欲度彼諸鳥
鷲故示如是身我又示現閻浮提中作大長者
爲欲安立无量衆生住於正法又復示作諸
王大臣王子輔相於是衆中各爲第一爲脩

BD15361號　大般涅槃經（北本　思溪本）卷四　（21-18）

舍爲教諸婢令住正法然我實无如是惡業
墮在青衣我又示現閻浮提中而作博士爲
教幢矇令住正法我又示現於閻浮提入諸
酒會博弈之處示受種種勝負鬪諍爲欲
拔濟彼諸衆生而我實无如是惡業而諸衆
生皆謂我作如是之業我又示現久住冢間作
大鷲身度諸飛鳥而諸衆生皆謂我是真實
鷲身然我久已離於是業爲欲度彼諸鳥
鷲故示如是身我又示現閻浮提中作大長者
爲欲安立无量衆生住於正法又復示作諸
王大臣王子輔相於是衆中各爲第一爲脩
正法故住王位我又示現閻浮提中疫病劫
起多有衆生爲病所惱先施醫藥然後爲說
微妙正法令其安住无上菩提衆人皆謂是
病劫起又復示現閻浮提中飢餓劫起隨其
所須供給飲食然後爲說微妙正法令其安
住无上菩提又復示現閻浮提中刀兵劫起
即爲說法令離怨害使得安住无上菩提又
復示現爲計常者說无常想計樂想者爲說
苦想計我想者說无我想計淨想者說不淨
想若有衆生貪著三界即爲說法令離是處
度衆生故爲說无上微妙法藥爲斷一切煩
惱樹故種殖无上法藥之樹爲欲拔濟諸外
道故說於正法雖復示現爲衆生師而心初
无衆生師想爲欲拔濟諸下賤故現入其中
而爲說法非是惡業受是身也如來正覺如
是安住於大涅槃是故名爲常住无變如閻
浮提東弗于逮西瞿耶尼北欝單曰亦復如
是如四天下三千大千世界亦尒廿五有如
首楞嚴經中廣說以是故名大般涅槃若有
菩薩摩訶薩安住如是大般涅槃能示如是
神通變化而无所畏迦葉以是緣故汝不應
言羅睺羅者是佛之子何以故我於往昔无

BD15361號　大般涅槃經（北本　思溪本）卷四　（21-19）

是安住於大涅槃是故名為常住无變如閻
浮提東弗于逮西瞿耶尼北鬱單曰亦復如
是如四天下三千大千世界亦尒廿五有如
首楞嚴經中廣說以是故名大般涅槃若有
善薩摩訶薩安住如是大般涅槃能示如是
神通變化而无所畏迦葉以是緣故汝不應
言羅睺羅者是佛之子何以故我於往昔无
量劫中已離欲有是故如来名曰常住无有
變易迦葉復言如来云何名曰常住如佛言
曰如燈滅已无有方所如来亦尒既滅度已
亦无方所佛言迦葉善男子汝今不應作如
是言燈滅盡已无有方所如来亦尒既滅度
已无有方所善男子譬如男女燃燈之時燈
爐大小悉滿中油隨有油在其明猶存若油
盡已明亦俱盡其明滅者喻煩惱滅明雖滅
盡燈爐猶存如来亦尒煩惱雖滅法身常存
善男子於意云何明與燈爐為俱滅不迦葉
荅言不也世尊雖不俱滅然是无常若以法
身喻燈爐者燈爐无常法身亦尒應是无常
善男子汝今不應作如是難如世間言器如
来世尊无上法器而器无常非如来也一切
法中涅槃為常如来體之故名為常復次善
男子言燈滅者即是羅漢所證涅槃以滅貪
愛諸煩惱故喻之燈滅阿那含者名曰有貪
以有貪故不得說言同於燈滅是故我昔覆
相說言喻如燈滅非大涅槃同於燈滅阿那
含者非數數来又不還来廿五有更不受於
臭身虫身食身毒身是則名為阿那含也若
更受身名為那含不受身者名阿那含有去
来者名曰那含无去来者名阿那含

大般涅槃經卷第四

BD15361 號　大般涅槃經（北本　思溪本）卷四　　（21–20）

善男子汝今不應作如是難如世間言器如
来世尊无上法器而器无常非如来也一切
法中涅槃為常如来體之故名為常復次善
男子言燈滅者即是羅漢所證涅槃以滅貪
愛諸煩惱故喻之燈滅阿那含者名曰有貪
以有貪故不得說言同於燈滅是故我昔覆
相說言喻如燈滅非大涅槃同於燈滅阿那
含者非數數来又不還来廿五有更不受於
臭身虫身食身毒身是則名為阿那含也若
更受身名為那含不受身者名阿那含有去
来者名曰那含无去来者名阿那含

大般涅槃經卷第四

BD15361 號　大般涅槃經（北本　思溪本）卷四　　（21–21）

BD15362 號背　護首　（1–1）

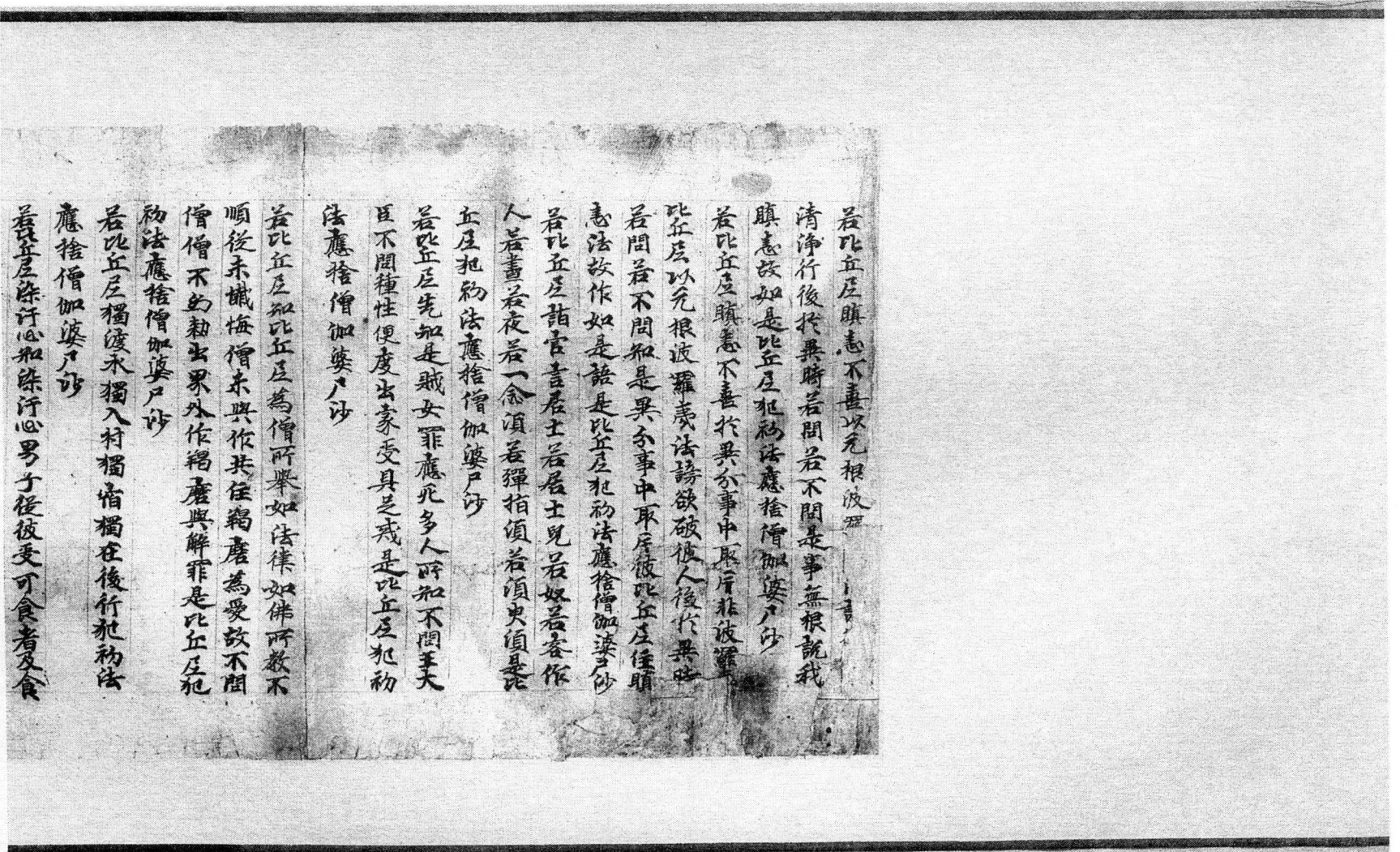

若比丘尼瞋恚不喜以无根波羅
清淨行後於異時若問若不問是事無根說我
瞋恚故如是比丘尼犯初法應捨僧伽婆尸沙
若比丘尼瞋恚不喜於異分事中取片非波羅
比丘尼以无根波羅夷法謗欲破彼人梵行後於異時
若問若不問知是異分事中取片彼比丘尼住瞋
恚法故作如是語是比丘尼犯初法應捨僧伽婆尸沙
若比丘尼詣官言居士若居士兒若奴若客作
人若晝若夜若一念頃若彈指頃若須臾頃是比
丘尼犯初法應捨僧伽婆尸沙
若比丘尼先知是賊女罪應死多人所知不問王大
臣不問種姓便度出家受具足戒是比丘尼犯初
法應捨僧伽婆尸沙
若比丘尼知比丘尼為僧所舉如法律如佛所教不
順從未懺悔僧未與作共住羯磨為愛故不問
僧僧不約勑出界外作羯磨與解罪是比丘尼犯
初法應捨僧伽婆尸沙
若比丘尼獨渡水獨入村獨宿獨在後行犯初法
應捨僧伽婆尸沙
若比丘尼染汙心知染汙心男子從彼受可食者及食

BD15362 號　四分比丘尼戒本　（23–1）

若比丘尼獨渡水獨入村獨宿獨在後行犯初法
應捨僧伽婆尸沙
若比丘尼染污心知染污心男子從彼受可食者及食
并餘物是比丘尼犯初法應捨僧伽婆尸沙
若比丘尼教比丘尼作如是語大姊彼有染污心無
染污能那汝何汝自無染污心於彼若得食但以
時清淨受取此比丘尼犯初應捨僧伽婆尸沙
若比丘尼欲壞和合僧勤方便受破僧法堅持不
捨是比丘尼應諫彼比丘尼言大姊莫壞和合僧
莫受破僧法堅持不捨大姊應與僧和合與僧
和合與僧和合歡喜不諍同一師學如水乳合於
佛法中有增益安樂住是比丘尼諫彼比丘尼時
堅持不捨是比丘尼應三諫捨此事故乃至三諫
捨者善不捨者是比丘尼犯三法應捨僧伽婆尸沙
若比丘尼有餘比丘尼羣黨若一若二若三乃至无
數彼比丘尼語是比丘尼言大姊汝莫諫此比丘尼
此比丘尼法語比丘尼律語比丘尼此比丘尼所說我
等心喜樂此比丘尼所說我等忍可是比丘尼語彼
比丘尼言大姊莫作是說言此比丘尼是法語比丘
尼律語比丘尼此比丘尼所說我等喜樂此比丘尼
所說我等忍可何以故此比丘尼所說非法語非律
語大姊莫欲破壞和合僧當樂欲和合僧大姊與
僧和合歡喜不諍同一師學如水乳合於佛法中
有增益安樂住是比丘尼諫彼比丘尼時堅持不
捨是比丘尼應三捨捨此事故乃至三諫捨者善不捨
者是比丘尼犯三法應捨僧伽婆尸沙
若比丘尼依城邑若村落住污他家行惡行惡行亦
見亦聞污他家亦見亦聞是比丘尼諫彼比丘尼言大
姊汝污他家行惡行行惡行亦見亦聞污他家亦
見亦聞大姊汝污他家行惡行今可離此村落去
不須住此彼比丘尼語此比丘尼作是言大姊諸比丘尼
有愛有恚有怖有癡有如是同罪比丘尼有駈者
有不駈者是諸比丘尼語彼比丘尼言大姊莫作

BD15362號　四分比丘尼戒本　（23–2）

有愛有恚有怖有癡有如是同罪比丘尼有駈者
有不駈者是諸比丘尼語彼比丘尼言大姊莫作
是語有愛有恚有怖有癡亦莫言有如是同罪
比丘尼有駈者有不駈者何以故而諸比丘尼不愛
不恚不怖不癡有如是同罪比丘尼有駈者有不駈者大
姊污他家行惡行惡行亦見亦聞污他家亦見亦
聞是比丘尼諫彼比丘尼時堅持不捨是比丘尼應三
諫捨此事故乃至三諫捨者善不捨者是比丘尼
犯三法應捨僧伽婆尸沙
若比丘尼惡性不受人語於戒法中諸比丘尼如法
諫已自身不受諫語言大姊汝莫向我說若
好若惡我亦不向汝說若好若惡諸姊止
莫諫我是比丘尼當諫彼比丘尼言大姊汝莫
自身不受諫語大姊自身當受諫語大姊如法
諫諸比丘尼諸比丘尼亦當如法諫大姊如是佛弟子
眾得增益展轉相諫展轉相教展轉懺悔是比丘
尼如是諫時堅持不捨是比丘尼應三諫捨此事
故乃三諫捨者善不捨者是比丘尼犯三法應捨
僧伽婆尸沙
若比丘相親近住共作惡行惡聲流布展轉共相
覆罪是比丘尼當諫彼比丘尼言大姊汝等莫相
親近共作惡行惡聲流布共相覆罪汝等若不相
親近於佛法中得增益安樂住是比丘尼諫彼比丘
尼時堅持不捨是比丘尼應三諫捨此事故乃至三
諫捨者善不捨者是比丘尼犯三法應捨
僧伽婆尸沙
若比丘尼比丘尼僧為作呵諫時餘比丘尼教作
如是言汝等莫別住當共住我亦見餘比丘尼
不別住共作惡行惡聲流布共相覆罪僧以恚故
教汝等別住是比丘尼應諫彼比丘尼言大姊汝
莫教餘比丘尼言汝等莫別住我亦見餘比丘
尼共住共作惡行惡聲流布共相覆罪僧以恚故
教汝別住今僧中有此二比丘尼共住共作惡行惡聲
流布共相覆罪更無有餘若此比丘尼別住於
佛法中有增益安樂住是比丘尼諫彼比丘尼時

BD15362號　四分比丘尼戒本　（23–3）

流布共相覆罪更無有餘若此比丘尼別住於
佛法中有增益安樂住是比丘尼諫彼比丘尼時
堅持不捨是比丘尼應三諫令捨此事故乃至
三諫捨者善不捨者是比丘尼犯三法應捨僧
伽婆尸沙
若比丘尼趣以一小事嗔恚不喜便作是語我捨
佛捨法捨僧不獨有此沙門釋子亦更有餘沙門
婆羅門修梵行者我等亦可於彼修梵行是比
丘尼當諫彼比丘尼言大姊汝莫趣以一小事嗔
恚不喜便作是語我捨佛捨法捨僧不獨有此
沙門釋子亦更有餘沙門婆羅門修梵行者
我等亦可於彼修梵行若是比丘尼諫彼比丘尼
時堅持不捨彼比丘尼應三諫捨此事故乃三諫
捨者善不捨者是比丘尼犯三法應捨
僧伽婆尸沙
若比丘尼喜鬪諍不善憶持諍事後嗔恚作是
語僧有愛有恚有怖有癡是比丘尼應諫彼
比丘尼言妹汝莫喜鬪諍不善憶持諍事後事
嗔恚作是語僧有愛有恚有怖有癡而僧不
愛不恚不怖不癡汝自有愛有恚有怖有癡是
比丘尼諫彼比丘尼時堅不捨彼比丘尼應三諫
捨此事故乃至三諫捨者善不捨者是比丘尼
犯三法應捨僧伽婆尸沙
諸大姊我已說十七僧伽婆尸沙法九初犯罪八乃
至三諫若比丘尼犯一一罪應半月部僧中行摩那
埵已有出罪應二部僧中各二十眾出是比丘尼
罪若少一人不滿四十眾是比丘尼罪不得除諸比
丘尼亦可呵此是時今問諸大姊是中清淨不如是三
諸大姊是中清淨默然故是事如是持
諸大姊是三十尼薩耆波逸提法半月半月說戒中來
若比丘尼衣已竟迦絺那衣已捨畜長衣經十日不
淨施得持若過者尼薩耆波逸提
若比丘尼衣已竟迦絺那衣已捨五衣中若離一一衣異處
宿經一夜除僧羯磨尼薩耆波逸提
若比丘尼衣已竟迦絺那衣已捨若得非時衣欲須便

BD15362號　四分比丘尼戒本　（23–4）

若比丘尼衣已竟迦絺那衣已捨五衣中若離一一衣異處
宿經一夜除僧羯磨尼薩耆波逸提
若比丘尼衣已竟迦絺那衣已捨若得非時衣欲須便
受受已疾疾成衣若足者善若不足者得畜一月
為滿足故若過畜者尼薩耆波逸提
若比丘尼從非親里居士居士婦乞衣除餘
時尼薩耆波逸提是中時者若奪衣失衣
燒衣漂衣是名時
若比丘尼奪衣失衣燒衣漂衣是非親里居士居士婦
自恣請多與衣是比丘尼當知足受衣若過者尼
尼薩耆波逸提
若居士居士婦為比丘尼辦衣價具如是衣價與
某甲比丘尼是比丘尼先不受自恣請到居士家
作如是說善哉居士為我辦如是如是衣價與我為
好故若得衣者尼薩耆波逸提
若二居士居士婦與比丘尼辦衣價我曹辦如是衣
價與某甲比丘尼是比丘尼先不受自恣請到二居
士家作如是言善哉居士辦如是衣價與我共
作一衣為好故若得衣者尼薩耆波逸提
若比丘尼若大臣若婆羅門若居士居士婦遣
使為比丘尼送衣價持如是衣價與某甲比丘尼
彼使至比丘尼所語言阿姨為汝送衣價受取
是比丘尼語彼使如是言我不應受此衣價我
若須衣合時清淨當受彼使語比丘尼言阿姨
有執事人不須衣比丘尼言有若僧伽藍民若
優婆塞此是比丘尼執事人常為比丘尼執事彼
使至執事人所與衣價已還到比丘尼所如是言
阿姨所示某甲執事人我已與衣價大姊知時往彼
當得衣比丘尼若須衣者當往彼執事人所二反
三反語言我須衣若二反三反為作憶念得衣者
善若不得衣四反五反六反在前默然住令彼
憶念若四反五反六反在前默然住得衣者善若
不得衣過是求得衣者尼薩耆波逸提若不得
衣隨彼使所來處若自往若遣使往語言汝
先遣使持衣價與某甲比丘尼是竟不得汝還

BD15362號　四分比丘尼戒本　（23–5）

衣隨彼使所來處若自往若遣使往語言汝
先遣使持衣價與某甲比丘尼是竟不得汝還
取莫使失此是時
若比丘尼自取金銀若錢若教人取若口可受
者尼薩耆波逸提
若比丘尼種種賣買寶物者尼薩耆波逸提
若比丘尼種種販賣者尼薩耆波逸提
若比丘尼鉢減五綴不漏更求新鉢為好故尼薩波
逸提是比丘尼當持此鉢於尼衆中捨從次第貿貢
下坐以下坐鉢與此比丘尼言妹持此鉢乃至破此是時
若比丘尼自求縷使非親里織師織作衣者尼
薩耆波逸提
若比丘尼居士居士婦使織師為比丘尼織作衣
彼比丘尼先不受自恣請便往到彼所語織師
言此衣為我織極好織令廣長堅緻齊整好我
當少多與汝價若比丘尼與價乃至一食得
衣者尼薩耆波逸提
若比丘尼與比丘衣已後嗔恚若自奪若教人
奪取還我衣來不與汝是比丘尼應還衣彼
取衣者尼薩耆波逸提
若諸病比丘尼畜藥酥油生酥蜜得食殘
宿乃至七日得服若過七日服者尼薩耆
波逸提
若比丘尼十日未滿夏三月若有急施衣比丘
尼知是急施衣應受受已乃至依時應畜若
過畜者尼薩耆波逸提
若比丘尼知物向僧自求入已者尼薩耆波逸提
若比丘尼欲索是更索彼者尼薩耆波逸提
若比丘尼知檀越所為僧施異迴作餘用者薩耆
波逸提
若比丘尼所為施物異自求為僧迴作餘用者尼
薩耆波逸提
若比丘尼檀越所為施物異迴作餘用者尼薩
耆波逸提
若比丘尼檀越所施為物異自求為僧迴作餘

若比丘尼檀越所為施物異迴作餘用者尼薩
耆波逸提
若比丘尼檀越所施為物異自求為僧迴作餘
用者尼薩耆波逸提
若比丘尼畜長鉢尼薩耆波逸提
若比丘尼多畜好色器者尼薩耆波逸提
若比丘尼許比丘尼病衣後不與者尼薩耆波逸提
若比丘尼以非時衣受作時衣者尼薩耆波逸提
若比丘尼與比丘尼貿易衣後瞋恚還自奪取若
使人奪妹還我衣來我不與汝衣屬汝我衣還我
者尼薩耆波逸提
若比丘尼乞重衣齊價直四張疊過者尼薩耆波逸提
若比丘尼欲乞輕衣極至價直兩張半疊過者
尼薩耆波逸提
諸大姊我已說三十尼薩耆波逸提法今問諸大
姊是中清淨不 三說
諸大姊是中清淨默然故是事如是持
諸大姊是一百七十八波逸提法半月半月說戒經中來
若比丘尼故妄語者波逸提
若比丘尼毀呰語者波逸提
若比丘尼兩舌語者波逸提
若比丘尼與男子同室宿者波逸提
若比丘尼共未受戒女人同一室宿若過三宿波逸提
若比丘尼與未受大戒人共誦法者波逸提
若比丘尼知他有麤惡罪向未受大戒人說
除僧羯磨波逸提
若比丘尼向未受大戒人說過人法言我見是知我
是實者波逸提
若比丘尼與男子說法過五六語除有知女人波逸提
若比丘尼自掘地若教人掘者波逸提
若比丘尼壞鬼神神村波逸提
若比丘尼妄作異語惱他者波逸提
若比丘尼嫌罵者波逸提

若比丘尼壞鬼神村者波逸提
若比丘尼妄作異語惱他者波逸提
若比丘尼嫌罵者波逸提
若比丘尼取僧繩床若木床若卧具坐蓐露地
自敷若教人敷捨去不自舉不教人舉波逸提
若比丘尼於僧房中取僧卧具自敷若人在中若
坐若卧從彼處捨去不自舉不教人舉波逸提
若比丘尼比丘尼先住處後來於中間敷卧具止宿
念言彼若嫌迮者自當避我去作如是因緣非
餘非威儀波逸提
若比丘尼嗔他比丘尼不喜衆僧房中若自牽出
若教人牽出者波逸提
若比丘尼若房重閣上脫脚繩床若木床若坐若
卧者波逸提
若比丘尼知水有虫自用澆泥若草若教人澆者
波逸提
若比丘尼作大房戶扉窗牖及餘莊飾具指授
覆苫齊二三節若過者波逸提
若比丘尼施一食處無病比丘尼應一食若受
者波逸提
若比丘尼別衆食除餘時波逸提餘時者病時
作衣時若施衣時道行時船行時大會時沙門
施食時此是時
若比丘尼至檀越家慇懃請與餅麨比丘尼欲須
者二三鉢應受持至寺內分與餘比丘尼食若
比丘尼無病過二三受持至寺中不分與餘比丘尼
食者波逸提
若比丘尼非時食者波逸提
若比丘尼殘宿食食者波逸提
若比丘尼不受食若藥著口中除水及楊枝波逸提
若比丘尼先受請已前食若後食行詣餘家不
囑餘比丘尼除餘時波逸提時餘者病時作衣
施衣時時此是時
若比丘尼食家中有寶强安坐者波逸提
若比丘尼食家中有寶在屏處坐者波逸提

BD15362號　四分比丘尼戒本　（23–8）

施衣時時此是時
若比丘尼食家中有寶强安坐者波逸提
若比丘尼食家中有寶在屏處坐者波逸提
若比丘尼獨與男子露地一處共坐者波逸提
若比丘尼語比丘尼如是語大姊共汝至聚落當
與汝食彼比丘尼竟不教與是比丘尼食如是
言大姊去我與一處共坐共語不樂我獨坐獨
語樂以是因緣非餘方便遣去者波逸提請
比丘尼四月與藥無病比丘尼應受若過受除常
請更請分請盡形請者波逸提
若比丘尼往觀軍陣除時因緣波逸提
若比丘尼有因緣至軍中若二宿三宿過者波逸提
若比丘尼軍中若二宿三宿或時觀軍鬪戰若觀遊
軍象馬勢力者波逸提
若比丘尼飲酒者波逸提
若比丘尼水中戲者波逸提
若比丘尼以指相擊攊者波逸提
若比丘尼不受諫者波逸提
若比丘尼恐怖他比丘尼者波逸提
若比丘尼半月洗浴無病比丘尼應受若過受除餘時波
逸提餘時者熱時病時作時大風時雨時遠行來時此是時
若比丘尼無病爲炙故露地然火若教人然除餘
時波逸提
若比丘尼藏比丘尼若鉢若衣若坐具針筒自
藏教人藏下至戲笑者波逸提
若比丘尼淨施比丘比丘尼式叉摩那沙彌沙彌尼
衣後不問主取著者波逸提
若比丘尼得新衣當作三種染壞色青黑木蘭
若比丘尼得新衣不作三種染壞色青黑木蘭著
新衣持者波逸提
若比丘尼故斷畜生命者波逸提
若比丘尼知水有虫飲者波逸提
若比丘尼故惱他比丘尼乃至少時不樂者波逸提

BD15362號　四分比丘尼戒本　（23–9）

新衣持者波逸提
若比丘尼故斷畜生命者波逸提
若比丘尼知水有虫飲者波逸提
若比丘尼故惱他比丘尼乃至少時不樂者波逸提
若比丘尼知比丘尼有麁罪覆藏者波逸提
若比丘尼知諍事如法懺悔已後更發舉者波逸提
若比丘尼知是賊伴共一道行乃至一聚落者波逸提
若比丘尼作是語我知佛所說法行婬欲非是障
道法彼比丘尼諫此比丘尼言大姊莫作是語
莫謗世尊謗世尊者不善世尊不作是語世
尊無數方便說婬欲是障道法犯婬欲者是障
道法彼比丘尼諫此比丘尼時堅持不捨彼比丘尼
乃至三諫時捨者善不捨者波逸提
若比丘尼知如是語人未作法如是耶見不捨若
畜同一羯磨同一止宿者波逸提
若沙彌尼如是言我知佛所說行婬欲非障道法
彼比丘尼諫此沙彌尼言汝莫作是語莫謗世尊
謗世尊者不善世尊不作是語沙彌尼世尊
無數方便說婬欲是障道法犯婬欲者是障道法
彼比丘尼諫此沙彌尼時堅持不捨彼比丘尼應乃
至三訶諫捨此事故乃三諫時若捨者善不捨者
彼比丘尼應語是沙彌尼言汝自今已去非佛弟
子不得隨餘比丘尼如諸沙彌尼得與比丘尼二宿汝
今無是事汝出去滅去不須此中住若比丘知如
是擯沙彌尼者若畜共同止宿波逸提
若比丘尼如法諫時作如是語我今不學是戒乃
至問有知慧持律者當難問波逸提若為求解應難問
若比丘尼說戒時如是語大姊用是雜碎戒為說是
戒時令人惱愧懷疑輕毀戒故波逸提
若比丘尼說戒時作如是語大姊我今始知是戒半
月半月說戒經中來餘比丘尼知是比丘尼若二若三說
戒中坐何況多彼比丘尼無知解若犯罪應如法治更
重增無知法大姊汝無利不善得汝說戒時不用心
念不一心兩耳聽法彼無知故波逸提

BD15362號　四分比丘尼戒本　（23–10）

若比丘尼說戒時作如是語大姊我今始知是戒半
月半月說戒經中來餘比丘尼知是比丘尼若二若三說
戒中坐何況多彼比丘尼無知解若犯罪應如法治更
重增無知法大姊汝無利不善得汝說戒時不用心
念不一心兩耳聽法彼無知故波逸提
若比丘尼共同羯磨已後作如是說比丘尼隨親
厚以衆僧物與者波逸提
若比丘尼僧斷事時不與欲而起去者波逸提
若比丘尼與欲竟後更呵者波逸提
若比丘尼比丘尼共鬪諍後聽語已欲向彼說者波逸提
若比丘尼瞋恚不喜打比丘尼者波逸提
若比丘尼瞋恚不喜以手搏比丘尼者波逸提
若比丘尼瞋恚故不喜以無根僧伽婆尸沙謗者波逸提
若比丘尼刹利水澆頭王王未出未藏寶若入過宮門
閾者波逸提
若比丘尼寶及寶莊飾具自捉教人捉除僧伽藍中及寄
宿處波逸提若僧伽藍中若寄宿處若寶若似
寶莊飾具自捉教人捉若識者當取如是因緣非餘
若比丘尼非時入聚落不囑授比丘尼波逸提
若比丘尼作繩床若木床足應高如來八指除入梐
孔上若截竟過者波逸提
若比丘尼持兜羅綿貯作繩床木床若臥具坐褥波逸提
若比丘尼噉蒜者波逸提
若比丘尼剃三處毛者波逸提
若比丘尼以水作淨應齊兩指各一節若過者波逸提
若比丘尼以胡膠作男根者波逸提
若比丘尼共相拍者波逸提
若比丘尼無病食時供給水扇者波逸提
若比丘尼乞生穀者波逸提
若比丘尼在生草上大小便者波逸提
若比丘尼夜便大小便器中晝不看牆外棄者波逸提
若比丘尼往觀看伎樂者波逸提
若比丘尼入村內與男子在屏處共立語者波逸提
若比丘尼與男子共入屏處者波逸提
若比丘尼入村內巷陌中遣伴遠去在屏處與男子耳語者波

BD15362號　四分比丘尼戒本　（23–11）

若比丘尼往觀看伎樂者波逸提
若比丘尼入村內與男子在屏處共立語者波逸提
若比丘尼與男子共入屏處者波逸提
若比丘尼入村內巷陌中遣伴遠去在屏處與男子耳語者波逸提
若比丘尼入白衣家內坐不語主人捨去者波逸提
若比丘尼入白衣家內不語主人輒坐床者波逸提
若比丘尼入白衣家內不語主人輒自敷坐具宿者波逸提
若比丘尼與男子共入闇室中者波逸提
若比丘尼不審諦受語便向人說者波逸提
若比丘尼有小因緣事便呪詛墮三惡道不生佛法中
若我有如是事墮三惡道不生佛法中若汝有如
是事亦墮三惡道不生佛法中波逸提
若比丘尼共鬪諍不善憶持諍事搥胸啼哭者波逸提
若比丘尼無病二人共牀臥者波逸提
若比丘尼共一褥同一被臥除餘時波逸提
若比丘尼知先住後至先住為惱故在前誦經問
義教者波逸提
若比丘尼同活比丘尼病不瞻視者波逸提
若比丘尼安居初聽餘比丘尼在房中安牀後瞋恚
駈出者波逸提
若比丘尼春夏冬一切時人間遊行除因緣者波逸提
若比丘尼夏安居訖不去者波逸提
若比丘尼邊界有疑恐怖處人間遊行者波逸提
若比丘尼界內有疑恐怖處人間遊行者波逸提
若比丘尼親近居士居士兒共住作不隨順行餘比丘
尼諫此比丘尼言妹汝莫親近居士居士兒共住作不
隨順行汝可別住若別住於佛法中有增益安
樂住彼比丘尼諫此比丘尼時堅持不捨彼比丘尼應三
諫捨此事故乃至三諫捨此事善不捨者波逸提
若比丘尼往觀王宮文飾畫堂園林浴池者波逸提
若比丘尼露身形在河泉水渠水池水中浴者波逸提
若比丘尼作浴衣應量作應量作者長佛六磔手
半若比丘過者波逸提
若比丘尼縫僧伽梨過五日除求索僧伽梨出迦絺那
衣六難事起者波逸提

半若比丘過者波逸提
若比丘尼縫僧伽梨過五日除求索僧伽梨出迦絺那
衣六難事起者波逸提
若比丘尼過五日不看僧伽梨波逸提
若比丘尼與衆僧衣作留難者波逸提
若比丘尼輒著他衣者波逸提
若比丘尼持沙門衣施與外道白衣者波逸提
若比丘尼作如是意衆僧如法分衣遮令不分恐弟
子不得者波逸提
若比丘尼作如是意令衆僧令不得出迦絺那衣
後當出令五事久得放捨者波逸提
若比丘尼作如是意遮比丘尼僧不出迦絺那衣欲
令久得五事放捨者波逸提
若比丘尼作是意遮比丘尼僧不出迦絺那衣欲令久
得五事放捨者波逸提
若比丘尼餘比丘尼語言為我滅此諍事而不作方
便令滅者波逸提
若比丘尼自手持食與白衣入外道食者波逸提
若比丘尼為白衣作使者波逸提
若比丘尼自手紡績者波逸提
若比丘尼入白衣舍內在小牀大牀上若坐若臥波逸提
若比丘尼至白衣舍語主人敷坐止宿明日不辭
主人而去波逸提
若比丘尼誦習世俗呪術者波逸提
若比丘尼教人誦習呪術者波逸提
若比丘尼知女人姙娠度與受具足戒者波逸提
若比丘尼知婦女乳兒與受具足戒者波逸提
若比丘尼知年不滿二十與受具足戒者波逸提
若比丘尼年十八童女不與二歲學戒年滿二十便與受
具足戒者波逸提
若比丘尼年十八童女二歲學戒不與六法滿二十便
與受具足戒者波逸逸提
若比丘尼年十八童女與二歲學與法六法滿二十衆
僧不聽便與受具足戒者波逸提
若比丘尼度曾嫁女年十歲與二歲學戒年滿十二聽

若比丘尼年十八童女與二歲學與法六法滿二十衆
僧不聽便與受具足戒者波逸提
若比丘尼度曾嫁女年十歲與二歲學戒年滿十二聽
與受具足戒若減十二與受具足戒者波逸提
若比丘尼度他小年曾嫁婦女與歲受二歲學戒
年滿二不白衆僧便與受具足戒者波逸提
若比丘尼知如是人與受具足者波逸提
若比丘尼多度弟子不教二歲學戒不以二法攝
取波逸提
若比丘尼不二歲隨和上尼者波逸提
若比丘尼僧不聽而授人具足戒者波逸提
若比丘尼年未滿十二歲授人具足戒者波逸提
若比丘尼年滿十二歲衆僧不聽便授人具足戒者
波逸提
若比丘尼僧不聽受人具足戒便言衆僧有愛有
恚有怖有癡欲聽者便聽不欲者便不聽波逸提
若比丘尼父母夫主不聽與受具足戒者波逸提
若比丘尼知女人與童男男子相敬愛愁憂瞋
恚女人度令出家受具足戒者波逸提
若比丘尼語式叉摩那言汝妹捨是學是當與汝
受具足戒若不方便與受具足戒者波逸提
若比丘尼語式叉摩那言持衣來我當與汝受具
足戒而不方便與受具足戒者波逸提
若比丘尼不滿一歲授人足戒者逸提
若比丘尼與人授具足戒已經宿方往比丘僧中
與受具足戒者波逸提
若比丘尼不病不往受教授者波逸提
若比丘尼半月應往比丘僧中求教授若不求者波逸提
若比丘尼僧夏安居竟應往大比丘僧中說三事
自恣見聞疑若不者波逸提
若比丘尼在無比丘處夏安居者波逸提
若比丘尼知有比丘僧伽藍不白而入者波逸提
若比丘尼罵比丘者波逸提

BD15362 號　四分比丘尼戒本　（23–14）

自恣見聞疑若不者波逸提
若比丘尼在無比丘處夏安居者波逸提
若比丘尼知有比丘僧伽藍不白而入者波逸提
若比丘尼罵比丘者波逸提
若比丘尼喜鬪諍不善憶持諍事後瞋恚不喜
罵比丘尼衆者波逸提
若比丘尼身生癰及種種瘡不白衆及餘人輒使
男子破若裹者波逸提
若比丘尼先受請若足食已後食餅麨魚及
內者波逸提
若比丘尼於食家生嫉妒心者波逸提
若比丘尼以香塗摩身者波逸提
若比丘尼以胡麻滓塗身者波逸提
若比丘尼使比丘尼塗摩身者波逸提
若比丘尼使式叉摩那塗摩身者波逸提
若比丘尼使沙彌尼塗摩身者波逸提
若比丘尼使白衣婦女塗摩身者波逸提
若比丘尼著貯䏶衣者波逸提
若比丘尼畜婦女莊嚴身具除時因緣波逸提
若比丘尼著草屐持蓋行除時因緣波逸提
若比丘尼無病乘行除時因緣波逸提
若比丘尼不著僧祇支入村者波逸提
若比丘尼向暮至白衣家先不被喚波逸提
若比丘尼向暮開僧伽藍門不囑授餘比丘尼
者波逸提
若比丘尼日沒開僧伽藍門不囑授而出者波逸提
若比丘尼不前安居不後安居者波逸提
若比丘尼知女人常漏大小便漏涕唾常出者授具足戒波逸提
若比丘知二形人與受具足戒波逸提
若比丘尼知二道合者與授具波逸提
若比丘尼知有負債難者病難者與授具戒者波逸提
若比丘尼學世俗伎術以自活命波逸提
若比丘以世俗伎術教授白衣者波逸提
若比丘尼被擯不去者波逸提
若比丘尼欲問比丘義先不求而問者波逸提

BD15362 號　四分比丘尼戒本　（23–15）

若比丘尼學世俗伎術以自活命波逸提
若比丘尼以世俗伎術教授白衣者波逸提
若比丘尼被擯不去者波逸提
若比丘尼欲問比丘義先不求而問者波逸提
若比丘尼住後至後至先住欲惱彼故在前經行
若立若坐若臥波逸提
若比丘尼在有比丘僧伽藍內起塔波逸提
若比丘尼見新受戒比丘應起迎逆恭敬禮拜問訊
不者除時因緣波逸提
若比丘尼為好故搖身趨行波逸提
若比丘尼作婦女莊嚴香塗摩身波逸提
若比丘尼使外道女香塗摩身者波逸提
諸大姊我已說一百七波逸提法今問諸大姊是中清淨不 三說
諸大姊是中清淨默然故是事如是持
諸大姊是八波羅提提舍尼法半月半月說戒經中來
若比丘尼無病乞酥而食者犯應懺悔可呵法應
向餘比丘尼說言大姊我犯可呵法所不應為我
今向大姊懺悔是法名悔過法
若比丘尼無病乞油而食者犯應懺悔可呵法應向
餘比丘尼說言大姊我犯可呵法所不應為我今向
大姊懺悔是法名悔過法
若比丘尼無病乞蜜而食者犯應懺悔可呵法應
向餘比丘尼說言大姊我犯可呵法所不應為我
今向大姊懺悔是法名悔過法
若比丘尼無病乞黑石蜜而食者犯應懺悔可呵法
應向餘比丘尼說言大姊我犯可呵法所不應為我
今向大姊懺悔是法名悔過法
若比丘尼無病乞乳而食者犯應懺悔可呵法應
向餘比丘尼說言大姊我犯可呵法所不應為我今向
大姊懺悔是名悔過法
若比丘尼無病乞酪而食者犯應懺悔可呵法應向
餘比丘尼說言大姊我犯可呵法所不應為我
今向大姊懺悔是名悔過法
若比丘尼無病乞魚而食者犯應懺悔可呵法應

BD15362號　四分比丘尼戒本　（23-16）

餘比丘尼說言大姊我犯可呵法所不應為我
今向大姊懺悔是名悔過法
若比丘尼無病乞魚而食者犯應懺悔可呵法應向
餘比丘尼說言大姊我犯可呵法所不應為我今向
大姊懺悔是名悔過法
若比丘尼無病乞肉食者犯應懺悔可呵法應向餘
比丘尼說言大姊我犯可呵法所不應為我今向大
姊懺悔是名悔過法
諸大姊我已說八波羅提提舍尼法今問諸大姊是
中清淨不 三說
諸大姊是中清淨默然故是事如是持
諸大姊是眾學戒法半月半月說戒經中來
當齊整著涅槃僧應當學
當齊整著三衣應當學
不得反抄衣行入白衣舍應當學
不得反抄衣行入白衣舍坐應當學
不得衣纏頸入白衣舍應當學
不得衣纏頸入白衣舍坐應當學
不得覆頭入白衣舍應當學
不得覆頭入白衣舍坐應當學
不得跳行入白衣舍應當學
不得跳行入白衣舍坐應當學
不得白衣舍內蹲坐應當學
不得叉腰行入白衣舍應當學
不得叉腰行入白衣舍坐應當學
不得搖身行入白衣舍應當學
不得搖身行入白衣舍坐應當學
不得掉臂行入白衣舍應當學
不得掉臂行入白衣舍坐應當學
好覆身入白衣舍應當學
好覆身入白衣舍坐應當學
不得左右顧視行入白衣舍應當學
不得左右顧視行入白衣舍坐應當學
靜默入白衣舍應當學

BD15362號　四分比丘尼戒本　（23-17）

好覆身入白衣舍坐應當學
不得左右顧視行入白衣舍應當學
不得左右顧視行入白衣舍坐應當學
靜默入白衣舍應當學
靜默入白衣舍坐應當學
不得戲笑行入白衣舍應當學
不得戲笑行入白衣舍坐應當學
用意受食應當學
平鉢受食應當學
平鉢受羹飯應當學
羹飯等食應當學
以次食應當學
不得挑鉢中而食應當學
若比丘尼不病不得自為己索羹飯應當學
不得以飯覆羹更望得應當學
不得視比坐鉢中應當學
當繫鉢想食應當學
不得大摶飯食應當學
不得大張口待飯食應當學
不得含飯語應當學
不得摶飯遙擲口中應當學
不得遺落飯食應當學
不得頰食食應當學
不得嚼飯作聲食應當學
不得大噏飯食應當學
不得舌舐食應當學
不得振手食應當學
不得手把散飯食應當學
不得污手捉飲器應當學
不得洗鉢水弃白衣舍內應當學
不得生草菜上大小便涕唾除病應當學
不得淨水中大小便涕唾除病應當學
不得立大小便除病應當學
不得与反抄衣不恭敬人說法除病應當學

BD15362 號　四分比丘尼戒本　（23–18）

不得淨水中大小便涕唾除病應當學
不得立大小便除病應當學
不得与反抄衣不恭敬人說法除病應當學
不得為衣纏頸者說法除病應當學
不得為覆頭者說法除病應當學
不得為裹頭者說法除病應當學
不得為叉腰者說法除病應當學
不得為著革屣者說法除病應當學
不得為著木屐者說法除病應當學
不得為騎乘者說法除病應當學
不得在佛塔中止宿除為守護故應當學
不得藏財物置佛塔中除為堅牢應當學
不得著革屣入佛塔中應當學
不得手捉革屣入佛塔中應當學
不得著革屣繞佛塔行應當學
不得著富羅入佛塔中應當學
不得手捉富羅入佛塔中應當學
不得塔下坐食留草及食污地應當學
不得塔下埋死屍應當學
不得擔死屍從塔下過應當學
不得塔下燒死屍應當學
不得向塔燒死屍應當學
不得在佛塔四邊燒死屍使臭氣來入應當學
不得持死人衣及床從塔下過除浣染香熏應當學
不得佛塔下大小便應當學
不得向佛塔大小便應當學
不得繞佛塔四邊大小便臭氣來入應當學
不得持佛像至大小便處應當學
不得在佛塔下嚼楊枝應當學
不得向佛塔嚼楊枝應當學
不得向佛塔四邊嚼楊枝應當學
不得在佛塔下涕唾應當學
不得向佛塔涕唾應當學
不得塔四邊涕唾應當學
不得向佛塔舒脚坐應當學

BD15362 號　四分比丘尼戒本　（23–19）

不得向佛塔嚼楊枝應當學
不得在佛塔四邊嚼楊枝應當學
不得在佛塔下涕唾應當學
不得向佛塔涕唾應當學
不得塔四邊涕唾應當學
不得向佛塔舒脚坐應當學
不得安佛塔下房已在上房在應當學
人坐已立不得為說法除病應當學
人卧已坐不得為說法除除應當學
人在坐已在非坐不得為說法除病應當學
人在高坐已在下坐不得為說法除病應當學
人在前行已在後行不得為說法除病應當學
人在高經行處已在下經行處不應為說法除病應當學
人在道已在非道不應為說法除病應當學
不得攜手在道行應當學
不得上樹人頭除時因緣應當學
不得絡囊盛鉢貫杖頭著肩上而行應當學
人持杖不恭敬不應為說法除病應當學
人持劍不應為說法除病應當學
人持鉾不應為說法除病應當學
人持刀不應為說法除病應當學
人持蓋不應為說法除病應當學
諸大姊我已說眾學戒法今問諸大姊是中清淨不如是說
諸大姊是中清淨默然故是事如是持
諸大姊是七滅諍法半月半月說戒經中來
若比丘尼有諍事起即應除滅
應與現前毗尼當與現前毗尼
應與憶念毗尼當與憶念毗尼
應與不癡毗尼當與不癡毗尼
應與自言治當與自言治
應與多人覓罪當與多人覓罪
應與不覓罪相當與覓罪相
應與如草覆地當與如草覆地
諸大姊我已說七滅諍法今問諸大姊是中清淨不說

BD15362號　四分比丘尼戒本　（23–20）

應與不癡毗尼當與不癡毗尼
應與自言治當與自言治
應與多人覓罪當與多人覓罪
應與不覓罪相當與覓罪相
應與如草覆地當與如草覆地
諸大姊我已說七滅諍法今問諸大姊是中清淨不說
諸大姊是中清淨默然故是事如是持
諸大姊我已說戒經序已說八波羅夷法已說十七僧
伽婆尸沙法已說三十尼薩耆波逸提法已說一百七十八
波逸提法已說八波羅提舍尼法已說眾學戒法已
說七滅諍法此是佛所說半月半月說戒經中來若更有
餘佛法是中皆共和合應學
忍辱第一道　佛說無為最　出家惱他人　不名為沙門
此是毗婆尸如來無所著等正覺說是戒經
譬如明眼人　能避險惡道　世有聰明人　能遠離諸惡
此是尸棄如來無所著等正覺說是戒經
不謗亦不嫉　當奉行於戒　飲食知止足　常樂在空閑
心定樂精進　是名諸佛教
此是毗葉羅如來無所著等正覺說是戒經
譬如蜂採花　不壞色與香　但取其味去　比丘入聚落
不違戾他事　不觀作不作　但自觀身行　若正若不正
此是拘樓孫如來無所著等正覺說是戒經
心莫作放逸　聖法當勤學　如是無憂愁　心定入涅槃
此是拘那含牟尼如來無所著等正覺說是戒經
一切惡莫作　當奉行諸善　自淨其志意　是則諸佛教
此是迦葉如來無所著等正覺說是戒經
善護於口言　自淨其志意　身莫作諸惡　此三業道淨
能得如是行　是大仙人道
此是釋迦牟尼如來無所著等正覺於十二年中為無事僧說戒經從是已
後廣分別說諸比丘尼自為樂法樂沙門者有慚
有愧樂學戒者當於中學
明人能護戒　能得三種樂　名譽及利養　死得生天上
當觀如是處　有智勤護戒　戒淨有智慧　便得第一道
如過去諸佛　及以未來者　現在諸世尊　能勝一切憂

BD15362號　四分比丘尼戒本　（23–21）

一切惡莫作　當奉行諸善　自淨其志意　是則諸佛教
此是迦葉如來無所著等正覺說是戒經
善護於口言　自淨其志意　身莫作諸惡　此三業道淨
能得如是行　是大仙人道　此是釋迦牟尼如來无
所著等正覺於十二年中為無事僧說戒經從是已
後廣分別說諸比丘尼自為樂法樂沙門者有慙
有愧樂學戒者當於中學
明人能護戒　能得三種樂　名譽及利養　死得生天上
當觀如是處　有智勤護戒　戒淨有智慧　便得第一道
如過去諸佛　及以未來者　現在諸世尊　能勝一切憂
皆共尊敬戒　此是諸佛法　若有自為身　欲求於佛道
當尊重正法　此是諸佛法　七佛為世尊　滅除諸結使
說是七戒經　諸縛得解脫　已入於涅槃　諸戲永滅盡
尊行仙說大　聖賢稱譽戒　弟子之所行　入寂滅涅槃
世尊涅槃時　興起於大悲　集諸比丘眾　與如是教戒
莫謂我涅槃　淨行者无護　我今說戒經　亦善說毗尼
我雖般涅槃　當視如世尊　此經久住世　佛法得熾盛
以是熾盛故　得入於涅槃　若不持此戒　如所應布薩
喻如日沒時　世界皆闇冥　當護持是戒　如犛牛愛尾
和合一處坐　如佛之所說　我已說戒經　眾僧布薩竟
我今說戒經　所說諸功德　施一切眾生　皆共成佛道
四分戒本一卷

癸巳年四月比丘尼聖藏與心寫此戒為亡□王讀誦護持

BD15362 號　四分比丘尼戒本　（23–22）

我今說戒經　所說諸功德　施一切眾生　皆共成佛道
四分戒本一卷

癸巳年四月比丘尼聖藏與心寫此戒為亡□王讀誦護持

BD15362 號　四分比丘尼戒本　（23–23）

妙法蓮華經法師功德品第十九
尒時佛告常精進菩薩摩訶薩若善男子善
女人受持是法華經若讀若誦若解說若書
寫是人當得八百眼功德千二百耳功德八百
鼻功德千二百舌功德八百身功德千二
百意功德以是功德莊嚴六根皆令清淨是
善男子善女人父母所生清淨肉眼見於三
千大千世界內外所有山林河海下至阿鼻
地獄上至有頂亦見其中一切眾生及業因
緣果報生處悉見悉知尒時世尊欲重宣此
義而說偈言
若於大眾中　以无所畏心　說是法華經　汝聽其功德
是人得八百　功德殊勝眼　以是莊嚴故　其目甚清淨
父母所生眼　悉見三千界　內外弥樓山　須弥及鐵圍
并諸餘山林　大海江河水　下至阿鼻獄　上至有頂處
其中諸眾生　一切皆悉見　雖未得天眼　肉眼力如是
復次常精進若善男子善女人受持此經若
讀若誦若解說若書寫得千二百耳功德以
是清淨耳聞三千大千世界下至阿鼻地獄
上至有頂其中內外種種語言音聲象聲馬
聲牛聲車聲啼哭聲愁歎聲螺聲鼓聲鍾聲

BD15363 號　妙法蓮華經卷六　（8–1）

是清淨耳聞三千大千世界下至阿鼻地獄
上至有頂其中內外種種語言音聲象聲馬
聲牛聲車聲啼哭聲愁歎聲螺聲鼓聲鍾聲
鈴聲笑聲語聲男聲女聲童子聲童女聲法
聲非法聲苦聲樂聲凡夫聲聖人聲喜聲不
喜聲天聲龍聲夜叉聲乾闥婆聲阿脩羅聲
迦樓羅聲緊那羅聲摩睺羅伽聲火聲水聲
風聲地獄聲畜生聲餓鬼聲比丘聲比丘尼
聲聲聞聲辟支佛聲菩薩聲佛聲以要言之
三千大千世界中一切內外所有諸聲雖未
得天耳以父母所生清淨常耳皆悉聞知如
是分別種種音聲而不壞耳根尒時世尊欲
重宣此義而說偈言
父母所生耳　清淨无濁穢　以此常耳聞　三千世界聲
象馬車牛聲　鍾鈴螺鼓聲　琴瑟箜篌聲　簫笛之音聲
清淨好歌聲　聽之而不著　无數種人聲　聞悉能解了
又聞諸天聲　微妙之歌音　及聞男女聲　童子童女聲
山川嶮谷中　迦陵頻伽聲　命命等諸鳥　悉聞其音聲
地獄眾苦痛　種種楚毒聲　餓鬼飢渴逼　求索飲食聲
諸阿脩羅等　居在大海邊　自共語言時　出于大音聲
如是說法者　安住於此間　遙聞是眾聲　而不壞耳根
十方世界中　禽獸鳴相呼　其說法之人　於此悉聞之
其諸梵天上　光音及遍淨　乃至有頂天　言語之音聲
法師住於此　悉皆得聞之
一切比丘眾　及諸比丘尼　若讀誦經典　若為他人說
法師住於此　悉皆得聞之

BD15363 號　妙法蓮華經卷六　（8–2）

一切比丘衆　及諸比丘尼　若讀誦經典　若爲他人說
法師住於此　悉皆得聞之
復有諸菩薩　讀誦於經法　若爲他人說　撰集解其義
如是諸音聲　悉皆得聞之
諸佛大聖尊　教化衆生者　於諸大會中　演說微妙法
持此法華者　悉皆得聞之
三千大千界　內外諸音聲　下至阿鼻獄　上至有頂天
皆聞其音聲　而不壞耳根　其耳聰利故　悉能分別知
持是法華者　雖未得天耳　但用所生耳　功德已如是
復次常精進，若善男子善女人受持是經，若
讀若誦若解說若書寫，成就八百鼻功德，以
是清淨鼻根，聞於三千大千世界上下內外
種種諸香：須曼那華香、闍提華香、末利華香、
瞻蔔華香、波羅羅華香、赤蓮華香、青蓮華
香、白蓮華香、華樹香、菓樹香、栴檀香、沈水香、
多摩羅跋香、多伽羅香，及千万種和香，若末若
丸若塗香，持是經者於此間住，悉能分別。又
復別知衆生之香，象香、馬香、牛羊等香、男香、
女香、童子香、童女香，及草木叢林香，若近若
遠所有諸香，悉皆得聞，分別不錯。持是經者
雖住於此，亦聞天上諸天之香，波利質多羅、
拘鞞陀羅樹香，及曼陀羅華香、摩訶曼陀羅
華香、曼殊沙華香、摩訶曼殊沙華香，栴檀、沈
水、種種末香、諸雜華香，如是等天香和合所
出之香，无不聞知。又聞諸天身香，釋提桓因
在勝殿上，五欲娛樂嬉戲時香；若在妙法堂

BD15363號　妙法蓮華經卷六　（8–3）

出之香，无不聞知。又聞諸天身香，釋提桓因
在勝殿上，五欲娛樂嬉戲時香；若在妙法堂
上，爲忉利諸天說法時香；若於諸園遊戲時
香，及餘天等男女身香，皆悉遙聞。如是展轉
乃至梵世，上至有頂諸天身香，亦皆聞之，并
聞諸天所燒之香。及聲聞香、辟支佛香、菩薩
香、諸佛身香，亦皆遙聞，知其所在。雖聞此香，
然於鼻根不壞不錯；若欲分別爲他人說，憶
念不謬。尒時世尊欲重宣此義，而說偈言：
是人鼻清淨　於此世界中　若香若臭物　種種悉聞知
須曼那闍提　多摩羅栴檀　沈水及桂香　種種華菓香
及知衆生香　男子女人香　說法者遠住　聞香知所在
大勢轉輪王　小轉輪及子　群臣諸宮人　聞香知所在
身所著珎寶　及地中寶藏　轉輪王寶女　聞香知所在
諸人嚴身具　衣服及瓔珞　種種所塗香　聞則知其身
諸天若行坐　遊戲及神變　持是法華者　聞香悉能知
諸樹華菓實　及蘇油香氣　持經者住此　悉知其所在
諸山深嶮處　栴檀樹華敷　衆生在中者　聞香皆能知
鐵圍山大海　地中諸衆生　持經者聞香　悉知其所在
阿脩羅男女　及其諸眷屬　鬪諍遊戲時　聞香皆能知
曠野險隘處　師子象虎狼　野牛水牛等　聞香知所在
若有懷任者　未辯其男女　无根及非人　聞香悉能知
[illegible]力故　知其初懷任　成就不成就　安樂產福子
以聞香力故　知男女所念　染欲癡恚心　亦知脩善者
地中衆伏藏　金銀諸珎寶　銅器之所盛　聞香悉能知
種種諸瓔珞　无能識其價　聞香知貴賤　出處及所在

BD15363號　妙法蓮華經卷六　（8–4）

地中衆伏藏　金銀諸珍寶　銅器之所盛　聞香悉能知
種種諸瓔珞　无能識其價　聞香知貴賤　出處及所在
天上諸華等　曼陁曼殊沙　波利質多樹　聞香悉能知
天上諸宮殿　上中下差別　衆寶華莊嚴　聞香悉能知
天園林勝殿　諸觀妙法堂　在中而娛樂　聞香悉能知
諸天若聽法　或受五欲時　來往行坐卧　聞香悉能知
天女所著衣　好華香莊嚴　周旋遊戲時　聞香悉能知
如是展轉上　乃至於梵世　入禪出禪者　聞香悉能知
光音遍淨天　乃至于有頂　初生及退沒　聞香悉能知
諸比丘衆等　於法常精進　若坐若經行　及讀誦經者
或在林樹下　專精而坐禪　持經者聞香　悉知其所在
菩薩志堅固　坐禪若讀誦　或為人說法　聞香悉能知
在在方世尊　一切所恭敬　愍衆而說法　聞香悉能知
衆生在佛前　聞經皆歡喜　如法而修行　聞香悉能知
雖未得菩薩　无漏法生鼻　而是持經者　先得此鼻相
復次常精進若善男子善女人受持是經若
讀若誦若解說若書寫得千二百舌功德若
好若醜若美不美及諸苦澀物在其舌根皆
變成上味如天甘露无不美者若以舌根於
大衆中有所演說出深妙聲能入其心皆令
歡喜快樂又諸天子天女釋梵諸天聞是深
妙音聲有所演說言論次第皆悉來聽及諸
龍龍女夜叉夜叉女乾闥婆乾闥婆女阿脩
羅阿脩羅女迦樓羅迦樓羅女緊那羅緊那
羅女摩睺羅伽摩睺羅伽女為聽法故皆來
親近恭敬供養及比丘比丘尼優婆塞優婆

BD15363號　妙法蓮華經卷六　（8–5）

羅女摩睺羅伽摩睺羅伽女為聽法故皆來
親近恭敬供養及比丘比丘尼優婆塞優婆
夷國王王子群臣眷屬小轉輪王大轉輪王
七寶千子內外眷屬乘其宮殿俱來聽法以
是菩薩善說法故婆羅門居士國內人民盡
其形壽隨侍供養又諸聲聞辟支佛菩薩諸
佛常樂見之是人所在方面諸佛皆向其處
說法悉能受持一切佛法又能出於深妙法
音爾時世尊欲重宣此義而說偈言
是人舌根淨　終不受惡味　其有所食噉　悉皆成甘露
以深淨妙聲　於大衆說法　以諸因緣喻　引導衆生心
聞者皆歡喜　設諸上供養
諸天龍夜叉　及阿脩羅等　皆以恭敬心　而共來聽法
是說法之人　若欲以妙音　遍滿三千界　隨意即能至
大小轉輪王　及千子眷屬　合掌恭敬心　常來聽受法
諸天龍夜叉　羅剎毗舍闍　亦以歡喜心　常樂來供養
梵天王魔王　自在大自在　如是諸天衆　常來至其所
諸佛及弟子　聞其說法音　常念而守護　或時為現身
復次常精進若善男子善女人受持是經若
讀若誦若解說若書寫得八百身功德得清
淨身如淨瑠璃衆生憙見其身淨故三千大
千世界衆生生時死時上下好醜生善處惡
處悉於中現及鐵圍大鐵圍彌樓山摩訶彌
樓山等諸山及其中衆生悉於中現下至阿
鼻地獄上至有頂所有及衆生悉於中現若
聲聞辟支佛菩薩諸佛說法皆於身中現其

BD15363號　妙法蓮華經卷六　（8–6）

鼻地獄上至有頂所有及衆生悉於中現若
聲聞辟支佛菩薩諸佛說法皆於身中現其
色像尒時世尊欲重宣此義而說偈言
若持法華者　其身甚清淨　如彼淨瑠璃　衆生皆憙見
又如淨明鏡　悉見諸色像　菩薩於淨身　皆見世所有
唯獨自明了　餘人所不見
三千世界中　一切諸群萠　天人阿脩羅　地獄鬼畜生
如是諸色像　皆於身中現
諸天等宮殿　乃至於有頂　鐵圍及弥樓　摩訶弥樓山
諸大海水等　皆於身中現
諸佛及聲聞　佛子菩薩等　若獨若在衆　說法悉皆現
雖未得无漏　法性之妙身　以清淨常體　一切於中現
復次常精進若善男子善女人如來滅後受
持是經若讀若誦若解說若書寫得千二百
意功德以是清淨意根乃至聞一偈一句通
達无量无邊之義解是義已能演說一句一
偈至於一月四月乃至一歲諸所說法隨其
義趣皆與實相不相違背若說俗間經書治
世語言資生業等皆順正法三千大千世界
六趣衆生心之所行心所動作心所戲論皆
悉知之雖未得无漏智慧而其意根清淨如
此是人有所思惟籌量言說皆是佛法无不
真實亦是先佛經中所說尒時世尊欲重宣
此義而說偈言
是人意清淨　明利无穢濁　以此妙意根　知上中下法
乃至聞一偈　通達无量義　次苐如法說　月四月至歲

BD15363號　妙法蓮華經卷六　（8–7）

復次常精進若善男子善女人如來滅後受
持是經若讀若誦若解說若書寫得千二百
意功德以是清淨意根乃至聞一偈一句通
達无量无邊之義解是義已能演說一句一
偈至於一月四月乃至一歲諸所說法隨其
義趣皆與實相不相違背若說俗間經書治
世語言資生業等皆順正法三千大千世界
六趣衆生心之所行心所動作心所戲論皆
悉知之雖未得无漏智慧而其意根清淨如
此是人有所思惟籌量言說皆是佛法无不
真實亦是先佛經中所說尒時世尊欲重宣
此義而說偈言
是人意清淨　明利无穢濁　以此妙意根　知上中下法
乃至聞一偈　通達无量義　次苐如法說　月四月至歲
是世界內外　一切諸衆生　若天龍及人　夜叉鬼神等
其在六趣中　所念若干種　持法華之報　一時皆悉知
十方无數佛　百福莊嚴相　為衆生說法　悉聞能受持
思惟无量義　說法亦无量　終始不忘錯　以持法華故
悉知諸法相　隨義識次苐　達名字語言　如所知演說
此人有所說　皆是先佛法　以演此法故　於衆无所畏
持法華經者　意根淨若斯　雖未得无漏　先有如是相
是人持此經　安住希有地　為一切衆生　歡喜而愛敬
能以千萬種　善巧之語言　分別而說法　持法華經故

BD15363號　妙法蓮華經卷六　（8–8）

言善現是菩薩摩訶薩發心已來經於無數
百千俱胝那庾多劫具壽善現復白佛言世
尊若菩薩摩訶薩成就如是方便善巧已曾
親近供養幾佛佛言善現是菩薩摩訶薩
已曾親近供養殑伽沙等諸佛具壽善現復
白佛言世尊若菩薩摩訶薩成就如是方便
善巧已曾種植幾所善根佛言善現是菩薩
摩訶薩發心已來無有布施波羅蜜多而不圓
滿精勤脩習無有淨戒波羅蜜多而不圓滿
精勤脩習無有安忍波羅蜜多而不圓滿精
勤脩習無有精進波羅蜜多而不圓滿精勤
脩習無有靜慮波羅蜜多而不圓滿精勤
脩習無有般若波羅蜜多而不圓滿精勤脩
習是菩薩摩訶薩發心已來無有內空而不圓
滿精勤安住無有外空內外空空空大空勝
義空有為空無為空畢竟空無際空散空無
變異空本性空自相空共相空一切法空不

BD15364號　大般若波羅蜜多經卷三五一　（22–1）

義空有為空無為空畢竟空無際空散空無
變異空本性空自相空共相空一切法空不
可得空無性空自性空無性自性空而不圓
滿精勤安住是菩薩摩訶薩發心已來無有
真如而不圓滿精勤安住無有法界法性不
虛妄性不變異性平等性離生性法定法住
實際虛空界不思議界而不圓滿精勤安住
是菩薩摩訶薩發心已來無有苦聖諦而不
圓滿精勤安住無有集滅道聖諦而不圓滿
精勤安住是菩薩摩訶薩發心已來無有四
靜慮而不圓滿精勤脩習無有四無量四無
色定而不圓滿精勤脩習是菩薩摩訶薩發
心已來無有八解脫而不圓滿精勤脩習無有
八勝處九次第定十遍處而不圓滿精勤
脩習是菩薩摩訶薩發心已來無有四念住
而不圓滿精勤脩習無有四正斷四神足五
根五力七等覺支八聖道支而不圓滿精勤
脩習是菩薩摩訶薩發心已來無有空解脫
門而不圓滿精勤脩習無有無相無願解脫
門而不圓滿精勤脩習是菩薩摩訶薩發
心已來無有五眼而不圓滿精勤脩習無有六
神通而不圓滿精勤脩習是菩薩摩訶薩發
心已來無有佛十力而不圓滿精勤脩習無
有四無所畏四無礙解大慈大悲大喜大捨
十八佛不共法而不圓滿精勤脩習是菩薩

BD15364號　大般若波羅蜜多經卷三五一　（22–2）

心已來無有佛十力而不圓滿精勤脩習無
有四無所畏四無礙解大慈大悲大喜大捨
十八佛不共法而不圓滿精勤脩習是菩薩
摩訶薩發心已來無有無忘失法而不圓滿
精勤脩習無有恒住捨性而不圓滿精勤脩
習是菩薩摩訶薩發心已來無有一切智而
不圓滿精勤脩習無有道相智一切相智而
不圓滿精勤脩習是菩薩摩訶薩發心已來
無有陁羅尼門而不圓滿精勤脩習無有三
摩地門而不圓滿精勤脩習是菩薩摩訶薩
發心已來無有菩薩摩訶薩行而不圓滿精
勤脩習無有無上正等菩提而不圓滿精勤
脩習善現是菩薩摩訶薩發心已來種植如
上圓滿善根由此因緣成就如是方便善巧
具壽善現復白佛言世尊若菩薩摩訶薩成
就如是方便善巧甚爲希有佛言善現如是
如是如汝所說是菩薩摩訶薩成就如是方
便善巧甚爲希有善現當知如日輪周行
照觸四大洲界作大事業其中所有若情非
情隨彼光明勢力而轉各成己事如是般若
波羅蜜多照觸餘五波羅蜜多作大事業布
施等五波羅蜜多隨順般若波羅蜜多勢力
而轉各成己事
善現當知布施等五波羅蜜多皆由般若波
羅蜜多所攝受故乃得名爲波羅蜜多若離

BD15364號　大般若波羅蜜多經卷三五一　　（22–3）

而轉各成己事
善現當知布施等五波羅蜜多皆由般若波
羅蜜多所攝受故乃得名爲波羅蜜多若離
般若波羅蜜多布施等五不得名爲波羅蜜
多善現當知如轉輪王若無七寶不得名爲
轉輪聖王要具七寶乃得名爲轉輪聖王
布施等五波羅蜜多亦復如是若非般若波羅
蜜多之所攝受不得名爲波羅蜜多要爲般
若波羅蜜多之所攝受乃得名爲波羅蜜多
善現當知如有女人端正巨富若無強夫所
守護者易爲惡人之所侵淩布施等五波羅
蜜多亦復如是若無般若波羅蜜多力所攝
護易爲天魔及彼眷屬之所沮壞善現當
知如有女人端正巨富若有強夫所守護者不
爲惡人之所侵淩布施等五波羅蜜多亦復
如是若有般若波羅蜜多力所攝護一切天
魔及彼眷屬不能沮壞善現當知如有軍將
臨戰陣時善備種種鎧鉀刀仗隣國怨敵所
不能害布施等五波羅蜜多亦復如是若不
遠離甚深般若波羅蜜多天魔眷屬增上慢
至乃至菩薩旃荼羅等皆不能壞善現當知
如贍部洲諸小王等隨時朝侍轉輪聖王國
轉輪王得遊勝處布施等五波羅蜜多亦復
如是隨順般若波羅蜜多由彼勢力所引導
故速趣無上正等菩提善現當知如贍部洲

BD15364號　大般若波羅蜜多經卷三五一　　（22–4）

轉輪王得遊勝處布施等五波羅蜜多亦復
如是隨順般若波羅蜜多由彼勢力所引導
故速趣無上正等菩提善現當知如贍部洲
東方諸水無不皆趣殑伽大河與殑伽河俱
入大海布施等五波羅蜜多亦復如是無不
皆為甚深般若波羅蜜多所攝引故能到
無上正等菩提善現當知如至右手能作衆事
甚深般若波羅蜜多亦復如是能引一切殊
勝善法善現當知如至左手所作不便布施
等五波羅蜜多亦復如是不能引生殊勝善
法善現當知譬如衆流若大若小皆入大海
同一鹹味布施等五波羅蜜多亦復如是皆
為般若波羅蜜多所攝引故同至無上正等
菩提由此皆名能到彼岸善現當知如轉輪
王欲有所趣四軍導從輪寶居先王及四軍
念欲飲食輪則為住既飲食已王念欲行輪
則前去其輪去住隨王意欲至所趣方不復
前去布施等五波羅蜜多亦復如是與諸善
法欲趣無上正等菩提要因般若波羅蜜多
以為前導進止俱隨不相捨離若至佛果更
不前進善現當知如轉輪王七寶具足所謂
輪寶象寶馬寶主藏臣寶女寶將寶如意
珠寶其轉輪王欲有所至四軍七寶前後導從
尒時輪寶雖最居先而不分別前後之相布
施等五波羅蜜多亦復如是與諸善法欲趣

BD15364號　大般若波羅蜜多經卷三五一　（22–5）

珠寶其轉輪王欲有所至四軍七寶前後導從
尒時輪寶雖最居先而不分別前後之相布
施等五波羅蜜多亦復如是與諸善法欲趣
無上正等菩提必以般若波羅蜜多為其前
導然此般若波羅蜜多不作是念我於布施
淨戒安忍精進靜慮波羅蜜多最為前導
彼隨從我布施等五波羅蜜多不作是念甚深
般若波羅蜜多居我等前我隨從彼何以故
善現波羅蜜多及一切法自性皆鈍無所能
為虛妄不實空無所有不自在相譬如陽焰
光影水月鏡中像等其中都無分別作用真
實自體
尒時具壽善現白佛言世尊若一切法自性
皆空云何菩薩摩訶薩精勤修學布施淨戒
安忍精進靜慮般若波羅蜜多當得無上正
等菩提佛言善現諸菩薩摩訶薩於此六種
波羅蜜多勤脩學時恒作是念世間有情心
皆顛倒沒生死苦不能自脫我若不脩善巧
方便不能解脫彼生死苦我當為彼諸有情
類精勤脩學布施淨戒安忍精進靜慮般
若波羅蜜多善巧方便善現是菩薩摩訶薩
作是念已為諸有情捨內外物捨已復作如是
思惟我於此物都無所捨何以故此內外物自
性皆空非關於我不可捨故善現是菩薩
摩訶薩由此觀察脩行布施波羅蜜多速

BD15364號　大般若波羅蜜多經卷三五一　（22–6）

思惟我於此物都無所捨何以故此內外物自
性皆空非關於我不可捨故善現是菩薩
摩訶薩由此觀察脩行布施波羅蜜多速
得圓滿疾證無上正等菩提善現是菩薩摩
訶薩為諸有情終不犯戒所以者何是菩薩摩
訶薩恒作是念我為有情求趣無上正等菩
提若斷生命不與而取行欲邪行是所不應
我為有情求趣無上正等菩提作虛誑語作
離間語作麁惡語作雜穢語是所不應我為
有情求趣無上正等菩提發起貪欲瞋恚邪
見是所不應我為有情求趣無上正等菩提
求妙欲境求天富樂求作帝釋魔梵王等是
所不應我為有情求趣無上正等菩提求住
聲聞或獨覺地是所不應善現是菩薩摩
訶薩由此觀察脩行淨戒波羅蜜多速得圓
滿疾證無上正等菩提善現是菩薩摩訶薩
為諸有情不起瞋恨假使恒被毀謗淩辱辛
楚苦言切於心髓終不發起一念瞋恨設復常
遭刀杖凡石枳現等物摽打其身割截斫剌
節節支解亦不發起一念惡心所以者何是
菩薩摩訶薩觀察一切聲聞如谷響如聚
沫我為饒益一切有情不應於中妄起瞋恨善
現是菩薩摩訶薩由此觀察脩行安忍波羅
蜜多速得圓滿疾證無上正等菩提善現是
菩薩摩訶薩為諸有情勤求善法乃至無

蜜多速得圓滿疾證無上正等菩提善現是
菩薩摩訶薩為諸有情勤求善法乃至無
上正等菩提於其中間常無懈怠何以故是菩
薩摩訶薩恒作是念我若懈怠不能救濟諸
有情類生老病死亦不能得所求無上正等
菩提善現是菩薩摩訶薩由此觀察脩行精
進波羅蜜多速得圓滿疾證無上正等菩提
善現是菩薩摩訶薩為諸有情脩諸勝定
乃至無上正等菩提終不發起貪瞋癡等散亂
之心所以者何是菩薩摩訶薩恒作是念若
我發起貪俱行心瞋俱行心癡俱行心及於
餘事散亂之心則不能成饒益他事亦不能
得所求無上正等菩提善現是菩薩摩訶薩
由此觀察脩行靜慮波羅蜜多速得圓滿
疾證無上正等菩提善現是菩薩摩訶薩為
諸有情常不遠離甚深般若波羅蜜多乃至
無上正等菩提常勤脩學世出世間殊妙勝惠
所以者何是菩薩摩訶薩恒作是念若異般
若波羅蜜多終不能成利樂他事亦不能得
所求無上正等菩提善現是菩薩摩訶薩由
此觀察脩行般若波羅蜜多速得圓滿疾證
無上正等菩提
尒時具壽善現白佛言世尊若六波羅蜜多
無差別相皆是般若波羅蜜多所攝受故皆
由般若波羅蜜多修成滿故應合成一波羅

無上正等菩提
尒時具壽善現白佛言世尊若六波羅蜜多
無差別相皆是般若波羅蜜多所攝受故皆
由般若波羅蜜多修成滿故應合成一波羅
蜜多所謂般若波羅蜜多云何可說甚深般
若波羅蜜多於布施等波羅蜜多為最為勝
為長為尊為妙為微妙為上為無上佛言善
現如是如是如汝所說布施等六波羅蜜多
無差別相若無般若波羅蜜多布施等五不
得名為波羅蜜多要因般若波羅蜜多布施
等五得名為波羅蜜多由此前五波羅蜜多
攝在般若波羅蜜多故但有一波羅蜜多所
謂般若波羅蜜多是故一切波羅蜜多無差
別相善現當知如諸有情雖有種種身相
差別若有情近妙高山王咸同一色布施等
五波羅蜜多亦復如是雖有種種品類差別
而為般若波羅蜜多所攝受故皆由般若波
羅蜜多脩成滿故依止般若波羅蜜多方能
趣入一切智智乃至名為到彼岸故皆同一
味相無差別不可施設此是布施波羅蜜多
此是淨戒安忍精進靜慮般若波羅蜜多何
以故善現如是六種波羅蜜多同能趣入一
切智智能到彼岸相無差別由此因緣布施
等六波羅蜜多無差別相具壽善現復白
佛言波羅蜜多及一切法若隨實義皆無此彼

等六波羅蜜多無差別相具壽善現復白
佛言波羅蜜多及一切法若隨實義皆無此彼
勝劣差別何緣故說甚深般若波羅蜜多於
布施等波羅蜜多為最為勝為長為尊為
妙為微妙為上為無上佛言善現如是如是如
汝所說若隨實義波羅蜜多及一切法皆無
此彼勝劣差別但依世俗言說作用說有此
彼勝劣差別施設布施波羅蜜多施設淨戒
安忍精進靜慮般若波羅蜜多為欲度脫諸
有情類世俗作用生老病死然諸有情生老
病死皆非實有但假施設所以者何有情无
故當知諸法亦無所有甚深般若波羅蜜多
了達一切都無所有能拔有情世俗作用生
老病死由此故說甚深般若波羅蜜多於布
施等波羅蜜多為最為勝為長為尊為妙為
微妙為上為無上善現當知如轉輪王所有
女寶於眾中女為最為勝為長為尊為妙為
微妙為上為無上如是般若波羅蜜多於布
施等波羅蜜多為最為勝為長為尊為妙為
微妙為上為無上具壽善現復白佛言佛以
何意但說般若波羅蜜多於布施等波羅蜜
多為最為勝為長為尊為妙為微妙為上為
無上佛言善現由此般若波羅蜜多能善攝
取一切善法和合趣入一切智智安住不動
以無所住而為方便具壽善現復白佛言如

無上佛言善現由此般若波羅蜜多能善攝
取一切善法和合趣入一切智智安住不動
以無所住而為方便具壽善現復白佛言 如
是般若波羅蜜多於諸善法有取捨不佛言
不也甚深般若波羅蜜多於一切法無取無
捨何以故善現以一切法皆不可取不可捨
故
尒時具壽善現復白佛言世尊甚深般若波
羅蜜多於何等法無取無捨佛言善現甚深
般若波羅蜜多於色無取無捨於受想行識
無取無捨甚深般若波羅蜜多於眼處無取
無捨於耳鼻舌身意處無取无捨甚深般若
波羅蜜多於色處無取無捨於聲香味觸法
處無取無捨甚深般若波羅蜜多於眼界無
取無捨於耳鼻舌身意界無取無捨甚深般
若波羅蜜多於色界無取無捨於聲香味觸
法界無取無捨甚深般若波羅蜜多於眼識
界無取無捨於耳鼻舌身意識界無取無捨
甚深般若波羅蜜多於眼觸無取無捨於耳
鼻舌身意觸無取無捨甚深般若波羅蜜多
於眼觸為緣所生諸受無取無捨於耳鼻舌
身意觸為緣所生諸受無取無捨甚深般若
波羅蜜多於地界無取無捨於水火風空識
界無取無捨甚深般若波羅蜜多於無明 無
取無捨於行識名色六處觸受愛取有生老

BD15364 號　大般若波羅蜜多經卷三五一　（22–11）

身意觸為緣所生諸受無取無捨甚深般若
波羅蜜多於地界無取無捨於水火風空識
界無取無捨甚深般若波羅蜜多於無明 無
取無捨於行識名色六處觸受愛取有生老
死愁歎苦憂惱無取無捨甚深般若波羅蜜
多於布施波羅蜜多無取無捨於淨戒安忍
精進靜慮般若波羅蜜多無取無捨甚深般
若波羅蜜多於內空無取無捨於外空內外
空空空大空勝義空有為空無為空畢竟空
無際空散空無變異空本性空自相空共相
空一切法空不可得空無性空自性空無性
自性空無取無捨甚深般若波羅蜜多於真
如無取無捨於法界法性不虛妄性不變異
性平等性離生性法定法住實際虛空界不
思議界無取無捨甚深般若波羅蜜多於苦
聖諦無取無捨於集滅道聖諦無取無捨甚
深般若波羅蜜多於四靜慮無取無捨於四
無量四無色定無取無捨甚深般若波羅蜜
多於八解脫無取無捨於八勝處九次第定
十遍處無取無捨甚深般若波羅蜜多於四
念住無取無捨於四正斷四神足五根五力
七等覺支八聖道支無取無捨甚深般若波
羅蜜多於空解脫門無取無捨於無相無願
解脫門無取無捨甚深般若波羅蜜多於五
眼無取無捨於六神通無取無捨甚深般若

BD15364 號　大般若波羅蜜多經卷三五一　（22–12）

解脫門無取無捨甚深般若波羅蜜多於五
眼無取無捨於六神通無取無捨甚深般若
波羅蜜多於佛十力無取無捨於四無所畏
四無礙解大慈大悲大喜大捨十八佛不共
法無取無捨甚深般若波羅蜜多於無忘失
法無取無捨於恒住捨性無取無捨甚深般
若波羅蜜多於一切智無取無捨於道相智
一切相智無取無捨甚深般若波羅蜜多於
一切陀羅尼門無取無捨於一切三摩地門無
取無捨甚深般若波羅蜜多於預流果無
取無捨於一來不還阿羅漢果無取無捨甚
深般若波羅蜜多於獨覺菩提無取無捨甚
深般若波羅蜜多於一切菩薩摩訶薩行無
取無捨甚深般若波羅蜜多於諸佛無上正
等菩提無取無捨
具壽善現復白佛言世尊甚深般若波羅蜜
多云何於色無取無捨云何於受想行識無
取無捨甚深般若波羅蜜多云何於眼處無
取無捨云何於耳鼻舌身意處無取無捨甚
深般若波羅蜜多云何於色處無取無捨云
何於聲香味觸法處無取無捨甚深般若波
羅蜜多云何於眼界無取無捨云何於耳鼻
舌身意界無取無捨甚深般若波羅蜜多云
何於色界無取無捨云何於聲香味觸法界
無取無捨甚深般若波羅蜜多云何於眼識

BD15364號　大般若波羅蜜多經卷三五一　（22–13）

何於聲香味觸法處無取無捨甚深般若波
羅蜜多云何於眼界無取無捨云何於耳鼻
舌身意界無取無捨甚深般若波羅蜜多云
何於色界無取無捨云何於聲香味觸法界
無取無捨甚深般若波羅蜜多云何於眼識
界無取無捨云何於耳鼻舌身意識界無取
無捨甚深般若波羅蜜多云何於眼觸無取
無捨云何於耳鼻舌身意觸無取無捨甚深
般若波羅蜜多云何於眼觸為緣所生諸受
無取無捨云何於耳鼻舌身意觸為緣所生
諸受無取無捨甚深般若波羅蜜多云何於
地界無取無捨云何於水火風空識界無取
無捨甚深般若波羅蜜多云何於無明無取
無捨云何於行識名色六處觸受愛取有生
老死愁歎苦憂惱無取無捨甚深般若波
羅蜜多云何於布施波羅蜜多無取無捨云
何於淨戒安忍精進靜慮般若波羅蜜多無
取無捨甚深般若波羅蜜多云何於內空無取
無捨云何於外空內外空空空大空勝義空
有為空無為空畢竟空無際空散空無變異
空本性空自相空共相空一切法空不可得
空無性空自性空無性自性空無取無捨甚
深般若波羅蜜多云何於真如無取無捨云
何於法界法性不虛妄性不變異性平等性
離生性法定法住實際虛空界不思議界無

BD15364號　大般若波羅蜜多經卷三五一　（22–14）

何於法界法性不虛妄性不變異性平等性
離生性法定法住實際虛空界不思議界無
取無捨甚深般若波羅蜜多云何於苦聖諦
無取無捨云何於集滅道聖諦無取無捨甚
深般若波羅蜜多云何於四靜慮無取無捨
云何於四無量四無色定無取無捨甚深般
若波羅蜜多云何於八解脫無取無捨云何
於八勝處九次第定十遍處無取無捨甚深
般若波羅蜜多云何於四念住無取無捨云
何於四正斷四神足五根五力七等覺支八
聖道支無取無捨甚深般若波羅蜜多云何
於空解脫門無取無捨云何於無相無願解
脫門無取無捨甚深般若波羅蜜多云何於
五眼無取無捨云何於六神通無取無捨甚
深般若波羅蜜多云何於佛十力無取無捨
云何於四無所畏四無礙解大慈大悲大喜
大捨十八佛不共法無取無捨甚深般若波
羅蜜多云何於無忘失法無取無捨云何於
恒住捨性無取無捨甚深般若波羅蜜多云
何於一切智無取無捨云何於道相智一切相
智無取無捨甚深般若波羅蜜多云何於
一切陀羅尼門無取無捨云何於一切三摩地
門無取無捨甚深般若波羅蜜多云何於預
流果無取無捨云何於一來不還阿羅漢果
無取無捨甚深般若波羅蜜多云何於獨

BD15364 號　大般若波羅蜜多經卷三五一　（22–15）

門無取無捨甚深般若波羅蜜多云何於預
流果無取無捨云何於一來不還阿羅漢果
無取無捨甚深般若波羅蜜多云何於獨
覺菩提無取無捨甚深般若波羅蜜多云何
於一切菩薩摩訶薩行無取無捨甚深般若
波羅蜜多云何於諸佛無上正等菩提無取
無捨
佛言善現甚深般若波羅蜜多不思惟色如
是於色無取無捨不思惟受想行識如是於
受想行識無取無捨甚深般若波羅蜜多不
思惟眼處如是於眼處無取無捨不思惟耳
鼻舌身意處如是於耳鼻舌身意處無取無
捨甚深般若波羅蜜多不思惟色處如是於色
處無取無捨不思惟聲香味觸法處如是
於聲香味觸法處無取無捨甚深般若波羅
蜜多不思惟眼界如是於眼界無取無捨不
思惟耳鼻舌身意界如是於耳鼻舌身意界
無取無捨甚深般若波羅蜜多不思惟色界
如是於色界無取無捨不思惟聲香味觸法界
如是於聲香味觸法界無取無捨甚深般若
波羅蜜多不思惟眼識界如是於眼識界無
取無捨不思惟耳鼻舌身意識界如是於
耳鼻舌身意識界無取無捨甚深般若波羅
蜜多不思惟眼觸如是於眼觸無取無捨不
思惟耳鼻舌身意觸如是於耳鼻舌身意觸

BD15364 號　大般若波羅蜜多經卷三五一　（22–16）

蜜多不思惟眼觸如是於眼觸無取無捨不
思惟耳鼻舌身意觸如是於耳鼻舌身意觸
無取無捨甚深般若波羅蜜多不思惟眼觸
爲緣所生諸受如是於眼觸爲緣所生諸受
無取無捨不思惟耳鼻舌身意觸爲緣所生
諸受如是於耳鼻舌身意觸爲緣所生諸受
無取無捨甚深般若波羅蜜多不思惟地界
如是於地界無取無捨不思惟水火風空識界
如是於水火風空識界無取無捨甚深般若
波羅蜜多不思惟無明如是於無明無取無
捨不思惟行識名色六處觸受愛取有生
老死愁歎苦憂惱如是於行乃至老死愁歎
苦憂惱無取無捨甚深般若波羅蜜多不思
惟布施波羅蜜多如是於布施波羅蜜多無
取無捨不思惟淨戒安忍精進靜慮般若波
羅蜜多如是於淨戒乃至般若波羅蜜多無
取無捨甚深般若波羅蜜多不思惟內空如
是於內空無取無捨不思惟外空內外空空
大空勝義空有爲空無爲空畢竟空無際
空散空無變異空本性空自相空共相空一
切法空不可得空無性空自性空無性自性
空如是於外空乃至無性自性空無取無捨甚
深般若波羅蜜多不思惟真如如是於真如
無取無捨不思惟法界法性不虛妄性不
變異性平等性離生性法定法住實際虛空

BD15364號　大般若波羅蜜多經卷三五一　（22–17）

深般若波羅蜜多不思惟真如如是於真如
無取無捨不思惟法界法性不虛妄性不
變異性平等性離生性法定法住實際虛空
界不思議界如是於法界乃至不思議界無
取無捨甚深般若波羅蜜多不思惟苦聖諦
如是於苦聖諦無取無捨不思惟集滅道聖
諦如是於集滅道聖諦無取無捨甚深般若
波羅蜜多不思惟四靜慮如是於四靜慮無取
無捨不思惟四無量四無色定如是於四無
量四無色定無取無捨甚深般若波羅蜜多
不思惟八解脫如是於八解脫無取無捨不
思惟八勝處九次第定十遍處如是於八
勝處九次第定十遍處無取無捨甚深般若
波羅蜜多不思惟四念住如是於四念住無取
無捨不思惟四正斷四神足五根五力七等覺
支八聖道支如是於四正斷乃至八聖道
支無取無捨甚深般若波羅蜜多不思惟
空解脫門如是於空解脫門無取無捨不思
惟無相無願解脫門如是於無相無願解脫
門無取無捨甚深般若波羅蜜多不思惟五
眼如是於五眼無取無捨不思惟六神通如
是於六神通無取無捨甚深般若波羅蜜多
不思惟佛十力如是於佛十力無取無捨不思
惟四無所畏四無礙解大慈大悲大喜大捨
十八佛不共法如是於四無所畏乃至十八佛

BD15364號　大般若波羅蜜多經卷三五一　（22–18）

不思惟佛十力如是於佛十力無取無捨不思
惟四無所畏四無礙解大慈大悲大喜大捨
十八佛不共法如是於四無所畏乃至十八佛
不共法無取無捨甚深般若波羅蜜多不思
惟無忘失法如是於無忘失法無取無捨不
思惟恒住捨性如是於恒住捨性無取無捨
甚深般若波羅蜜多不思惟一切智如是於
一切智無取無捨不思惟道相智一切相智
如是於道相智一切相智無取無捨甚深
般若波羅蜜多不思惟一切陁羅尼門如是
於一切陁羅尼門無取無捨不思惟一切三
摩地門如是於一切三摩地門無取無捨甚
深般若波羅蜜多不思惟預流果如是於預
流果無取無捨不思惟一來不還阿羅漢果
如是於一來不還阿羅漢果無取無捨甚深
般若波羅蜜多不思惟獨覺菩提如是於獨
覺菩提無取無捨甚深般若波羅蜜多不思
惟一切菩薩摩訶薩行如是於一切菩薩摩
訶薩行無取無捨甚深般若波羅蜜多不思
惟諸佛無上正等菩提如是於諸佛無上正等
菩提無取無捨
具壽善現復白佛言世尊甚深般若波羅蜜
多云何不思惟色云何不思惟受想行識甚
深般若波羅蜜多云何不思惟眼處云何不
思惟耳鼻舌身意處甚深般若波羅蜜多云

BD15364號　大般若波羅蜜多經卷三五一　（22–19）

多云何不思惟色云何不思惟受想行識甚
深般若波羅蜜多云何不思惟眼處云何不
思惟耳鼻舌身意處甚深般若波羅蜜多云
何不思惟色處云何不思惟聲香味觸法處
甚深般若波羅蜜多云何不思惟眼界云何
不思惟耳鼻舌身意界甚深般若波羅蜜多
云何不思惟色界云何不思惟聲香味觸法
界甚深般若波羅蜜多云何不思惟眼識界
云何不思惟耳鼻舌身意識界甚深般若波
羅蜜多云何不思惟眼觸云何不思惟耳鼻
舌身意觸甚深般若波羅蜜多云何不思惟
眼觸為緣所生諸受云何不思惟耳鼻舌身
意觸為緣所生諸受甚深般若波羅蜜多云
何不思惟地界云何不思惟水火風空識界
甚深般若波羅蜜多云何不思惟無明云何
不思惟行識名色六處觸受愛取有生老死
愁歎苦憂惱甚深般若波羅蜜多云何不思
惟布施波羅蜜多云何不思惟淨戒安忍精
進靜慮般若波羅蜜多甚深般若波羅蜜多
云何不思惟內空云何不思惟外空內外空空
空大空勝義空有為空無為空畢竟空無
際空散空無變異空本性空自相空共相空
一切法空不可得空無性空自性空無性自性
空甚深般若波羅蜜多云何不思惟真如
云何不思惟法界法性不虛妄性不變異性

BD15364號　大般若波羅蜜多經卷三五一　（22–20）

空甚深般若波羅蜜多云何不思惟真如
云何不思惟法界法性不虛妄性不變異性
平等性離生性法定法住實際虛空界不思
議界甚深般若波羅蜜多云何不思惟苦聖
諦云何不思惟集滅道聖諦甚深般若波
羅蜜多云何不思惟四靜慮云何不思惟四無
量四無色定甚深般若波羅蜜多云何不思
惟八解脫云何不思惟八勝處九次第定十
遍處甚深般若波羅蜜多云何不思惟四念
住云何不思惟四正斷四神足五根五力七等
覺支八聖道支甚深般若波羅蜜多云何
不思惟空解脫門云何不思惟無相無願解
脫門甚深般若波羅蜜多云何不思惟五眼
云何不思惟六神通甚深般若波羅蜜多云
何不思惟佛十力云何不思惟四無所畏四
無礙解大慈大悲大喜大捨十八佛不共法
甚深般若波羅蜜多云何不思惟無忘失法
云何不思惟恒住捨性甚深般若波羅蜜多
云何不思惟一切智云何不思惟道相智一切
相智甚深般若波羅蜜多云何不思惟一
切陀羅尼門云何不思惟一切三摩地門甚
深般若波羅蜜多云何不思惟預流果云何
不思惟一來不還阿羅漢果甚深般若波羅
蜜多云何不思惟獨覺菩提甚深般若波羅
蜜多云何不思惟一切菩薩摩訶薩行甚深

BD15364 號　大般若波羅蜜多經卷三五一　（22–21）

何不思惟佛十力云何不思惟四無所畏四
無礙解大慈大悲大喜大捨十八佛不共法
甚深般若波羅蜜多云何不思惟無忘失法
云何不思惟恒住捨性甚深般若波羅蜜多
云何不思惟一切智云何不思惟道相智一切
相智甚深般若波羅蜜多云何不思惟一
切陀羅尼門云何不思惟一切三摩地門甚
深般若波羅蜜多云何不思惟預流果云何
不思惟一來不還阿羅漢果甚深般若波羅
蜜多云何不思惟獨覺菩提甚深般若波羅
蜜多云何不思惟一切菩薩摩訶薩行甚深
般若波羅蜜多云何不思惟諸佛無上正等
菩提

大般若波羅蜜多經卷第三百五十一

BD15364 號　大般若波羅蜜多經卷三五一　（22–22）

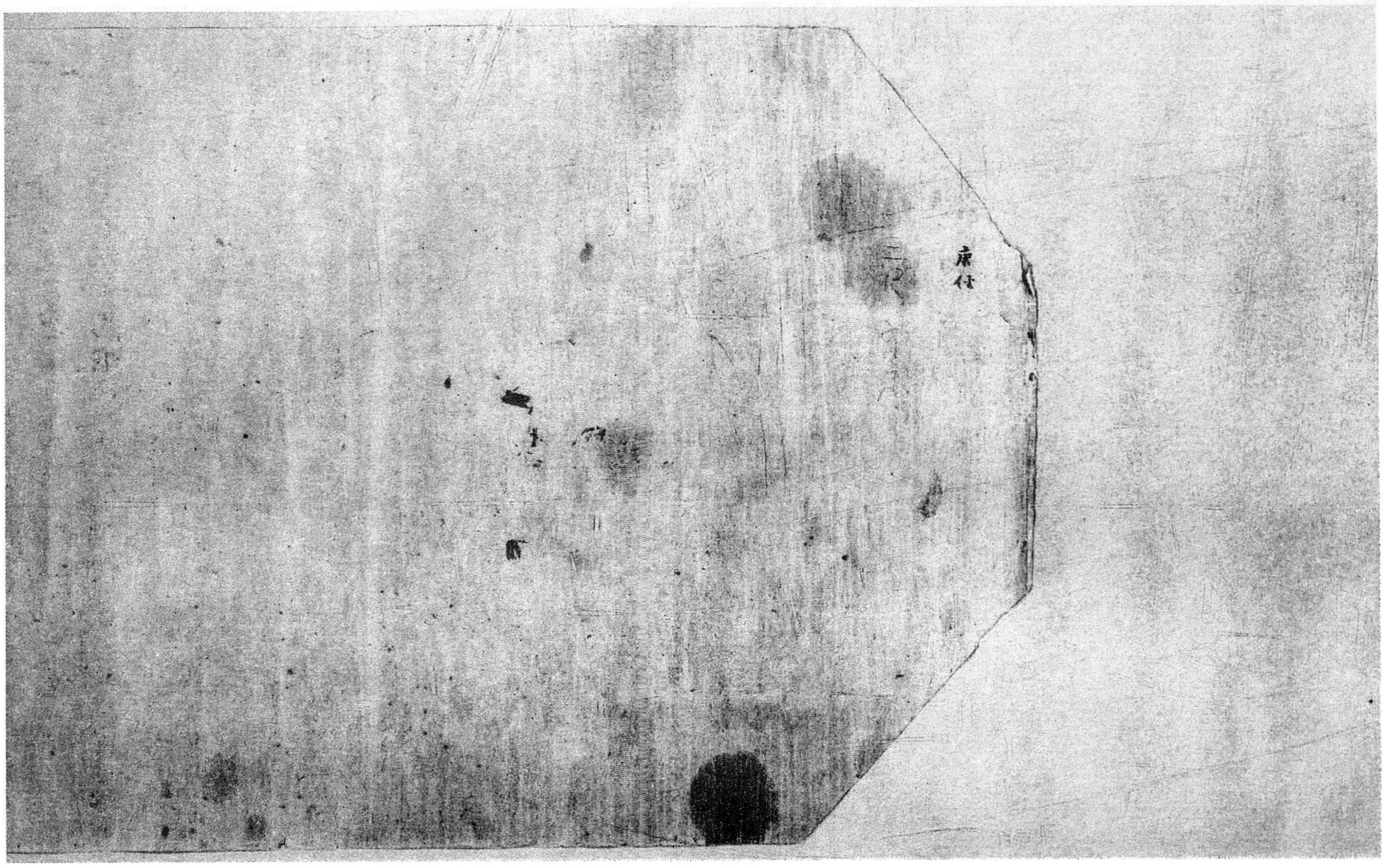

BD15364 號背　勘記　（1–1）

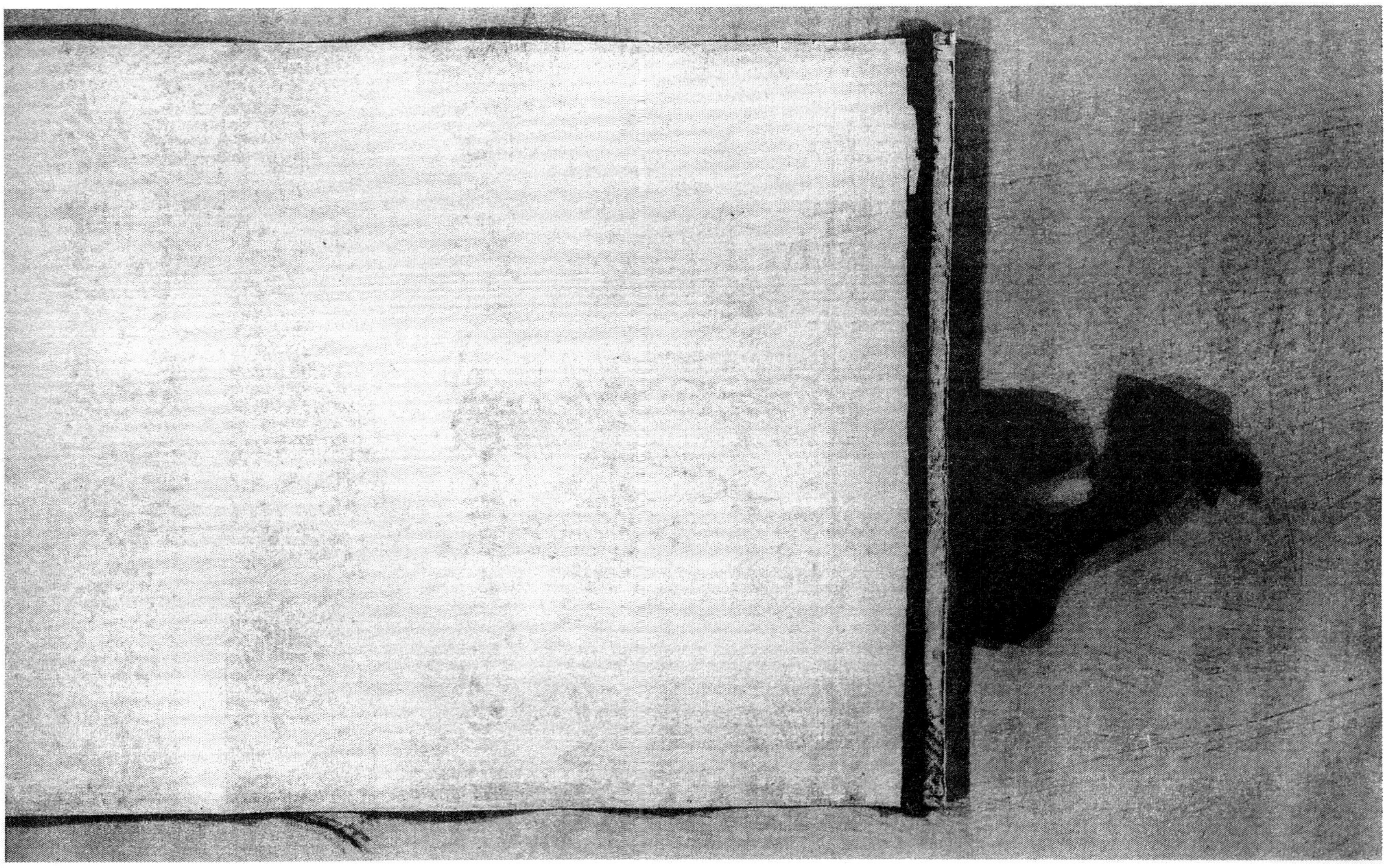

BD15365 號背　護首　（1–1）

陀羅尼曰
怛姪他 鄔陁喇你 嗢多喇你
蘇三鉢囉底 慧耻 嗄 蘇 鄔 磨
蘇鉢喇底 慧恥 哆鼻 逝也 跋羅
薩底也 鉢喇底慎若 蘇 阿嚧 訶
慎若 鄔末底 嗢波彈 你
阿代 鄔 末 你 阿毗 師 彈 你
阿鞞毗耶 訶 囉 輪 波 伐 底
蘇 尼 室 唎 多引 薄 虎 郡 杜 引
阿毗 婆 馱引 莎 訶
佛告舍利子此无浄着陁羅尼句若有善
薩能善安住能正受持者當知是人若於
一劫若百劫若千劫若百千劫所發正願
无有窮盡身亦不被刀仗毒藥水火猛
獸之所損害何以故舍利子此无染着陁羅

BD15365 號　金光明最勝王經卷七　（7–1）

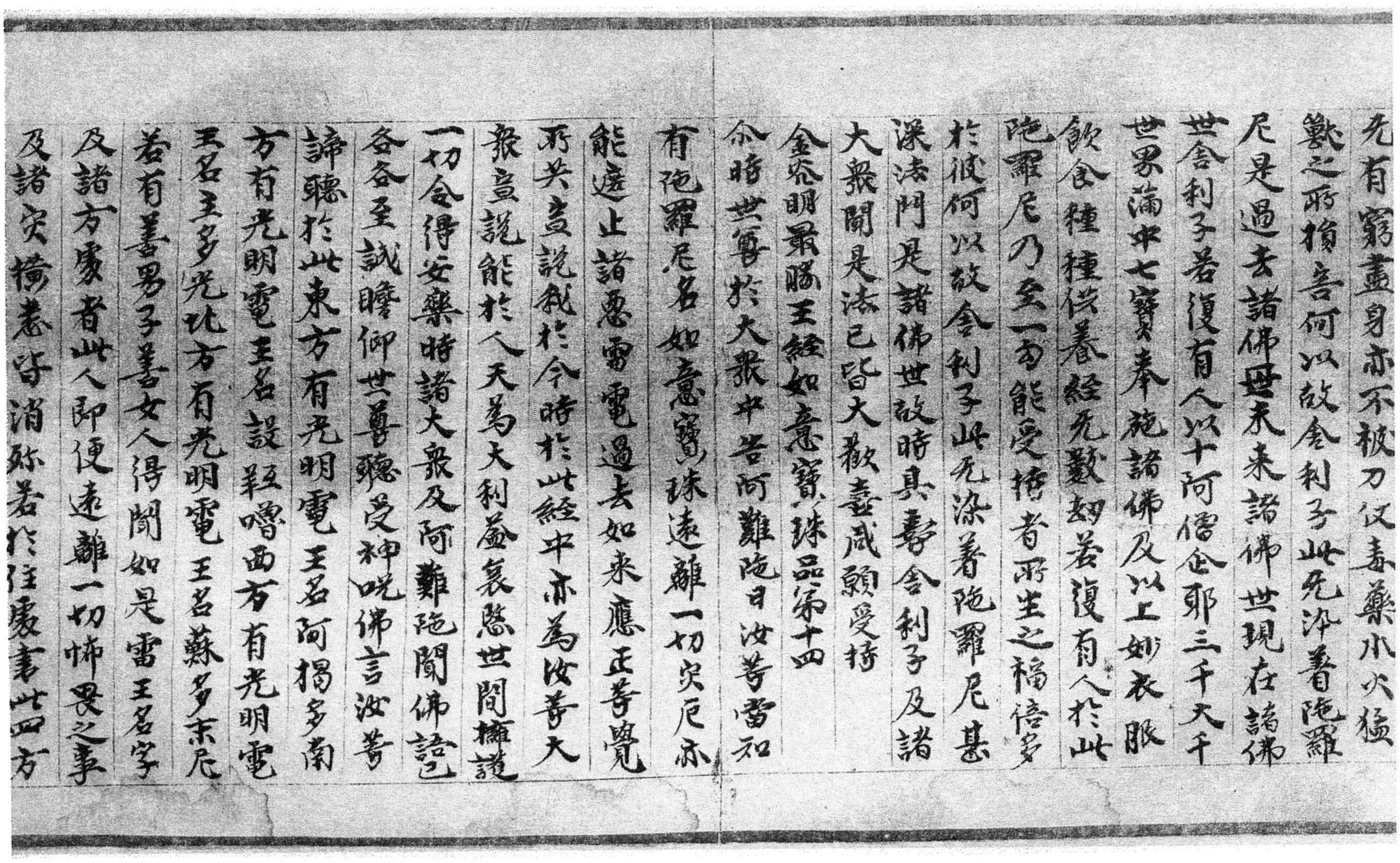
无有窮盡身亦不被刀仗毒藥水火猛
獸之所損害何以故舍利子此无浄着陁羅
尼是過去諸佛母未來諸佛 世現在諸佛
世舍利子若復有人以十阿僧企耶三千大千
世界滿中七寶奉施諸佛及以上妙衣服
飲食種種供養經无數劫若復有人於此
陁羅尼乃至一句能受持者所生之福倍多
於彼何以故舍利子此无染着陁羅尼甚
深法門是諸佛世故時具壽舍利子及諸
大衆聞是法已皆大歡喜咸願受持
金光明最勝王經如意寶珠品第十四
爾時世尊於大衆中告阿難陁曰汝等當知
有陁羅尼名如意寶珠遠離一切災厄亦
能遮止諸惡雷電過去如來應正等覺
所共宣說我於今時於此經中亦為汝等大
衆宣說能於人天為大利益哀愍世間擁護
一切令得安樂時諸大衆及阿難陁聞佛語已
各各至誠瞻仰世尊聽受神呪佛言汝等
諦聽於此東方有光明電王名阿揭多南
方有光明電王名設羝嚕西方有光明電
王名主多光北方有光明電王名蘇多末尼
若有善男子善女人得聞如是雷王名字
及諸方處者此人即便遠離一切怖畏之事
及諸災橫悉皆消殄若於住處書此四方

BD15365 號　金光明最勝王經卷七　（7–2）

及諸方處者此人即便遠離一切怖畏之事
及諸災橫悉皆消殄若於住處書此四方
電王名者於所住處无雷電怖亦无災厄
及諸障惱非時狂死悉皆遠離尒時世尊
即說呪曰
怛姪他 你弭 你弭 你弭
尼民 達哩 窒哩 盧迦盧羯你
窒哩 輸攞波你 曷洛叉曷洛叉
我某甲及此住處一切恐怖所有苦惱雷
電霹靂乃至枉死悉皆遠離莎訶
尒時觀自在菩薩摩訶薩在大衆中即從
座起偏袒右肩合掌恭敬白佛言世尊
我今亦於佛前略說如意寶珠神呪於諸
人天為大利益哀愍世間擁護一切令得安
樂有大威力所求如願即說呪曰
怛姪他 嗢帝 毗嗢帝 你嗢帝
鉢喇窒體雞 鉢喇底耶丁窒㘑
戍提目羅毗末麗 鉢喇婆 莎蘇活囇
安荼入聲囇麗鞞荼囇 稅平聲帝
鞞荼囉婆死 你嗢囇麗羯蔡引囇
劫 畢麗 末揭羅 惡綺
達地 目 企 曷咯叉曷咯叉
我某甲及此住處一切恐怖所有苦惱

BD15365號　金光明最勝王經卷七　（7–3）

達地 目 企 曷咯叉曷咯叉
我某甲及此住處一切恐怖所有苦惱
乃至枉死悉皆遠離願我莫見罪惡之
事常蒙聖觀自在菩薩大悲威光之所護念
莎訶尒時執金剛祕密主菩薩即從座
起合掌恭敬白佛言世尊我今亦說陀羅
尼呪名曰无勝於諸人天為大利益哀愍世
間擁護一切有大威力所求如願即說呪曰
怛姪他世你世你 世尼麗 末底 末底
蘇末底 莫訶末底 呵呵呵 摩婆以
鄔悉底帝引 波跛跋折攞 波 你
惡 鉗火含 姪 嘌 荼上 莎訶
世尊我此神呪名曰无勝擁護若有男女一
心受持書寫讀誦憶念不忘我於晝夜
常護是人於一切恐怖乃至枉死悉皆遠離
尒時索訶世界主梵天王即從座起合掌
恭敬白佛言世尊我亦有陀羅尼微妙法門
於諸人天為大利益哀愍世間擁護一切有大
威力所求如願即說呪曰
怛 姪 他 醯里 阿里 地里 莎訶
跋囉 鉗 魔 布 囇麗 跋囉 鉗 末 泥
跋囉 鉗 麼 揭 羅 補 澀 跛 僧 悉 怛囇麗莎訶
世尊我此神呪名曰梵治悉能擁護持是
呪者令離憂惱及諸罪業乃至枉死悉

BD15365號　金光明最勝王經卷七　（7–4）

跋囉　鉗麼　揭䩭　補澀跋僧塞怛嚩莎訶
世尊我此神呪名曰梵治悉能擁護持是
呪者令離憂惱及諸罪業乃至枉死悉皆
遠離尒時帝釋天主即從座起合掌恭敬
白佛言世尊我亦有陁羅尼名跋折羅扇你
是大明呪能除一切恐怖厄難乃至枉死悉皆
遠離拔苦與樂利益人天即說呪曰
怛姪他毗你婆喇你　畔柂麼彈　滯
麼膩你　捌檄　尒瞿哩揵陁哩旃茶哩
摩登耆 上 羯死　薩羅　跋喇䩭 去
四娜末住盎麼嗢多喇你　莫呼剌你達剌你討
斫羯囉　婆　　积　捦代哩奢代哩莎訶
尒時多聞天王持國天王增長天王廣目天
王俱從座起合掌供敬白佛言世尊我今
亦有神呪名施一切衆生無畏於諸苦惱常
為擁護令得安樂增益壽命無諸患苦乃
至枉死悉皆遠離即說呪曰
怛姪他補澀閉　蘇補澀閉
度麼鉢喇呵囉　阿嚟耶鉢喇設悉帝
扇帝涅目帝　忙揭例窣覩帝
悉　哆鼻帝　莎　訶
尒時復有諸大龍王所謂末那斯龍王電
光龍王無熱池龍王電舌龍王妙光龍王
俱從座起合掌恭敬白佛言世尊我亦有如

BD15365 號　金光明最勝王經卷七　（7–5）

光龍王無熱池龍王電舌龍王妙光龍王
俱從座起合掌恭敬白佛言世尊我亦有如
意寶珠陁羅尼能遮惡電除諸恐怖能
於人天為大利益哀愍世間擁護一切有大威
力所求如願乃至枉死悉皆遠離一切毒藥
皆令止息一切造作蠱道呪術不吉祥事
悉令除滅我今以此神呪奉獻世尊唯願
哀愍慈悲納受當令我等離此龍趣永捨
慳貪何以故由此慳貪於生死中受諸苦惱我
等願斷慳貪種子即說呪曰
怛姪他阿折　嚟　阿末嚟　阿蜜嘌帝
惡叉裹阿弊裹　奔尼鉢唎耶法帝
薩婆　婆跋　鉢喇苫摩尼裹莎訶
阿　離　裹　鞞亘蘇波尼裹莎訶
世尊若有善男子善女人口中說此陁羅尼明呪
或書經卷受持讀誦恭敬供養者終無雷
電霹靂及諸恐怖苦惱憂患乃至枉死悉
皆遠離所有毒藥蠱魅厭禱害人虎狼師
子毒蛇之類乃至蚊虻悉不為害
尒時世尊普告大衆善哉善哉此等神呪皆
有大力能隨衆生心所求事悉令圓滿為大
利益除不至心汝等勿疑時諸大衆聞佛語已
歡喜信受

BD15365 號　金光明最勝王經卷七　（7–6）

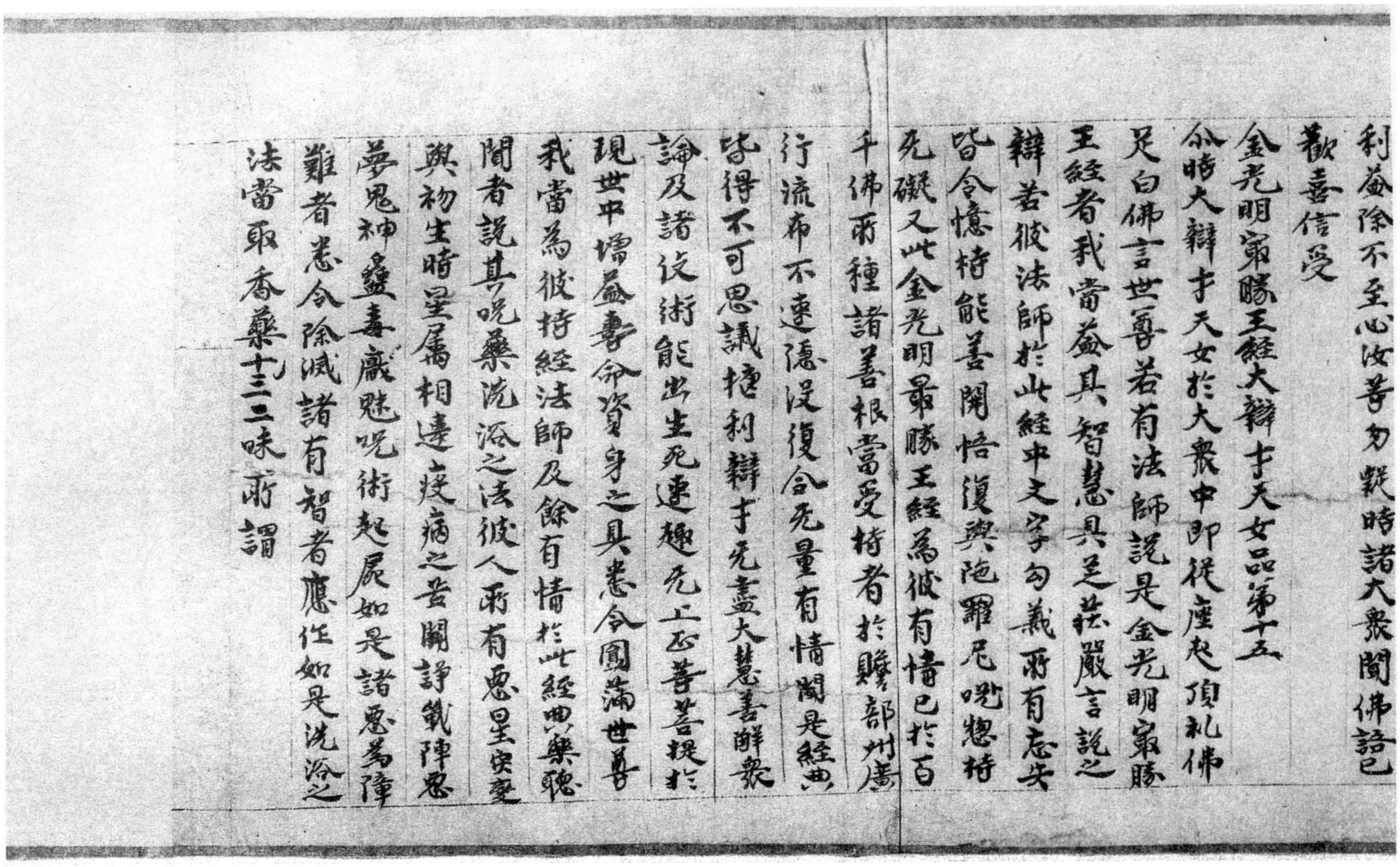

利益除不至心汝等勿疑時諸大衆聞佛語已
歡喜信受
金光明最勝王經大辯才天女品第十五
尒時大辯才天女於大衆中即從座起頂禮佛
足白佛言世尊若有法師說是金光明最勝
王經者我當益其智慧具足莊嚴言說之
辯若彼法師於此經中文字句義所有忘失
皆令憶持能善開悟復與陁羅尼總持
无礙又此金光明最勝王經為彼有情已於百
千佛所種諸善根當受持者於贍部州廣
行流布不速隱沒復令无量有情聞是經典
皆得不可思議捷利辯才无盡大慧善解衆
論及諸伎術能出生死速趣无上正等菩提於
現世中增益壽命資身之具悉令圓滿世尊
我當為彼持經法師及餘有情於此經典樂聽
聞者說其呪藥洗浴之法彼人所有惡星災變
與初生時星屬相違疫病之苦鬪諍戰陣惡
夢鬼神蠱毒厭魅呪術起屍如是諸惡為障
難者悉令除滅諸有智者應作如是洗浴之
法當取香藥三十二味所謂

BD15365 號　金光明最勝王經卷七　（7–7）

BD15366 號背　護首　（1–1）

摩利支天經
如是我聞一時婆在舍衛國祇樹給孤
獨園尒時佛告諸比丘有天名摩利支
天常行日前彼摩利支天无人能見无
人能捉不為人欺誑不為人債其財物不怨怨
家能得其便
告諸比丘若有善男子善女人聞是摩
利天名者應作是言我弟子某甲知
摩利天名故无人能見我无人能捉我不
為欺誑我不為人縛我不為人債我財物
不為怨家能得我便

BD15366號　摩利支天經（異本）　（3–1）

人能捉不為人欺誑不為人債其財物不怨怨
家能得其便
告諸比丘若有善男子善女人聞是摩
利天名者應作是言我弟子某甲知
摩利天名故无人能見我无人能捉我不
為欺誑我不為人縛我不為人債我財物
不為怨家能得我便
尒時世尊即說呪曰
怛姪他　安迦末斯　末迦末斯　支婆
羅末斯　摩訶支婆羅末斯　安多
利陁那摩莎訶　於行路中護我　非行
路中護我　晝日護我　夜中護我　於惡怨
家中護我　王難護我　賊難護我　一切處一
切時護我弟子某甲娑婆訶
告諸比丘若有善男子善女人比丘比
丘尼優婆塞優婆夷國王大臣及諸
比丘人民等聞是摩利支天陁羅尼一
心受持者不為如上諸惡所害　告比丘
若有能書寫讀誦受持　若著　髻中
若著衣中隨身而行一切諸惡悉皆退
散无敢當者時比丘聞佛所說歡喜奉行
摩利支天經

BD15366號　摩利支天經（異本）　（3–2）

怛姪他　安迦末斯　末迦末斯　夷婆
羅末斯　摩訶夷婆羅末斯　安多
利陁那摩莎訶　於行路中護我　非行
路中護我　晝日護我　夜中護我　於惡怨
家中護我　王難護我　賊難護我　一切處一
切時護我　弟子某甲莎婆訶
告諸比丘　若有善男子善女人　比丘比
丘尼優婆塞優婆夷　國王大臣及諸
比丘人民等　聞是摩利支天陁羅尼一
心受持者　不為如上諸惡所害　告比丘
若有能書寫讀誦受持　若著髻中
若著衣中隨身而行　一切諸惡悉皆退
散　无敢當者　時比丘聞佛所說　歡喜奉行

摩利支天經

BD15366 號　摩利支天經（異本）　　（3–3）

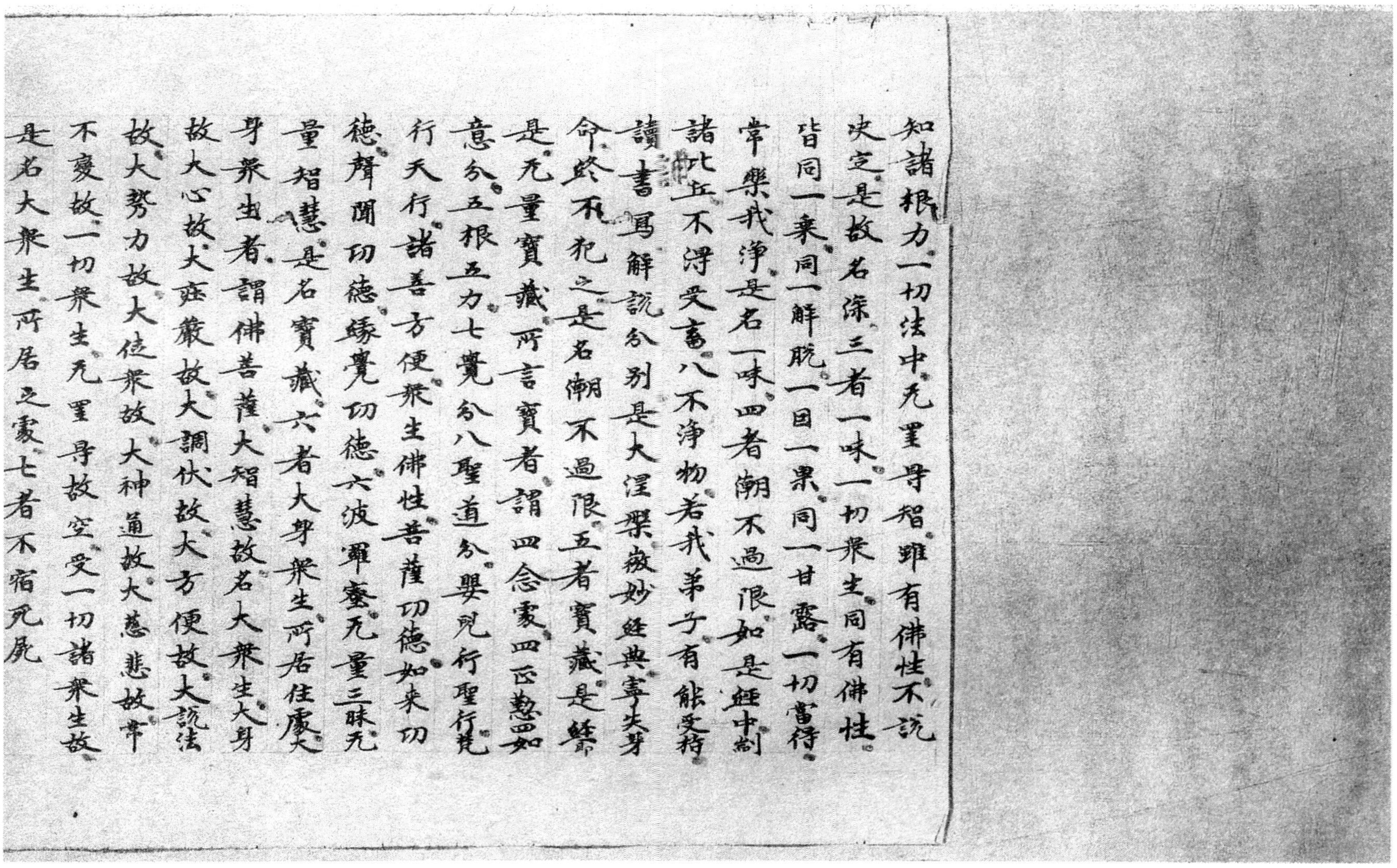

知諸根力一切法中无罣导智雖有佛性不説
决定是故名深三者一味一切衆生同有佛性
皆同一乘同一解脫一因一果同一甘露一切當得
常樂我淨是名一味四者潮不過限如是經中制
諸比丘不得受畜八不淨物若我弟子有能受持
讀書寫解説分別是大涅槃微妙經典寧失身
命終不犯之是名潮不過限五者寶藏是經
是无量寶藏所言寶者謂四念處四正懃四如
意分五根五力七覺分八聖道分嬰兒行聖行梵
行天行諸善方便衆生佛性菩薩功德如來功
德聲聞功德緣覺功德六波羅蜜无量三昧无
量智慧是名寶藏六者大身衆生所居住處大
身衆生者謂佛菩薩大智慧故名大衆生大身
故大心故大莊嚴故大調伏故大方便故大説法
故大勢力故大徒衆故大神通故大慈悲故常
不變故一切衆生无罣导故空受一切諸衆生故
是名大衆生所居之處七者不宿死屍

BD15367 號　大般涅槃經（北本異卷）鈔（擬）　　（2–1）

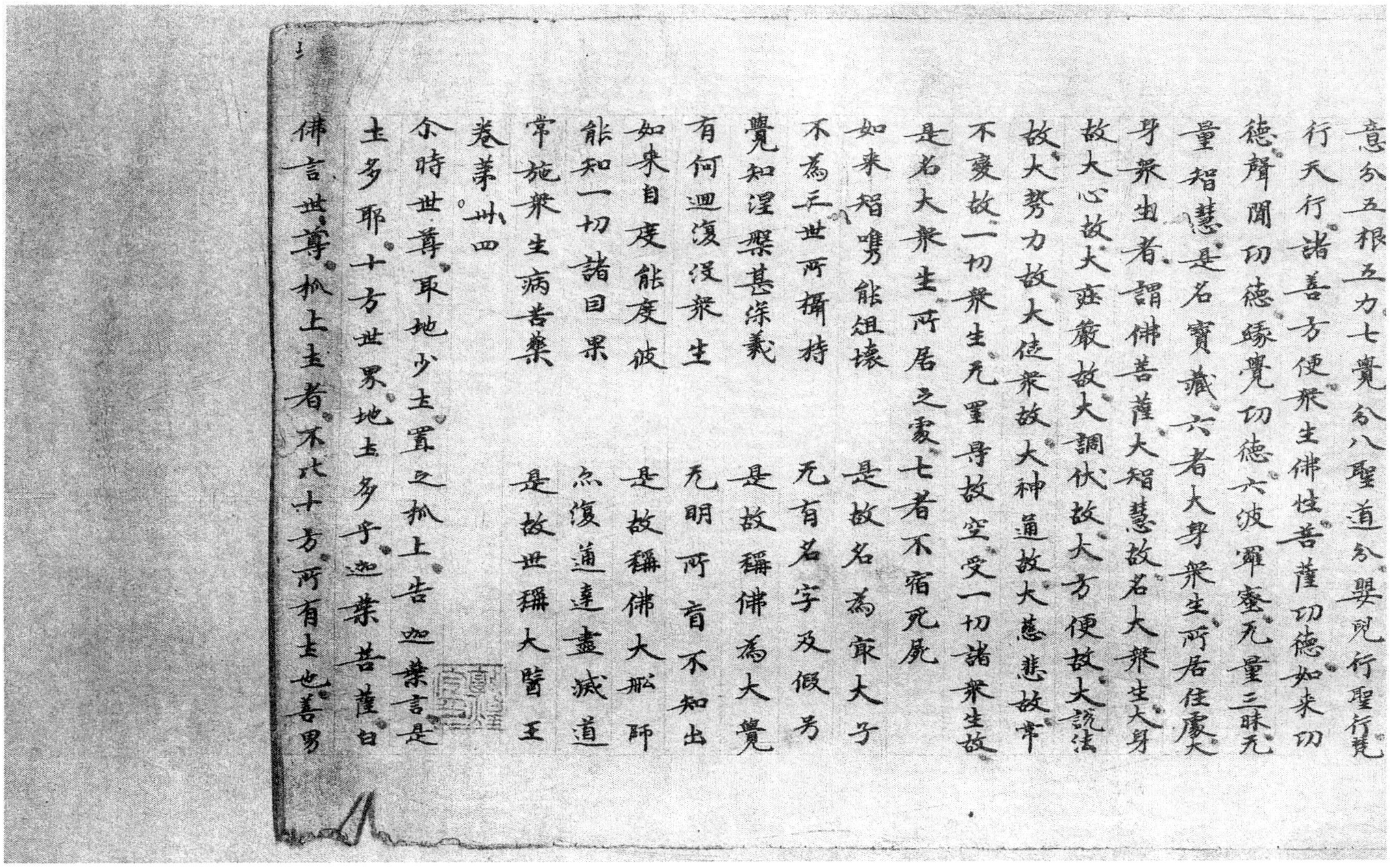
意分五根五力七覺分八聖道分嬰兒行聖行梵
行天行諸善方便衆生佛性菩薩功德如来功
德聲聞功德緣覺功德六波羅蜜无量三昧无
量智慧是名寶藏六者大身衆生所居住處大
身衆生者謂佛菩薩大智慧故名大衆生大身
故大心故大莊嚴故大調伏故大方便故大說法
故大勢力故大徒衆故大神通故大慈悲故常
不變故一切衆生无罣㝵故空受一切諸衆生故
是名大衆生所居之處七者不宿死屍
如来智㬋能俎壞　是故名為東大子
不為三世所攝持　无有名字及假號
覺知涅槃甚深義　是故稱佛為大覺
有何迴復沒衆生　无明所盲不知出
如来自度能度彼　是故稱佛大船師
能知一切諸因果　亦復通達盡滅道
常施衆生病苦藥　是故世稱大醫王
卷第卅四
尒時世尊取地少土置之抓上告迦葉言是
土多耶十方世界地土多乎迦葉菩薩白
佛言世尊抓上土者不比十方所有土也善男

BD15367 號　大般涅槃經（北本異卷）鈔（擬）　（2–2）

妙法蓮華經從地踊出品第十五
尒時他方國土諸來菩薩摩訶薩過八恒河
沙數於大衆中起立合掌作礼而白佛言世尊
若聽我等於佛滅後在此娑婆世界勤加精
進護持讀誦書寫供養是經典者當於此土
而廣說之尒時佛告諸菩薩摩訶薩衆止善
男子不須汝等護持此經所以者何我娑婆
世界自有六万恒河沙等菩薩摩訶薩一一
菩薩各有六万恒河沙眷屬是諸人等能於
我滅後護持讀誦廣說此經佛說是時娑婆
世界三千大千國土地皆震裂而於其中有
无量千万億菩薩摩訶薩同時踊出是諸菩
薩身皆金色三十二相无量光明先盡在此
娑婆世界之下此界虛空中住是諸菩薩聞
釋迦牟尼佛所說音聲從下發來一一菩薩
皆是大衆唱導之首各將六万恒河沙眷屬
況將五万四万三万二万一万恒河沙等眷
屬者況復乃至一恒河沙半恒河沙四分之

BD15368 號　妙法蓮華經卷五　（8–1）

皆是大衆唱導之首各將六万恒河沙眷屬
況將五万四万三万二万一万恒河沙等眷
屬者況復乃至一恒河沙半恒河沙四分之
一乃至千万億那由他分之一況復千万億
那由他眷屬況復億万眷屬況復千万百万
乃至一万況復一千一百乃至一十況復將
五四三二一弟子者況復單己樂遠離行如
是等比无量无邊算數譬喻所不能知是諸
菩薩從地出已各詣虛空七寶妙塔多寶如
來釋迦牟尼佛所到已向二世尊頭面礼足
及至諸寶樹下師子座上佛所亦皆作礼右
繞三帀合掌恭敬以諸菩薩種種讚法而以
讚歎住在一面欣樂瞻仰於二世尊是諸菩
薩摩訶薩從初踊出以諸菩薩種種讚法而
讚於佛如是時間經五十小劫是時釋迦牟
尼佛嘿然而坐及諸四衆亦皆嘿然五十小
劫佛神力故令諸大衆謂如半日尒時四衆
亦以佛神力故見諸菩薩遍滿无量百千万
億國土虛空是菩薩衆中有四導師一名上
行二名无邊行三名淨行四名安立行是四
菩薩於其衆中最為上首唱導之師在大衆
前各共合掌觀釋迦牟尼佛而問訊言世尊
少病少惱安樂行不所應度者受教易不不

BD15368號　妙法蓮華經卷五　（8–2）

前各共合掌觀釋迦牟尼佛而問訊言世尊
少病少惱安樂行不所應度者受教易不不
令世尊生疲勞耶尒時四大菩薩而說偈言
世尊安樂　少病少惱　教化衆生　得无疲惓
又諸衆生　受化易不　不令世尊　生疲勞耶
尒時世尊於菩薩大衆中而作是言如是如
是諸善男子如來安樂少病少惱諸衆生等
易可化度无有疲勞所以者何是諸衆生世
世已來常受我化亦於過去諸佛供養尊重
種諸善根此諸衆生始見我身聞我所說即
皆信受入如來慧除先修習學小乘者如是
之人我今亦令得聞是經入於佛慧尒時諸
大菩薩而說偈言
善哉善哉　大雄世尊　諸衆生等　易可化度
能問諸佛　甚深智慧　聞已信行　我等隨喜
於時世尊讚歎上首諸大菩薩善哉善哉善
男子汝等能於如來發隨喜心尒時彌勒菩
薩及八千恒河沙諸菩薩衆皆作是念我等
從昔已來不見不聞如是大菩薩摩訶薩衆
從地踊出住世尊前合掌供養問訊如來時
彌勒菩薩摩訶薩知八千恒河沙諸菩薩等
心之所念并欲自決所疑合掌向佛以偈問曰
无量千万億　大衆諸菩薩　昔所未曾見　願兩足尊說

BD15368號　妙法蓮華經卷五　（8–3）

弥勒菩薩摩訶薩知八千恒河沙諸菩薩等
心之所念并欲自決所疑合掌向佛以偈問曰
无量千万億　大衆諸菩薩　昔所未曾見　願兩足尊說
是從何所來　以何因緣集　巨身大神通　智慧叵思議
其志念堅固　有大忍辱力　衆生所樂見　為從何所來
一一諸菩薩　所將諸眷屬　其數无有量　如恒河沙等
或有大菩薩　將六万恒沙　如是諸大衆　一心求佛道
是諸大師等　六万恒河沙　俱來供養佛　及護持此經
將五万恒沙　其數過於是　四万及三万　二万至一万
一千一百等　乃至一恒沙　半及三四分　億万分之一
千万那由他　万億諸弟子　乃至於半億　其數復過上
百万至一万　一千及一百　五十與一十　乃至三二一
單己无眷屬　樂於獨處者　俱來至佛所　其數轉過上
如是諸大衆　若人行籌數　過於恒沙劫　猶不能盡知
是諸大威德　精進菩薩衆　誰為其說法　教化而成就
從誰初發心　稱揚何佛法　受持行誰經　脩習何佛道
如是諸菩薩　神通大智力　四方地震裂　皆從中踊出
世尊我昔來　未曾見是事　願說其所從　國土之名号
我常遊諸國　未曾見是衆　我於此衆中　乃不識一人
忽然從地出　願說其因緣　今此之大會　无量百千億
是諸菩薩等　皆欲知此事　是諸菩薩衆　本末之因緣
无量德世尊　唯願決衆疑
尒時釋迦牟尼佛分身諸佛從无量千万億

BD15368號　妙法蓮華經卷五　（8–4）

无量德世尊　唯願決衆疑
尒時釋迦牟尼佛分身諸佛從无量千万億
他方國土來者在於八方諸寶樹下師子座
上結跏趺坐其佛侍者各各見是菩薩大衆
於三千大千世界四方從地踊出住於虛空
各白其佛言世尊此諸无量无邊阿僧祇菩
薩大衆從何所來尒時諸佛各告侍者諸善
男子且待須臾有菩薩摩訶薩名曰弥勒釋迦
牟尼佛之所授記次後作佛已問斯事佛今
荅之汝等自當因是得聞尒時釋迦牟尼佛
告弥勒菩薩善哉善哉阿逸多乃能問佛如
是大事汝等當共一心被精進鎧發堅固意
如來今欲顯發宣示諸佛智慧諸佛自在神
通之力諸佛師子奮迅之力諸佛威猛大勢
之力尒時世尊欲重宣此義而說偈言
當精進一心　我欲說此事　勿得有疑悔　佛智叵思議
汝今出信力　住於忍善中　昔所未聞法　今皆當得聞
我今安慰汝　勿得懷疑懼　佛无不實語　智慧不可量
所得第一法　甚深叵分別　如是今當說　汝等一心聽
尒時世尊說此偈已告弥勒菩薩我今於此
大衆宣告汝等阿逸多是諸大菩薩摩訶薩
无量无數阿僧祇從地踊出汝等昔所未見
者我於是娑婆世界得阿耨多羅三藐三菩

BD15368號　妙法蓮華經卷五　（8–5）

无量无數阿僧祇從地踊出汝等昔所未見
者我於是娑婆世界得阿耨多羅三藐三菩
提已教化示導是諸菩薩調伏其心令發道
意此諸菩薩皆於是娑婆世界之下此界虛
空中住於諸經典讀誦通利思惟分別正憶
念阿逸多是諸善男子等不樂在衆多有所
說常樂靜處勤行精進未曾休息亦不依止
人天而住常樂深智无有障礙亦常樂於諸
佛之法一心精進求无上慧尒時世尊欲重
宣此義而說偈言
阿逸汝當知　是諸大菩薩　從无數劫來　脩習佛智慧
悉是我所化　令發大道心　此等是我子　依止是世界
常行頭陀事　志樂於靜處　捨大衆憒閙　不樂多所說
如是諸子等　學習我道法　晝夜常精進　為求佛道故
在娑婆世界　下方空中住　志念力堅固　常勤求智慧
說種種妙法　其心无所畏　我於伽耶城　菩提樹下坐
得成最正覺　轉无上法輪　尒乃教化之　令初發道心
今皆住不退　悉當得成佛　我今說實語　汝等一心信
我從久遠來　教化是等衆
尒時弥勒菩薩摩訶薩及无數諸菩薩等心
生疑惑怪未曾有而作是念云何世尊於少
時間教化如是无量无邊阿僧祇諸大菩薩
令住阿耨多羅三藐三菩提即白佛言世尊

BD15368 號　妙法蓮華經卷五　（8–6）

時間教化如是无量无邊阿僧祇諸大菩薩
令住阿耨多羅三藐三菩提即白佛言世尊
如來為太子時出於釋宮去伽耶城不遠坐
於道場得成阿耨多羅三藐三菩提從是已
來始過四十餘年世尊云何於此少時大作
佛事以佛勢力以佛功德教化如是无量大
菩薩衆當成阿耨多羅三藐三菩提世尊此
大菩薩衆假使有人於千万億劫數不能盡
不得其邊斯等久遠已來於无量无邊諸佛
所殖諸善根成就菩薩道常脩梵行世尊如
此之事世所難信譬如有人色美髮黑年二
十五指百歲人言是我子其百歲人亦指年
少言是我父生育我等是事難信佛亦如是
得道已來其實未久而此大衆諸菩薩等已
於无量千万億劫為佛道故勤行精進善入
出住无量百千万億三昧得大神通久脩梵
行善能次第習諸善法巧於問荅人中之寶
一切世間甚為希有今日世尊方云得佛道
時初令發心教化示導令向阿耨多羅三藐
三菩提世尊得佛未久乃能作此大功德事
我等雖復信佛隨宜所說佛所出言未曾虛
妄佛所知者皆悉通達然諸新發意菩薩於
佛滅後若聞是語或不信受而起破法罪業

BD15368 號　妙法蓮華經卷五　（8–7）

時初令發心教化示導令向阿耨多羅三藐
三菩提世尊得佛未久乃能作此大功德事
我等雖復信佛隨宜所說佛所出言未曾虛
妄佛所知者皆悉通達然諸新發意菩薩於
佛滅後若聞是語或不信受而起破法罪業
因緣唯然世尊願為解說除我等疑及未來
世諸善男子聞此事已亦不生疑尒時彌勒
菩薩欲重宣此義而說偈言

佛昔從釋種　出家近伽耶　坐於菩提樹　尒來尚未久
此諸佛子等　其數不可量　久已行佛道　住於神通力
善學菩薩道　不染世間法　如蓮華在水　從地而踊出
皆起恭敬心　住於世尊前　是事難思議　云何而可信
佛得道甚近　所成就甚多　願為除眾疑　如實分別說
譬如少壯人　年始二十五　示人百歲子　髮白而面皺
是等我所生　子亦說是父　父少而子老　舉世所不信
世尊亦如是　得道來甚近　是諸菩薩等　志固无怯弱
從无量劫來　而行菩薩道　巧於難問答　其心无所畏
忍辱心決定　端正有威德　十方佛所讚　善能分別說
不樂在人眾　常好在禪定　為求佛道故　於下空中住
我等從佛聞　於此事无疑　願佛為未來　演說令開解
若有於此經　生疑不信者　即當墮惡道　願今為解說
是无量菩薩　云何於少時　教化令發心　而住不退地

BD15368號　妙法蓮華經卷五　（8–8）

BD15369號背　護首

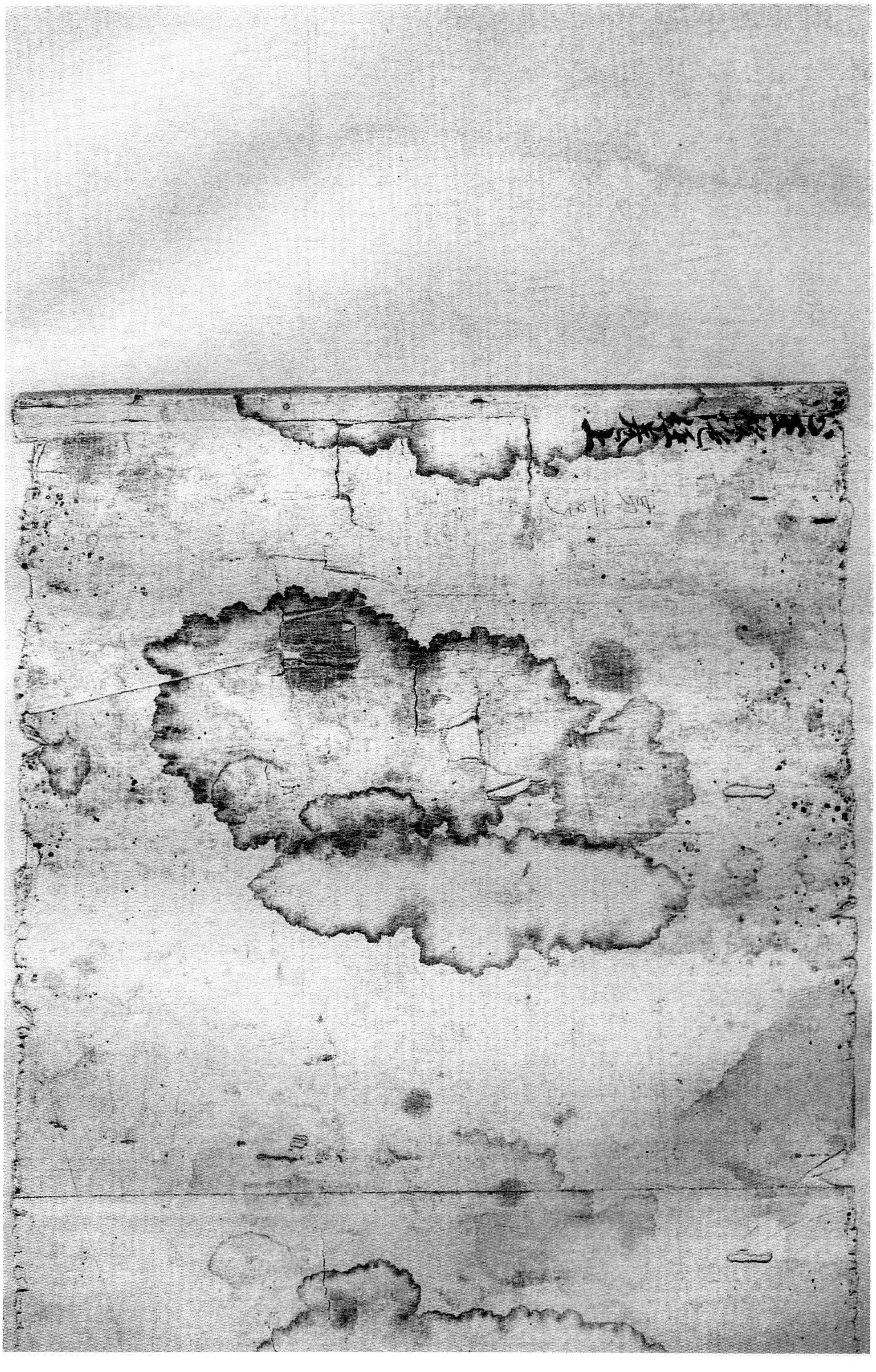

（1-1）

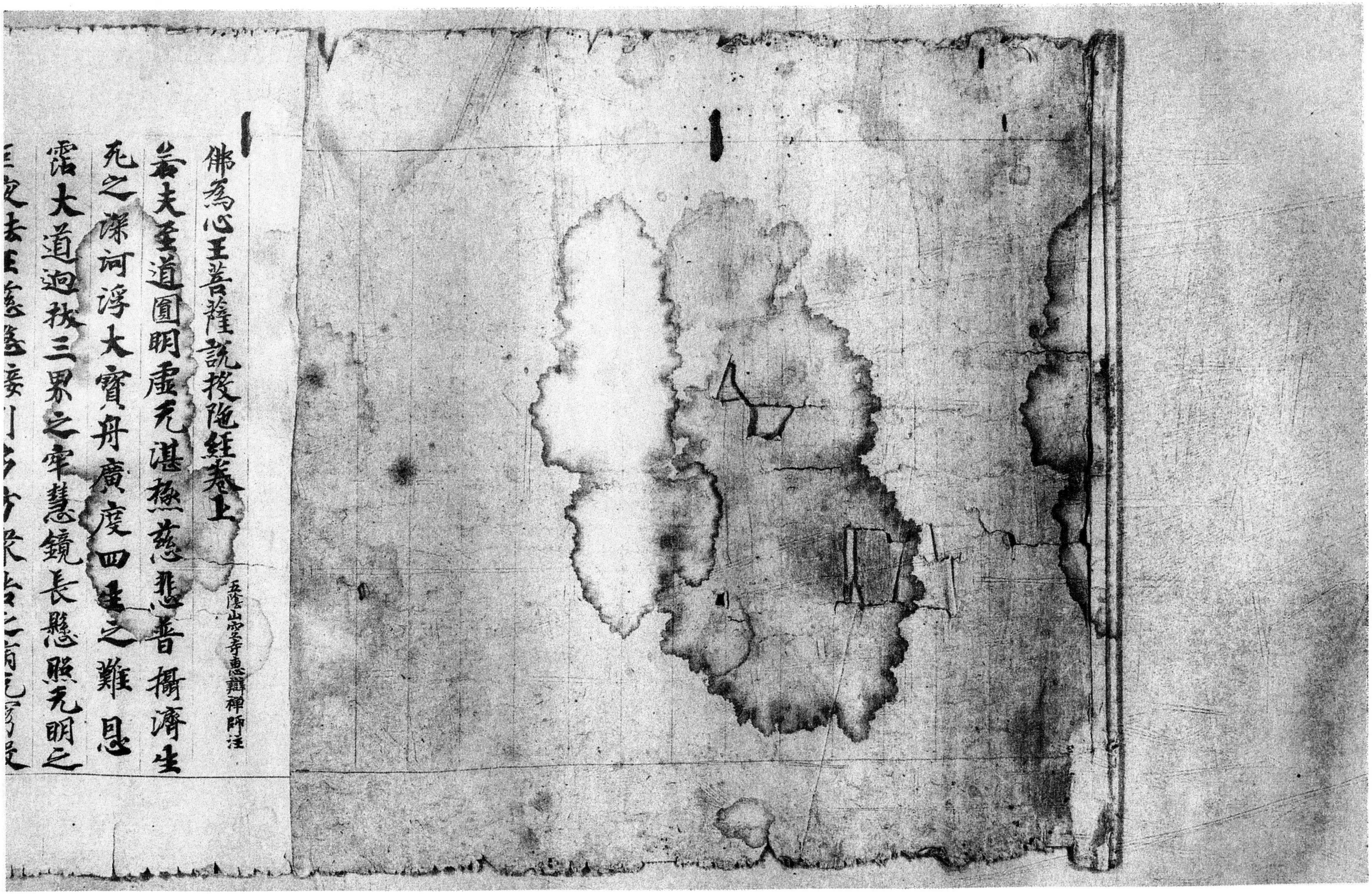
佛為心王菩薩說投陀經卷上
五陰山室寺惠辯禪師注
蓋夫至道圓明虛无湛然慈悲普攝濟生
死之深河浮大寶舟廣度四生之難恩
靈大道迴拔三界之牢慧鏡長懸照无明之

BD15369號　佛為心王菩薩說頭陀經　（35–1）

佛為心王菩薩說投陀經卷上

五陰山室寺惠辯禪師注

若夫至道圓明，虛无湛然，慈悲普攝，濟生死之深河，浮大寶舟，廣度四生之難。恩霑大道，迴拔三界之牢；慧鏡長懸，照无明之巨夜。法王慈愍，接引多方。衆苦之病无窮，設藥之途非一。故有照明大士，垂音五濁之中，悲愍羣生，勸請如來設教。遵首稱佛為心王菩薩說投陀經者，以為王心為身之主。耳目處具，外任持六根，不壞善惡種子，使之不亡。在去在來，无有限礙，自在王故，言心王菩薩。解脫之別，得道之異名，以覺合機，故稱佛說。投陀者，西國之語，此土往翻，名為抖擻，煩惱不生，寂然无相，故曰投陀。經者，常也，人能悟道，永離生死，故号為常。

尒時（時无有二，行人發意之時，故云尒時也。）佛（佛者覺也，自覺覺虛凝離心意識，蕩寂空无，神變自在，故名為佛也。）在大林藪山（五陰煩惱是大林藪山，无明厚重，不能覺察，名之為山也。）形大小縱廣八万四千由延（五陰三毒合為八万，地水火風名曰四千，由者從也，延長也，其身心造不善業，造至於今，不能改悔，故名由延也。）其山四方有无量夜叉羅刹虎狼師子毒虵惡鬼欻害衆生敢人精氣（四方者，四大是，四大假合共成此身，故曰四方。煩惱數多，故言无量。緣境不住，故名夜叉。取捨心起，名為羅刹。无明識風，吞食善法，名之為虎。貪心造罪，不生耽雜，名之為狼。惡性風猛，能壞善根，名之為師子。毒虵者，貪瞋癡是，能壞法身慧命。煩惱熱其身心，不得自在，名之為惡鬼。万行法門自然消滅，故云煞害衆生，敢人精氣者，煩惱是也。）其四維復有无量賢善大士脩學大乘（眼耳鼻舌自性清淨，无所染著，名曰四維。一切煩惱自然改變，故言為智慧賢善大士，亦名脩學大乘。）

之為狼惡性猛能壞善根名之為師子毒虵者貪瞋癡
是能壞法身慧命煩惱亂其身心不得自在名之為惡
鬼万行法門自然清滅故云煞害衆生噉人精氣者煩
惱是
也

甚維復有无量賢善大士脩學

大乘 眼耳鼻舌自性清淨无所染著名曰四維一切煩惱
自然改變故言為智惠賢善大士亦名脩學大乘
不簡惡親通洞普載名為大乘亦名无
乘名曰大乘也 於佛法中決定生

信 佛法僧寶本是一心更无別異故名為信信有十心一
者信知此身无常无我信三寶常住不滅設有變滅
信知亦現之相非是實滅是名信心二者念心非是生滅之
念色心不二自性不動守本不移是名念心三者進求涅槃
是名進心四者惠心覺了自性空寂无二是名惠心五者定
心常住法性是名定心六者不退心進趣般若不為生死
之惑是名不退心七者迴向心觀行淳熟流入法河是名迴向
心八者護法心護諸衆生而成就之護已善根而不失之是
名護法心九者戒心斷生死永捨俗緣是名戒心也十者志願滿足六
波羅蜜超生死輪趣涅槃岸是名願心故曰生信也

護持禁戒如淨明珠 清淨心是 守護心城摧伏外

道 涅槃為城城諸妄相不令漏失經曰以无心意无受行而
悉能摧伏諸外道也

五峯神仙衆居山頂 色陰想陰識陰受陰行陰陰
者蓋也能掩其心令不明
了所緣為色領納是非為受妄情思慮為想應緣諸境為
行了別名稱為識无明黑暗長生故曰神仙亦名長受仙
人我慢高於五岳
故曰衆居高頂也 仙人我慢五欲自恣不悟无常
色欲聲欲香欲味欲觸欲五處受生貪是名為五欲隨所
染著任情即造故曰自恣生老病死念念遷謝故曰无常也

佛與迦葉諸大菩薩側塞虛空前後圍繞 佛者
心也心王自在能使識不起異念即是弟子故曰迦葉既
隨教命心得解脫名為菩薩法身廣大包括十方故言
側塞虛空无處不
遍故曰圍繞也 四部弟子一時共會 眼耳鼻舌名
為四部心王
所制不染色聲香味故言弟子俱登正覺故曰一
時身心不二即是共會會合也合一相一理也 尒時

世尊在大衆中 世以寂滅為義尊以覺諸為能覺知
一切煩惱无所有故號世尊八万四千
煩惱之中悟平等 觀行已畢至无功用寂住
道故曰衆中尊也 坐寶蓮華 閑居名之為坐寶者道也
道體明淨塵垢不
染故曰蓮華也 結跏趺坐 此為入定也跏具身即
心真正其念即憲靜也 嬉怡

微笑 悟道性情美名之嬉怡之
言恍恍樂心神故微笑之也 威德光明普照一切
煩惱消滅名滅識乃无生曰德故曰威德清淨是光明普照
一切者謂陰入界一切法陰陰者五陰色受想行識是入者十
二入内有六根眼耳鼻舌身意外有六塵為色聲香味觸
法名十二入界者中間六識六根六塵即是十八界是以

道聠明淨塵垢不染故日蓮華也 結跏趺坐 此為入定也端其身所心真正其念即意靜也 嬉怡
微笑 悟道怯情癸名之嬉怡之言悦悦樂心神故微笑之也 威德光明普照一切
煩惱消滅名威識了无生日德故日威德清淨是光明普照
一切者謂陰入界一切法陰者五陰色受想行識是入者十
二入內有六根眼耳鼻舌身意外有六塵色聲香味觸
法名十二入界者中間六識六根六塵即是十八界是以
五陰十二入十八界是一切行人觀 佛告心王菩薩 告之
之空无所有名之日照故云普照一切也
言發聞生死心見法身相虛凝
不動自在无导即是心王菩薩也 汝當為諸大衆宣
說甚深无上妙法 宣由出也從无明地出法身寂寥无相平等平等不二故
言甚深妙者要
妙之法佛所說也 令諸衆生識煩惱性空无所
有 衆生迷故為有煩惱覺已知无故言空无所有也 令捉隨正法苦樂一相
生死是苦涅槃為樂生死既空
涅槃非有平等无生故言一相也 心王菩薩承佛神力
身昇虛空變現自在 承者受也受佛神力自覺身心本无所有故云虛空變現
自在者轉妄以入真万
物不動故云自在也 於大衆中放大智光光如
百千萬億日月清涼調適 清淨是光光相不動說名為如百者百波羅蜜千
者千法明門万者行也定惠雙照明同日月故言百千万億
日月也煩惱火滅故言清涼善惡不生名為調適也
隨諸衆生所求皆得 聖化无导故云皆得 普照十方招集
有緣諸來大衆 十方者十惡也招集者四諦是有緣者十二因緣是煩惱非一名曰諸
來來之言會煩惱交會共造一心
故言大衆聠寂空明名之照也 天龍八部護法善
神 心淨為天智惠為龍五陰三毒合為八部不起異念名為護法善神也 四天王等
眼耳鼻舌名為天王見聞
覺知二相不起名之日等 上至有頂下極空際
實相之理圓空不動故言有頂上下无
二日極極者空也空際名為佛性也 六道四生蒙光 項是實之
喜悅 眼耳鼻舌身意名為六道地水火風名為四生神光照蕩空寂无生故云喜悅也 皆來聽
法 理性虛无湛然不動名為聽法也 大衆雲集 言此妄身由如雲集暫有還散究竟无實也
菩薩摩訶薩大慈所熏 菩薩者西國語此云道心衆生是摩訶薩者亦是西國語此云
大道心衆生是慈能救苦惱不生名曰大慈熏者香也香熏
我身煩惱滅盡此是无價寶香非是世間草木之香故云大
慈所熏也 復放六百万億寂勝光明 六百者六根是六根一百故曰六百
万者万行之門戶也億者憶持之 其光明中宣說一切衆

法理性虛无湛然不動名為聽法也大衆雲集言此妄身由如雲集聚有還散究竟无實也
菩薩摩訶薩大慈所重菩薩者西國語此云道心衆生摩訶薩者亦是西國語此云
大道心衆生是慈能救苦惱不生名曰大慈重者香也香重我身煩惱滅盡此是无價寶香非是世間草木之香故云大
慈所重也復放六百万億寂勝光明六百者六根是一根一百故曰六百
万者万行之門戶也億者惣持之大名見道博深故名曰寂勝也其光明中宣說一切衆
生本性清淨了衆生相即是實相故言本性清淨也无生无滅妄想
不起是名无生善法常住是名不滅无垢无淨分別是垢无分別是淨垢性自空淨性非有也无
生死際无涅槃際生死性空涅槃非有二際平等等諸法
空故二際俱空空故平等諸法亦然也閑居靜住即是投隨因成果就
故日閑居淳一无雜名為靜住寂然念道絕斷攀緣見道性空攀緣即滅不
生分別識性幹空本无分別也何以故生死涅槃不一不二法身
不斷雜諸名數故云不一不二也但假名說接引愚夫涅槃方便是佛權教指方
陳說令識道性幹空生死如夢如電愚夫不了為生死可捨為涅槃可得空虛之中妄生染著衆自覺歎迷來日久故
言微說也上品衆生體達法相不入涅槃不出生死
法性幹空空无出入中品衆生捨於生死貪求涅槃捨生死是有聞
行貪求涅槃是凡夫行不捨不求是菩薩行也无方便慧實際為家不識生死
涅槃皆是虛空幻化是无方便慧經日有慧方便解无慧方便縛也下品衆生死明癡住
心无智惠名曰无明不能發起道心故言癡住也不覺不知沉淪苦海恒在生死故曰
沉淪苦海常以八苦生苦老苦病苦死苦求不得苦愛別離苦怨憎會苦憂悲之苦憶想不住念念分別名為生苦
老苦者煩惱惱亂身心不得自在故言老苦攀緣妄想馳散外免心神躁擾名曰病苦菩提之性理在煩惱之中不覺不
知名為死苦非本所求妄生退念念不離意名為求不得苦佛是衆生慈父愛念衆生由如赤子衆生背救輪迴生死
故云愛別離苦五陰為怨惡業為憎煩惱交會隱藏无地故日怨憎會苦大道之門被塞佛性未由顯現故日憂悲之
苦苦苦无際名之為海也諸菩薩等汝當諦了如是光明從何
而來內外推求都无生處內外根塵空无自性故曰都无生處也從
心化生湛然常一從空生惠故曰化生言心者非是生滅之心乃是无相之心名字雖多其

BD15369號　佛為心王菩薩說頭陀經　（35–5）

故云愛別離苦五陰為怨惡業為憎煩惱交會恒藏无化故
曰怨憎會苦大道之門被塞佛性未由顯現故曰憂悲之
名之為海也　苦苦苦无際　諸菩薩等汝當諦了如是光明從
而來內外推求都无生處　內外根塵空无自性故曰都无生處也　從
心化生湛然常一　從空生惠故曰化生言心者非是生滅之心乃是无相之心名字雖多其辭不異故曰常一也　一相光明觸眾生身從毛孔入　觸之言照眾生
身內外虛通眾生心細由如毛孔一相光明无處不遍名之曰入也　眾生遇者入无
量定　入之言觸觸此身心由如虛空本來不動也　光觸眼者入妙色三
昧　眼雖見色妄識不起乃物合故名妙色三昧也　光觸耳者入音聲三昧　耳雖聞聲不得聲想心識不分別名曰音聲三昧也　光觸鼻者入香林三昧　鼻雖聞香不得香辭即是空空无分別故言香林三昧也　光觸舌者入法喜三昧　舌雖觸味不得味想味想自空識无分別名為法喜三昧也　光觸身者入智明三昧　身雖知寒熱澀滑等不得觸相識不分別故名為智明三昧也　光觸心者入法明三昧　六識辭空无能分別狀若韻音六根是同一根故名為法明三昧也
光我憬即除　无相之光照除我相人相眾生相壽者相自然消滅也　光遍十方仙人蒙　身心清淨
悟无生忍　清淨之心是无生忍也　惡鬼毒蛇夜叉羅剎聚人
精氣者皆發善提心　身心寂空是發菩提心也　二見牛頭閻
諍心息　善二見名曰牛頭生滅不住名之為閻畢竟不生名之為息也　波旬魔王開
地獄門施清涼水　生死魔煩惱魔魔力威大自在如王无明閉塞名為地獄疑然悟解万像森羅本无所有名為地獄開施言捨捨離諸見妄想不生即是法清涼水即是法水湛然清淨也　飢餓
眾生自然飽滿　心生苦惱憶想妄緣名為飢餓禪定无生法喜无滿故名為飽也　發清
淨心貪法喜食身心解脫　味道心和名為法喜不住有无自然解脫也　不
深入法性自在无為　實相之理名曰深入辭性不動言入逍遙自在故曰无為也　離
得无為察心不住　不住而住任於不住也　學方便故　所化之緣曰方能化之智曰便也
以法為妻化生一子名為法王子處在深宮正
念思惟　妻者定也定能生惠故曰化生一子者菩薩是也實相云遠寬而莫覩故曰深宮寂空寂无生名為正

深入法性自在无為實相之理名曰深入軆性不動言入道逍遙自在故曰无為也雖
得无為察心不住不住而住住於不住也學方便故所化之緣曰方能化之智曰便也
以法為妻化生一子名為法王子處在深宮正
念思惟妻者定也定能生惠故曰化生一子者菩薩是也實相云遠竅而莫覩故曰深宮空寂无生名為正
念也學大方便不捨有為不住无為性雖有无平等不二是大方便也
二惠方便念念具足一既不存二從何立惠亦无軆言下有名觧了累遣无故曰方便前念由淺
後念轉深深深相平等名為具足也其年雖小常樂出家學无
上道初入定門道行未成名為年少心无間念曰定從定起惠名為出家學者學性平等故曰无上道也
不樂世事常脩少欲知足之行端心自守五陰消亡故曰不樂世事意滿
无求名為知足脩六和敬眼與色和心滅境亡軆无分別色心不二合一相理也何以
故心不緣色妄識不生即是和義和者合也合一切空空故故名義義
即是佛也餘如上說動靜常一目鼻舌身意等此之五根義同眼釋故言餘如上說守
護心城不令賊入道心堅固六塵之賊无由得入也外道六師多方
巧術詐為親善六賊向外取塵名為外道六師取捨雖易故曰多方纓生分別名為巧術
塵性本空取不可得迷惑不了言詐親善也語王子言世有極樂自恣歡
娛長養王身六識馳騁誘引心王追求六塵縱逸自在喜悅身心名為極樂生死不住名為歡娛
五陰熾盛故言長養既受樂已天上伎樂種種餚饍自然
來至衆生愚癡見惡歡喜如觀伎樂妄想无數故言種種貪癡食名為餚饍舉心即是故曰自在來至也
五欲天女巧轉王心所求皆得心迷五欲五欲本空愚夫不了妄生染著
心名為天女執情取相任意即造故云皆得也王子聞已似悲復喜心迷故悲悟解還喜
我從昔來只為愛網令我身心昔者古也從古已來五欲羅網
纏罩佛性不能得出故曰愛網也不能自拔何能救他為无慧眼不見根本故曰
不能自拔佛性既不顯現煩惱云何能遣故曰不能救他也今日何緣復作斯語
誑惑於我心聞悟道即語无明本无實事云何誑我我者佛性是佛性者无來无去无住无著无不為
无相无生无滅由知虛空湛然不動也一念返源即為心師一念无生即是心

BD15369號　佛為心王菩薩說頭陀經

（35–7）

羂罥佛性不能得出故曰愛網也不能自拔何能救他為无慧眼不見根本故曰不

能自拔佛性既不顯現煩惱云何能遣故曰不能救他也今日何緣復作斯語

心開悟道或語无明本无實事云何誑我我者誑惑於我佛性是佛性者无來无去无住无著无不為

无相无生无滅由如重空湛然不動也一念返源即為心師一念无生即是心

師也不師於心妄心不得自在故言不師於心即知虛妄不受其語

生死本空何曾有語法性湛然故不言受外道六師徒黨眷屬自然磨

滅書者盡也滅由无也煩惱本假名曰滅盡也王子心地決斷猛利由

如金剛能斷煩惱名為猛利永定不動故名金剛也見諸法性體明淨故

識煩惱性即知明淨設有惡念即便覺知入一相門若能覺者惡念

自滅名入一相門也其一相者即是大道之无蓋也蓋者是大道雖性空

寂包含一切也一是法海母能生諸佛一者空也空是海母能生子義也義即

是佛也諸菩薩等與佛菩薩同時異名故言等也常生柔和質直

其心不耶不曲安心境定由若須彌惠眼常明耶曲自滅也常樂坐禪備

空三昧坐禪者西國之語此云功德叢林三世諸佛皆從禪生故云功德叢林又云法性虛凝清淨无條是樂

坐禪三昧者西國語此云誦直其心令入正定也居有不有入有空三昧破

居者住也住有不有不著有見見性自空常見即滅也諸常見一切煩惱无明

煩惱无明是佛慈父也之父居无不无入空有三昧破諸斷

見住无不著空見心性自離斷見斯三一切煩惱恩愛之母煩惱恩愛能生菩提

故日為母也入有空三昧莊嚴法身有即是轉空即是花煩惱空花本來寂淨

名之莊嚴也入空三昧莊嚴色身空即躰有有即空花有此惠智之花而自莊嚴微

妙色也色身即具三十二相八解脫八聖道八菩薩八王子四八三十二无相心中而自

莊嚴不同化身之相也為度三十二相知見鬼神貪為十一瞋為二十痴為三十

善惡兩心名卅二惡相以此煩惱名為知見鬼神行者觀之空无所有畢竟不生名之為度也法身具

无量相无量相者一无相也无相不相為度微塵愛法眾生入

一實道度无量无邊眾生而无眾生可度是名入一實道也達煩惱性開闡

幢者為相相是无相无相是相入微妙境

瘂藏不□化身之相也 為度三十二相知見鬼神 二十瘢為三十
善惡兩心名卅二惡相以此煩惱名為知見鬼神 法身具
行者觀之空无所有畢竟不生名之為度也
无量相 无量相者一无相也无相不相 為度微塵愛法衆生入
一實道 度无量无邊衆生而无衆生可度是名入一實道也 達煩惱性開闡
法幢 幢者高相相是无相无相是相入微妙境境絕意亡識假崙世高永超三界也 摧挫
我見增長聖道 我見消亡聖道即長也 翻五陰賊具五分法
身 翻者破也破五陰賊成五分身者為戒身定身惠身解脫身解脫知見身也 不隨三毒三
明現前 隨者順也不順三毒三毒消滅即是三明心常清淨故名曰現前也 八耶不起
入是八解脫 五陰三毒縱橫亂起即是八耶行人觀空无所有即是八解脫亦名八聖道也
尒時會中有一菩薩名曰照明 心淨故曰照解之理故曰為明照也
愍念今世五濁衆生 五陰亂起名為五濁衆生 不備少欲知足之
行命終即墮三惡道中 善心滅盡即是命終貪嗔癡起是名三惡道也 勸
請如來說投陀法開化衆生 涅槃明鏡照了衆生彼此俱通名曰開化衆生也
於閻浮提廣作佛事 閻浮提者是已之身心是行人觀煩惱性畢竟空寂是為佛事也
佛告照明菩薩善哉善哉 善之言定哉之言惠定惠雙滅故曰善哉也 善
男子我適命心王菩薩吾為大衆說斯要法
元生正智名男解心非一名子故言善男子 汝今復問今當廣說其投陀
者從正月十五日至三月十五日從八月十五
日至十月十五日二時投陀三世諸佛常
行此法衆行中上 二時春秋是初悟心時由如春日百草覺生法眼開明亦復如是秋者
熟也道心淳熟收斂煩惱入无盡藏无盡藏者空靜是心故曰
二時三世諸佛者覺也能覺心源名之為佛覺妄想心
以滅名為過去佛覺未來心不行名未來佛覺現在心不
動名為現在佛同一心體更无別異故曰常行愚夫不
識騎驢覓驢愚迷衆生一何太甚也 吾今得道常行此法況汝凡
夫勸諸學人不得懈怠 學心之人少時妄念名為懈怠也 縱
恣六情造作諸惡 六情妄起染著外塵名為造作 何以故凡夫壽
命稟道氣生 不識是非曰凡廣受生死曰夫故曰凡夫稟者受也道氣者佛性是也佛性者不

[illegible]衆生一何太甚也
吾今得道常行此法呪汝凡
夫勸諸學人不得懈怠 學心之人少時妄念名為懈怠也 縱
恣六情造作諸惡 六情妄起染著外塵名為造作 何以故凡夫壽
命稟道氣生 不識是非曰凡廣受生死曰夫故曰凡夫稟者受也道氣者佛性是也佛性者不
生不滅不來不去由如天地湛然不動一切衆生喻如草木有
生有滅大地无滅佛性亦復如是其佛性辯量同虛空
等空法界衆生依佛性中生佛性中滅識具佛性者實
不生不滅由如虛空遍滿一切處身中亦滿身外亦滿
處處皆滿非是散動遍一切處自性不動常住不變作
此解者身即无常佛性是常故言佛性由如大地衆生
譬如草木為此衆生稟道氣而生也 法无有定 生死之法本性无定无住无著故言不定也 以不
定故聖亦不定何以不定 聖者正也正解是常言說流轉故言不定也 法
如幻故 无而見有名之為幻 寂滅无為 緣慮已盡 如法化故 雖有而无名之為化
寘寂无心 入无漏智 幻生於化 五陰如幻生於四大四大是化故言幻生於化也
化生於幻 四大是化生四大生五陰故言化生於幻也 化生幻死各不相知
化生為四大緣合幻死為五陰分離諸法无自性是以各不相知 衆生愚癡織生死
網 不識道理名為愚癡生死不住名之為織 自纏自縛 未得解脫是大羅網纏是十纏一者无慚
二者无愧三者睡眠四者无悔五者慳六者嫉七者嫌八者瞋
九者覆十者三界衆生於中纏縛繫未得解脫故言自纏自縛
也 十二地獄身居其中 六根六塵二六十二閉塞其心不得解脫故名地獄也
四大毒蛇同共一室 地大水大火大風大此之四大能害法身名之為蛇一室者虛妄心是
十八識賊遍羅諸道 六根六塵六識三六十八劫人功德名之為賊煩惱非一故郭諸道也
設有善念隨生隨滅 衆生无常善根微弱惡業強盛前念生善後念生惡未聞少善故云隨生隨滅也
何有智者不友斯源 智人反照凝神守一故言斯源也
六識為根心識為本 六識依心識生是以心為根本 无明波浪心識
常動 无明心昏遍緣諸境名之波浪也 遊戲六情造生死業至死不
捨 六情者六識是也取捨不息名為遊戲生死不捨死復更生故言不捨也 无能制者自在
如王 經曰制之一處无事不辦衆生不覺妄心流注故言如王也 是故我言生死魔
王念念傷害 生滅不住傷害法身 衆生不覺輪迴生死何
由得出 覺即解脫不覺即輪迴也 善男子汝當正信三寶 真如佛性佛寶

BD15369號　佛為心王菩薩說頭陀經　（35–10）

捨 六情者六識是也[illegible] 戚生死不捨死後更生故言不捨也 无能制者自在
如王 經曰制之一處无事不辦衆生 不覺妄心流注故言如王也 是故我言生死魔
王念念傷害 生滅不住 傷害法身 衆生不覺輪迴生死何
由得出 覺即解脫不 覺即輪迴也 善男子汝當正信三寶 真如佛 性法僧
非无湛然常住不生不滅名為佛寶口中演說示道群生令去
是非歸心一路名為法寶四大之身東西行化毀譽不動等
心无二名為僧寶三同是心轉故名之異
理理同於如如是解者名為正信也 道從信生求
善知識 信是道根非信不 生故言道從信生也 照明菩薩白佛言世
尊何者名識佛言心王菩薩是一切衆生真
善知識 心王菩薩能破煩惱永離生 死法性常寂名善知識也 汝當歸依請求
教護 歸心空寂識了了 无生名為教護也 心王菩薩神力无量能
拔汝苦 能拔三毒名為神力 五陰不生即是拔苦 照明菩薩合掌白佛
心王菩薩今在何處我當普為一切衆生
請求救護 掌之言了了合於道道合於心故 言掌本性清淨故言白佛也 佛言心王
菩薩不近不遠不在中間 不近不在六根中間不遠 不在六塵中間不在不住
六識中間愚人迷惑不能了解為言
有內外中間智者觀之空无所有也 若欲得見當觀五
陰十二入十八界身心端直正念思惟心王
菩薩當至汝所解煩惱結 觀心空寂滅煩惱結菩 之言結薩之言散能解
煩惱結散名
為菩薩也 如是念念精勤不捨身心清淨心
王菩薩即住其所如應說法 如者空也應由惠也 內外身心空无所有
名之為
說法也 諸菩薩等我本與汝及一切衆生同一
性相一轉无異 衆生身是佛佛身是衆生 身同轉異名故言无異也 汝自生
心強起分別為言我異我實不異 迷故言異 悟即无別 何
以故是煩惱性性性无所有即是涅槃涅槃之
性性无所有即煩惱性 煩惱性自空 涅槃亦如是 二性不二
名為正性名為法性 譬如眼目同轉 異名故言不二也 佛所行處
不二之性是佛行處經曰行[illegible]衆

BD15369號　佛為心王菩薩說頭陀經　（35–11）

以故是煩惱性性无所有即是涅槃之
性性无所有即煩惱性煩惱性自空涅槃亦如是二性不二
名為正性名為法性譬如眼目同躰異名故言不二也佛所行處
不二之性是佛行處經曰行我行處坐我坐處是也是故我言本无有異衆生
未悟為言身與佛別躰悟即同躰舊来不異非由今悟始不異也照明菩薩言若本
不異一切衆生煩惱即是涅槃者日不無我
言煩惱性无所有為涅槃耳要須惠眼識煩惱性畢竟空寂名為
而作涅槃非是由眼所識煩惱而作涅槃也若言煩惱即是涅槃何得
以涅槃還還煩惱涅槃識即是涅槃不識即是煩惱也行人善
巧方便觀察身心得空慧力空寂无生名為恵力行投
陁法靜亂不二正念思惟攢煩惱性得性
心淨生无漏火燒煩惱薪名為不動慧不
動而動名方便慧不動是定而動是慧故言方便慧也心王菩薩語
照明菩薩言我於尒時入佛性海海納百川喻无分別
多出珎寶即喻智恵故言入佛海性也甚深三昧名法輪慧見現理不住名為法
輪恵也不可思議煩惱之中出生諸佛煩惱名衆生悟解即是佛故言
出生諸佛又曰凡夫為聖人本来只是一觧知即作佛迷故凡夫是也照明菩薩言何名
方便慧何名不動慧何名法輪慧答曰六
識心常動其相如車輪名為方便慧雖轉而无分別
所用六識亦復如是終日輪而未曾轉終日而常靜畫空无動轉動亦皆是空也心王常不動
其相如車軸名為不動慧車雖運載流轉不住軸常不動身遊東西隨緣
作務心常不動其義亦尒也一根中具六六三十六其相如車
輪名之為法輪慧一根是心心緣六根眼中有眼識耳識鼻識舌識身識意識耳根中亦
有眼耳識鼻識舌識意識身識中亦有眼識等四
亦有眼識等舌識中亦有眼識等身識中亦有眼識等
大本来空六識何曾有智者巧分別皆是空
中立名字名字无常定名為法輪恵也五陰以為
車无相以為牛調御以一心運載諸羣生

BD15369號　佛為心王菩薩說頭陀經　（35–12）

有眼耳識鼻識舌識意識鼻識中亦有眼識等身識中亦有眼識等舌識中亦有眼識等意識中亦有眼識等四大今來空六識何曾有智者巧分別皆是空中立名字名字无常定名為法輪恵也 五陰以為
車无相以為牛調御以一心運載諸羣生
趣向般若洲 般若洲者佛地也又洲埴者涅槃是涅槃者般若是般若者能生佛佛是般若
智智者巧分別同一心䟽也 諸菩薩等汝當脩行一切眾生
常為客塵煩惱之所覆蔽不見佛性 色聲香味觸法
名為客塵眾生不覺名為覆蔽蔽猶塞也塞猶斷也塞斷佛性智使不現故名為覆蔽也 如竹不
攢火即不出煩惱亦尒若攢煩惱佛性顯
現要須在定心在定故定力慧力乃能攢
揬 如来說法義有多端靈要之方莫過空慧其之是即佛身故言定恵力能攢揬也 譬如穀
子糠皮盡淨雖蒙時節雨水調適牙不
能生 糠皮喻煩惱不生喻涅槃 凡夫亦尒若遇善友諸佛善
薩亦其方便以大乘法杖鞭分別心心虽既
死內外清淨毒害不生加功磨瑩心性調善
鞭者打也打破无明智恵流出又言五陰三毒諸見妄想名為心垂行者人觀之空无所有一時清淨名之為死身四威
儀性常空寂見法𣫍明故言磨瑩達法平等去雜是非為調善也 所作真妙常合
聖道 施為舉動皆合大道 蕩除塵垢破无明𨐼雖在生
死愛水澆灌識牙種子自然不生身心清淨
生法王家入菩薩位 不住有无是菩薩位 四知不捨 眼不取色是一
知耳不取聲是二知鼻不取香是三知舌不取味是四知知由通也觀是四塵本性自空故言名為不捨也
有大方便巧度眾生照明菩薩言云何名
生眾生苔日煩惱愛結名為眾生若能攝
心寂然无念无生无滅妙慧成就度脫眾
生 識衆生无衆生名為度衆生也 照明菩薩言觀煩惱性內度衆
生其相可解外法云何心王菩薩言如是如是
汝所問內外不異雖復不異无見內一

BD15369號 佛為心王菩薩說頭陀經 （35–13）

心寂然无念无生无滅妙慧成就度脱衆
生識衆生无衆生名為度衆生也照明菩薩言觀煩惱性内度衆
生其相可解外法云何心王菩薩言如是如是
如汝所問内外不異雖復不異要先觀内一
煩惱淨衆多法淨一心清淨八万四千煩惱悉皆清淨經曰心淨則佛土淨也
何以故介内是外根源内心是外根无明株杌既斷六師自然清滅也衆聖
之源得斯要法法度衆生前佛後佛皆同此陪故云衆聖之源也衆
生无盡佛身无盡衆生无邊佛身无邊衆
生之性即虚空性虚空之性即衆生性煩惱是衆生清淨是
法故言法度衆生也由有衆生即有佛生若无衆生佛亦不
生離衆生无佛離佛无衆生轉妄入真即是佛生有佛有衆生聲聞見无佛无衆生菩薩見也是故我
言諸佛菩薩常度衆生佛者覺也覺煩惱性本来清淨淨即是佛故言佛度
衆生也有因緣故方便巧説衆生度佛轉衆生身作佛身故
云衆生度佛也我常宣説諸法平等无有二相佛度
衆生衆生度佛始名平等佛性本来空衆生性亦空一空无有二故号為平等
佛告心王菩薩言善哉善哉佛告心王菩薩達平等性是也汝
入究竟陁羅尼慧无礙大辯心不来不去不生不滅不取不捨名為究竟陁
羅尼者西國語也此云往翻作揔持若達實相故言為揔持大辯也於諸菩薩大衆之
中作師子吼顯平等法我於餘經竟未説
之前心證應細尋未盡故言餘經竟无説之也今於杸陁大乘方等心王
菩薩大衆純熟智慧明淨眼見一切十方不起二相等同一虚空亦辯東西南
北也大慈大悲利根大士堪聞大法菩薩方
便所以説之法辯无言菩薩慈悲所以説接引衆生令入言説也法想深邃
難信難解真法无形非凡夫之所見是以難信理性幽玄玄命頓識故言難解脩學大乘有眼慧
者乃能信解也二乘凡夫鈍根小智雖聞妙法无慧

此也 大慈大悲利根大士堪聞大法菩薩方
便所以說之 法斷无言菩薩慈悲所以說接引衆生令入言說也 法想深邃
難信難解 真法无形非凡夫之所見是以難信理性幽玄而頓識故言難解備學大乘有眼惠
者乃能信解也 二乘凡夫鈍根小智雖聞妙法无慧
方便不生信樂 聲聞緣覺名為二乘聲聞之人不見玄門唯見聲香味觸法深生繫著妄生
逆觀從香味推至微塵從微塵推至空色心不起名為涅槃穫羅漢果名為鈍根凡夫緣覺之人不識本性妄觀十二因
緣名為數不起將為究竟即取辟支佛果是名為小智由執相故聞空妙理如聾如盲都无所見故言不生
信樂也 善男子我滅度後多有衆生放逸自恣
或犯四重五无間罪 癡恚是垢名為四重罪不用她好名為瘡瞋不出口名為恚恣
人勝己名為嫉見他好彰其美名為妬亦名四她五陰妄生是无間重罪也 作一闡提无歸
依處 一向空見謂无罪福名一闡提不識本性流浪生死故言无歸依處也 當念心王
菩薩學投陀法 空淨心是 心王菩薩大慧方便
慈悲衆生慈親不二 聲聞之人以五陰為怨涅槃為親默苦求樂名曰聲
聞菩薩慈悲苦樂因猶故云不二也 若有信心即開方便亦實
相門說法巧妙令人易解 巧則易受妙則易解 衆生聞
已不生異念 忘懷絕慮湛若虛空處故云不生異念也 心王菩薩即為
說法諸菩薩等正念聽受諸實相即衆生
相 深達實相名為聽受 若心取捨即遠實相 取求涅槃捨於俗相是遠實
相也 實相日道道字无為 虛寂心是也 无為曰一
是慧刀割斷說見 解了无生諸見自滅故言割斷也 見根不生
名為解脫解脫名空 空即是佛也 虛空身心清淨
无染名為波若 波若佛之異名 波若名惠惠名心名
光入照陰界暗室開明明明无盡无盡心
光名涅槃智智能巧慧四大城邑五陰精舍 四大
无我假城邑五陰空寂是佛精舍 善惡心起名為調達 法本无生妄起善惡名為調達也

无染名為波若波若佛之異名波若名惠惠名心名
光入照陰界暗室開明明明无盡无盡心
光名涅槃智智能巧慧四大城邑五陰精舍四大
无我假蓿城邑五陰室舍是佛精舍善惡心起名為調達法本无生妄起善惡名為調達也
色心不二名曰如來身即是色色與心合名為色心色心平等等虛空色亦如是色身本来
性是虛空衆生不悟謂色是真其色本来性是虛空四大從
香味生香味從微塵生微塵從虛空生空即虛空生微塵
空空亦是空微塵生香味亦是空香味生四大四大亦是
空四大成是其身身亦是空色之与心无是虛空一合之相
一切衆生共迷心色謂心是有謂色是真故名為生智者觀
之无是虛空一合之相名曰如來无无衆生故離衆生垢既无
衆生亦无涅槃是故經曰不住世間不住涅槃名為解脫也徒衆眷屬八万四千
寂寞清虛湛然清淨八万四千煩惱名為眷屬行人悟之悉皆清淨即是八
万四千波羅蜜亦名八万四千三昧亦名八万四千法門亦名八
万四千菩薩亦名八万四千寶塔亦名八万四千師子
之坐也各各護持菩薩淨戒清淨无生是菩薩戒尒時照明菩
薩即從座起頂禮佛足座者空也從空生慧目之為起頂者恭礼者駢也我身心
真極不動名為佛足也善為當來衆生諮啓二事當來衆生
者後念心是諮者請世啓猶開也請開定慧兩門故言二事也諸菩薩等行杸陁時
受持何戒云何名持云何名犯佛告照明
菩薩汝大慈大悲入他心三昧觀煩惱如煩惱性空是他心三昧也
當來衆生无有慧明諮問於我汝當諦聽當
為汝說行杸陁時前作方便斷內外賊翻耶
歸正內有六根外有六塵行人觀之空无所有名曰斷賊也七日七夜澄淨身
心初學心人七日七夜澄靜身心使不散乱令識性息七識泯淫昏暗不明目之為夜七識澂靜湛然常住惠眼分明照之如日也端坐一室正念思惟空寂无生名之為室觀身實
相受佛心戒觀者看也看其身心猶如虛空无有相貌名為心戒也名曰法
又戒又謂除煩惱戒絲斷生死戒有二種內戒外戒何名為
內戒覺觀心動即犯內戒破內杸陁戒性如虛空无有動
念動念起者……

日也 諦坐一室正念思惟名之為室 [illegible]
相受佛心戒 觀者看也看其身心猶如虛空无有相貌名為心戒也 名曰法
又戒 又謂除煩惱戒能斷生死 戒有二種內戒外戒何名為
內戒覺觀心動即犯內戒破內投陀 戒性如虛空无有動
念動念起者名破內戒也 覺有身相即犯外戒破外投陀 身如
木石本无所覺妄見身相名破外戒 若犯內戒毀滅法身 攀緣心是 若犯
外戒傷害色身 貪瞋癡也 犯內外戒非我弟子雖
復多聞分別講說十二部經二時投陀不
能守護佛法寶城 多聞講說心緣外境不行无生焉能守護也 心散外逸
念念誹謗名極重罪一闡提 思想亂起不念无生名誹謗妄緣轉多極重罪
心无依止口妄說空不識空解名一闡提也 照明菩薩即白佛言凡夫愚
癡貪名求利不依聖教 不識真理名曰愚夫名相本空妄想貪著名為求利不念
无生違佛聖教也 不遇善友破投陀戒唯願世尊大慈
大悲哀愍眾生示其正道佛告照明菩薩
善哉善哉汝為眾生巧問斯事我今當說
三界虛妄皆心所作 貪為欲界瞋為色界癡為无色界界猶隔也不見佛性名之
為界行人觀之空无所有名為出三界亦名三解脫 若欲懺悔五蓋樹下靜
坐思惟 經曰一切業鄣海皆從妄想生若欲懺悔者端坐念實相是名第一懺五蓋者貪欲蓋瞋恚蓋睡眠
蓋悼悔蓋疑蓋能覆佛性名之為蓋行人觀之空无所有名為懺悔也 正觀身內與心
論議稱智慧力 生死不住為論寂滅不生為議法與煩惱相覺為稱解達无相名為智惠力也
煩惱論師歸依受化 妄想不生名為受化 息諍訟業起於
真心 心解清虛離諸生滅名為息諍 於諸菩薩四眾之前各觀
心性 生老病死名為四眾各觀心性自空无我人眾生壽者也 性非內外亦非中間
三處皆空空无內外中間也 心性離故罪垢亦難 行人自觀心性自離心性本空空故无罪是
名為佛也 如是念念行法成時法性智水空中灌
注 法水凝靜湛然无相不見內外名為灌注 洗浣罪垢戒根即生 洗生滅之罪垢識性解之无生

BD15369號　佛為心王菩薩說頭陀經

（35–17）

心性生老病死名爲四衆各觀心性自空无我人衆生壽者也性非内外亦非中間三處皆空空无内外中間也
心性離故罪垢亦離行人自觀心性自離心性本空空故无罪是名爲佛也
如是念念行法成時法性智水空中灌
注法水凝靜湛然无相不見内外名爲灌注洗浣罪垢我根即盡洗生滅之罪垢識性靜之无生故名我根也
投陁法我清淨如本如是不動本即是心心生於道道生万物故言如本也
如是懺悔千劫万劫極重大罪一念消融貪瞋煩惱名千劫瞋煩惱名万劫癡煩惱名極重
罪行人諦觀无所有合一相理故曰銷融如是觀時不見
罪性在内在外不住中間於諸觀中最爲第
一此觀明空遣陰諸相平等无生故爲第一也無心無緣前後除斷平等无二故言除斷
心心數法畢竟不生无漏心是學般若心名爲正
觀言語道斷心行處滅名爲正觀也大慈大悲滅煩惱種子生
菩提牙初證菩提道果未成名菩提牙慧方便觀了煩惱性即是菩提智者巧說故言
方便也其投陁師先調心馬善巧調御鑾勒其
心不令馳散常好坐禪靜念无緣名爲鑾勒馳者違也違走散亂名爲衆生空
寂无心即是坐禪在空閑處澄停不亂心鏡明淨心不
緣境境不攝心心攝境自在无导故曰空閑佛性光
明超過定乱名爲心鏡一切皆照故曰明淨也進心

安詳所有慧解不從他聞自從心樹發生
利智自悟取道心眼圓明發生利智故云不從他聞也降内外賊摧破四
魔眼見色是一魔耳聽聲是二魔鼻嗅香是三魔舌知味是四魔魔者相也行人度之悉皆清淨故言摧破四魔也
觀解現前心性清淨見理分明悟无錯謬故曰現前也身心清淨
與道相應心合於道道合於心故曰相應善達法相隨觀講經
不依文字悟達之人不誦舊語法眼開明自然能說破道理名曰誦經故言道不依文字也說
有言說猶如虛空虛空无邊法亦无邊虛空无盡法亦无盡故言猶如虛空也真
語如語不誑衆生真者空也語猶患也故言真語體无盡假曰真智談妙理曰語故
實故言不誑衆生日真語衆生得道有令者聽者開發慧眼常入空寂名爲

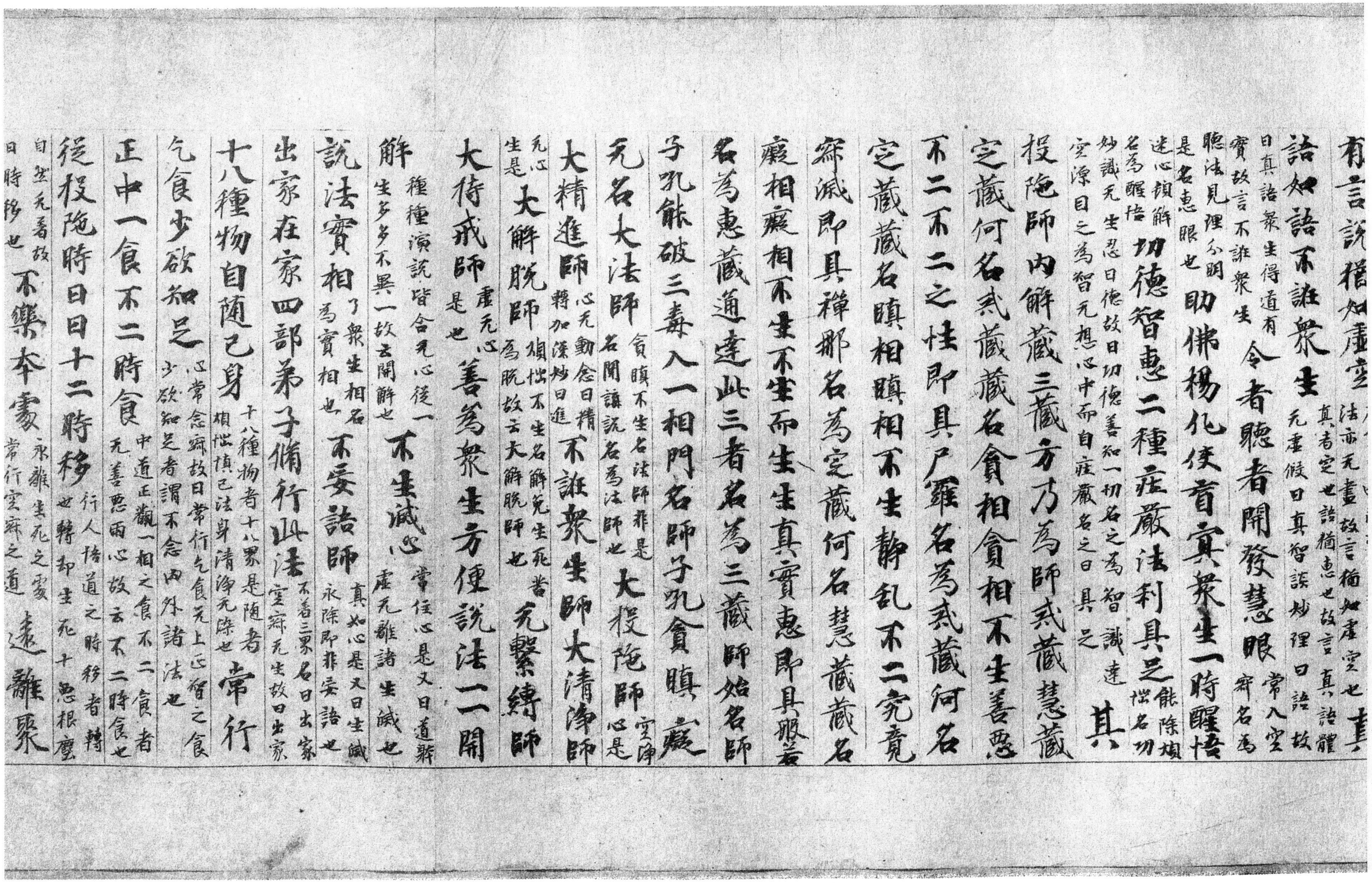

有言說猶如虛空法亦无盡故言猶如虛空也真
語如語不誑衆生真者定也語猶惠也故言真語體无盡假曰真智談妙理曰語故
日真語衆生得道有實故言不誑衆生今者聽者開發慧眼常入空寂名為
聽法見理分明是名慧眼也助佛揚化使者衆生一時醒悟
迷心頓解名為醒悟功德智惠二種莊嚴法利具足能除煩惱名功
妙識无生忍曰德故曰功德善知一切名之為智識達空源目之為智无想心中而自莊嚴名之曰具之其
投陁師內解藏三藏方乃為師式藏慧藏
定藏何名式藏藏名貪相貪相不生善惡
不二不二之性即具尸羅名為式藏何名
定藏藏名瞋相瞋相不生靜亂不二究竟
寂滅即具禪那名為定藏何名慧藏藏名
癡相癡相不生不生而生生真實惠即具般若
名為惠藏通達此三者名為三藏師始名師
子孔能破三毒入一相門名師子孔貪瞋癡
无名大法師貪瞋不生名法師非是名聞諠說名為法師也大投陁師心是空淨
大精進師心无動念日精轉加深妙日進不誑衆生師大清淨師
无心生是大解脫師煩惱不生名解无生死為脫故云大解脫師也无繫縛師
大持戒師虛无心是也善為衆生方便說法一開
解種種演說皆合无心從一生多多不異一故云開解也不生滅心常住心是又曰道解虛无離諸生滅也
說法實相了衆生相名為實相也不妄語師真如心是又曰生滅永除即非妄語也
十八種物自隨已身十八種物者十八界是隨者相惱慎已法身清淨无除也常行
出家在家四部弟子備行此法不善三界名曰出家空寂无生故曰出家
乞食少欲知足心常念寂故曰常行乞食无上正智之食少欲知足者謂不念內外諸法也
正中一食不二時食中道正觀一相之食不二食者无善惡兩心故云不二時食也
從投陁時日日十二時移行人悟道之時移者轉也轉却生死十二惡根塵
自性无善故日時移也不樂本處永離生死之處常行空寂之道遠離聚

乞食少欲知足（心常念頭陀故曰常行乞食无上道智之食 少欲知足者謂不念内外諸法也）
正中一食不二時食（中道正觀一相之食不二食者 无善惡兩心故云不二時食也）
從投陀時日日十二時移（行人修道之時移者轉 世轉却生死十惡根塵）
（自然无善故 日時移也）不樂本處（永離生死之處 常行空寂之道）遠離聚
落（内外根塵名為聚落觀 身寂空即是遠離也）不近不遠（心遊外散將知不近 迴心念寂故言
不遠 離也）空閑靜處塚間樹下繫念思惟（一切煩惱盡 理入涅槃塚）
（聞不捨煩惱不入涅槃名曰塚間亦心為樹大 无相遍覆三千條羅万像陰蓋衆生清涼解脫故言樹下）
一心禪寂觀身實相離念不生（万法盡 驗本无）
（巧動故云 不生也）巧慧方便凝靜心王令身調善（惡從心 生心靜）
（无緣八淨三昧 自然調善也）震大法鼓摧伏異學（學大法鼓響以遠 聞入微妙境境）
（絶意識異 學斯三也）外道耶師入佛性海（六根外道三毒是 耶師行人觀之空无）
（所有名入 佛性海也）煩惱風息波浪不生妄識不起種
性清淨生如來家（心清意淨如者不動來者會 也會合无生是如來家也）與諸
菩薩論投陀法（性沖玄无生不 動是投陀法也）尒時心王菩薩
諸諸菩薩言投陀淨法是法微妙甚深玄
奧（寂滅无生是 名玄奧也）諸行中上（法門雖多 空寂第一）我等云何敢
問斯事今當承佛大威神力即從座起合掌
向佛（无生不動名威智惠无导曰神故言威神力即從座起者 引觀音注簡三種心凡夫心聲聞心菩薩心凡夫心浮 造惡業没在三有不能得起聲聞之人但見於空不見不 空不行中道不見佛性沉心住空不能得起菩薩心）
（不沉不浮不沉故不同小乘不浮故不同凡 夫離此二行是菩薩行故云即從座起也）却住一面
（却者迴也返照住言不動 凝靜神明故云一面也）先澄停心海（行人心不入煩惱大 海不能得无價寶）
（珠靜心之水澄猶如虛空湛然不動 名為心海亦名寶珠珠喻佛性也）入无盡三昧（不捨煩惱而入）
（涅槃名无 盡三昧也）從三昧起智大衆疑即向佛說何
故投陀正取正月十五日至三月十五日復何因
緣取八月十五日至十月十五日何者名投何
者名陀新學諸菩薩咸有疑心願為大衆慈悲

BD15369號　佛為心王菩薩說頭陀經

珠靜心之水澄猶如虛空湛然不動名為心海亦名寶珠珠喻佛性也 入无盡三昧 不捨煩惱而入

涅槃名无盡三昧也 從三昧起智大衆疑即向佛說何

故投陁正取正月十五日至三月十五日復何因

緣取八月十五日至十月十五日何者名投何

者名陁新學諸菩薩咸有疑心願為大衆慈悲

解釋疑網垢累令得解脫尒時世尊告心王

菩薩汝能巧問我今善荅令衆喜悅善男子

汝等審聽汝心令無異念當為汝說投陁正

法取正月十五日者衆生垢重无量劫來心常

耶曲令思惟五陰空无所有調適得所法性因緣

發自然慧五分法身具一切智照諸黑闇耶曲

衆生心地正真常入三昧明見法相猶如春日

故言正月十五日至三月十五日者諸法法无性

各不相知前心隨生後心不緣无故留心相

不生即是實相 心性本空空无所動非是栁留故云无故云留心也 三毒清淨

究竟无染名三解脫故言三月十五日取八月十

五日者正為衆生於八聖道起八耶風心地波

動无生妙藥沒在深藪 无生是妙藥煩惱是深藪 行人善巧尋

其根本 澄心內觀日尋究竟无生日本故日根本智也 本既无生心性清淨

不動如山法王妙藥自然還出 法性空明照諸黑暗故名還出也

衆生服藥八風病息 勤觀空相名為服藥煩惱不生故曰病息也 八解脫

現前故言八月十五日至十月十五日者行人修道

十念成就長養聖胎具諸根力无惱无熱 八耶滅人

我不生名為十念成就初悟聖道得果未成名養聖胎禪定名根智慧為力定慧雙照煩惱消亡也 如明

淨月鬱蒸清涼煩惱見息故言十月十五日投

陁行人物彼自出擊大法鼓凡自出賊得其

BD15369號　佛為心王菩薩說頭陀經

(35–21)

十念成就長養聖胎具言[illegible]

我不生名為十念成就初悟聖道得果未成名養聖聖胎禪定名根智惠為力定惠雙照煩惱焚消三世 如明

淨月鬱蒸清凉煩惱見息故言十月十五日投

者行人初破煩惱擊大法鼓吼煩惱賊得其

頭主賊民无主无所依止 无明是煩惱主无明之心既破六賊自然消亡故云无所依止也

即求出家為我弟子 一切煩惱隨心所化究竟清淨名佛弟子也 攝心

學道身心清淨悟无生忍故言投也隨者後

心行人善巧方便雖念前心後念多失 前心初定名之為得後懈

懈怠是以多失也 既失其後即是漏心名為煩惱行人勤

加精進前心注後後心注前前後不二名為正

法即是阿難受持佛語无有遺漏是故言隨

阿難者西國語此云歡喜證无漏智是以歡喜也 又復隨者隨汰煩惱如隨金

沙先除鑛者真金始現 鑛者貪瞋癡是真金者佛性是新得悟道故云始現

尒時大眾聞佛如來慈悲解釋諸結煩惱自

然爛壞 五陰聚結空寂无生名為爛壞 無明藏開自然踴出無

量无邊如意寶珠 法身无相等同虛空故云无量无邊諸法相似日如一物无縛日意

道性恒明日寶圓寂无心日珠故云如意寶珠也 不可稱數化在身上以為

瓔珞 道理无窮故云不可稱數一切諸法皆從心生故云化在身上成定智惠以為瓔珞也 菩薩尒 流

時復自思念如是妙寶昔所不得而今得之 轉

生死名為不得令悟无生是以得之 十方諸佛甚深法藏不可思議

並是如來慈悲願力使我悟道還以此寶奉

獻如來如來不受還施菩薩 初心入道注心守一以一為寶道體性離无一无

寶名為不受也 何以故尒時佛身究竟不受其功見於

佛性而得明了菩薩稱一入道道深明投一

自守見於佛性而不明了 悟見佛性悟性性離一切无道无余還同於如來而不

受寶也 善男子此處難明真是上利根菩薩

不受也 何以故尒時佛身究竟不受其

佛性而得明了菩薩稱一入道道眾明投一

自守見於佛性而不明了 悟見佛悟性雖一切无道无分別同於如來而不

受實也 善男子此處難明真是大上利根菩薩

聞一悟解初發心時便成正覺 自覺心所為皆不合道并覺諸識故言

自覺覺他名為正覺也 不由次第等覺妙覺 計有十地而備道者此是鈍根人大士

學道發心則是故云不由次第初學道時學有是非又備熟一切平等不見高下无是无非等若虛空名為等覺妙覺

者圓明內融窮鑒法性體无終始窮徹盡極故名妙覺也 前念為因後念為果

生死為因涅槃為果 金剛聖體種智現前 大清淨心是也 涅槃城

中證究竟果 无證无涅槃名為究竟果 尒時照明菩薩問心

王菩薩言何故眾生本性清淨以何因緣而生

妄想失其本心煩惱所纏不能得出云何方便

轉此虛妄心王菩薩即荅言曰眾生之性即是

法性法性常淨具諸相好從本以來无得无

失從本以來无出无沒從本以來性常真實

亦无虛妄從本以來无有煩惱亦无涅槃從本

以來不增不減究竟清淨不可宣說言語道

斷无有文字猶如虛空 虛空雖有无心性亦如是也 云何問言

眾生妄想如是問者名為耶問照明菩薩言

如是如是甚深甚深真淨妙法不可思議誰

能信者利根大士研心盡淨乃能生信 研猶窮也窮猶

者盡也煩惱盡淨故云无生也 心王菩薩復更為照明菩薩說本

業因緣一切眾生從无始以來祖父无明恩

愛為母常榮使我不得自在眾生背道曰久

雖聞法言都不開解何以故此等眾生知見

垢重心閉塞昏暗不能得悟猶如明鏡塵

BD15369號　佛為心王菩薩說頭陀經　（35–23）

業因緣一切衆生從无始以来祖父无明恩
愛為毋常榮使我不得自在衆生背道日久
雖聞法言都不開解何以故此等衆生知見
垢重心閉塞昏暗不能得悟猶如明鏡塵
垢汙染不見面像凡夫亦尒常為八風汙染
其心法鏡不明亦復如是世法八風清淨妙
藥揩拭衆生心鏡塵垢衆生不受當如之何
一念起心八万四千煩惱郎主使役其身身心破
烈（煩惱乱起損害法身名為破烈也）身器淋漏（妄想流注即是淋漏也）瘡癬深
厚（攀緣妄想是大瘡癬未證无生名為深厚也）雖聞醫言不肯信受
非如来咎（諸佛慈悲有大方便療治衆生煩惱重病衆生雖聞不能深信非如来咎也）照
明菩薩言云何為郎主答曰法无有貪貪郎
役使不得自在貪鬼縛我法无有瞋瞋郎役
使不得自在瞋鬼縛我法无有癡癡郎役使
不得自在癡鬼縛我求名求利分别取捨无
明郎主其數无量說不可盡諸菩薩等汝當
精勤隱處山林諸見樹下脩行正念先觀四
大何者是我地水火風一一推求究竟无我
因緣和合妄生於我此念成時四大三昧自
然現前即覺身心湛然入定內外清淨无有
相貌身與定合不動如山身或心慧不由他
教自然開解五陰十二入十八界八万四千塵
勞為大般若諸波羅蜜甚深法門是時大
地六種震動諸天散花作衆伎樂以供養佛
尒時菩薩具二種智一者實智二者方便智
實智離凡夫地方便智離聲聞地諸菩薩等

勞為大般若諸波羅蜜甚深法門是時大
地六種震動諸天散花作衆伎樂以供養佛
尒時菩薩具二種智一者實智二者方便智
實智離凡夫地方便智離聲聞地諸菩薩等
汝當脩學二種方便甚深法藏何以故十方
諸佛之所行處能令行人安心得所不為六
師外道天魔之所沮壞皆是行者投陁功德
念念融鑄真金真金像現分身散躰普導
方教化衆生微塵菩薩其數无量勸請心王
菩薩轉正法輪心王菩薩言我承如来威神
之力為大衆說令汝開解无復疑悔法輪名
一一道清淨名正法輪正念思惟觀身實相
不生不滅名正法輪常脩慈心悉覩不二皆
樂一相名正法輪有佛无佛性相常住不生
疑心名正法輪能師子吼吼諸煩惱究竟清
淨名正法輪觀察五陰空无所有煞諸結賊
名正法輪生老病死性常清淨名正法輪正
行心處不生耶曲名正法輪攀緣心息覺觀
盜賊畢竟不生名正法輪放心隨順不畏生
死名正法輪諸菩薩等汝當脩行如是甚深
㝡上㝡妙法究竟清淨无染法輪得此法時
不依生死不住涅槃超然解脫放任沉浮即
身如虗空容受一切心如金剛護持諸戒真
佛弟子即是投陁蘭若住處始名出家以智
慧力剪煩惱賊念念无間得解脫智具足二
慧一衆生慧二法慧聽法因緣攝究竟慧尒

BD15369號　佛為心王菩薩說頭陀經　（35–25）

身如虛空容受一切心如金剛護持諸戒真
佛弟子即是投陁蘭若住處始名出家以智
慧力剪煩惱鬚念念无閒得解脫智具足二
忍一衆生忍二法忍聽法因緣獲究竟忍尒
時心王菩薩欲重宣述以偈讚曰

震吼法鼓降四魔　內外怨賊悉清淨
五欲毒箭變為花　遍散虛空供養佛
如來受已放大光　衆生蒙光即解脫
无明暗室光照了　慧燈授記成正覺
了達法相一如如　凡聖究竟无差別
雙林樹下得成道　即是導師方便說
若能勤行心王法　投陁禪定常寂滅
一心普為貪衆生　三轉法輪成佛道
如是甚深佛境界　學心大士乃能了
十八種物常隨身　行住常觀十八識
一日一夜十二時　常從不住十二入
雖在六塵不染著　皆是心王菩薩力
專求无上佛菩提　守護諸根不放逸
不畏生死如虛空　身心清淨无所染
我從今日始悟解　頂禮无上大覺尊
遍觀諸法如幻化　佛與菩提亦復然
內鑄真如无相佛　世法金沙磨瑩身
巧轉凡夫成正覺　頂礼大慧无着仁
五陰一相是如來　貪瞋即是三解脫
護持淨戒无所犯　心慢明珠不變異

巧轉凡夫成正覺　頂礼大慧无著仁
五陰一相是如來　貪瞋即是三觧脫
護持淨戒无所犯　心性明珠不變異
我今隨分讚歎佛　唯願大悲哀納受
尒時佛告心王菩薩善哉善哉善能稱歎投
陁行法勸諸學人勤行脩習諸波羅蜜莊嚴
身戒心惠身戒名息世譏嫌戒何以故息諸煩
惱不生愛結若生即犯斯戒心慧名性重戒
何以故況心任慧无有方便犯性重戒若
犯斯戒雖復出家投陁若行常坐不卧日常
一食誦經說法教化衆生不名師子名為野
干非我弟子我非其師善男子我昔為凡夫
時學投陁法常處山林觀身不淨安那波那
深心專脩此法經无量劫不能得道徒自疲
昔勞我精神不能得道尒時遇善知識學心
不二隱五陰山守一不移精神不散万靈扶
衛思惟正念十八大城心王直任十二大國
太子居中遊戲三門出城學道出貪瞋癡名
三空山貪瞋癡城學无貪瞋道出知見城學
无知見道出生死城學无生死道出八風城
學八聖道出五陰城學五分法身道出分別
城學无分別道出高下城學平等道出衆相
城學无衆相道出凡聖城學无凡聖道出十
二入十八界八万四千城學八万四千波羅
蜜道我於尒時出虛為城入真實道起凡夫

城學无分別道出高下城學平等道出[illegible]
城學无衆相道出凡聖城學无凡聖道出十
二入十八界八万四千城學八万四千波羅
蜜道我於尒時出虛空城入真實道超凡夫
地種性清淨正念思惟念薩婆若學大方便
入法性城尒時世尊教法性光入法性三昧
座金剛座從三昧起即為我演說微妙法說
煩惱性即是我身汝今見我與我无異我於
尒時聞斯妙法悲結雨淚心自慚愧无量劫
來迷失聖道今日始聞聞已即悟道心開發
次第遊觀入涅槃城尒時如來放涅槃光入
滅除三昧坐法王座從三昧起普為大衆說
摩訶衍言諸衆生身心清淨不生不滅不去
不來湛然常住我聞法已諦心聽受慧解轉
深入究竟城尒時如來慈悲普覆入平等三
昧坐師子座究竟如來身如虛空所有眷屬
亦復如是從三昧起无言无說寂然无聲教
化衆生於念念中一一微塵出生諸佛轉正
法輪不可思議我於尒時聞究竟法即成阿
耨多羅三藐三菩提身心喜悅得未曾有道
熏我身生慈悲心神變自在現種種禪調伏
衆生利益一切入布施禪令諸衆生慳心休
息入持戒禪令諸衆生尸羅清淨入忍辱禪
令諸瞋恚衆生發慈悲心入精進禪令懈怠
衆生察心不住入寂滅禪令散動衆生入无
量定入智慧禪令愚癡衆生開發慧眼入地

息入持戒禪令諸衆生尸羅清淨入忍辱禪
令諸瞋恚衆生發慈悲心入精進禪令懈怠
衆生寮心不住入寂滅禪令散動衆生入无
量空入智惠禪令遇癡衆生開發慧眼入地
輪禪令諸衆生身心不動猶如山王入雲雨
禪雨大法雨滅諸衆生瞋恚猛火入火光禪
燒諸衆生煩惱薪垢入風輪禪鼓動衆生法
牙增長入雷震禪震動衆生无明癡心入希
有禪令諸衆生虛心渴仰入巧慧禪令小乘
人得大乘食有慧方便入禪神通禪拔出衆
生三毒等箭入八聖禪令脩道人其世法不
染猶如蓮華於水不著入无明禪令諸衆生
分別心息入甘露禪令諸衆生食法喜食入
藥王禪遍施衆生清淨妙藥入方便禪引道
衆生學无上道善男子汝當次第脩行除淨
法門心无所作自閑自靜調伏諸根尋善知
識學平等行无相无尋正直清淨之心放心
淨心淨故不亂不亂故清淨清淨故寂滅寂
滅故无爲无爲故解脫解故涅槃涅槃故一
相一相故平等平等故不可言說善男子
莫隨虛妄憶想分別當以无漏智慧之火燒
諸動念消融諸見即會无生凡夫之人未遇
善友不解安心降欲制心心水即動動即羅
網生死大樹因動而生无明皮厚凡夫不覺
我見覆蔽飲離毒酒重昏長寢方何悟六識
羅網知見獵師是非貪徇念念狂逆難可制

善友不解安心除欲制心心水即動動即羅
網生死大樹因動而生无明皮厚凡夫不覺
我見覆蔽飲離毒酒重昏長寢云何悟六識
羅網知見獵師是非貪狗念念狂逸難可制
御我今得道明見斯事慈悲告語使得開解
佛復告心王菩薩我今於以是投陀正法付
囑於汝我見當來衆生无有信心出家在家
多營世俗貪求名利學廣知見起聲聞業自
是非他聞諸法空謂言我解行於大乘學无
分別正法之性非空非有而諸衆生一向作
解身口不節恣心縱逸著空名字實未一念
脩空三昧遊心法性善入无為安神學道憶
想分別生滅垢心心與行違口是心非為舌
根賊詐為親善長養无明取捨不息以利
求利心為羅剎貪著美味愛染為池錢作羅
網念念求捕衆生身分宍血骨髓飴六塵賊
等貪心鬼王住其身內六根狂醉生死魔王
攝其作惡遍緣諸法念念不住不能制心心
馬放逸没在生死隨心所作貪欲狂癡行道
之人慈悲衆生尚恐生惱何況噉食不知厭
足言學大乘无有分別食者无罪即恐取空
罪復彌重不覺不知雖受人身行畜生業或
見他人行菩薩行即生嫉妬病如斯之輩著
外道空飲无明酒六識迷醉純行惡業諸佛
菩薩慈悲攝受无捨離心法相是一說種種
名聞示衆生令得悟解若有信心受持讀誦

見他人行菩薩行即生嫉妬如其之[illegible]
外道空飲无明酒六識迷醉純行惡業諸佛
菩薩慈悲攝受无捨離心法相是一說種種
名開示衆生令得悟解若有信心受持讀誦
然无生常日日供養不見身相礼拜恭敬波
若法水洗除心垢若誦稱講說念念之中功
德无量薰練身心五藏調適无量熏練身心
五藏調適无復惡夢怨畏火宅不成何以十
方聖衆苦行投陁成等正覺雖成佛道不捨
衆生示同凡夫頂戴恭敬讃念此經因由斯
法滿菩提願以是因緣令諸衆生所求皆得
善男子及善女人欲得現身即凡為聖莫著
文字耶見外相是非吾法滅矣當自內求行
空寂行不染內外信心具足學我妙術讀投
陁經如說即行靜坐思惟精進察心不令闕念
煩惱見息智慧方便降伏龍王龍王心水澄停
清淨貪瞋癡海出佛性珠珠威神力變現自
在說微妙法衆生聞已道心開發即見我身
補處如來諸菩薩等當知聖道近在身內凡
夫不解馳騁外求无有方便念念遠道不可
思議一切衆生若能懃心三毒不生法輪三
轉龍華三會廣度衆生衆生心淨前念出家
後念成道道精淳一朴實无聞凡夫好聞學
世間智知生僞出是非心起五陰橫生如是
之人云何合道愚智不生佛如是生唯吾一
人獨返其源諸菩薩等勤心脩習諸波羅蜜

後念成道道精淳一朴實无聞凡夫好聞學
世間智知生僞出是非心起五陰横生如是
之人云何合道愚智不生佛如是生唯吾一
人獨返其源諸菩薩等勤心脩習諸波羅蜜
投陁居山一心禪齋脩行正法少欲知足常
行乞食不樂本處糞掃三衣取得而足不
樂世事攝念思惟悟世无常幻化四氣地水火
風共相擊成究竟无我正念思惟隱我見山
煩惱叢林脩學神通宿命他心即知此身化
生无實色身麁重未能輕擧遠列飛行教
化衆生菩提即學方便結跏趺坐常入虛空
三昧觀麁重身作輕空相如是念念不捨此
觀行法成時色身自在无相无礙如鏡中像
亦如水中月身心不動普遍十方不可思議
尋善知識見心王菩薩善爲說法要法水灌
心心垢即淨乃能生信上非六度菩薩二乘
境界豈是凡夫六識所知菩薩尒時悲喜俱
至何以故悲我從昔來常於此身生无量漏
真如實相沒在於知見六識海中沉淪生死
不能得出故言悲也喜者菩薩尒時遇善知
識正心真學平等无礙一相大乘六波羅蜜
之所熏脩念念无間即入法流明見佛性故
言喜也菩薩即轉此身成无上道是時大地
六種震動當動之時妙色身佛從眼根三昧
安詳而出智明如來從身根三昧安詳而出

言善也菩薩即轉此身成无上道是時大地
六種震動當動之時妙色身佛從眼根三昧
安詳而出智明如来從身根三昧安詳而出
法喜如来從舌根三昧安詳而出法明如来
從心根三昧安詳而出何以故六自在王性
清淨故各各自有微妙慶菩薩以為眷屬教
化衆生行投陁法故言善也佛告心王菩薩
一切衆生正信者少耶見者多我今現在正
法弘通衆生聞已如說脩行即得悟道我滅
度後愚癡衆生若見若聞出家在家永割親
愛捨離家業不為名利求无上道投陁苦行
尸陁林中塚間樹下鬼神住處繩床自居常
坐不卧信家非家出家學道思惟正法觀身
一相不惜身命脩行我法耶見衆生无有慧
眼雖受人形畜生无異六識生盲不見聖道
憎嫉賢善反生誹謗如斯罪人長墮地獄阿
鼻刼住遇善知識生少信心設復得人身諸
根暗鈍雖聞大乘投陁經法多生疑心輕毀
不信生此念時現身破裂還墮阿鼻地獄之
中苦痛万端難可言說佛復告心王菩薩我
所囑累唯有此經勤加精進守護斯經若四
部弟子比丘比丘尼優婆塞優婆夷受持
讀誦如說脩行依經方法於二時投陁冬夏
坐禪真我弟子我是其師於惡世中脩行我法
在在處處所所利益國主人王獲得法利身
心安樂群臣百官一切人民瘟毒疾病惡夢

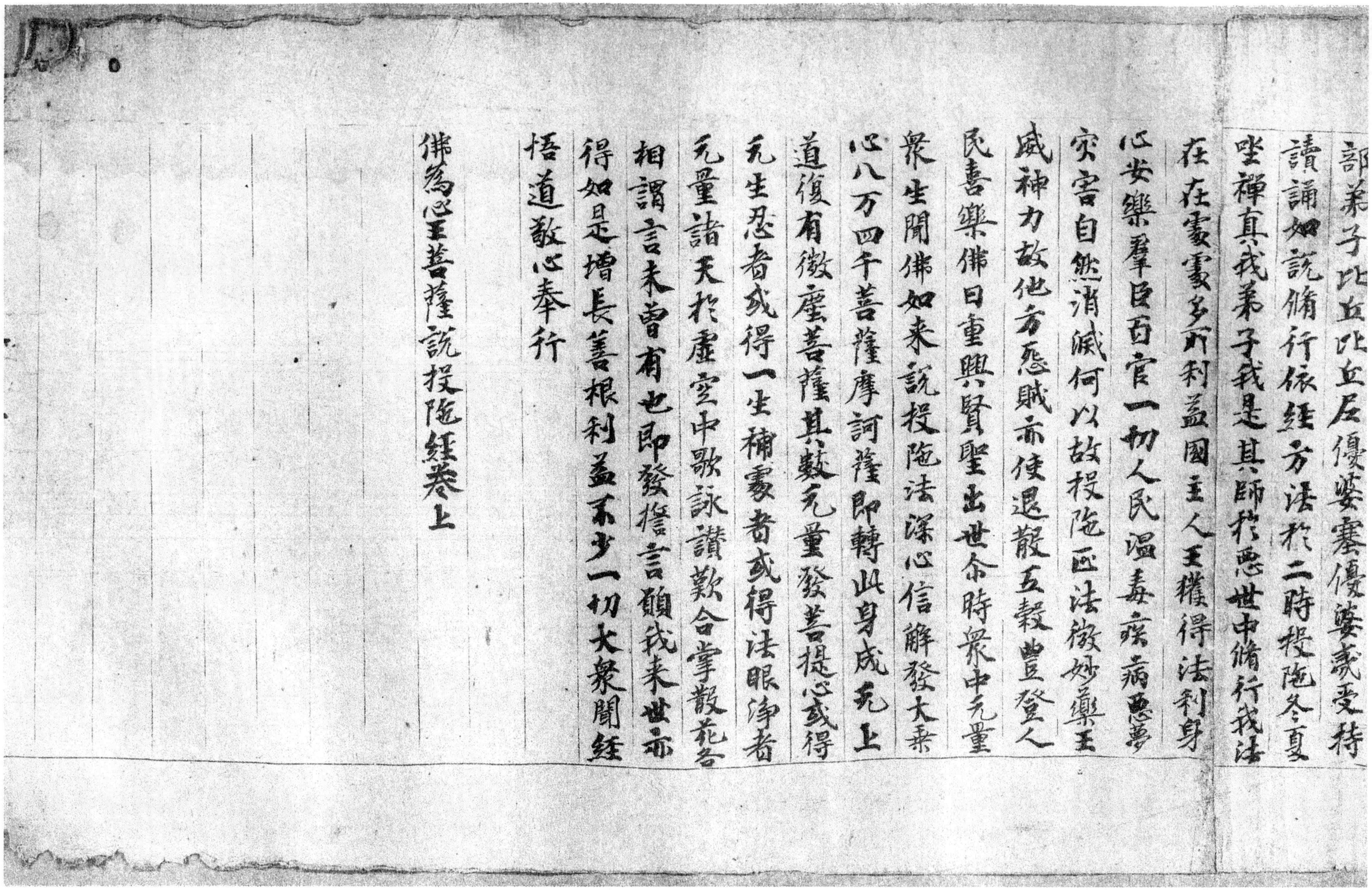
部弟子比丘比丘尼優婆塞優婆夷受持
讀誦如説脩行依經方法於二時投陀冬夏
坐禪真我弟子我是其師於惡世中脩行我法
在在處處所利益國王人王獲得法利身
心安樂群臣百官一切人民瘟毒疾病惡夢
災害自然消滅何以故投陀正法微妙藥王
威神力故他方惡賊亦使退散五穀豐登人
民喜樂佛日重興賢聖出世尒時衆中无量
衆生聞佛如來説投陀法深心信解發大乘
心八万四千菩薩摩訶薩即轉此身成无上
道復有微塵菩薩其數无量發菩提心或得
无生忍者或得一生補處者或得法眼淨者
无量諸天於虚空中歌詠讚歎合掌散花各
相謂言未曾有也即發誓言願我來世亦
得如是增長善根利益不少一切大衆聞經
悟道敬心奉行
佛為心王菩薩説投陀經卷上

BD15369號　佛為心王菩薩說頭陀經　（35–34）

心八万四千菩薩摩訶薩即轉此身成无上
道復有微塵菩薩其數无量發菩提心或得
无生忍者或得一生補處者或得法眼淨者
无量諸天於虛空中歌詠讚歎合掌散花各
相謂言未曾有也即發誓言願我來世亦
得如是增長善根利益不少一切大衆聞經
悟道敬心奉行

佛爲心王菩薩說投陁經卷上

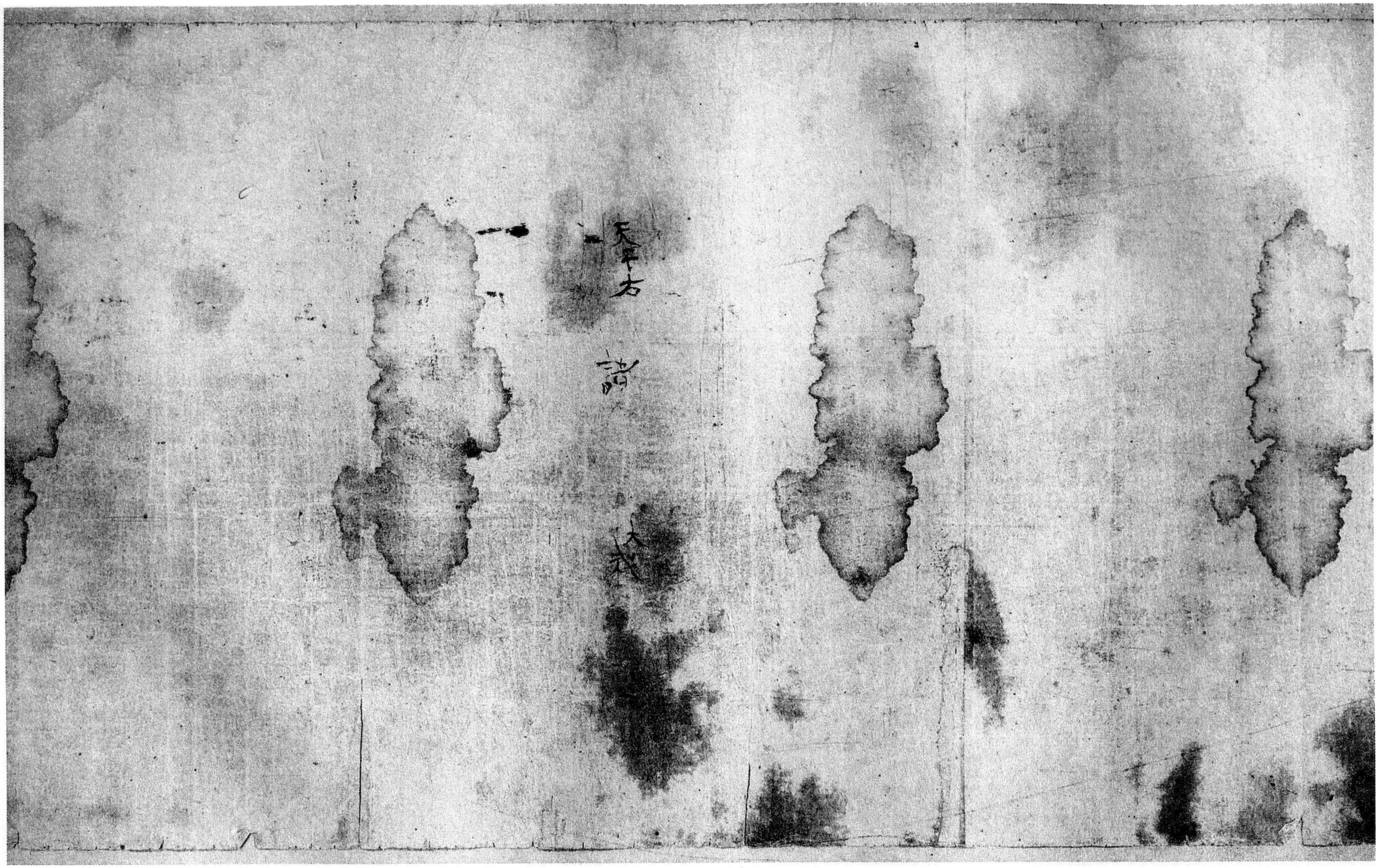

BD15369號背　雜寫　　（1–1）

BD15370 號背　護首　　（1–1）

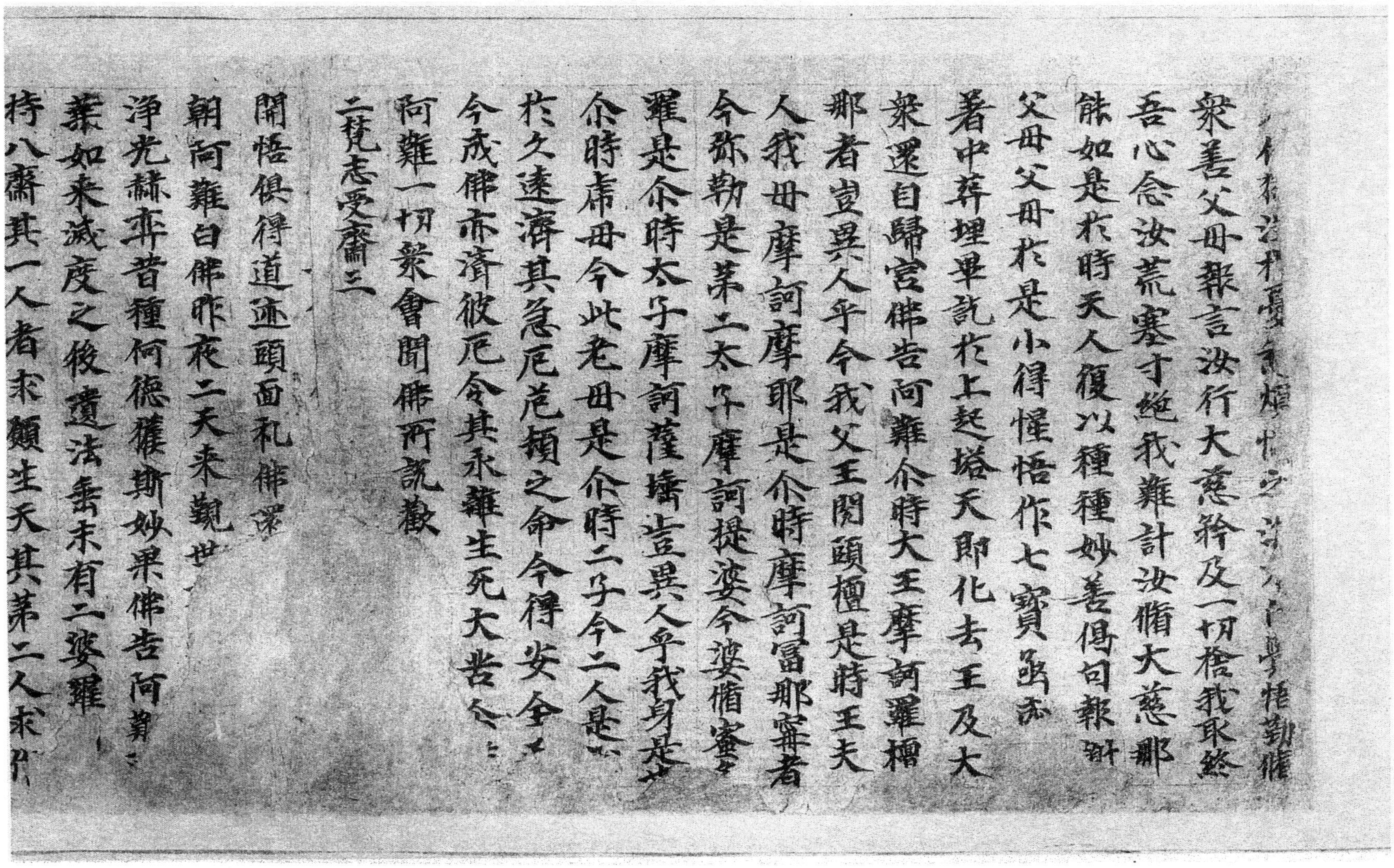

[illegible]
衆善父母報言汝行大慈矜及一切愍我氣絶
吾心念汝荒塞寸絶我難計汝脩大慈那
能如是於時天人復以種種妙善偈句報謝
父母父母於是小得惺悟作七寶函盛
著中葬埋畢訖於上起塔天即化去王及大
衆還自歸宮佛告阿難尒時大王摩訶羅檀
那者豈異人乎今我父王閱頭檀是時王夫
人我母摩訶摩耶是尒時摩訶富那寧者
今弥勒是第二太子摩訶提婆今婆脩蜜多
羅是尒時太子摩訶薩埵豈異人乎我身是也
尒時虎母今此老母是尒時二子今二人是也
於久遠濟其急厄危頓之命令得安全今
今成佛亦濟彼厄令其永離生死大苦今
阿難一切衆會聞佛所說歡
二梵志受齋三
聞悟俱得道迹頭面礼佛還
朝阿難白佛昨夜二天來覲世
淨光赫奕昔種何德獲斯妙果佛告阿難
叢如來滅度之後遺法垂末有二婆羅
持八齋其一人者求願生天其第二人求

BD15370 號　賢愚經卷一　　（10–1）

持八齋其一人者求願生天其第二人求作
國王其第一人還歸其家婦呼共食夫答曰
言向受佛齋過中不食婦復語曰君是梵志
自有戒法何緣乃受異道之齋今若相違不
共我飯當以斯事語諸梵志使驅儐汝不聽
會同聞此語已深懷恐怖便與其婦非時而
食二人隨壽長短各取命終願作王者作
兒具得生王家願生天者由破齋故乃生龍
中時有一人為王守園日日奉送種種菓蓏此
人後時於泉水中得一異柰色香甚美便作
是念我母出入常為門監所見苛郄當以與
之為黃門之所袒縮當以與之便用斯柰奉
貢黃門黃門納竟轉上夫人夫人得柰復用
獻王王食此柰其覺甘美便問夫人從何
處得夫人即時如實而對展轉相推到于守
監王復召監而問之曰吾國之中有此妙
何不見奉乃與他人園監於是本末自陳王
復告言自今已後常送斯柰莫令斷絕園監
白日此柰無種從泉中得勅使常送無由可
辦王復告言若不能得當斬汝身園監還出
至彼園中憂愁懊惱舉聲大哭時有一龍聞此
其哭音變身為人來問之言汝有何事悲哭

至彼園中憂愁懊惱舉聲大哭時有一龍聞此
其哭音變身為人來問之言汝有何事悲哭
乃尒是時園監具自宣說龍還入水以好
菓著金槃上用與此人因告之言可持此菓
奉汝王并騰吾意云吾及王本是親友乃昔
在世俱為梵志共受八齋各求所願汝戒具
具得為人王吾戒不全生於龍中今欲奉
[illegible]
不棄所以者何時世無佛法又滅盡八關齋
文令不可得若不稱之恐見危害惟念此理
是故愁悒王有大臣最所敬重王告臣
神從我求索齋法御卿得之當用寄與大臣
對言今世無法云何可得王又告曰汝今不獲
吾當殺卿大臣聞已其懷惆悵往至自舍
此臣有父年在耆舊每從外來和顏悅色
以慰父意當於是時父見其子面色改常即便
問之何由乃尒時大臣便向其父委曲自說
其父答曰吾家堂柱每現光明試破看之儻
有異物奉父言教為柱梔代取而斬析得
二卷一是十二因緣經二是八關齋文大臣即
持奉上於王王得歡喜不能自勝便以此經
著金槃上自送與龍龍獲此經大用欣慶

著金槃上自送與龍龍獲此經大用欣慶
得須陀洹果永息三塗遊人天道從是已往
畢得涅槃佛說是時一切衆會歡喜奉行
波羅㮈人身貧供養四
如是我聞一時佛在舍衛國祇樹給孤獨
是時國中有大長者生一男兒面首端正
生數日復能言語問其父母世尊在不荅曰
故在復更問曰尊者舍利弗阿難等悉為在
不荅言悉在父母見子生便能言謂其非人
深怖所以便往問佛佛言此兒有相不足疑
也父母歡喜還歸其家兒又啓曰唯願二親
為我請佛及比丘僧父母告曰請佛及僧當
須供具非卒可辦兒又啓曰但掃灑堂
嚴林座施三高坐百味飲食當自然至又我
先身之母今猶存在居波羅㮈國為我喚之
己母道語使人乘馬馳奔召來所以作三高
在豈是佛為說法父及二母人及大小聞法
歡喜盡得初果此兒轉長便辭出家
業獲致羅漢阿難白佛此沙門者宿種
於豪貴小而能言又復與學道速得神通
阿難此人前身生波羅奈為長者子父亡沒

BD15370號　賢愚經卷一　(10–4)

阿難此人前身生波羅奈為長者子父亡沒
後家業衰耗漸致貧窮雖值佛世無以供
養念此不悅情不自釋便捨豪姓求為客作
終竟一歲索金千兩豪姓問曰欲娶妻耶
荅曰不也豪姓又問用金何為荅曰欲用飯佛
及於聖僧豪姓告曰若欲請佛吾當與金并
為經營會於我舍貧者唯諾便設餚饍請
佛及僧由此因緣命終之後生在長者家今
請佛聞法得道佛告阿難往貧人者今長者
子沙門是也佛說此時一切衆會莫不歡喜頂
戴奉行
海神難問船人五
求明人用作導師作言一五百優婆塞共入
大海既到海中海神變身作一夜叉形體醜
惡其色青黑口出長牙頭上火然來牽其船
問估客曰世間可畏有過我者無賢者對
曰更有可畏劇汝數倍海神復問何者是耶
荅曰世有愚人作諸不善殺生盜竊婬妷無
度妄言兩舌惡口綺語貪欲瞋恚沒在耶見
死入地獄受苦万端獄卒阿傍取諸罪人種
種治之或以刀斫或以[illegible]破裂分壞其身作數千

BD15370號　賢愚經卷一　(10–5)

種治之或以刀斫或以斧破裂分壞其身作數千
段或復臼擣或復磨之刀山劒樹火車鑪湯
寒氷沸屎一切備受何如是輩以經數千
万歲此之可畏剩汝甚多海神放之隨
去船進數里海神復更化作一人[illegible]
觔骨相連復來牽船問諸人言世間者[illegible]
剩我者無賢者荅言更有[illegible]剩於汝
女山咽女針[illegible]長[illegible]數千万倍
不識水穀如是之形復剩於汝有[illegible]放船浂
而不見船行數里海神復化作一人極為端
正復來牽船問諸商客人之美妙有與我等
者無賢者荅曰乃有勝汝百千倍海神[illegible]
問誰為勝者賢者荅曰世有智人奉行諸
善身口意業恒念[illegible]敬三寶隨時供養其
人命終生於天上形貌鮮潔端正無雙殊勝
於汝數千万倍以汝方之如瞎獼猴比彼妙女
海神取水一掬而問之曰掬中水多海水多
耶賢者荅曰掬中水多非海水多耶海神
重問汝今所說為至誠不賢者荅曰此言
諦不虛妄也何以明之海水雖多必有枯竭
劫欲盡時兩日並出泉源池流悉皆卑涸三
日出時諸小河水悉皆枯干四日出時諸大

日出時諸小河水悉皆枯干四日出時諸大
江海悉皆消竭五[illegible]大海稍減六日出
[illegible]崩壞
下至金剛地[illegible]若復有人能以
信心以一掬水供養於佛或用施僧或奉父母
或以貧窮給與禽獸此之功德歷劫不盡以
此言之知海為少掬水為多海神歡喜即以
珍寶用贈賢者[illegible]
諸賈客即與賢者採寶已足還歸本國是
時賢者五百賈客咸詣佛所稽首佛足作禮畢
各持寶物并海神所寄奉佛及僧悉皆長跪
叉手白佛願為弟子稟受清化佛尋可之善
來比丘[illegible]自落[illegible]在身佛為說法應適
其情即時開悟諸欲都淨得向羅漢時諸會
者聞佛所說皆大歡喜頂戴　行
恒伽達六
如是我聞一時佛在舍羅閱祇竹園精舍是時
國中有一輔相其家大富然無兒息[illegible]恒河邊
有摩尼跋[illegible]天祠舍主人[illegible]悉敬奉
[illegible]願賜一子[illegible]金銀[illegible]飾天[illegible]
[illegible]香塗治神室如其無驗[illegible]汝廟屎
汙汝身天神聞已自思惟言此人豪富力勢
殑盛非是凡品得為其子我德[illegible]不能與

強盛非是凡品得為其子我德心不能安
願願若不果必見毀辱廟神反復往白摩
尼跋羅摩 年力少不辨自詣毗沙門王启
白此事毗沙門言亦非我力能使有子當詣
天帝從求斯願毗沙門王即時上天啓帝釋
曰我有一臣摩尼跋羅近曰見語云王舍城
有一輔相從其求子結立重誓若願得遂
倍加供養所願若違當破我廟而毀辱
之彼人豪勢必能如是幸望天王令其有子
帝釋答曰斯事至難當覓因緣時有一天五德
離身臨命欲盡帝釋告曰卿今垂終可願生
彼輔相之家天子答言意欲出家奉脩正行
地無所傷複復至河邊投身水中水還漂出
亦無所苦更取毒藥而呑噉之毒氣不行無
由致死復 當把作法為王所愍值
夫人及諸婇女出宮到園池中 凡浴昏
服疊林樹間時恒伽達蹇入林 其 飾
抱持而出門監見之將往白阿闍世王王聞
盛便取弓箭自手射 而箭還返
至三不中
世尊往度生死難告王曰乃往過去無數世

BD15370 號　賢愚經卷一　（10–8）

世尊往度生死難告王曰乃往過去無數世
時有一大國名波羅柰其王名梵摩達將諸
宮人林中遊戲諸 激 歌外
為贊和之聲聞 伏 米
婦使慈之 邊來 一人而
被 緣 尒其傍諸人具列
白伏臣 見王大臣進入啓白王
言彼人之 罪重何以言之 其音
養之 妙
現神變化身出水火放
大 七 家大臣 便立誓願由吾
恩故命得 富貴 殊奇
數千万 令我 和 一日
時彼大臣救活一人令 伽達是由
是因緣所生之處命不中夭今值我時還致應
何我自憶念過去世時慈心孝順供養父
母乃至身肉濟活父母危急之厄以是功德上
為天帝下為聖王乃至 三界特尊皆由
恒可難 佛

BD15370 號　賢愚經卷一　（10–9）

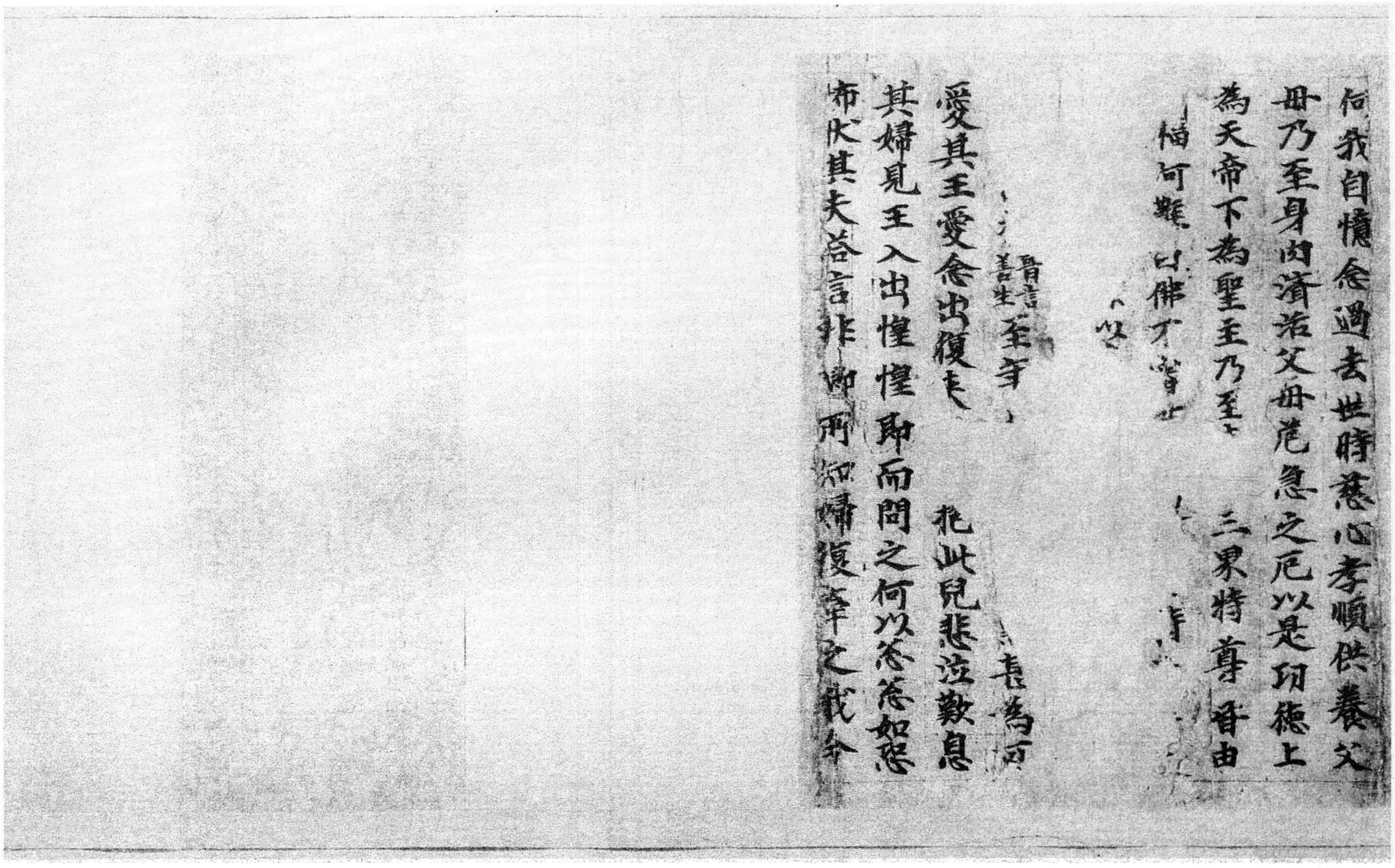
何我自憶念過去世時慈心孝順供養父
毋乃至身肉濟活父毋危急之厄以是功德上
為天帝下為聖主乃至 三界特尊皆由
福何難 白佛才當世
晉言善生至 長為可
愛其王愛念出復長 於此兒悲泣歎息
其婦見王入出惶惶即而問之何以慘慘如恐
怖伏其夫答言非卿所知婦復牽之戒令

BD15370 號　賢愚經卷一　　（10–10）

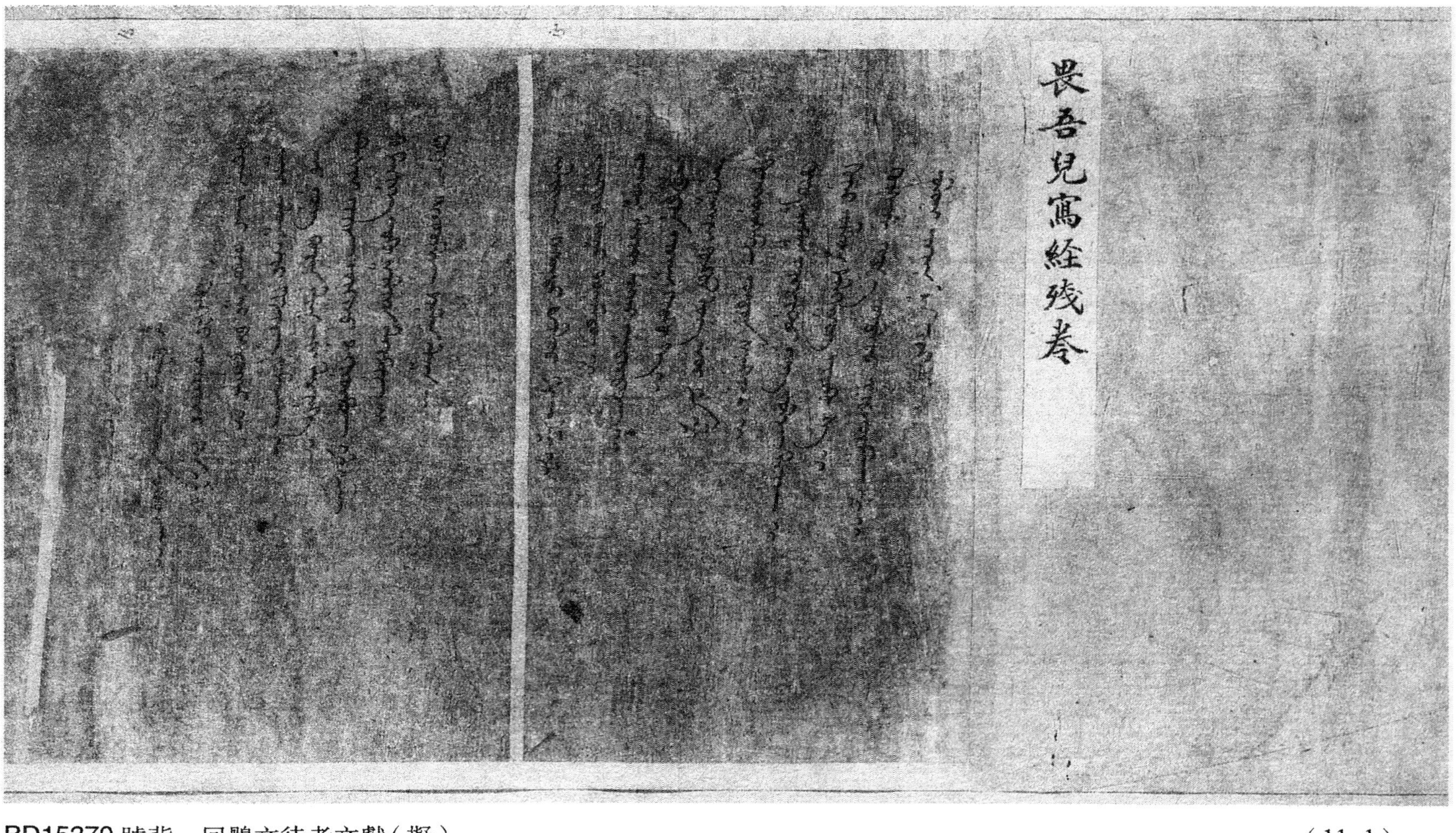

BD15370 號背　回鶻文待考文獻（擬）　　（11–1）

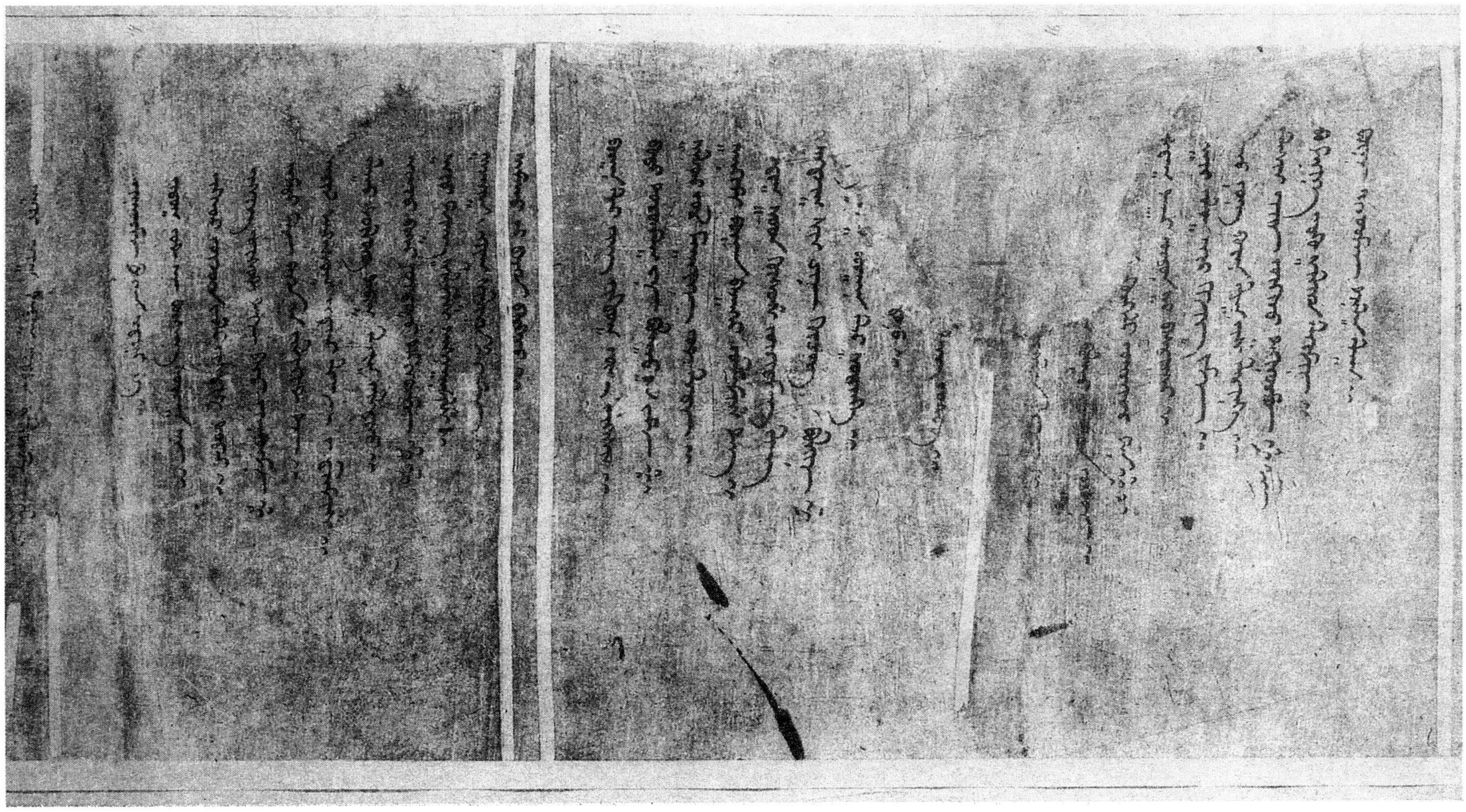

BD15370 號背　回鶻文待考文獻（擬）　（11–2）

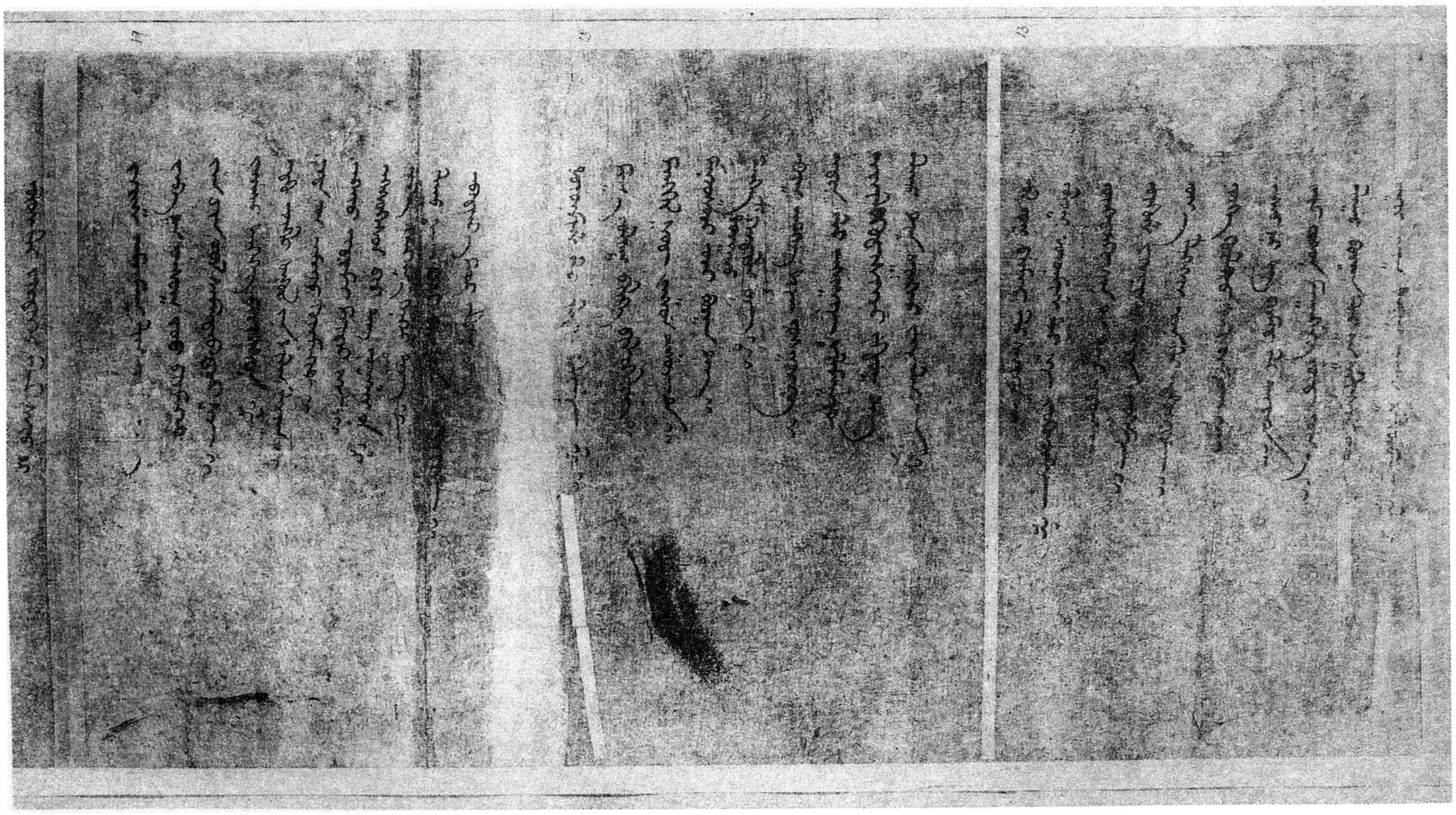

BD15370 號背　回鶻文待考文獻（擬）　（11–3）

BD15370 號背　回鶻文待考文獻（擬）　（11–4）

BD15370 號背　回鶻文待考文獻（擬）　（11–5）

BD15370 號背　回鶻文待考文獻（擬）　（11–6）

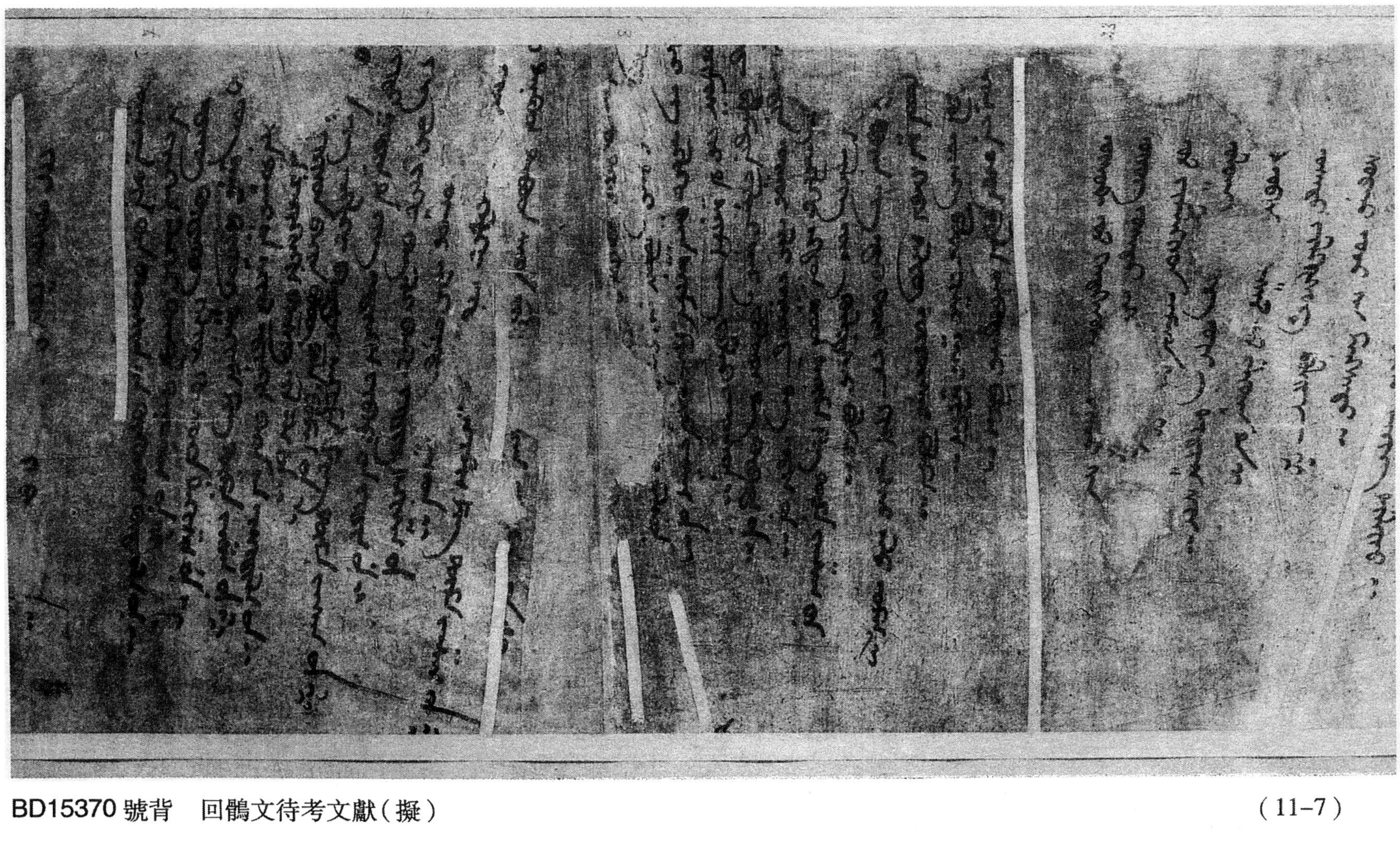

BD15370 號背　回鶻文待考文獻（擬）　（11–7）

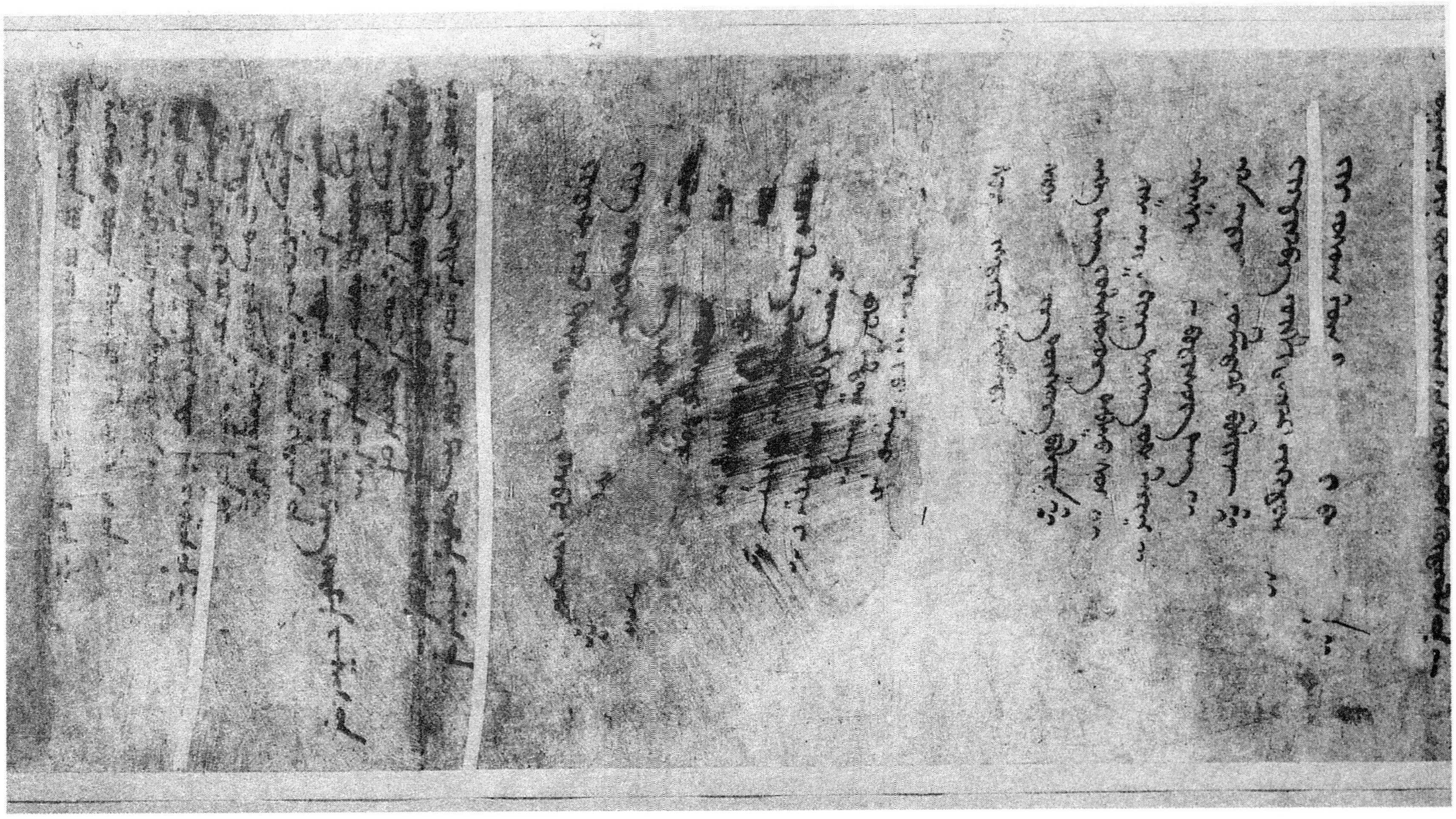

BD15370 號背　回鶻文待考文獻（擬）　（11–8）

BD15370 號背　回鶻文待考文獻（擬）　（11–9）

BD15370 號背　回鶻文待考文獻（擬）　（11–10）

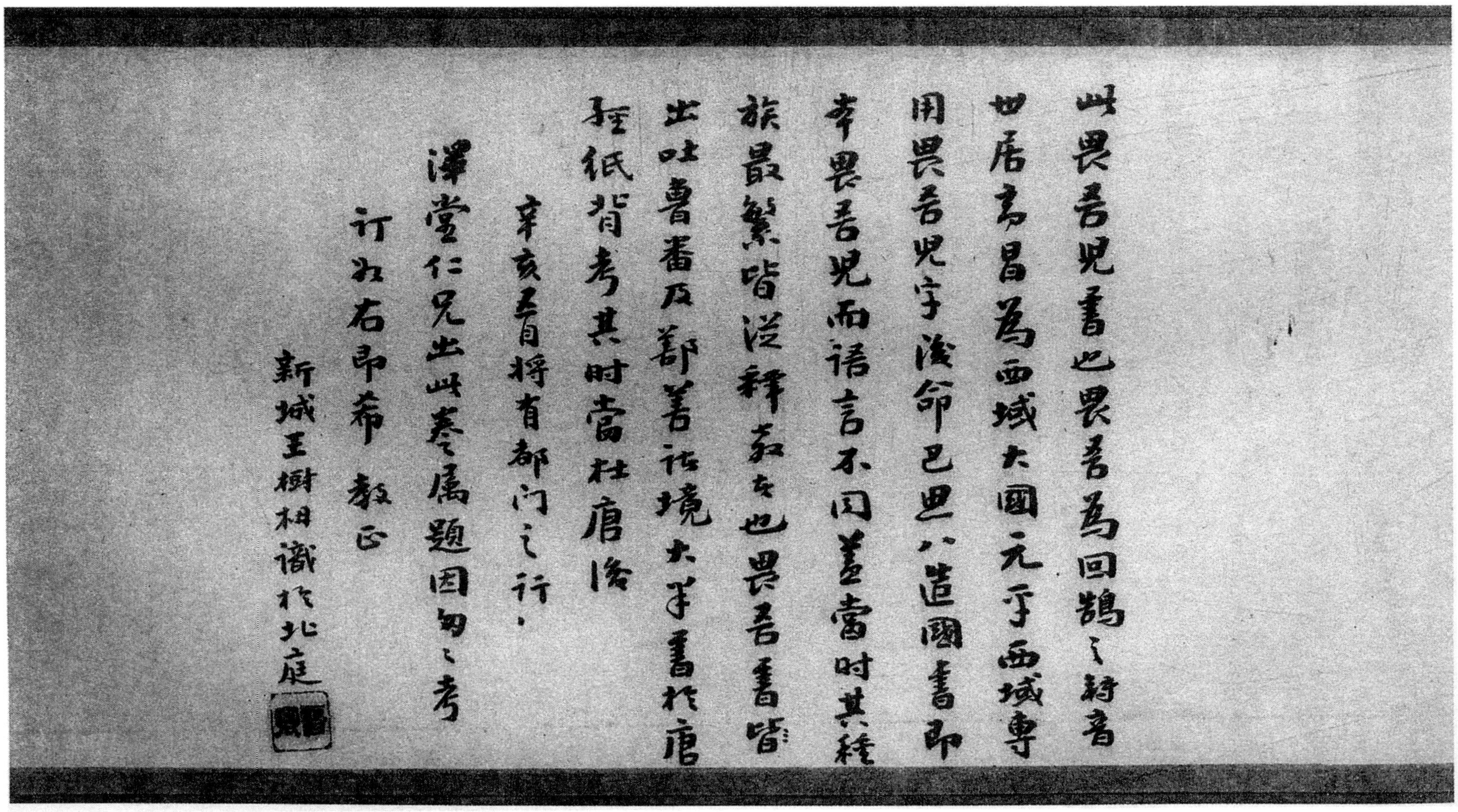

此畏吾兒書也畏吾爲回鶻之轉音
世居高昌爲西域大國元于西域專
用畏吾兒字後命巴思八造國書即
本畏吾兒而語言不同蓋當时其種
族最繁皆從釋教者也畏吾書皆
出吐魯番及鄯善诸境大半書於唐
経紙背考其时當在唐後
辛亥春將有都门之行
澤堂仁兄出此卷屬題因匆匆考
訂以右即希 教正
新城王樹枏識於北庭

BD15370 號背　回鶻文待考文獻（擬）　（11–11）

稱讚淨土佛攝受經　全

BD15371 號背　護首　（1–1）

稱讚淨土佛攝受經
三藏法師玄奘奉詔譯
如是我聞一時薄伽梵在室羅筏住誓多林
給孤獨園與大苾芻衆千二百五十人俱一
切皆是尊宿聲聞衆望所識大阿羅漢其名

BD15371 號　稱讚淨土佛攝受經　（16–1）

如是我聞一時薄伽梵住室羅筏住誓多林
給孤獨園與大苾芻衆千二百五十人俱一
切皆是尊宿聲聞衆望所識大阿羅漢其名
曰尊者舍利子摩訶目乾連摩訶迦葉阿泥
律陁如是等諸大聲聞而為上首復與无量
菩薩摩訶薩俱一切皆住不退轉位无量功
德衆所莊嚴其名曰妙吉祥菩薩无能勝菩
薩常精進菩薩不休息菩薩如是等諸大菩
薩而為上首復有釋大梵天王堪忍界主
護世四王如是上首百千俱胝那庾多數諸
天子衆及餘世間无量天人阿素洛等為聞
法故俱來會坐
尒時世尊告舍利子汝今知不於是西方去
此世界過百千俱胝那庾多佛土有佛世界
名曰極樂其中世尊名无量壽及无量光如
來應正等覺十号圓滿今現在彼安隱住持
為諸有情宣說甚深微妙之法令得殊勝利
益安樂
又舍利子何因何緣彼佛世界名為極樂舍
利子由彼界中諸有情類无有一切身心憂
苦唯有无量清淨喜樂是故名為極樂世界
又舍利子極樂世界淨佛土中處處皆有七

BD15371 號　稱讚淨土佛攝受經　（16–2）

苦唯有无量清淨喜樂是故名為極樂世界
又舍利子極樂世界淨佛土中處處皆有七
重行列妙寶蘭楯七重行列寶多羅樹及有
七重妙寶羅網周帀圍繞四寶莊嚴金寶銀
寶吠瑠璃寶頗胝迦寶妙飾間飾舍利子彼
佛土中有如是等衆妙綺飾功德莊嚴甚可
愛樂是故名為極樂世界
又舍利子極樂世界淨佛土中處處皆有七
妙寶池八功德水彌滿其中何等名為八功
德水一者澄淨二者清冷三者甘美四者輕
耎五者潤澤六者安和七者飲時除飢渴等
无量過患八者飲已定能長養諸根四大增
益種種殊勝善根多福衆生常樂受用是諸
寶池底布金沙四面周帀有四階道四寶莊
嚴甚可愛樂諸池周帀有妙寶樹間飾行列
香氣芬馥七寶莊嚴甚可愛樂言七寶者一
金二銀三吠瑠璃四頗胝迦五赤真珠六阿
濕摩揭拉婆寶七牟娑洛揭拉婆寶是諸池
中常有種種雜色蓮花量如車輪青形青顯
青光青影黃形黃顯黃光黃影赤形赤顯赤
光赤影白形白顯白光白影四形四顯四光
四影舍利子彼佛土中有如是等衆妙綺飾

BD15371 號　稱讚淨土佛攝受經　（16–3）

光赤影白形白顯白光白影四形四顯四光
四影舍利子彼佛土中有如是等衆妙綺飾
功德莊嚴甚可愛樂是故名為極樂世界
又舍利子極樂世界淨佛土中自然常有无
量无邊衆妙伎樂音曲和雅甚可愛樂諸有
情類聞斯妙音諸惡煩惱悉皆消滅无量善
法漸次增長速證无上正等菩提舍利子彼
佛土中有如是等衆妙綺飾功德莊嚴甚可
愛樂是故名為極樂世界
又舍利子極樂世界淨佛土中周遍大地真
金合成其觸柔耎香潔光明无量无邊妙寶
間飾舍利子彼佛土中有如是等衆妙綺飾
功德莊嚴甚可愛樂是故名為極樂世界
又舍利子極樂世界淨佛土中晝夜六時常
雨種種上妙天花光澤香潔細耎雜色雖令
見者身心適悅而不貪著增長有情无量无
數不可思議殊勝功德彼有情類晝夜六時
常持供養无量壽佛每晨朝時持此天花於
一食頃飛至他方无量世界供養百千俱胝
諸佛於諸佛所各以百千俱胝花樹持散供
養還至本處遊天住等舍利子彼佛土中有

BD15371 號　稱讚淨土佛攝受經　（16–4）

一食頃飛至他方无量世界供養百千俱胝
諸佛於諸佛所各以百千俱胝花樹持散供
養還至本處遊天住等舍利子彼佛土中有
如是等衆妙綺飾功德莊嚴甚可愛樂是故
名為極樂世界
又舍利子極樂世界淨佛土中常有種種奇
妙可愛雜色衆鳥所謂鵝鴈鶖鷺鴻鶴孔雀
鸚鵡羯羅頻迦命鳥等如是衆鳥晝夜六時
恒共集會出和雅聲隨其類音宣揚妙法所
謂甚深念住正斷神足根力覺道支等无量
妙法彼土衆生聞是聲已各得念佛念法念
僧无量功德薰脩其身汝舍利子於意云何
彼土衆鳥豈是傍生惡趣攝耶勿作是見所
以者何彼佛淨土无三惡趣尚不聞有三惡
趣名何況有實罪業所招傍生衆鳥當知皆
是无量壽佛變化所作令其宣暢无量法音
作諸有情利益安樂舍利子彼佛土中有如
是等衆妙綺飾功德莊嚴甚可愛樂是故名
為極樂世界
又舍利子極樂世界淨佛土中常有妙風吹
諸寶樹及寶羅網出微妙音譬如百千俱胝
天樂同時俱作出微妙聲甚可愛玩如是彼

BD15371 號　稱讚淨土佛攝受經　（16–5）

又舍利子極樂世界淨佛土中常有妙風吹
諸寶樹及寶羅網出微妙音譬如百千俱胝
天樂同時俱作出微妙聲甚可愛玩如是彼
土常有妙風吹衆寶樹及寶羅網擊出種種
微妙音聲說種種法彼土衆生聞是聲已起
佛法僧念作意等无量功德舍利子彼佛土
中有如是等衆妙綺飾功德莊嚴甚可愛樂
是故名為極樂世界
又舍利子極樂世界淨佛土中有如是等无
量无邊不可思議甚希有事假使經於百千
俱胝那庾多劫以其无量百千俱胝那庾多
舌一一舌上出无量聲讚其功德亦不能盡
是故名為極樂世界
又舍利子極樂世界淨佛土中佛有何緣名
无量壽舍利子由彼如來及諸有情壽命无
量无數大劫由是緣故彼土如來名无量壽
舍利子无量壽佛證得阿耨多羅三藐三菩
提已來經十大劫舍利子何緣彼佛名无量
光舍利子由彼如來恒放无量无邊妙光遍
照一切十方佛土施作佛事无有障礙由是
緣故彼土如來名无量光舍利子彼佛淨土
成就如是功德莊嚴甚可愛樂是故名為極
樂世界
又舍利子極樂世界淨佛土中无量壽佛常

BD15371 號　稱讚淨土佛攝受經　（16–6）

樂世界
又舍利子極樂世界淨佛土中无量壽佛常
有无量聲聞弟子一切皆是大阿羅漢具足
種種微妙功德其量无邊不可稱數舍利子
彼佛淨土成就如是功德莊嚴甚可愛樂是
故名為極樂世界
又舍利子極樂世界淨佛土中无量壽佛常
有无量菩薩弟子一切皆是一生所繫具足
種種微妙功德其量无邊不可稱數假使經
於无數量劫讚其功德終不能盡舍利子彼
佛土中成就如是功德莊嚴甚可愛樂是故
名為極樂世界
又舍利子若諸有情生彼土者皆不退轉必
不復墮諸險惡趣邊地下賤蔑戾車中常遊
諸佛清淨國土殊勝行願念念增進決定當
證阿耨多羅三藐三菩提舍利子彼佛土中
成就如是功德莊嚴甚可愛樂是故名為極
樂世界
又舍利子若諸有情聞彼西方无量壽佛清
淨佛土无量功德衆所莊嚴皆應發願生彼
佛土所以者何若生彼土得與如是无量功
德衆所莊嚴諸大士等同一集會受用如是

BD15371 號　稱讚淨土佛攝受經　（16–7）

佛土所以者何若生彼土得與如是无量功
德衆所莊嚴諸大士等同一集會受用如是
无量功德衆所莊嚴清淨佛土大乘法樂常
无退轉无量行願念念增進速證无上正等
菩提故舍利子生彼佛土諸有情類成就无
量无邊功德非少善根諸有情類當得往生
无量壽佛極樂世界清淨佛土
又舍利子若有淨信諸善男子或善女人得
聞如是无量壽佛无量无邊不可思議功德
名号極樂世界功德莊嚴聞已思惟若一日
夜或二或三或四或五或六或七繫念不亂
是善男子或善女人臨命終時无量壽佛與
其无量聲聞弟子菩薩衆俱前後圍繞來住
其前慈悲加祐令心不亂既捨命已隨佛衆
會生无量壽極樂世界清淨佛土
又舍利子我觀如是利益安樂大事因緣說
誠諦語若有淨信諸善男子或善女人得聞
如是无量壽佛不可思議功德名号極樂世
界淨佛土者一切皆應信受發願如說脩行
生彼佛土
又舍利子如我今者稱揚讚歎无量壽佛无
量无邊不可思議佛土功德如是東方亦有

BD15371 號　稱讚淨土佛攝受經　（16–8）

又舍利子如我今者稱揚讚歎无量壽佛无
量无邊不可思議佛土功德如是東方亦有
現在不動如來山幢如來大山如來山光如
來妙幢如來如是等佛如殑伽沙住在東方
自佛淨土各各示現廣長舌相遍覆三千大
千世界周帀圍繞說誠諦言汝等有情皆應
信受如是稱讚不可思議佛土功德一切諸
佛攝受法門
又舍利子如是南方亦有現在日月光如來
名稱光如來大光蘊如來迷盧光如來无邊
精進如來如是等佛如殑伽沙住在南方自
佛淨土各各示現廣長舌相遍覆三千大千
世界周帀圍繞說誠諦言汝等有情皆應信
受如是稱讚不可思議佛土功德一切諸佛
攝受法門
又舍利子如是西方亦有現在无量壽如來
无量蘊如來无量光如來无量幢如來大自
在如來大光如來光焰如來大寶幢如來放
光如來如是等佛如殑伽沙住在西方自佛
淨土各各示現廣長舌相遍覆三千大千世
界周帀圍繞說誠諦言汝等有情皆應信受
如是稱讚不可思議佛土功德一切諸佛攝

BD15371 號　稱讚淨土佛攝受經　（16–9）

界周帀圍繞說誠諦言汝等有情皆應信受
如是稱讚不可思議佛土功德一切諸佛攝
受法門
又舍利子如是北方亦有現在無量光嚴通
達覺慧如來無量天鼓振大妙音如來大蘊
如來光網如來婆羅帝王如來如是等佛如
殑伽沙住在北方自佛淨土各各示現廣長
舌相遍覆三千大千世界周帀圍繞說誠諦
言汝等有情皆應信受如是稱讚不可思議
佛土功德一切諸佛攝受法門
又舍利子如是下方亦有現在示現一切妙
法正理常放火王勝德光明如來師子如來
名稱如來譽光如來正法如來妙法如來法
幢如來功德友如來功德号如來如是等佛
如殑伽沙住在下方自佛淨土各各示現廣
長舌相遍覆三千大千世界周帀圍繞說誠
諦言汝等有情皆應信受如是稱讚不可思
議佛土功德一切諸佛攝受法門
又舍利子如是上方亦有現在梵音如來宿
王如來香光如來如紅蓮花勝德如來示現
一切義利如來如是等佛如殑伽沙住在上
方自佛淨土各各示現廣長舌相遍覆三千

BD15371 號　稱讚淨土佛攝受經　（16–10）

一切義利如來如是等佛如殑伽沙住在上
方自佛淨土各各示現廣長舌相遍覆三千
大千世界周帀圍繞說誠諦言汝等有情皆
應信受如是稱讚不可思議佛土功德一切
諸佛攝受法門
又舍利子如是西南方亦有現在最上日光
名稱功德如來如是等佛如殑伽沙住西南
方自佛淨土各各示現廣長舌相遍覆三千
大千世界周帀圍繞說誠諦言汝等有情皆
應信受如是稱讚不可思議佛土功德一切
諸佛攝受法門
又舍利子如是西北方亦有現在無量功德
火王光明如來如是等佛如殑伽沙住西北
方自佛淨土各各示現廣長舌相遍覆三千
大千世界周帀圍繞說誠諦言汝等有情皆
應信受如是稱讚不可思議佛土功德一切
諸佛攝受法門
又舍利子如是東北方亦有現在無數百千
俱胝廣慧如來如是等佛如殑伽沙住東北
方自佛淨土各各示現廣長舌相遍覆三千
大千世界周帀圍繞說誠諦言汝等有情皆
應信受如是稱讚不可思議佛土功德一切

BD15371 號　稱讚淨土佛攝受經　（16–11）

大千世界周帀圍繞說誠諦言汝等有情皆
應信受如是稱讚不可思議佛土功德一切
諸佛攝受法門
又舍利子何緣此經名為稱讚不可思議佛
土功德一切諸佛攝受法門舍利子由此經
中稱揚讚歎无量壽佛極樂世界不可思議
佛土功德及十方面諸佛世尊為欲方便利
益安樂諸有情故各住本土現大神變發誠
諦言勸諸有情信受此法是故此經名為稱
讚不可思議佛土功德一切諸佛攝受法門
又舍利子若善男子或善女人或已得聞或
當得聞或今得聞如是經已深生信解必為
如是住十方面十殑伽沙諸佛世尊之所攝
受如說行者一切定於阿耨多羅三藐三菩
提得不退轉一切定生无量壽佛極樂世界
清淨佛土是故舍利子汝等有情一切皆應
信受領解我及十方佛世尊語當懃精進如
說修行勿生疑慮
又舍利子若善男子或善女人於无量壽極
樂世界清淨佛土功德莊嚴若已發願若當
發願若今發願必為如是住十方面十殑伽

BD15371 號　稱讚淨土佛攝受經　（16–12）

發願若今發願必為如是住十方面十殑伽
沙諸佛世尊之所攝受如說行者一切之於
阿耨多羅三藐三菩提得不退轉一切定生
无量壽佛極樂世界清淨佛土是故舍利子
若有淨信諸善男子或善女人一切皆應於
无量壽極樂世界清淨佛土深心信解發願
往生勿行放逸
又舍利子如我今者稱揚讚歎无量壽佛極
樂世界不可思議佛土功德彼十方面諸佛
世尊亦稱讚我不可思議无邊功德皆作是
言甚奇希有釋迦寂靜釋迦法王如來應正
等覺明行圓滿善逝世間解无上丈夫調御
士天人師佛世尊乃能於是堪忍世界五濁
惡時所謂劫濁諸有情濁諸煩惱濁見濁命
濁於中證得阿耨多羅三藐三菩提為欲方
便利益安樂諸有情故說是世間極難信法
是故舍利子當知我今於此雜染堪忍世界
五濁惡時證得阿耨多羅三藐三菩提為欲
方便利益安樂諸有情故說是世間極難信
法甚為希有不可思議
又舍利子於此雜染堪忍世界五濁惡時若

BD15371 號　稱讚淨土佛攝受經　（16–13）

法甚爲希有不可思議
又舍利子於此雜染堪忍世界五濁惡時若
有淨信諸善男子或善女人聞說如是一切
世間極難信法能生信解受持演說如教修
行當知是人甚爲希有无量佛所曾種善根
是人命終定生西方極樂世界受用種種功
德莊嚴清淨佛土大乘法樂日夜六時親近
供養无量壽佛遊歷十方供養諸佛於諸佛
所聞法受記福慧資糧疾得圓滿速證无上
正等菩提
時薄伽梵說是經已尊者舍利子等諸大聲
聞及諸菩薩摩訶薩衆无量天人阿素洛等
一切大衆聞佛所說皆大歡喜信受奉行
稱讚淨土佛攝受經

BD15371 號　稱讚淨土佛攝受經　　（16–14）

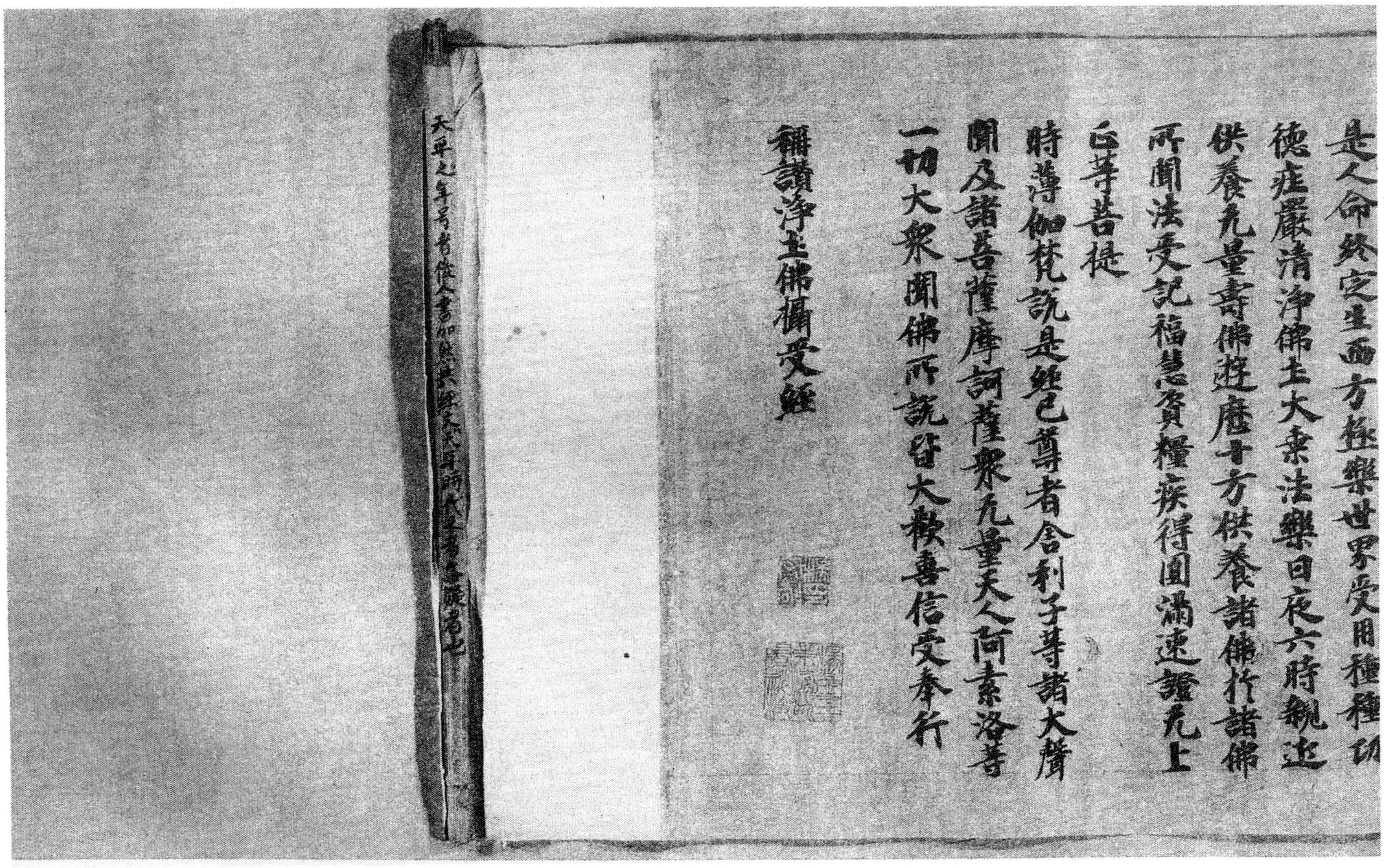
是人命終定生西方極樂世界受用種種功
德莊嚴清淨佛土大乘法樂日夜六時親近
供養无量壽佛遊歷十方供養諸佛於諸佛
所聞法受記福慧資糧疾得圓滿速證无上
正等菩提
時薄伽梵說是經已尊者舍利子等諸大聲
聞及諸菩薩摩訶薩衆无量天人阿素洛等
一切大衆聞佛所說皆大歡喜信受奉行
稱讚淨土佛攝受經

BD15371 號　稱讚淨土佛攝受經　　（16–15）

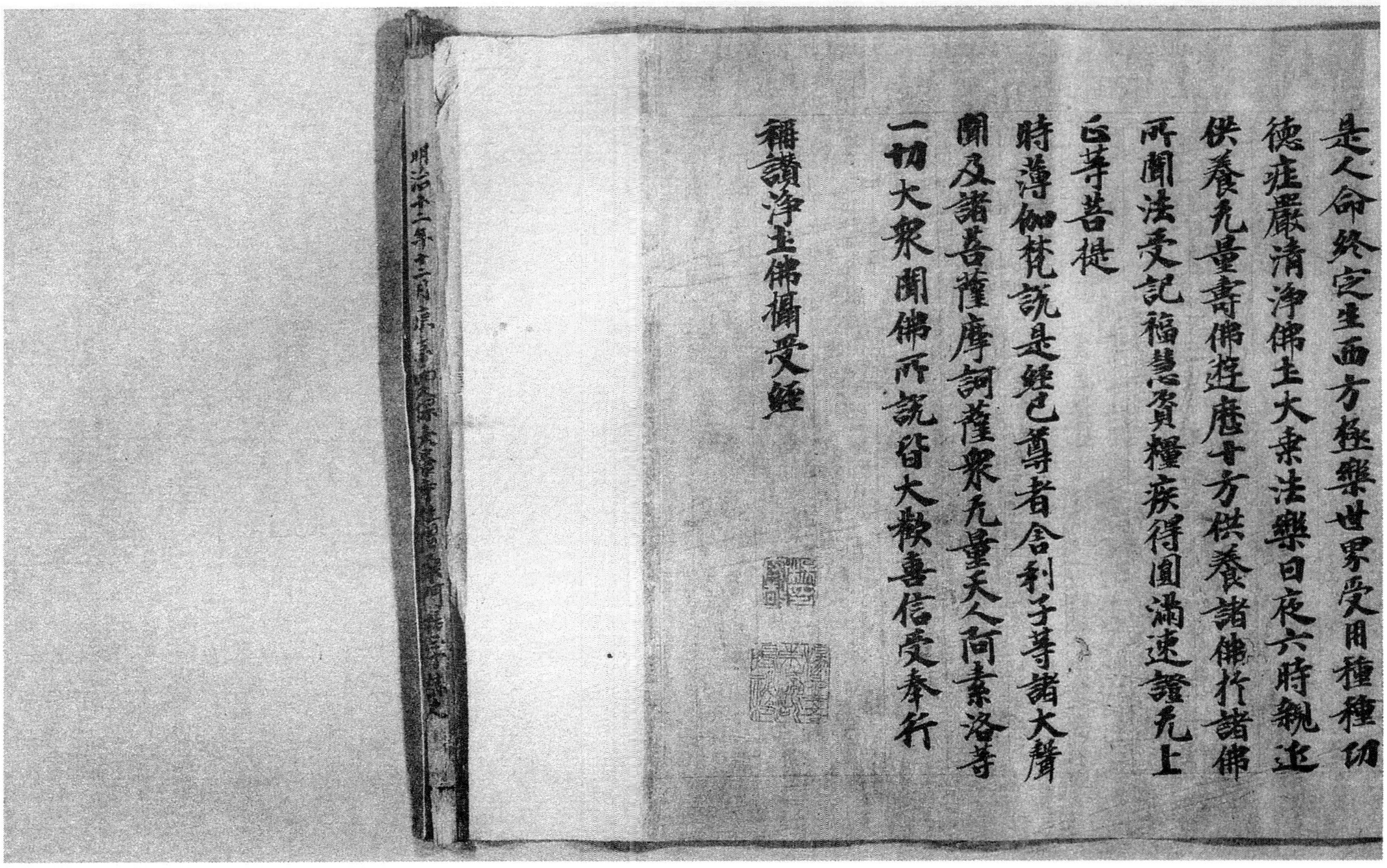
是人命終定生西方極樂世界受用種種功
德莊嚴清淨佛土大乘法樂日夜六時親近
供養無量壽佛遊歷十方供養諸佛於諸佛
所聞法受記福慧資糧疾得圓滿速證無上
正等菩提
時薄伽梵說是經已尊者舍利子等諸大聲
聞及諸菩薩摩訶薩衆無量天人阿素洛等
一切大衆聞佛所說皆大歡喜信受奉行
稱讚淨土佛攝受經

BD15371 號　稱讚淨土佛攝受經　（16–16）

BD15372 號背　護首　（1–1）

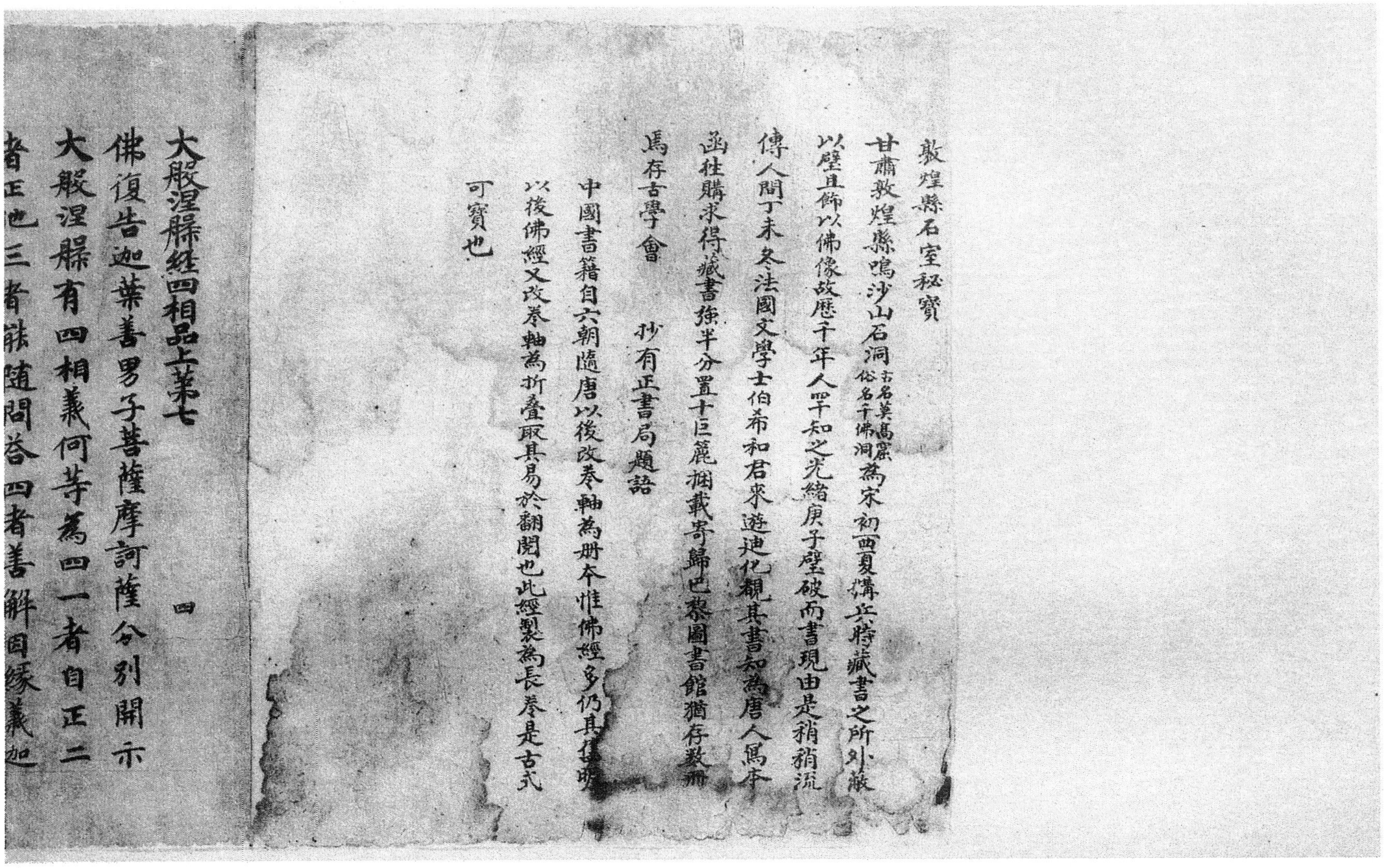
敦煌縣石室秘寶
甘肅敦煌縣鳴沙山石洞古名莫高窟俗名千佛洞為宋初西夏構兵時藏書之所外蔽
以壁且飾以佛像故歷千年人罕知之光緒庚子壁破而書現由是稍稍流
傳人間丁未冬法國文學士伯希和君來遊迪化覩其書知為唐人寫本
函往購求得藏書殆半分置十巨麗捆載寄歸巴黎圖書館猶存數冊
焉存古學會　抄有正書局題語
中國書籍自六朝隋唐以後改卷軸為冊本惟佛經多仍其舊明
以後佛經又改卷軸為折疊取其易於翻閱也此經製為長卷是古式
可寶也
大般涅槃經四相品上苐七　四
佛復告迦葉善男子菩薩摩訶薩分別開示
大般涅槃有四相義何等為四一者自正二
者正他三者能隨問荅四者善解因緣義迦

BD15372號　大般涅槃經（南本）卷四　（22–1）

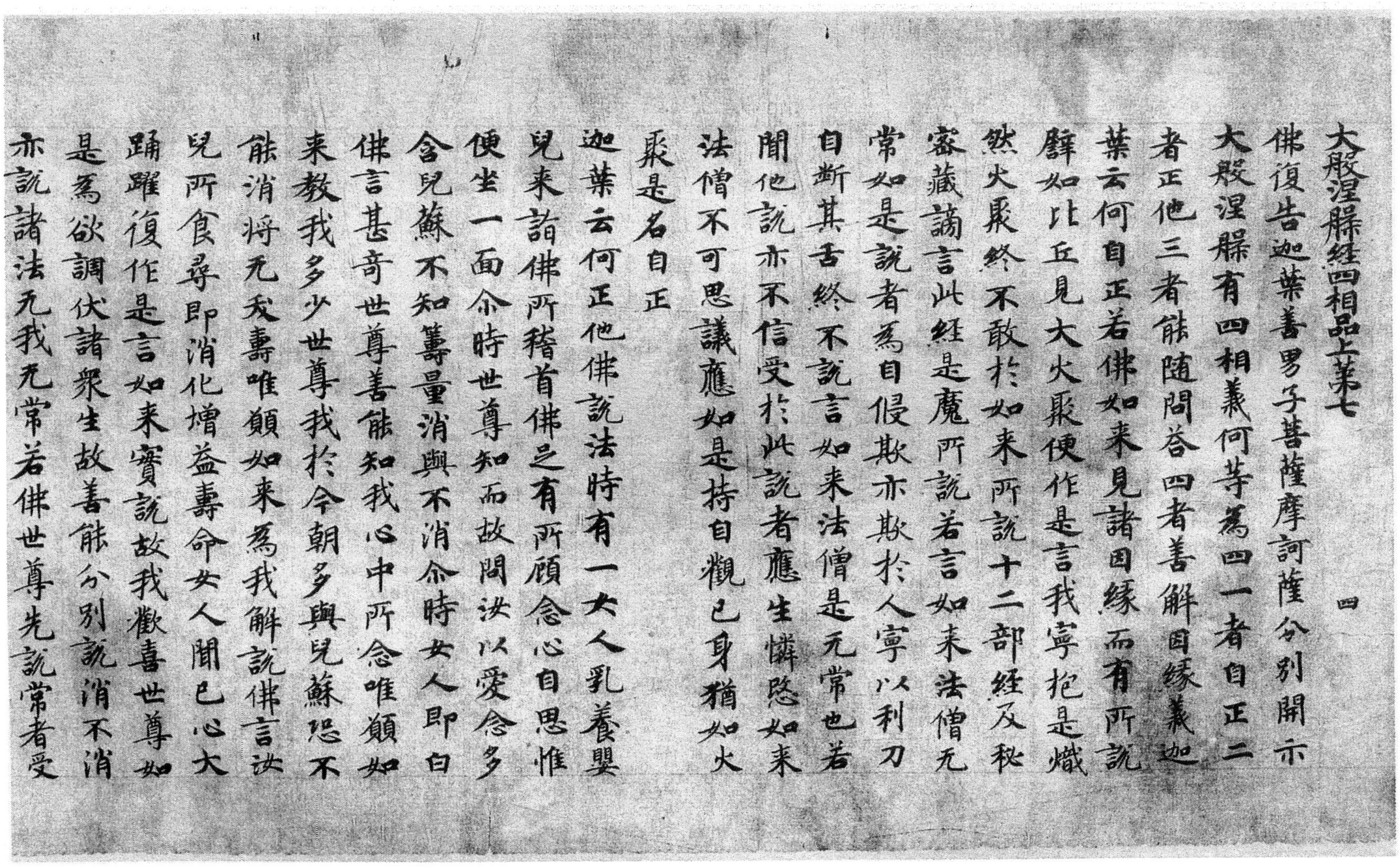
大般涅槃經四相品上苐七　四
佛復告迦葉善男子菩薩摩訶薩分別開示
大般涅槃有四相義何等為四一者自正二
者正他三者能隨問荅四者善解因緣義迦
葉云何自正若佛如来見諸因緣而有所說
辟如比丘見大火聚便作是言我寧抱是熾
然火聚終不敢於如来所說十二部經及秘
密藏謗言此經是魔所說若言如来法僧无
常如是說者為自侵欺亦欺於人寧以利刀
自斷其舌終不說言如来法僧是无常也若
聞他說亦不信受於此說者應生憐愍如来
法僧不可思議應如是持自觀己身猶如火
聚是名自正
迦葉云何正他佛說法時有一女人乳養嬰
兒来詣佛所稽首佛足有所顧念心自思惟
便坐一面尒時世尊知而故問汝以愛念多
含兒蘇不知籌量消與不消尒時女人即白
佛言甚奇世尊善能知我心中所念唯願如
来教我多少世尊我於今朝多與兒蘇恐不
能消將无夭壽唯願如来為我解說佛言汝
兒所食尋即消化增益壽命女人聞已心大
踊躍復作是言如来實說故我歡喜世尊如
是為欲調伏諸衆生故善能分別說消不消
亦說諸法无我无常若佛世尊先說常者受

BD15372號　大般涅槃經（南本）卷四　（22–2）

是為欲調伏諸衆生故善能分別說消不消
亦說諸法无我无常若佛世尊先說常者受
化之徒當言此法同彼外道即便捨去復告
女人若兒長大能自行来凡所食噉能消難
消本所與蘇則不供之我之所有聲聞弟子
亦復如是如汝嬰兒不能消是常住之法是
故我先說苦无常若我聲聞諸弟子等功德
已備堪任脩習大乘經典我於是經為說六
味云何六味說苦酢味无常鹹味无我苦味
樂為甜味我為辛味常為淡味彼世間中有
三種味所謂无常无我无樂煩惱為薪智慧
為火以是因緣成涅槃飯謂常樂我令諸弟
子悉皆甘嗜復告女人汝若有緣欲至他處
應駈惡子令出其舍悉以寶藏付示善子女
人白佛實如聖教珎寶之藏應示善子不示
惡子姊我亦如是般涅槃時如来微密无上
法藏不與聲聞諸弟子等如汝寶藏不示惡
子要當付囑諸菩薩等如汝寶藏委付善子
何以故聲聞弟子生變異想謂佛如来真實
滅度然我真實不滅度也如汝遠行未還之
頃汝之惡子便言汝死汝實不死諸菩薩等
說言如来常不變易如汝善子不言汝死以
是義故我以无上秘密之藏付諸菩薩善男
子若有衆生謂佛常住不變異者當知是家

BD15372號　大般涅槃經（南本）卷四　（22–3）

說言如来常不變易如汝善子不言汝死以
是義故我以无上秘密之藏付諸菩薩善男
子若有衆生謂佛常住不變異者當知是家
則為有佛是名正化
迦葉云何能隨問荅若有人来問佛世尊我
當云何不捨錢財而得名為大施檀越佛言
若有沙門婆羅門等少欲知足不受不畜不
淨物者當施其人奴婢僕使脩梵行者施與
女色斷酒肉者施以酒肉不過中食施過中
食不著華香施以華香如是施者施名流布
聲聞天下未曾損已一毫之費是則名為能
隨問荅尒時迦葉菩薩白佛言世尊食肉之
人不應施肉何以故我見不食肉者有大功
德佛讚迦葉善哉善哉汝今乃能善知我意
護法菩薩應當如是善男子從今日始不聽
聲聞弟子食肉若受檀越信施之時應觀是
食如子肉想迦葉菩薩復白佛言世尊云何
如来不聽食肉善男子夫食肉者斷大慈種
迦葉又言如来何故先聽比丘食三種淨肉
迦葉是三種淨肉隨事漸制迦葉菩薩復白
佛言世尊何因緣故十種不淨乃至九種清
淨而復不聽佛告迦葉亦是因事漸次而制
當知即是現斷肉義迦葉菩薩復白佛言云
何如来稱讚魚肉為美食耶善男子我亦不

BD15372號　大般涅槃經（南本）卷四　（22–4）

淨而復不聽佛告迦葉亦是因事漸次而制
當知即是現斷肉義迦葉菩薩復白佛言云
何如来稱讚魚肉爲美食耶善男子我亦不
說魚肉之屬爲美食也我說甘蔗粳米石蜜
一切穀麥及黑石蜜乳酪蘇油以爲美食雖
說應畜種種衣服所應畜者要是壞色何況
貪著是魚肉味迦葉復言如来若制不食肉
者彼五種味乳酪酪漿生蘇熟蘇胡麻油等
及諸衣服憍奢耶衣珂貝皮革金銀盂器如
是等物亦不應受善男子不應同彼尼乾所
見如来所制一切禁戒各有異意異意故聽
食三種淨肉異想故斷十種肉異想故一切
悉斷及自死者迦葉我從今日制諸弟子不
得復食一切肉也迦葉其食肉者若行若住
若坐若卧一切衆生聞其肉氣悉生恐怖譬
如有人近師子已衆人見之聞師子臭亦生
恐怖善男子如人噉蒜臭穢可惡餘人見之
聞臭捨去設遠見者猶不欲視況當近之諸
食肉者亦復如是一切衆生聞其肉氣悉皆
恐怖生畏死想水陸空行有命之類悉捨之
走咸言此人是我等怨是故菩薩不習食肉
爲度衆生示現食肉雖現食之其實不食善
男子如是菩薩清淨之食猶尚不食況當食
肉善男子我涅槃後无量百歲四道聖人悉
復涅槃正法滅後於像法中當有比丘貌像

BD15372號　大般涅槃經（南本）卷四　（22–5）

爲度衆生示現食肉雖現食之其實不食善
男子如是菩薩清淨之食猶尚不食況當食
肉善男子我涅槃後无量百歲四道聖人悉
復涅槃正法滅後於像法中當有比丘貌像
持律少讀誦經貪嗜飲食長養其身身所被
服麁陋醜惡形容憔悴无有威德放畜牛羊
擔負薪草頭鬚抓髮悉皆長利雖服袈裟猶
如獵師細視徐行如猫伺鼠常唱是言我得
羅漢多諸病苦眠卧糞穢外現賢善内懷貪
嫉如受瘂法婆羅門等實非沙門現沙門像
邪見熾盛誹謗正法如是等人破壞如来所
制戒律正行威儀說解脫果離不淨法及壞
甚深祕密之教各自隨意反說經律而作是
言如来皆聽我等食肉自生此論言是佛說
互共諍訟各自稱是沙門釋子善男子尒時
復有諸沙門等貯聚生穀受取魚肉手自作
食執持油瓶寶蓋革屣親近國王大臣長者
占相星宿勤脩醫道畜養奴婢金銀琉璃車
璖馬瑙頗梨真珠珊瑚虎珀璧玉珂貝種種
菓蓏學諸伎藝畫師泥作造書教學種殖根
栽蠱道呪幻和合諸藥作唱伎樂香華治身
樗蒱圍棊學諸工巧若有比丘能離如是諸
惡事者當說是人真我弟子
尒時迦葉菩薩復白佛言世尊諸比丘比丘
尼優婆塞優婆夷因他而活若乞食時得雜

BD15372號　大般涅槃經（南本）卷四　（22–6）

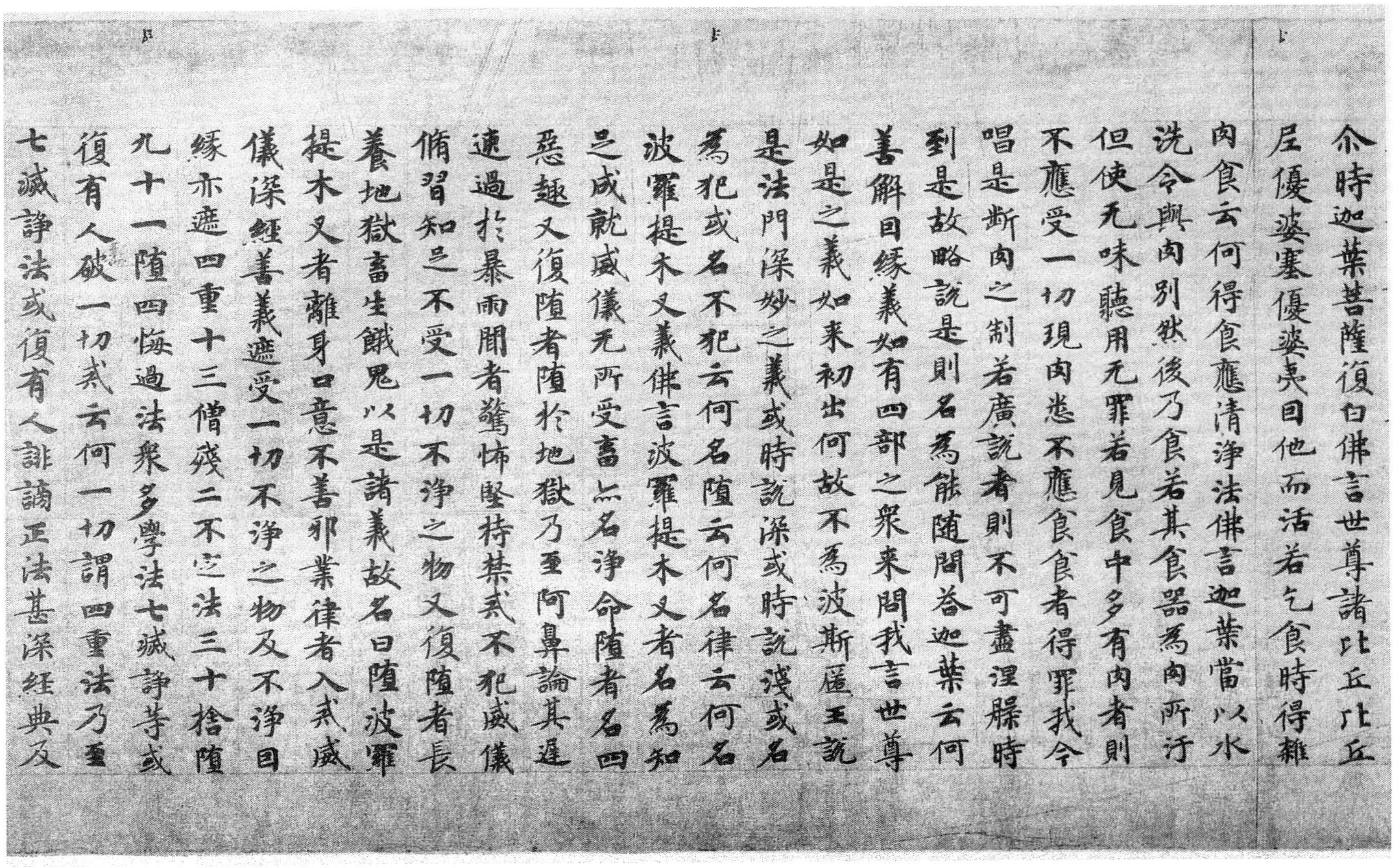
尒時迦葉菩薩復白佛言世尊諸比丘比丘
尼優婆塞優婆夷因他而活若乞食時得雜
肉食云何得食應清淨法佛言迦葉當以水
洗令與肉別然後乃食若其食器為肉所汙
但使无味聽用无罪若見食中多有肉者則
不應受一切現肉悉不應食食者得罪我今
唱是斷肉之制若廣說者則不可盡涅槃時
到是故略說是則名為能隨問荅迦葉云何
善解因緣義如有四部之衆來問我言世尊
如是之義如来初出何故不為波斯匿王說
是法門深妙之義或時說深或時說淺或名
為犯或名不犯云何名墮云何名律云何名
波羅提木叉義佛言波羅提木叉者名為知
足成就威儀无所受畜亦名淨命墮者名四
惡趣又復墮者墮於地獄乃至阿鼻論其遲
速過於暴雨聞者驚怖堅持禁戒不犯威儀
脩習知足不受一切不淨之物又復墮者長
養地獄畜生餓鬼以是諸義故名曰墮波羅
提木叉者離身口意不善邪業律者入戒威
儀深經善義遮受一切不淨之物及不淨因
緣亦遮四重十三僧殘二不定法三十捨墮
九十一墮四悔過法衆多學法七滅諍等或
復有人破一切戒云何一切謂四重法乃至
七滅諍法或復有人誹謗正法甚深經典及

BD15372 號　大般涅槃經（南本）卷四　　（22–7）

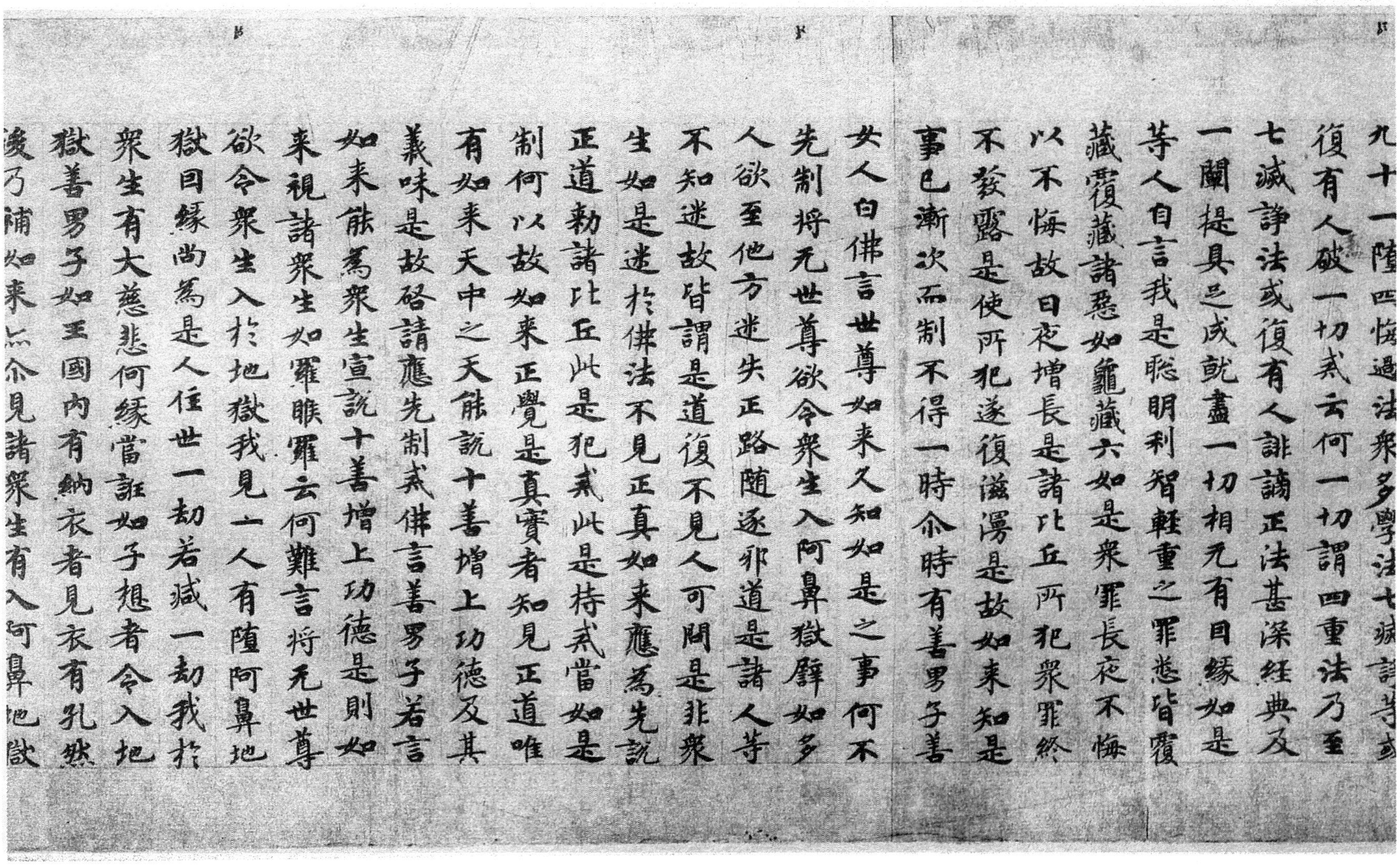
九十一墮四悔過法衆多學法七滅諍等或
復有人破一切戒云何一切謂四重法乃至
七滅諍法或復有人誹謗正法甚深經典及
一闡提具足成就盡一切相无有因緣如是
等人自言我是聰明利智輕重之罪悉皆覆
藏覆藏諸惡如龜藏六如是衆罪長夜不悔
以不悔故日夜增長是諸比丘所犯衆罪終
不發露是使所犯遂復滋漫是故如来知是
事已漸次而制不得一時尒時有善男子善
女人白佛言世尊如来久知如是之事何不
先制將无世尊欲令衆生入阿鼻獄譬如多
人欲至他方迷失正路隨逐邪道是諸人等
不知迷故皆謂是道復不見人可問是非衆
生如是迷於佛法不見正真如来應為先說
正道勑諸比丘此是犯戒此是持戒當如是
制何以故如来正覺是真實者知見正道唯
有如来天中之天能說十善增上功德及其
義味是故啓請應先制戒佛言善男子若言
如来能為衆生宣說十善增上功德是則如
来視諸衆生如羅睺羅云何難言將无世尊
欲令衆生入於地獄我見一人有墮阿鼻地
獄因緣尚為是人住世一劫若減一劫我於
衆生有大慈悲何緣當誑如子想者令入地
獄善男子如王國內有納衣者見衣有孔然
後乃補如来亦尒見諸衆生有入阿鼻地獄

BD15372 號　大般涅槃經（南本）卷四　　（22–8）

衆生有大慈悲何緣當誑如子想者令入地
獄善男子如王國內有納衣者見衣有孔然
後乃補如来亦尒見諸衆生有入阿鼻地獄
因緣即以戒善而為補之善男子辟如轉輪
聖王先為衆生說十善法其後漸漸有行惡
者王即隨事以漸斷之斷諸惡已然後自行
聖王之法善男子我亦如是雖有所說不得
先制要因比丘漸行非法然後方乃隨事制
之樂法衆生隨教脩行如是等衆乃能得見
如来法身如轉輪王所有輪寶不可思議如
来亦尒不可思議法僧二寶亦不可思議能
說法者及聞法者皆不可思議是名善解因
緣義也菩薩如是分別開示四種相義是名
大乘大涅槃中因緣義也
復次自正者所謂得是大般涅槃正他者我
為比丘說言如来常存不變隨問荅者迦葉
因汝所問故得廣為菩薩摩訶薩比丘比丘
尼優婆塞優婆夷說是甚深微妙之義因緣
義者聲聞緣覺不解如是甚深之義不聞伊
字三點而成解脫涅槃摩訶般若成秘密藏
我今於此闡揚分別為諸聲聞開發慧眼假
使有人作如是言如是四事云何為一非虛
妄邪即應反質是虛空无所有不動无㝵如
是四事有何等異是豈得名為虛妄乎不也
世尊如是諸句即是一義所謂空義自正正

妄邪即應反質是虛空无所有不動无㝵如
是四事有何等異是豈得名為虛妄乎不也
世尊如是諸句即是一義所謂空義自正正
他能隨問荅解因緣義亦復如是即大涅槃
等无有異
佛告迦葉菩薩若有善男子善女人作如是
言如来无常云何當知是无常邪如佛所言
滅諸煩惱名為涅槃猶如火滅悉无所有滅
諸煩惱亦復如是故名涅槃云何如来為常
住法不變易邪如佛言曰離諸有者乃名涅
槃是涅槃中无有諸有云何如来為常住法
不變易邪如衣壞盡不名為物涅槃亦尒滅
諸煩惱不名為物云何如来為常住法不變
易邪如佛言曰離欲寂滅名曰涅槃如人斬
首則无有首離欲寂滅亦復如是空无所有
故名涅槃云何如来為常住法不變易邪如
佛言曰
辟如熱鐵　椎打星流　散已尋滅　莫知所在
得正解脫　亦復如是　已度婬欲　諸有淤泥
得无動處　不知所至
云何如来為常住法不變易邪迦葉若有人
作是難者名為邪難迦葉汝亦不應作是憶
想謂如来性是滅盡也迦葉滅煩惱者不名
為物何以故永畢竟故是故名常是句寂靜
為无有上滅盡諸相无有遺餘是句鮮白常

想謂如来性是滅盡也迦葉滅煩惱者不名
爲物何以故永畢竟故是故名常是句寂静
爲无有上滅盡諸相无有遺餘是句鮮白常
住无退是故涅槃名曰常住如来亦尒常住
无變言星流者謂煩惱也散已尋滅莫知所
在者謂諸如来煩惱滅已不在五趣是故如
来是常住法无有變易復次迦葉諸佛所師
所謂法也是故如来恭敬供養以法常故諸
佛亦常迦葉菩薩復白佛言若煩惱火滅如
来亦滅是則如来无常住處如彼迸鐵赤色
滅已莫知所至如来煩惱亦復如是滅无所
至又如彼鐵熱與赤色滅已无有如来亦尒
滅已无常滅煩惱火便入涅槃當知如来即
是无常善男子所言鐵者名諸凡夫凡夫之
人雖滅煩惱滅已復生故名无常如来不尒
滅已不生是故名常迦葉復言如鐵色滅已
還置火中赤色復生如来若尒應還生結若
結還生即是无常佛言迦葉汝今不應作如
是言如来无常何以故如来是常善男子如
彼然木滅已有灰煩惱滅已便有涅槃壞衣
斬首破瓶等譬亦復如是如是等物各有名
字名曰壞衣斬首破瓶迦葉如鐵冷已可使
還熱如来不尒斷煩惱已畢竟清凉煩惱熾
火更不復生迦葉當知无量衆生猶如彼鐵
我以无漏智慧熾火燒彼衆生諸煩惱結迦

BD15372 號　大般涅槃經（南本）卷四　（22–11）

火更不復生迦葉當知无量衆生猶如彼鐵
我以无漏智慧熾火燒彼衆生諸煩惱結迦
葉復言善哉善哉我今諦知如来所說諸佛
是常
佛言迦葉譬如聖王處在後宮或時遊觀在
於後園王雖不在諸采女中亦不得言聖王
命終善男子如来亦尒雖不現於閻浮提界
入涅槃中不名无常如来出於无量煩惱入
于涅槃安樂之處遊諸覺華歡娱受樂迦葉
復問如佛言曰我已久度煩惱大海若佛已度
煩惱海者何緣復納耶輸陁羅生羅睺羅
以是因緣當知如来未度煩惱諸結大海唯
願如来說其因緣佛告迦葉汝不應言如来
久度煩惱大海何緣復納耶輸陁羅生羅睺
羅以是因緣當知如来未度煩惱諸結大海
善男子是大涅槃能建大義汝等今當至心
諦聽廣爲人說莫生驚疑若有菩薩住大涅
槃須弥山王如是高廣悉能取令入於芥子
其諸衆生依須弥者亦不迫迮无往来想如
本无異唯應度者見是菩薩以須弥山内芥
子中復還安止本所住處善男子復有菩薩
摩訶薩住大涅槃能以三千大千世界入於
芥子其中衆生亦无迫迮及往来想如本无
異唯應度者見是菩薩以此三千大千世界

BD15372 號　大般涅槃經（南本）卷四　（22–12）

摩訶薩住大涅槃能以三千大千世界入於
芥子其中衆生亦无迫迮及往来想如本无
異唯應度者見是菩薩以此三千大千世界
內芥子中復還安止本所住處善男子復有
菩薩摩訶薩住大涅槃能以三千大千世界
入一毛孔乃至本處亦復如是善男子復有
菩薩摩訶薩住大涅槃斷取十方三千大千
諸佛世界置於針鋒如貫棗葉擲著他方異
佛世界其中衆生不覺往反為在何處唯應
度者乃能見之乃至本處亦復如是善男子
復有菩薩摩訶薩住大涅槃斷取十方三千
大千諸佛世界置於右掌如陶家輪擲置他
方微塵世界无一衆生有往来想唯應度者
乃見之耳乃至本處亦復如是善男子復有
菩薩摩訶薩住大涅槃斷取一切十方无量
諸佛世界悉內己身其中衆生悉不迫迮亦
无往反及住處想唯應度者乃能見之乃至
本處亦復如是善男子復有菩薩摩訶薩住
大涅槃以十方世界內一塵中其中衆生亦
无迫迮往反之想唯應度者乃能見之乃至
本處亦復如是善男子是菩薩摩訶薩住大
涅槃則能示現種種无量神通變化是故名
曰大般涅槃是菩薩摩訶薩所可示現如是
无量神通變化一切衆生无能測量汝今云
何能知如来集近愛欲生羅睺羅

BD15372號　大般涅槃經（南本）卷四　（22–13）

无量神通變化一切衆生无能測量汝今云
何能知如来集近愛欲生羅睺羅
善男子我已久住是大涅槃種種示現神通
變化於此三千大千世界百億日月百億閻
浮提種種示現如首楞嚴經中廣說我於三
千大千世界或閻浮提示現涅槃亦不畢竟
取於涅槃或閻浮提示入母胎令其父母生
我子想而我此身畢竟不從愛欲和合而得
生也我已久從无量劫来離於愛欲我今此
身即是法身隨順世間示現入胎善男子此
閻浮提林微尼園示現從母摩耶而生生已
即能東行七步唱如是言我於人天阿脩羅
中最尊最上父母人天見已驚喜生希有心
是諸人等謂是嬰兒而我此身无量劫来久
離是法如是身者即是法身非是肉血筋脉
骨髓之所成立隨順世間衆生法故示為嬰
兒南行七步示現欲為无量衆生作上福田
西行七步示現生盡永斷老死是最後身北
行七步示現已度諸有生死東行七步示為
衆生而作導首四維七步示現斷滅種種煩
惱四魔種性成於如来應供正遍知上行七
步示現不為不淨之物之所染汙猶如虛空
下行七步示現法雨滅地獄火令彼衆生受
安隱樂毀禁戒者示作霜雹於閻浮提生七

BD15372號　大般涅槃經（南本）卷四　（22–14）

步示現不爲不淨之物之所染汙猶如虛空
下行七步示現法雨滅地獄火令彼衆生受
安隱樂毀禁戒者示作霜雹於閻浮提生七
日已示現剃髮諸人皆謂我是嬰兒初始剃
髮一切人天魔王波旬沙門婆羅門无有能
見我頂相者況有持刀臨之剃髮若有持刀
至我頂者无有是處我已久於无量劫中剃
除鬚髮爲欲隨順世間法故示現剃髮我既
生已父母將我入天祠中以我示彼魔醯首
羅魔醯首羅即見我時合掌恭敬立在一面
我已久於无量劫中捨離如是入天祠法爲
欲隨順世間法故示現如是我於閻浮提示
現穿耳一切衆生實无有能穿我耳者隨順
世間衆生法故示現如是復以諸寶作師子
璫莊嚴其耳然我已於无量劫中離莊嚴具
爲欲隨順世間法故作是示現示入學堂脩
學書計然我已於无量劫中具足成就遍觀
三界所有衆生无有堪任爲我師者爲欲隨
順世間法故示入學堂故名如來應供正遍
知習學乘象縣馬桷力種種伎藝亦復如是
於閻浮提而復示現爲王太子衆生皆見我
爲太子於五欲中歡娛受樂然我已於无量
劫中捨離如是五欲之樂爲欲隨順世間法
故示如是相相師占我若不出家當爲轉輪
聖王王閻浮提一切衆生皆信是言然我已

BD15372號　大般涅槃經（南本）卷四　（22–15）

故示如是相相師占我若不出家當爲轉輪
聖王王閻浮提一切衆生皆信是言然我已
於无量劫中捨轉輪位爲法輪王於閻浮提
現離采女五欲之樂見老病死及沙門已出
家脩道衆生皆謂悉達太子初始出家然我
已於无量劫中出家學道隨順世法故示如
是我於閻浮示現出家受具足戒精勤脩道
得須陁洹果斯陁含果阿那含果阿羅漢果
衆人皆謂是阿羅漢果易得不難然我已於
无量劫中成阿羅漢果爲欲度脫諸衆生故
坐於道場菩提樹下以草爲座摧伏衆魔衆
皆謂我始於道場菩提樹下降伏魔官然我
已於无量劫中久降伏已爲欲降伏剛強衆
生故現是化我又示現大小便利出息入息
衆皆謂我實有便利出息入息然我是身所
得果報无是諸患隨順世間故示如是我又
示現受人信施然我是身都无飢渴隨順世
法故示如是我又示同諸衆生故現有睡眠
然我已於无量劫中具足无上深妙智慧遠
離三有進止威儀頭目腹背舉身疾痛木鎗
償對盥洗手足澡面漱口揚枝自淨衆皆謂
我有如是事然我是身都无此也手足清淨
猶如蓮華口氣淨潔如優鉢羅香一切衆生
謂我是人我實非人我又示現受糞掃衣浣

BD15372號　大般涅槃經（南本）卷四　（22–16）

猶如蓮華口氣淨潔如優鉢羅香一切衆生
謂我是人我實非人我又示現受糞掃衣浣
濯縫治然我久已不須是衣衆人皆謂羅睺
羅者是我之子輸頭檀王是我之父摩耶夫
人是我之母處在世間受諸快樂捨如是事
出家學道衆人復言是王太子瞿曇大姓遠
離世樂求出世法然我久離世間愛欲如是
等事悉是示現一切衆生咸謂是人然我實
非善男子我雖在此閻浮提中數數示現入
於涅槃然我實不畢竟涅槃而諸衆生皆謂
如来真實滅盡而如来性實不永滅是故當
知是常住法不變易法善男子大涅槃者即
是諸佛如来法界我又示現閻浮提中出於
世間衆生皆謂我始成佛然我已於无量劫
中所作已辦隨順世法故復示現於閻浮提
出家成佛我又示現於閻浮提不持禁戒犯
四重罪衆人皆見謂我實犯然我已於无量
劫中堅持禁戒无有漏缺我又示現於閻浮
提爲一闡提衆人皆見是一闡提然我實非
一闡提也一闡提者云何能成阿耨多羅三
藐三菩提我又示現於閻浮提破和合僧衆
生皆謂我是破僧我觀人天无有能破和合
僧者我又示現於閻浮提護持正法衆人皆
謂我是護法悉生驚恠諸佛法尒不應驚恠

BD15372 號　大般涅槃經（南本）卷四　（22–17）

藐三菩提我又示現於閻浮提破和合僧衆
生皆謂我是破僧我觀人天无有能破和合
僧者我又示現於閻浮提護持正法衆人皆
謂我是護法悉生驚恠諸佛法尒不應驚恠
我又示現於閻浮提爲魔波旬衆人皆謂我
是波旬然我久於无量劫中離於魔事清淨
无染猶如蓮華我又示現於閻浮提女身成
佛衆人見之皆言甚奇女人能成阿耨多羅
三藐三菩提如来畢竟不受女身爲欲調伏
无量衆生故現女像憐愍一切諸衆生故而
復示現種種色像我又示現閻浮提中生於
四趣然我久已斷諸趣因以業因故墮於四
趣爲度衆生故生是中我又示現閻浮提中
作梵天王令事梵者安住正法然我實非而
諸衆生咸皆謂我爲真梵天示現天像遍諸
天廟亦復如是我又示現於閻浮提入淫女
舍然我實无貪欲之想清淨不汙猶如蓮華
爲諸貪婬着色衆生於四衢道宣説妙法然
我實无欲穢之心衆人謂我守護女人我又
示現於閻浮提入青衣舍爲欲誘化令住正
法然我實无如是惡業墮在青衣我又示現
閻浮提中而作教師開化童矇令住正法我
又示現於閻浮提入諸酒會博弈之處示現
種種勝負諍訟爲欲拔濟彼諸衆生而我實
无如是惡業而諸衆生皆謂我作如是之業

BD15372 號　大般涅槃經（南本）卷四　（22–18）

閻浮提中而作教師開化童矇令住正法我
又示現於閻浮提入諸酒會博弈之處示現
種種勝負諍訟爲欲拔濟彼諸衆生而我實
无如是惡業而諸衆生皆謂我作如是之業
我又示現久住塚閒作大鷲身度諸飛鳥而
諸衆生皆謂我是真實鷲身然我久已離於
是業爲欲度彼諸鳥鷲故示現如是我又示
現閻浮提中作大長者爲欲安立无量衆生
住於正法又復示作諸王大臣王子輔相於
是衆中各爲第一爲脩正法故處王位我又
示現閻浮提中疫病劫起多有衆生爲病所
惱先施醫藥然後爲說微妙正法令其安住
无上菩提衆人皆謂是病劫起又復示現閻
浮提中飢餓劫起隨其所須供給飲食然後
爲說微妙正法令其安住无上菩提又復示
現閻浮提中刀兵劫起即爲說法令離怨害
使得安住无上菩提又復示現爲計常者說
无常想計樂想者爲說苦想計我想者說无
我想計淨想者說不淨想若有衆生貪著三
界即爲說法令離是處度衆生故爲說无上
微妙法藥爲斷一切煩惱樹故種植无上法
藥之樹爲欲拔濟諸外道故演說正法雖復
示現爲衆生師而心初无衆生師想爲欲拔
濟諸下賤故現入其中而爲說法非是惡業
受是身也如来正覺如是安住大般涅槃是

BD15372 號　大般涅槃經（南本）卷四　　（22–19）

示現爲衆生師而心初无衆生師想爲欲拔
濟諸下賤故現入其中而爲說法非是惡業
受是身也如来正覺如是安住大般涅槃是
故名爲常住无變如閻浮提東弗于逮西瞿
耶尼北欝單越亦復如是如四天下三千大
千世界亦復如是廿五有如首楞嚴經中廣
說以是故名大般涅槃若有菩薩摩訶薩安
住如是大般涅槃能示如是神通變化而无
所畏迦葉以是緣故汝不應言羅睺羅者是
佛之子何以故我於往昔无量劫中已離欲
有是故如来名曰常住无有變易
迦葉菩薩復白佛言世尊如来云何名曰常
住如佛言曰如燈滅已无有方所如来亦尒
既滅度已亦无方所佛言迦葉善男子汝今
不應作如是言燈滅盡已无有方所如来亦
尒既滅度已无有方所善男子譬如男女然
燈之時燈器大小悉滿中油隨有油在其明
猶存若油盡已明亦俱盡其明滅者譬煩惱
滅明雖滅盡燈器猶存如来亦尒煩惱雖滅
法身常存善男子於意云何明與燈器爲俱
滅不迦葉答言不也世尊雖不俱滅然是无
常若以法身譬燈器者燈器无常法身亦尒
應是无常善男子汝今不應作如是難如世
閒言器如来世尊无上法器彼器无常非如
来也一切法中涅槃爲常如来體之故名爲

BD15372 號　大般涅槃經（南本）卷四　　（22–20）

法身常存善男子於意云何眼與燈器爲俱
滅不迦葉荅言不也世尊雖不俱滅然是无
常若以法身辟燈器者燈器无常法身亦尒
應是无常善男子汝今不應作如是難如世
間言器如來世尊无上法器彼器无常非如
來也一切法中涅槃爲常如來體之故名爲
常復次善男子言燈滅者是阿羅漢所證涅
槃以滅貪愛諸煩惱故辟之燈滅阿那含者
名曰有貪以有貪故不得說言同於燈滅是
故我昔覆相說言辟如燈滅非大涅槃同於
燈滅阿那含者非數數來又不還來廿五有
更不復受臭身虫身食身毒身是則名爲阿
那含也若更受身名爲那含不受身者名阿
那含有去來者名曰那含无去來者名阿那
含

大般涅槃經卷第四

BD15372號　大般涅槃經（南本）卷四　（22–21）

故我昔覆相說言辟如燈滅非大涅槃同於
燈滅阿那含者非數數來又不還來廿五有
更不復受臭身虫身食身毒身是則名爲阿
那含也若更受身名爲那含不受身者名阿
那含有去來者名曰那含无去來者名阿那
含

大般涅槃經卷第四

BD15372號　大般涅槃經（南本）卷四　（22–22）

震動其國中間幽冥之處日月威光所不能
照而皆大明其中衆生各得相見咸作是言
此中云何忽生衆生又其國界諸天宮殿乃
至梵宮六種震動大光普照遍滿世界勝諸
天光尒時東方五百万億諸國土中梵天宮
殿光明照曜倍於常明諸梵天王各作是念
今者宮殿光明昔所未有以何因緣而現此
相是時諸梵天王即各相詣共議此事而彼
衆中有一大梵天王名救一切為諸梵衆而
說偈言
我等諸宮殿　光明昔未有　此是何因緣　宜各共求之
為大德天生　為佛出世間　而此大光明　遍照於十方
尒時五百万億國土諸梵天王與宮殿俱各
以衣裓盛諸天華共詣西方推尋是相見大
通智勝如來處于道場菩提樹下坐師子座
諸天龍王乾闥婆緊那羅摩睺羅伽人非人
等恭敬圍繞及見十六王子請佛轉法輪即
時諸梵天王頭面礼佛繞百千帀即以天華

BD15373號　妙法蓮華經卷三　（14–1）

等恭敬圍繞及見十六王子請佛轉法輪即
時諸梵天王頭面礼佛繞百千帀即以天華
而散佛上其所散華如須弥山并以供養佛
菩提樹其菩提樹高十由旬華供養已各以
宮殿奉上彼佛而作是言唯見哀愍饒益我
等所獻宮殿願垂納處時諸梵天王即於佛
前一心同聲以偈頌曰
世尊甚希有　難可得值遇　具无量功德　能救護一切
天人之大師　哀愍於世間　十方諸衆生　普皆蒙饒益
我等所從來　五百万億國　捨深禪定樂　為供養佛故
我等先世福　宮殿甚嚴飾　今以奉世尊　唯願哀納受
尒時諸梵天王偈讚佛已各作是言唯願世
尊轉於法輪度脫衆生開涅槃道時諸梵天
王一心同聲而說偈言
世雄兩足尊　唯願演說法　以大慈悲力　度苦惱衆生
尒時大通智勝如來默然許之又諸比丘東
南方五百万億國土諸大梵王各自見宮殿
光明照曜昔所未有歡喜踊躍生希有心即
各相詣共議此事而彼衆中有一大梵天王
名曰大悲為諸梵衆而說偈言
是事何因緣　而現如此相　我等諸宮殿　光明昔未有
為大德天生　為佛出世間　未曾見此相　當共一心求
過千万億土　尋光共推之　多是佛出世　度脫苦衆生
尒時五百万億諸梵天王與宮殿俱各以衣

BD15373號　妙法蓮華經卷三　（14–2）

過千万億土　尋光共推之　多是佛出世　度脫苦衆生
尒時五百万億諸梵天王與宮殿俱各以衣
祴盛諸天華共詣西北方推尋是相見大通
智勝如來處于道場菩提樹下坐師子座諸
天龍王乾闥婆緊那羅摩睺羅伽人非人等
恭敬圍繞及見十六王子請佛轉法輪時諸
梵天王頭面礼佛繞百千帀即以天華而散
佛上所散之華如須弥山并以供養佛菩提
樹華供養已各以宮殿奉上彼佛而作是言
唯見哀愍饒益我等所獻宮殿願垂納處尒
時諸梵天王即於佛前一心同聲以偈頌曰
聖主天中王　迦陵頻伽聲　哀愍衆生者　我等今敬礼
世尊甚希有　久遠乃一現　一百八十劫　空過无有佛
三惡道充滿　諸天衆減少　今佛出於世　為衆生作眼
世間所歸趣　救護於一切　為衆生之父　哀愍饒益者
我等宿福慶　今得值世尊
尒時諸梵天王偈讚佛已各作是言唯願世
尊哀愍一切轉於法輪度脫衆生時諸梵天
王一心同聲而說偈言
大聖轉法輪　顯示諸法相　度苦惱衆生　令得大歡喜
衆生聞此法　得道若生天　諸惡道減少　忍善者增益
尒時大通智勝如來嘿然許之又諸比丘南
方五百万億國土諸大梵王各自見宮殿光
明照曜昔所未有歡喜踊躍生希有心即各

BD15373號　妙法蓮華經卷三　（14–3）

衆生聞此法　得道若生天　諸惡道減少　忍善者增益
尒時大通智勝如來嘿然許之又諸比丘南
方五百万億國土諸大梵王各自見宮殿光
明照曜昔所未有歡喜踊躍生希有心即各
相詣共議此事以何因緣我等宮殿有此光
曜而彼衆中有一大梵天王名曰妙法為諸
梵衆而說偈言
我等諸宮殿　光明甚威曜　此非无因緣　是相宜求之
過於百千劫　未曾見是相　為大德天生　為佛出世間
尒時五百万億諸梵天王與宮殿俱各以衣
祴盛諸天華共詣北方推尋是相見大通智
勝如來處于道場菩提樹下坐師子座諸天
龍王乾闥婆緊那羅摩睺羅伽人非人等恭
敬圍繞及見十六王子請佛轉法輪時諸梵
天王頭面礼佛繞百千帀即以天華而散佛
上所散之華如須弥山并以供養佛菩提樹
華供養已各以宮殿奉上彼佛而作是言唯
見哀愍饒益我等所獻宮殿願垂納處尒時
諸梵天王即於佛前一心同聲以偈頌曰
世尊甚難見　破諸煩惱者　過百三十劫　今乃得一見
諸飢渴衆生　以法雨充滿　昔所未曾覩　无量智慧者
如優曇鉢羅　今日乃值遇　我等諸宮殿　蒙光故嚴飾
世尊大慈愍　唯願垂納受
尒時諸梵天王偈讚佛已各作是言唯願世
尊轉於法輪令一切世間諸天魔梵沙門婆

BD15373號　妙法蓮華經卷三　（14–4）

世尊大慈愍　唯願垂納受
尒時諸梵天王偈讚佛已各作是言唯願世
尊轉於法輪令一切世間諸天魔梵沙門婆
羅門皆獲安隱而得度脫時諸梵天王一心
同聲以偈頌曰
唯願天人尊　轉无上法輪　擊于大法鼓　而吹
普雨大法雨　度无量衆生　我等咸歸請
尒時大通智勝如來嘿然許之西
下方亦復如是尒時上方五百
大梵王皆悉自覩所止宮殿光明
未有歡喜踊躍生希有心即各相
事以何因緣我等宮殿有斯光明
有一大梵天王名曰尸棄為諸梵衆而
言
今以何因緣　我等諸宮殿　威德光明曜　嚴飾未曾有
如是之妙相　昔所未聞見　為大德天生　為佛出世間
尒時五百万億諸梵天王與宮殿俱各以衣
裓盛諸天華共詣下方推尋是相見大通智
勝如來處于道場菩提樹下坐師子座諸天
龍王乾闥婆緊那羅摩睺羅伽人非人等恭
敬圍繞及見十六王子請佛轉法輪時諸梵
天王頭面礼佛繞百千帀即以天華而散佛
上所散之華如須弥山并以供養佛菩提樹
華供養已各以宮殿奉上彼佛而作是言唯

BD15373號　妙法蓮華經卷三　（14–5）

天王頭面礼佛繞百千帀即以天華而散佛
上所散之華如須弥山并以供養佛菩提樹
華供養已各以宮殿奉上彼佛而作是言唯
見哀愍饒益我等所獻宮殿願垂納處時諸
梵天王即於佛前一心同聲以偈頌曰
善哉見諸佛　救世之聖尊　能於三界獄　勉出諸衆生
普智天人尊　愍衆群萠類　能開甘露門　廣度於一切
於昔无量劫　空過无有佛　世尊未出時　十方常闇冥
三惡道增長　阿脩羅亦盛　諸天衆轉減　死多墮惡道
不從佛聞法　常行不善事　色力及智慧　斯等皆減少
罪業因緣故　失樂及樂想　住於邪見法　不識善儀則
不蒙佛所化　常墮於惡道　佛為世間眼　久遠時乃出
哀愍諸衆生　故現於世間　超出成正覺　我等甚欣慶
及餘一切衆　喜歎未曾有　我等諸宮殿　蒙光故嚴飾
今以奉世尊　唯垂哀納受　願以此功德　普及於一切
我等與衆生　皆共成佛道
尒時五百万億諸梵天王偈讚佛已各白佛
言唯願世尊轉於法輪多所安隱多所度脫
時諸梵天王而說偈言
世尊轉法輪　擊甘露法鼓　度苦惱衆生　開示涅槃道
唯願受我請　以大微妙音　哀愍而敷演　无量劫習法
尒時大通智勝如來受十方諸梵天王及十
六王子請即時三轉十二行法輪若沙門婆
羅門若天魔梵及餘世間所不能轉謂是苦

BD15373號　妙法蓮華經卷三　（14–6）

尒時大通智勝如来受十方諸梵天王及十
六王子請即時三轉十二行法輪若沙門婆
羅門若天魔梵及餘世間所不能轉謂是苦
是苦集是苦滅是苦滅道及廣說十二因緣
法无明緣行行緣識識緣名色名色緣六入
六入緣觸觸緣受受緣愛愛緣取取緣有有
緣生生緣老死憂悲苦惱无明滅則行滅行
滅則識滅識滅則名色滅名色滅則六入滅
六入滅則觸滅觸滅則受滅受滅則愛滅愛
滅則取滅取滅則有滅有滅則生滅生滅則
老死憂悲苦惱滅佛於天人大衆之中說是
法時六百万億那由他人以不受一切法故
而於諸漏心得解脫皆得深妙禪定三明六
通具八解脫苐二苐三苐四說法時千万億
恒河沙那由他等衆生亦以不受一切法故
而於諸漏心得解脫從是已後諸聲聞衆无
量无邊不可稱數尒時十六王子皆以童子
出家而為沙弥諸根通利智慧明了已曽供
養百千万億諸佛淨脩梵行求阿耨多羅三
藐三菩提俱白佛言世尊是諸无量千万億
大德聲聞皆已成就世尊亦當為我等說阿
耨多羅三藐三菩提法我等聞已皆共脩學
世尊我等志願如来知見深心所念佛自證
知尒時轉輪聖王所將衆中八万億人見十六

BD15373號　妙法蓮華經卷三　（14-7）

世尊我等志願如来知見深心所念佛自證
知尒時轉輪聖王所將衆中八万億人見十六
王子出家亦求出家王即聽許尒時彼佛受
沙弥請過二万劫已乃於四衆之中說是大
乘經名妙法蓮華敎菩薩法佛所護念說是
經已十六沙弥為阿耨多羅三藐三菩提
故皆共受持諷誦通利說是經時十六菩薩
沙弥皆悉信受聲聞衆中亦有信解其餘衆
生千万億種皆生疑惑佛說是經於八千劫
未曽休廢說此經已即入静室住於禪定八
万四千劫是時十六菩薩沙弥知佛入室寂
然禪定各昇法座亦於八万四千劫為四部
衆廣說分別妙法華經一一皆度六百万億
那由他恒河沙等衆生示敎利喜令發阿耨
多羅三藐三菩提心大通智勝佛過八万四
千劫已從三昧起往詣法座安詳而坐普告
大衆是十六菩薩沙弥甚為希有諸根通利
智慧明了已曽供養无量千万億數諸佛於
諸佛所常脩梵行受持佛智開示衆生令入
其中汝等皆當數數親近而供養之所以者
何若聲聞辟支佛及諸菩薩能信是十六菩
薩所說經法受持不毀者是人皆當得阿耨
多羅三藐三菩提如来之慧佛告諸比丘是
十六菩薩常樂說是妙法蓮華經一一菩薩

BD15373號　妙法蓮華經卷三　（14-8）

多羅三藐三菩提如來之慧佛告諸比丘是
十六菩薩常樂說是妙法蓮華經一一菩薩
所化六百万億那由他恒河沙等衆生世世
所生與菩薩俱從其聞法悉皆信解以此因
緣得值四万億諸佛世尊于今不盡諸比丘
我今語汝彼佛弟子十六沙弥今皆得阿耨
多羅三藐三菩提於十方國土現在說法有
无量百千万億菩薩聲聞以為眷屬其二沙
弥東方作佛一名阿閦在歡喜國二名須弥
頂東南方二佛一名師子音二名師子相南
方二佛一名虛空住二名常滅西南方二佛
一名帝相二名梵相西方二佛一名阿弥陁
二名度一切世間苦惱西北方二佛一名多
摩羅跋栴檀香神通二名須弥相北方二佛
一名雲自在二名雲自在王東北方佛名壞
一切世間怖畏第十六我釋迦牟尼佛於娑
婆國土成阿耨多羅三藐三菩提諸比丘我
等為沙弥時各各教化无量百千万億恒河
沙等衆生從我聞法為阿耨多羅三藐三菩
提此諸衆生于今有住聲聞地者我常教化
阿耨多羅三藐三菩提是諸人等應以是法
漸入佛道所以者何如來智慧難信難解尒
時所化无量恒河沙等衆生者汝等諸比丘
及我滅度後未來世中聲聞弟子是也我滅

BD15373號　妙法蓮華經卷三　（14–9）

阿耨多羅三藐三菩提是諸人等應以是法
漸入佛道所以者何如來智慧難信難解尒
時所化无量恒河沙等衆生者汝等諸比丘
及我滅度後未來世中聲聞弟子是也我滅
度後復有弟子不聞是經不知不覺菩薩所
行自於所得功德生滅度想當入涅槃我於
餘國作佛更有異名是人雖生滅度之想入
於涅槃而於彼土求佛智慧得聞是經唯以
佛乘而得滅度更无餘乘除諸如來方便說
法諸比丘若如來自知涅槃時到衆又清淨
信解堅固了達空法深入禪定便集諸菩薩
及聲聞衆為說是經世間无有二乘而得滅
度唯一佛乘得滅度耳比丘當知如來方便
深入衆生之性知其志樂小法深著五欲為
是等故說於涅槃是人若聞則便信受譬如
五百由旬險難惡道曠絕无人怖畏之處若
有多衆欲過此道至珍寶處有一導師聰慧
明達善知險道通塞之相將導衆人欲過此
難所將人衆中路懈退白導師言我等疲極
而復怖畏不能復進前路猶遠今欲退還導
師多諸方便而作是念此等可愍云何捨大
珍寶而欲退還作是念已以方便力於險道
中過三百由旬化作一城告衆人言汝等勿
怖莫得退還今此大城可於中止隨意所作

BD15373號　妙法蓮華經卷三　（14–10）

珎寶而欲退還作是念已以方便力於險道
中過三百由旬化作一城告衆人言汝等勿
怖莫得退還今此大城可於中止隨意所作
若入是城快得安隱若能前至寶所亦可得
去是時疲極之衆心大歡喜歎未曾有我等
今者免斯惡道快得安隱於是衆人前入化
城生已度想生安隱想尒時導師知此人衆
既得止息无復疲惓即滅化城語衆人言汝
等去來寶處在近向者大城我所化作爲止
息耳諸比丘如來亦復如是今爲汝等作大
導師知諸生死煩惱惡道險難長遠應去
應度若衆生但聞一佛乘者則不欲見佛不
欲親近便作是念佛道長遠久受勤苦乃可
得成佛知是心怯弱下劣以方便力而於中
道爲止息故說二涅槃若衆生住於二地如
來尒時即便爲說汝等所作未辦汝所住地
近於佛慧當觀察籌量所得涅槃非真實也
但是如來方便之力於一佛乘分別說三如
彼導師爲止息故化作大城既知息已而告
之言寶處在近此城非實我化作耳尒時世
尊欲重宣此義而說偈言
大通智勝佛　十劫坐道場　佛法不現前　不得成佛道
諸天神龍王　阿脩羅衆等　常雨於天華　以供養彼佛
諸天擊天鼓　并作衆伎樂　香風吹萎華　更雨新好者
過十小劫已　乃得成佛道　諸天及世人　心皆懷踊躍

BD15373號　妙法蓮華經卷三　（14–11）

諸天擊天鼓　并作衆伎樂　香風吹萎華　更雨新好者
過十小劫已　乃得成佛道　諸天及世人　心皆懷踊躍
彼佛十六子　皆與其眷屬　千万億圍繞　俱行至佛所
頭面礼佛足　而請轉法輪　聖師子法雨　充我及一切
世尊甚難值　久遠時一現　爲覺悟群生　震動於一切
東方諸世界　五百万億國　梵宮殿光曜　昔所未曾有
諸梵見此相　尋來至佛所　散華以供養　并奉上宮殿
請佛轉法輪　以偈而讚歎　佛知時未至　受請嘿然坐
三方及四維　上下亦復尒　散華奉宮殿　請佛轉法輪
世尊甚難值　願以大慈悲　廣開甘露門　轉无上法輪
无量慧世尊　受彼衆人請　爲宣種種法　四諦十二緣
无明至老死　皆從生緣有　如是衆過患　汝等應當知
宣暢是法時　六百万億姟　得盡諸苦際　皆成阿羅漢
第二說法時　千万恒沙衆　於諸法不受　亦得阿羅漢
從是後得道　其數无有量　万億劫筭數　不能得其邊
時十六王子　出家作沙弥　皆共請彼佛　演說大乘法
我等及營從　皆當成佛道　願得如世尊　慧眼第一淨
佛知童子心　宿世之所行　以无量因緣　種種諸譬喻
說六波羅蜜　及諸神通事　分別真實法　菩薩所行道
說是法華經　如恒河沙偈　彼佛說經已　靜室入禪定
一心一處坐　八万四千劫　是諸沙弥等　知佛禪未出
爲无量億衆　說佛无上慧　各各坐法座　說是大乘經
於佛宴寂後　宣揚助法化　一一沙弥等　所度諸衆生
有六百万億　恒河沙等衆　彼佛滅度後　是諸聞法者

BD15373號　妙法蓮華經卷三　（14–12）

說是法華經　如恒河沙偈　彼佛說經已　靜室入禪定
一心一處坐　八万四千劫　是諸沙弥等　知佛禪未出
為无量億衆　說佛无上慧　各各坐法座　說是大乘經
於佛宴寂後　宣揚助法化　一一沙弥等　所度諸衆生
有六百万億　恒河沙等衆　彼佛滅度後　是諸聞法者
在在諸佛土　常與師俱生　是十六沙弥　具足行佛道
今現在十方　各得成正覺　尒時聞法者　各在諸佛所
其有住聲聞　漸教以佛道　我在十六數　曾亦為汝說
是故以方便　引汝趣佛慧　以是本因緣　今說法華經
令汝入佛道　慎勿懷驚懼　譬如險惡道　迥絕多毒獸
又復无水草　人所怖畏處　无數千万衆　欲過此險道
其路甚曠遠　經五百由旬　時有一導師　強識有智慧
明了心決定　在險濟衆難　衆人皆疲惓　而白導師言
我等今頓乏　於此欲退還　導師作是念　此輩甚可愍
如何欲退還　而失大珍寶　尋時思方便　當設神通力
化作大城郭　莊嚴諸舍宅　周帀有園林　渠流及浴池
重門高樓閣　男女皆充滿　即作是化已　慰衆言勿懼
汝等入此城　各可隨所樂　諸人既入城　心皆大歡喜
皆生安隱想　自謂已得度　導師知息已　集衆而告言
汝等當前進　此是化城耳　我見汝疲極　中路欲退還
故以方便力　權化作此城　汝今勤精進　當共至寶所
我亦復如是　為一切導師　見諸求道者　中路而懈廢
不能度生死　煩惱諸險道　故以方便力　為息說涅槃
言汝等苦滅　所作皆已辦　既知到涅槃　皆得阿羅漢

BD15373號　妙法蓮華經卷三　（14–13）

我等今頓乏　於此欲退還　導師作是念　此輩甚可愍
如何欲退還　而失大珍寶　尋時思方便　當設神通力
化作大城郭　莊嚴諸舍宅　周帀有園林　渠流及浴池
重門高樓閣　男女皆充滿　即作是化已　慰衆言勿懼
汝等入此城　各可隨所樂　諸人既入城　心皆大歡喜
皆生安隱想　自謂已得度　導師知息已　集衆而告言
汝等當前進　此是化城耳　我見汝疲極　中路欲退還
故以方便力　權化作此城　汝今勤精進　當共至寶所
我亦復如是　為一切導師　見諸求道者　中路而懈廢
不能度生死　煩惱諸險道　故以方便力　為息說涅槃
言汝等苦滅　所作皆已辦　既知到涅槃　皆得阿羅漢
尒乃集大衆　為說真實法　諸佛方便力　分別說三乘
唯有一佛乘　息處故說二　今為汝說實　汝所得非滅
為佛一切智　當發大精進　汝證一切智　十力等佛法
具三十二相　乃是真實滅　諸佛之導師　為息說涅槃
既知是息已　引入於佛慧

妙法蓮華經卷第三

BD15373號　妙法蓮華經卷三　（14–14）

牟尼如來所有壽量而說頌曰
一切諸海水　可知其渧數　無有能數知　釋迦之壽量
折諸妙高山　如芥可知數　無有能數知　釋迦之壽量
一切大地土　可知其塵數　無有能筭知　釋迦之壽量
假使量虛空　可得盡邊際　無有能度知　釋迦之壽量
若人住億劫　盡力常筭數　亦復不能知　世尊之壽量
不害衆生命　及施於飲食　由斯二種因　得壽命長遠
是故大覺尊　壽命難知數　如劫無邊際　壽量亦如是
妙幢汝當知　不應起疑惑　最勝壽無量　莫能知數者
尒時妙幢菩薩聞四如來說釋迦牟尼佛壽
量無限白言世尊云何如來示現如是短促
壽量時四世尊告妙幢菩薩言善男子彼釋
迦牟尼佛於五濁世出現之時人壽百年稟
性下劣善根微薄復無信解此諸衆生多有
我見人見衆生壽者養育邪見我我所見斷
常見等為欲利益此諸異生及衆外道如是
等類令生正解速得成就無上菩提是故釋
迦牟尼如來示現如是短促壽命善男子然
彼如來欲令衆生見涅槃已生難遭想憂苦
等想於佛世尊所說經教速當受持讀誦通

BD15374號　金光明最勝王經卷一　　（11–1）

等類令生正解速得成就無上菩提是故釋
迦牟尼如來示現如是短促壽命善男子然
彼如來欲令衆生見涅槃已生難遭想憂苦
等想於佛世尊所說經教速當受持讀誦通
利為人解說不生謗毀是故如來現斯短壽
何以故彼諸衆生若見如來不般涅槃不生
恭敬難遭之想如來所說甚深經典亦不受
持讀誦通利為人宣說所以者何以常見佛
不尊重故善男子譬如有人見其父母多有
財產珍寶豐盈便於財物不生希有難遭之
想所以者何於父財物生常想故善男子彼
諸衆生亦復如是若見如來不入涅槃不生
希有難遭之想所以者何由常見故善男子
譬如有人父母貧窮資財乏少然彼貧人或
詣王家或大臣舍見其倉庫種種珍財悉皆
盈滿生希有心難遭之想時彼貧人為欲求
財廣設方便策勤無怠所以者何為捨貧窮
受安樂故善男子彼諸衆生亦復如是若見
如來入於涅槃生難遭想乃至憂苦等想復
作是念於無量劫諸佛如來出現於世如烏
曇跋花時乃一現彼諸衆生發希有心起難
遭想若遇如來心生敬信聞說正法生實語
想所有經典悉皆受持不生毀謗善男子以
是因緣彼佛世尊不久住世速入涅槃善男
子是諸如來以如是等善巧方便成就衆生
尒時四佛說是語已忽然不現

BD15374號　金光明最勝王經卷一　　（11–2）

是因緣彼佛世尊不久住世速入涅槃善男
子是諸如來以如是等善巧方便成熟衆生
尒時四佛說是語已忽然不現
尒時妙幢菩薩摩訶薩與無量百千菩薩及
無量億那庾多百千衆生俱共往詣鷲峯山
中釋迦牟尼如來應正遍知所頂礼佛足在一
面立時妙幢菩薩以如上事具白世尊時四
如來亦詣鷲峯至釋迦牟尼佛所各隨本方
就座而坐告侍者菩薩言善男子汝今可詣
釋迦牟尼佛所為我致問少病少惱起居輕
利安樂行不復作是言善哉善哉釋迦牟尼
如來今可演說金光明經甚深法要為欲饒
益一切衆生除去飢饉令得安樂我當隨喜
時彼侍者各詣釋迦牟尼佛所頂礼雙足却
住一面俱白佛言彼天人師致問無量少病
少惱起居輕利安樂行不復作是言善哉善
哉釋迦牟尼如來今可演說金光明經甚深
法要為欲利益一切衆生除去飢饉令得安
樂尒時釋迦牟尼如來應正等覺告彼侍者
諸菩薩言善哉善哉彼四如來乃能為諸衆
生饒益安樂勸請於我宣揚正法尒時世尊
而說頌曰
我常在鷲山　宣說此經寶　成熟衆生故　亦現般涅槃
凡夫起邪見　不信我所說　為成熟彼故　亦現般涅槃
時大會中有婆羅門姓憍陳如名曰法師授

BD15374 號　金光明最勝王經卷一　（11–3）

凡夫起邪見　不信我所說　為成熟彼故　亦現般涅槃
時大會中有婆羅門姓憍陳如名曰法師授
記與無量百千婆羅門衆供養佛已聞世尊
說入般涅槃涕淚交流前礼佛足白言世尊
若實如來於諸衆生有大慈悲憐愍利益令
得安樂猶如父母餘無等者能與世間作歸
依處如淨滿月以大智慧能為照明如日初
出普觀衆生愛無偏黨如羅怙羅唯願世尊
施我一願尒時世尊默然而止佛威力故於此
衆中有梨車毗童子名一切衆生喜見語
婆羅門憍陳如言大婆羅門汝今從佛欲乞
何願我能與汝婆羅門言童子我欲供養无
上世尊今從如來求請舍利如芥子許何以
故我曾聞說若善男子善女人得佛舍利如
芥子許恭敬供養是人當生三十三天而為
帝釋是時童子語婆羅門曰若欲願生三十
三天受勝報者應當至心聽是金光明最勝
王經於諸經中最為殊勝難解難入聲聞獨
覺所不能知此經能生無量無邊福德果報
乃至成辦無上菩提我今為汝略說其事婆
羅門言善哉童子此金光明甚深最上難解
難入聲聞獨覺尚不能知何況我等邊鄙之
人智慧微淺而能解了是故我今求佛舍利
如芥子許持還本處置寶函中恭敬供養命
終之後得為帝釋常受安樂云何汝今不能

BD15374 號　金光明最勝王經卷一　（11–4）

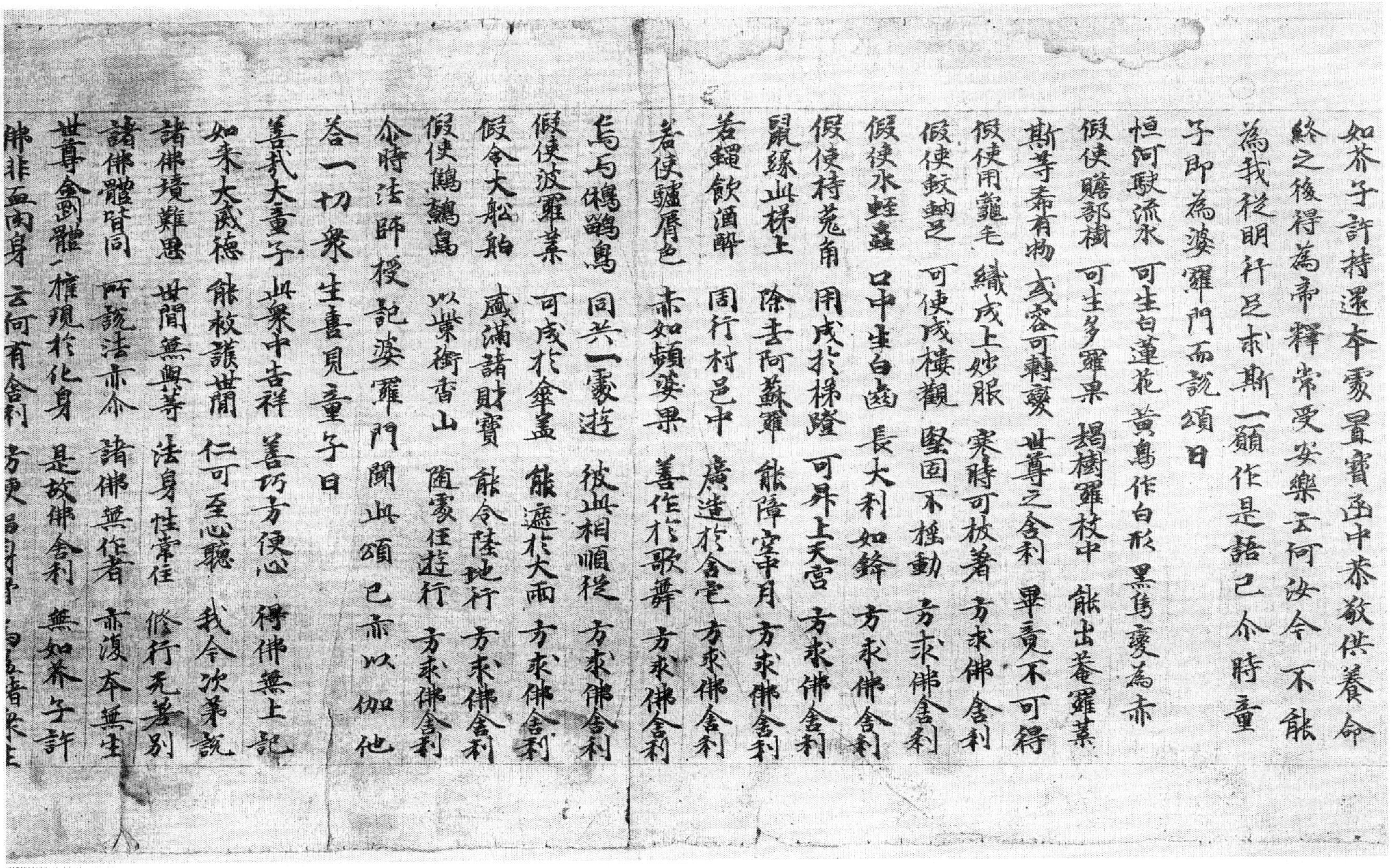
如芥子許持還本處置寶函中恭敬供養命
終之後得為帝釋常受安樂云何汝今不能
為我從明行足求斯一願作是語已尒時童
子即為婆羅門而說頌曰
恒河駛流水　可生白蓮花　黃鳥作白形　黑烏變為赤
假使贍部樹　可生多羅果　朅樹羅枝中　能出菴羅菓
斯等希有物　或容可轉變　世尊之舍利　畢竟不可得
假使用龜毛　織成上妙服　寒時可被著　方求佛舍利
假使蚊蚋足　可使成樓觀　堅固不搖動　方求佛舍利
假使水蛭蟲　口中生白齒　長大利如鋒　方求佛舍利
假使持兔角　用成於梯隥　可昇上天宮　方求佛舍利
鼠緣此梯上　除去阿蘇羅　能障空中月　方求佛舍利
若蠅飲酒醉　周行村邑中　廣造於舍宅　方求佛舍利
若使驢脣色　赤如頻婆果　善作於歌舞　方求佛舍利
烏与鵂鶹鳥　同共一處遊　彼此相順從　方求佛舍利
假使波羅葉　可成於傘蓋　能遮於大雨　方求佛舍利
假令大舩舶　盛滿諸財寶　能令陸地行　方求佛舍利
假使鷦鷯鳥　以嘴銜香山　隨處任遊行　方求佛舍利
尒時法師授記婆羅門聞此頌已亦以伽他
荅一切衆生喜見童子曰
善哉大童子　此衆中吉祥　善巧方便心　得佛無上記
如來大威德　能救護世間　仁可至心聽　我今次第說
諸佛境難思　世間無與等　法身性常住　修行无差別
諸佛體皆同　所說法亦尒　諸佛無作者　亦復本無生
世尊金剛體　權現於化身　是故佛舍利　無如芥子許
佛非血肉身　云何有舍利　方便留身骨　為益諸衆生

BD15374號　金光明最勝王經卷一　（11-5）

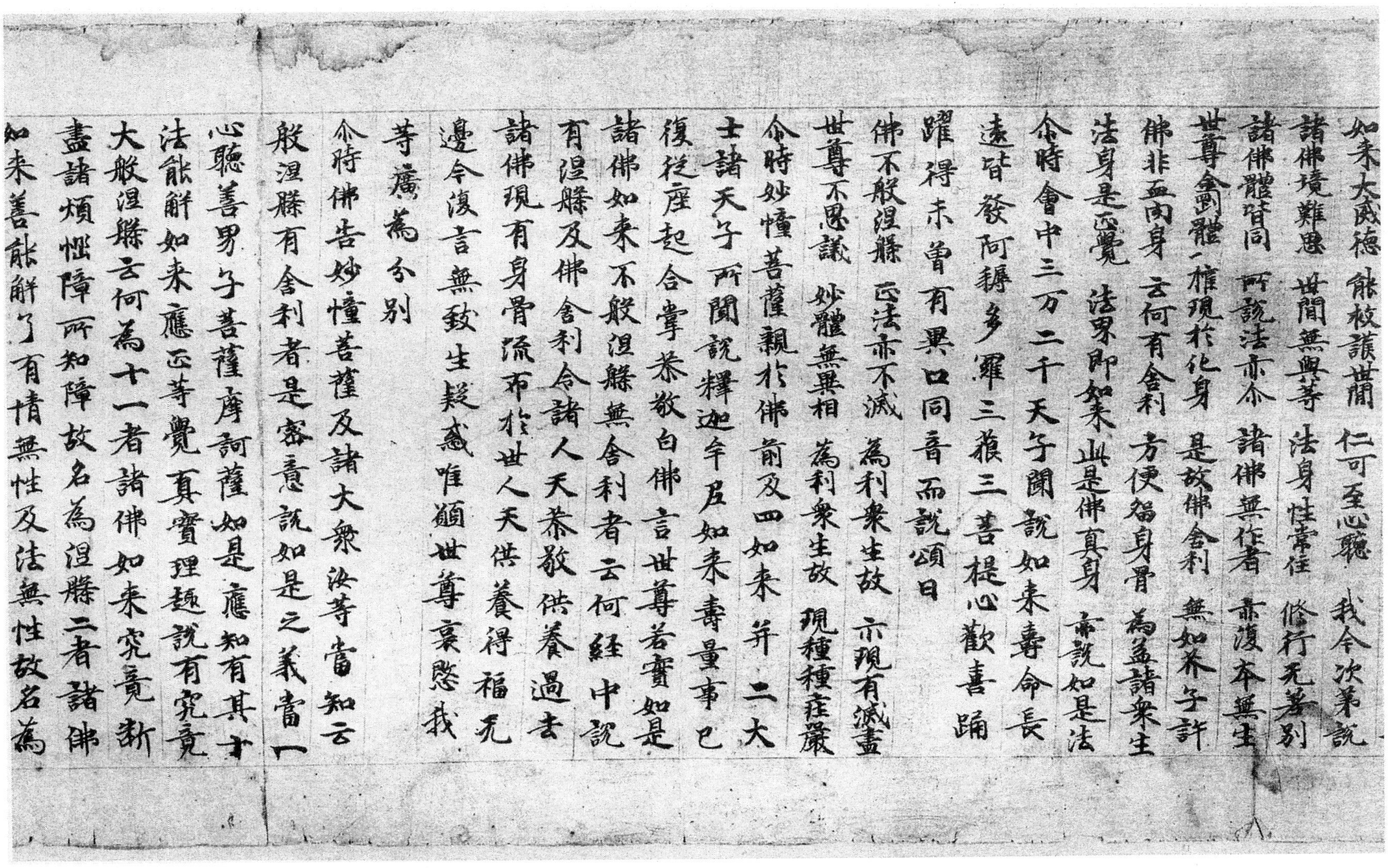
如來大威德　能救護世間　仁可至心聽　我今次第說
諸佛境難思　世間無與等　法身性常住　修行无差別
諸佛體皆同　所說法亦尒　諸佛無作者　亦復本無生
世尊金剛體　權現於化身　是故佛舍利　無如芥子許
佛非血肉身　云何有舍利　方便留身骨　為益諸衆生
法身是正覺　法界即如來　此是佛真身　亦說如是法
尒時會中三万二千天子聞說如來壽命長
遠皆發阿耨多羅三藐三菩提心歡喜踊
躍得未曾有異口同音而說頌曰
佛不般涅槃　正法亦不滅　為利衆生故　示現有滅盡
世尊不思議　妙體無異相　為利衆生故　現種種莊嚴
尒時妙幢菩薩親於佛前及四如來并二大
士諸天子所聞說釋迦牟尼如來壽量事已
復從座起合掌恭敬白佛言世尊若實如是
諸佛如來不般涅槃無舍利者云何經中說
有涅槃及佛舍利令諸人天恭敬供養過去
諸佛現有身骨流布於世人天供養得福无
邊今復言無致生疑惑唯願世尊哀愍我
等廣為分別
尒時佛告妙幢菩薩及諸大衆汝等當知云
般涅槃有舍利者是密意說如是之義當一
心聽善男子菩薩摩訶薩如是應知有其十
法能解如來應正等覺真實理趣說有究竟
大般涅槃云何為十一者諸佛如來究竟斷
盡諸煩惱障所知障故名為涅槃二者諸佛
如來善能解了有情無性及法無性故名為

BD15374號　金光明最勝王經卷一　（11-6）

盡諸煩惱障所知障故名為涅槃二者諸佛
如来善能解了有情無性及法無性故名為
涅槃三者能轉身依及法依故名為涅槃四
者於諸有情任運休息化因緣故名為涅槃
五者證得真實無差別相平等法身故名
為涅槃六者了知生死及以涅槃無二性故名
為涅槃七者於一切法了其根本證清淨故
名為涅槃八者於一切法無生無滅善修行
故名為涅槃九者真如法界實際平等得正
智故名為涅槃十者於諸法性及涅槃性得
無差別故名為涅槃是謂十法說有涅槃
復次善男子菩薩摩訶薩如是應知復有十
法能解如来應正等覺真實理趣說有究竟
大般涅槃云何為十一者一切煩惱以樂欲
為本從樂欲生諸佛世尊斷樂欲故名為涅
槃二者以諸如来斷諸樂欲不取一法以不
取故无去无来無所取故名為涅槃三者以
無去来及无所取是則法身不生不滅無生
滅故名為涅槃四者此無生滅非言所宣言
語斷故名為涅槃五者无有我人唯法生滅
得轉依故名為涅槃六者煩惱隨惑皆是客
塵法性是主无来无去佛了知故名為涅槃
七者真如是實餘皆虛妄實性體者即是真
如真如性者即是如来名為涅槃八者實際
之性無有戲論唯獨如来證實際法戲論永

BD15374號　金光明最勝王經卷一　（11–7）

如真如性者即是如来名為涅槃八者實際
之性無有戲論唯獨如来證實際法戲論永
斷名為涅槃九者無生是實生是虛妄愚癡
之人漂溺生死如来體實无有虛妄名為涅
槃十者不實之法是從緣生真實之法不從
緣起如来法身體是真實名為涅槃善男子
是謂十法說有涅槃
復次善男子菩薩摩訶薩如是應知復有十
法能解如来應正等覺真實理趣說有究竟
大般涅槃云何為十一者如来善知施及施
果無我我所此施及果不正分別永除滅故
名為涅槃二者如来善知戒及戒果无我我
所此戒及果不正分別永除滅故名為涅槃
三者如来善知忍及忍果無我我所此忍及
果不正分別永除滅故名為涅槃四者如来
善知勤及勤果無我我所此勤及果不正分
別永除滅故名為涅槃五者如来善知定及
定果無我我所此定及果不正分別永除滅
故名為涅槃六者如来善知慧及慧果无我
我所此慧及果不正分別永除滅故名為涅
槃七者諸佛如来善能了知一切有情非有
情一切諸法皆無性不正分別永除滅故名
為涅槃八者若自愛著便起追求由追求故
受眾苦惱諸佛如来除自愛故永絕追求无
追求故名為涅槃九者有為之法皆有數量

BD15374號　金光明最勝王經卷一　（11–8）

受衆苦惱諸佛如來除自愛故永絶退求无
退求故名爲涅槃九者有爲之法皆有數量
無爲法者數量皆除佛離有爲證無爲法无
數量故名爲涅槃十者如來了知有情及法
體性皆空離空非有空性即是真法身故名
爲涅槃善男子是謂十法說有涅槃
復次善男子豈唯如來不般涅槃是爲希有
復有十種希有之法是如來行云何爲十一
者生死過失涅槃寂靜由於生死及以涅槃
證平等故不處流轉不住涅槃於諸有情不
生猒背是如來行二者佛於衆生不作是念
此諸愚夫行顛倒見爲諸煩惱之所纏迫我
今開悟令其解脫然由往昔慈善根力於彼
有情隨其根性意樂勝解不起分別任運濟
度示教利喜盡未來際無有窮盡是如來行
三者佛無是念我今演說十二分教利益有
情然由往昔慈善根力於彼有情廣說乃至
盡未來際無有窮盡是如來行四者佛无是
念我今往彼城邑聚落王及大臣婆羅門刹
帝利薜舍戍達羅等舍從其乞食然由往昔
身語意行串習力故任運詣彼爲利益事而
行乞食是如來行五者如來之身無有飢渴
亦無便利羸憊之相雖行乞食而無所食亦
無分別然爲任運利益有情是有食相是如
來行六者佛無是念此諸衆生有上中下隨

BD15374 號　金光明最勝王經卷一　（11–9）

無分別然爲任運利益有情是有食相是如
來行六者佛無是念此諸衆生有上中下隨其
彼機性而爲說法然佛世尊無有分別隨其
器量善應機緣爲彼說法是如來行七者佛
無是念此類有情不恭敬我常於我所出呵
罵言不能與彼共爲言論彼類有情恭敬於
我常於我所共相讚歎我當與彼共爲言說
然而如來起慈悲心平等无二是如來行八
者諸佛如來無有愛憎憍慢貪惜及諸煩惱
然而如來常樂寂靜讚歎少欲離諸諠閙是
如來行九者如來無有一法不知不善通達
於一切處鏡智現前無有分別然而如來見
彼有情所作事業隨彼意轉方便誘引令得
出離是如來行十者如來若見一分有情得
富盛時不生歡喜見其衰損不起憂慼然而
如來見彼有情修習正行無礙大慈自然救
攝若見有情修習邪行無礙大悲自然救攝
是如來行善男子如是當知如來應正等覺
說有如是無邊正行汝等當知是謂涅槃真
實之相或時見有般涅槃者是權方便及留
舍利令諸有情恭敬供養皆是如來慈善根
力若供養者於未來世遠離八難逢事諸佛
遇善知識不失善心福報無邊速當出離不
爲生死之所纏縛如是妙行汝等勤修勿爲
放逸

BD15374 號　金光明最勝王經卷一　（11–10）

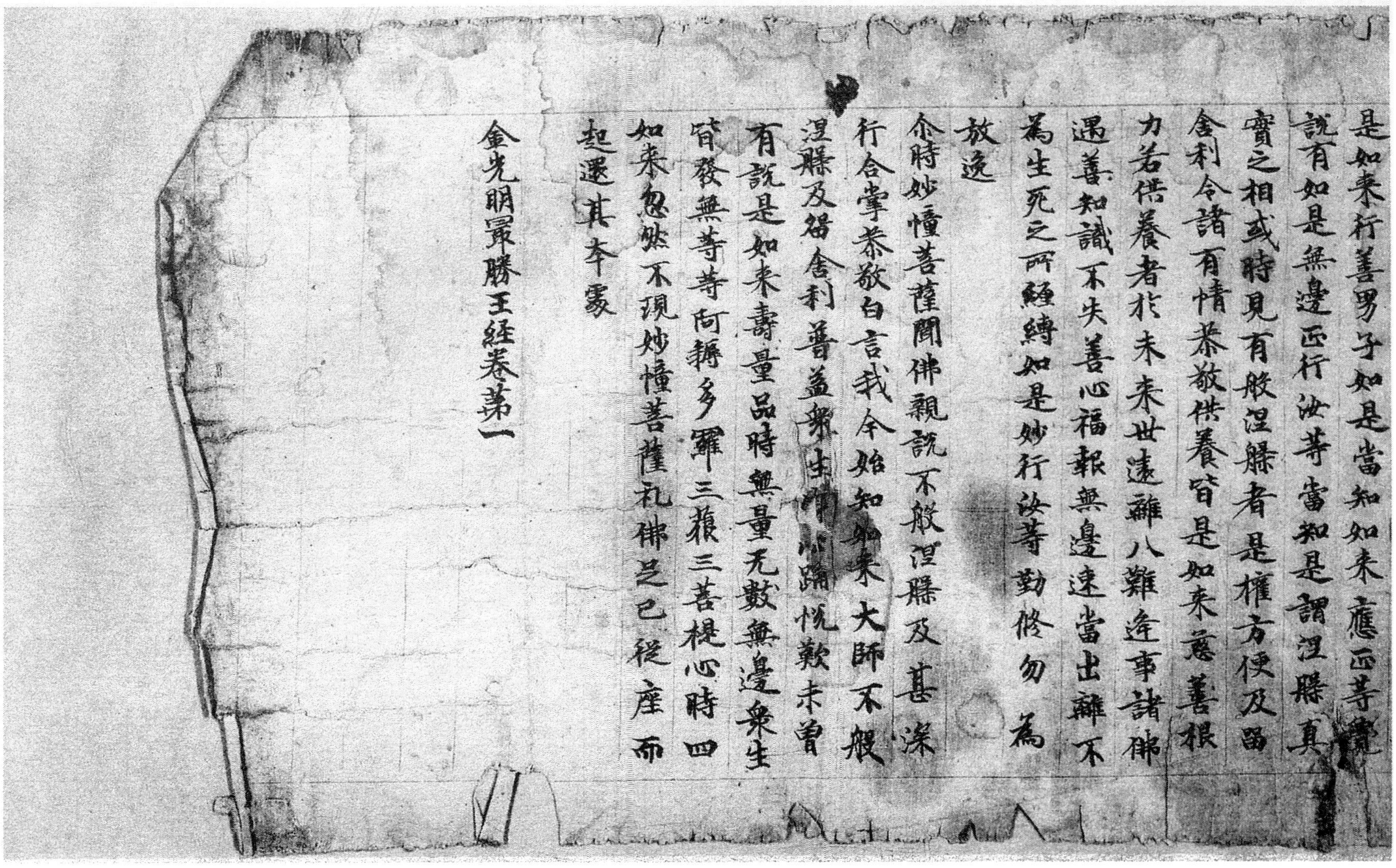

是如來行善男子如是當知如來應正等覺
說有如是無邊正行汝等當知是謂涅槃真
實之相或時見有般涅槃者是權方便及留
舍利令諸有情恭敬供養皆是如來慈善根
力若供養者於未來世遠離八難逢事諸佛
遇善知識不失善心福報無邊速當出離不
為生死之所纏縛如是妙行汝等勤修勿為
放逸
尒時妙幢菩薩聞佛親說不般涅槃及甚深
行合掌恭敬白言我今始知如來大師不般
涅槃及留舍利普益衆生身心踊悅歎未曾
有說是如來壽量品時無量無數無邊衆生
皆發無等等阿耨多羅三藐三菩提心時四
如來忽然不現妙幢菩薩禮佛足已從座而
起還其本處

金光明最勝王經卷第一

BD15374號　金光明最勝王經卷一　（11–11）

BD15374號背　題名、印章　（2–1）

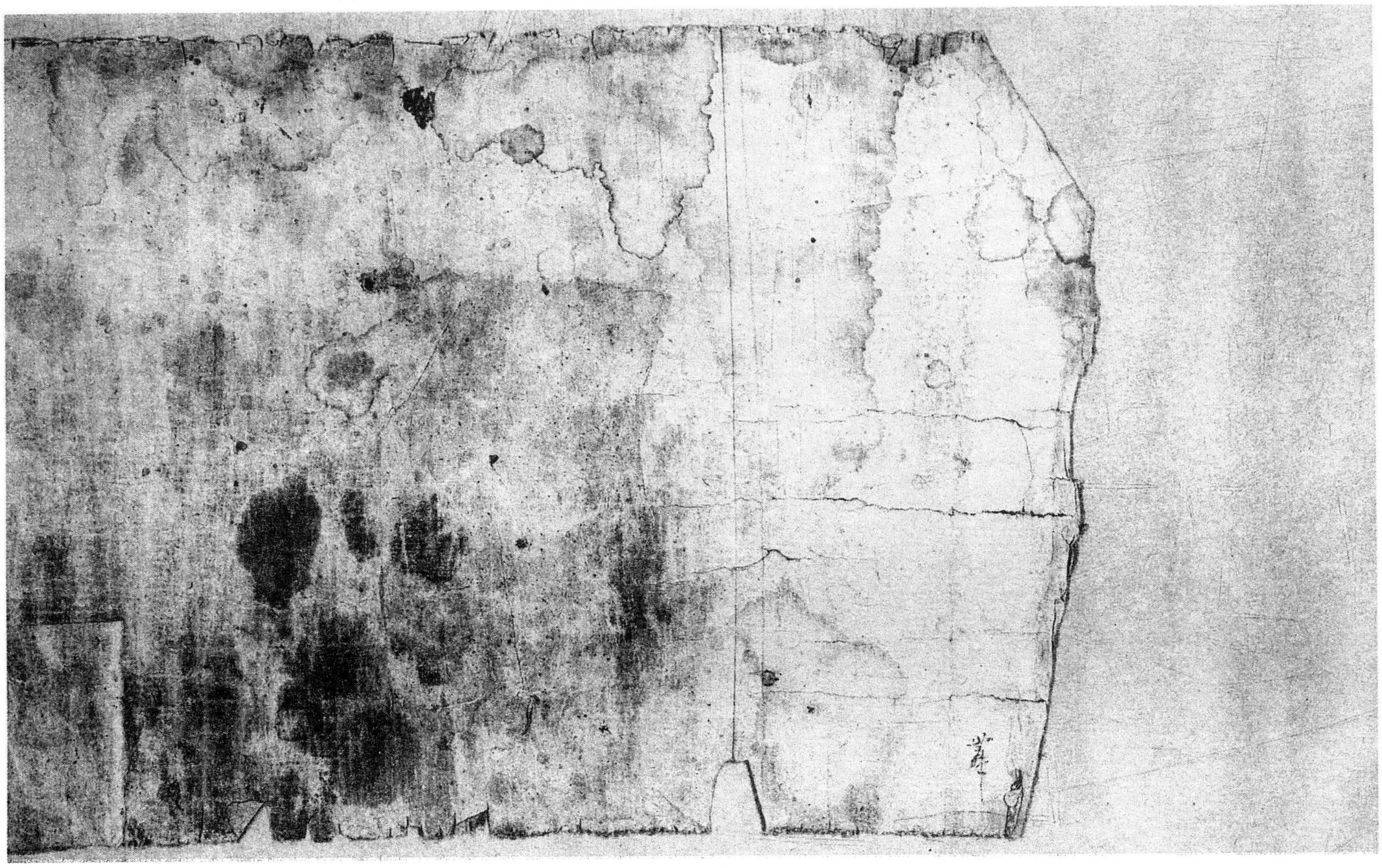

BD15374 號背　勘記　　（2–2）

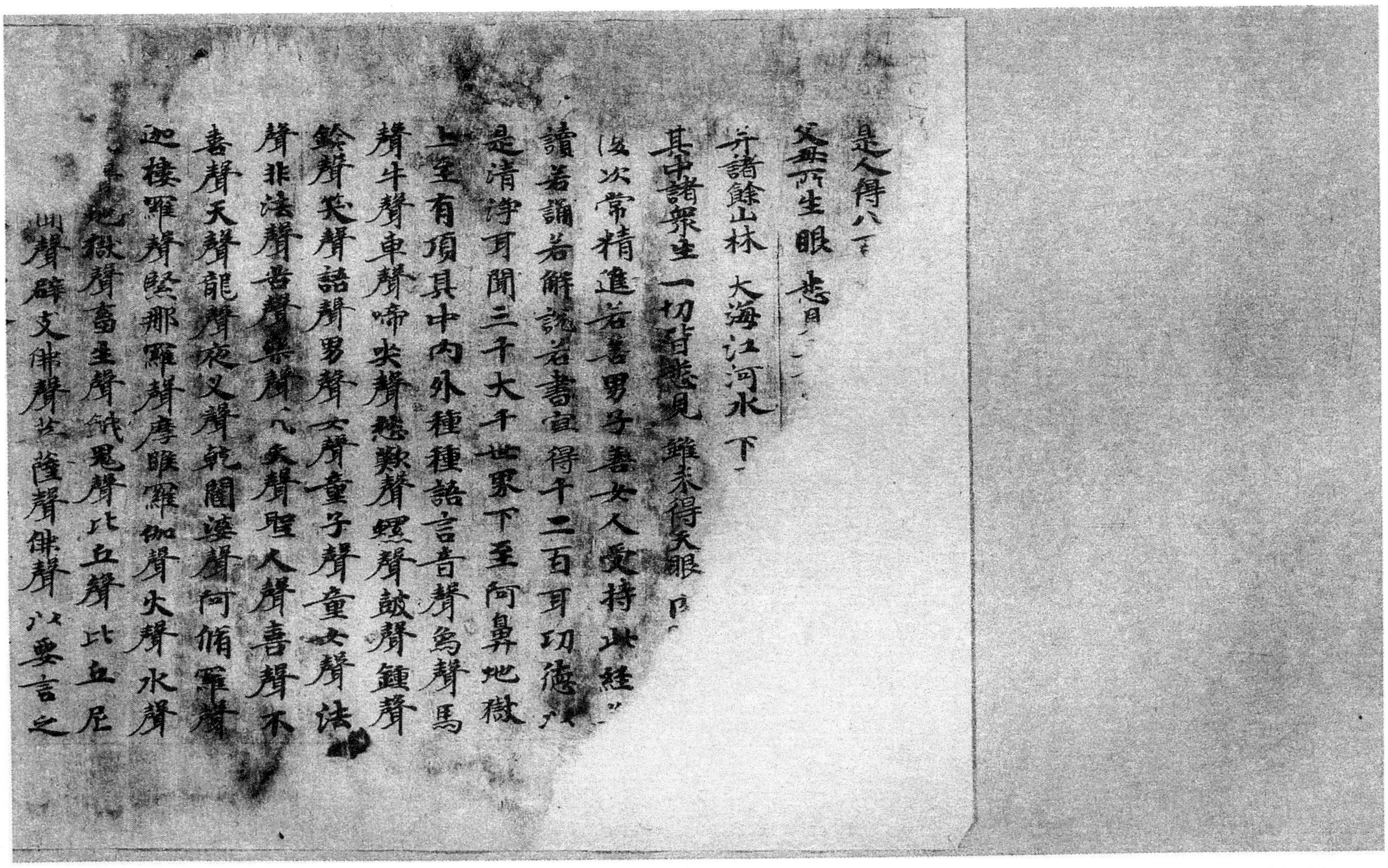

是人得八百
父母所生眼悉見
并諸餘山林大海江河水下
其中諸衆生一切皆悉見雖未得天眼肉
復次常精進若善男子善女人受持此經若
讀若誦若解說若書寫得千二百耳功德以
是清淨耳聞三千大千世界下至阿鼻地獄
上至有頂其中內外種種語言音聲象聲馬
聲牛聲車聲啼哭聲愁歎聲螺聲鼓聲鍾聲
鈴聲笑聲語聲男聲女聲童子聲童女聲法
聲非法聲苦聲樂聲凡夫聲聖人聲喜聲不
喜聲天聲龍聲夜叉聲乾闥婆聲阿脩羅聲
迦樓羅聲緊那羅聲摩睺羅伽聲火聲水聲
地獄聲畜生聲餓鬼聲比丘聲比丘尼
聞聲辟支佛聲菩薩聲佛聲以要言之

BD15375 號　妙法蓮華經卷六　　（2–1）

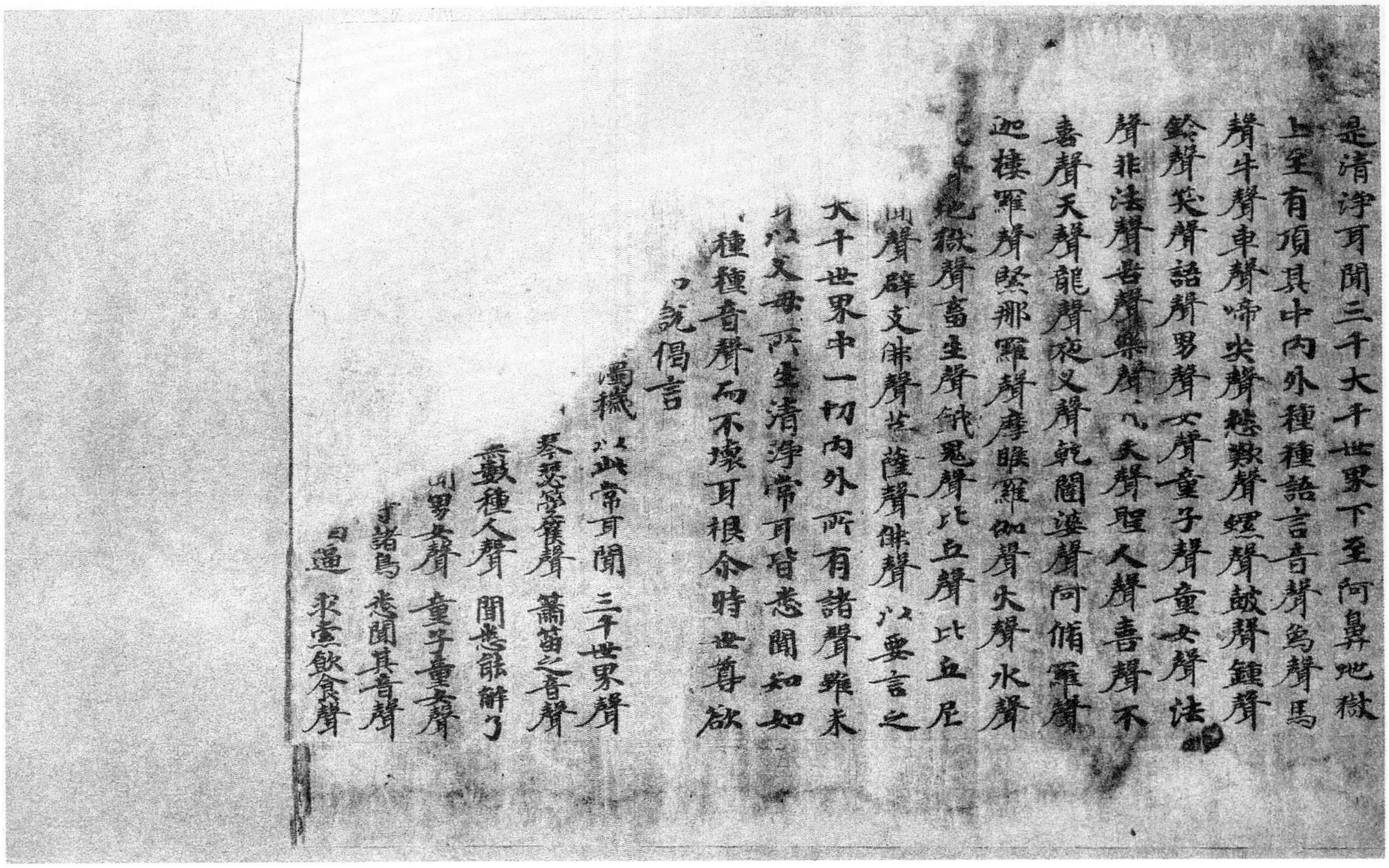

是清淨耳聞三千大千世界下至阿鼻地獄
上至有頂其中內外種種語言音聲象聲馬
聲牛聲車聲啼哭聲愁歎聲螺聲鼓聲鍾聲
鈴聲笑聲語聲男聲女聲童子聲童女聲法
聲非法聲苦聲樂聲凡夫聲聖人聲喜聲不
喜聲天聲龍聲夜叉聲乾闥婆聲阿脩羅聲
迦樓羅聲緊那羅聲摩睺羅伽聲火聲水聲
地獄聲畜生聲餓鬼聲比丘聲比丘尼
聞聲辟支佛聲菩薩聲佛聲以要言之
大千世界中一切內外所有諸聲雖未
以父母所生清淨常耳皆悉聞知如
種種音聲而不壞耳根爾時世尊欲
說偈言
濁穢　以此常耳聞　三千世界聲
琴瑟箜篌聲　簫笛之音聲
無數種人聲　聞悉能解了
聞男女聲　童子童女聲
等諸鳥　悉聞其音聲
逼　求索飲食聲

BD15375 號　妙法蓮華經卷六　（2–2）

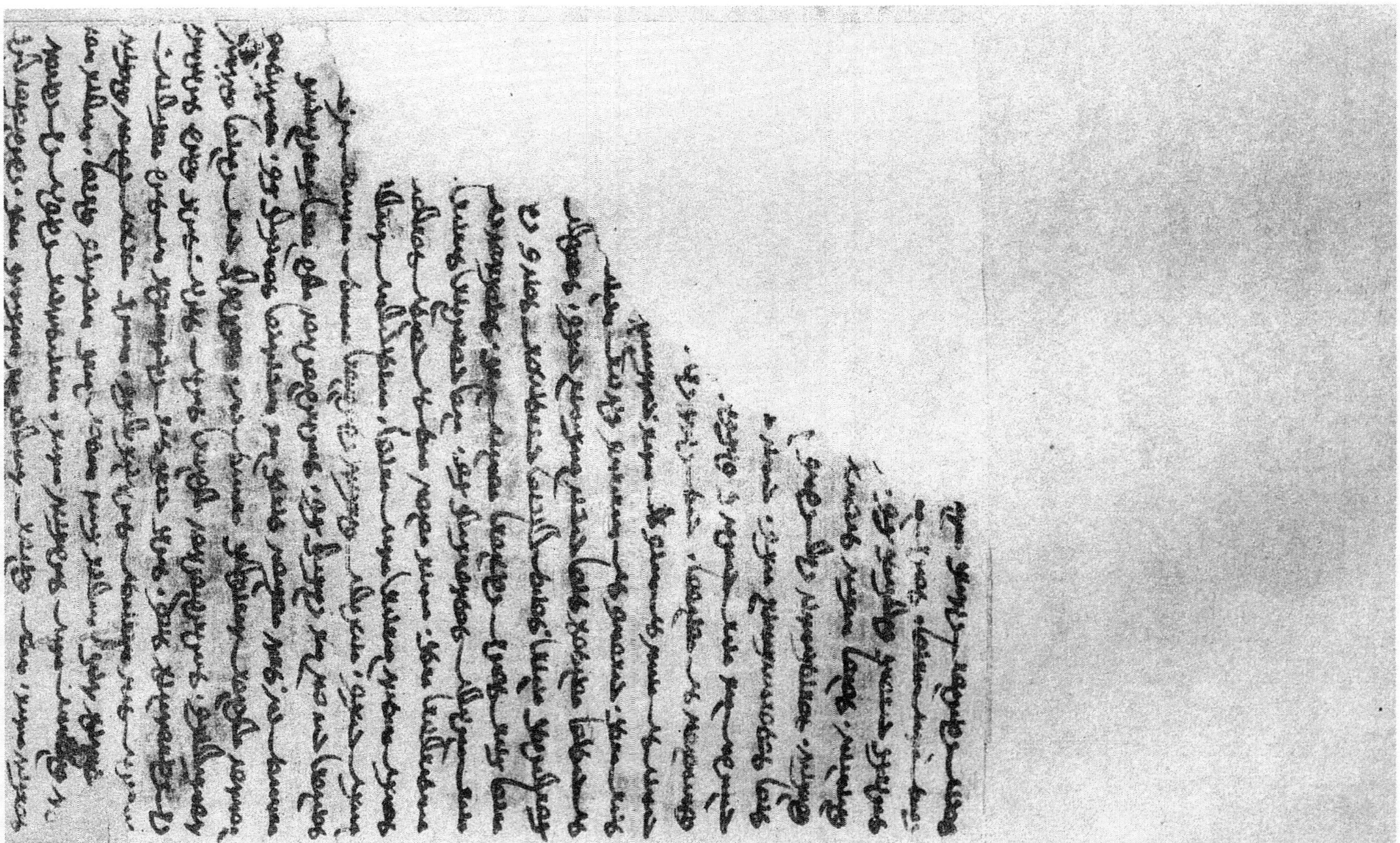

BD15375 號背　回鶻文待考文獻（擬）　（2–1）

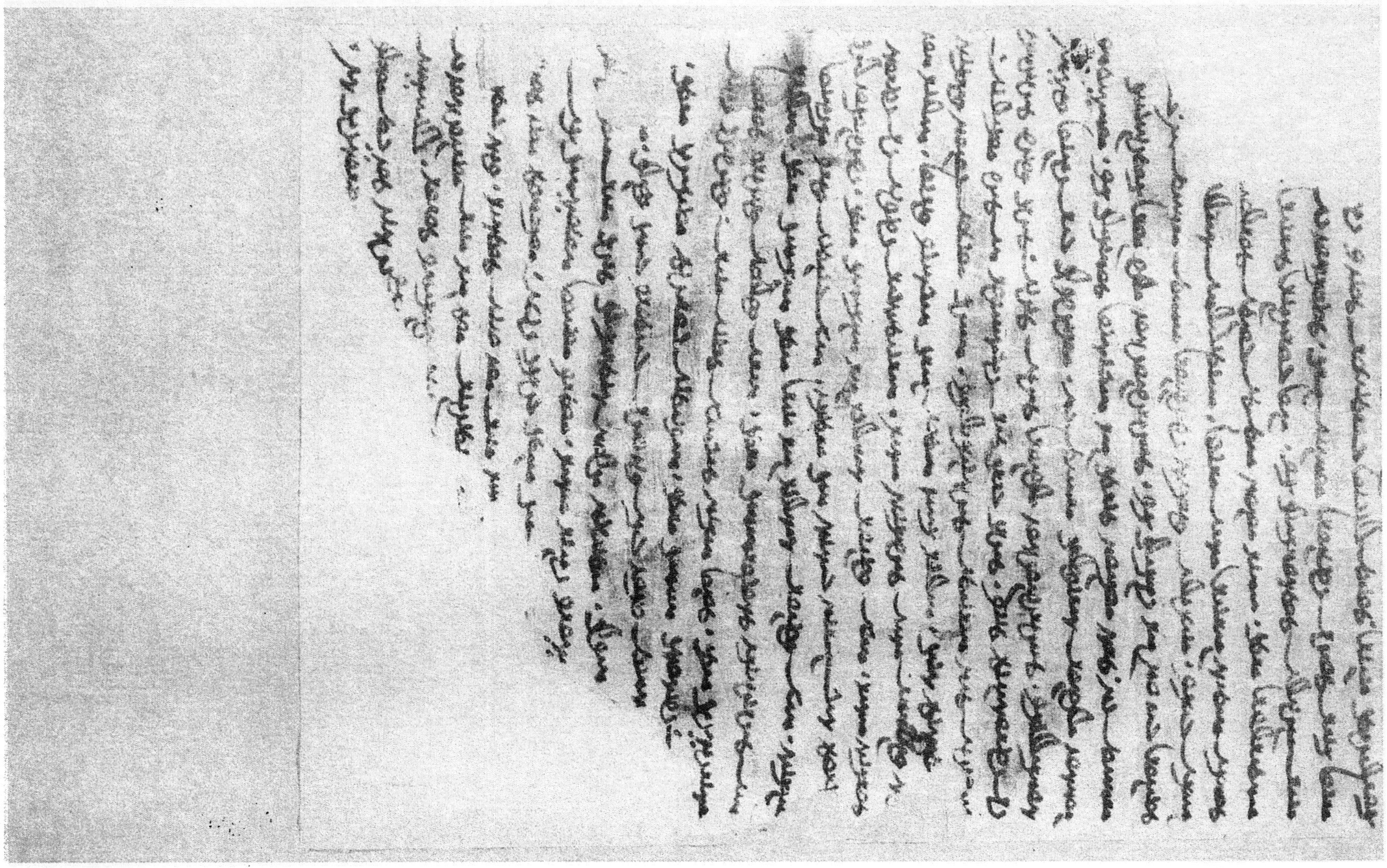

BD15375 號背　回鶻文待考文獻(擬)　(2–2)

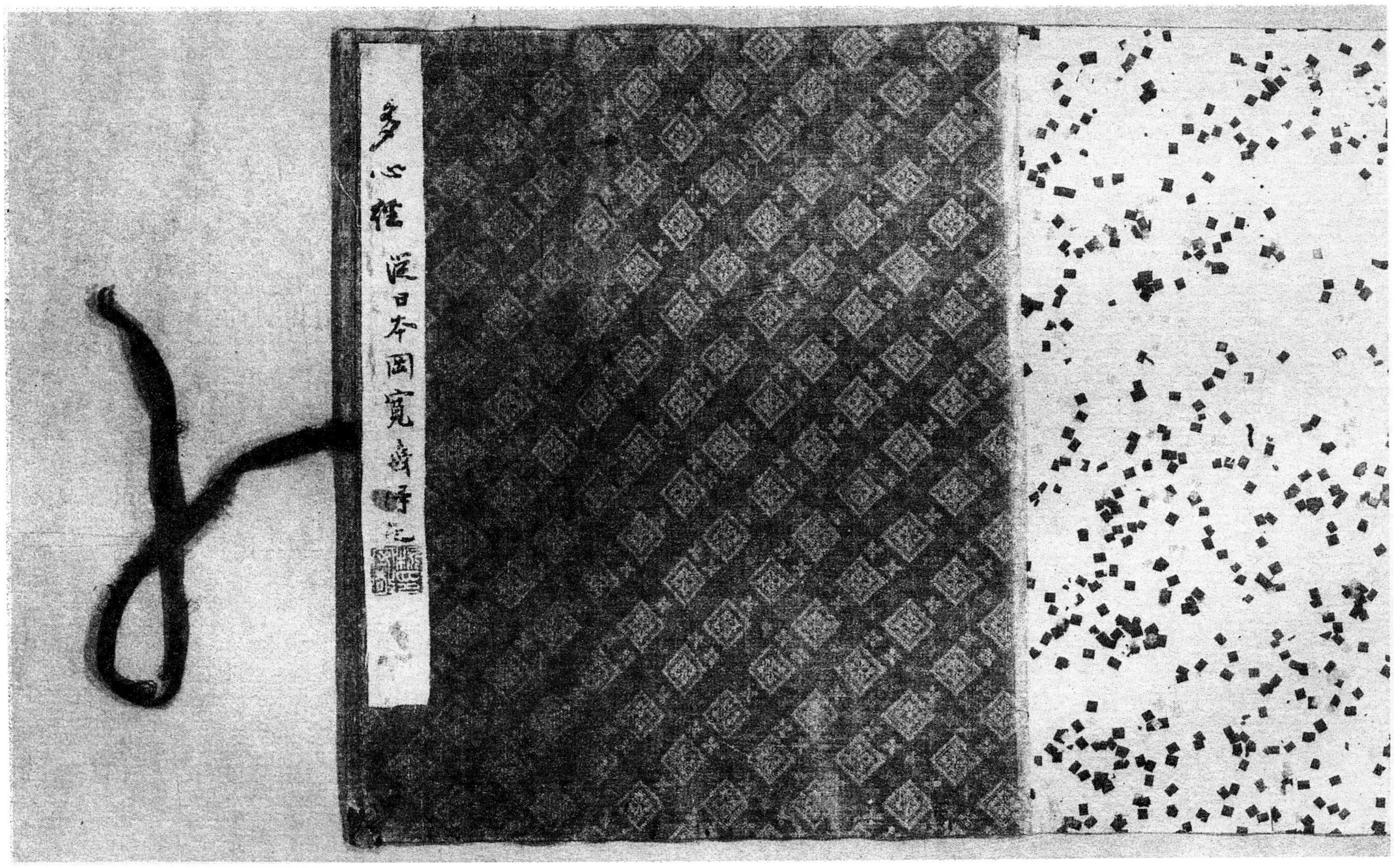

BD15376 號背　護首　(1–1)

摩訶般若波羅蜜多心經
觀自在菩薩行深般若波羅蜜多時照見五
蘊皆空度一切苦厄舍利子色不異空空不
異色色即是空空即是色受想行識亦復如
是舍利子是諸法空相不生不滅不垢不淨

BD15376 號　般若波羅蜜多心經　（3–1）

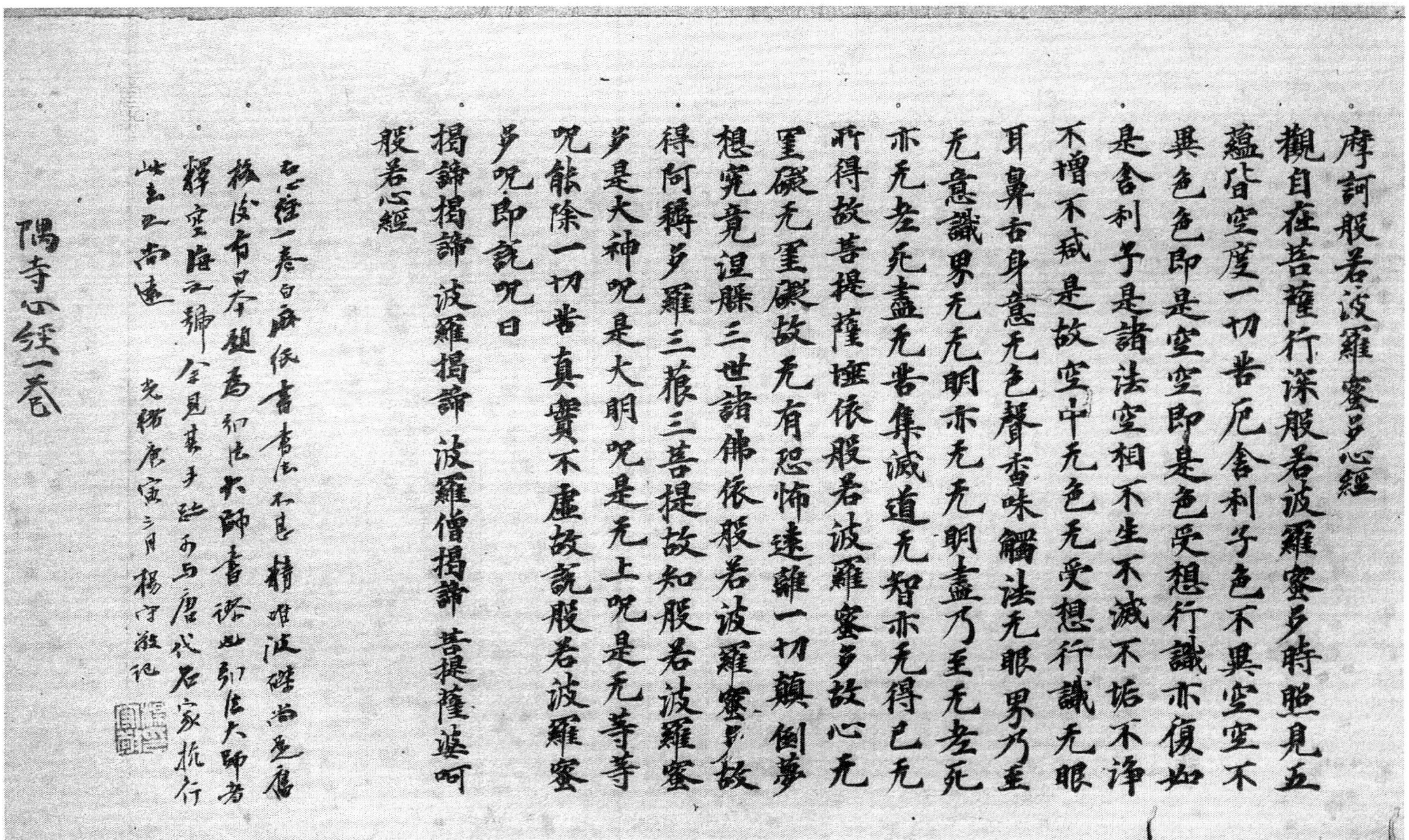

摩訶般若波羅蜜多心經
觀自在菩薩行深般若波羅蜜多時照見五
蘊皆空度一切苦厄舍利子色不異空空不
異色色即是空空即是色受想行識亦復如
是舍利子是諸法空相不生不滅不垢不淨
不增不減是故空中无色无受想行識无眼
耳鼻舌身意无色聲香味觸法无眼界乃至
无意識界无无明亦无无明盡乃至无老死
亦无老死盡无苦集滅道无智亦无得以无
所得故菩提薩埵依般若波羅蜜多故心无
罣礙无罣礙故无有恐怖遠離一切顛倒夢
想究竟涅槃三世諸佛依般若波羅蜜多故
得阿耨多羅三藐三菩提故知般若波羅蜜
多是大神呪是大明呪是无上呪是无等等
呪能除一切苦真實不虛故說般若波羅蜜
多呪即說呪曰
揭諦揭諦　波羅揭諦　波羅僧揭諦　菩提薩婆訶
般若心經

右心經一卷白麻紙書書法不甚精雖波磔尚是唐
格後有日本題為知法大師書按知法大師者
釋空海入唐歸全見其手跡可與唐代名家抗行
此其正尚遠　光緒庚寅三月楊守敬記

隅寺心經一卷

BD15376 號　般若波羅蜜多心經　（3–2）

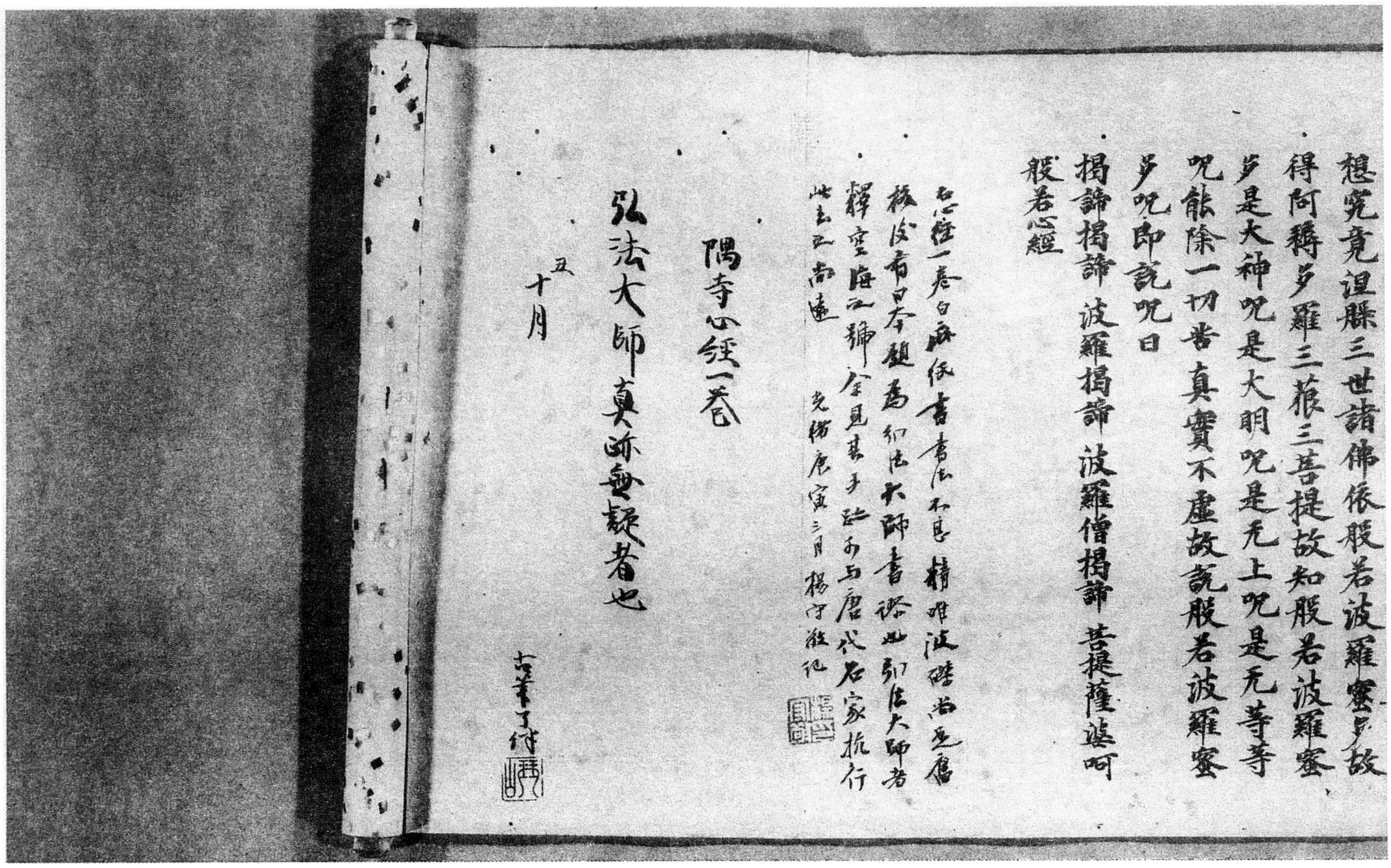

想究竟涅槃三世諸佛依般若波羅蜜多故
得阿耨多羅三藐三菩提故知般若波羅蜜
多是大神呪是大明呪是无上呪是无等等
呪能除一切苦真實不虛故說般若波羅蜜
多呪即說呪曰
揭諦揭諦 波羅揭諦 波羅僧揭諦 菩提薩婆訶
般若心經

右心經一卷白麻紙書書法不甚精唯波磔尚是唐
格後有日本題為弘法大師書蓋弘法大師者
釋空海之號余見其手跡頗与唐代名家抗行
此未之逮也 光緒庚寅三月 楊守敬記

隅寺心經一卷
弘法大師真跡無疑者也
五
十月
古筆了伴

BD15376 號　般若波羅蜜多心經　（3–3）

華嚴一乘十玄門
第十七
285

BD15377 號背　護首　（1–1）

華嚴一乘十玄門 大唐終南太一山至相寺釋智儼撰承杜順和上說

明一乘緣起自體法界義者不同大乘二乘緣起但能離執常斷諸過等此宗不爾一即一切无過不離无法不同也今且就此花嚴一部經宗通明法界緣起不過自體因之與果所言因者謂方便緣修體窮位滿即普賢是也所言果者謂自體究竟寂滅圓果十佛境界一即一切謂十佛世界海及離世間品明十佛義是也問文殊亦是因人何故但言普賢是其因人耶答雖復始起發於妙慧圓滿在於稱周是故隱於文殊獨言普賢也亦可文殊普賢據其始終通明緣起也今辨此因果二門者圓果絕於說相所以不可以言說而辨曰即明其方便緣修是故略辨也問不思議法品等亦明果德何故得於因門說耶答此等雖是果德對緣以辨果非是究竟圓寂之果是故與因同一會說也今約教就緣起相辨緣起者於中有二一者舉譬辨成於法二者辨法會通於理所言舉譬辨者如夜摩天會菩薩雲集品說云譬如數十法增一至无量皆悉是本數智慧故差別也今舉此十數為譬者復有二門一異體門二同體門就異體門中復有二一者一中多多中一如經云一中解无量无量中解一展轉生非實智者无所畏此約相說也二者一即多多即

BD15377 號　華嚴一乘十玄門　（15–1）

菩薩雲集品說云譬如數十法增一至无量皆悉是本數智慧故差別也今舉此十數為譬者復有二門一異體門二同體門就異體門中復有二一者一中多多中一如經云一中解无量无量中解一展轉生非實智者无所畏此約相說也二者一即多多即一如第七住經云一即是多多即是一義味寂滅悉平等遠離一異顛倒相是名菩薩不退住此即約理說也今約十數明一中多多中一者若順數從一至十向上去若逆數從十至一向下來如一者一緣成故一中即有十所以一成故若無十一即不成无性緣成故一中即有十所以一成故二三四等一切皆成也若一住自性十即不成十若不成一亦不成也問既其各各无性何得成其一多耶答此由法界實德緣起方用普賢境界相應所以一多常成不增不減也如維摩經云從无住本立一切法又論云以有空義故一切法得成也問此門攝法為盡為不盡耶答亦有盡義亦无盡義何者十中一即是盡一中十具足无盡也又復一中十等皆具盡不盡義也次明一即多多即一者還同前門中向上去向下來也如一即十十緣成故若一非十十即不成也從上向下來亦如是十即一緣成故若十非一一即不成也問何但一不成十亦不成答如柱若非舍介時即无舍若有舍亦有柱即以柱即舍故有舍復有柱一即十十即一故隨一復成十也問若一即十此乃无有十耶得言一之与十乃言以即故得成耶答一即十非一者非是情謂緣成一舉非是情謂一故經云一旦不為一為欲破諸數情智者著諸法見一以為一也問前明此明一即十有何別耶答前明一中十者離一无有十若此明一即十者離一无有十而十即是一緣成故問若一緣成者為是同時為是先後耶答緣成故常同時前後以義者一即十十即一故常同時而向上去向下來故有先後也問

BD15377 號　華嚴一乘十玄門　（15–2）

為一為欲破諸執淺智者著諸法見一以為一也問前明一中十
此明一即十有何別耶答前明一中十者離一无有十而十非是一
若此明一即十者離一无有十而十即是一緣成故問若一多要待
緣成者為是同時為是先後耶答緣成故常同時而先後所
以然者一即十十即一故常同時而向上去向下來故有先後也問
既有明先後去來即是有增減何名不動本相耶答雖先後
去來而常不動故經云不去亦不來而來也如一即多而不動一相也此
一相亦非情謂一多耶答如是雖多即一而不壞多相又非情謂多
問此之一多既是緣成亦同情謂為是本來有此一多為是
始有耶答今本有不有者如欲就智辨本今有為自就一多體
辨耶若自就一多體辨不論智者體即具諸論道理同於究竟
圓果離說相故今若辨一多者約智說也如經云智惠差別故又云
智者无所畏故約智說一多也問若約智故其本有者以智顯
本有答如室中空開門見時此空即是本有如斯經見佛性
已即非三世攝問豈得是始有以不答見時如言有不見不言有
故二名始有問若一多之體由智顯故即通本有及本不有者
此智顯時得通有顯不顯以不答本有故智即能顯本不有故
由智故顯明知智无㝵顯不顯亦无㝵諸法例如此也二明同體門者
還如前門相似還明一中多多中一即多多即一今就一中門說
者還明向上去向下來其一一逆順各具十門今略舉其始終約
十一而說者如似一中有十成故若无十一不成二三亦如是十
即一亦如是問此同體門中與前異體門中有何別耶答前
異門言一中十者以望後九故名一中十此門言一中十者即一中
有九故言一中十也問若一中即有九者此與前異體門一即十
有何別耶答此中言一有九者有於自體九而一不是九若前
別體門說者一即是彼異體十等而十不離一問一中既自有九

BD15377號　華嚴一乘十玄門　（15–3）

異門言一中十者以望後九故名一中十此門言一中十者即一中
有九故言一中十也問若一中即有九者此與前異體門一即十
有何別耶答此中言一有九者有於自體九而一不是九若前
別體門說者一即是彼異體十等而十不離一問一中既自有九
者應非緣成義答若非緣成豈得有九耶問一體云何得有
九答若无九即无一次明同體門中一即十者還言一者緣成
故一即十何以故若十非一一不成故一即十既爾一即二三亦
然逆順各十門亦如前問此中言自體一即十者與前同體一中十
有何別耶答前明同體中有十而一非是十此明一即十一即
是十以為異也問此明一體即十為稱法盡以不答隨智差別
故亦盡亦明一體即十為攝不盡何者如一若攝十即名為盡若
具說即无盡問為攝自門无盡為攝餘門亦无盡耶答亦无盡
餘亦无盡若餘不盡一亦不盡亦无成一一即成若不成一一切不
成是故此攝法即无盡義无盡成一一之義於三四義由若虛空
即是盡更不攝餘故名无盡故之攝盡不盡也問既言一即
攝盡者為只攝一中十亦攝他處十答攝他十亦有盡不盡
義何以故離他无自故攝他也爰何无盡而成一之義他處
十義如虛空故有盡以明舉十數為辨說竟此下明約法以
會理者凡十門
一者同時具足相應門（此約相應无先後說）　二者因陀羅網境界門（此約譬說）
三者秘密隱顯俱成門（此約緣說）　四者微細相容安立門（此約相說）
五者十世隔法異成門（此約世說）　六者諸藏純雜具德門（此約行說）
七者一多相容不同門（此約理說）　八者諸法相即自在門（此約用說）
九者唯心迴轉善成門（此約心說）　十者託事顯法生解門（此約智說）
就此十門亦一一之門皆復具十會成一百所言十者一教義
二理事三解行四因果五人法六分齊境位七法師弟子八主

BD15377號　華嚴一乘十玄門　（15–4）

六者十世隔法異成門 此約世說
七者一多相容不同門 此約理說
九者唯心迴轉善成門 此約心說
五者諸藏純雜具德門 此約行說
八者諸法相即自在門 此約用說
十者託事顯法生解門 此約智說
就此十門亦一一之門皆復具十會成一百所言十者一教義
二理事三解行四因果五人法六分齊境位七法師智弟八
主伴依正九逆順體用十隨生根欲性所言教義者教即
是通相別相三乘五乘之教即以別教以論別義所以得
理而忘教若入此通宗而教即義以同時相應故也第二理
事者若三乘教辨即異事顯異理如諸經舉異事喻異
理若此宗即事是理如入法界等經文是體實即是理相
彰即是事第三解行者如三乘說解而非行如說人
名字而不識其人若通宗說者即行即解如看其人面
不說其名而自識也相顯為行契窮後際為解第四因果
者修相為因契窮為果第五人法者文殊顯其妙慧
普賢彰其稱周明人即法也第六分齊境位者參而不
雜各住分位即分齊境位第七法智師弟者開發
為師相成即弟子第八主伴依正者舉一為主餘即為
伴主以為正伴即是依第九逆順體用者即是成壞義
也第十隨生根欲性者隨緣常應也如涅槃經云此方
見滿餘方見半而月實無虧盈若此宗明者常增減 而常无增減
以同時相應故此十門體无前後相應既其具此十門餘
因陀羅等九門亦皆具此十門何但此十門其中一一皆稱
周法界所以亂十門者成其无盡義也今釋第一同時具足
相應門者即具明教義理事等十門同時也何以得如此
耶良由緣起實德法性海印三昧力用故得然非是方
便緣修所成故得同時若小乘說因果

因陀羅等九門亦皆具此十門何但此十門其中一一皆稱
周法界所以亂十門者成其无盡義也今釋第一同時具足
相應門者即具明教義理事等十門同時也何以得如此
耶良由緣起實德法性海印三昧力用故得然非是方
便緣修所成故得同時若小乘說因果
者即轉因以成果因滅始果成若據大乘因果亦得同時而
彰其无盡如似舍椽以成舍因果同時成而不成餘物皆因
有親疎故所以成有盡若通宗明因果者亂疎緣以入親
是故如舍成時一切法皆一時成若有一法不成者此舍亦不成如
似初步若到一切步皆到若有一步非到者一切步皆非到故經
云雖成等正覺不捨初發心又如大品經云非初不離初非後
不離後而明菩提也問既言一步即到者何須用第二步耶
答汝言一步即到者為是多即一以不又言何用第二步者
此第二步為是一即多以不若初步即是多一第二步即
一多者云何乃言一步到不用第二步耶答若不一是多一
多亦不是一多者何但一步不能到雖行多步終是不到
故知一步與多步常有到不到義因中尚介者果中亦
然果義故涅槃經云智者應當定說亦有亦无令舉一步
到者即是法界緣起海印定力說到不到不同情謂說到
不到也故經云惟應度者乃能見之前後不共因果不滿斷常
故經云深入緣起斷諸邪見斷之謂也問若因果同時即因成果
即成果那得言不共因果耶答如地論文依緣二種義亦現
二種時依因義有者名為因依果義有名為果豈得共於因果耶
耶又且就言因果同時所以得言若其共者何名因果同時
因果同時既如此教義理事等同時亦如既言同時相應者
今亂因果一事即得具前教義等十門以不答今但亂十
門者欲成其无盡若論三種世間圓融可但一事具此十

一種俱依因義亦者名爲同依果義者名爲果豈得共於因果
耶又且說言因果同時所得言其若其共者何名因果同時耶
因果同時既說如此教義理事等同時久並明說言同時相應者
今亂因果一事即得具前教義等十門以不答今但亂十
門者欲成其无盡若論三種世間圓融可但一事具此十門
亦亦具无盡无量此果虛空界法門成其无盡復无盡
若但就別事說不成无盡者只同大乘義也第二因陀羅
網境界門者此約譬以明之復具有教義等十門如梵網經
即取梵宮羅網爲喻今言因陀羅者即以帝釋殿網爲喻
帝釋殿網爲喻者須先識此帝網之相以何爲相猶如衆鏡
相照衆鏡之影現一鏡中如是影中復現衆影一一影中復
現衆影即重重現影成其无盡復无盡也是故如第七地讚
請經云於一微塵中各示那由他无量无邊佛於中而說法此
即智正覺世間又云於一微塵中現无量佛國須彌金剛圍
世間不迫迮此即攝器世間又云於一微塵中現有三惡道
天人阿修羅各各受業報此即攝衆生世間又云如一微塵
所示現一切微塵亦如是故於微塵現國土國土微塵復示現所
以成其无盡復无盡此即是其法界緣起如智如理實德如
此非即變化對緣方便故說若是大乘宗所明即言神力
變化故大小得相入或云菩薩力故入又言不二故入不同一乘說
關若此宗明相入不論神力乃言自體常如此者斯則緣无
壞果无始无終何緣得辨因果教義等耶答只以隨智差別
故亂一爲主餘則爲伴猶如帝網亂一珠爲首衆珠現中如
一珠即爾一切珠現亦如是如是故前經舉一菩薩爲主一切菩薩
圍遶一一菩薩皆悉如是又如諸方皆來證誠同其名號一
切十方證成皆亦如是所以成其无盡復无盡而不共因
果先後次第而體无增減故經云一切衆生盡成佛佛界不

BD15377號　華嚴一乘十玄門　(15-7)

故亂一爲主餘則爲伴猶如帝網亂一珠爲首衆珠現中如
一珠即爾一切珠現亦如是如是故前經舉一菩薩爲主一切菩薩
圍遶一一菩薩皆悉如是又如諸方皆來證誠同其名號一
切十方證成皆亦如是所以成其无盡復无盡而不共因
果先後次第而體无增減故經云一切衆生盡成佛佛界不
增衆生界亦不減若无一衆生成佛佛界亦不增佛界亦
不減也　第三秘密隱顯俱成門者此約緣說也還具前
教義十門所言隱顯者如涅槃經半字及滿字昔說半字故（即）
半字顯滿字即隱今日說滿字者滿字即（顯半字即）隱此即約緣而說隱
顯又如月喻品云此方見半他方見滿而彼月性實无虧盈
緣所見故有增減此即是大乘宗中說若通宗辯者不待
說與不說常半常滿隱顯无別時如彼月性常滿而常半半
滿无異時是故如來於一念中八相成道生時即是滅時同
時俱成故所以稱秘密也似丁餃一即十一即顯是二三四至十
即爲隱又如眼根入正受即是顯於色法中三昧起此即名（隱而此）
隱顯體无先後故言秘密也　第四微細相容安立門者此
就相說如一微塵此即是其小相无量佛國須彌金剛山等
即其大相直以緣起實德无礙自在致使相容非是天人所
作故要立如似一微塵中有鐵國土而即於此微塵中具有不可
說淨國在此微塵中而於彼鐵國不相妨礙而此淨國之相仍在
不共乃至有諸國土尸羅幢形三方及四維等國在此一微塵
中常不相妨礙故普賢品云一切諸世界入於一微塵中世界
不積聚亦復不離散故知若與普相應能於一微塵中見不
可說國土而不雜亂不增不減豈可須彌納芥子將爲難事
哉理事等十門安立相容亦如是問此相容門與前因陀羅
網門有何別耶答諸門隱映互相顯發重重復重重成其
无盡者即是因陀羅網門中攝若諸門一時具顯不相妨

BD15377號　華嚴一乘十玄門　(15-8)

不共乃至有諸国土尸羅幢形三方及四維等国在此一微塵
中常不相妨寻故普賢品云一切諸世界入於一微塵々中世界
不積聚亦復不離散故知若与普相應能於一微塵中見不
可說国土而不雜亂不增不減豈可須弥納芥子将為難事
哉理事等十門並互相容亦如是問此相容門与前因陀羅
網門有何別耶荅諸門隱映互相顯發重々復重々成其
无盡者即是因陀羅網門中攝若諸門一時具顯不相妨
导即是相容門中攝　第五十世隔法異成門者此約三
世說如離世間品說十世者過去說過去々々說未來過去
說現在々々說現在々々說未來々々說過去未來說未來
々々說過去未來說現在三世為一念合前九為十世也如是十
世以緣起力故相即復相入而不失三世如以五指為拳不失
指十世雖同時不而失十世故經云過去劫入未來現在劫入
過去現在劫入過去未來劫又云長劫入短劫々々入長劫有劫
入无劫々々入有劫又云過去是未來々々是過去現在是過去
菩薩悉了知又云无量无數劫能作一念頃非長亦非短解
脫人所行如是十世相入復相即而不失先後短長之相故
云隔法異成數義理事等十門相即相入而不失先後差別之
相故名異成也　第六諸藏純雜具德門者此約諸度
門說何者如似就一施門說者一切万法悉皆名施所以名純
而此施門即具諸度等行故名為雜如是純之与雜不相妨
导故名具德如大品經云一念品明從始至終不出一念即名
為純而此一念之中具於万行即名為雜雖尒而此中純雜与
義別何者如彼經一念者同是无得相應不明緣起德用
若此明純者若約施門一切皆施若說忍門一切皆忍說忍門
者諸行悉虛空即名為純而此忍門即具足諸門即名為
雜純雜不相乱故名具德故不同彼念品又問此与六度

BD15377號　華嚴一乘十玄門　（15-9）

而此施門即具諸度等行故名為雜如是純之与雜不相妨
导故名具德如大品經云一念品明從始至終不出一念即名
為純而此一念之中具於万行即名為雜雖尒而此中純雜与
義別何者如彼經一念者同是无得相應不明緣起德用
若此明純者若約施門一切皆施若說忍門一切皆忍說忍門
者諸行悉虛空即名為純而此忍門即具足諸門即名為
雜純雜不相乱故名具德故不同彼念品又問此与六度
相攝義有何別耶荅六度相攝義者如似以施攝諸度
而諸度非是施若此明者以施攝諸門无門不是施以緣
起力故不同六度相攝故一攝於九々而九十等皆是一是
故名為純而此一門即具九十等是故復名雜故知不同
相攝義問此与大品相資義復有何別耶彼中資者闕
一即不成此中十藏闕一亦不成彼此二未審有何別耶荅彼
言相資者而能非是今言十成一而一即是十所以不同資
義　第七一多相容不同門者此約理說以一入多々入一
故名相容即體无先後而不失一多之相故曰不同此即緣起實
德非天人所作故經云以一佛土滿十方々々入一亦无餘世界本
相亦不壞自性在願力故能尒又如普賢品云一切眾生身入
一眾生身一眾生身入一切眾生身又云一切諸世界令入一塵
中世界不積聚亦復不離亂須弥入芥子此即不說也
第八諸法相即自在門者此約用說還就約教義理事
等十門取其三種世間圓融无导自在故一即攝一切成其无
盡復无盡以其无盡故相即復相入此約用以說問此明其无
盡復无盡相即復相入与前因陀羅網及微細相容門有何
差別耶荅如璧說同體門中說者若就隱映相應互相顯
發重々復重々成其无盡者即是因陀羅網門攝若諸門一

BD15377號　華嚴一乘十玄門　（15-10）

菩十門取其三種世間圓融无㝵自在故一即攝一切成其无
盡復无盡以其六相故相即復相入此約用以就問此明甚无
盡復无盡相即復相入与前因陀羅網及微細相容門有何
差别耶答如辟說同躰門中就有若就隱映相顯示相顯
發重重復重重成其无盡者即是因陀羅網門攝若諸門一
時具顯不相妨㝵者即是相容門攝若就三世圓融无㝵
自在相即復相入成其无盡復无盡者即是此門攝問若
如是相即復相入成其无盡復无盡者此乃淳无壇害
何始何終何因何果耶答此據法界緣起躰性成其无
盡復无盡故先後因果不失雖不失先後而先後相即
復相入故成其无盡以先後相即復相入故初發心時便
成正覺如前章門一念一切无盡乃復无盡二三乃復合故
此經歎初發心初德乃彼一念功德深廣无邊際如來分
别說窮劫不可盡此即明其一即一切成其一切无盡又
云何况於无量无數无邊劫具足修行度諸地功德行
此即是從二三至九十皆成无盡以是故從十信終心
至十住十行及迴向地等皆悉明成佛者良由始終相
即復相入成无盡故問如前明果德絕於說相云何十信
終心即具佛果德用耶若十信同果德者即果德是可
說之相何不可說耶答因位雖有果德者欲歎果德
是不可說是故歎德文云菩薩在於一地普攝一切諸地
功德問若一地即攝一切諸地功德一即一切初即攝後者一門
即具何用餘門也答若无餘門一門即不成故如一升即
攝一斗若无升此斗即不成問若无升即无斗者今舉
一升即得一斗以不若一升不得一斗一行不得具一切行答十
外合成一斗既无其升外將何作斗故知无升即无斗有升

BD15377 號　華嚴一乘十玄門　（15-11）

功德問若一地即攝一切諸地功德一即一切初即攝後者一門
即具何用餘門也答若无餘門一門即不成故如一升即
攝一斗若无升此斗即不成問若无升即无斗者今舉
一升即得一斗以不若一升不得一斗一行不得具一切行答十
外合成一斗既无其升外將何作斗故知无升即无斗有升
即有斗今舉升即斗斗升之外无别升斗如龜毛兔角
不可得初心即成佛成亦无别從其相如虛空是故言初
心成佛者非謂不具諸功德如經說普莊嚴童子一生見
佛聞法即得三昧即更後際見佛滅度後復得三昧如經一
生得見聞者更習二生成其解行三生得入果海同一
緣起之樹而此三生在一念猶如遠行初到在初步然此初
步之到非謂无於後步明此童子得入果海非不久植善根
問既言久修始得者云何言一念得耶答言久修行善根者
即在三乘教攝從三乘入一乘即是一念始終具足故經云初
發心時便成正覺乃至具足惠身不由他悟譬衆流入海
纔入一滴即徧周大海无始无終若餘江河水之深不及入
大海一滴故即用三乘中從三乘多劫不及一乘中一念然
明善財從文殊所發心求善知識經歷一百一十城已不出一
念得見普賢菩薩故知得入此緣起大海一念豈不成
佛耶至如初坐用心之徒但取靜心即言成佛者此乃謂佛
成在而不得是圓極之成如諸江河亦得是水未得同
於大海之水此中通辯一念成佛義者若小乘說要三大
阿僧祇劫滿百劫修行相好業始得成佛行若滿意欲不
成佛亦不得故无一念成佛義若大乘明一念成佛義者凡
有二種一者會緣以入實性无多少故明一念成佛如大品經
一念品義是也二者行行既滿取最後念名為成佛如人
遠行以後步為到此亦約用緣起而明三僧祇劫修道地

BD15377 號　華嚴一乘十玄門　（15-12）

阿僧祇劫滿百劫修行相好業始得成佛行若滿竟登不
成佛亦不得故無一念成佛義若大乘明一念成佛義者凡
有二種一者會緣以入實性無多小故明一念成佛如大品經
一念品義是也二者行行既滿取最後念名為成佛如人
遠行以後步為到此亦分用緣起而明三僧祇劫從道地
前起一僧祇初地至七地是二僧祇八地至十地是三僧祇此
亦不定由有一念成佛故明知不定若一乘明一念成佛如
大乘取最後一念成佛所入一乘以後望初初即是成
何故以因果同時相應故欲論其成者成即復成
成眾生故在後成佛者在後後在後後在後故不
思議品云諸佛如來非不先覺為眾生故於念念中新新
斷結亦不住學地而成正覺故今舉一念成者即與佛同
住來見究竟故復有淺深之殊如人始出門及與久遊他
土雖同在空中而遠近有別是故信位等位各各言成佛
者而復轉其淺深此兩言異之　第九唯心迴轉善成門
者此約心說所言唯心迴轉者前諸義教門等並是如
來藏性清淨真心之所建立若善若惡隨心所轉故云迴
轉善成心外無別境故言唯心若順轉即名涅槃故經云心
造諸如來若逆轉即是生死故云三界虛妄皆一心作生
死涅槃皆不出心是故不得定說性是淨及與不淨故涅槃
經云佛性非淨亦非不淨淨與不淨皆唯心故離心更無別法故
楞伽經云心外無境界無塵虛妄見問若心外更無別境有
說皆由心成者如人先見鄣外有物別有人去物時心由謂
有今時物實無何名由心成耶答若隨虛妄心中轉者此
鄣外物亦隨心之有無此亦心隨去物不去物而轉若論如來
藏性真實淨心說者此物不動本處能應十方性恒常

BD15377號　華嚴一乘十玄門　（15–13）

楞伽經云心外無境界無塵虛妄見問若心外更無別境有
說皆由心成者如人先見鄣外有物別有人去物時心由謂
有今時物實無何名由心成耶答若隨虛妄心中轉者此
鄣外物亦隨心之有無此亦心隨去物不去物而轉若論如來
藏性真實淨心說者此物不動本處能應十方性恒常
轉變移到化者而常不動本處此即緣起自在力故非是
變化幻術所為是故雖復七處九會而不離寂滅道場
維摩云文殊師利不來相而來不見相而見此之謂也
第十託事顯法生解門者此約智說言託事者如經舉
金色世界之事即顯於實際之法一切幢一切蓋等
事是行解也又如法界品云開樓觀門相見彌勒菩薩
所行因事至菩提道場以樓觀即菩提相所以言顯法生
解也若大乘宗中所明亦託事以顯法即以異事顯於
異理法此中以事即法故隨舉一事攝法無盡故前舉幡
幢等皆言一切所以不同大乘說也此中明因果者如一乘
說也

華嚴經一乘十玄門

建久六年四月十四日申剋許於神護寺書寫畢

以同本一校了

BD15377號　華嚴一乘十玄門　（15–14）

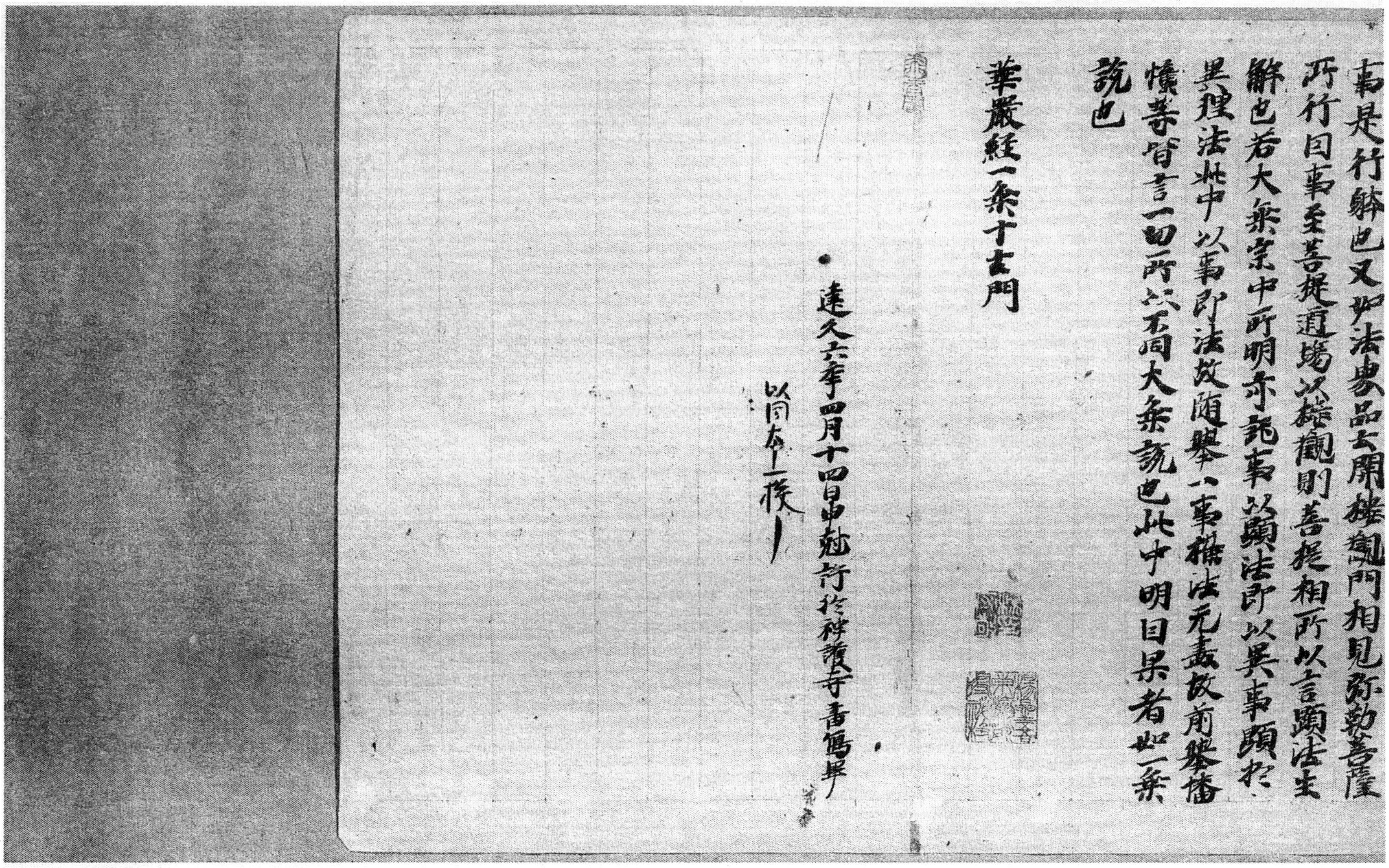

事是行解也又如法界品云開樓觀門相見彌勒菩薩
所行因事至菩提道場以樓觀則菩提相所以言顯法主
解也若大乘宗中所明亦託事以顯法即以異事顯於
異理法此中以事即法故隨舉一事攝法無盡故前舉幡
幢等皆言一切所以不同大乘說也此中明因果者如一乘
說也

華嚴經一乘十玄門

建久六年四月十四日申尅許於神護寺書寫畢
以同本一挍了

BD15377 號　華嚴一乘十玄門　　（15–15）

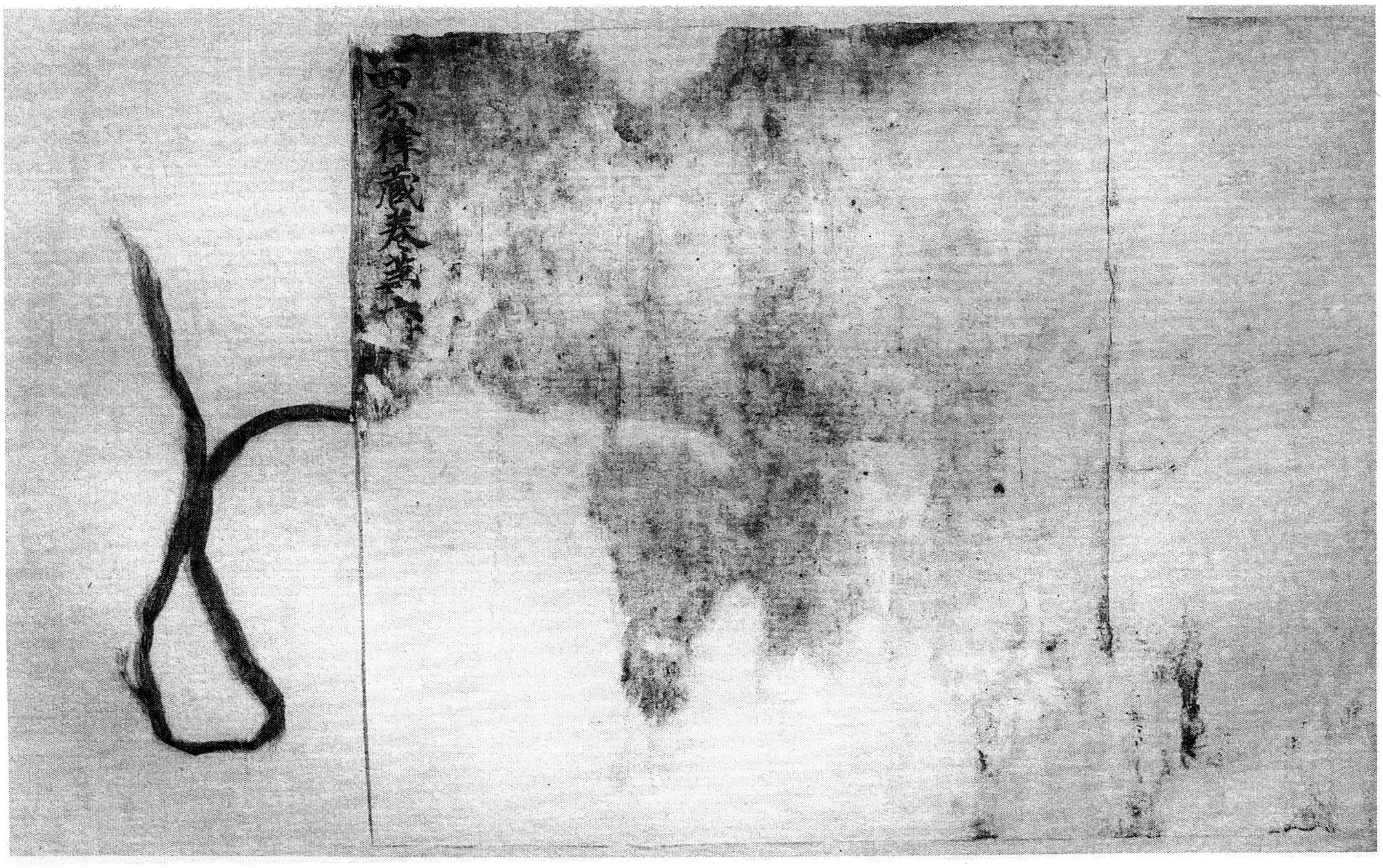

四分律藏卷第

BD15378 號背　護首　　（1–1）

四分律藏卷第六十 第四分卷十一 後秦三藏佛陁耶舍譯
尒時佛告諸比丘若我所聽波陁舍 阿㝹波
陁舍便闍那阿㝹便闍那惡叉羅

BD15378號　四分律卷六〇　　（16–1）

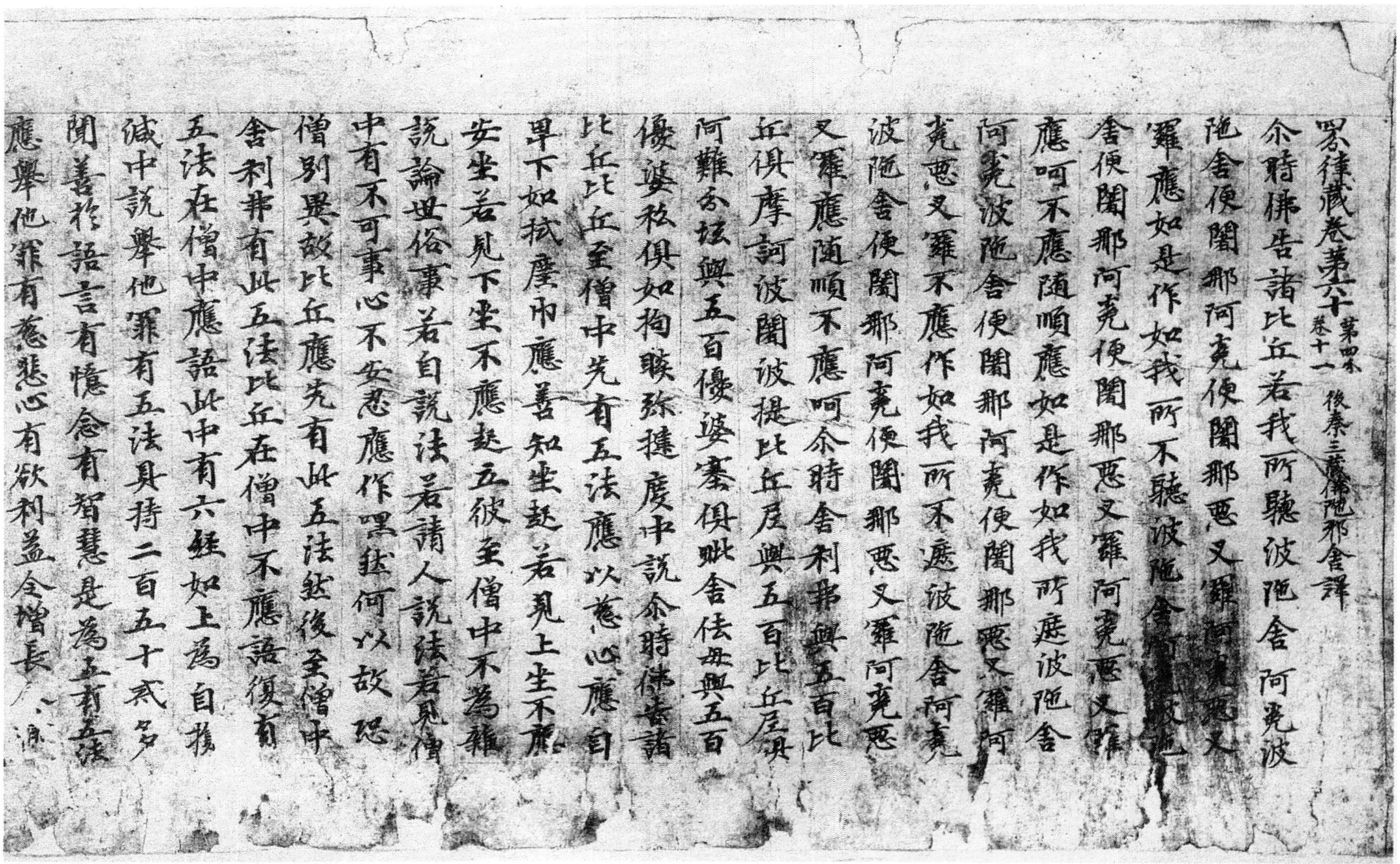

四分律藏卷第六十 第四分卷十一 後秦三藏佛陁耶舍譯
尒時佛告諸比丘若我所聽波陁舍 阿㝹波
陁舍便闍那阿㝹便闍那惡叉羅阿㝹惡叉
羅應如是作如我所不聽波陁舍阿㝹波陁
舍便闍那阿㝹便闍那惡叉羅阿㝹惡叉羅
應呵不應隨順應如是作如我所遮波陁舍
阿㝹波陁舍便闍那阿㝹便闍那惡叉羅阿
㝹惡叉羅不應作如我所不遮波陁舍阿㝹
波陁舍便闍那阿㝹便闍那惡叉羅阿㝹惡
叉羅應隨順不應呵尒時舍利弗與五百比
丘俱摩訶波闍波提比丘尼與五百比丘尼俱
阿難与壇與五百優婆塞俱毗舍佉母與五百
優婆私俱如拘睒弥揵度中說尒時佛告諸
比丘比丘至僧中先有五法應以慈心應自
卑下如拭塵巾應善知坐起若見上坐不應
安坐若見下坐不應起五彼至僧中不為雜
說論世俗事若自說法若請人說法若見僧
中有不可事心不安忍應作嘿然何以故恐
僧別異故比丘應先有此五法然後至僧中
舍利弗有此五法比丘在僧中不應語復有
五法在僧中應語此中有六紐如上為自獲
滅中說舉他罪有五法具持二百五十戒多
聞善於語言有憶念有智慧是為五有五法
應舉他罪有慈悲心有欲利益令增長

BD15378號　四分律卷六〇　　（16–2）

聞善於語言有憶念有智慧是為五有五法
應舉他罪有慈悲心有欲利益令增長
悔清淨有是五法應舉他罪欲舉他罪者應
有五法如上遮揵度中說有五非法舉 非

時不以時不實不以實損減无利益麁獷
不柔和瞋恚不以慈心是為五有五如法舉（反上句是）
不善是善非毗尼是毗尼世間出世間作損
減利益亦如是說有五句語无第三句時與非
時此句无第三實與不實此句无第三損減
有利益此句无第三麁獷柔和此句无第三
瞋恚慈心此句无第三是為五句无第三說
五語捨戒捨佛捨法捨僧捨和上捨同和上
如是五五為句乃至非沙門釋子如來出世
見有過失故以五利義為諸比丘制戒攝取
於僧令僧歡喜令僧安樂令不信者信信者
增長是為五乃至正法久住亦如是如來出
世見諸比丘有過失故以五利義為諸比丘
制呵責羯磨攝取於僧令僧歡喜令僧安樂
令不信者信信者增長是為五乃至正法久
住五五為句亦如是乃至七滅諍亦如是 有
六非法遮說戒遮无根破戒作不作破見破
威儀亦如是是為六有六如法遮說戒（反上句是） 有
六法應善教授比丘尼具持二百五十戒多

BD15378 號　四分律卷六〇　（16-3）

威儀亦如是是為六有六如法遮說戒（反上句是） 有
六法應善教授比丘尼具持二百五十戒多
聞廣誦二部戒毗尼善能語言辯說義句
了了不為佛故出家而犯重罪若廿臈若
過廿有是六法應善教授比丘尼為七
作羯有六法若以所生年若以臈數若以受
大戒若以羯磨若犯若以法是為六有六犯
所起處或有犯由身起非心口或有犯起於
口不以身心或有犯從身口起不以心或
犯從身心起非口或有犯起口心非身或有
犯從身口心起是為六鬪諍有六根本如中
阿含說有六處盜犯波羅夷若自取若指授
若遣使若重物以盜心移離本處是為
有六非己有想不暫取想非親厚想若重物
以盜心移離本處是為六有七非法遮說戒
遮无根波羅夷乃至无根惡說是為七有七
犯聚波羅夷乃至惡說是為七有七種精
色乃至酪漿色是為七有七滅諍如上戒文
中說有七法名為持律知犯知不犯知輕
重知有餘知无餘廣誦二部戒毗尼是為七
復有七（六句同前第七句以廣誦毗尼為一句是為七）
復有七（六句同前第七句以住毗尼不移不動為一句是為七）
復有七（六句同前第七句以善能滅諍事為一句是為七）復有七（六句同前第七句以自憶宿命種種所更為一句是為七）
復有七（六句同前第七句以天眼見衆生死此生彼為一句是為七）復有七（六句同前第七句以漏盡得无漏心解脫慧解脫現法）
（果證我生已盡梵行已立所作）有七不恭敬不敬佛法僧戒

BD15378 號　四分律卷六〇　（16-4）

復有七（六句如前第七句以无學…）是為七　復有七（…滿心解脫慧解脫現世…）
（生死此生彼為一句是為七　果我生已盡梵行已立所作已辦不還此為一句是為七）有七不恭敬不敬佛法僧戒
定父母善法是為七有七恭敬（反上句是）有七諍捨誡
捨佛法僧捨和上捨同和上捨阿闍梨捨同
阿闍梨是為七乃至非沙門釋子亦如是以
七義故如來出世為諸比丘制戒攝取僧令
僧歡喜令僧安樂令不信者信信者增長難
調令調慚愧者得安樂是為七如是七七為句乃
至正法久住亦如是以七義故如來出世為諸
比丘制呵責羯磨從攝取僧七七為句乃
正法久住亦如是乃至七滅諍亦如是如責
羯磨為句有八非法遮說戒遮无根破戒作
不作破見作不見作破威儀作不作破正命作
不作是為八有八如法遮說戒（反上句是）有八法應
差教授比丘尼具持二百五十戒多聞二
部戒毗尼善能言語辯義句字了了於法

家剎利婆羅門居士若形顏端正不為佛故
出家而犯重罪若廿臈若過廿臈是為八有八
不可過法如比丘尼犍度中說白衣有八法
應與作覆鉢罵謗比丘作損減无住作
无住處鬪亂比丘在比丘前毀佛法僧是為
八比丘有八法令白衣不信罵謗白衣作損
減无利益作无住處鬪亂白衣在白衣前毀
佛法僧是為八比丘有是八法應與作止不

BD15378號　四分律卷六〇　（16–5）

滅无利益作无住處鬪亂白衣在白衣前毀
佛法僧是為八比丘有是八法應與作止不
至白衣家羯磨如上說有八法應作伴
能聞能說自解令他解能受能持无失知好
惡說義趣是為八尒時世尊在瞻波城伽伽
池邊白月十五日說戒時於露地坐與僧
俱前後圍遶時有比丘舉彼比丘罪起罪
當舉罪時彼比丘乃作餘語答便瞋恚佛
告諸比丘應審定問彼人彼人於佛法中无
所住无所增長辟如農夫田苗稊稗荼生苗
葉相類不別而為妨害乃至莠實乃知非穀
之異既知非穀即耘除根本何以故恐損善
苗故比丘亦復如是有惡比丘來坐整持
衣鉢如善比丘不別乃至不出罪時既出
其罪方知比丘中稊稗之異既知其異應如
合為作滅擯除之何以故恐妨善比丘辟
如農夫治穀當風簸揚好穀留聚其秕秸
隨風除之何以故恐汙好穀故如是惡比丘
行來入出如善比丘不別乃至不出罪時既
出其罪方知比丘中秕秸穢惡既知已應當
合為作滅擯除之辟如有人須木[illegible]欄從
城中出手捉利斧往彼林中遍扣諸[illegible]聲
實中者其聲貞實若是空中者其聲虛而
響而彼空樹根茎枝葉如貞實者不異至於
叩時方知內空既知內空既便斬伐截落枝葉

BD15378號　四分律卷六〇　（16–6）

實中者其聲貞實若是空中者其聲虛而
麁而彼空樹根莖枝葉如貞實者不異至於
叩時方知內空既知內空既便斬伐截落於槃
先去麁朴然後斵剒細治內外俱淨亦如井欄
如是惡比丘行來出入攝持衣鉢威儀如
善比丘不異乃至不出罪時既出其罪方知
沙門中垢穢稊稗空樹若知已即應和合作
滅擯何以故恐妨害善比丘故而說偈言
同住知性行　嫉姤善瞋恚　人中說善說　處衆造非法
方便作妄語　明者能覺知　稊稗應除棄　空中樹
自說是沙門　處衆應滅擯　已作滅擯竟　行惡非法者
清淨者共住　當知是充顯　和合共滅擯　和合盡共除
佛說如是說比丘聞歡喜信樂受持尒時佛告諸
比丘我今為汝等說八種惡馬八種惡
人汝當諦聽何等八或有惡馬與鞕
欲令其去而更䠆蹹不去或有惡馬棲勒與
鞕欲令其去而反倚傍兩轅而不前進或有
惡馬棲勒與鞕欲令其去而顛蹷倒地蹋傷
其膝又折轅隔或有惡馬棲勒與鞕欲令其
去而更却行不進或有惡馬棲勒與鞕欲令
其去而更趣非道敗輪折軸或有惡馬棲勒
與鞕欲令其去不畏御者亦不畏鞕方更齒
銜騎突不可禁制或有惡馬棲勒與鞕欲令
其去而僂脚人立吐沫或有惡馬棲勒與鞕
欲令其去或蹲或臥是為八……惡人

BD15378號　四分律卷六〇　（16–7）

銜騎突不可禁制或有惡馬棲勒與鞕欲令
其去而僂脚人立吐沫或有惡馬棲勒與鞕
欲令其去或蹲或臥是為八何等八種惡人
或有比丘舉彼見聞疑罪而彼比丘便言我
不憶我不憶猶如惡馬棲勒與鞕欲令其去
而更䠆蹹不去我說此人亦復如是或有比
丘舉彼見聞疑罪而彼比丘言犯不言不
犯嘿然而住猶如惡馬棲勒與鞕欲令其去
倚傍兩轅而不前進我說此人亦復如是或
有比丘舉彼見聞疑罪彼作是言長老亦自
犯是罪云何能除他罪猶如惡馬棲勒與鞕
欲令其去而更顛蹷倒地既復其膝又折轅
隔我說此人亦復如是或有比丘舉彼見聞
疑罪彼比丘作是言長老自癡不善教人而
欲教我猶如惡馬棲勒與鞕欲令其去而更
却行我說此人亦復如是或有比丘舉彼見
聞疑罪而彼便說餘事荅及生瞋恚
馬棲勒與鞕欲令其去而趣非道折軸敗輪
我說此人亦復如是或有比丘舉彼見聞疑罪
而彼比丘不畏衆僧亦不畏犯而不受
罪者語便捉坐具置肩而出不可禁制猶如
惡馬棲勒與鞕欲令其去而不畏御者亦不
畏鞕齒銜騎突不可禁制我說此人亦復如是
是或有比丘舉彼見聞疑罪
我亦猶如惡馬棲勒與鞕欲令

BD15378號　四分律卷六〇　（16–8）

是戒有比丘舉彼見聞疑罪欲令……反抄
我邪猶如惡馬授勒與鞭欲令……更難
脚人立唾沫我說此人亦復如是或有比丘舉
彼見聞疑罪彼比丘言長老亦不舉我衣鉢
臥具醫藥何故教我彼即捨戒取……
至諸比丘所作是言大德我……
邪猶如惡馬授勒與鞭欲令……更蹲臥
我說此人亦復如是是為八種惡人我也說八
種惡馬八種惡人世尊所應慈愍諸弟子我
已具說汝今當住在空處樹下脩習禪定莫
為放逸後致悔恨此是我教戒佛說如……
比丘聞歡喜信樂受持尒時……在拘薩羅
國與千二百五十比丘俱人間遊行……道
見有大聚火熾然見已即下道在一樹下敷
坐而坐告諸比丘汝等見彼大聚火熾然不
若使有人捉彼火抱摸嗚之即燒其皮肉筋
骨消盡若復有人捉剎利……羅門女居士
女首陁羅女抱摸嗚之如是二事何者為善
諸比丘白佛大德若捉彼剎利……女抱摸……
之此事為善何以故若捉火即燒爛皮肉筋
骨消盡得大苦痛不可堪耐佛告諸比丘我
今告汝寧捉此火抱摸嗚之燒其皮肉……
消盡此事為善何以故不以此因緣墮三惡道
若非沙門自言是沙門非淨行言是淨行
破戒行惡都无持戒威儀邪見覆藏非內

若非沙門自言是沙門非淨行言是淨行
破戒行惡都无持戒威儀邪見覆藏非內
空腐爛外現完淨食人信施以不消信施故
墮三惡道長夜受苦是故應當持淨戒食
人信施飲食衣服卧具醫藥一切所須……
主得大果報所為出家作……亦得成就汝
等比丘寧以熱鐵刺脚……善男子善
女人接足作礼邪如是二事何者為善諸比丘
白佛言寧受信樂善男子善女人接足作礼
何以故熱鐵刺脚受大苦痛故佛告諸比丘
我今告汝寧以熱鐵刺脚何以故不以此因
墮三惡道若非沙門自言沙門非淨行自
言是淨行破戒行惡都……威儀邪見覆
藏作罪內空腐爛外現完淨食人信施以不
消信施故墮三惡道長夜受苦是故當持淨
戒食人信施乃至一切所須如上說令施者
得大果報而為出家作沙門亦得成就汝等
比丘寧以熱斧自斬其……信樂善男
子善女人手捫摸身邪……二事何者為善
諸比丘白佛言大德寧受信樂善男子善女
人手捫摸身何以故熱斧斬身首受大苦痛
故我今告汝寧以熱斧自斬其身首以……
善何以故不以此因墮三惡道餘如上說
比丘汝等寧以熱鐵……
信樂善男子善女人……如是二事何

比丘汝等寧以熱鐵鍱纏身[illegible]爛身盡受著
信樂善男子善女人[illegible]好衣如是二事何
者為善諸比丘白佛言世尊寧受彼種種好
衣何以故熱鐵衣燒身受大苦痛故佛告諸
比丘我今語汝寧以熱鐵為衣燒身何以故
不以此因墮三惡道餘如上說[illegible]
寧吞熱鐵鉤燒爛五藏[illegible]當受信樂
善男子善女人飲食供[illegible]此二事何
為善諸比丘言寧受彼飲食供養何以故吞
熱鐵鉤受大苦痛故佛告諸比丘我今告汝
寧吞熱鐵鉤何以故不以此因墮三惡道餘
如上句說受種種牀亦如是汝等比丘[illegible]
熱鐵牀上坐自燒身雖[illegible]受信樂[illegible]
善女人種種好牀臥具[illegible]二事[illegible]
者為善諸比丘白佛言[illegible]
身何以故熱鐵牀上自燒身[illegible]受大苦痛
故佛告諸比丘我今語汝寧受熱鐵牀上坐
臥燒身何以故不以此因墮三惡道[illegible]
句說汝等比丘寧在熱[illegible]
信樂善男子善女人[illegible]
二事何者為善諸比[illegible]
宿何以故在彼熱鐵房[illegible]大苦痛故[illegible]
告汝寧在彼熱鐵房燒身爛盡何以故不以
此因墮三惡道餘如上句說尒時世尊說此法
時六十比丘沸血從面[illegible]

BD15378號　四分律卷六〇　（16–11）

告汝寧在彼熱鐵房燒身爛盡何以故不以
此因墮三惡道餘如上句說尒時世尊說此法
時六十比丘沸血從面孔[illegible]
休道六十比丘得[illegible]
丘遠塵離垢得法眼淨[illegible]
種越不應作若至其家[illegible]
丘不喜起立不喜作礼不喜[illegible]諸比丘坐不喜
比丘坐設有所說而不受若有衣服飲食所
須之具輕慢比丘而不與[illegible]多有所[illegible]
有精細而與麁惡或不[illegible]與是為[illegible]
應律白衣數復有九[illegible]
已作應往[illegible]有九[illegible]
破戒作遮不作遮作不作[illegible]見破威儀[illegible]
是是為九有九法遮說戒又上句是有九語捨戒
捨佛捨法捨僧捨和上捨同和上捨同阿闍梨
捨同阿闍梨捨諸梵行[illegible]為九如是乜
為句乃至[illegible]阿闍梨[illegible]已如來
有過失故[illegible]利義[illegible]
僧乃至斷未來有漏是[illegible]九[illegible]
過失故以九利義為諸比丘制呵責羯磨從
羯取於僧乃至斷未來有漏是為九乃至七
滅諍如是有十種衣拘舍衣劫貝衣欽跋
羅衣蒭摩衣叉摩衣舍衣麻衣翅夷羅衣
拘遮羅衣差羅波尼衣[illegible]衣應[illegible]

BD15378號　四分律卷六〇　（16–12）

羅衣、蒭摩衣、叉摩衣、舍夷衣 [illegible] 麻衣、翅夷羅衣
拘遮羅衣、差羅波尼衣 [illegible] 重衣、應染
菜色衣、持來種糞掃 [illegible] 若衣燒
衣、月水衣、初產衣、神廟中衣 [illegible] 衣、王
衣、往還衣，是為十。有十非法遮說戒，非波羅
夷不入波羅夷說中，非捨戒不入捨戒說中，
隨如法僧要，如法僧要不 [illegible] 不隨如法僧要
呵說中，不見不聞不疑 [illegible] 不見不聞不疑
破見，不見不聞不疑破 [illegible] 是為十。有十如
法遮說戒 [illegible] 有十
羅不入邊罪說中，不犯比丘尼不入犯比丘尼
說中，不賊心受戒不入賊心受戒說中，不破
二道不入破二道說中，非黃門不入黃門說
中，是為十。有十如法遮說 [illegible] 有十法應差
教授比丘尼，具持 [illegible] 五 [illegible] 多聞廣誦二
部戒毗尼，善巧語言 [illegible] 家剎
利婆羅門居士家 [illegible] 比丘尼
為比丘尼說法令得歡喜，不為佛故出家
袈裟而犯重罪，若年臘若過年臘，是為十。介
時佛告憂波離：汝等莫數舉他比丘罪。何
以故？若於威儀不清淨 [illegible] 比丘眾即生彼
語言：長老先自淨 [illegible] 威儀 [illegible] 若比丘身
威儀清淨，不生他語 [illegible] 不清淨
不多聞，不廣誦二部毗尼，亦如是 [illegible]
憂波離，舉他比丘，須應備習五法 [illegible]

不多聞，不廣誦二部毗尼，亦如是 [illegible]
憂波離，舉他比丘，須應備習五法：以時不以
非時，以實不以不實，利益不以損減，柔軟不
以麁獷，慈心不以瞋恚。憂波離，舉他比丘
此十法 [illegible] 受籌不解事受
籌，不與共 [illegible] 如法 [illegible] 非法者多受籌
知有多非法 [illegible] 如僧
欲破受籌，以小罪受籌 [illegible] 如所見
受籌，別眾受籌，是為十。有十如法受籌 [illegible] 句是
如來出世見有過失，故以十義為諸比丘制
戒：從攝取於僧乃至正法久住，是為十。有十
種人不應禮白 [illegible] 犯比丘尼，賊心受
戒，破二道 [illegible] 破僧，惡
心出佛身血 [illegible] 不應
禮大行時、小行時 [illegible]
嚼楊枝，若洗口，若飲若食，若取藥，是為十。飲
酒有十過失：令色惡，少力，眼不明，憙見瞋，失
財增病，起鬪諍，有惡名流布，無智慧，死墮地
獄，是為 [illegible] 婇女聞有十過
法
夫人見比丘 [illegible] 婇女 [illegible]
言比丘 [illegible] 是意
王宮婇女聞於近失。復次，若王臥時與夫人
和合不憶，後夫人有身，王作是意言：比丘來
入宮，是比丘所為，是為第二過失。復次，王太
子欲反 [illegible] 比丘 [illegible]

入宫是比丘所爲是爲第二過失復次王太
子欲及殺父[illegible]丘外人見言內[illegible]
事[illegible]宮內[illegible]
以聞於外[illegible]作是念[illegible]
所傳是[illegible]
是意比丘[illegible]宮內[illegible]取去是第五過
失復次王或以賤人在高位處外不喜者作
是言比丘入宮是其所作是爲第六過失復
次王[illegible]外不喜者作[illegible]
等[illegible]第七過[illegible]
事因緣非[illegible]
比丘入[illegible]
或集[illegible]其不喜[illegible]
言是其所作是爲第九過失復次若王在宮
綵女聞出好爲馬瑞正女人見則心生愛著
非比丘法是爲[illegible]有十法不應授人大
戒[illegible]
淨行[illegible]
善見弟子[illegible]
悔生[illegible]
瞻是爲十有十法應授人大戒句是又上有十法
不應授人大戒不具持二百五十戒不多聞
不能教弟子[illegible]不能教捨惡見住
善見[illegible]
知布薩[illegible]不犯[illegible]
有十法應[illegible]

BD15378 號　四分律卷六〇　　（16–15）

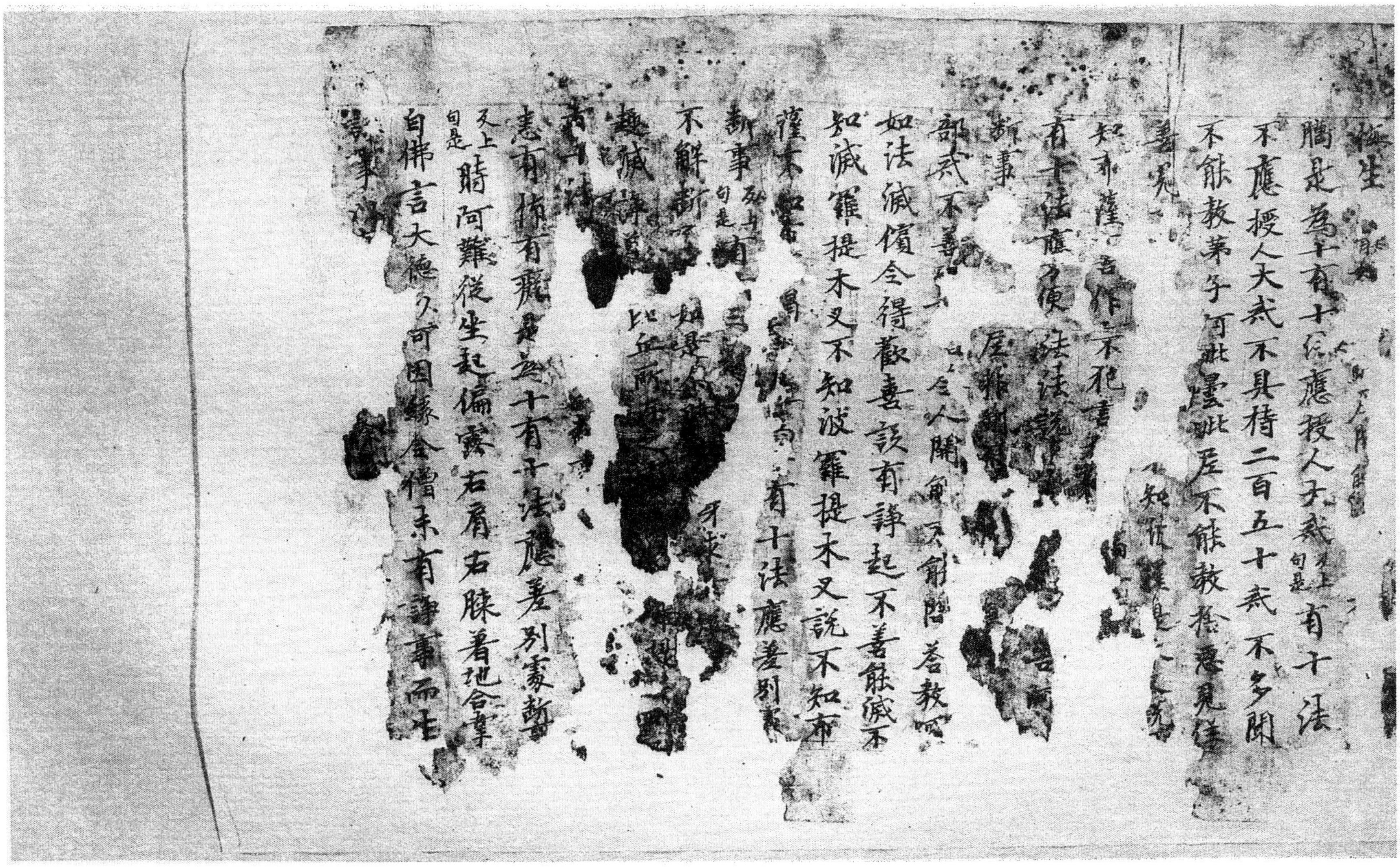
悔生[illegible]
瞻是爲十有十法應授人大戒句是又上有十法
不應授人大戒不具持二百五十戒不多聞
不能教弟子[illegible]不能教捨惡見住
善見[illegible]
知布薩[illegible]不犯[illegible]
有十法應[illegible]
斷事[illegible]
部戒不善[illegible]人關[illegible]答教呵
如法滅價令得歡喜誤有諍起不善能滅不
知滅羅提木叉不知波羅提木叉說不知布
薩[illegible]有十法應差別
斷事句是又上[illegible]
不解[illegible]
越滅[illegible]
[illegible]
恚有怖有癡是爲十有十法應差別處斷
句是又上時阿難從坐起偏露右肩右膝著地合掌
白佛言大德[illegible]因緣令僧未有諍事而生
諍事[illegible]

BD15378 號　四分律卷六〇　　（16–16）

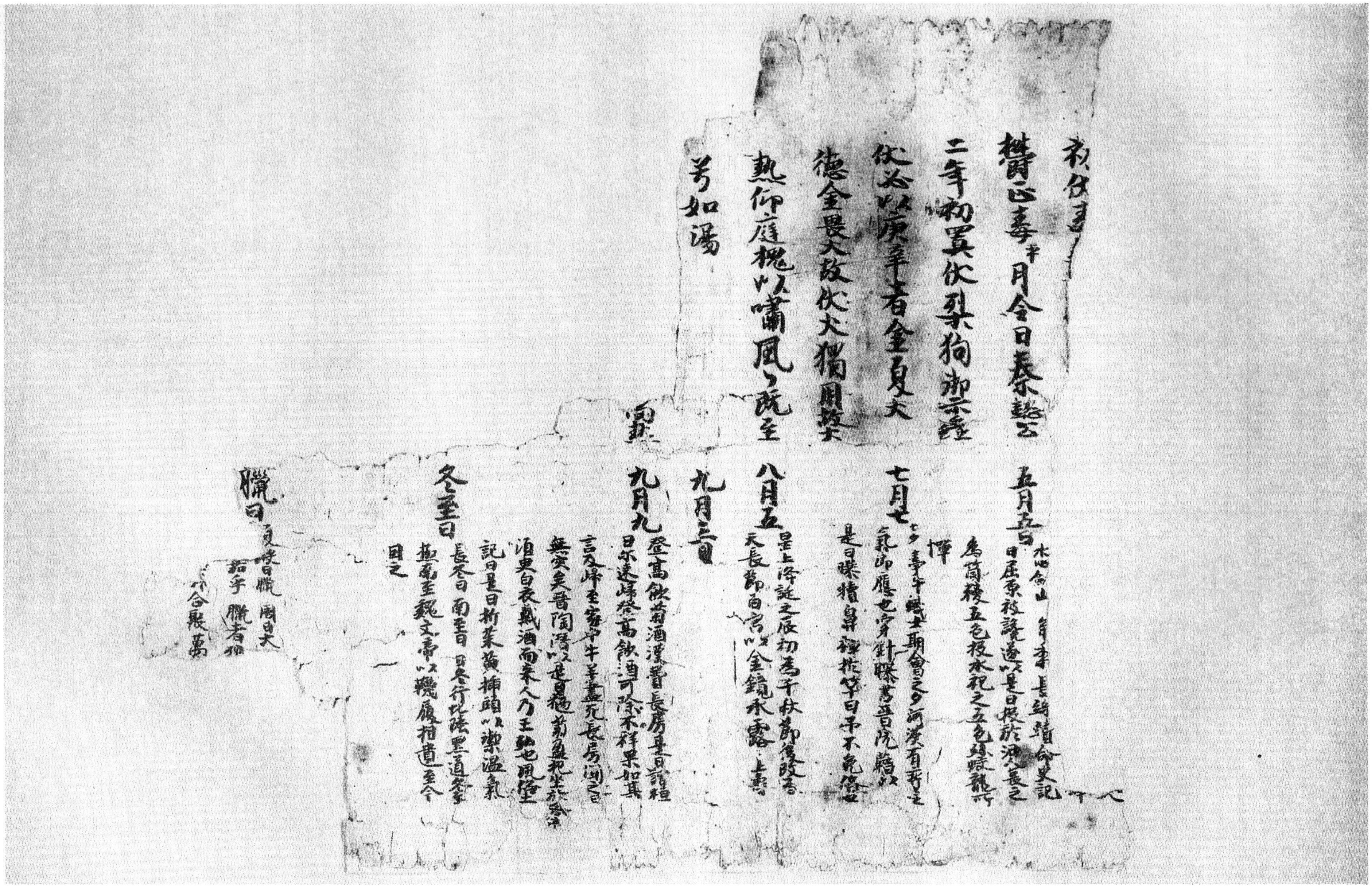

BD15379號　不知名類書・歲時部（擬）　　（1–1）

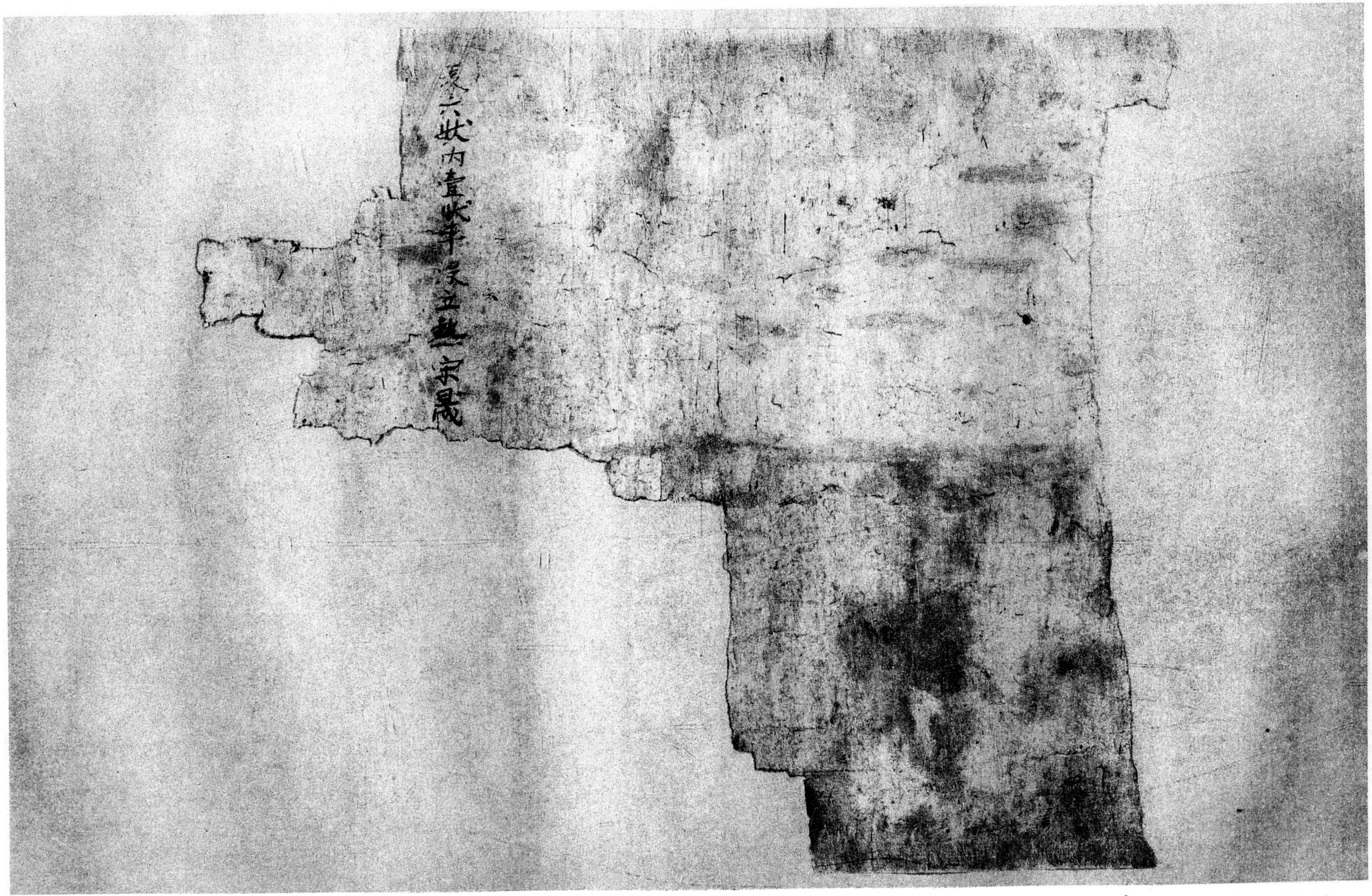

BD15379號背　宋晟等麥歷（擬）

（1-1）

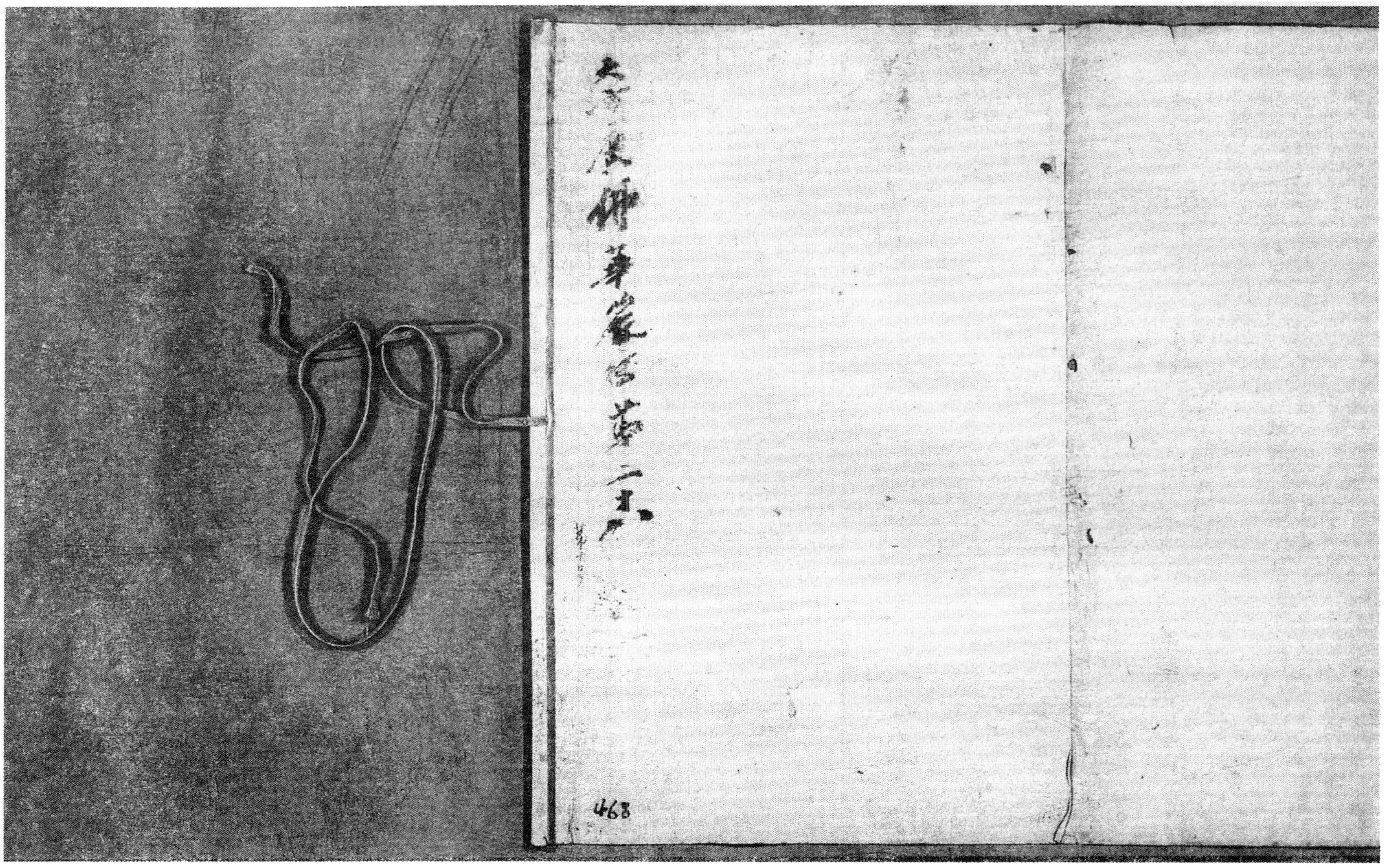

BD15380 號背　護首　（1–1）

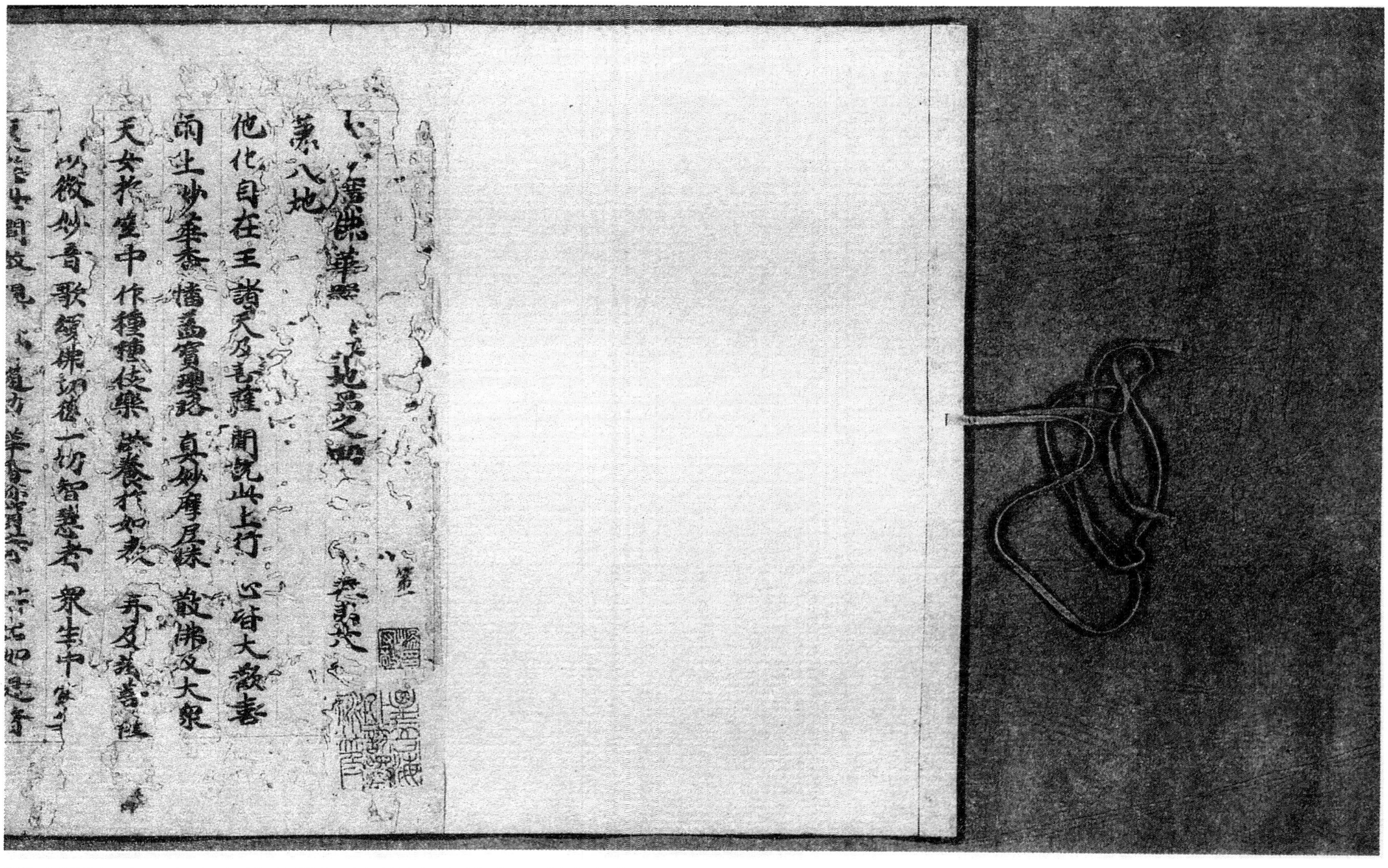

BD15380 號　大方廣佛華嚴經（晉譯六十卷本　聖本）卷二八　（26–1）

第八地
他化自在王 諸天及菩薩 聞說此上行 心皆大歡喜
雨生妙華香 幢蓋寶瓔珞 真妙摩尼珠 散佛及大眾
天女於空中 作種種伎樂 供養於如來 并及諸菩薩
以微妙音 歌頌佛功德 一切智慧者 眾生中上
[illegible]間放[illegible]道力 華香[illegible] 皆出如是音
於一微塵中 各示那由他 无量數諸佛 於中而說法
於一微塵中 見无量佛國 須彌金剛圍 世間不迫迮
於一微塵中 見有三惡道 天人阿脩羅 各各受業報
於諸佛國中 一切佛嚴淨 轉无上法輪 隨應為說法
諸佛世界中 眾生身種種 隨國土眾生 示現種種身
如諸天人[illegible] 心住 佛光觀察已 然後為說法
眾生悉知見 微塵中佛國 亦觀廣大剎 以佛威神故
佛現如是等 種種神通力 若為眾生說 是事不可盡
以是微妙音 稱歎於世尊 心皆大歡喜 默然而觀佛
解脫月菩薩 請金剛藏言 佛子願演說 入於八地行
金剛藏菩薩言 佛子菩薩摩訶薩已習七地
微妙行慧 方便道淨善 集助道法 具大願力
諸佛神力所護 自善根得力 常念隨順如來
力无所畏不共法 直心深心清淨成就 福德智
慧大慈大悲不捨眾生 修行无量智道 入諸
法本來无生无起无相无成无壞无來无去
无初中后 入如來智 一切心意識憶想

BD15380號　大方廣佛華嚴經（晉譯六十卷本　聖本）卷二八　（26–2）

慧大慈大悲不捨眾生 修行无量智道 入諸
法本來无生无起无相无成无壞无來无去
无初中后 入如來智 一切心意識憶想
分別无所貪著 一切法如虛空性 是名菩薩
得无生法忍 入第八地 入不動地 名為深行
菩薩 一切世間所不能測 離一切相 一切想
一切貪著 一切聲聞辟支佛所不能壞
離諸喧諍 寂滅現前 譬如比丘得於神通 心得
自在 次第乃入滅盡定 一切動心憶想分別
皆悉盡滅 菩薩亦如是 菩薩住是地 諸動
心意行皆悉盡滅 住大遠離 如人夢中
欲渡深水 發大精進 施大方便 未度之間
便覺 諸方便事皆悉放捨 菩薩亦如是
從初已來 發大精進 廣修道行 至不動地 一切
皆捨 不行二心 所有憶想不復現前 譬如生
梵世者 欲界煩惱不現在前 菩薩亦如是 住
不動地 一切心意識不現在前 乃至佛心菩提心
涅槃心尚不現前 何況當生諸世間心
佛子是菩薩隨順是地 以本願力故 又諸佛
為現其身 住在諸地法流水中 與如來智慧
為作因緣 諸佛皆作是言 善哉善哉 善男子
得是第一忍 順一切佛法 善男子 我有十
力 四无所畏 十八不共法 汝今未得 為得是

BD15380號　大方廣佛華嚴經（晉譯六十卷本　聖本）卷二八　（26–3）

為現其身住在地法流水中與如來智慧
為作因緣諸佛皆作是言善哉善哉善男子
得是第一忍順一切佛法善男子我等有十
四无所畏十八不共法汝今未得為得是
故懃加精進亦莫捨此忍門善男子汝雖得此
一甚深寂滅解脫一切凡夫雖寂滅法常
為煩惱覺觀所害汝當愍此一切衆生又善
男子汝應念本所願欲利益衆生欲得不
可思議智慧門又善男子一切法性一切法
有佛无佛常住不異一切如來不以得此
法故名為佛辟支佛亦得此寂滅无
分別法善男子汝觀我等无量清淨身相无
量智慧无量清淨國土无量方便无量圓光
无量淨音汝今應起如是等事又善男子汝
今適得此一法明所謂一切法寂滅无有分
別我等所得无量无邊汝應精懃起此諸法
善男子十方无量國土无量衆生无量諸法
差別汝應如實通達是事隨順如是智是菩
薩諸佛與如是等无量无邊起智慧門因緣
以此无量門故是菩薩能起无量智業皆悉
成就諸佛子若諸佛不與菩薩起智慧門
者是菩薩畢竟取於涅槃棄捨利益一切
衆生以諸佛與此无量无邊起智慧門

BD15380 號　大方廣佛華嚴經（晉譯六十卷本　聖本）卷二八　（26–4）

成就諸佛子若諸佛不與菩薩起智慧門
者是菩薩畢竟取於涅槃棄捨利益一切
衆生以諸佛與此无量无邊起智慧門
故於一念中所生智慧比從初地以來乃至
七地百分不及一无量无邊阿僧祇分不及
一乃至筭數譬喻所不能及所以者何先以
一身修集功德今此地中得无量身脩菩薩
道以无量音聲无量智慧无量生處无量清
淨國土无量教化衆生供養給侍无量諸佛
隨順无量佛法无量神通力无量大會差別
无量身口意業集一切菩薩所行道以不動
法故佛子譬如乘船欲渡大海未至大海多
用功力入海以風无復艱難一日之行過於功
力於百千歲所不能及菩薩亦如是多集善
根乘大乘船入菩薩所行大智慧海不施功
用能近一切諸佛智慧以本所行若一劫若
百千万劫所不能及佛子菩薩摩訶薩至第
八地從大方便慧生无功用心在菩薩道思
惟諸佛智慧勢力知世界生世界滅世界成
世界壞知以何業因緣集故世界成何業因
緣滅故世界壞是菩薩知地水火風性小相
中相无量相差別相知微塵細相知微塵差
別相於一切世界中所有微塵差別皆悉能

BD15380 號　大方廣佛華嚴經（晉譯六十卷本　聖本）卷二八　（26–5）

緣域故世界壞是菩薩知地水火風性小相
中相无量相差別相知微塵細相知微塵差
別相於一切世界中所有微塵差別皆悉能
知此一世界中所有地水火風若干微塵皆悉
能知知實物若干微塵眾生身若干微塵世
界中万物微塵差別分別眾生大身小身以
若干微塵成地獄身畜生身餓鬼身以若干
微塵成阿脩羅身天身以若干微塵成皆悉
了知是菩薩入如是分別微塵智知欲色无
色界壞知欲色无色界成知欲色无色界成
壞知欲色无色界小相中相无量相知欲色
无色界差別相如是知三界是名菩薩教化
眾生智明分別眾生身善觀所應生
處隨眾生生處隨眾生身而為受身是菩薩
現身遍滿三千大千世界隨眾生身各各差
別譬如日月於一切水皆現其像若二若三
乃至无量无邊不可思議不可說三千大千
世界身遍其中隨眾生身差別而為受身是
菩薩成就如是智慧於一世界身不動搖乃
至不可說諸佛世界隨眾生所信樂於諸佛
大會而現身像若於沙門中示沙門形色婆
羅門中示婆羅門形色剎利中示剎利形色
居士中示居士形色四天王中帝釋中魔中

BD15380號　大方廣佛華嚴經（晉譯六十卷本　聖本）卷二八　（26–6）

至不可說諸佛世界隨眾生所信樂於諸佛
大會而現身像若於沙門中示沙門形色婆
羅門中示婆羅門形色剎利中示剎利形色
居士中示居士形色四天王中帝釋中魔中
梵天中示梵天形色乃至阿迦膩吒天中示
阿迦膩吒天形色以聲聞乘度者示聲聞形色
以辟支佛乘度者示辟支佛形色以菩薩乘
度者示菩薩形色以佛身度者示佛身形色
有不可說佛國土中隨眾生身信樂差別
現為受身而實遠離身相差別常住平等
菩薩知眾生身知國土身知業報身知聲聞
身知辟支佛身知菩薩身知如來身知智身知
法身知虛空身是菩薩如是知眾生深心所
樂若於眾生身作己身作國土
身業報身聲聞身辟支佛身菩薩身如來身
智身法身虛空身若於國土身作己身業報
身乃至虛空身若於業報身作己身乃至虛
空身若於己身作眾生身國土身業報身聲
聞身辟支佛菩薩身如來身智身法身虛
空身是菩薩知眾生集業身報身煩惱身色
身无色身諸佛國土小相中相无量相垢
相淨相廣相倒相平相方相差別相知業報
身假名差別聲聞身假名差別辟支佛身假

BD15380號　大方廣佛華嚴經（晉譯六十卷本　聖本）卷二八　（26–7）

身无色身諸佛國土小相中相无量相莊
相淨相廣相倒相平相方相差別相知業報
身假名差別聲聞身假名差別辟支佛身假
名差別菩薩假名差別知如來身菩提身
願身化身住持身相好莊嚴身勢力身如意
身福德身智身法身知智身善分別如實知
法身平等不壞相知虛空身无量相周遍相
无形相是菩薩善知起如是諸身則得命自
在心自在財自在業自在生自在願自在信
解自在如意自在智自在法自在是菩薩得
十自在為不可思議智者无量智者廣智者
不可壞智者菩薩隨如是智慧畢竟常起
无罪身業口業意業身業隨智行口業隨智
行意業隨智行般若波羅蜜增上大悲為首
善方便善起諸願善為諸佛神通所護常
不捨行利益眾生智悉知无邊世界中差別
爭舉要言之菩薩住无動地身口意所作皆
能集一切佛法是菩薩住此地離一切煩惱
故善住淨心力心常不離道故善住深心力
於眾生故善住大悲力救一切世間故善
住大慈力不忘所聞法故善住陀羅尼力分
別觀察一切佛法故善住一切樂說力行無
邊差別世界故善住神通力不捨一切菩薩
所行故善住願力脩集一切佛法故善住

BD15380號　大方廣佛華嚴經（晉譯六十卷本　聖本）卷二八　（26-8）

別觀察一切佛法故善住一切樂說力行無
邊差別世界故善住神通力不捨一切菩薩
所行故善住願力脩集一切佛法故善住
切不善十一切菩薩所行故善住願力脩集
一切佛法故善住波羅蜜力善起一切種智
故善住如來力是菩薩得如是智力示一切
所作无有過咎諸佛子菩薩此地不可壞故
名為不動地智慧不轉故名為不轉地一切
世間不能測知故名威德地无色欲故名童
真地隨意受生故名自在地更不作故名為
成地決定知故名為究竟地善發大願故名為
變化地不可壞故名為住持地先脩善根故
名无功用地如是智慧名為入佛
界名為佛功德所照明名為隨佛威儀
趣向佛法常為諸佛神力所護常為四天王
釋提桓因諸梵王等之所奉迎密迹金剛神
常隨侍衛善能出生諸禪三昧能作无量諸
身差別於諸身中皆有勢力得大果報神通
力於无邊三昧中皆得自在能受无量記能
隨眾生成就處示成阿耨多羅三藐三菩提是
菩薩入如是大智慧善通達諸法常放大智
光明度无导世界道善知世界道差別能示
諸功德隨意自在善解前際後際能入

BD15380號　大方廣佛華嚴經（晉譯六十卷本　聖本）卷二八　（26-9）

衆生成就處亦成阿耨多羅三藐三菩提是
菩薩入如是大智慧善通達諸法常放大智
光明度无量世界道善知世界道差別能示
一切諸功德隨意自在善解前際後際入
轉魔道智入如來行境界能於无邊世界行
菩薩道以不轉相故此地名為不動地佛子
菩薩住不動地善生禪定力故常見无邊諸
佛不捨供養給諸佛是菩薩於一一世界
一一劫數百千万億那由他无量无邊阿僧祇佛
恭敬供養尊重讚歎親近諸佛從諸佛受世
界差別等諸法明是菩薩轉深入如來法藏
問世界差別事无能盡者乃至百千万億劫
說不可盡又諸善根轉勝明淨譬如真金
寶間錯為轉輪王所佩瓔珞一切人民无能
奪者菩薩摩訶薩亦如是住不動地善根轉
淨一切聲聞辟支佛乃至七地菩薩所不能
壞菩薩住是地以善分別智門故智慧光明
滅除一切衆生煩惱譬如千世界主大梵天
王能於一時流布慈心滿千世界亦能放光
遍照其中菩薩摩訶薩亦如是住不動地能
放身光照十方佛剎微塵世界滅除衆生
諸煩惱熱令得清涼諸佛子是名略說菩薩
不動地若廣說者无量億劫所不能盡菩薩住

BD15380號　大方廣佛華嚴經（晉譯六十卷本　聖本）卷二八　（26–10）

放身光照十方佛剎微塵世界滅除衆生
諸煩惱熱令得清涼諸佛子是名略說菩薩
不動地若廣說者无量億劫所不能盡菩薩住
是地多作大梵天王主千世界諸根猛利與
諸衆生聲聞辟支佛菩薩波羅蜜道无有能
壞說世界差別无能壞者所作善業布施愛語
利益同事皆不離念佛不離念法乃至不
離念一切種智常生是心我當於一切衆生
為首為勝乃至於一切衆生為作依止者是菩
薩若欲勤行精進於須臾間得百万三千大
千世界微塵數三昧乃至能示百万三千大
千世界微塵數菩薩以為眷屬若以願力神
通自在能過是數若干百千万億劫不可計
知時金剛藏菩薩欲重明此義以偈頌曰
菩薩住七地　善方便已淨　善集助道法　大願力所攝
諸佛神力護　善根悲成就　求於勝智慧　能入第八地
善集於福慧　而有深慈悲　離於有量心　心同如虛空
如所說法中　心得決定力　如是得寂滅　微妙无生忍
諸法從本來　无生亦无起　无相无有成　亦无去來義
諸法初中後　與如无分別　无有心意行　同若如虛空
成就如是忍　无有諸戲論　得是不動地　甚深寂滅行
一切諸世間　不能得測量　一切諸心相　皆悉已滅盡
菩薩住是地　心識无分別　如入滅盡定　无復憶念想

BD15380號　大方廣佛華嚴經（晉譯六十卷本　聖本）卷二八　（26–11）

一切諸世間　不能得測量　一切諸心相　皆悉已滅盡
菩薩住是地　心識无分別　如入滅盡定　无復憶念渴
如人夢中　方便欲渡水　覺則意廓然　休息諸所作
得是深忍已　一切想念滅　如生於梵天　无欲眾煩惱
以本願力護　及佛令勸導　如是第一忍　是諸佛職位
我等深智力　无量不共法　汝今无有此　當加勤精進
汝雖得除滅　一切煩惱火　當觀諸世間　煩惱常熾燃
當念本所願　欲令諸眾生　悉遍知諸法　廣度於一切
諸法實性相　常住无變異　二乘亦得此　而不名為佛
但以得无尋　甚深微妙智　通達三世故　乃得名為佛
眾諸无等等　天人所恭敬　開是起智門　令入諸佛法
既无邊底　无量妙智慧　先所行諸法　業及今一念
於是諸菩薩　得无量智慧　能在一念中　身遍於十方
入是智慧門　行道疾无尋　如行於海中　大風力所濟
離諸功用心　但在於智業　觀十方世界　成壞及與住
亦如四大一　亦知者別異　小中及无量　種種差別相
悉數知三千　大千界微塵　亦知眾生身　四大微塵數
諸天身眾寶　微塵數差別　皆悉遍明了　餘亦如是知
智慧因緣故　心轉得調柔　為利諸眾生　遍諸世界身
能於眾生身　而自作己身　及以諸佛剎　諸餘種種身
如月停空　散現一切水　菩薩亦如是　遍滿大千界
常住於法身　湛然不移動　於淨心眾生　各現其身像
隨諸心所樂　而現為受生　於諸人天會　悉皆示其身

如月停空　散現一切水　菩薩亦如是　遍滿大千界
常住於法身　湛然不移動　於淨心眾生　各現其身像
隨諸心所樂　而現為受生　於諸人天會　悉皆示其身
菩薩於因緣　和合中自在　乃至能隨意　為現於佛身
眾生國土身　業報賢聖身　智身與法身　皆同平等
於是因緣中　得如意神通　為令世歡喜　而現種種身
能得於十種　妙大自在智　所作隨智行　順於慈悲心
諸佛所有法　皆能善修習　住三淨戒中　不動如須彌
得大菩薩　十力十種力　一切諸魔眾　皆所不能轉
為諸佛護　釋梵所敬禮　密迹金剛神　常隨而侍衛
菩薩得是地　功德无有量　百千万億劫　說之不可盡
親近无數佛　增益諸善根　如真金雜寶　莊嚴王瓔珞
菩薩在是地　多作大梵王　典領千國土　功德无有量
能以三乘教　而无有窮盡　慈心光普照　滅諸煩惱熱
能於須臾間　得百万三千　大千世界數　微塵諸三昧
能見十方佛　其數亦如是　若以其願力　過是无有量
今已略解說　第八地妙相　若廣演說者　千億劫不盡

九地

佛子演說此　八地妙義時　以佛神力故　震動无量剎
一切智身出　无量微妙光　遍照十方界　眾生得安樂
（百千万菩薩　住於虛空中　以眾妙供養　諸天所无有　自在大梵天　并及他化王　歡喜設供養　大海功德聚）
千万諸天女　咸恭敬歡喜　同以微妙音　歌嘆佛功德
以佛神力故　出是妙法音　善行寂滅者　无有諸惡心
善入於其地　善修菩薩行　利益世間故　遊於十方

千万諸天女 咸恭敬歡喜 同以微妙音 歌嘆佛功德
以神力故 歎言妙音 善行寂滅者 无有諸惡心
亦有於其地 善脩菩薩行 利益世間故 遍遊於十方
亦現以佛道 心如空无导 諸菩薩神力 上妙供養具
勝十方人天 福德之所致 佛子樂智者 以此示佛力
一國不動 而現一切處 利益於世間 如滿月影淨
一切音聲 語言諸想念 而以諸音聲 說法猶如響
若衆生下劣 其心歡淺者 亦以聲聞道 令出於衆苦
若後有衆生 諸根少明利 樂於因緣者 為說辟支佛
根明利饒益 於衆生 有大慈悲心 為說菩薩道
有无上心 決定樂大事 為示於佛身 說无量佛法
譬如幻化師 示種種身色 如是諸身相 皆无有實事
如是諸佛子 善知智慧術 能示一切行 心離於有无
諸天女 同以微妙音 如是歌嘆已 默然而觀佛
解脫月又言 佛子大會淨 一心願樂聞 入九地所行
金剛藏菩薩言佛子菩薩摩訶薩以如是无
量智慧善觀佛道欲求轉勝寂滅解脫欲轉
脩思惟如来智慧欲入如来深密法藏欲觀
察不可思議大智慧欲觀察諸陀羅尼三昧
重令清淨欲令神通廣大欲分別世界差別
欲脩諸佛力无畏不共法无能壞者欲順行
諸佛轉法輪力欲不捨所受大悲大願菩薩
住此地如實知

BD15380號　大方廣佛華嚴經（晉譯六十卷本　聖本）卷二八　（26-14）

欲脩諸佛力无畏不共法无能壞者欲順行
諸佛轉法輪力欲不捨所受大悲大願菩薩
如是思惟得入第九地菩薩住此地如實知
善不善无記法行知有漏法行世間出世間
法行思議不可思議法行定不定法行聲聞
辟支佛法行菩薩道法行如来地法行有為
无為法行如是智慧知菩提心所行難
煩惱難業難根難欲難性難深心難使心
難難生難習氣難三聚差別難知衆生諸心
差別相雜起心相速轉心相壞心相无形
心相无邊自在心相清淨差別心相垢无垢
心相縛解心相諂曲質直心相隨道心相皆
如實知是菩薩知煩惱深相淺相知心伴相
不相離相知使纏差別相知是心相應不相
應相隨趣生時得果報相知三界中差別相
知愛癡見深入如箭相知憍慢癡益罪相知
是三業因緣不斷相乃至如實知八万四千
煩惱行差別相是菩薩知諸業善不善无記
相分別不可分別相心伴相不相離相自然盡
相行道盡相種種相集相不失果報相次第相
有報相无報相黑黑報相白白報相黑白黑
白報相非黑非白能盡業相知業起相受業
法差別相知无量因緣起業相知世間出

BD15380號　大方廣佛華嚴經（晉譯六十卷本　聖本）卷二八　（26-15）

有報相无報相黑黑報相白白報相黑白黑
白報相非黑非白能盡業相知業起相受業
法差別相知无量因緣起業相知世間業出
世間業差別相現報相生報相後報相隨諸
[redacted]乘定相不定相乃至如實
知八万四千諸業差別相是菩薩知諸根濡
中上差別相知先後際別異不別異相知上中
下相知煩惱伴相不相離相隨諸乘定相不定相
淳熟相未淳熟相隨根轉相易壞相深取
相壞相續上相不可壞相轉相不轉相三乘
差別相久遠共生差別相乃至如實知八万
四千諸根差別相是菩薩知諸欲濡中上差
別相乃至如實知八万四千諸欲差別相是菩
薩知諸性濡中上差別相乃至如實知八万四
千諸性差別相是菩薩知直心濡中上差別
相乃至如實知八万四千直心差別相是菩薩
知諸使共心生不共心生心相應不相應无始
來惱衆生相與一切禪定解脫神通相違相
三界繫相无心不現前相開煩惱門相
對治相无所有相无聖道開法門相略說
是菩薩知諸業差別相所謂地獄畜生餓
鬼阿修羅人天色无色界有想无想差別業
是田愛是水无明是覆識是種子後身是牙

BD15380號　大方廣佛華嚴經（晉譯六十卷本　聖本）卷二八　（26–16）

對治相无所有相无聖道開法門相略說
是菩薩知諸業差別相所謂地獄畜生餓
鬼阿修羅人天色无色界有想无想差別業
是田愛是水无明是覆識是種子後身是牙
色共生而不相離癡愛相續欲生欲作欲受
樂涅槃三界差別相續相略說如實知是菩薩
知諸習氣有起不起隨所生處有習氣隨
行有習氣隨業煩惱有習氣善不善无記
習氣欲有習氣隨後身有習氣次第隨
有習氣久遠不斷持煩惱業離則无法
如實知是菩薩知衆生定不定相正定相邪
定相不定相正見中正定相邪見中邪定
相二不定相一切邪定相五根正定相
離此二不定相邪定相正位正定相離此二不
定相深入邪聚難轉相備无上道因緣相不
衆生守護相皆如實知佛子菩薩摩訶薩
是智名為安住善慧地菩薩住是地知衆
生如是諸行差別相隨其解脫而與因緣是
菩薩化衆生法度衆生法如實知而為說法
聞乘相辟支佛乘相菩薩乘相如來地相
如實知隨衆生因緣而為說法隨心隨根
欲差別而為說法又隨行處隨智慧處而
法知一切行處而為說法隨衆生性深

BD15380號　大方廣佛華嚴經（晉譯六十卷本　聖本）卷二八　（26–17）

欲差別而為說法又隨行處隨智慧處而
法知一切行處而為說法隨衆生性深
處而為說法隨趣隨生隨煩惱性隨習
氣轉故說法隨乘令解脫故說法是菩薩
此妙為大法師守護諸佛法藏入深妙義
量慧方便四无閡智言辭說法是菩薩常
隨四无閡智而不可壞何等四一法无閡
義无閡三辭无閡四樂說无閡是菩薩以
閡智知諸法自相以義无閡智知
辭无閡智說諸法不可壞以樂說无㝵
智知說諸法次第不斷復次以法无㝵智
諸法无體性以義无閡智知諸法生滅相
无㝵智知諸法假名不斷假名說以樂說
无㝵智知隨假名不壞无邊說復次以法无
㝵智知現在諸法差別相以義无㝵智知過
去未來諸法差別相以辭无㝵智知過去
現在諸法說不可壞以樂說无㝵智知於
一一世得无邊法明說復次以法无㝵智
諸法差別以義无㝵智知諸法義差別以辭
无㝵智隨諸言音而為說法以樂說无㝵智
隨所樂解而為說法復次以法无㝵智以法
智方便知諸法差別不可壞以義无㝵智以
比智如實知諸法差別以辭无㝵智以世

BD15380號　大方廣佛華嚴經（晉譯六十卷本　聖本）卷二八　（26–18）

无㝵智隨諸言音而為說法以樂說无㝵智
隨所樂解而為說法復次以法无㝵智以法
智方便知諸法差別不可壞以義无㝵智以
比智如實知諸法差別以辭无㝵智以世
諦諸法差別以樂說无㝵智知善說第一義
復次以法无㝵智知諸法一相不壞以義无
㝵智知隨入衆諦因緣法以辭无閡智以微妙
辭故一切世間之所歸趣以樂說无㝵智所說
轉勝能令衆生得无邊法明復次以法无㝵
智知一乘究竟攝一切无差別以義无㝵
知諸乘差別以辭无㝵智能說諸乘无差別
以樂說无㝵智以一法門說无邊法明復次以
法无㝵智能入一切菩薩行智行法行隨智
行以義无㝵智能分別說十地義差別以辭
无㝵智說隨順諸地道不可壞以樂說无㝵
智說一切行无邊相復次以法无㝵智知一
切佛於一念中得菩提以義无㝵智知種種
種種時種種刹差別以辭无㝵智隨諸佛得道
事差別說以樂說无㝵智於一句法无邊劫
說而不窮盡
復次以法無㝵智知一切佛語一切佛力
无畏不共法大慈大悲无㝵智轉法輪一切種
智以義无㝵智知如來音聲說八万四千隨

BD15380號　大方廣佛華嚴經（晉譯六十卷本　聖本）卷二八　（26–19）

復次以法無㝵智知一切佛語一切佛力
无畏不共法大慈大悲无㝵智轉法輪一切種
智以義无㝵智知如來音聲說八万四千隨
衆生心諸根欲樂差別行以辭无㝵智以如
來音聲說一切諸行不可壞以樂說无㝵智
以諸佛智力隨衆生所樂音聲說菩薩摩訶
薩如是善知四无㝵智安住第九地名為得佛
法藏為大法師得衆義陀羅尼衆法陀羅尼
起智陀羅尼衆明陀羅尼善慧陀羅尼衆
財陀羅尼名聞陀羅尼威德陀羅尼无㝵陀
羅尼无邊旋陀羅尼雜義藏陀羅尼得如是等
百万阿僧祇陀羅尼隨方便說如是无量樂
說差別門說法是菩薩得如是无量陀羅尼門
能於无量佛所聽法聞已不忘如所聞法能
以无量差別門為人演說是菩薩於一佛所
以百万阿僧祇陀羅尼聽受正法如從一佛
餘无量佛亦復如是是菩薩於禮敬佛時所
聞法明非多學聲聞得陀羅尼力於十方剎所
能受持是菩薩得如是陀羅尼力无㝵智
樂說力以說法故在於法座大千世界滿中
衆生隨意說法是菩薩在法座上唯除諸佛
及受職菩薩於一切中最為殊勝是菩薩處
於法座或以一音欲令一切悉得解了即時

樂說力以說法故在於法座大千世界滿中
衆生隨意說法是菩薩在法座上唯除諸佛
及受職菩薩於一切中最為殊勝是菩薩處
於法座或以一音欲令一切悉得解了即時
解了或以種種音聲欲令一切各得開解或
得開解或以默然但放光明欲令一切得解
法即得解法或以一切毛孔皆出法音或以三
千大千世界所有色无色物皆出法音或令
一音周滿法界欲令得解即皆得解是菩薩
三千大千世界所有衆生以无量音聲一時
難所問各異是菩薩於一念中悉受如是一
切問難以一音答皆令開解如是若二若三
若百若千乃至不可說不可說三千大千世
界滿中衆生廣為說法兼佛神力能為衆
生廣作佛事倍復勤精如是智明於一塵中
有不可說不可說世界塵數大會佛在此會
衆生心而為說法令一一衆生心得若干无
量諸法如一佛一切諸佛亦如是如一微塵
一切十方世界亦如是於是中生大憶念力
於一念中從一切佛所受法明不失一句如上
大會滿中衆生以決定法明演清淨法於一
念中令亦所衆生皆得開解何況若干世
界中衆生是菩薩住是地善根轉勝深入諸

於一念中從一切佛所受法明不失一句如上
八會滿中衆生以決定法明演清淨法於一
念中令尒所衆生皆得開解何況若干世
界中衆生是菩薩住是地善根轉勝深入諸
佛行處常與一切佛會深入菩薩解脫菩薩
隨順如是智常見諸佛於一一劫中无量无
邊百千万億以上妙供具供養諸佛於諸佛
所種種問難通達諸陁羅尼一切善根轉勝
明淨佛子如練真金具足莊嚴為轉輪聖王所
着寶冠一切小王无能奪者菩薩亦如是住
善慧地一切善根轉勝明淨聲聞辟支佛下地
菩薩所不能壞是菩薩善根轉明能照衆生
煩惱難處如大梵王三千世界一切難處皆悉
能照菩薩亦如是住善慧地善根明淨照皆使
之煩惱難處諸佛子是名略說菩薩善慧地若廣
說者則无量无邊劫不可得盡菩薩住是地多作大
梵王典領三千大千世界无有能勝如說善能演說諸
義者於自在中而得自在善能宣說聲聞辟
支佛菩薩波羅蜜衆生問難无能窮盡所作善業
布施愛語利益同事皆不離念佛不離念法乃至不
離念一切種智常生是心我當於一切衆生為首為
勝乃至於一切衆生為依止者是菩薩若欲如是勤
行精進於一念中得百万阿僧祇三千大

離念一切種智常生是心我當於一切衆生為首為
勝乃至於一切衆生為依止者是菩薩若欲如是勤
行精進於一念中得百万阿僧祇三千大
千世界微塵數三昧乃至能示百万阿僧祇
三千大千世界微塵數菩薩以為眷屬若以
願力神通自在復過是數百千万億那由他
劫不可計知尒時金剛藏菩薩欲重明此義
以偈頌曰
諸菩薩隨順　无量深智力　第一最微妙　一切世難知
利益衆生者　能至第九地　得入於諸佛　秘密之法藏
得微妙寂上　三昧陁羅尼　廣大神通力　善入世界自
智慧力決定　能觀諸佛法　大願悲心淨　得入第九地
順行此上地　持諸佛法藏　即能通諸法　善不善无記
有漏及无漏　世間出世間　是可思議法　是不可思議
知法定不定　三乘具足相　思惟分別此　此有无為法
起知如是法　滅諸无明闇　隨順是智心　則為第一則
悉知一切難　諸心差別相　疾鈍世輕易　无邊自在心
煩惱深淺相　心伴不離相　智使纏差別　隨順相續起
知業種種雜　各各差別相　因滅果不失　通達如是事
又知諸衆生　諸根源中上　廣大差別等　先際後際相
知欲源中上　及諸性差別　乃至能悉知　八万四千種
煩惱使難處　无始來不滅　皆與心共行　結縛不可斷
知諸結使等　但妄想分別　无有方處所　名无定事相
[illegible]不離身　又亦難導[illegible]　禪定力能遮　金剛[illegible]斷

又知諸衆生　諸根源中上　廣大差別等　先際後際相
知欲源中上　及諸性差別　乃至能悉知　八万四千種
煩惱使難處　无始來不絕　皆與心共行　結縛不可斷
知諸結使等　但妄想分別　无有方處所　名无定事相
常不離於身　又亦難得知　禪定力能遮　金剛道能斷
又能知諸心　入六道差別　愛潤无明覆　業田識是芽
生於後身牙　名色共增長　无始生死來　相續在三界
知諸天龍趣　由煩惱業心　若離於此法　是則无所有
一切諸衆生　皆在三聚中　或沒諸邪見　或在於邪道
菩薩住是地　悉知衆生心　諸根及欲樂　隨其差別義
入深心善思惟　隨宜而說法　通達无㝵智　善以言辭說
菩薩為法師　猶如師子王　牛王寶山王　安住无所畏
普於諸世界　雨甘露法味　猶如大龍王　能雨滿大海
是菩薩善知　法義辭樂等　善能隨順行　具足辯才力
能得於百万　阿僧祇總持　持受諸佛法　如海受龍雨
菩薩得如是　諸深妙清淨　无量陀羅尼　諸三昧力故
能於一念中　得見无量佛　聞已淨梵音　演說彼法寶
若菩薩或欲　大千界衆生　隨心根所好　說法令歡喜
如是等无量　三千大千國　轉深勤精進　而作[illegible]雅
於一微塵中　无量佛說法　隨衆生心相　演說於妙義
是菩薩所受　挪地諸受種　復作如是願　十方諸所有
國土中衆生　皆令為大會　我於一念中　皆悉知其心
以一音說法　悉令斷疑網　菩薩住是地　人天中為王
而為大法師　隨順衆生性　常於日夜中　與諸佛共會

於一微塵中　无量佛說法　隨衆生心相　演說於妙義
是菩薩所受　挪地諸受種　復作如是願　十方諸所有
國土中衆生　皆令為大會　我於一念中　皆悉知其心
以一音說法　悉令斷疑網　菩薩住是地　人天中為王
而為大法師　隨順衆生性　常於日夜中　與諸佛共會

能住諸深妙　寂滅智解脫　供養无量佛　善根轉明淨
如轉輪王冠　真金莊嚴瑩　光明照衆生　諸煩惱難壞
如梵天王光明　照於大千界　菩薩住是地　於三千世界
作大梵天王　諸根悉猛利　善以三乘法　亦樂化衆生
所作諸事業　皆順於正念　能於一念中　亦得无有量
世界微塵數　諸深妙三昧　得見十方佛　微妙音
更發无量願　如是第九地　大智所行處
妙難知見　今已略說竟

方廣佛華嚴經卷第廿八

[illegible]
同九年九月五日以神護寺[illegible]

BD15380 號　大方廣佛華嚴經（晉譯六十卷本　聖本）卷二八　（26–26）

BD15381 號 A1　藏文（無量壽宗要經乙本）　（12–1）

BD15381 號 A1　藏文（無量壽宗要經乙本）　（12–2）

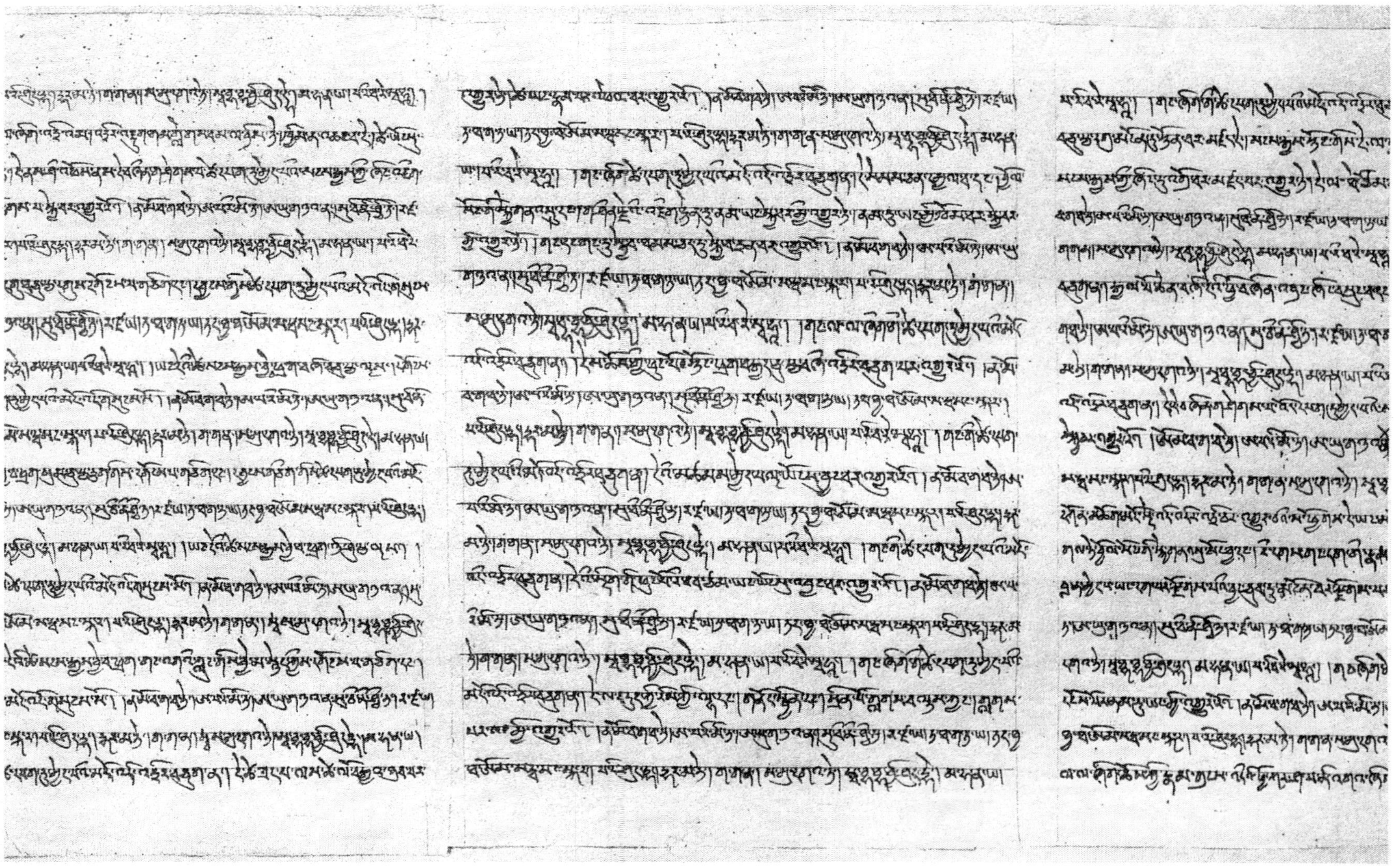

BD15381 號 A1　藏文（無量壽宗要經乙本）　（12–3）

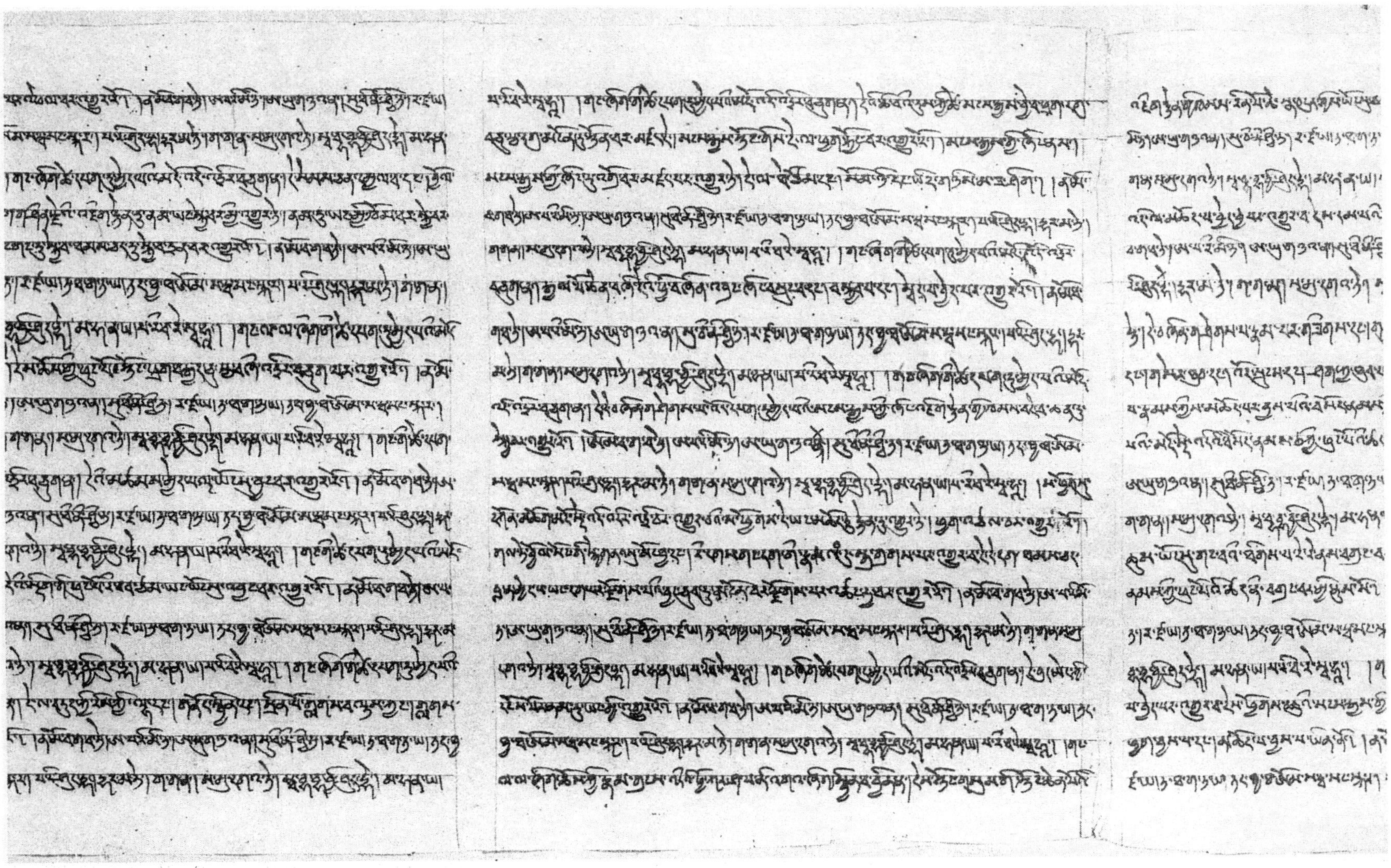

BD15381 號 A1　藏文（無量壽宗要經乙本）　　（12–4）

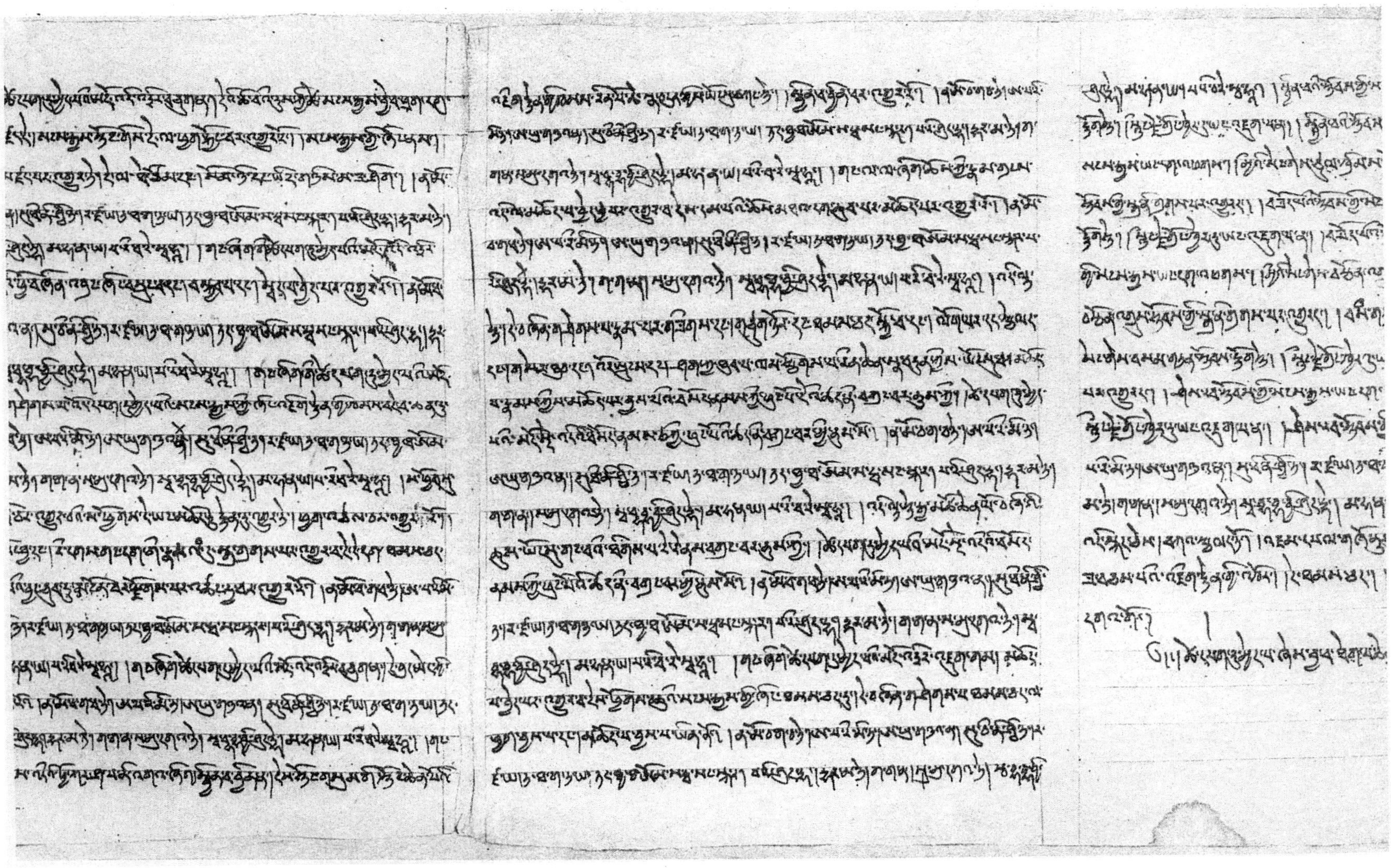

BD15381 號 A1　藏文（無量壽宗要經乙本）　　（12–5）

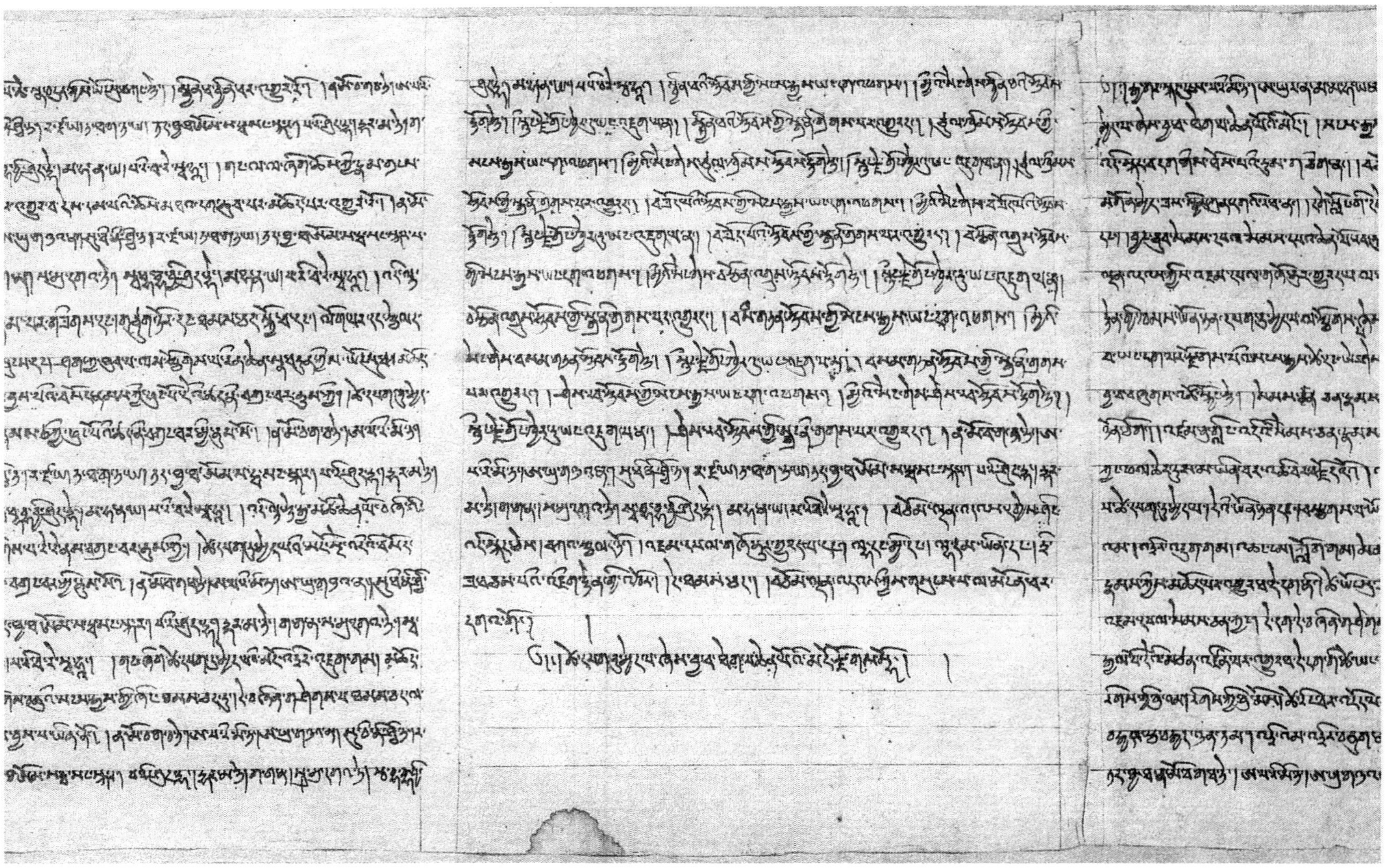

BD15381 號 A1　藏文（無量壽宗要經乙本）　（12–6）

BD15381 號 A2　藏文（無量壽宗要經乙本）　（12–7）

BD15381 號 A2　藏文（無量壽宗要經乙本）　（12–8）

BD15381 號 A2　藏文（無量壽宗要經乙本）　（12–9）

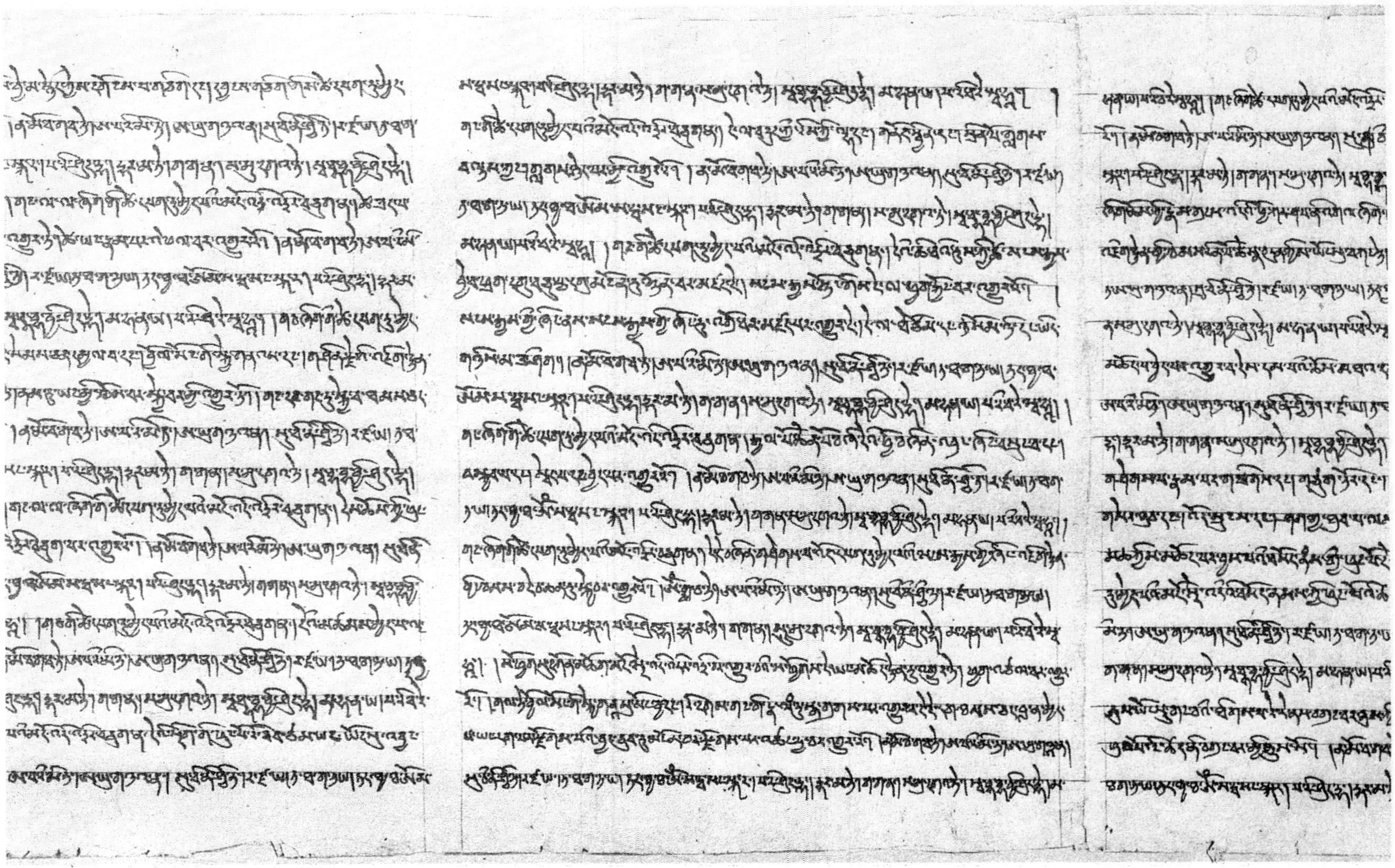

BD15381 號 A2　藏文（無量壽宗要經乙本）　（12–10）

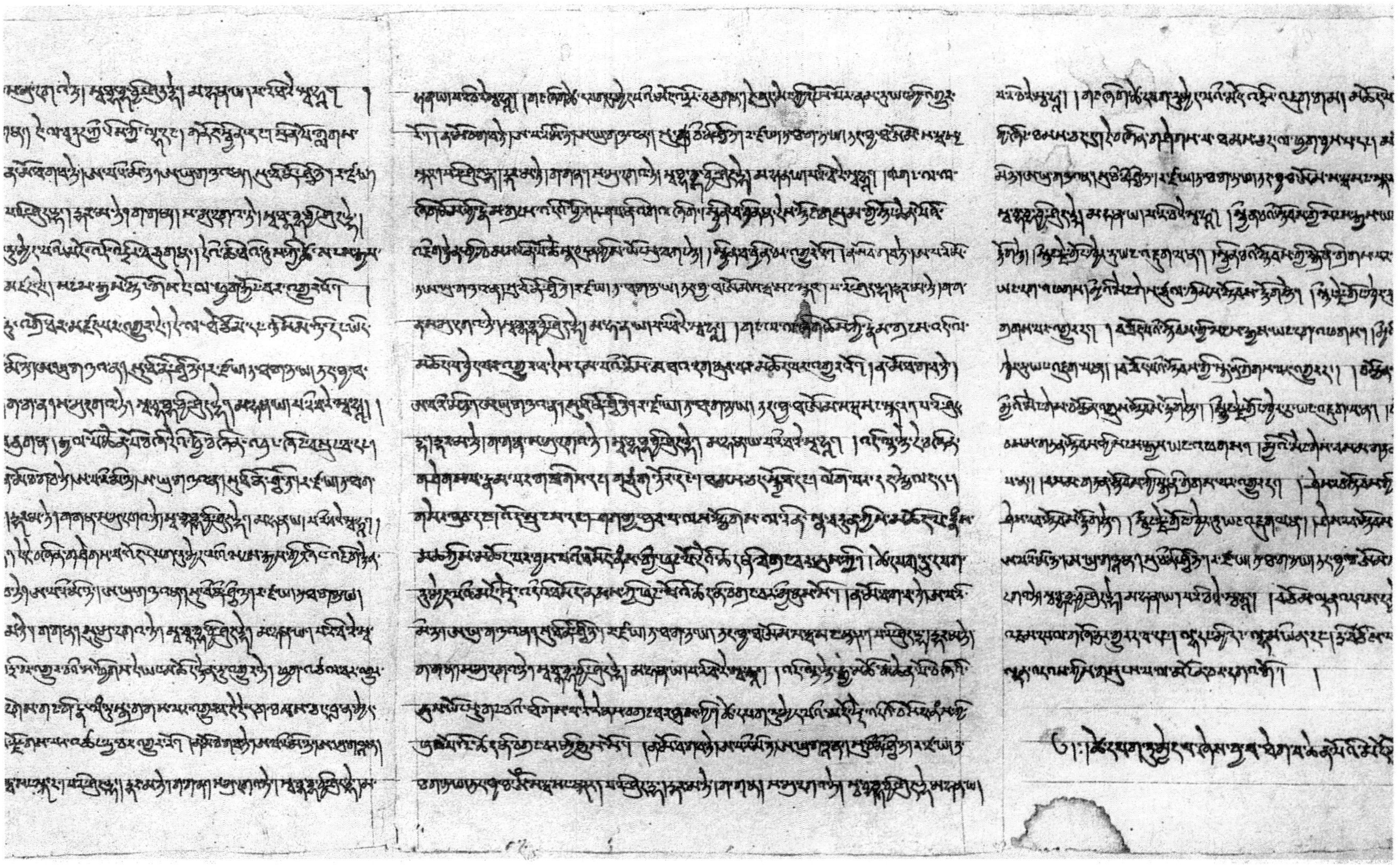

BD15381 號 A2　藏文（無量壽宗要經乙本）　（12–11）

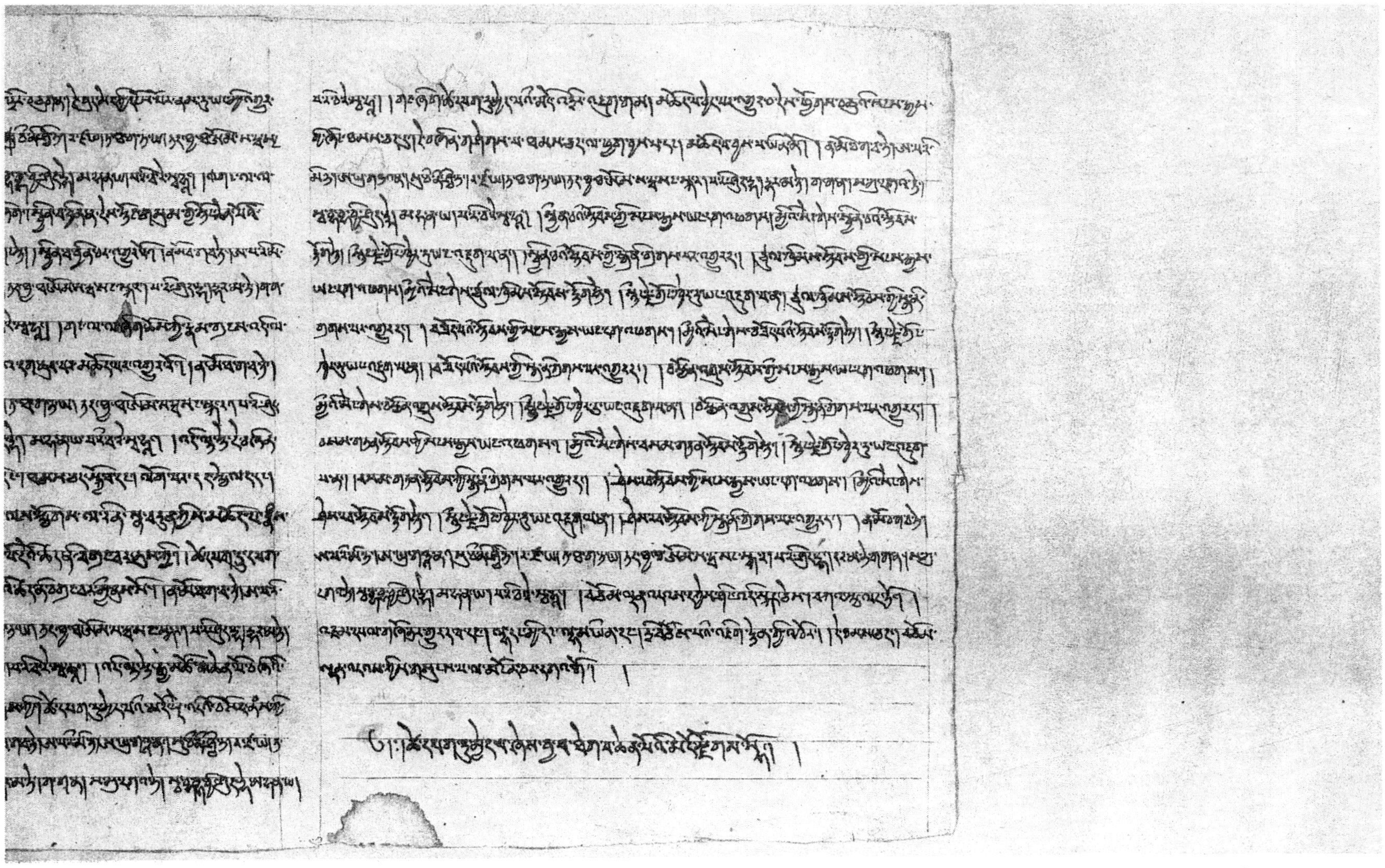

BD15381 號 A2　藏文（無量壽宗要經乙本）　（12–12）

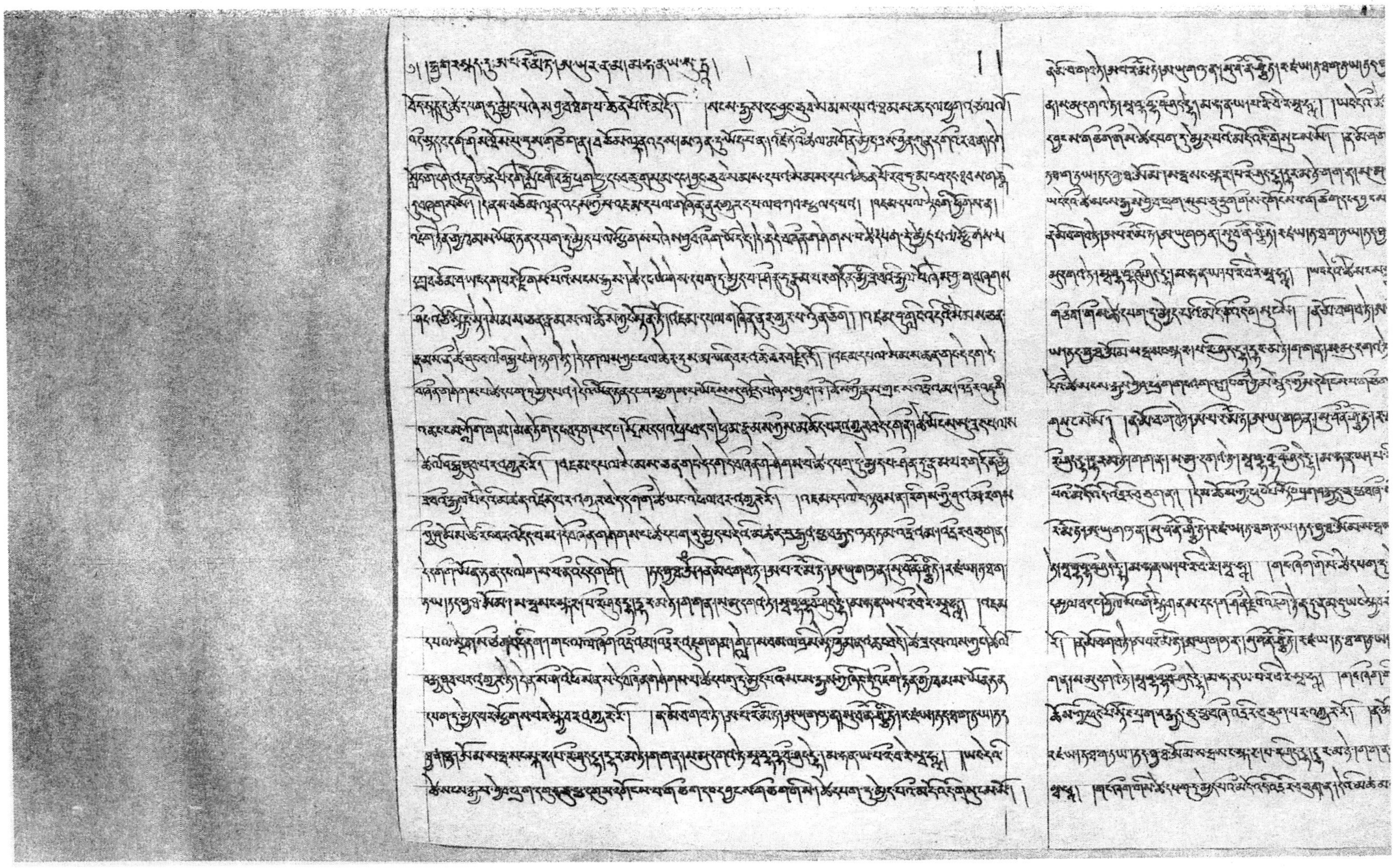

BD15381 號 B　藏文（無量壽宗要經乙本）　（6–1）

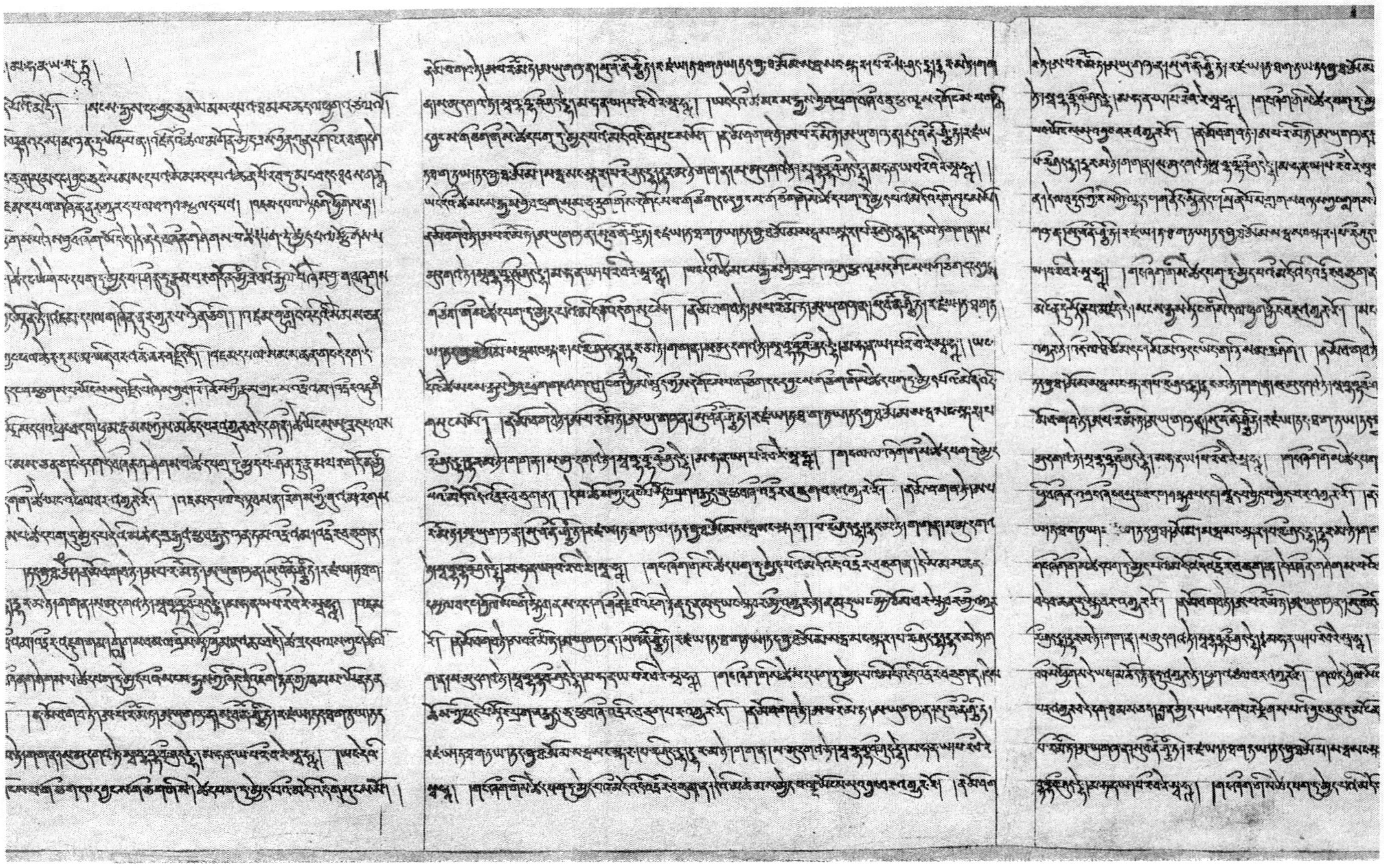

BD15381 號 B　藏文(無量壽宗要經乙本)　（6–2）

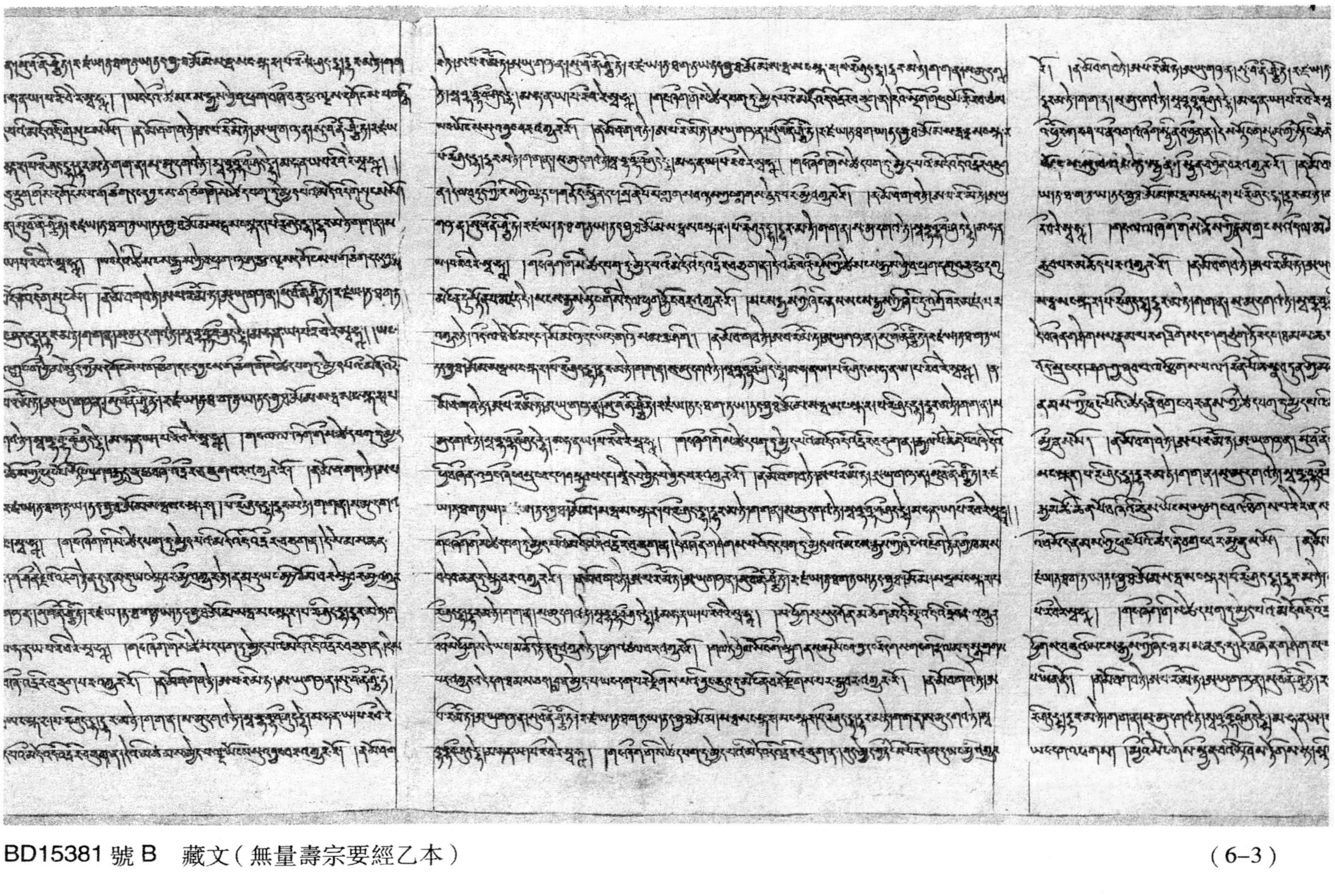

BD15381 號 B　藏文(無量壽宗要經乙本)　（6–3）

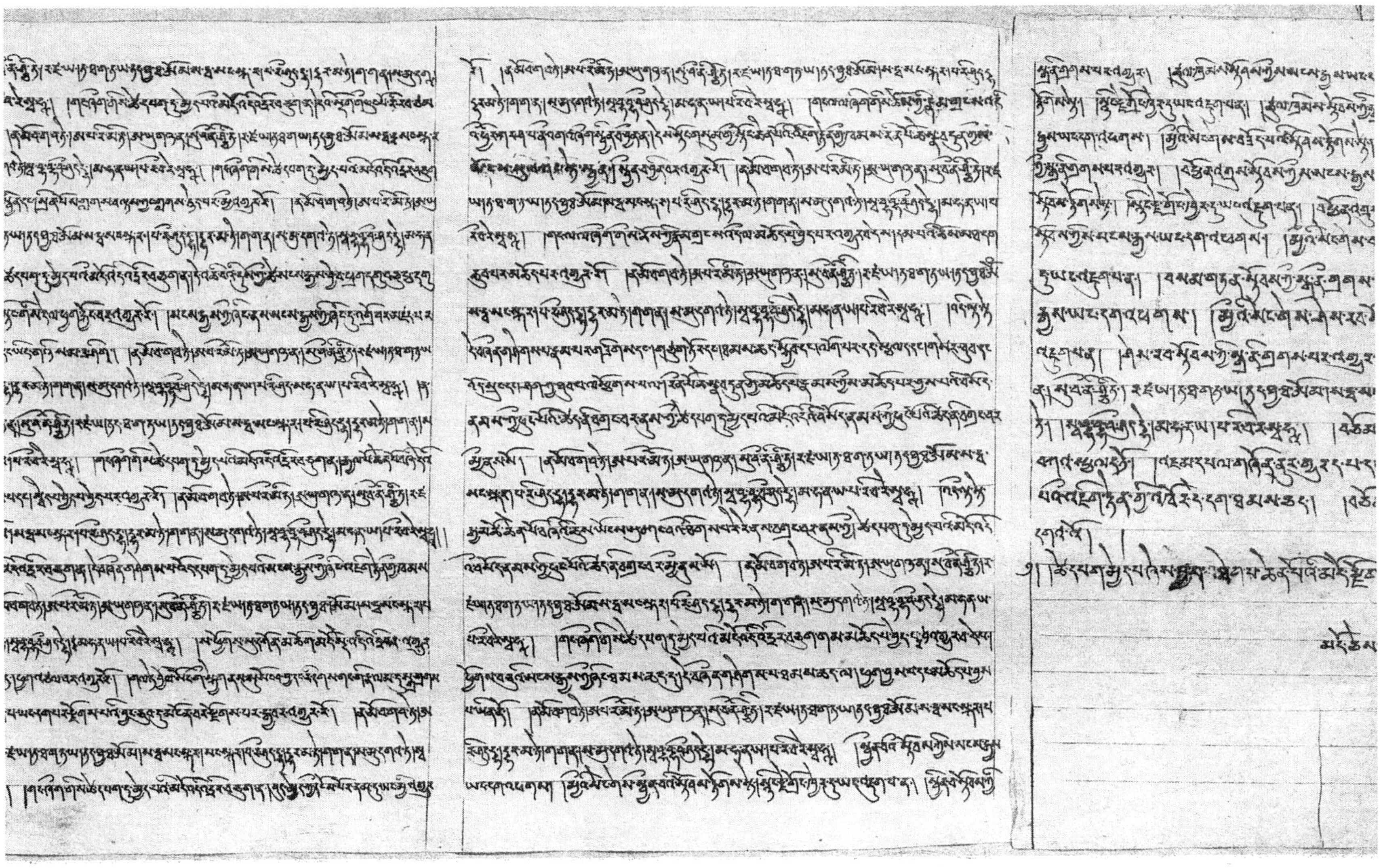

BD15381 號 B　藏文（無量壽宗要經乙本）　（6–4）

BD15381 號 B　藏文（無量壽宗要經乙本）　（6–5）

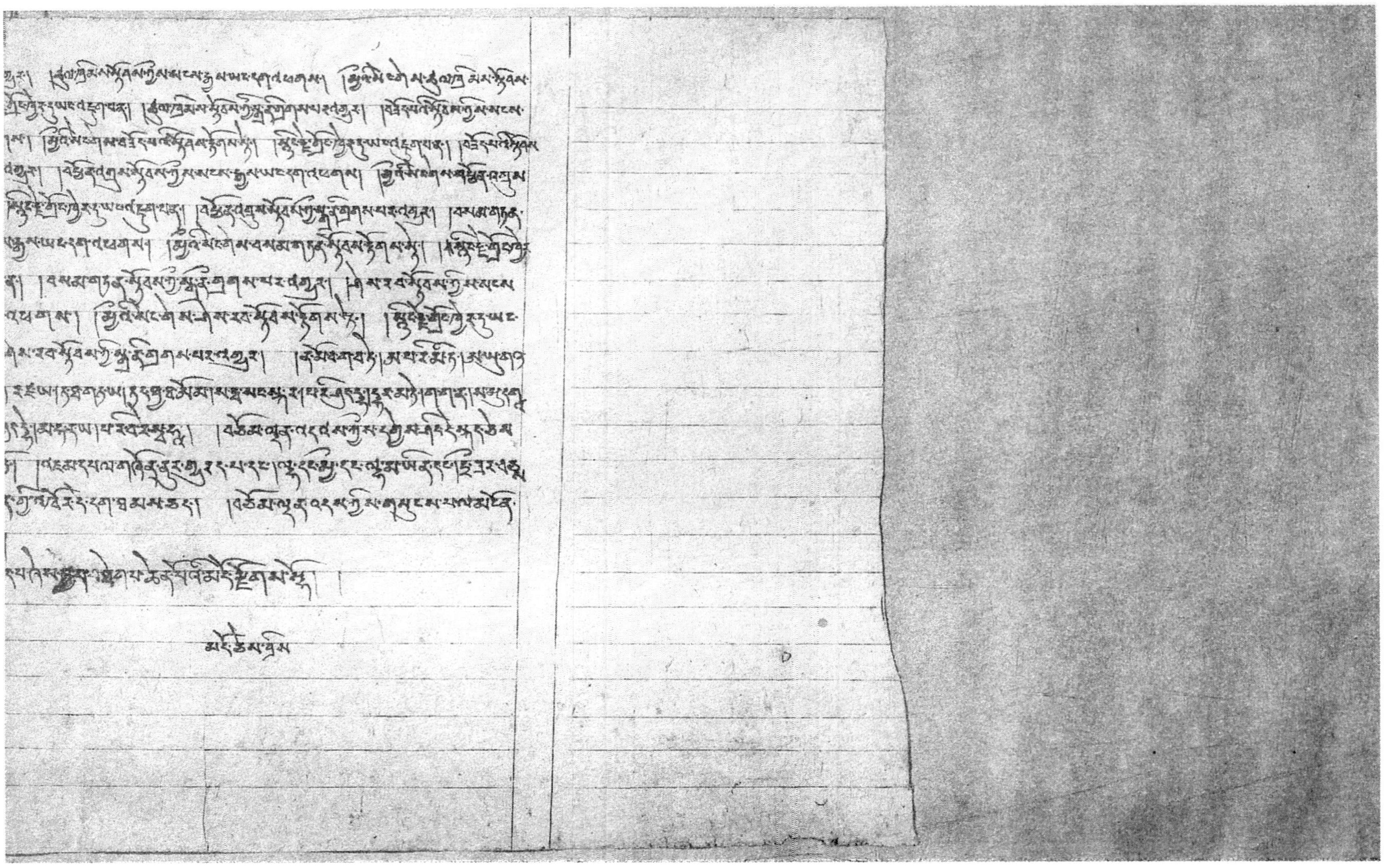

BD15381 號 B　藏文（無量壽宗要經乙本）　　（6–6）

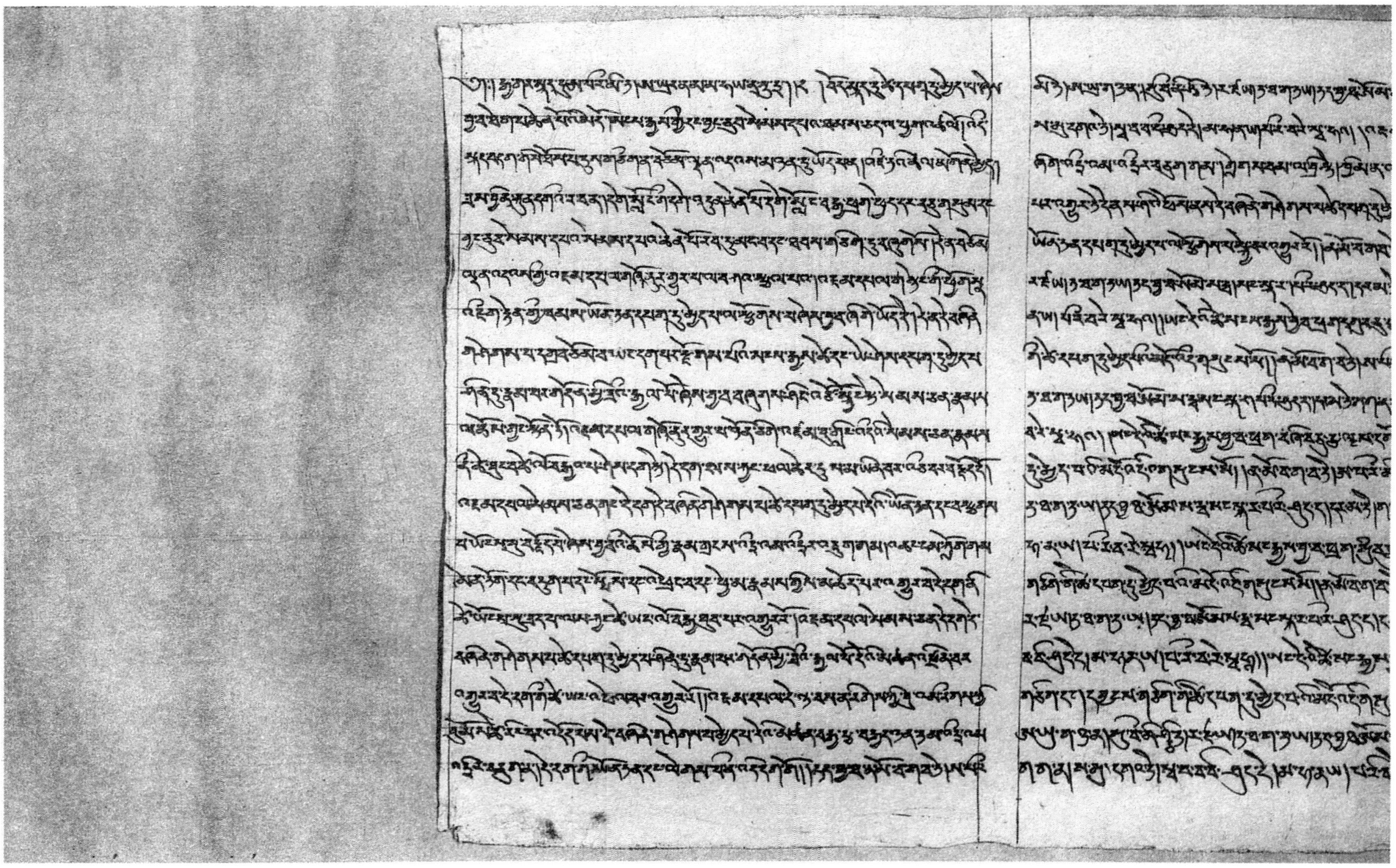

BD15381 號 C　藏文（無量壽宗要經乙本）　　（6–1）

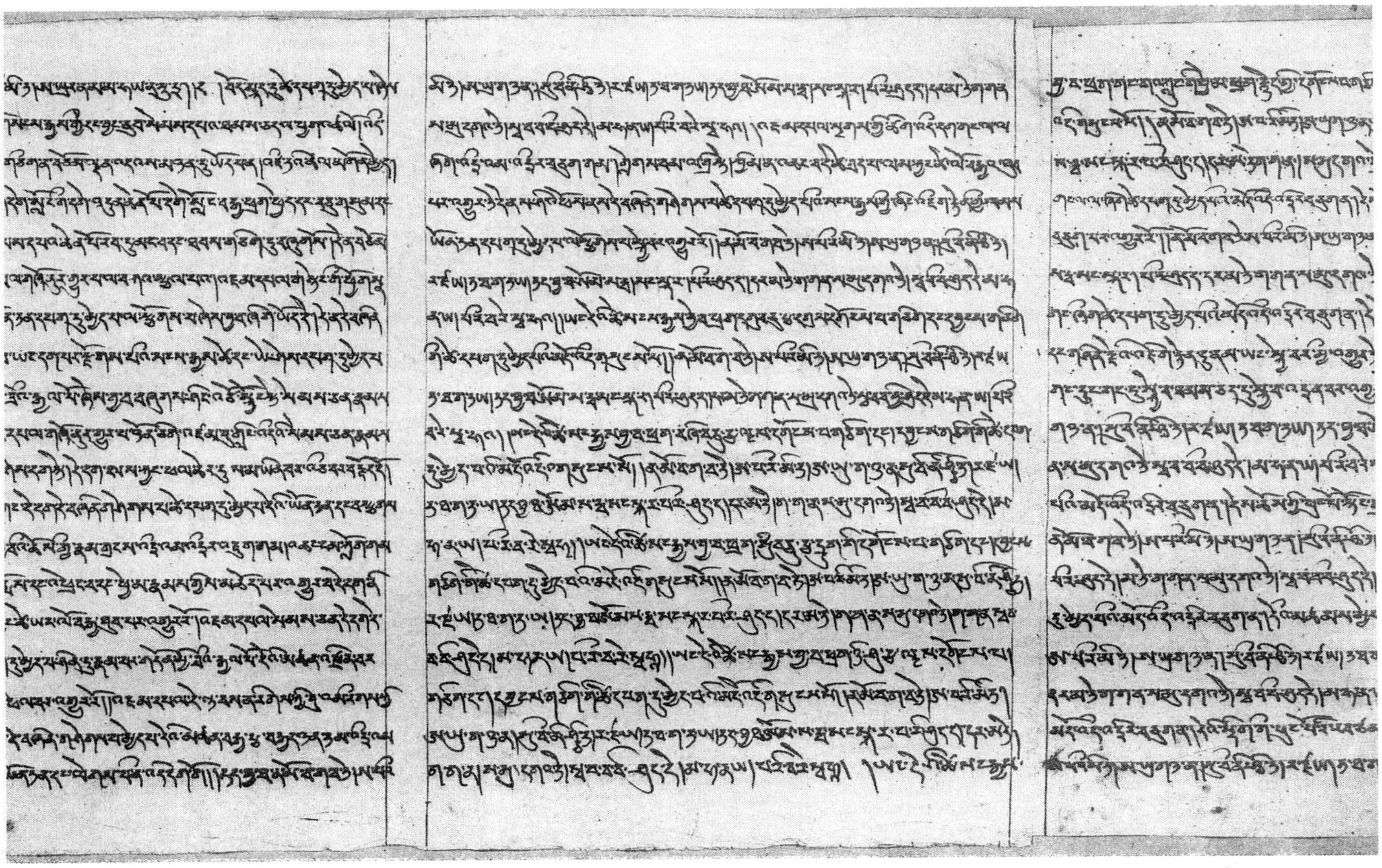

BD15381 號 C　藏文（無量壽宗要經乙本）　　（6–2）

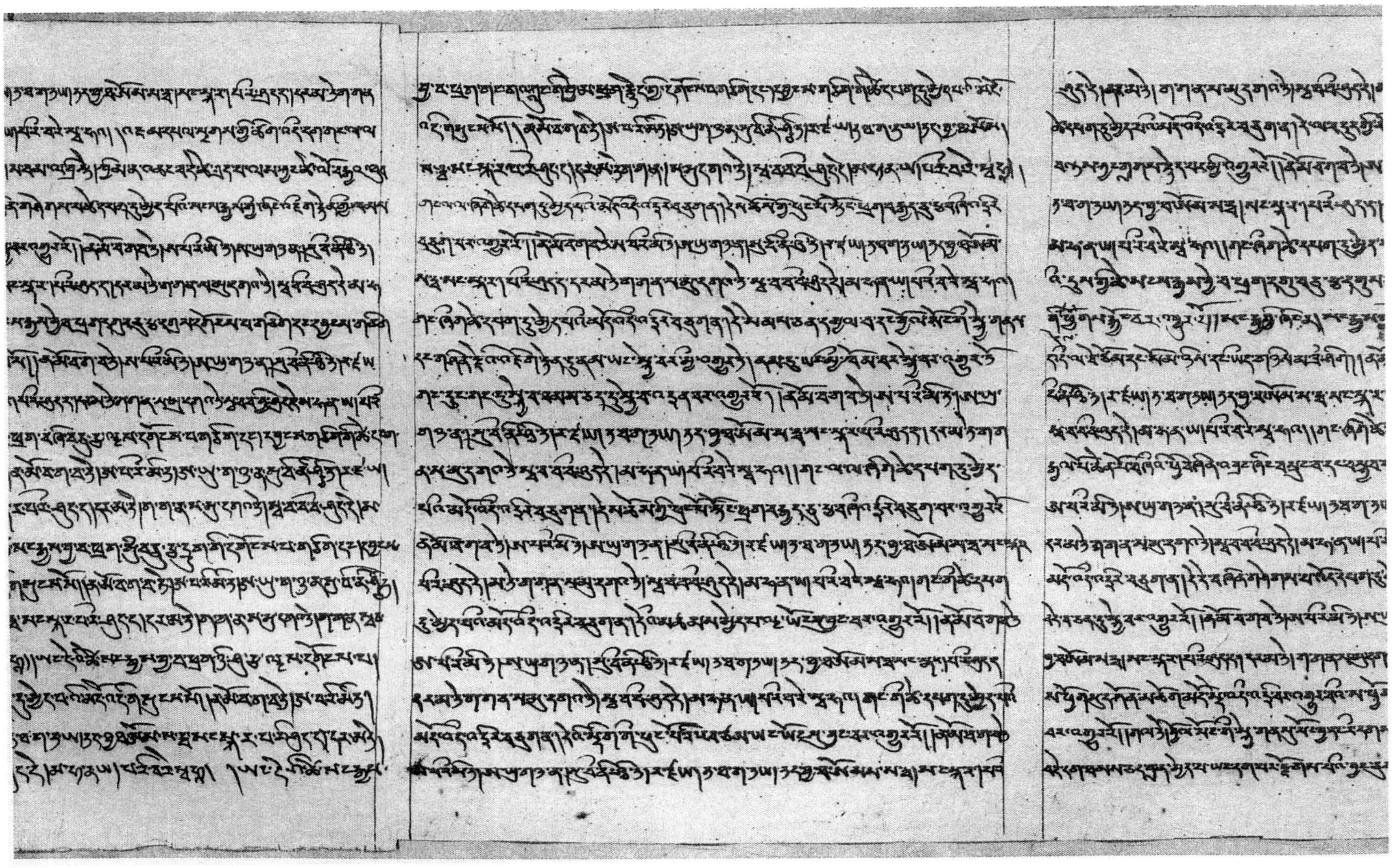

BD15381 號 C　藏文（無量壽宗要經乙本）　　（6–3）

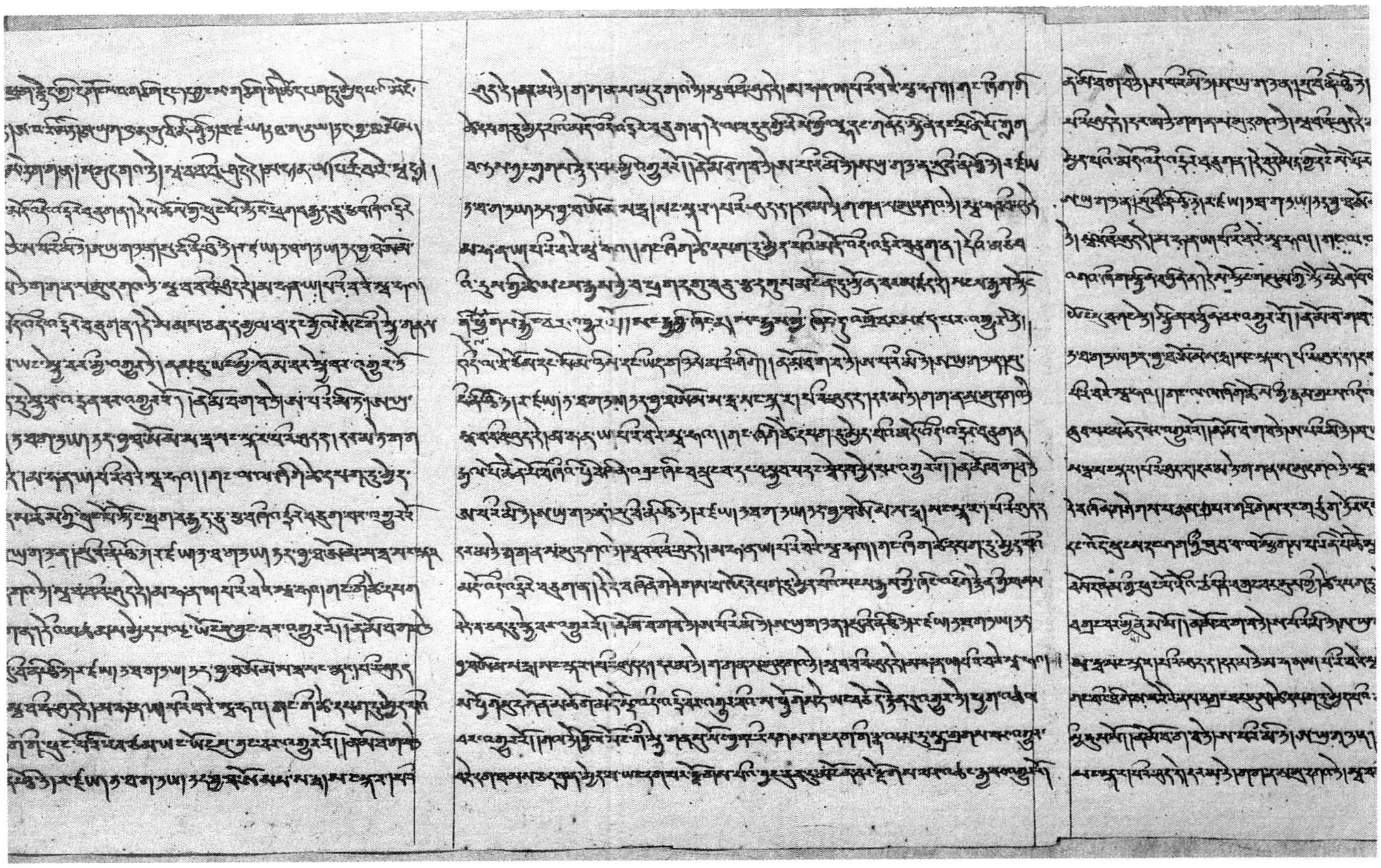

BD15381 號 C　藏文（無量壽宗要經乙本）　（6–4）

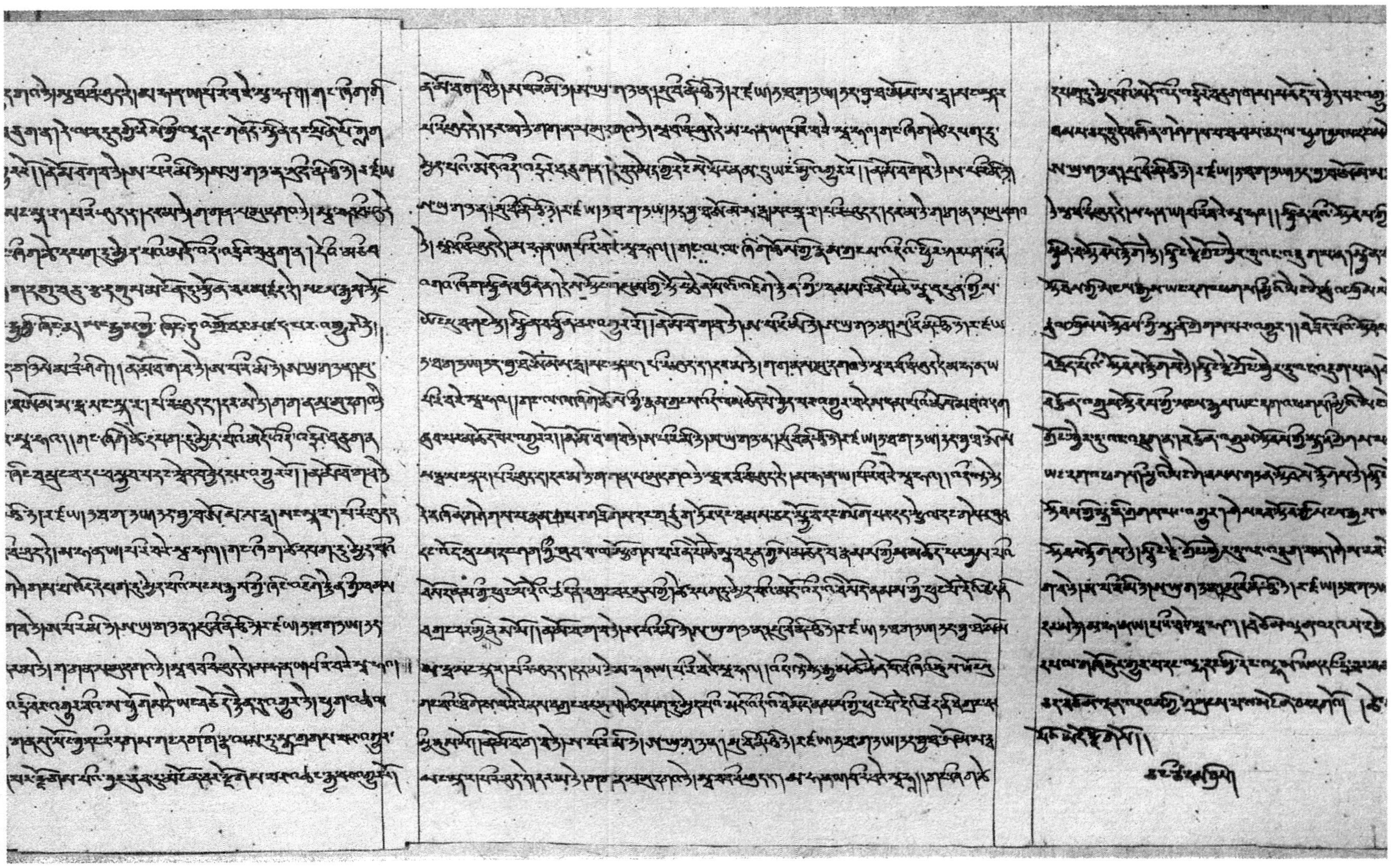

BD15381 號 C　藏文（無量壽宗要經乙本）　（6–5）

BD15381 號 C　藏文（無量壽宗要經乙本）　　（6–6）

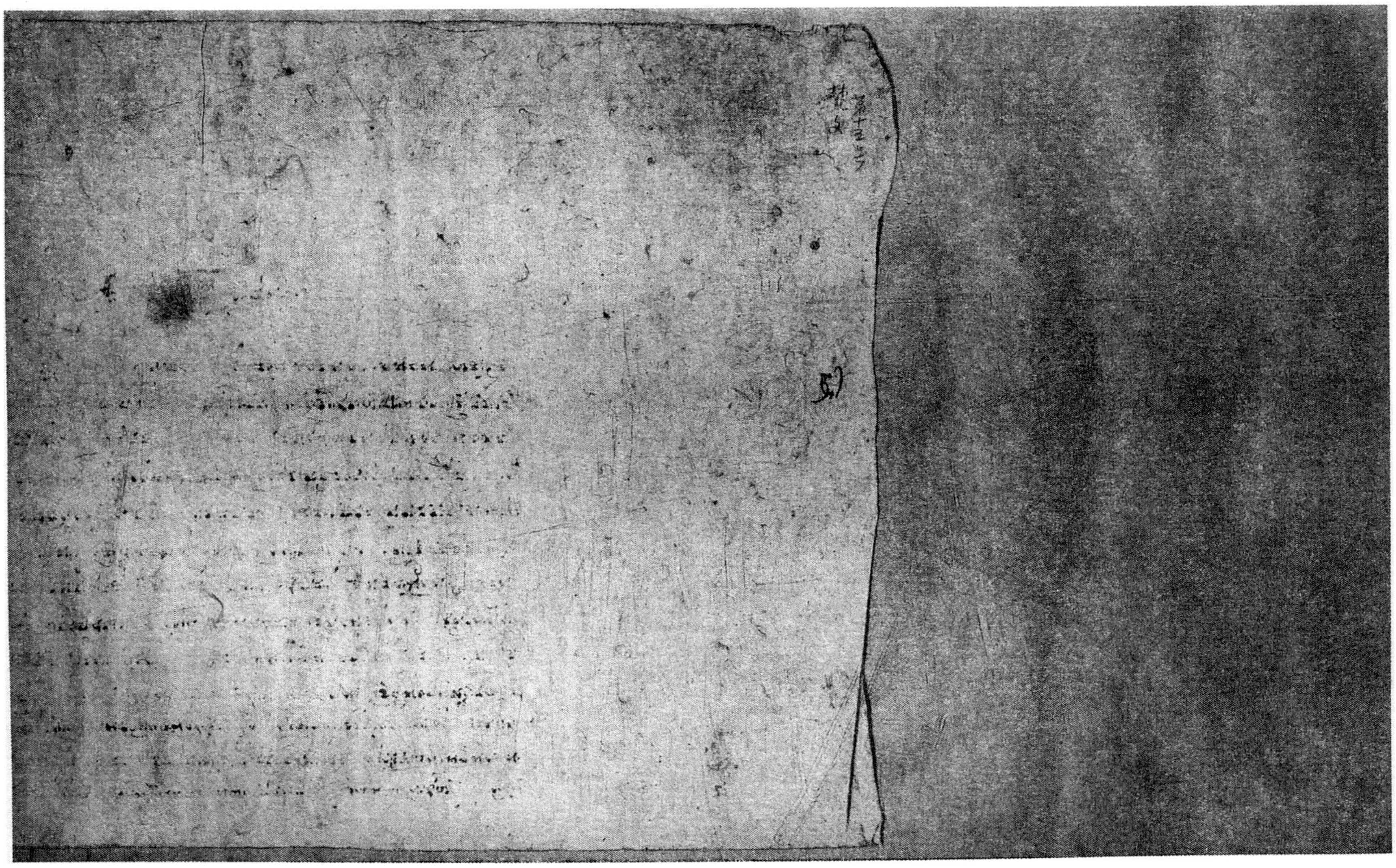

BD15381 號 C 背　勘記　　（1–1）

BD15382 號　麻布經袟（擬）　　（1–1）

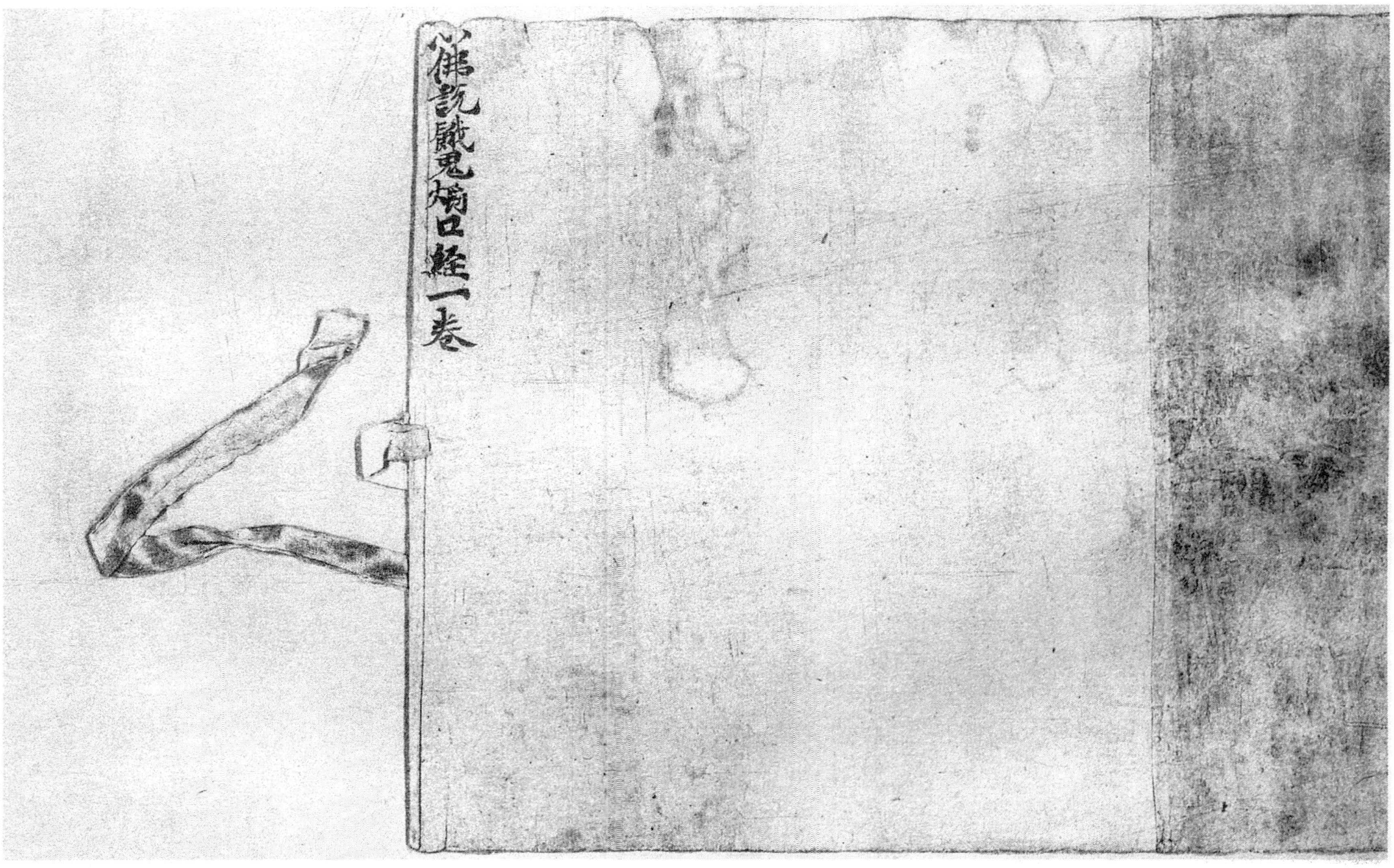

BD15383 號背　護首　　（2–1）

BD15383 號背　護首　（2–2）

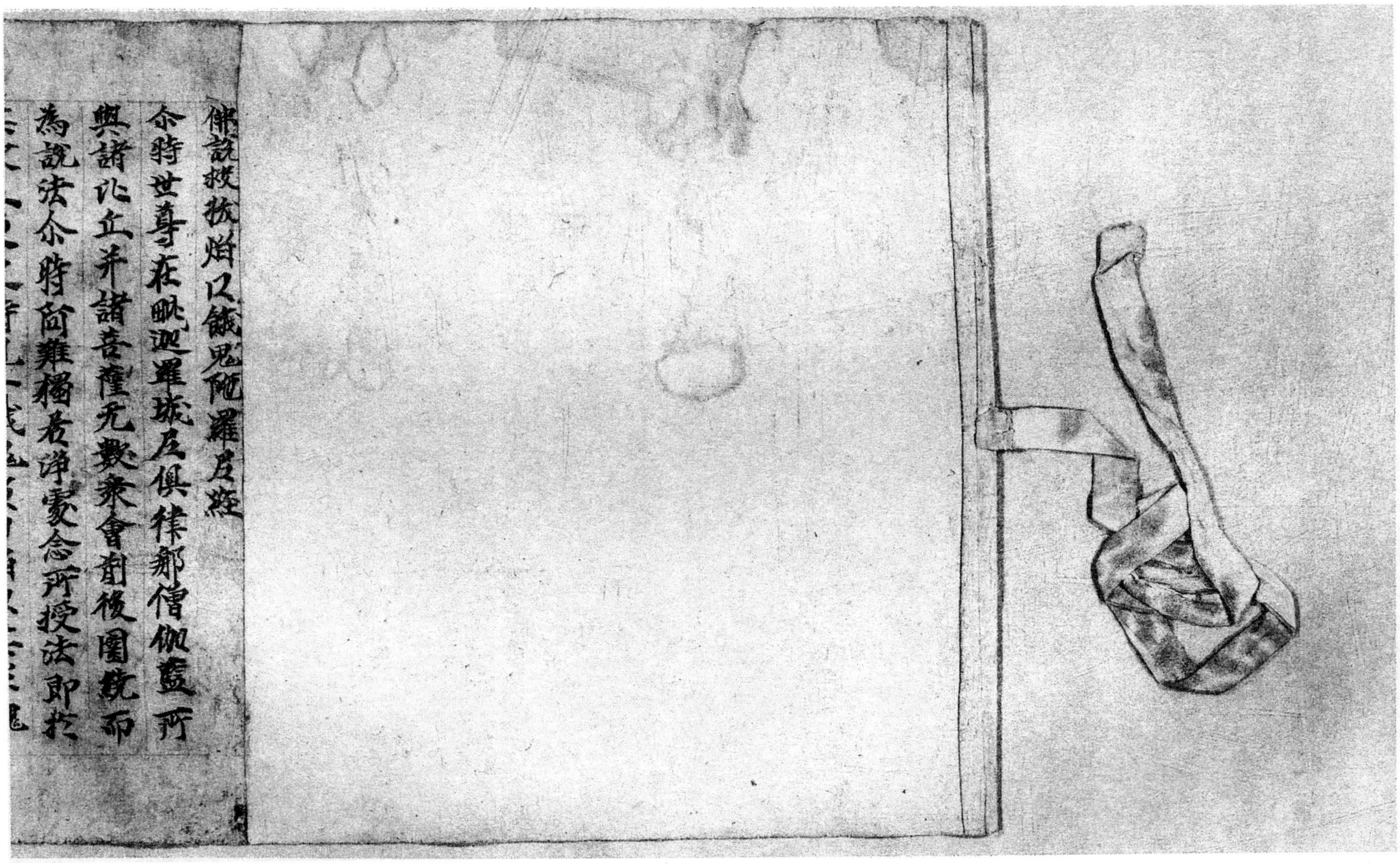

佛說救拔焰口餓鬼陀羅尼經
尒時世尊在毗迦羅城尼俱律那僧伽藍所
與諸比丘并諸菩薩无數衆會前後圍繞而
為說法尒時阿難獨居淨處念所授法即於

BD15383 號 1　救拔焰口餓鬼陀羅尼經　（8–1）

佛說救拔焰口餓鬼陀羅尼經

尒時世尊在毗迦羅城尼俱律那僧伽藍所與諸比丘并諸菩薩无數衆會前後圍遶而為說法尒時阿難獨居淨處念所授法即於其夜三更之時見一餓鬼名曰焰口其形醜陋身體枯瘦口中火燃咽如針鋒頭髮蓬亂爪牙長利甚可怖畏住阿難前白阿難言却後三日汝命將盡即便生此餓鬼之中是時阿難聞此語已心生惶怖問餓鬼言若我死後生餓鬼者行何方便得免斯苦尒時餓鬼白阿難言汝於明日若能布施百千那由他恒河沙數餓鬼并百千婆羅門仙等以摩伽陀國所用之斛各施一斛飲食并及為我供養三寶汝得增壽令我離於餓鬼之苦得生天上阿難見此焰口餓鬼身形羸瘦枯燋極醜口中火燃咽如針鋒頭髮蓬亂手爪長利又聞如是不順之語甚大驚怖身毛皆竪即從坐起疾至佛所五體投地頂礼佛足身體戰慄而白佛言願救我苦所以者何我住淨處念所授法見焰口鬼而語我言汝過三日必當命盡生餓鬼中我即問言云何令我得免斯苦餓鬼答言汝今若能施於百千那由他恒河沙數餓鬼及百千婆門羅仙等種種飲食汝得增壽世尊我今云何能辦若干餓

BD15383 號 1　救拔焰口餓鬼陀羅尼經　（8–2）

免斯苦餓鬼答言汝今若能施於百千那由他恒河沙數餓鬼及百千婆門羅仙等種種飲食汝得增壽世尊我今云何能辦若干餓鬼仙人等食尒時世尊告阿難言汝今勿怖我有方便令汝能施若干百千恒河沙餓鬼及諸婆羅門等種種飲食勿生憂惱佛告阿難有陀羅尼名曰无量威德自在光明勝妙力若有誦此陀羅尼者即能充足俱胝那由他百千恒河沙數餓鬼及婆羅門仙等上妙飲食如是等衆乃至一一皆得摩伽陀國所用之斛七七斛食阿難我於前世作婆羅門於觀音菩薩及世間自在威德如來所受此陀羅尼故能施與無量餓鬼及諸仙等種種飲食令諸餓鬼解脫苦身得生天上阿難汝今受持福德壽命皆得增長尒時世尊即為阿難說此陀羅尼曰

那謨薩婆怛他蘖多(引) 嚩盧枳帝 唵 三婆囉三婆囉

吽

佛告阿難若有善男子善女人欲求長壽福德增榮速能滿足檀波羅蜜每於晨朝及一切時悉无障礙取一淨器盛以淨水置少飯麨及諸餅等以右手加器誦陀羅尼滿於七遍然後稱四如來名号

那謨婆伽嚩帝 波囉部多囉 怛那野 怛他蘖跢野 此云南无多寶如來 由稱多寶如來名

BD15383 號 1　救拔焰口餓鬼陀羅尼經　（8–3）

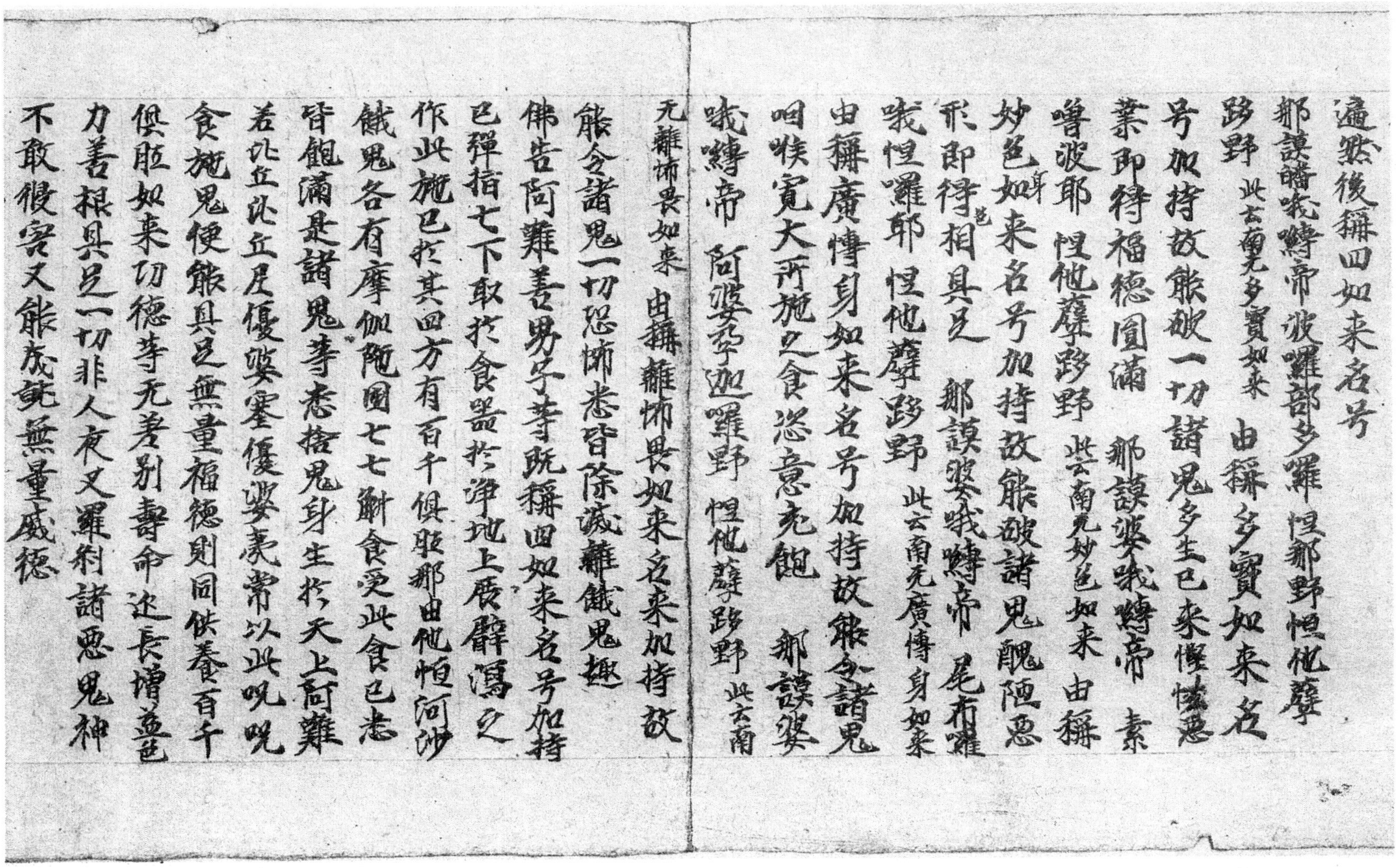

遍然後稱四如来名号
那謨播哦嚩帝 波囉部多囉 怛那野怛他蘖
路野 此云南无多寶如来 由稱多寶如来名
号加持故能破一切諸鬼多生已来慳悋惡
業即得福德圓滿 那謨婆哦嚩帝 素
嚕波耶 怛他蘖路野 此云南无妙色如来 由稱
妙色身如来名号加持故能破諸鬼醜陋惡
形即得色相具足 那謨婆哦嚩帝 尾布攞
哦怛囉耶 怛他蘖路野 此云南无廣博身如来
由稱廣博身如来名号加持故能令諸鬼
咽喉寬大所施之食恣意充飽 那謨婆
哦嚩帝 阿婆孕迦囉野 怛他蘖路野 此云南
无離怖畏如来 由稱離怖畏如来名号加持故
能令諸鬼一切恐怖悉皆除滅離餓鬼趣
佛告阿難善男子等既稱四如来名号加持
已彈指七下取於食器於淨地上展臂瀉之
作此施已於其四方有百千俱胝那由他恒河沙
餓鬼各有摩伽陁國七七斛食受此食已悉
皆飽滿是諸鬼等悉捨鬼身生於天上阿難
若比丘比丘尼優婆塞優婆夷常以此呪呪
食施鬼便能具足無量福德則同供養百千
俱胝如来功德等无差別壽命延長增益
力善根具足一切非人夜叉羅刹諸惡鬼神
不敢侵害又能成就無量威德

BD15383 號 1　救拔焰口餓鬼陀羅尼經　（8–4）

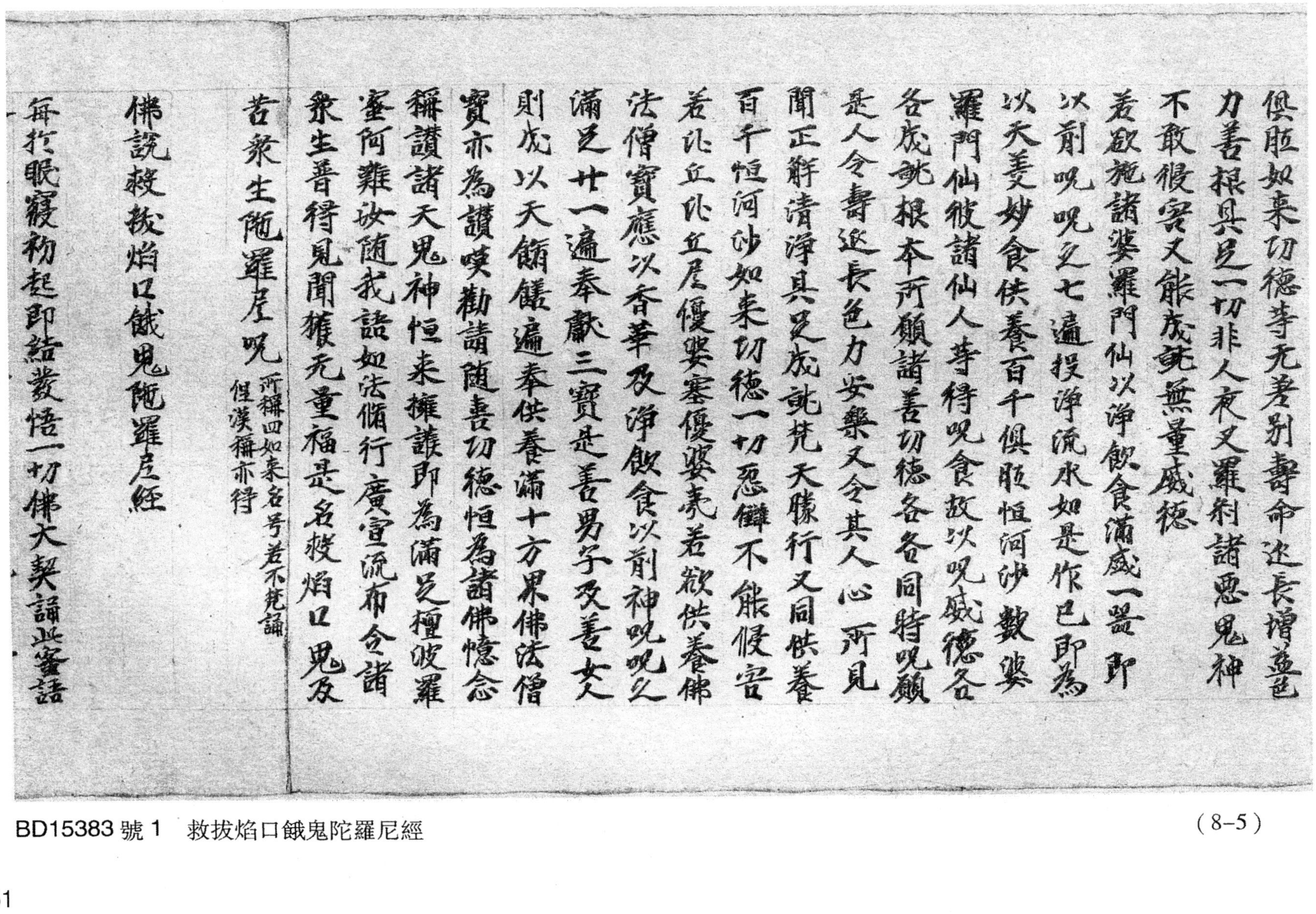

俱胝如来功德等无差別壽命延長增益
力善根具足一切非人夜叉羅刹諸惡鬼神
不敢侵害又能成就無量威德
若欲施諸婆羅門仙以淨飲食滿盛一器即
以前呪呪之七遍投淨流水如是作已即為
以天美妙食供養百千俱胝恒河沙數婆
羅門仙彼諸仙人等得呪食故以呪威德各
各成就根本所願諸善功德各各同時呪願
是人令壽延長色力安樂又令其人心所見
聞正解清淨具足成就梵天勝行又同供養
百千恒河沙如来功德一切怨讎不能侵害
若比丘比丘尼優婆塞優婆夷若欲供養佛
法僧寶應以香華及淨飲食以前神呪呪之
滿足廿一遍奉獻三寶是善男子及善女人
則成以天餚饍遍奉供養滿十方界佛法僧
寶亦為讚嘆勸請隨喜功德恒為諸佛憶念
稱讚諸天鬼神恒来擁護即為滿足檀波羅
蜜阿難汝隨我語如法修行廣宣流布令諸
衆生普得見聞獲无量福是名救焰口　鬼及
苦衆生陁羅尼呪 所稱四如来名号若不梵誦 但漢稱亦得

佛說救拔焰口餓鬼陁羅尼經

每於眠寤初起即結發悟一切佛大契誦此蜜語

BD15383 號 1　救拔焰口餓鬼陀羅尼經　（8–5）

佛說救拔焰口餓鬼陁羅尼經

每於眠寢初起即結發悟一切佛大契誦此密語

唵 跋折羅 底瑟吒 契經云止觀二羽各住

金剛拳已檀慧二度相鉤進力二度仰柱直

申如針誦前密語三遍以契自心上即念諸

佛從三昧覺悟應當觀察一切諸法猶如影

像即應思惟此伽他義

諸法猶影像 清淨無濁穢 無取無可得 皆從因業生

如是了知此法離於自性無所依止行者尒

時心得清淨應作是念我今此身從於意生

真是佛子於一切衆生廣利益若起已欲行誦此

密語 唵跋折羅 鞞伽 若心住處誦此密語

唵底瑟吒 跋折囉 欲共人語即於己舌上想有

嚂字誦此密語 唵縛囉跋折囉 婆沙 欲洗

面時誦此密語 唵 跋折囉囉伽遲伽耶

金藍 攘人者反 梓丑葛反 跶丈義反 㖂婆含 跋折囉 觀

使野讓 以此密語加水七遍然後洗面即得一

切如來之所顧視若諸魔等有暴惡者於此

人所皆生歡喜 若嚼楊枝即誦一切如來金

剛微咲密語 才 唵跋折囉 賀娑訶上 此

密語能破一切煩惱隨煩惱結 誦之七遍以

觀羽作金剛拳然後嚼之若欲往廁處即

以左右手作甲冑契莊嚴己身誦此密語

唵跛跛替反 於三界中所有諸惡皆得消除誦此

密語 唵跋折羅 鞞伽 若心住處誦此密語

唵底瑟吒 跋折囉 欲共人語即於己舌上想有

嚂字誦此密語 唵縛囉跋折囉 婆沙 欲洗

面時誦此密語 唵 跋折囉囉伽遲伽耶

金藍 攘人者反 梓丑葛反 跶丈義反 㖂婆含 跋折囉 觀

使野讓 以此密語加水七遍然後洗面即得一

切如來之所顧視若諸魔等有暴惡者於此

人所皆生歡喜 若嚼楊枝即誦一切如來金

剛微咲密語 才 唵跋折囉 賀娑訶上 此

密語能破一切煩惱隨煩惱結 誦之七遍以

觀羽作金剛拳然後嚼之若欲往廁處即

以左右手作甲冑契莊嚴己身誦此密語

唵跛跛替反 於三界中所有諸惡皆得消除誦此

密語 唵 句嚧達 涅哩瑟致奚刑伊反引 吽登

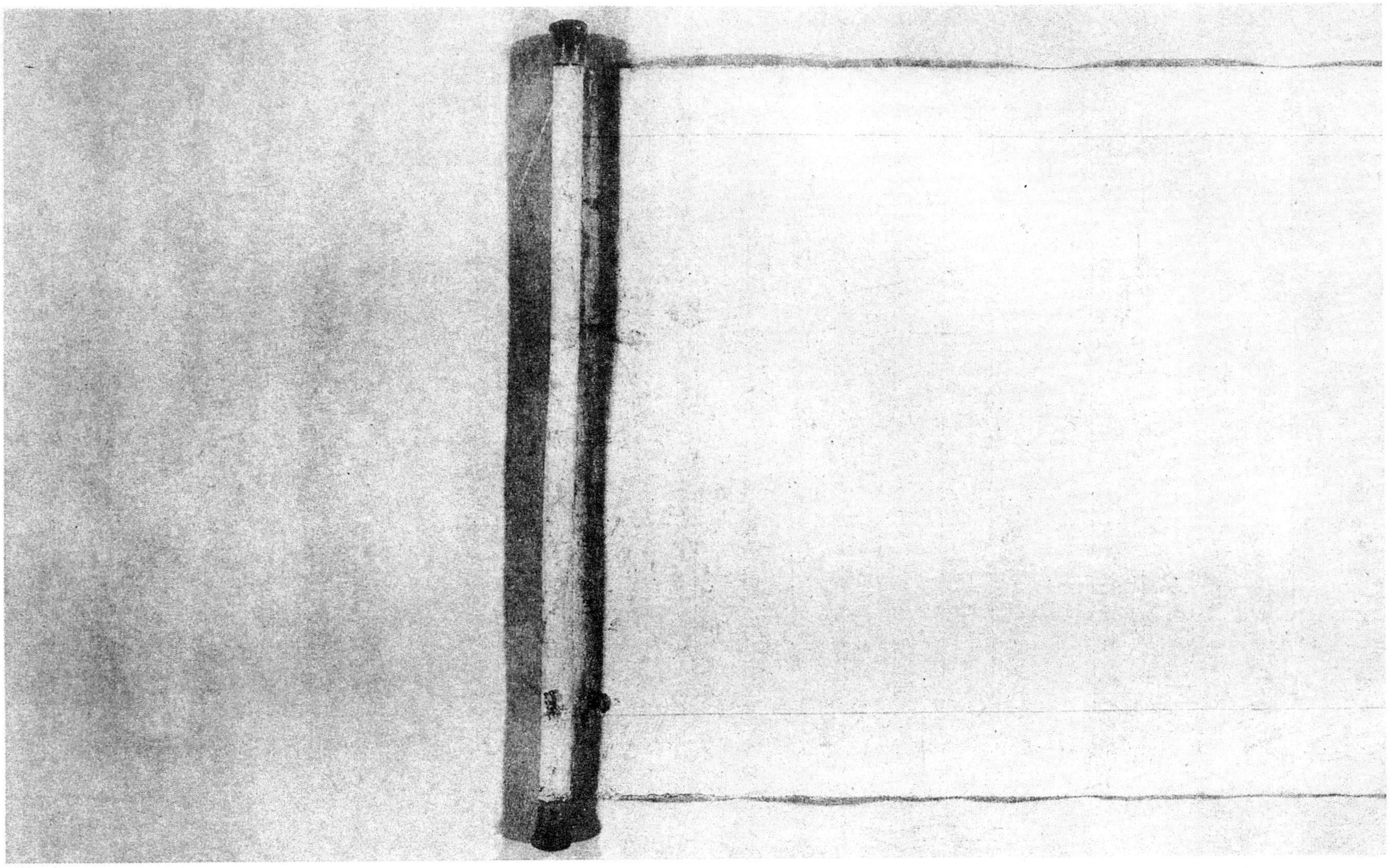

BD15383號 2　金剛頂瑜伽中略出念誦經卷第一　　（8–8）

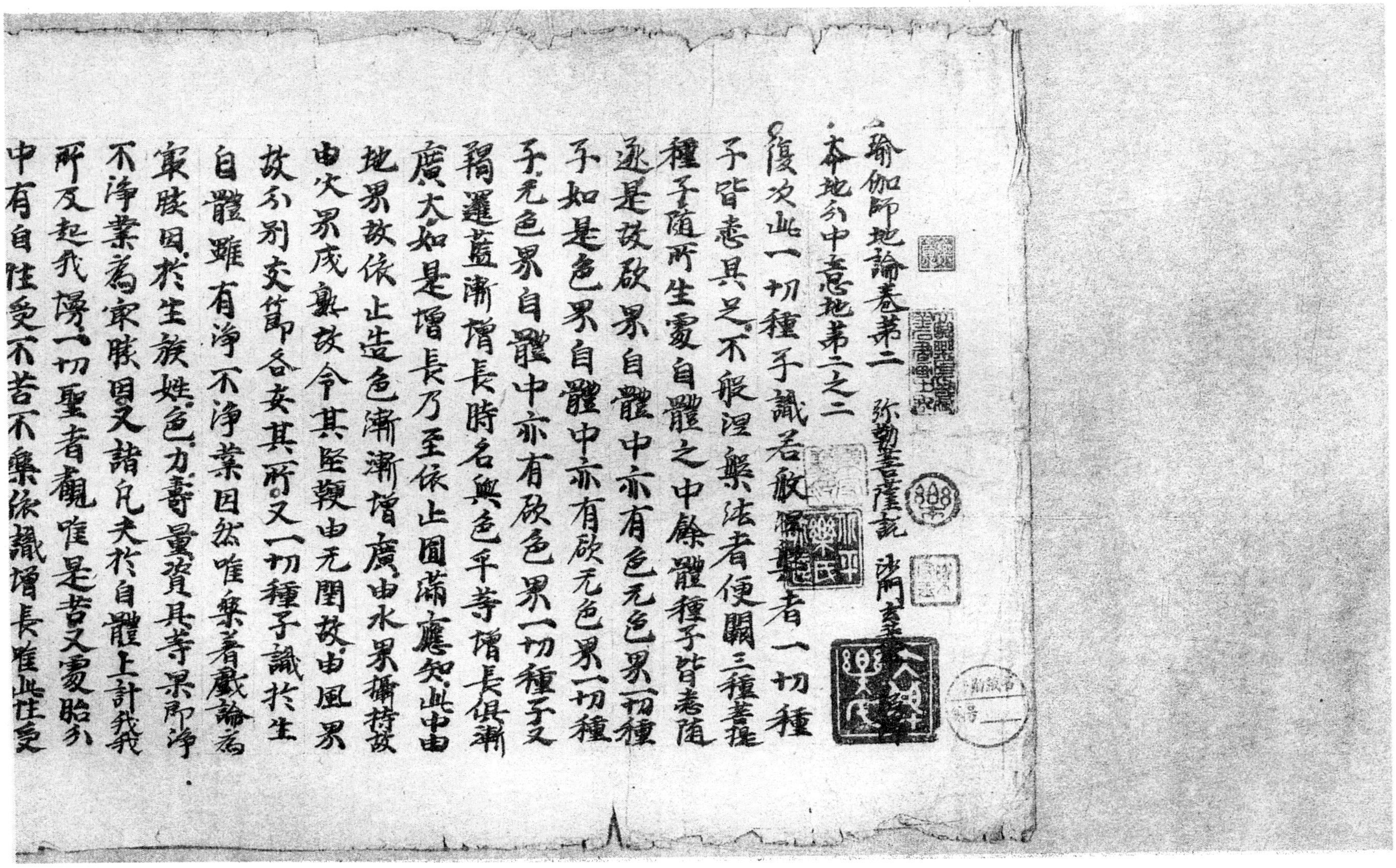

瑜伽師地論卷第二　彌勒菩薩說　沙門玄
本地分中意地第二之二
復次此一切種子識若般涅槃法者一切種
子皆悉具足不般涅槃法者便闕三種菩提
種子隨所生處自體之中餘體種子皆悉隨
逐是故欲界自體中亦有色无色界一切種
子如是色界自體中亦有欲无色界一切種
子无色界自體中亦有欲色界一切種子又
羯羅藍漸增長時名與色平等增長俱漸
廣大如是增長乃至依止圓滿應知此中由
地界故依止造色漸漸增廣由水界攝持故
由火界成熟故令其堅鞕由无潤故由風界
故分別支節各安其所又一切種子識於生
自體雖有淨不淨業因然唯樂著戲論為
㝡勝因於生族姓色力壽量資具等果即淨
不淨業為㝡勝因又諸凡夫於自體上計我我
所及起我慢一切聖者觀唯是苦又處胎分
中有自性受不苦不樂依識增長唯此性受

BD15384號　瑜伽師地論卷二　　（14–1）

故分別支節各妄其所又一切種子識於生
自體雖有淨不淨業因然唯樂著戲論為
最勝因於生族姓色力壽量資具等果即淨
不淨業為最勝因又諸凡夫於自體上計我我
所及起我慢一切聖者觀唯是苦又處胎分
中有自性受不苦不樂依識增長唯此性受
異熟所攝餘一切受或異熟所生或境界緣
生又若受樂受或於一切從緣現起或時不
起又種子體無始時來相續不絕性雖無始
有之然由淨不淨業差別重發望數數取異
熟果說彼為新若果已生說此種子為已受
果由此道理生死流轉相續不絕乃至未般
涅槃又諸種子未與果者或順生受或順後
受雖經百千劫從自種子一切自體復圓滿
生雖餘果生要由自種若至壽量邊際爾時
此種名已受果所餘自體種子未與果故不
名已受果又諸種子即於此中應受異熟緣
差別受順不定受攝然此種子亦唯住此
位是故一一自體中皆有一切自體種子
若於一處有染欲即說一切處有染欲若於
一處得離欲即說於一切處得離欲又於諸
自體中所有種子若煩惱品所攝名為麤重
亦名隨眠若異熟品所攝及餘無記品所攝
唯名麤重不名隨眠若信等善法品所攝種
子不名麤重亦非隨眠何以故由此法生時
所依自體唯有堪能非不堪能是故一切所
依自體麤重所隨故麤重自性

BD15384 號　瑜伽師地論卷二　（14–2）

亦名隨眠若異熟品所攝及餘無記品所攝
唯名麤重不名隨眠若信等善法品所攝種
子不名麤重亦非隨眠何以故由此法生時
所依自體唯有堪能非不堪能是故一切所
依自體麤重所隨故麤重自性
故諸佛如來安立為苦所謂由行苦故又諸
種子有多種差別之名所謂名界名種姓
名自性名因名薩迦耶名戲論名阿賴耶名
取名苦名薩迦耶見所依止名我慢所依
止處如是等類差別應知又般涅槃時已得
轉依諸淨行者轉捨一切染汙法種子所依
於一切善無記法種子轉令緣闕轉得內緣
自在又於胎中經三十八七日此之胎藏一切
支分皆悉具足從此以後復經四日方方
出生如薄伽梵於入胎經廣說此說極滿足
者或經九月或復過此若唯經八月此名圓
滿非極圓滿若經七月六月不名圓滿或復缺
減又此胎藏六處位中由母所食生麤穢
味而得資長於羯羅藍等細位中由微
細穢味資長應知
復次此胎藏八位差別何等為八謂羯羅藍
位遏部曇位閉尸位鍵南位鉢羅賒佉位髮
毛爪位根位形位若已結凝箭內仍稀名羯羅
藍若表裏如酪未至肉位名遏部曇若已成
肉仍極柔耎名閉尸若已堅厚稍堪摩觸
名為鍵南即此肉摶增長支分相現名鉢羅
賒佉從此以後髮毛爪現即名此位從此以後

BD15384 號　瑜伽師地論卷二　（14–3）

肉仍極柔耎名閉尸。若已堅厚稍堪摩觸
名為健南。即此肉摶增長支分相現名鉢羅
賒佉。從此以後髮毛爪現即名此位。從此以後
眼等根生名為根位。從此以後彼所依處分
明顯現名為形位。又於胎藏中或由先業力
或由母不避不平等所生隨順風故令此
胎藏或髮或色或皮或支餘支分變異而生。髮
變異生者謂由先世所作能感此惡不善業
及由其母多習灰鹽等味若飲若食令此胎
藏髮毛稀尠。色變異生者謂由先業因如前
說及由其母習近熱現在緣故令彼胎藏
黑黯色生。又母習近極寒室等令彼胎藏極
白色生。又由其母多噉熱食令彼胎藏極赤
色生。皮變異生者謂由宿業■如前說及由
其母多習婬欲現在緣故令彼胎藏或癬疥
癩等惡皮而生。支分變異生者謂由先業■
如前說及由其母多習馳走跳躑威儀及不
避不平等現在緣故令彼胎藏諸根支分缺
減而生。又彼胎藏若當為女於母左脇倚脊
向腹而住。若當為男於母右脇倚腹向脊而
住。又此胎藏極成滿時其母不堪持此重胎
內風便發生大苦惱。又此胎藏業報所發生
分風起令頭向下足便向上胎衣纏裹而趣
產門。其正出時胎衣遂裂分之兩腋出產門
住第四級蘇迷盧頂四隅之上有四大峰。各高
五百踰繕那量。有諸藥叉謂金剛手止住其

分風起令頭向下足便向上胎衣纏裹而趣
產門。其正出時胎衣遂裂分之兩腋出產門
住第四級蘇迷盧頂四隅之上有四大峰。各高
五百踰繕那量。有諸藥叉謂金剛手止住其
中
又持雙山於其四面四王都東南西北　隨
其次第。謂持國。增長。醜目。多聞四大天王之
所居止。諸餘金山是彼四王村邑部落。又
近雪山有大金崖名非天脇。其量縱廣五十
踰繕那。善住龍王常所居鎮。又天帝釋時
來遊戲。此中有樹名曰善住多羅樹行七重圍
繞。復有大池名曼陀吉尼五百小池以為眷
屬。善住大龍與五百牝象前後圍繞遊戲其
地。隨欲變現便入此池採蓮花根以供所食
即於此側有無熱大池其量深廣各五十踰
繕那。微細金沙遍布其底八支德水彌滿其
中形色殊妙端嚴喜見。從此流流為四大河
一名殑伽二名信度三名私多四名縛芻
復次於蘇迷盧頂處中建立帝釋天宮縱廣
十千踰繕那量。所餘之處是彼諸天村邑聚
落。其山四面對四大洲四寶所成。謂對贍部
洲琉璃為面。對毗提訶白銀為面。對瞿陀尼
黃金為面。對拘盧洲頗胝為面。又贍部洲備
其邊際有輪王路。真金所成如四大王天有
情膝量沒住大海。若輪王出世如彼膝量海
水減焉。又無熱池南有一大樹名為贍部。是
故此洲從彼得名。次於此北有設拉末梨大

次

黃金為面對拘盧洲頗胝為面又贍部洲備
其邊際有輪王路真金所成如四大王天有
情勝量沒住大海若輪王出世如彼勝量海
水減焉又无熱池南有一大樹名為贍部是
故此洲從彼得名次於此北有設拉末梨大
樹叢林。四生種類妙翅諸鳥栖集其中此四
大洲各二中洲以為眷屬復有一洲羅刹所住
如是器世間成已有諸有情從極淨光天衆
同分沒來生此中餘如前說此皆由彼感劫
初業此業第一最勝微妙欲界所攝唯於此
時此業感果非於餘時尒時有情名劫初者
又彼有色從意所生如是一切如經廣說彼
於尒時未有家宅及諸聚落一切大地面皆
平正自此以後由諸有情福業力故有地味
生如是漸次地餅林藤不種粳稻自然出現
无糠无稃有粳米有耗有糠次復處處粳
稻藂生於是有情方現攝受次由受用味等
資緣有情之類惡色便起光明遂滅其多
食者惡色逾增身極沉重諸有情互相輕
毀惡法現行由此因緣所有味等漸沒於地如
經廣說復從此緣諸有情類更相顧眄便
起愛染次由能感男女業故一分有情男根
生起一分有情女根生起遍相陵犯起諸邪行
遂為他人之所訶毀方造廬宅以自隱蔽復
由攝受種稻因故遂於其地復起攝受由此
緣已更相爭奪不與取法從此而生即由此
緣立司契者彼眾初王名大等意如是便有

遂為他人之所訶毀方造廬宅以自隱蔽復
由攝受種稻因故遂於其地復起攝受由此
緣已更相爭奪不與取法從此而生即由此
緣立司契者彼眾初王名大等意如是便有
刹帝利眾婆羅門眾吠舍眾戍陀羅眾出現
世間漸次因緣如緣經廣說又彼依止光明既
滅世間便有大黑闇生日月星宿漸漸而起
其日輪量五十一踰繕那當知月輪其量減
一日輪以大頗胝所成月輪以水頗胝所成
此二輪中月輪行速及與不定又彼日輪恒
於二洲俱時作明復於二洲俱時作闇謂於
一日中於一日出於一夜半於一日沒又一切
所有日月星宿處蘇迷盧處半而行與
持雙山高下量等又復日行時有遠近若
遠蘇迷盧立為寒分若近蘇迷盧立為熱
分即由此故沒有遲速又此月輪於上稍欹便
見半月由彼餘分障其近分遂令不見如如漸
側如是如是漸現圓滿若於黑分如如漸正
如是如是漸現虧減由大海中有魚鼈等
影現月輪故於其內有黑相現諸星宿中其量
大者十八拘盧舍量中者十拘盧舍量最
小者四拘盧舍復次於世間四姓生已方乃
發起順愛不愛五趣受業從此以後隨一有
情由感雜染增上業故生那落迦中作靜息
王從此无間有那落迦卒楯如化生及種種
苦具謂銅鐵等那落迦火起然後隨業有情
於此受生及生餘趣

情由感雜染增上業故生那落迦中作靜息
王從此无間有那落迦卒猶如化生及種種
苦具謂銅鐵等那落迦火起然後隨業有情
於此受生及生餘趣
如是百拘胝四大洲百拘胝蘇迷盧百拘胝
六欲天百拘胝梵世間三千大世界俱成俱
壞即此世界有三種一小千界謂千日月
乃至梵世總攝為一二中千界謂千小千三
大千界謂千中千合此名為三千大千世界
如是四方上下无邊无際三千世界正壞正
成猶如天雨注如車軸无間无斷其水連注
隨諸方尒如是世界遍諸方尒无邊无際
正壞正成即此三千大千世界名一佛土如來
於中現成正覺於无邊世界施作佛事
如是安立世界成已於中五趣可得謂那落
迦傍生餓鬼人天及四生可得謂卵生胎生
濕生化生復有六種依持復有十種時分謂
時年月半月日夜剎那怛剎那臘縛目呼剌
名復有七攝受事復有十種身資具復有十
種受欲者此如中阿笈摩說復有八數隨行
復有八世法謂得不得若譽若毀稱譏苦樂
復有三品謂怨親中復有三種世事復有三
種語言復有二十二種發憤復有六十二種
有情之類又有八位復有四種入胎復有四
種威儀復有六種活命復有六種守護復有
七種苦復有七種慢復有七種憍復有四種
言說復有眾多言說句

BD15384號　瑜伽師地論卷二　　（14–8）

有情之類又有八位復有四種入胎復有四
種威儀復有六種活命復有六種守護復有
七種苦復有七種慢復有七種憍復有四種
言說復有眾多言說句
云何那落迦趣謂種果所攝那落迦諸蘊及
順那落迦受業如那落迦趣如是傍生那落
迦餓鬼人天如其所應盡當知云何卵生謂
諸有情破卵而出彼復云何如鵝鴈孔雀鸚
鵡舍利鳥等云何胎生謂諸有情胎所纏裹
剖胎而出彼復云何如象馬牛驢等云何濕
生謂諸有情隨因一種濕氣而生彼復云何
如虫蝎飛蛾等云何化生謂諸有情業增上
故具足六處而生或復不具彼復云何如天
那落迦全及人鬼傍生一分
云何六種依持一建立依持謂最下風輪及
水輪地輪令諸有情不墜下故起是名依持
二藏覆依持謂屋宇等為諸有情離流漏等
所損故起是名依持彼室宇等略有三種或
由造作或不由造作或宮殿化起三豐稔依
持為諸有情取食故起是名依持四安隱依
持為諸有情離刀仗等所害故起是名依持
五日月依持為諸有情見色故起是名依持
六食依持謂四食一段食二觸食三意思食
四識食為諸有情住持身故起是名依持
云何七種攝受事一自父母事二妻子事三
奴婢僕使事四朋友官僚兄弟眷屬事五田
宅邸肆事六福業事及方便作業事七庫

BD15384號　瑜伽師地論卷二　　（14–9）

云何七種攝受事一自父母事二妻子事三
奴婢僕使事四朋友官僚兄弟眷屬事五田
宅邸肆事六福業事及方便作業事七庫
藏事云何十種身資具一食二飲三乘四衣
五莊嚴具六歌笑舞樂七香鬘塗末八什物
之具九照明十男女受行云何八數隨行謂
諸世間數數隨所行事一澡漱事二塗飾身
事三威儀易奪事四飲食事五睡眠事六交
會事七屬彼勤劬事八屬彼言說事云何三
種世事一語言談論更相慶慰事二嫁娶賓
主更相飲戲事三於起作種種事中更相營
助事云何三種語言謂有法語言無法語言
及餘語言有法語言者謂宣說厭離諸欲
善趣可愛樂等廣說如經無法語言者謂
染汙心說飲食等餘語言者謂無記心所起言
說
云何二十二種發憤一偽斗二偽稱三偽函四
邪業方便五很鬪六輕調七違反八諍訟
九罵詈十忿怒十一訶責十二迫脅十三摑
打十四殺害十五繫縛十六禁閉十七割截
十八驅擯十九諂曲二十矯誑二十一陷逗
二十二妄語
云何六十二種有情之類一那落迦二傍生
三鬼四天五人六刹帝利七婆羅門八吠舍
九戍陀羅十女十一男十二非男非女十三
劣十四中十五妙十六在家十七出家十八
苦行十九非苦行二十律儀二十一不律儀

三鬼四天五人六刹帝利七婆羅門八吠舍
九戍陀羅十女十一男十二非男非女十三
劣十四中十五妙十六在家十七出家十八
苦行十九非苦行二十律儀二十一不律儀
二十二非律儀非不律儀二十三離欲二十
四未離欲二十五邪性聚定二十六正性聚
定二十七不定聚定二十八苾芻二十九苾
芻尼三十正學三十一勤策男三十二勤策女
三十三近事男三十四近事女三十五習
斷者三十六習誦者三十七淨施人三十八
宿長三十九中年四十少年四十一軌範師
四十二親教師四十三共住弟子及近住弟
子四十四賓客四十五營僧事者四十六貪
利養恭敬者四十七厭捨者四十八多聞者
四十九大福智者五十法隨法行者五十一
持經者五十二持律者五十三持論者五十
四異生五十五見諦五十六有學五十七無
學五十八聲聞五十九獨覺六十菩薩六十
一如來六十二轉輪王此轉輪王復有四種
或王一洲或二三四王一洲者有鐵輪應王
二洲者有銅輪應王三洲者有銀輪應
王四洲者有金輪應
云何八位謂處胎位出生位嬰孩位童子位
少年位中年位老年位耄熟位處胎位者謂
羯羅藍等出生位者謂從此後乃至耄熟
嬰孩位者謂乃至未能遊行嬉戲童子位者謂
能為彼事少年位者謂能受用欲塵乃至三

少年位中年位老年位耄熟位處胎位者謂
羯羅藍等出生位者謂從此後乃至耄熟
嬰孩位者謂乃至未能遊行嬉戲童子位者謂
能為彼事少年位者謂能受用欲塵乃至三
十中年位者謂從此位乃至五十老年位者
謂從此位乃至七十從已上名耄熟位
云何四種入胎一正知而入不正知住出二
正知入住不正知而出三俱能正知四俱不
正知初謂輪王二謂獨覺三謂菩薩四謂所
餘有情云何六種活命一營農二商賈三牧
牛四事王五習學書算計數及印六習學所
餘工巧業處云何六種守護謂象軍馬軍車
軍步軍藏力友力云何七種苦謂生苦老苦
病苦死苦怨憎會苦愛別離苦求不得苦
云何七種慢謂慢過慢慢過慢我慢增上慢
卑慢邪慢云何七種憍謂无病憍少年憍
長壽憍族姓憍色力憍富貴憍多聞憍云
何四種言說謂依見聞覺知所有言說依見
言說者謂依眼故現見外色由此因緣為他宣
說是名依見言說依聞言說者謂從他聞由
此因緣為他宣說是名依聞言說依覺言說
者謂不見不聞但自思惟稱量觀察由此因
緣為他宣說是名覺言說依知言說者謂各
別於內所受所證所觸所得由此因緣為他
宣說是名依知言說
云何眾多言說句謂即此亦名釋詞句亦
名戲論句亦名攝義句如是等類眾多差

緣為他宣說是名覺言說依知言說者謂各
別於內所受所證所觸所得由此因緣為他
宣說是名依知言說
云何眾多言說句謂即此亦名釋詞句亦
名戲論句亦名攝義句如是等類眾多差
別又諸字母能攝諸義當知亦名眾多言說句
彼復云何所謂地根境法補特伽羅自性差別
作用自他有无問答取與正性邪性句又有
聽制功德過失得不得讚毀苦樂稱譏尊卑
智退泛量助伴示現教導讚勵慶慰句又有
七言論句此即七例句謂補盧沙補盧私
補盧崽補盧沙拏補盧沙耶補盧沙頞補盧殺補
盧殺如是等又有施設教勅標相靜息表了
軌則安立積集決定配屬驗馬初中後句族
姓相立宗言說成辯受用尋求守護善巧攝
愍堪忍怖畏簡擇句又有父母妻子等一切
所攝資具應當說及生老等乃至所求不
得愁歎少年无病長壽愛會怨離所欲隨
應若不隨應往來顧視若屈若申行住坐臥
警悟語默解睡解勞句又有飲噉嘗咪串習不
串習放逸不放逸廣略增減尋伺隨煩惱隨煩
惱戲論離戲論力劣所成能成流轉定異相
應勤速次第時方數和合不和合相似不相
似句又有新舊共有現見不現見隱顯句又
有能作所作法律世事資產真妄利益非利
益骨體堤防驚怪句又有怯弱无畏顯了祕
密繫縛業罰截驅擯句又有罵詈言

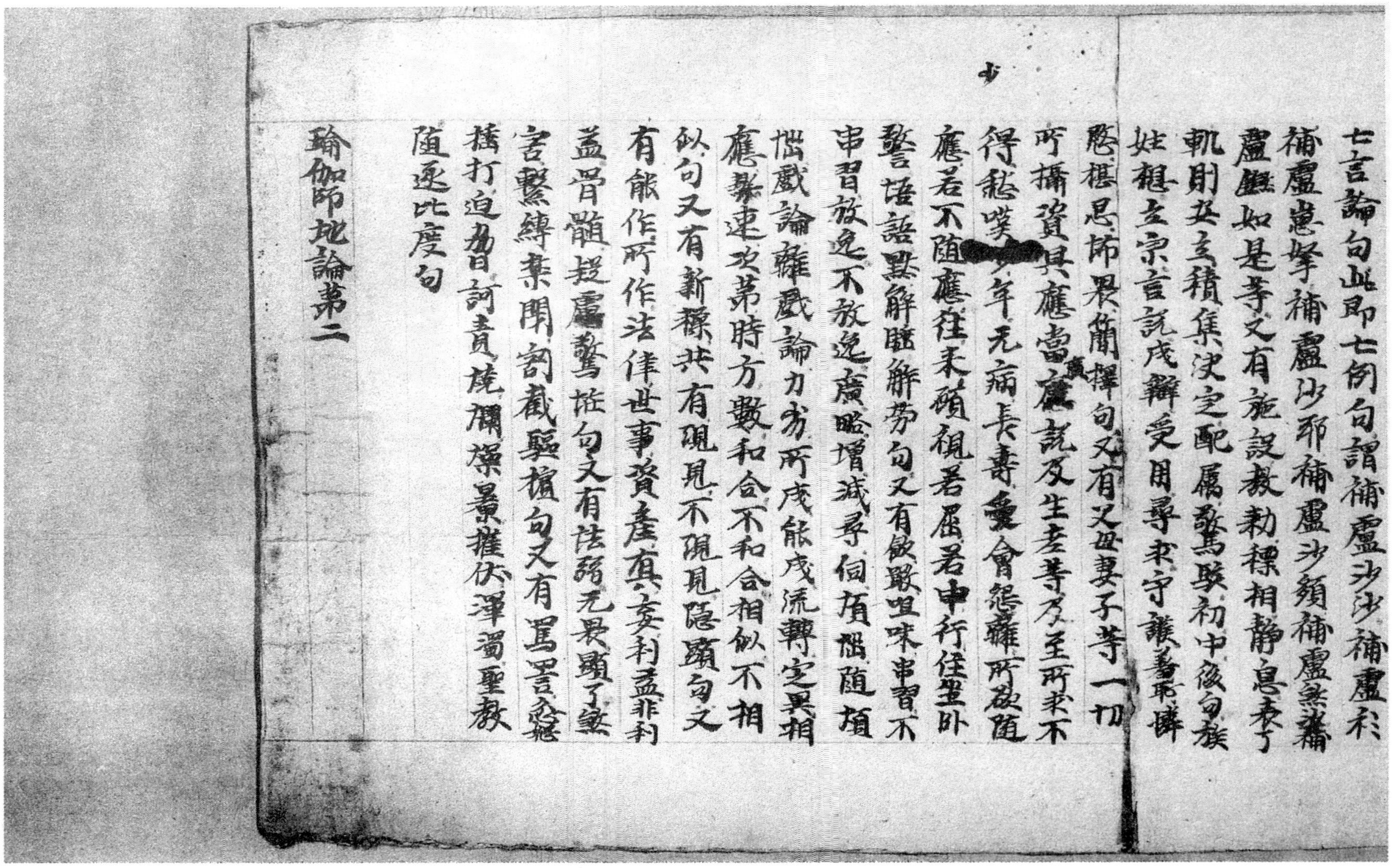

BD15384 號　瑜伽師地論卷二　　（14–14）

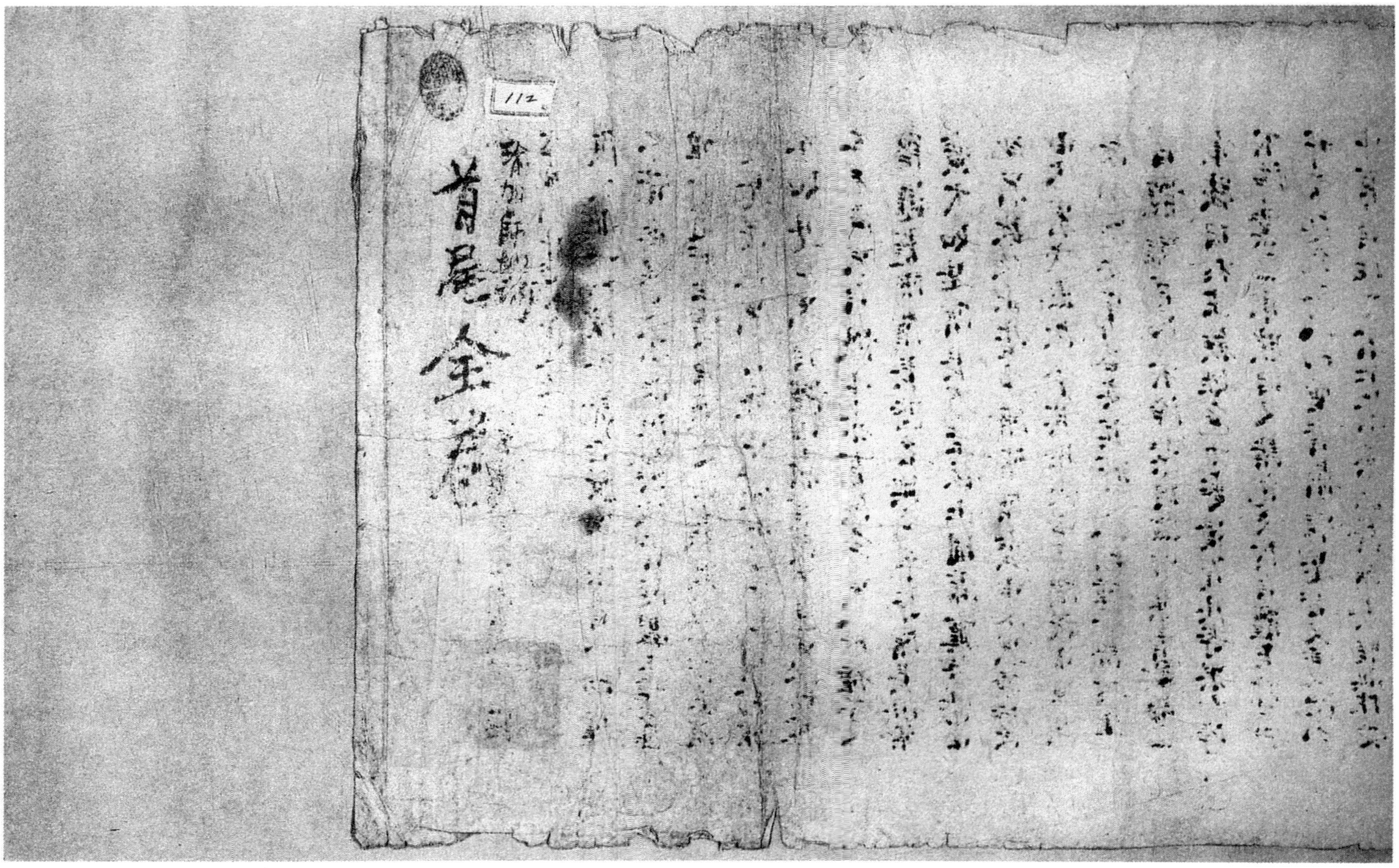

BD15384 號背　勘記、印章　　（1–1）

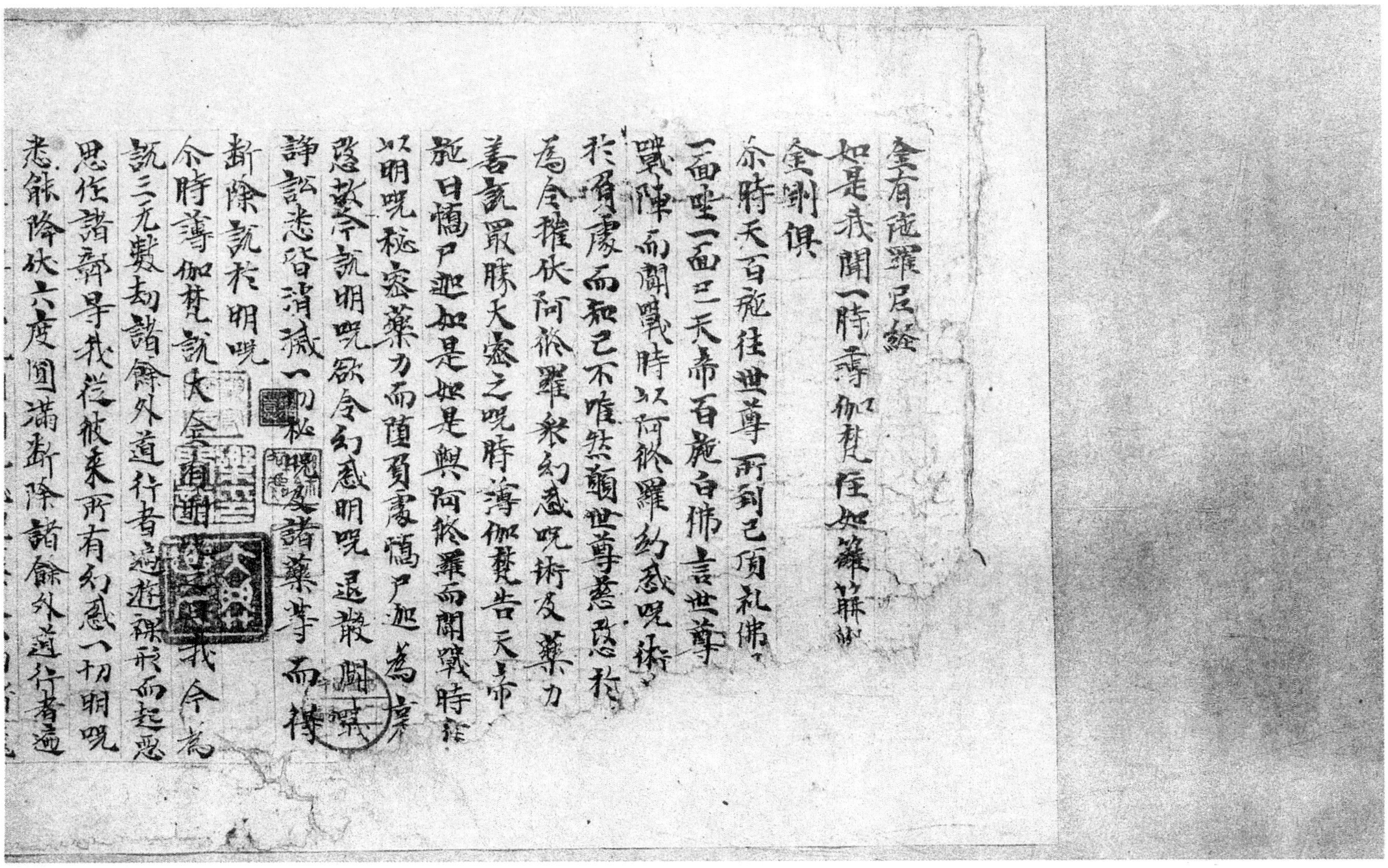

金有陀羅尼經
如是我聞一時薄伽梵住如籬[illegible]
金剛俱
尒時天百施往世尊所到已頂礼佛
一面坐一面已天帝百施白佛言世尊
戰陣而鬪戰時以阿修羅幻惑呪術
於滑處而和已不唯然願世尊慈愍於
為令摧伏阿修羅衆幻惑呪術及藥力
善說最勝大密之呪時薄伽梵告天帝
施日憍尸迦如是如是與阿修羅而鬪戰時從
以明呪秘密藥力而隨所處憍尸迦為汝
愍故令說明呪欲令幻惑明呪退散鬪戰
諍訟悉皆消滅一切秘[illegible]諸藥等而得
斷除說於明呪
尒時薄伽梵說大金有明[illegible]我今為
說三九數劫諸餘外道行者遍遊禍形而起惡
思作諸辭等我從彼來所有幻惑一切明呪
悉能降伏六度圓滿斷除諸餘外道行者遍

BD15385號　金有陀羅尼經　（4–1）

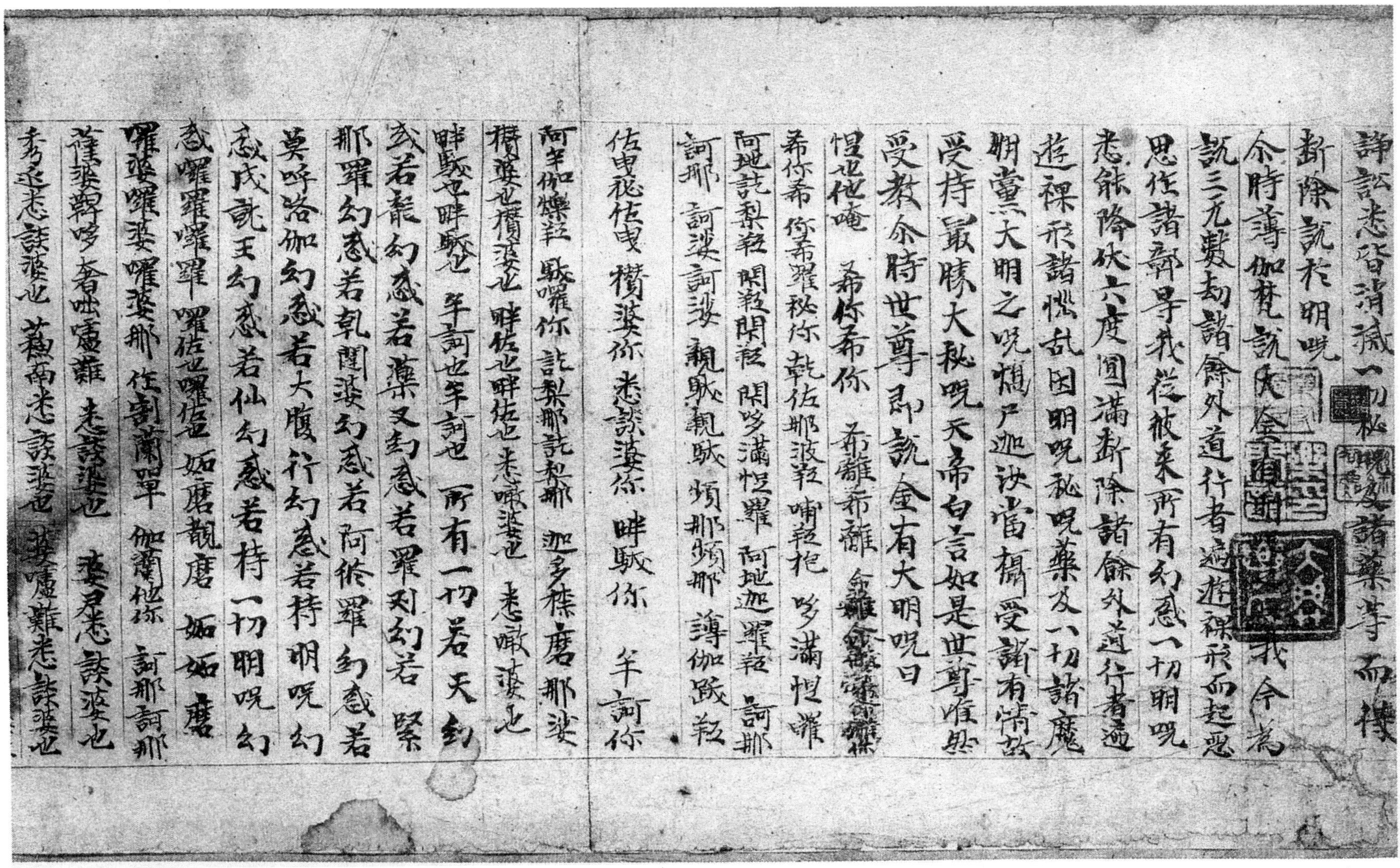

諍訟悉皆消滅一切秘[illegible]諸藥等而得
斷除說於明呪
尒時薄伽梵說大金有明[illegible]我今為
說三九數劫諸餘外道行者遍遊禍形而起惡
思作諸辭等我從彼來所有幻惑一切明呪
悉能降伏六度圓滿斷除諸餘外道行者遍
遊禍形諸惱亂因明呪秘呪藥及一切諸魔
朋黨大明之呪憍尸迦汝當稱受諸有情故
受持最勝大秘呪天帝白言如是世尊唯然
受教尒時世尊即說金有大明呪曰
怛也他唵　希你希你　希離希離　[illegible]
希你希你羅秘你　乾佐那波羅　喃羅枹　哆滿怛囉
阿地詫梨羅　閑羅閑羅　閑哆滿怛羅　阿地迦羅羅　訶那
訶那　訶婆訶婆　覩馱覩馱　頻那頻那　薄伽跋羅
佐曳秘佐曳　欑婆你　悉談婆你　畔駄你　牟訶你
阿牟伽蝶羅　馱囉你　詫梨那詫梨那　迦多䕽磨　那婆
欑婆也欑婆也　畔佐也畔佐也　悉噉婆也　悉噉婆也
畔駄也畔駄也　牟訶也牟訶也　所有一切若天幻
惑若龍幻惑若藥叉幻惑若羅刹幻若　緊
那羅幻惑若乾闥婆幻惑若阿修羅幻惑若
莫呼洛伽幻惑若大腹行幻惑若持明呪幻
惑戍說王幻惑若仙幻惑若持一切明呪幻
惑囉羅囉羅　囉佐也囉佐也　姤磨覩磨　姤姤磨
囉婆囉婆囉婆耶　佐割蘭單　伽蘭他你　訶那訶那
薩婆薩哆　耆咄嚧難　悉談婆也　婆君悉談婆也
秀迷悉談婆也　薩南悉談婆也　婆嚧難悉談婆也

BD15385號　金有陀羅尼經　（4–2）

嚩婆嚩婆嚩婆那 佉嵜蘭單 伽遮他你 訶那訶那
薩婆鞞哆 奢呲嚧難 悉談婆也 婆君悉談婆也
秀迟悉談婆也 蓊南悉談婆也 婆嚧難悉談婆也
西你宙悉談婆也 昝乾哆 梨哆 梨哆 [illegible] 嗟囉
寧波奢訶悉羝 鞞奢他也婆世耶 若有[illegible]我
能為惡心敵諸賊瞋恚具極惡心[illegible]
欲作一切无利益者 訶那訶那 哆訶 哆訶
波佐波佐 半佐也半佐也 櫕婆也櫕婆也 悉談婆也
悉談婆也半馱也半馱也 半訶也半訶也 摩訶半
訶你 薄伽跋羝莎訶
於一切怖畏娆惱疾疫癘守護我以馱莎訶
憍尸迦若善男子若善女人若王若王大臣能
憶念此金有明呪者彼无他怖畏於彼鄣當
他所敵軍不能侵惱亦非天亦非龍亦非藥
叉亦非乾闥婆亦非阿修羅亦非莫呼洛伽
亦非持明呪者亦非毗舍母等亦不非時而
捨壽命明呪秘呪一切諸藥不能為害他所
敵軍不能侵娆他所敵軍而不傷命刀不能
害水火毒藥明呪秘呪一切諸藥而不能侵
還著於彼自作教他隨喜造罪彼之處所憍
尸迦是故淨信苾蒭苾蒭尼鄔波索迦鄔波
斯迦善男子善女人等以此明呪呪水七遍自
洗其身能護於身若有欲令於一切怖畏
一切娆惱一切疾疫一切明呪一切秘呪一切
諸藥一切厭蠱而超過者當念此金有
明呪若王若王大臣若欲摧他軍衆伏他
軍衆亦當念此金有明呪若呪線七遍作

BD15385號　金有陀羅尼經　（4–3）

洗其身能護於身若有欲令於一切怖畏
一切娆惱一切疾疫一切明呪一切秘呪一切
諸藥一切厭蠱而超過者當念此金有
明呪若王若王大臣若欲摧他軍衆伏他
軍衆亦當念此金有明呪若呪線七遍作
七結已繫於身上若呪水七遍能護自身
若有書寫於一切怖畏无障㝵陀羅尼或
能受持或繫胜下若置高幢入軍陣者善
安得脫以此明呪威神之力內族眷屬善
安超過未成能成若欲摧伏諸明呪者於
白線上呪七遍已作七結者能繫摧伏若欲
摧伏諸幻惑者取冢間土呪七遍已而
散擲者能摧幻惑論義之時欲禁其口取
秦荻蘿呪七遍已而嚥嚼者一切言論悉
能對答受持讀誦而稱讚者一切諸罪悉
皆消滅却往於彼造作之者及思惟所或
繫於繩及永自護者於彼身上一切明呪
秘呪諸藥不能為害未成辨者悉能成
辨彼所求事一切順從時薄伽梵說是語
已天帝百施聞佛所說信受奉行

金有陀羅尼經一卷

BD15385號　金有陀羅尼經　（4–4）

非[illegible]

六和敬者 身同 口同 戒同 施同 見同 脩行之人離諍慢争 六種和同[illegible]

六度者 施度 戒度 忍度 進度 定度 惠度 梵音波羅蜜 此云彼岸

三事體空雖行万行 但為名施等不得名波羅蜜 若了達一切法

果報了達一切法无漏雖持戒无所貪著了達一切法无傷雖忍辱知內外空

進知无起雖相了達一切平等雖禪定无所依止了達一切法无所分別雖[illegible]

達此法者名波羅蜜

十波羅蜜 於前六度上加 七方便迴向善施物為人求果 八願要其起行名之願 九[illegible]

故 十智能知六度法門故

四攝法 一者布施 言布者運心普及 施者殘己惠人 若欲化彼有情先行施隨彼所[illegible]

物及以肉財等 類隨求皆与 由隨意与令諸有情親附 并是名施攝 二者愛語者

音聲(?)表愛者 聞乃悅樂 由布施故親近 次以愛語悅豫彼心 令其受道 瑜伽具明三種

愛語文廣不叙 三者利行 行即是因 利即是果 由愛語故亦現正理 隨其所應行三乘[illegible]

得自乘果 并於是行中慈住悲心勸道調伏 名為利行攝 四者同事 言同者等也 事者業

也 等脩行業 為同事 問 但化彼行 何假身同行耶 答 自若不行 人寧肯學 為令脩故 要

須自行 故名同事攝 是故并以此四事攝化衆生

四无量者 一慈 慈者与樂 二悲 悲者拔苦 三喜 … 得樂 四者捨 … 憎愛 以會平等 離前三心

不著於相 名之為捨 言无量者 … 緣不分 … 名之无量

八大人覺 少欲 知足 寂靜 精進 不忘念 正定 正惠 不戲論

四親近行 近善知識 聽聞正法 繫念思惟 如法脩行

六通者 一天眼通 見无障碍故 二者天耳通 聞无障碍故 三他心通 觀一切衆生心故 四宿命通 隨念

前際故 五神通 亦現一切神變故 六漏盡通 盡一切衆生漏故 離縛无碍 因之名通

三明 過去宿命明 未來天眼明 現在漏盡明

八解脫 一內有色外觀色 初觀未強 不能壞滅內身 但觀外死屍膖脹 能除欲縛 而得解脫 二內无色外

觀色 習行積久 觀道增強 於自身作亡身滅色想 唯觀外色死屍膖脹 而得解脫 三觀青

黃赤白可愛之色 為淨 離縛不著名淨解脫 四空處 希求无色 名之為空 空處四陰 離縛名

空解脫 五識處 空界廣多 緣[illegible] 存心 名之為識 [illegible]

BD15386號 法門名義集（異本）

八解脫 一內有色外觀色初觀未強不能壞滅內身但觀外死屍膖脹能除欲縛而得解脫 二內无色外
觀色習行積久觀道增强於自身作壞身滅色之想唯觀外色死屍膖脹而得解脫 三觀青
黃赤白可愛之色為淨離縛不著名淨解脫 四空處希求无色名之為空々處四陰離縛名
空解脫 五識處空界廣多隨即縶散境存心名之為識々處四陰離縛名識處解脫
六无所有處以識多故令心勞乱若心境俱亡名无所有處其處離縛名為解脫 七非想非非想
處解脫心境麁故不復現行外道之人謂无心行仏法推之而猶有細麁內外合說故云非想
非非想解脫 八滅盡定心法並息離於心過名為解脫 此八解脫亦名八背捨得上棄下名為背捨

三慧者 一聞慧謂聞正法 二思慧謂思擇理 三脩慧謂如理而行

二智 一實智 二方便智 復有二智 一如理智 二如量智

四智 一我生已盡 二梵行已立 三所作已辦 四不受後有

二道謂見与脩 一見道證理名見見理解也 二脩道者增明日脩是行也能除諸障名之為道

四脩 一无間脩恒修无說不得間隔 二長時脩 三大僧祇其時久長 三恭敬々人重法盡於至誠心 四
无餘脩慈悲利他之行遍法界衆生自利之行徹无生法忍脩盡二利滿足无所不周故曰无餘

十智 一苦智知苦不生故 二集智知集應斷故 三滅智知苦滅故 四道智知八聖道分故 五盡智知
諸煩惱心癡盡故 六无生智知諸有无生故 七法智知五陰本事故 八比智知眼乃至意識
因緣生受无常故 九世智知因緣名字故 十他心智知他衆生心故 若准諸經論有十一智十一名
如實智知諸仏一切種智故

五忍 一伏忍地前三賢菩薩得 二信忍三地已上菩薩得 三順忍六地已上菩薩得 四无生忍九地已前菩薩得 五寂滅忍十
地与仏地得

十想 一无常 二苦想 三无我想 四食猒想 五一切世間不可樂想 六死想 七不淨想 八斷想 九離想 十
盡想

四禪者 一愚夫所行禪 二觀察義禪 三念真如禪 四諸仏如來禪

十二頭陀 一常乞食 二阿蘭若處住 三著糞掃衣 四一坐食 五常坐 六中後不受非時食 七
中後不飲漿水 八但畜三衣 九毳衣 十樹下坐 十一露地住 十二死屍間住

十一切處 一地一切處 二水一切處 三火一切處 四風一切處 五青一切處 六黃一切處 七赤一切處
八白一切處 九空一切處 十識一切處 亦名十遍處

八勝處 一內有色想外觀色少 二內有色外觀色多 三內无色想外觀色少 四內无色想外觀色多
五內无色想外觀色少 六內无色想外觀黃色多 七內无色想外觀赤色少 八內无色想外觀白色多

九次第定 四禪為四 空處 識處 非想非非想處 无所有處 滅盡定

五分法身 一戒身能防非止惡故 二定身心住一境故 三慧身緣中決斷故 四解脫身絶縛離羈故
五解脫知見身於解脫中審之明白 具五分法是仏德體名之為身

七淨 一戒 二定 三見 四度疑 五道非道 六行斷 七菩提分法上上淨

七財 一信 二戒 三施 四聞 五慧 六慚 七愧 以能資助正道故名為財

四相 自呈 正他 能隨問答 善解函義

四心 一者廣大心生三界咸是慈悲所度之者 二者第一心咸令有情得无餘涅槃果故 三者常心雖度衆生

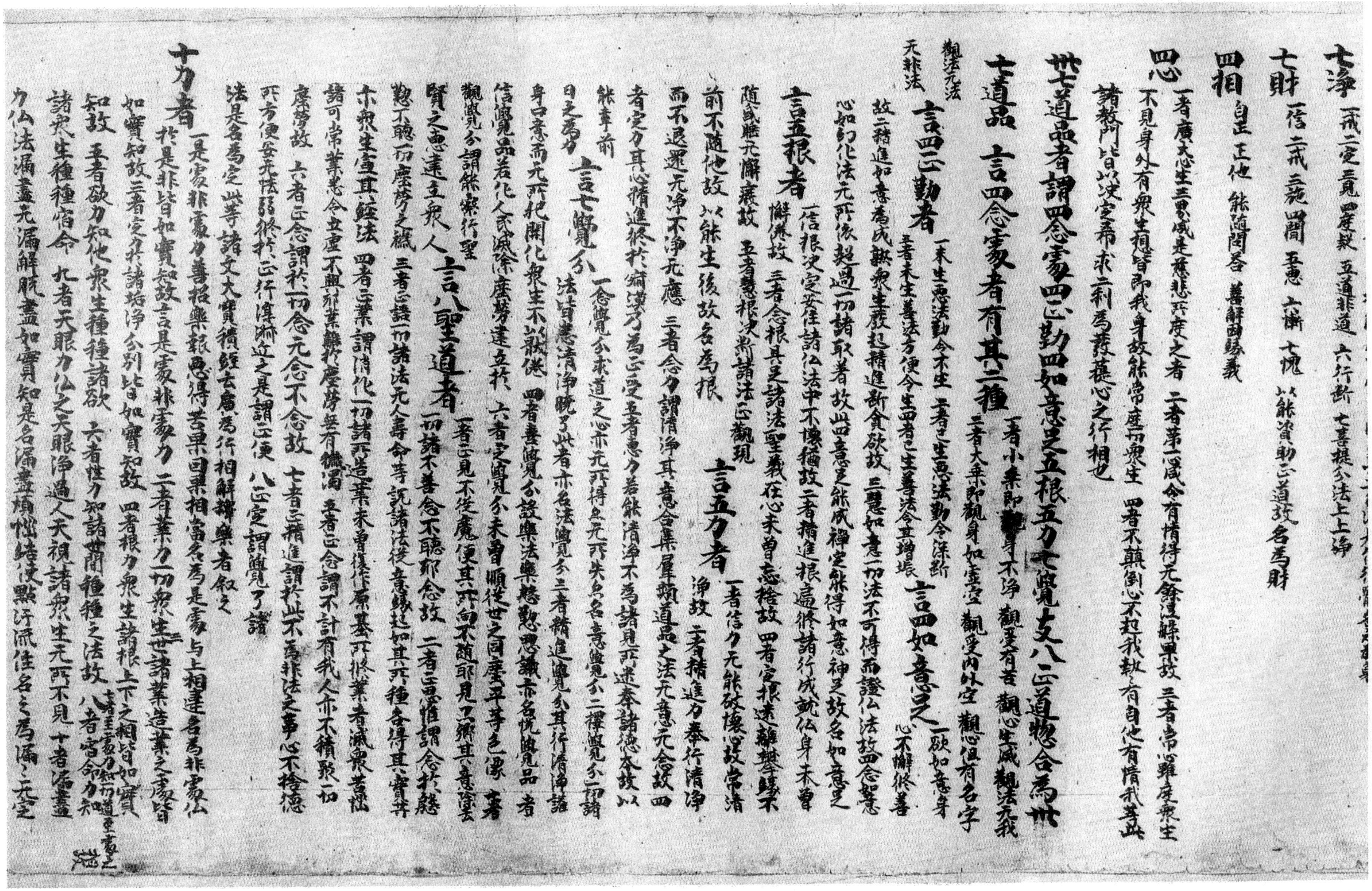
七淨 一戒 二定 三見 四度疑 五道非道 六行斷 七菩提分法上上淨
七財 一信 二戒 三施 四聞 五慧 六慚 七愧 以能資助正道故名爲財
四相 自正 正他 能隨問答 善解因緣義
四心 一者廣大心 生三界眾生悉度之者 二者第一心 咸令有情得无餘涅槃果故 三者常心 雖度眾生
不見身外有眾生相 皆即我身 故能常度一切眾生 四者不顛倒心 不起我執 有自他有情我等 此
諸教門皆以決定希求二利爲菩薩心之行相也
卅七道品者 謂四念處 四正勤 四如意足 五根 五力 七覺支 八正道 總合爲卅
七道品 言四念處者 有其二種 一者小乘 即觀身不淨 觀受有苦 觀心生滅 觀法无我
二者大乘 即觀身如虛空 觀受內外空 觀心但有名字
觀法无法 无非法
言四正勤者 一未生惡法勤令不生 二者已生惡法勤令深斷
三者未生善法方便令生 四者已生善法令其增長 言四如意足 一欲如意 身心不懈 修善
故 二精進如意 爲成熟眾生 發起精進 斷貪欲故 三慧如意 一切法不可得 而證仏法故 四念 智慧
心如幻化 法无所依 超過一切諸取著故 此四意足 能成禪定 能得如意神足 故名如意足
言五根者 一信根 決定安住諸仏法中 不壞損故 二者精進根 遍修諸行 成就仏身 未曾
懈倦故 三者念根 具足諸法 聖義在心 未曾忘捨故 四者定根 遠離攀緣 不
隨感離无懈癡故 五者慧根 決斷諸法 正觀現
前不隨他故 以能生後 故名爲根 言五力者 一者信力 无能破壞心故 常清
淨故 二者精進力 奉行清淨
而不退還 无淨不淨无應 三者念力 謂清淨其意 合集羣類道品之法 无意无念故 四
者定力 其心精進 終於漸漸 方爲正受 五者慧力 若能清淨 不爲諸見所迷 奉諸德本故 以
能章前
日之爲力 言七覺分 一念覺分 求道之心 亦无所得 亦无所失 名意覺分 二擇覺分 一切諸
法皆悉清淨 曉了此者 亦名法覺分 三者精進覺分 其行清淨 諸
身口意而无所把 開化眾生 不以疲倦 四者喜覺分 設樂法樂 慇懃思識 亦名悅覺品 者
信覺品 若化人民 滅除塵勞 達立於 六者定覺分 未曾順從世之因塵 平等色像 七者
觀覺分 謂能察行聖
賢之惠 達立眾人 言八聖道者 一者正見 不從魔便 其所向不隨邪見 了解其意 除去
一切諸不善念 不聽邪念故 二者正思惟 謂念於懈
慇不聽 所塵勞之纖 三者正語 一切諸法 无人壽命等 說諸法從意緣起 如其所種 各得其實 其
亦眾生空 其經法 四者正業 謂消化一切諸所造業 未曾復作 原基所據業者 滅眾苦惱
諸可常業 悉令立虛 不興邪業 離於塵勞 無有漏 五者正命 謂不計有我人 亦不積聚一切
塵勞故 六者正念 謂於一切念 无念不念故 七者正精進 謂於此不爲非法之事 心不捨德
所方便安无法 弱修於正行 漸漸近之 是謂正便 八正定 謂覺了諸
法是名爲定 此等諸文 大寶積經 去廣爲行相 解釋樂者敘之
十力者 一是處非處力 善招樂報 惡得苦果 因果相當 名爲是處 與上相違 名爲非處 仏
於是非皆如實知故 二者業力 一切眾生 世諸業 造業之處 皆
如實知故 三者定力 於諸垢淨分別 皆如實知故 四者根力 眾生諸根上下之相 皆如實
知故 五者欲力 知他眾生種種諸欲 六者性力 知諸世間種種之法故 七者至處力 知一切道至處之智 八者宿命力 知
諸眾生種種宿命 九者天眼力 仏之天眼 淨過人天 視諸眾生 无所不見 十者漏盡
力 仏法漏盡 无漏解脫 盡如實知 是名漏盡 煩惱結使 點汙流注 名之爲漏 漏〻无空

BD15386號　法門名義集（異本）

十力者 於是非皆如實知故 一名是處非處力 二者業力 一切衆生三世諸業造業之處皆
如實知故 三者定力 於諸垢淨分別皆如實知故 四者根力 衆生諸根上下之相皆如實
知故 五者欲力 知他衆生種種諸欲 六者性力 知諸世間種種之法故 七者至處力 知一切道至處之 八者宿命力 知
諸衆生種種宿命 九者天眼力 仏之天眼淨過人天 視諸衆生无所不見 十者漏盡
力 仏法漏盡 无漏解脫 盡如實知 是名漏盡 煩惱結使 點汙流注 名之為漏 漏々无空
處名為漏盡 以如來智慧於此十境照之窮極 无過无伏 故名為力

四无畏 一者一切智无畏 仏作誠言 我是一切智人 无有人天能如實難 言是法不知不見 是
故畏相 二者漏盡无畏 仏作誠言 我一切漏盡 无能如實難 言是漏不
盡 乃至不見是故畏相 三者說障道无畏 仏作誠言 我說障道 乃至不見是故
畏相 或法導聖名障法道 四者說苦盡道无畏 仏作誠言 我說聖道能出世間 隨是循
行 能除煩惱 盡苦道 无有人天能如實難 言行是聖道不出世間不能盡苦 乃至不見是
故畏相 能除煩惱 名為盡苦 對難不懼 是名无畏

四无导智 一者義无导 名下所以稱之為義 二者法无导 自義之名稱之為法 三者辭无导 說法之
言名之為辭 四者樂說无导 隨欲善受 名為樂說 善通无滯故 言无导智

十八不共法 一者如來身无失 无有諍故 二者口无失 无卒暴音故 三者念无失 无忘失故 四者无
異相 怨親等護故 五者无不定心 心常住三昧 无須臾散故 六者无不擇捨 麁細
等事悉捨離故 七者志欲无減 欲善滿足故 八者精進无減 策循不住故 九者念无減 心不散
動故 十者慧无減 緣中決斷故 十一者解脫无減 絕羈離縛故 十二者解脫知見无減 於解脫
緣中照了明白故 十三者身業 智為前導 隨智而轉 色形動作名為身業 隨智轉故
十四者口業 智為前導 隨智而轉 語故 十五者意業 智為前導 隨智而轉 思念
所作 隨智養分別故 十六者智慧知過去世无著无礙 於過去境能盡遍知故 十七者未來世
无导 於未來境盡知无导故 十八者智慧知現在世无导 於現在之境通達知故 事謝故
名過去 事未謝名現在 事未見迹 名之未來 此
十八法唯仏獨有 不通下果 故言不共

十号者 一者如來 謂乘如實道來成正覺故 二者應供 謂內具智斷 堪
受人天供養 三者正遍知 謂辯解辭錯 名之為正 有境斯鑒 名之遍知 四者明行足 謂明
行无缺 五者善逝 世間解 言善者 善逝者 去也 世間解者 於衆生及器二種世間 智照明白 去
至涅槃 更不復還 故名好去 世間 六者无上士 謂功德智圓 倫勝出 餘人无能及者 名
无上士 七者調御丈夫 以三乘勝法 隨機調制故 八者天人師 謂有所訓 道德倫於人天
九者仏 此地往翻 名之為覺 了了无导 故目之為仏
十者薄伽婆 婆伽 名破 婆言煩惱 能破煩惱 名婆伽婆

五眼者 一者肉眼 能見障內 近
色 二者天眼 能照障外
遠色 三者慧眼 謂能觀空 四者法眼 謂觀於有故 五者仏眼 空有俱照明
過四眼所不能知 仏眼悉明 淨(?)言眼者 以見為功 良田境別 所以分之為五

卅二大人相 一者足下平 二者足下轉輪 三者纖長指 四者脯足跟 五者手足網縵成 六者
手足柔軟 七者腨如伊尼延鹿王 八者踝骨不現 九者手直摩過膝
十者馬王陰藏 十一者身圓滿如尼拘律陀樹 十二者身毛上靡 十三者一孔一毛右旋 十四者身紫金
色 十五者圓光一尋 十六者皮膚細軟塵垢不著 十七者兩足之肩項七處滿 十八者身如師子王
十九者髀肘傭圓 廿者鉤骨滿 廿一者身脯直 廿二者卌齒齊密 廿三者齒白淨 廿四者齗齒密 廿五者頰車方如師
子 廿六者次第得上味 廿七者肉髻 廿八者廣長舌 廿九者梵音聲 卅者眼紺青色 卅一者
眉間白豪 卅二者鼻脩直

八十種好 一者手足有六十種 手足指 手足八處表裏平滿 兩踝 兩膝 兩肩 兩肘 兩腕

牙 廿六者咽中得上味 廿七者舌長 廿八者廣長舌 廿九者梵音聲 卅者眼紺青色 卅一者

眉間白豪 卅二者鼻脩直

八十隨形好 咒下有八十種 手足廿指 手足八處表裏平滿 兩踝 兩膝 兩肩 兩肘 兩腕

兩胶 兩髂 兩腰 兩臟 兩脇 兩腋 兩乳 脊背心齊咽腹 四十種 上六方盡

兩脣 兩齗 兩頰 兩鬢 兩眼 兩耳 兩眉 兩鼻孔 兩頷角 通前為八十焉 若犯戒者尚

不得下賤人身況大人相好善業 然相好善業有其三无量 三阿僧祇劫脩習名劫

心无量種種善業而以化亦名行无量福德衆具脩習出如来相好

理教品法門名義第四

三仏者 一者法仏 法仏之法身名為法仏凡聖俱有隱顯則異或障未除仏性常隱煩惱既盡法

身乃現但由了因出不從生因有 二者報仏 報仏之報身脩因得果名之為報 三者應

仏 應仏之應現名之為應始習思脩有能觀了法身生滅報應故般若論云於寶名了因亦

三寶者謂仏法僧 然此三寶略有三種 一者一躰謂仏法身躰有妙覺名為仏法身躰有

妙軌名為法法身躰離違爭名為僧 二者別相丈六之身為仏所說

法教名為法大乘十信已上小乘初果已上名為僧 三者住持泥金龍素像以為仏所說

紙素竹帛以為法凡夫比丘以為僧

三藏 一者脩多羅謂詮戒定三學隨機破病 二者毗尼唯詮戒學 三者德勒伽唯詮惠學

亦名阿毗曇亦名阿毗達磨 若約大小藏一者聲聞二者菩薩

三乘者 一者聲聞乘謂從聞聲而通達故始從外凡終至羅漢此等階差有廿八人皆

是初受聖教同名聲聞於於三乘中名為小乘 二者緣覺 其人利根觀十二因緣

速悟理解回中不取果證三界惑盡方證无著是以因果但為一人於三乘中此為中乘亦得

有餘无餘二種涅槃出於三界然緣覺有二種一者出无仏世獨悟非常思惟得道名為

獨覺 二者值仏為說十二緣起之法觀因緣之理而得悟道名為緣覺 出雜論 三者菩薩乘此譯

為道心衆生此人發心於仏道自利利他六度行滿備仏相好學仏威儀於三乘中此是大乘

此三乘法並能運衆生從凡至聖故喻船車名為乘也

五乘 於前三上加人乘天乘 言人乘者持五戒八戒等 天乘者兼行十善即此等法能運衆生至

人天上受快樂故

二諦 一者世諦亦名俗諦謂緣法不同各用万差別言顯相皆是世諦世者實世於凡是實於

聖非實故名世諦 二者第一義諦亦名真諦謂真實平等垢淨不二凡是无言无

相之理皆是第一義諦亦稱出世聖人所證斯理窮實无比故言第一義諸仏說法常依二

諦共表一法不相違返維摩經云无我无造无受者善惡之業亦不亡上明无造受竟

下說有善惡上下二句豈相返乎故知理須會通不可偏執世人有着空而背教者不亦迷乎

四諦 謂苦集滅道小乘大乘二種別故 小乘有作四諦者一生死果為苦諦 二煩惱業為集諦

三者寂滅理名滅諦四戒定慧為道諦大乘无作四諦者一觀苦无生是苦聖諦二知集无

和合名集聖諦 三知滅无滅聖諦 四者以无二法得道名道聖諦

三法印 一者諸法无常謂有為行法躰藉緣興衰變非恒故名无常 二者諸法无我謂切

法躰无實性自在之功故名无我若依大乘二无我即人及法 三者涅槃寂滅三毒六衰

永靜无餘即躰凝泊名為寂滅若依大乘通理滅此之三法言印者楷定不移名之為印

六衰 一者貪於諸有情心无悲愍 二者恨結怨熱惱懷惡不捨 三者惱能退住惡心觸境是緣

BD15386號　法門名義集（異本）　（13–5）

三法印 一者諸法无常 謂有爲行法躰稍縁興 遷變非恒故名无常 二者諸法无我 謂一切
法躰无實性自在之功故名无我 若依大乘 二无我即人及法 三者涅槃寂滅 三毒六衰
永静无餘即躰淡泊名爲寂滅 若依大乘 通理滅此之三法言印者楷定不移名之爲印

六衰 一者寒 於諸有情心无悲愍 二者恨結怨執惱懷惡不捨 三者惱能追往惡觸境逢縁
很戾難整 四者誑詭詐邪命矯現有德 五者嬌 涉者醉傲生於雜染 六者諂 詞曰
於他矯設方便此之六種能滅行人之功故喻爲衰

四優檀那 一者一切行无常 二者一切行苦 三者一切法无我 四者涅槃寂滅

四悉檀 一者世界 二者爲人 三者對治 四者第一義 此四悉檀揔攝十二部經八万四千法藏 悉
皆是實 无相違背 仏法中有以世界悉檀故實有 以各各爲人悉檀故實有 以對
治悉檀故實有 以第一義悉檀故實有 仏二夜經中說仏從得道夜至涅槃夜 是二夜中間所
說經教一切皆實不顛倒 故此四悉檀具出大智論第一卷中廣說

十二部經 一者修多羅 譯爲契經 謂從如是我聞至歡喜奉行 二者祇夜 譯爲應
誦 謂重頌偈 三者和羅那 譯爲受記 如釋迦牟尼如来爲弥勒受記 汝於
未世當得作仏等 四者伽陀 譯爲諷誦 謂直偈說等 五者優陀那 譯爲自說 是无問自
說經 六者尼陀那 譯爲縁起 謂說因縁經是 七者阿波陀那 譯爲譬喻 即譬喻經是
八者伊帝目多伽 譯爲本事 即仏如来金槍等報是 九者闍伽陀 譯爲本生 如說世尊本
爲井時所可受身是 十者毗仏略 譯爲大方等 其義廣大猶如虛空 十一者阿浮達
摩 譯爲未曾有 謂仏初生十方各行七步殊擁奉鍪白頂獨聽法等未曾有也 十二
者優波提舍 譯爲論義 如諸大弟子起問世尊所說辯其相貌

三種般若 一者實相 以理爲躰 躰絕虛假目之爲實 即躰表彰名之爲相 相不可以无相爲相 二者
觀照 以智慧爲躰 躰是般若 觀照是用 躰用合說 故名觀照 三者文字 以音聲
言教詮題爲躰 文字非般若 何故名般若 一能生般若 二能詮般若 因中說果故名般若

二種涅槃 一者性淨 謂真之理躰遍三世 其德圓备本无增减 雖隱顯從縁而躰无染
故說實[illegible] 名曰清淨也 二者方便淨 含靈真識 雖有真性 煩惑覆心 莫能自
反 稍善知識開示 順教修備 明鑒理事 煩惑稍盡 方乃躰用 行成起用方就 是以果不自起
功由善除惑 果而成 故從能爲目 名曰方便淨

三性者 一者分別性 謂五根六塵 二者依他性 識體是 三者真實性 謂真如爲真實性

三無性 一者无相性 根塵等法據理本寂而无於相 二者无生性 謂本識等心據理不起故名无生
三者无性性 雙泯前二名无性性 无性躰一 以從詮故立其三名 真法離相名爲无性

三空亦名三昧 一者空三昧 生蔭雍實俱以爲空 垢心此空 名空名空三昧 二者无相三昧 空既
有狀 以爲无相 疑慮无相 名无相三昧 三者无願三昧 空義 侍求以爲无願 名无（異無无願）
願 三昧本書三昧 漢言調直 三空之稱 生於惑 討惑 討雖多 大就唯三 對惑辯空 空兵三兵 言
兵戒者 著滞於有 故遣以空空之 二者有狀 故祛以无相 三者存情願 故蕩以无願

三無爲 一者數滅 大小乘用智慧品數斷煩惱 惑隨分滅 煩惱盡處名數滅无爲 二者非數滅无爲 謂
世間万物 成必有壞 分則自滅 不由智斷 若枯木朽花 開葉落 如此之類 名曰非數滅无爲
三者虛空无爲 虛空之中 處體非作 法名曰虛空无爲

十八空 一者內空 謂眼耳鼻舌身意空 非常非滅 故性自尔 二外空 外法名色聲香味觸法

三無為 一者數滅大小乘用智慧益斷煩惱惑隨分滅煩惱處名數滅無為 二者非數滅無為謂
世間万物咸必有壞分則自滅不由智斷并枯木枯花開菓落如此之類名曰非數滅無為
三者虛空無為 虛空之處體非作法名曰處空無為

十八空 一者內空謂眼耳鼻舌身意空非常非滅故性自尒 二外空外法名色聲香味觸法
空非常非滅故性自尒 三者內外空謂內外空非常非滅性自尒 四者空空謂一切法空
是空亦空故 五者大空謂十方相空故 六者第一義空謂涅槃空故 七者有為空謂三界空故
八者無為空謂無生相無住相無滅相空故 九畢竟空謂諸法至竟不可得故 十無始空謂
若法初來處不可得故 十一者散空散名謂法無滅非常非滅故 十二者性空謂有為法性是性非
聲聞辟支仏所作亦非餘人所作是性空故 十三者自相空謂色壞相受相取行識相等
有為無為法各各自相空故 十四者諸法空謂色受想行識眼耳鼻舌身意色聲香味觸
法眼界色界識界乃至意識界是諸法空 十五者不可得故 十六者無法空若法無是名
空故 十七者有法空謂諸法和合中有自性相有法空非常非滅故 十八者無法有法空謂諸
法中無諸法和合無有自性相故 又有法無法自法他法相各各自空有法者謂五陰空
五陰空故無法者無法相名無為法無為法空故自法空者諸法自法空非智作
非見作故他法空者謂若仏出若仏未出法住法相法位法性如實際過此法空名
他法空 此十八空者道或之次第也衆生之或不可頓除隨聞起執纏縛生滯故須十八種
空遣或方乏大智度論廣釋文義集者尋之

三轉 一者示相轉謂顯有作無作四諦之相此是苦是集是滅是道名示相轉 二者勸相
轉謂勸知勸脩四諦之相經云苦應知集應斷滅應證道應脩名勸相轉 三者
證相轉仏言苦我已知集我已斷滅我已證道我已脩名證脩轉經云三轉法輪於大
千謂此義也亦可轉三乘教名為三轉

七善 七者梵行之相
一者初中後善 二者其義真實 三者言辭妙 四者其音清淨 五者純無雜 六者具足清白

五明論 一者內明仏所說者名為內明 二者因明能破他論自申己義 三者聲明顯示一切音聲差
別諸便言辭 四者醫方明 復有四種 一者顯示善知病因 三者顯示能除已起之病 四者顯
示已除之病令不重起 五者功巧明顯示種種世業成就此五種明并悲求

賢聖品法門名義第五

十種學人 一者須陁洹 二者須陁洹果 三者斯陁含向 四者斯陁含果 五者阿那含向 六者阿那含果
七者阿羅漢向此是小乘七種學人脩而未圓名之為向脩之已圓名之為果此七種人
於小乘法果行未滿進趣未息故名學人 唯阿羅漢於小乘果滿更無進趣故名無學
若大乘法中唯仏得名無學

四沙門果 一者須陁洹果此云脩習無漏亦名逆流或云預流初果聖人得無我解永斷見諦有漏或
盡故名脩習無漏既有無漏真解便能永背生死故云逆流逆生死流以其無漏力能
排三塗等苦故云預流 二者斯陁含果此云往來然三輪煩惱並通三界但見諦惑盡初果
頓盡脩道惑細三人共除就欲界脩道煩惱分為九品前六品後三為細即此果人斷前六品上後
擬往在三品薄中故名往薄 三者阿那含果此云不還亦名出欲欲界既斷欲界惑盡上二界去不
返故名不還欲界煩惱猶如於泥始得永離故名出泥 阿那含中利鈍有十一種文多不錄
四者阿羅漢此云應供亦名殺賊或言不生謂智斷具足堪消物供故名應供三界煩惱劫人
功德羅漢除之名為殺賊煩惱既盡業種復斷於三界中更不受生名為不生羅漢利鈍有
其九種亦不敘也 四果之名通大小乘大乘法中仏是羅漢

頸盡脩道惑回三人共除欲界脩道煩惱分為九品前麁後三為細即此果人斷前六品上後
嶶住在三品薄中故名往薄　三者阿那含果此云不還以名出欲界從欲界惑盡上二界受生不
返故名不還欲界煩惱猶如共況始得永離故名共況　阿那含中利鈍有十一種文多不録
四者阿羅漢此云應供亦名殺賊亦云不生謂智斷具足堪消物供故名應供三界煩惱劫人
以德羅漢除之名為殺賊煩惱既盡業種復燋於三界中更不受生名為不生羅漢利鈍有
其九種亦不敘也四果之人者通大小乘大乘法中仏是羅漢

二種辟支仏　三乘中之弁　一者出无仏世獨悟非常思惟得道名為獨覺辟支　二者值仏為說十二因緣
法觀因緣之理而得悟道名為聲聞辟支於中三乘中此為中乘々得有餘无餘二
種々涅槃辟支仏者此名緣覺

菩薩摩訶薩々乘　三乘中之弁　菩薩此譯為道心眾生摩訶薩者譯為大道心眾生此人發心
求於仏道自利々人六度行滿備仏相好學仏威儀於三乘別教中此是大乘

十信心菩薩　一者信心信仏常住大乘歸宗不二決定无疑　二者念心於六念處憶念不忘　三者精進
心如念而行勤脩上觀　四者慧心進觀人法二種无我　五者定心解空處寂忘心理靜攝
六者不退心上觀而觀妙契中道心不退不没　七者迴向心善會平等迴向於捨　八者護法心解
理堅固受持不壞　九者戒心持心轉明善護身口三業齊淨　十者願心以三業之善正求菩
提故名願心此等十信是習種性外凡之位三乘諸人捨本別習迴心向大即起十心得入住位

十住亦名十解菩薩　一者發心住始從凡境發菩提道心歷奉眾聖廣多聞思始入空界住空
性位中彼發心而得此住　二者治地住更起勝解淨治八万四千法門雜諸塵穢
心地清潔　三者脩行住善觀諸法對治之門慧照逾明解心涉境終起種覺故曰脩行　四者生貴
住理解勝進生在真如法理齋種性清淨名生貴住　五者方便具足住脩空涉有行々有入空福
智相資善巧无滯方解齊進名方便具足住　六正心住得般若真解安心正理名正心住　七不退住空有
不二得堅固真解名之不退　八者童真住從發心之來遠離二邊不起煩惱長養真解契同无
生得仏法分故曰童真住　九者法王子住既從法化生得仏法分故能紹真宗令菩提種位故曰
法王子住　十灌頂住觀達真宗理照逾淨解滿最上故名灌頂住此十住菩薩是習種性內凡下品三賢初位

十行菩薩　一者歡喜行前觀十解既滿今如解而行自行化人離於取願處此深得之利故曰歡喜　二者饒
益行自利行轉深利他行彌廣名之饒益　三者无嗔恨行既善利他々慈悲喜捨惡親
平等慴受无二名无嗔恨　四无盡行々以无散心度人不倦利行增進无休无息故名无盡行　五離
癡亂行有為以度眾生而无我人之相不為无明所惑心々不離念仏三昧故名離癡亂　六
善現行心常在定而現行慈悲化物因之故曰善現　七无著行行空不住於无行有不染
於相靜乱俱遣无滯无导名之无著　八尊重行常行於有无而有无所不動正以等行諸
法一切皆如无可較　重法心成故曰尊重行　九善法行既自善行於法為以法攝人動成物軌故
曰善法行　十真實行於行真實自利成行於俗諦利他行滿行真不棄於俗行俗
不乘於真无為曰真非虛稱實故曰真實行此十行菩薩是性種性三賢位之中品

十迴向菩薩　一救護一切眾生離眾生相迴向行於真諦是无為眾生行於俗諦是有為眾生菩薩
无為眾生不令住空攝有為眾生不令著俗皆迴邪倒而向正道故　二不壞迴向迴
有為而向无為則有為所不得迴无為而向有為則无為所不得有无俱通則行成莫壞故
名迴向　三等一切仏迴向着行有為无為平等圓通則与三世諸仏同行菩提故曰等
一切仏迴向　四至一切處迴向若能通行一切諸法則到一切諸法實際之處故曰至一切處迴向　五
无盡功德藏迴向既至一切諸法實際故能依實而成行蘊積眾善利潤无窮故曰
无盡功德藏迴向　六隨順平等迴向既以无盡平等之善出生增益故曰平等善根迴
向　七隨順等觀一切眾生迴向善生彌廣故能平等潤道法界眾生故名隨順等觀
一切眾生迴向　八如相迴向一切眾生皆如也一切法亦如也夫如者不二不異也行此如道相无不融故名
如相迴向　九无著无縛解脫迴向眾生即如則本來无縛也如即眾生即如不可着也此道妙
通則无所羈导故名无縛无著解脫迴向　十法界无量迴向既躰達一切諸法皆是真如實相故
其道通非可限[illegible]

无盡功德藏迴向 六隨順平等迴向既以无盡平等之善出生增益故曰平等善根迴
向 七隨順等觀一切衆生迴向 善生彌廣故能平等潤道法界衆生故名隨順等觀
一切衆生迴向 八如相迴向 一切衆生皆如也一切法亦如也夫如者不二不異也行此如道相元不融故名
如相迴向 九无着无縛解脫迴向 衆生即如則本來无縛也如即衆生即如不可着也此道妙
通則无所羇导故名无縛无着解脫迴向 十法界无量迴向 既躰達一切諸法皆是真如實相故
其道博通非可限擬故曰法界无量迴向 已上十向迴并道種性三賢位之上已內凡之上品也世前
三十心是地前三賢之位用三品伏忍除伏我相已心不起行善調順得名為賢既未永絕我相故
名內凡若作无相觀行則猶有相間故在世間之位

十地菩薩妙二地 初觀喜地者始出凡境初登聖境慶心內融悅情外發故地論云初證聖處多
生歡喜故名歡喜地用聞思脩慧為加行智斷凡夫我相无明盡證遍滿檀
波羅蜜為增上 二離垢地 妙脩道中甚除結垢故名離垢地以加行智斷於諸衆生起邪行无
明盡證寂勝功德戒波羅蜜為增上 三明地 論云隨聞思脩照法顯現故名明地以加行智斷（此前三地聽脩大乘光三摩提斷闇提不信習氣）
心遲著聞思脩忘失无明盡證勝流功德忍波羅蜜為增上（薄方便生死果報亡得大淨果）
四炎地 定說內明發慧外照燒妄惑之法於慧燄故名炎地以加行智斷微細煩惱行俱生身見无
明盡證无攝功德精進波羅蜜為增上 五難勝地 得出世間智方便善巧能度難度故名難
勝地以加行智斷於下乘般涅槃无明盡證无異功德禪波羅蜜為增上 六者現前地 大智現前
名現前地以加行智斷麁相行无明盡證无染淨功德般若波羅蜜為增上（此前三地聽脩集福德王三摩提斷外道著我
智集鄣盡因緣生死果報亡得大樂果）
七遠行地 照法見究於有不著照空見有於空不證乃超有无出二乘世間
道故名遠行地以加行智斷細相行无明證无別功德方便波羅蜜為增上 八者不動地 根行純熟无
相无間故名不動地以加行智斷於无相作功用心无明盡證不增減功德願波羅蜜為增上
九善慧地 多難之窮心滯復盡无导力說法成就利他行故名善慧地以加行智斷利衆生事不（此前三地聽脩□□三摩提斷菩薩自利習氣鄣有有无生死果報亡得大我果）
由功用无明盡證智自在依止功德力波羅蜜為增上
十法雲地 得无邊善法普益含生悲覆若雲法澤如雨能令善根開敷道芽滋茂故地論云得大法
身具足自在故名法雲以加行智斷於諸法中不得自在无明盡證業自在依上功德智波羅
蜜為增上 此之地脩首楞三昧斷獨覺自愛習氣鄣无有生死果報亡得大常果也
此十地菩薩名聖種性自十地之後是出世間聖人无漏之位皆是八識真如為躰无作四諦一實平等
法界圓脩能從初地終至仏地皆斷无明但以位分為三初地見道二地至七地名為脩道八地已後名
无學道 何故名地一能生成仏智住持二能同躰大悲荷負一切喻如大地 十一等覺地 體實大竊妄
心平等照齊種智一相无二故曰等覺地亦名无垢地斷煩惱垢習皆盡故亦名金剛心斷无明
住地 十二妙覺地 圓照內融窮賾法性體无終始窮微盡極故名妙覺亦名仏地種
智現前无上菩提金剛已後至極常果前等覺位中斷煩惱習除生死盡名无导道今於
此地得菩提證涅槃果外之果名解脫道前來十二聖所以名為地者有二躰義一能出生
仏果二能住持万德故通喻為地

卌二賢聖 即前十解十行十迴向十地等覺妙覺揔合為數名卌二

十二住 一種性住即十解十行等是 二解行住即十迴向是 三歡喜住即是初地 四增上戒住即二地 五增上意
住即三地 六道品相應增上慧住即四地 七諦相應增上慧住即五地 八緣起相應增上慧住即六地
九有行有開發无相住即七地 十无行无開發无相住即八地 十一无导住即九地 十二最上菩薩住即十地
是菩薩地位名之為住又行德堅固名之為住別別不同有七十二維摩經云我念知七十有二年者
為十二住為十二年非世間十二月之年

大乘四向四果 一須陀洹向地前三賢菩薩是 二須陀洹果即初地菩薩是 三斯陀含向三地前菩薩是 四斯陀含
果六地菩薩是 五阿那含向即七地是菩薩 六阿那含果即第八地菩薩是 七阿羅漢向即九
地菩薩是 八阿羅漢果第十地菩薩是 仏是大乘羅漢果但十地与仏地同住定意故得羅果名

四位 一者願樂位謂地前四十心菩薩揔名願樂位但以此智知見法身未以證知見真如心求欲見名願樂位

BD15386號 法門名義集（異本）

（13–9）

十二住　一種性住即十解十行等是　二解行住即十迴向是　三歡喜住即是初地　四增上戒住即二地　五增上意住即三地　六道品相應增上慧住即四地　七諦相應增上慧住即五地　八緣起相應增上慧住即六地　九有行有開發无相住即七地　十无行无開發无相住即八地　十一无㝵住即九地　十二最上菩薩住即十地菩薩是菩薩地住名之為住又行德堅固名之為住別別不同有此十二　維摩經云我止此室十有二年者為十二住為十二年非世間十二月之年

大乘四向四果　一須陁洹向地前三賢菩薩是　二須陁洹果即初地菩薩是　三斯陁含向二地前菩薩是　四斯陁含果六地菩薩是　五阿那含向即七地是菩薩　六阿那含果即第八地菩薩是　七阿羅漢向即九地菩薩是　八阿羅漢果第十地菩薩是　仏是大乘羅漢果但十地与仏地同住究竟故得羅漢果名

四位　一者願樂位謂地前四十心菩薩惣名願樂位但以此智知見法身未以證知見真如心求欲見名願樂位十信菩薩猶受三界分段生死久學生空觀對治闡提不信鄣斷四住地煩惱盡分段生死果報亡方入十解十解菩薩生空觀成就對治外道著我鄣十行菩薩久作法空觀修自利利他行對治聲聞自利鄣十迴向菩薩作法空觀成起大悲願力乘刑六道教化衆生對治獨覺自愛鄣此地前世菩對治四種鄣但除正使未治習氣十地菩薩始斷習氣斷習次第於十地名下已錄　二者見位為得入初地見本身中真如仏性故名見位　三者脩位從二地至七地名脩位猶有功用而脩其行　四究竟位從八地至十地名究竟作不假功用其心運運進至仏果

因果品法門名義第六

三行　一者善行人天福業是　二者不善行三塗罪業是　三者不動行色界无色界地等是

三業　一者白業人天是　二者黑業四趣是　三者不白不黑无漏法是

四報　一者現報現世作善作惡現世得報　二者生報此生作善作惡來生得報　三者後報或過去无量生中作善作惡今生受報或今生作善作惡或於未來无量生中方受其報　四者不定緣則不定三時

二報　一者依報各各共相即身外之果如國土善惡好丑等是　二者正報各各自相即身上之果如形容醜等是

十回　一者通說因謂諸法名想言說是　二者以有因如以三有故有死作以有是故有趣行以有飢渴故求飲食如此之類是　三者種殖因種諸種子是　四者攝因如水土潤澤是　五者生因謂種子生於芽是　六者長因芽莖相續乃至成熟　七自種因謂種子各各子生是　八者共事因謂有種種一種因共成一事名為共事因　九者相違因障㝵於生名相違　十不相違因謂不障㝵者

四緣　一者緣親生名因能因辦緣故名因緣　二次第緣謂後心是前心次第与次第法為緣故名次第緣　三者緣緣謂六識能緣六塵名之為緣六塵与彼緣法作緣故曰緣緣　四者增上緣謂六根等法生識中強名為增上用增上法為緣故名增上緣

十二因緣　一者无明謂於緣不了名為无明　二者行以无明故發生造作名之為行无明緣行此二種是過去二因世行者生死業也　三者行緣識謂以有行業發生現在識神初受性之時名之為識　四者識緣名色謂以有受生之識故發起名色名色者五陰也受想行識四陰為名色之一陰罪名為色受等四陰惣為名者以心道真隱无形可見但可鄣其名字故謂之名此謂在胎之時六根未用五陰初具故云名色　五者名色緣六入謂由名色故發生六入六入者六根也通生識道故名為入此謂出胎在外六根開顯時也　六者六入緣觸謂由六入故發生於觸根塵識等三事和合觸對前境名之為觸　七者觸緣受謂由觸境故發生受於境領納名為受也　此前五種是現在五果　八者受緣愛謂由納故發生於愛於緣起染名為愛也　此是在現第回　九者愛緣取謂

為識四者識緣名色謂以有受生之識故發起名色名色者五陰也受想行識四陰為名色之一陰累名為色
受等四陰惣為名者以心道冥隱无形可見但可郭其名字故謂之名也謂在胎之時六根未
周五陰初具故名名色 五者名色緣六入謂由名色既發生六入者六根也通生識道故名為入也謂
出胎在外六根開顯時也 六者六入緣觸謂由六入故發生於觸根塵識等三事和合觸對
前境名之為觸 七者觸緣受謂由觸境故發生受於境領納名為受也 也前五種是現在五果
八者受緣愛謂由納故發生於愛於緣起染名為愛也 也是在現第一回 九者愛緣取謂
由染愛故發生於取於緣深入有所執蔵故名為取 也是現在第二回 十者取緣有謂由取著故
發起於有身口造作能招來有以果酬回故名有也 也是現在第三回也 十一者有緣生謂由現在起
有令未來受生於法始起名之為生 十二者生緣老死謂由有生故起於老死是老死之緣故云生緣
老死餘皆類此生与老死是未來二報
夫十二回緣者生死繫縛之因緣必須滅也因緣乃得免於生死故經云无明滅則行滅乃至生滅
則老死滅等若三世分之過去二種中間有八未來有二過去唯因未來唯果中間現在有
回有果所以然者既有二回故以五果往酬未來二果故須三因往熟也

世界品法門名義第七

三世 一者過去世 二者現在世 三者未來世

三界 一欲界如從地獄上至六天皆有六欲之情通名欲界 二者色界惣有四禪共一十八天初禪已
上无有女形禪名清淨名為色界非是散善所感要脩禪定得生其中 三者无色界
謂有過去衆生猒色脩空三昧得生其中无有身形但有四心故曰无色界不得聞法名
曰難處

三界共廿八天 且三界不同天有多少故須次第一一別明初弁欲界六天次明色界四禪共有十八
後解无色界四天 初弁欲界六天者一四天王天去地一百六十八万里依須
弥山半腹而住四天王居中彼天一日一夜當人間五十年以此日為數壽命五百歲脩中之下品
十善得生其中 二忉利天去地三天在須弥山頂名帝釋宮号憍尸迦主四天王及人鬼諸
畜等其中一日一夜當人中百年壽一千歲行欲事与人同但化生為異脩中之中品十善得生
其中 三者須夜摩天去時天以寶為地一日一夜當人間二百年壽二千歲若有欲心相抱而
已脩中之上品十善得生其中 四兜率陀天去知足自下諸天多有放逸自上諸天多諸闇鈍
唯此天中无上二事故名知足當有一生菩於中說法是以智慧衆生皆願往生百歲當人
中四百年壽四千歲若欲心時執手而已脩上之下品十善兼發願行慈 五者化樂天自以神力
化作五欲境界於中受樂故名化樂一日一夜當人中八百年壽八千歲欲心轉微但視多聽聲
而已脩上之中品十善則生彼中天 六他化自在天謂他化作五欲此天於中受樂也天化作五欲彼
天受樂此是欲界最上彼有自在与仏争權故稱魔王一日一夜當人中一千六百年壽一万六千
歲但有欲心脩上之上品十善得生也天此六天有男女差別名為欲界又始從地獄上至六天
皆有六欲之情通名為界 次明色界四禪共有十八者四禪不同別有別者 初禪三天梵
天從此已上无有女形身色清淨故名色界非是散善所能感也要脩禪定得生其中離於
染欲故稱梵天身長半由旬者卅里也壽命半劫 二梵衆天身長一由旬壽命一劫脩中品初禪
三大梵天身長一由旬半脩上品初禪 以去中間禪 二禪三天者一少光天身長二由旬壽命二劫脩
下品二禪 二无量光天長四由旬壽命四劫脩中品二禪 三光音天身長八由旬壽命八劫脩上品二
禪 三禪三天者一少淨天身長十六由旬壽命十六劫脩下品三禪 二无量淨天身長卅二由旬壽命
卅二劫脩中品三禪 三遍淨天身長六十四由旬壽命六十四劫脩上品三禪 四禪九天 一福生天身
長百廿五由旬壽百廿五劫脩下品禪 二福愛天身長二百五十由旬壽二百五十劫脩中品
四禪 三廣果天身長百由旬壽命五百劫脩上品四禪 四无想天身量壽命与廣果諸
天同但以別脩无心定也是外道天 此天是凡夫後五天是阿那含人依第四禪脩五品熏福禪生後名五淨居

禪三禪三天者一少淨天身長十六由旬壽命十六劫脩下品三禪二无量淨天身長卅二由旬壽命
卅二劫脩中品三禪三遍淨天身長六十四由旬壽命六十四劫脩上品三禪四禪九天一福生天身
長百廿五由旬壽百廿五劫脩下品禪二福愛天身長二百五十由旬壽二百五十劫脩中品
四禪三廣果天身長五百由旬壽命五百劫脩上品四禪四无想天身量壽命与廣果諸
天同但以別脩无心定生是外道天 此四天是凡夫後五天是阿那含人依第四禪脩五品熏禪生後名五淨居
五无煩天五淨之初身長一千由旬壽命一千劫脩下品熏禪六无熱天身長二千由旬壽二千劫脩中
品熏禪七善見天身長四千由旬壽四千劫脩上品熏禪八善現天身長八千由旬壽八千劫脩
上之中品熏禪九色究竟天亦名摩醯首羅天此云大自在天亦名无小身長万六千由旬
壽一万六千劫脩上之上品熏禪 後解无色界四天者一空處天亦衆生時厭色等脩无邊虛
空則生其中无有身形唯有四心壽命二万劫不得聞法名為難處 二識處天亦衆生厭无
邊虛空是外事麁法故捨虛空定唯緣无邊識心成識處定便生此天壽四万劫 三不用
處天復厭无无邊識處定但觀一識以捨多識故曰不用以无多識亦名无所有處壽六
万劫 四想非非想處天復厭一識猶是其想採此一識名為非想凡夫介時謂心都盡名為
涅槃聖者以理窠之但无麁想猶有細想且是四心是以更施後句情理合說故曰非想非非想天
壽命八万大劫此三界中最上名曰有頂亦名第一有

廿五有

四惡趣四 四天下 共八 六欲天 十四 梵天 十五 无想天 十六 五淨居 十七 四禪天 廿一 无色界四天 共廿五

二世間

一者衆生謂衆生種類是 二者器謂國土山河等是

四天下

一者東弗婆提人壽五百歲 二者南贍部人壽一百廿五歲 三西拘耶尼人壽命二百五十歲
四北鬱單越人壽千歲无夭者聖人不生其中名為難處

五濁

一者命濁壽命短促 二者衆生濁謂衆生善惡 三者煩惱濁謂貪嗔癡 四者見濁
謂耶見轉生 五者劫濁謂飢饉疾病刀兵等

八難

一地獄 二者畜生 三者餓鬼 四北鬱單 五長壽天 六仏前仏後 七盲聾瘖瘂 八世智辯聡
生善處對治五難謂三塗及鬱單越長壽天等值善人對治仏前仏後難發宿願對治世智
辯聡難值善根對治盲聾瘖瘂

六道者

一者地獄々之名閻含多類就要而言略明八種一者阿鼻此云无間在極下處謂大海
大地之下其獄四門々々外各有四小獄以為眷屬共有十六小地獄其中衆生受極重苦
一日夜万死万生壽命一劫作五逆業則生其中 二者大熱 三者炎熱 四者大叫 五者號叫 六者衆合
七者黑繩 八者等活次第而上万至地上々々眷屬与前不殊即八大獄地并其眷屬共有一百卅
六獄此頭八熱其八寒者准亦知之名為正獄其餘地獄或在人中或在諸山之上或在大海邊或在
鐵圍山間或在虛空中名為邊地獄作上品十惡則生其中 二者畜生此諸衆生果報卑下
不得自在隨人受用為之資給以重而稱為人之所養長故曰畜生或在地下水中虛空人中天
上万至六欲天皆悉參居壽命長者一劫其餘不定作中品十惡而生其中 三者餓鬼此諸
衆生飢餓者多其中亦有果報勝者供給諸天中間者与人參居或為衛護或為積宮壽命
長者一劫作下品十惡則生其中 四者阿脩羅此云不飲酒神此神有大神通道力鼓前三名為
三塗兼此名為四趣若說五道則攝脩羅入鬼道中名大力鬼住大海邊壽命一劫脩下品善業但植
多諂曲雜業果報則生其中 五者人道在四天王之下居須彌山四城住世須彌山在大海之中高三
百卅六万里其山南面名閻浮提其地縱廣廿八万里所居地形上廣下狹人稟地氣人面亦如其地身
長八尺脩下品五戒得生其中 山東名弗婆提其地縱廣卅二万里形如半月人面亦如身長丈六
脩中品五戒則生其中 山西名瞿耶尼其地縱廣卅六万里地形如滿月人面亦然身長三丈二尺脩
上品五戒得生其中 山北名鬱單越其地縱廣卌万里地形正方面亦如之身長六丈四尺脩上品五
戒別脩无我所善謂作業時散離田宅不著彼我於己物如他物得生其中 此四天下有四

多海四雜業果報則生其中五者人道在四天王之下居須弥山四城住也須弥山在大海之中高三
百卅六万里其山南面名閻浮提其地縱廣廿八万里所居地形上廣下狹人稟地氣人面亦如其人身
長八尺俻下品五戒得生其中 山東名弗婆提其地縱廣卅二万里形如半月人面亦如身長丈六
俻中品五戒則生其中山西名瞿耶尼其地縱廣卅六万里地形如滿月人面亦然身長三丈二尺俻
上品五戒得生其中山北名鬱單越其地縱廣卌万里地形正方面亦如之身長六丈四尺俻上品五
戒別俻无我所善謂作業時散離田宅不著彼我於己物如他物得生其中 七四天下有四
大海外有鐵圍山其山高六百七十二万里尊亦如之從閻浮提水際至鐵圍山有十六國土
皆在海閻洲渚之上餘三天下准亦如之人有二種一受果報二起方便若據果報上下因緣
生鬱單越至下回緣生閻浮提若據方便上下因緣生閻浮提須仏聞法至下回緣生鬱
單越名為難處 六者天道即廿八天是前三界天中且說

四趣

一者地獄二者餓鬼三者畜生四者阿脩羅六趣中明

三千大千世界

一須弥山一四天下〻從地獄上至非想非非想天七為一段三界眾生如是次第有
千須弥山千四天下乃至千 非想非非想天有一大鐵圍山遶之名為小千世界即
以小千鐵圍為數至千復數有一大鐵圍山遶之名為中千世界亦名二千即以中千為數〻之至
千復有大鐵圍山遶之名為三千大千世界其諸鐵圍山次第倍高初一四天下鐵圍倍高須
弥小千鐵圍倍高於初次中千鐵圍倍高小千次三千鐵圍最為高大与色界等一切眾生
在此四重鐵圍之中流轉生死不能得出名為牢獄其等一段眾生善惡万差苦樂雜糅故名
娑婆世界釋迦如來於中施化令得出世為名亦名仏世界猶如西方无量壽國十方无量
无邊盡虛空法界皆亦如是然其中多少不同或以恒沙寺大千世界為一仏土或復清淨
无三惡道

大乘法門名義集一卷

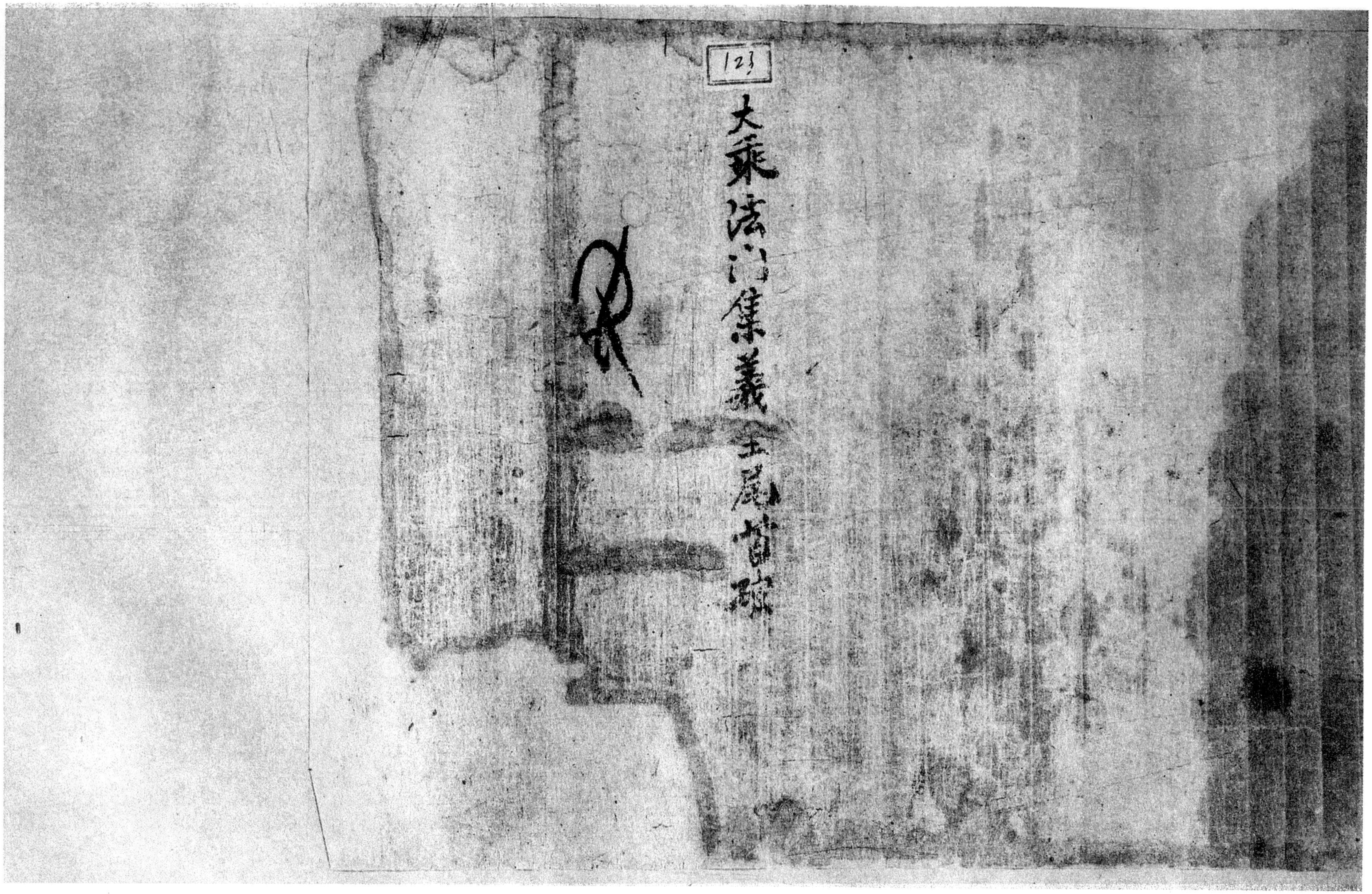

BD15386號背　勘記　（2–1）

BD15386號背　勘記　（2–2）

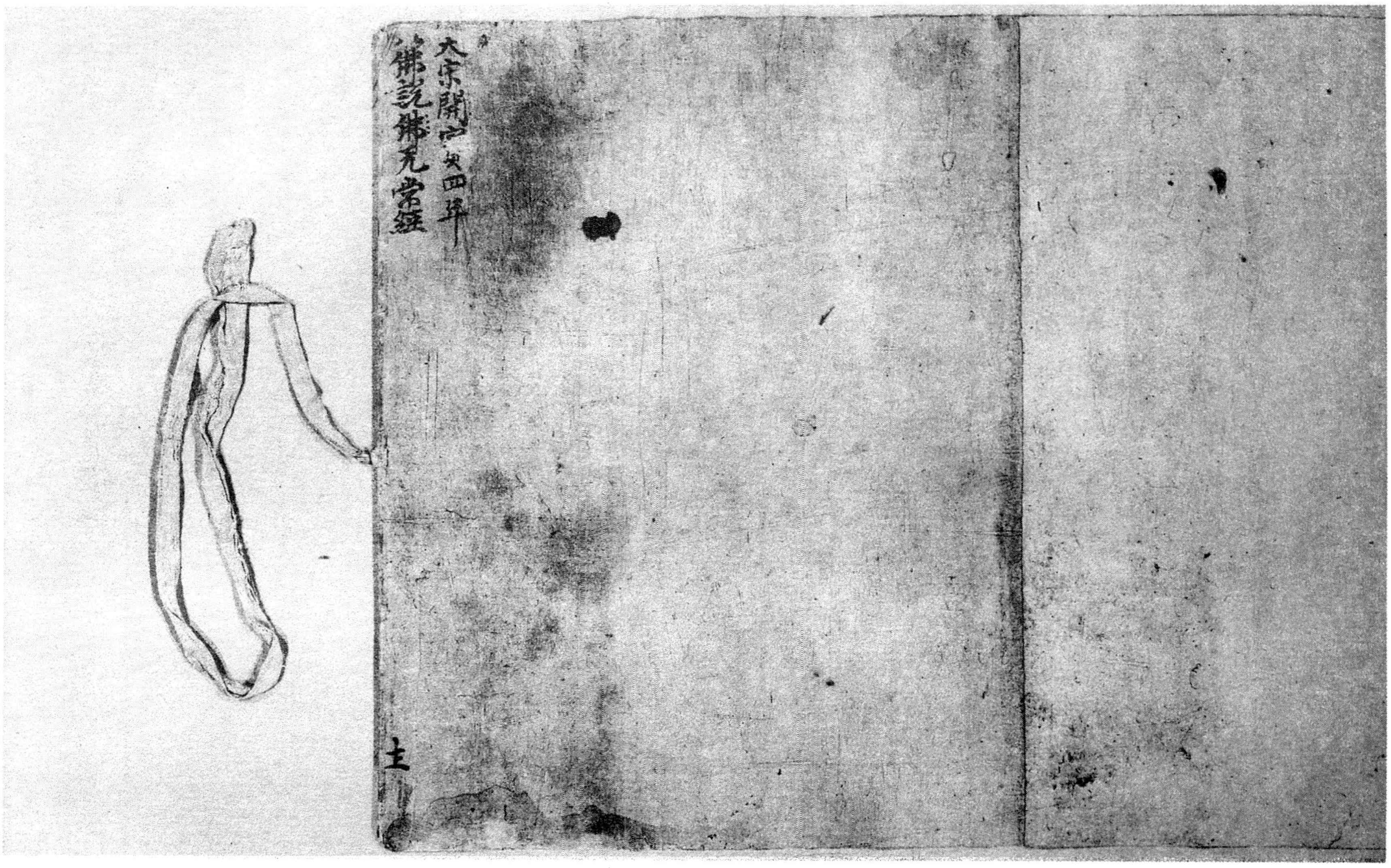

大宋開寶四年
佛說佛无常經

BD15387 號背　護首　　（1–1）

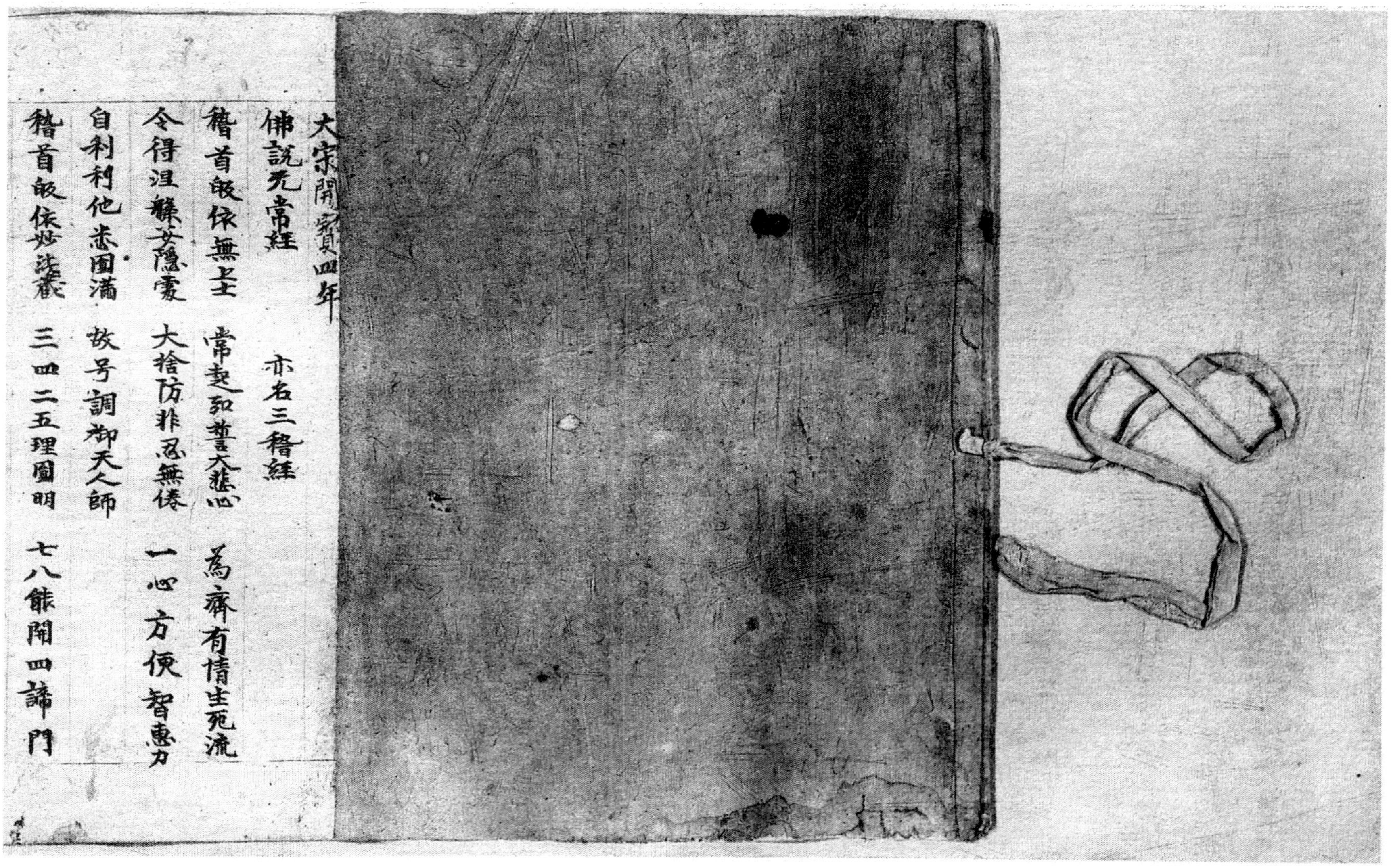

大宋開寶四年
佛說无常經　亦名三稽經
稽首皈依無上士　常起弘誓大悲心　為濟有情生死流
令得涅槃安隱處　大捨防非忍無倦　一心方便智惠力
自利利他悉圓滿　故号調御天人師
稽首皈依妙法藏　三四二五理圓明　七八能開四諦門

BD15387 號　無常經　　（4–1）

稽首皈依無上士　常起弘誓大悲心　為濟有情生死流
令得涅槃安隱處　大捨防非忍無倦　一心方便智惠力
自利利他悉圓滿　故号調御天人師
稽首皈依妙法藏　三四二五理圓明　七八能開四諦門
修者咸到無為岸　法雲法雨潤群生　能除熱惱蠲衆病
難化之徒使調順　隨機引導非強力
稽首皈依真聖衆　八輩上人能離染　金剛智杵破邪山
永斷無始相纏縛　始從鹿菀至雙林　隨佛一代弘真教
各稱本緣行化已　灰身滅智證无生
稽首摠敬三寶尊　是謂正因能普濟　生死迷愚鎮沉溺
咸令出離證菩提
生者皆歸死　容顏盡變衰　強力病所侵　无能免斯者
假使妙高山　劫盡皆壞散　大海深无底　亦復皆枯竭
大地及日月　時至皆歸盡　未曾有一事　不被无常吞
上至非想處　下至轉輪王　七寶鎮隨身　千子常圍遶
如其壽命盡　須臾不暫停　還漂死海中　隨緣受衆苦
巡環三界內　猶如急井輪　亦如蠶作繭　吐絲還自縛
無上諸世尊　獨覺聲聞衆　尚捨无常身　何況諸凡夫
父母及妻子　兄弟并眷屬　目覩生死隔　云何不愁歎
是故勸諸人　諦聽真實法　共捨无常處　當行不死門
佛教如甘露　除熱得清涼　一心應善聽　能滅諸煩惱
如是我聞　一時薄伽梵在室羅伐城住逝多
林給孤獨園　尒時佛告諸苾芻衆有三種法

BD15387 號　無常經

(4–2)

如是我聞一時薄伽梵在室羅伐城住逝多
林給孤獨園尒時佛告諸苾芻衆有三種法
於諸世間是不可愛是不光澤是不可念是
不稱意何者為三謂老病死汝諸苾芻此老
病死世間無者如來應正等覺不出於世
為諸衆生說所正法及調伏事是故應知
此老病死於諸世間實不可愛實不光澤
實不可念實不稱意由此三事如來應正
等覺出現於世為諸衆生說所正法及調
伏事尒時世尊重說頌曰
外事莊彩咸歸壞　內身衰變亦同然　唯有聖法不滅亡
諸有智人應善察　此老病死皆共嫌　形儀醜惡極可厭
少年容皃暫時間　不久咸悉成枯悴　假使壽命滿百年
終歸不免无常逼　老病死苦常隨逐　恒與衆生作無利
尒時世尊說是經已諸苾芻衆一切世間
天龍藥叉乾闥婆阿蘇洛等聞佛所說皆
大歡喜信受奉行
常求諸欲境　不行於善是　云何保形命　不覺死來侵
命根氣欲盡　支節悉分離　衆苦與死俱　此時徒歎恨
兩目俱翻上　死刀隨業下　意想並慞惶　无能相救濟
長喘連胸急　噎氣喉中乾　死王催伺命　親屬徒相守
諸識皆昏昧　行入險城中　親知咸棄捨　任彼繩牽去
將至琰魔王　隨業而受報　聖因生善道　惡業墮泥犁

BD15387 號　無常經

(4–3)

長喘連胸急 短氣喉中乾 死王催伺命 親屬徒相守
諸識皆昏昧 行入險城中 親知咸棄捨 任彼繩牽去
將至琰魔王 隨業而受報 勝因生善道 惡業墮泥犁
明眼无過慧 黑闇不過癡 病不越怨家 大怖无過死
有生皆必死 造罪苦切身 當勤策三業 恒修於福智
眷屬皆捨去 財貨任他將 但持自善根 險道充粮食
譬如路傍樹 暫息非久停 車馬及妻兒 不久皆如是
譬如群宿鳥 夜聚旦隨飛 死去別親知 乖離亦如是
唯有佛菩提 是真歸仗處 依經我略說 智者善應思
天阿蘇羅藥叉等 來聽法者應志心 擁護佛法使長存
各各勤行世尊教 諸有聽徒來至此 或在地上或居空
常於人世起慈心 晝夜自身依法住 願諸世界常安樂
無邊福智益群生 所有罪障並消除 遠離眾苦歸圓寂
恒用戒香塗瑩體 常持定服以資身 菩提妙花遍莊嚴
隨所住處常安樂
佛說无常經一卷
大宋開寶四年歲此隨年无常三稱經四十卷施主奉 宣往西天取
經僧永進兼補得此經因為病重發願書寫先奉皇王万歲 郡主千秋
國泰人安府豐歲稔然後夫人貴壽福樂百年從宅內僧俗並皆榮業
法界有情同登彼岸

淨土寺藏經

BD15387號　無常經　　(4–4)

諸比丘眾 今告汝等 皆當一心 聽我所說
我大弟子 須菩提者 當得作佛 号曰名相
當供无數 万億諸佛 隨佛所行 漸具大道
最後身得 三十二相 端正殊妙 猶如寶山
其佛國土 嚴淨第一 眾生見者 无不愛樂
佛於其中 度无量眾 其佛法中 多諸菩薩
皆悉利根 轉不退輪 彼國常以 菩薩莊嚴
諸聲聞眾 不可稱數 皆得三明 具六神通
住八解脫 有大威德 其佛說法 現於无量
神通變化 不可思議 諸天人民 數如恒沙
皆共合掌 聽受佛語 其佛當壽 十二小劫
正法住世 二十小劫 像法亦住 二十小劫
尒時世尊復告諸比丘眾我今語汝是大迦
旃延於當來世以諸供具供養奉事八千億
佛恭敬尊重諸佛滅後各起塔廟高千由旬
縱廣正等五百由旬以金銀琉璃車𤦲馬瑙
真珠玫瑰七寶合成眾華瓔珞塗香末香燒
香繒蓋幢幡供養塔廟過是已後當復供養
二万億佛亦復如是供養是諸佛已具菩薩

BD15388號　妙法蓮華經卷三　　(4–1)

旃延於當來世以諸供具供養奉事八千億
佛恭敬尊重諸佛滅後各起塔廟高千由旬
縱廣正等五百由旬以金銀琉璃車璖馬瑙
真珠玫瑰七寶合成眾華瓔珞塗香末香燒
香繒蓋幢幡供養塔廟過是已後當復供養
二万億佛亦復如是供養是諸佛已具菩薩
道當得作佛号曰閻浮那提金光如來應供
正遍知明行足善逝世間解无上士調御丈
夫天人師佛世尊其土平正頗梨為地寶樹
莊嚴黃金為繩以界道側妙華覆地周遍清
淨見者歡喜无四惡道地獄餓鬼畜生阿脩
羅道多有天人諸聲聞眾及諸菩薩无量万
億莊嚴其國佛壽十二小劫正法住世二十
小劫像法亦住二十小劫尒時世尊欲重宣
此義而說偈言
諸比丘眾　皆一心聽　如我所說　真實无異
是迦旃延　當以種種　妙好供具　供養諸佛
諸佛滅後　起七寶塔　亦以華香　供養舍利
其最後身　得佛智慧　成等正覺　國土清淨
度脫无量　万億眾生　皆為十方　之所供養
佛之光明　无能勝者　其佛号曰　閻浮金光
菩薩聲聞　斷一切有　无量无數　莊嚴其國
尒時世尊復告大眾我今語汝是大目揵連
當以種種供具供養八千諸佛恭敬尊重諸
佛滅後各起塔廟高千由旬縱廣正等五百
由旬以銀琉璃車璖馬瑙真珠玫瑰七寶合
成眾華瓔珞塗香末香燒香繒蓋幢幡以
用供養

BD15388號　妙法蓮華經卷三　（4–2）

尒時世尊復告大眾我今語汝是大目揵連
當以種種供具供養八千諸佛恭敬尊重諸
佛滅後各起塔廟高千由旬縱廣正等五百
由旬以銀琉璃車璖馬瑙真珠玫瑰七寶合
成眾華瓔珞塗香末香燒香繒蓋幢幡以
用供養過是已後當復供養二百万億諸佛
亦復如是當得成佛号曰多摩羅跋栴檀香
如來應供正遍知明行足善逝世間解无上
士調御丈夫天人師佛世尊劫名喜滿國名
意樂其土平正頗梨為地寶樹莊嚴散真珠
華周遍清淨見者歡喜多諸天人菩薩聲聞
其數无量佛壽二十四小劫正法住世四十
小劫像法亦住四十小劫尒時世尊欲重宣此
義而說偈言
我此弟子　大目揵連　捨是身已　當見八千
二百万億　諸佛世尊　為佛道故　供養恭敬
於諸佛所　常脩梵行　於无量劫　奉持佛法
諸佛滅後　起七寶塔　長表金剎　華香伎樂
而以供養　諸佛塔廟　漸漸具足　菩薩道已
於意樂國　而得作佛　号多摩羅　栴檀之香
其佛壽命　二十四劫　常為天人　演說佛法
聲聞无量　如恒河沙　三明六通　有大威德
菩薩无數　志固精進　於佛智慧　皆不退轉
佛滅度後　正法當住　四十小劫　像法亦尒
我諸弟子　威德具足　其數五百　皆當授記
於未來世　咸得成佛　我及汝等　宿世因緣

BD15388號　妙法蓮華經卷三　（4–3）

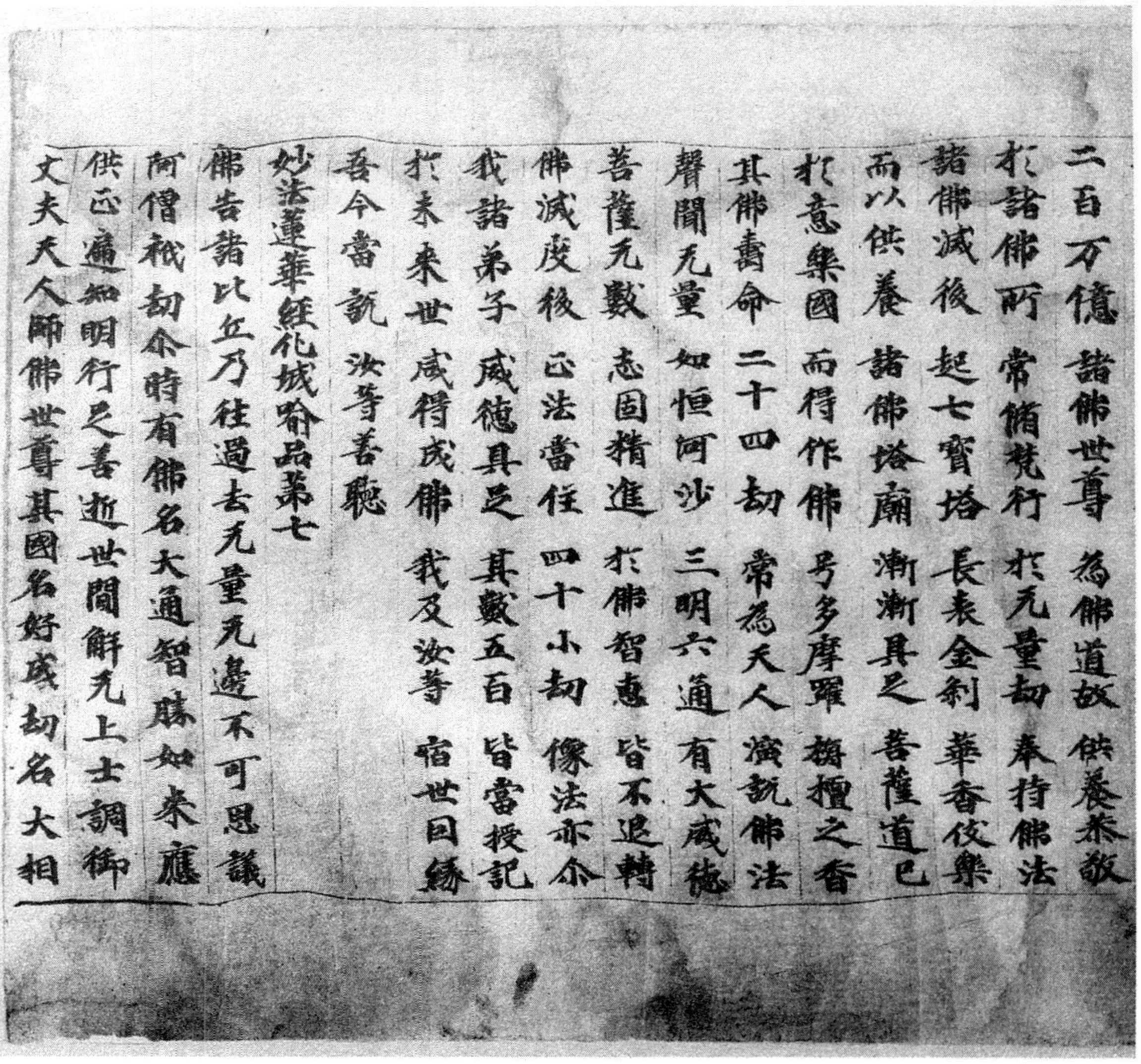

二百万億　諸佛世尊　為佛道故　供養恭敬
於諸佛所　常脩梵行　於无量劫　奉持佛法
諸佛滅後　起七寶塔　長表金刹　華香伎樂
而以供養　諸佛塔廟　漸漸具足　菩薩道已
於意樂國　而得作佛　号多摩羅　栴檀之香
其佛壽命　二十四劫　常為天人　演說佛法
聲聞无量　如恒河沙　三明六通　有大威德
菩薩无數　志固精進　於佛智慧　皆不退轉
佛滅度後　正法當住　四十小劫　像法亦尒
我諸弟子　威德具足　其數五百　皆當授記
於未來世　咸得成佛　我及汝等　宿世因緣
吾今當說　汝等善聽

妙法蓮華經化城喻品第七

佛告諸比丘乃往過去无量无邊不可思議
阿僧祇劫尒時有佛名大通智勝如來應
供正遍知明行足善逝世間解无上士調御
丈夫天人師佛世尊其國名好成劫名大相

BD15388 號　妙法蓮華經卷三　（4–4）

BD15389 號背　護首　（1–1）

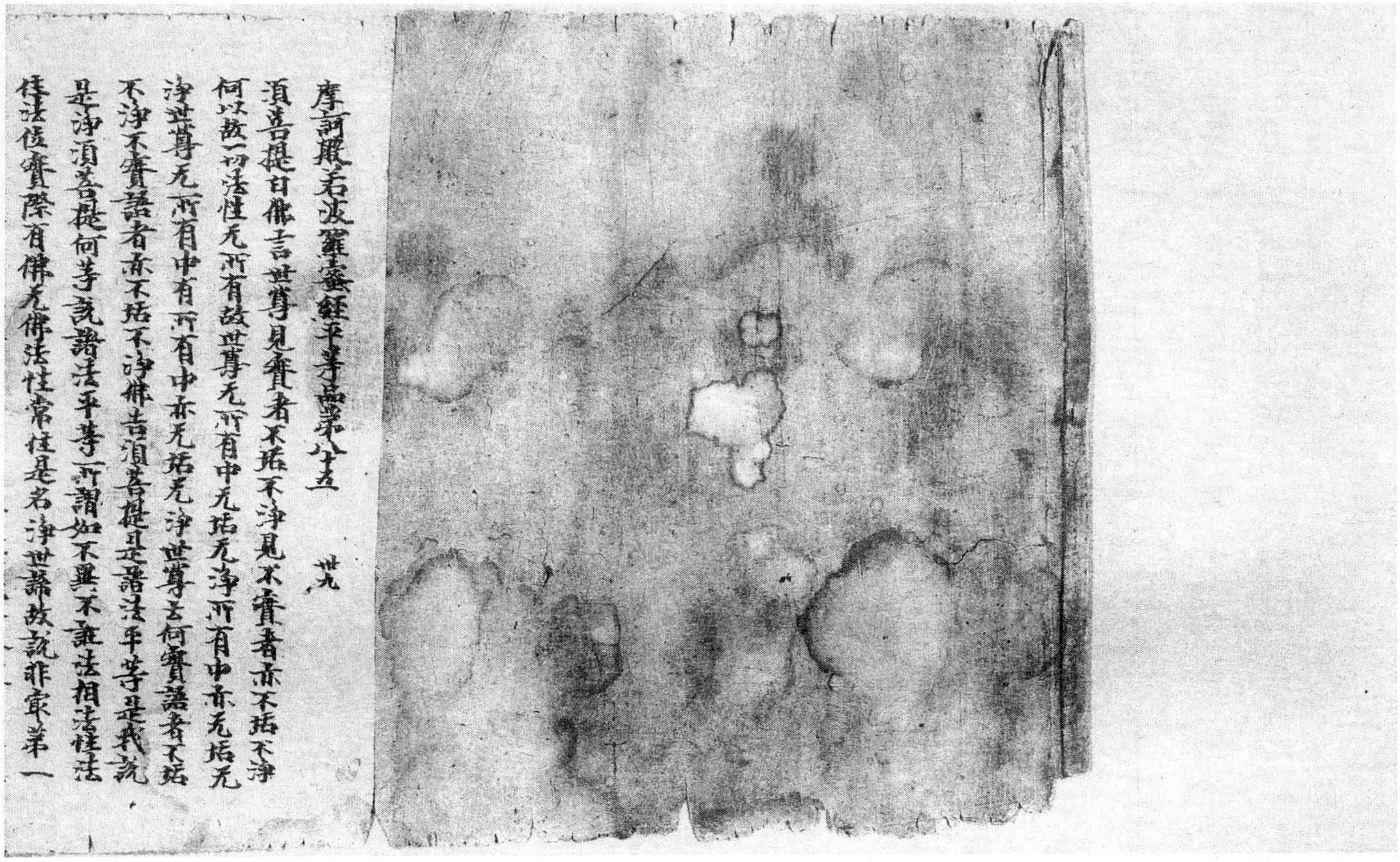

摩訶般若波羅蜜經平等品第八十五　卅九
須菩提白佛言世尊見實者不垢不淨見不實者亦不垢不淨
何以故一切法性无所有故世尊无所有中无垢无淨所有中亦无垢无
淨世尊无所有中有所有中亦无垢无淨世尊云何實語者不垢
不淨不實語者亦不垢不淨佛告須菩提是諸法平等是我說
是淨須菩提何等說諸法平等所謂如不異不誑法相法性法
住法位實際有佛无佛法性常住是名淨世諦故說非第一

BD15389 號　摩訶般若波羅蜜經（四十卷本異卷）卷三九　（13–1）

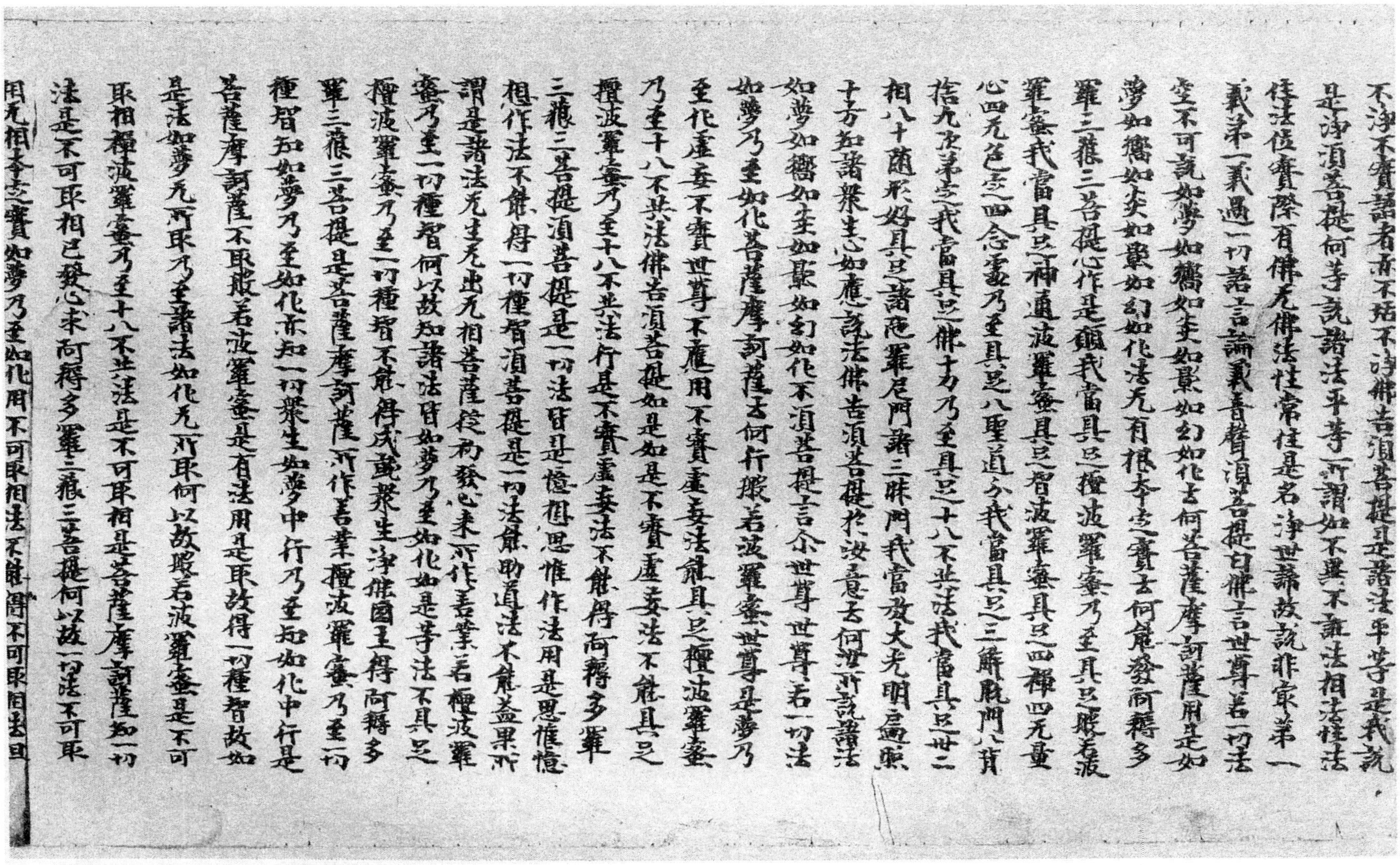

不淨不實語者亦不垢不淨佛告須菩提是諸法平等是我說
是淨須菩提何等說諸法平等所謂如不異不誑法相法性法
住法位實際有佛无佛法性常住是名淨世諦故說非第一
義第一義過一切語言論議音聲須菩提白佛言世尊若一切法
空不可說如夢如響如影如幻如化云何菩薩摩訶薩用是如
夢如響如影如幻如化法无有根本定實云何能發阿耨多
羅三藐三菩提心作是願我當具足檀波羅蜜乃至具足般若波
羅蜜我當具足神通波羅蜜具足智波羅蜜具足四禪四无量
心四无色定四念處乃至具足八聖道分我當具足三解脫門八背
捨九次第定我當具足佛十力乃至具足十八不共法我當具足卅二
相八十隨形好具足諸陀羅尼門諸三昧門我當放大光明遍照
十方知諸衆生心如應說法佛告須菩提於汝意云何汝所說諸法
如夢如響如影如幻如化不須菩提言介世尊世尊若一切法
如夢乃至如化菩薩摩訶薩云何行般若波羅蜜世尊是夢乃
至化虛妄不實世尊不應用不實虛妄法能具足檀波羅蜜
乃至十八不共法佛告須菩提如是如是不實虛妄法不能具足
檀波羅蜜乃至十八不共法行是不實虛妄法不能得阿耨多羅
三藐三菩提須菩提是一切法皆是憶想思惟作法用是思惟憶
想作法不能得一切種智須菩提是一切法能助道法不能益果所
謂是諸法无生无出无相菩薩從初發心來所作善業若檀波羅
蜜乃至一切種智何以故知諸法皆如夢乃至如化如是等法不具足
檀波羅蜜乃至一切種智不能得成就衆生淨佛國土得阿耨多
羅三藐三菩提是菩薩摩訶薩所作善業檀波羅蜜乃至一切
種智知如夢乃至如化亦知一切衆生如夢中行乃至知如化中行是
菩薩摩訶薩不取般若波羅蜜是有法用是取故得一切種智故如
是法如夢无所取乃至諸法如化无所取何以故般若波羅蜜是不可
取相禪波羅蜜乃至十八不共法是不可取相是菩薩摩訶薩知一切
法是不可取相已發心求阿耨多羅三藐三菩提何以故一切法不可取
相无相本定實如夢乃至如化用不可取相法不能得不可取相法

BD15389 號　摩訶般若波羅蜜經（四十卷本異卷）卷三九　（13–2）

是法如夢无所取乃至諸法如化无所取何以故般若波羅蜜是不可
取相禪波羅蜜乃至十八不共法是不可取相是菩薩摩訶薩知一切
法是不可取相已發心求阿耨多羅三藐三菩提何以故一切法不可取
相无相本空之實如夢乃至如化用不可取相法不能得不可取相法但
以衆生不知不見如是諸法相是菩薩摩訶薩爲是衆生故求阿
耨多羅三藐三菩提是菩薩從初發意已來所有布施爲一切衆
生故乃至有所脩智慧皆爲一切衆生不爲已身菩薩摩訶薩
不爲餘事故求阿耨多羅三藐三菩提但爲一切衆生故是菩
薩行般若波羅蜜時見衆生无衆生但衆生相中住乃至无知者
无見者知見性中住令衆生遠離顛倒遠離已置甘露性中住
是中无有妄相所謂衆生相乃至知者見者相是時菩薩動心
念心戲論心皆捨常行不動心不念心不戲論心須菩提以是方
便力故菩薩摩訶薩行般若波羅蜜時自无所著亦教一切
衆生令得无所著世諦故非第一義須菩提白佛言世尊世尊
得阿耨多羅三藐三菩提時得諸佛法以世諦故得以第一義
中得佛言以世諦故說佛得是法是法中是法中无有法可
得是人得是法何以故是人得是法是爲大有所得用二法无
道无果須菩提白佛言世尊若行二法无道无果行二法有道
有果不佛言行二法无道无果行不二法亦无道无果若无二法
无不二法即是道即是果何以故用如是法得道得果用是法
不得道不得果是爲戲論諸平等法中无有戲論无戲論
相是諸法平等須菩提白佛言世尊諸法有所性是中何
等是平等佛言若无有法无有无法亦不說諸法平等相
除平等更无餘法離一切法平等相平等者若凡夫若聖人
不能行不能到須菩提白佛言世尊乃至佛亦不能行亦不能到
佛言是諸法平等一切聖人皆不能行不能到所謂諸須陁洹斯
陁含阿那含阿羅漢辟支佛諸菩薩摩訶薩及諸佛須菩
提白佛言世尊佛者一切諸法中行力自在云何說佛亦不能行亦

BD15389 號　摩訶般若波羅蜜經（四十卷本異卷）卷三九　（13–3）

不能行不能到須菩提白佛言世尊乃至佛亦不能行亦不能到
佛言是諸法平等一切聖人皆不能行不能到所謂諸須陁洹斯
陁含阿那含阿羅漢辟支佛諸菩薩摩訶薩及諸佛須菩
提白佛言世尊佛者一切諸法中行力自在云何說佛亦不能行亦
不能到佛告須菩提若諸法平等與佛有異應當如是問須
菩提今諸凡夫人平等諸須陁洹斯陁含阿那含阿羅漢辟支
佛諸菩薩摩訶薩諸佛及聖法皆平等是一平等无二所謂是
凡夫人是須陁洹乃至是佛是一切法等中皆不可得須菩提白佛言
世尊若諸法等中皆不可得是凡夫人乃至是佛世尊凡夫人須陁
洹乃至佛爲无有分別佛告須菩提如是如是諸法平等中无
有分別是凡夫人是須陁洹乃至是佛世尊若无分別諸凡夫人
須陁洹乃至佛云何分別有三寶現於世佛寶法寶僧寶佛言
於意云何佛寶法寶僧寶與諸法等異不須菩提白佛言如
我從佛所聞義佛寶法寶僧寶與諸法等无異世尊是佛寶
法寶僧寶即是平等是法皆不合不散无色无形无對一相所
謂无相佛有是力能分別无相諸法處所是凡夫人是須陁洹是
斯陁含是阿那含是阿羅漢是辟支佛是菩薩摩訶薩是諸佛
佛告須菩提如是如是諸佛得阿耨多羅三藐三菩提分別諸
法是地獄是餓鬼是畜生是人是天是四天王乃至是他化自
在天是梵天乃至是非有想非无想天處是四念處乃至八聖
道分是內空乃至是无法有法空是佛十力乃至是十八不共法
不須菩提言不知也世尊以是故須菩提當知佛有大恩力於諸
法等中不動而分別諸法須菩提白佛言世尊如佛於諸法等
中不動凡夫人於亦諸法平等中亦不動須陁洹乃至辟支佛亦
於諸法平等中亦不動世尊若諸法等相即是凡夫人相即是
須陁洹相乃至諸佛即是平等相世尊今諸法相各各相所謂色
相異受想行識相異眼相異耳鼻舌身意相異地相異水火風
空識相異欲相異瞋恚相異邪見相異禪相異无量心相異无色
定相異四念處相異乃至八聖道分相異檀波羅蜜相異乃至般

BD15389 號　摩訶般若波羅蜜經（四十卷本異卷）卷三九　（13–4）

相異受想行識相異眼相異耳鼻舌身意相異地相異水火風
空識相異欲相異瞋恚相異邪見相異禪相異无量心相異无色
定相異四念處相異乃至八聖道分相異檀波羅蜜相異乃至般
若波羅蜜相異解脫門相異十八空相異佛十力相異四无所畏
相異四无㝵智相異十八不共法相異有為法性異无為法性
異凡夫人相異乃至佛相異諸法各各相云何菩薩摩訶薩行
般若波羅蜜時諸法異相中不作分別若不作不分別不能行
般若波羅蜜若不行般若波羅蜜不能從一地至一地若不從一
地至一地不能入菩薩位不能入菩薩位故不能過聲聞辟支佛
地不能過聲聞辟支佛地故不能具足神通波羅蜜故不能
具足檀波羅蜜乃至不能具足般若波羅蜜從一佛國至一佛
國供養諸佛於諸佛所種善根用是善根能成就衆生淨佛
國土佛告須菩提如汝所問是諸法相亦是凡夫人亦是須陁
洹乃至佛世尊是諸法各各相所謂色相異乃至有為无為
法相異云何菩薩摩訶薩觀一切相不作分別須菩提於汝意云
何是色相空不乃至諸佛相空不世尊實空須菩提空中各各
相法可得不所謂色相乃至諸佛相須菩提言不可得佛言以是
因緣故當知諸法平等中非凡夫人亦不離凡夫人乃至非佛亦
不離佛須菩提白佛言世尊是平等為是有為法為是无為
法非无為法何以故離有為法无為法不可得離无為法有為
法不可得須菩提是有為性无為性是二法不合不散无色无形
无對一相所謂无相佛亦以世諦故說非以第一義何以故第一義中
无身行无口行无意行亦不離身口意行得第一義是諸有為法
无為法平等相即是第一義菩薩摩訶行般若波羅蜜時於第
一義中不動而行菩薩事饒益衆生
摩訶般若波羅蜜經化品第八十六
須菩提白佛言世尊若諸法平等无所為作云何菩薩摩訶薩
行般若波羅蜜經於平等法中不動而行菩薩事以布施愛語利

BD15389號　摩訶般若波羅蜜經（四十卷本異卷）卷三九　（13-5）

一義中不動而行菩薩事饒益衆生
摩訶般若波羅蜜經化品第八十六
須菩提白佛言世尊若諸法平等无所為作云何菩薩摩訶薩
行般若波羅蜜經於平等法中不動而行菩薩事以布施愛語利
益同事佛告須菩提如是如是如汝所言是諸法平等无所作若
是衆生自知諸法平等佛不用神力於諸法平等中不動而救出
衆生吾我想以空度六道生死乃至知者見者相度色相乃至識
相眼相乃至意相地種相乃至識種相遠離有為性相令得无
為性相无為性相即是空須菩提言世尊用何等空故一切法
性空佛言菩薩遠離一切法相用是空故一切法空須菩提於汝意
云何若有化人作化人是化頗有實事不空者不須菩提言不
也世尊是化人无有實事而不空是空及化人二事不合不散
以空空故空不應分別是空是化何以故是二事等空中不可
得所謂是空是化所以者何須菩提色即是化受想行識即
是化乃至一切種智即是化須菩提白佛言世尊若世間法是
化出世間法所謂四念處四正懃四如意足五根五力七覺分
八聖道分三解脫門佛十力四无所畏四无㝵智十八不共法并
諸法果及賢聖人所謂須陁洹斯陁含阿那含阿羅漢
辟支佛菩薩摩訶薩諸佛世尊是法亦是化不佛告須菩提
一切法皆是化於是法中有聲聞法變化有辟支佛法變化
菩薩摩訶薩法變化有諸佛法變化有煩惱法變化有業
因緣法變化以是因緣故須菩提一切法皆是變化須菩提白佛
言世尊是諸煩惱斷所謂須陁洹果斯陁含果阿那含果阿
羅漢果辟支佛道斷諸煩惱習斷皆是變化不佛告須菩提若
有法生滅相者皆是變化須菩提言世尊何等法非變化佛
言若法无生无滅是非變化須菩提言何等是不生不滅非
變化佛言无誑相涅槃是法非變化世尊如佛自說諸法平等
非聲聞作非辟支佛作非諸菩薩摩訶薩作非諸佛作有佛
无佛諸法性常空性空即是涅槃云何言涅槃一法非如化

BD15389號　摩訶般若波羅蜜經（四十卷本異卷）卷三九　（13-6）

變化佛言无衆相涅槃是法非變化世尊如佛自説諸法平等
非聲聞作非辟支佛作非諸菩薩摩訶薩作非諸佛作有佛
无佛諸法性常空性空即是涅槃云何言涅槃一法非如化佛
告須菩提如是諸法平等非聲聞所作乃至性空即是涅槃
若新發意菩薩聞是一切法皆畢竟性空乃至涅槃亦皆如
化心則驚怖爲是新發意菩薩故分別生滅者如化不生滅
者不如化須菩提白佛言世尊云何新發意菩薩令知是性
空佛告須菩提法本有今无耶

摩訶般若波羅蜜經薩陀波崙品第八十七

佛告須菩提菩薩摩訶薩求般若波羅蜜當應如薩陀波崙
菩薩摩訶薩是菩薩今在大雷音佛所行菩薩道須菩提白
佛言世尊薩陀波崙菩薩云何求般若波羅蜜佛言薩陀波
崙菩薩摩訶薩本求般若波羅蜜時不惜身命不求名利
於空閑林中聞空中聲言汝善男子從是東行莫念疲極
莫念睡眠莫念飲食莫念晝夜莫念寒熱莫念内外善男子
行時莫觀左右汝行時莫壞身相莫壞色相莫壞受想行識相何
以故若壞是諸相則於佛法有导若於佛法有导便往來五道生
死中亦不能得般若波羅蜜尒時薩陀波崙菩薩報空中言我
當從教何以故我欲爲一切衆生作大明欲集一切諸佛法欲得阿
耨多羅三藐三菩提故薩陀波崙菩薩復聞空中聲言善哉善
哉善男子汝於空无相无作之法應生信心以離相心求般若波
羅蜜離我相乃至離知者見者相當遠離惡知識當親近供
養善知識何等是善知識能説空无相无作无生无滅法及一切種
智令人心入歡喜信樂是爲善知識善男子汝若如是行不久當聞
般若波羅蜜若從經卷中聞若從菩薩所説聞善男子汝所聞
是般若波羅蜜處應生心如佛想善男子汝當知恩應作是念所
從聞是般若波羅蜜者即是我善知識我用聞是法故疾得不
退轉於阿耨多羅三藐三菩提親近諸佛常生有佛國中遠

般若波羅蜜若從經卷中聞若從菩薩所説聞善男子汝所聞
是般若波羅蜜處應生心如佛想善男子汝當知恩應作是念所
從聞是般若波羅蜜者即是我善知識我用聞是法故疾得不
退轉於阿耨多羅三藐三菩提親近諸佛常生有佛國中遠
離衆難得具足无難處善男子當思惟籌量是功德於所從
聞法處生心如佛想汝善男子莫以世利心故隨逐法師但爲愛
法恭敬法故隨逐説法菩薩尒時當覺知魔事若惡魔與説
法菩薩作五欲因緣假爲法故令受若説法菩薩入齋法門以
德力故受而无所染又以三事故受是五欲以方便力故欲令衆生種
善根故欲與衆生同其事故受汝於是中莫生汙心當起淨想
自念我未知遍和拘舍羅大師以方便法爲度衆生令得福德
故受是諸欲於智慧无著无导不爲欲染善男子即當觀諸
法實相諸法實相者所謂一切法不垢不淨何以故一切法自性空
无衆生无人无我一切法如幻如夢如響如影如炎如化善男子觀
是諸法實相已當隨法師汝不久當成就般若波羅蜜復次
善男子汝當復覺知魔事若説法菩薩見欲受般若波羅蜜
人意不存念汝不應起心怨恨汝但當以法故恭敬莫起厭懈息
意常應隨逐法師尒時薩陀波崙菩薩受是空中教已從
是東行不久復作是念我云何不問空中聲我當何處去去當
遠近當從誰聞般若波羅蜜是時即住啼哭憂愁作是念
我住是中過一日一夜若二三四五六七日七夜不念疲極乃至不
念飢渴寒熱不聞聽受般若波羅蜜因緣終不起也須菩提
譬如人有一子卒死憂愁苦毒唯懷懊惱不生餘念如是須菩提
薩陀波崙菩薩尒時无有異心但念我何時當得聞般若波羅
蜜我云何不問空中聲我應何處去去當遠近當從誰聞般
若波羅蜜須菩提薩陀波崙菩薩如是愁念時虚空中有佛語
薩陀波崙菩薩言善哉善哉善男子過去諸佛行菩薩道時
求般若波羅蜜亦如汝今日善男子汝以是懃精進愛樂法故從
從是東行去此五百由旬有城名衆香其城七重七寶莊嚴臺觀

薩陀波崙菩薩言善哉善哉善男子過去諸佛行菩薩道時
求般若波羅蜜亦如汝今日善男子汝以是勤精進愛樂法故從
從是東行去此五百由旬有城名眾香其城七重七寶莊嚴臺觀
欄楯皆以七寶校飾七寶之塹七寶行樹周匝七重其城縱廣十
二由旬豐樂安靜人民熾盛五百市里街巷相當端嚴如畫橋津
如地寬博清淨七重城上皆有七寶樓櫓寶樹行列以黃金白
銀車璖馬瑙珊瑚琉璃頗梨紅色真珠以為枝葉寶繩連綿
金為鈴網以覆城上風吹鈴聲其音和雅娛樂眾生譬如巧作五樂
甚可喜樂其城四邊流池清淨冷暖調適中有諸船七寶嚴飾
是諸眾生宿業所致乘此寶船娛樂遊戲諸池水中種種蓮華
青黃赤白眾雜好華遍覆水上是三千大千世界所有眾華皆在
其中其城四邊有五百園觀七寶莊嚴甚可愛樂一一園中各有
五百池池各縱廣十里皆以七寶校成雜色莊嚴諸池水中亦有青
黃赤白蓮華彌覆水上其諸蓮華大如車輪青色青光黃色黃
光赤色赤光白色白光諸池水中鳧鴈鴛鴦異類眾鳥音聲
相和是諸園觀適無所屬是諸眾生宿業所致長夜信樂深法
行般若波羅蜜因緣故受是果報善男子是眾香城中有大高
臺曇無竭菩薩摩訶薩宮舍在上其宮縱廣一由旬皆以七寶校
成雜色莊嚴甚可喜樂垣牆七重皆亦七寶欄楯七寶樓櫓寶
塹七重皆亦七寶周匝深塹七寶果城七重行樹七寶枝葉七重
圍遶其宮舍中有四種娛樂園一名常喜二名離憂三名華飾
四名香飾一一園中各有八池一名賢二名賢上三名歡喜四名喜
上五名安隱六名多安隱七名遠離八名阿毗跋致諸池四邊面各一
寶黃金白銀琉璃頗梨玫瑰為池底其上布金沙一一池側有八梯
陛種種妙寶以為嚴飾諸梯陛間有閻浮檀金芭蕉行樹一切
池中種種蓮華青黃赤白彌覆水上諸池四邊生好華樹風吹
諸華墮池水中其池成就八種功德香若栴檀色味具足曇無竭
菩薩與六万八千婇女五欲具足共相娛樂及城中男女俱入常喜

BD15389號　摩訶般若波羅蜜經（四十卷本異卷）卷三九　（13-9）

池中種種蓮華青黃赤白彌覆水上諸池四邊生好華樹風吹
諸華墮池水中其池成就八種功德香若栴檀色味具足曇無竭
菩薩與六万八千婇女五欲具足共相娛樂及城中男女俱入常喜
等園賢等池中五欲具足共相娛樂善男子曇無竭菩薩與諸
婇女遊戲娛樂已日三時說般若波羅蜜眾香城內男女大小於
其城中多聚人處敷大法坐其坐四足或以黃金或以白銀或以
琉璃或以頗梨敷以綩綖雜色茵蓐垂諸幃帶以好白氎而覆其
散以種種雜好華香坐高五里張白珠帳其地四邊散五色華
燒眾名香澤香塗地供養恭敬般若波羅蜜故曇無竭菩薩
於此坐上說般若波羅蜜彼諸人眾如是恭敬供養曇無竭為
聞般若波羅蜜故於是大會百千万眾諸天世人一處和集中有
聽者中有受者中有持者中有誦者中有書者中有正觀者中
有如說行者是時眾生以是因緣故皆不墮惡道不退轉於
阿耨多羅三藐三菩提汝善男子往趣曇無竭菩薩所當
聞般若波羅蜜善男子曇無竭菩薩世世是汝善知識能教
汝阿耨多羅三藐三菩提示教利喜曇無竭菩薩本求般若波羅
蜜時亦如汝今汝去莫計晝夜莫生亂心汝不久當得聞般若
波羅蜜爾時薩陀波崙菩薩摩訶薩歡喜心悅作是念我當
何時得見是善男子得聞般若波羅蜜須菩提譬如有人為
毒箭所中更無餘念唯念何時當得良醫拔出毒箭除我此
苦如是須菩提薩陀波崙菩薩摩訶薩更無餘念但作是
願我何時當得見曇無竭菩薩令我得聞般若波羅蜜我
聞是般若波羅蜜斷諸有心是時薩陀波崙菩薩於是處住
念曇無竭菩薩一切法中得無导知見即得無量三昧門現在前所謂
諸法性觀三昧諸法性不可得三昧破諸法無明三昧諸法不異三昧
諸法不壞自在三昧諸法能照明三昧諸法離闇三昧諸法無異相
續三昧諸法不可得三昧散華三昧諸法無我三昧如幻威勢三昧
得如鏡像三昧得一切眾生語言三昧一切眾生歡喜三昧入分別音

BD15389號　摩訶般若波羅蜜經（四十卷本異卷）卷三九　（13-10）

諸法不壞自在三昧諸法能照明三昧諸法離闇三昧諸法无異相
續三昧諸法不可得三昧散華三昧諸法无我三昧如幻威勢三昧
得如鏡像三昧得一切衆生語言三昧一切衆生歡喜三昧入分別音
聲三昧得種種語言字句莊嚴三昧无畏三昧性常默然三昧得
无㝵解脫三昧離塵垢三昧名字語句莊嚴三昧見諸法三昧諸法
无㝵頂三昧如虛空三昧如金剛三昧不畏著色三昧得勝三昧轉
眼三昧畢法性三昧能與安隱三昧師子吼三昧勝一切衆生三昧華
莊嚴三昧斷疑三昧隨一切堅固三昧出諸法得神通力无畏三昧
能達諸法三昧諸法財印三昧諸法无分別見三昧離諸見三昧離一
切闇三昧離一切相三昧解脫一切著三昧除一切懈怠三昧得深法明
三昧不可奪三昧破魔三昧不著三界三昧起光明三昧見諸佛三
昧薩陀波崘菩薩住是諸三昧中即見十方无量阿僧祇諸佛爲諸
菩薩摩訶薩說般若波羅蜜是時十方諸佛安慰薩陀波崘菩
薩言善哉善哉善男子我等本行菩薩道時求般若波羅蜜
得是諸三昧亦如汝今所得我等得是諸三昧善入般若波羅蜜
成就方便力住阿惟越致地我等觀是諸三昧性不見有法出三昧
入三昧者亦不見行佛道者亦不見得阿耨多羅三藐三菩提者
善男子是名般若波羅蜜所謂不念有是諸法善男子我等
於无所念法中住得是金色身丈光明卅二相八十隨形好不可思
議智慧无上戒无上三昧佛无上智慧一切功德皆悉具足一切功德
具足故佛尚不能取相說盡何況聲聞辟支佛及諸餘人以是故
善男子於是佛法中倍應恭敬愛念生清淨心於善知識中應生如
佛想何以故爲善知識守護故菩薩疾得阿耨多羅三藐三菩
提是時薩陀波崘菩薩白十方諸佛言何等是我善知識所應
親近供養者十方諸佛告薩陀波崘菩薩言汝善男子曇无竭菩
薩世世教化成阿耨多羅三藐三菩提曇无竭菩薩守護汝教汝般
若波羅蜜方便力是汝善知識汝供養曇无竭菩薩若一劫若二若
三乃至過百劫頂戴恭敬以一切樂具三千世界中所有妙色聲香味
觸盡以供養未能報須臾之恩何以故曇无竭菩薩摩訶薩因緣

BD15389號　摩訶般若波羅蜜經（四十卷本異卷）卷三九　（13-11）

親近供養者十方諸佛告薩陀波崘菩薩言汝善男子曇无竭菩
薩世世教化成阿耨多羅三藐三菩提曇无竭菩薩守護汝教汝般
若波羅蜜方便力是汝善知識汝供養曇无竭菩薩若一劫若二若
三乃至過百劫頂戴恭敬以一切樂具三千世界中所有妙色聲香味
觸盡以供養未能報須臾之恩何以故曇无竭菩薩摩訶薩因緣
故令汝得如是等諸三昧得般若波羅蜜方便力諸佛如是教化安
慰薩陀波崘菩薩令歡喜已忽然不現是時薩陀波崘菩薩從
三昧起不復見佛作是念是諸佛從何所來去至何所不見諸佛故
復大惆悵不樂誰斷我疑復作是念曇无竭菩薩久遠已來常行
般若波羅蜜得方便力及諸陀羅尼於菩薩法中得自在多供養
過去諸佛世尊爲我師常利益我我當問曇无竭菩薩諸佛從
何所來去至何處尒時薩陀波崘菩薩於曇无竭菩薩生恭敬
愛樂尊重心作是念我當以何供養曇无竭菩薩今我貧窮華
香瓔珞燒香澤香衣服幡蓋金銀真珠頗梨珊瑚虎珀无
有如是等物可以供養般若波羅蜜及說法師曇无竭菩薩我法不
應空往曇无竭菩薩所我若空往喜悅心不生我當賣身得財
爲般若波羅蜜故供養法師曇无竭菩薩何以故我世世喪
身无數无始生死中或死或賣或爲欲因緣故世世在地獄中受无
量苦惱未曾爲清淨法故爲供養說法師故喪身是時薩陀波崘
菩薩中道入一大城至市肆上高聲唱言誰欲須人誰欲買人尒時
惡魔作是念是薩陀波崘菩薩愛法故欲自賣身爲般若波
羅蜜故供養曇无竭菩薩當得正問般若波羅蜜及方便力
云何菩薩摩訶薩行般若波羅蜜疾得阿耨多羅三藐三菩提
當得多聞具足如大海水是時不可沮壞具足一切功德饒益諸
菩薩摩訶薩爲阿耨多羅三藐三菩提故過我境界亦教餘
人出我境界得阿耨多羅三藐三菩提我今當壞其事尒時惡
魔隱蔽諸婆羅門居士令不聞其自賣聲除一長者女魔不能
蔽尒時薩陀波崘賣身不售憂愁啼哭在一面立涕泣而言
我爲大罪賣身不售我自賣身爲般若波羅蜜故是

BD15389號　摩訶般若波羅蜜經（四十卷本異卷）卷三九　（13-12）

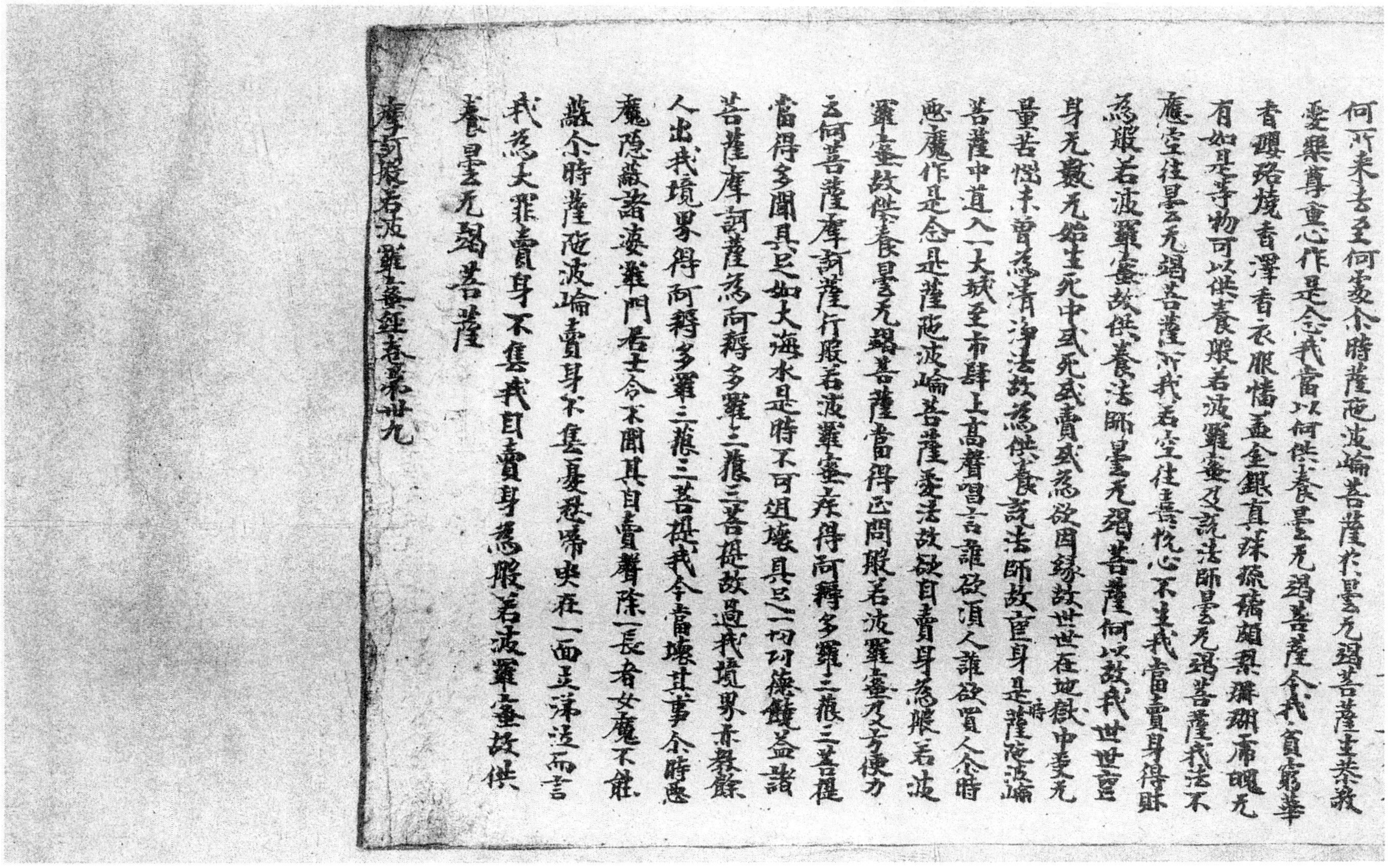
何所來去至何處。尒時薩陀波崙菩薩於曇无竭菩薩生恭敬
愛樂尊重心，作是念：我當以何供養曇无竭菩薩？今我貧窮，華
香瓔珞燒香澤香衣服幡蓋金銀真珠頗梨珊瑚琥珀无
有如是等物可以供養般若波羅蜜及說法師曇无竭菩薩。我法不
應空往曇无竭菩薩所，我若空往，喜悅心不生。我當賣身得財，
為般若波羅蜜故，供養法師曇无竭菩薩。何以故？我世世喪
身无數，无始生死中，或死或賣，或為欲因緣故，世世在地獄中受无
量苦惱，未曾為清淨法故，為供養說法師故喪身。是時薩陀波崙
菩薩中道入一大城，至市肆上高聲唱言：誰欲須人？誰欲買人？尒時
惡魔作是念：是薩陀波崙菩薩愛法故，欲自賣身，為般若波
羅蜜故，供養曇无竭菩薩，當得正問般若波羅蜜及方便方，
云何菩薩摩訶薩行般若波羅蜜疾得阿耨多羅三藐三菩提。
當得多聞具足，如大海水，是時不可沮壞，具足一切功德，饒益諸
菩薩摩訶薩為阿耨多羅三藐三菩提故，過我境界，亦教餘
人出我境界，得阿耨多羅三藐三菩提。我今當壞其事。尒時惡
魔隱蔽諸婆羅門居士，令不聞其自賣聲，除一長者女，魔不能
蔽。尒時薩陀波崙賣身不售，憂愁啼哭，在一面立，涕淚而言：
我為大罪，賣身不售。我自賣身，為般若波羅蜜故，供
養曇无竭菩薩。
摩訶般若波羅蜜經卷第卅九

BD15389 號　摩訶般若波羅蜜經（四十卷本異卷）卷三九　（13–13）

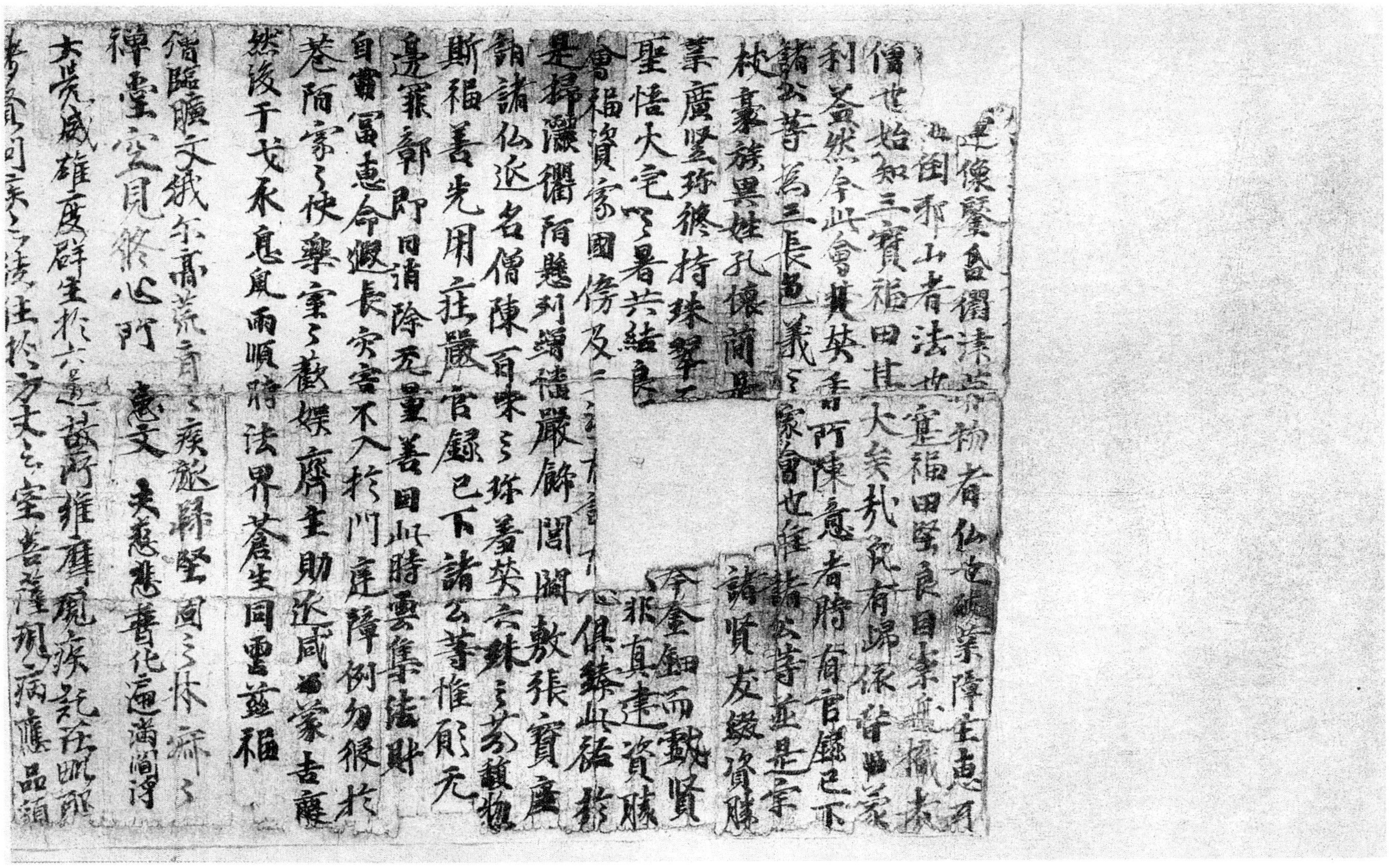
是像鑿龕彌[illegible]物者，仏也，破業障，生惠可
僧也。歸依山者，法也，寔福田，堅良自業，無擬未
始知三寶福田甚大矣。我凡有歸依，皆出家
利益。然今此會，其焚香所陳意者，時有官驛已下
諸公等為三長之義，〻家會也。今諸公等並是宗
枝豪族，異姓孔懷，前是[illegible]諸賢友，緣資勝
業，廣豎珍條，持珠絮[illegible]今金鈿而勸賢
聖悟大宅，〻〻暑共結良[illegible]非直建資勝
會福資家國，傍及[illegible]心，俱緣此福務
是掃灑彌陌，懸列綵幡，嚴飾閶闔，敷張寶座，
飾諸仏，返名僧，陳百味〻珍，羞焚六銖〻香，積物
斯福善光，用莊嚴官錄已下諸公等，惟願无
邊福鄣即日消除，无量善因此時雲集，法財
自當富，惠命遐長，灾害不入於門庭，障例勿很於
巷陌，家〻快樂，室〻歡娛，齊主助返，咸為蒙吉慶，
然後干戈永息，風雨順時，法界蒼生，同霑益福。
僧臨曠文　我尔[illegible]〻疾，疢離[illegible]堅固〻〻林[illegible]
禪臺空見，終心門　患文　夫慈悲善化，遍滿閻浮，
大覺威雄，度群生於六道，故將維摩現疾，託在毗耶
[illegible]方丈之室，菩薩現病，應品類

BD15390 號　某僧手本（擬）　（2–1）

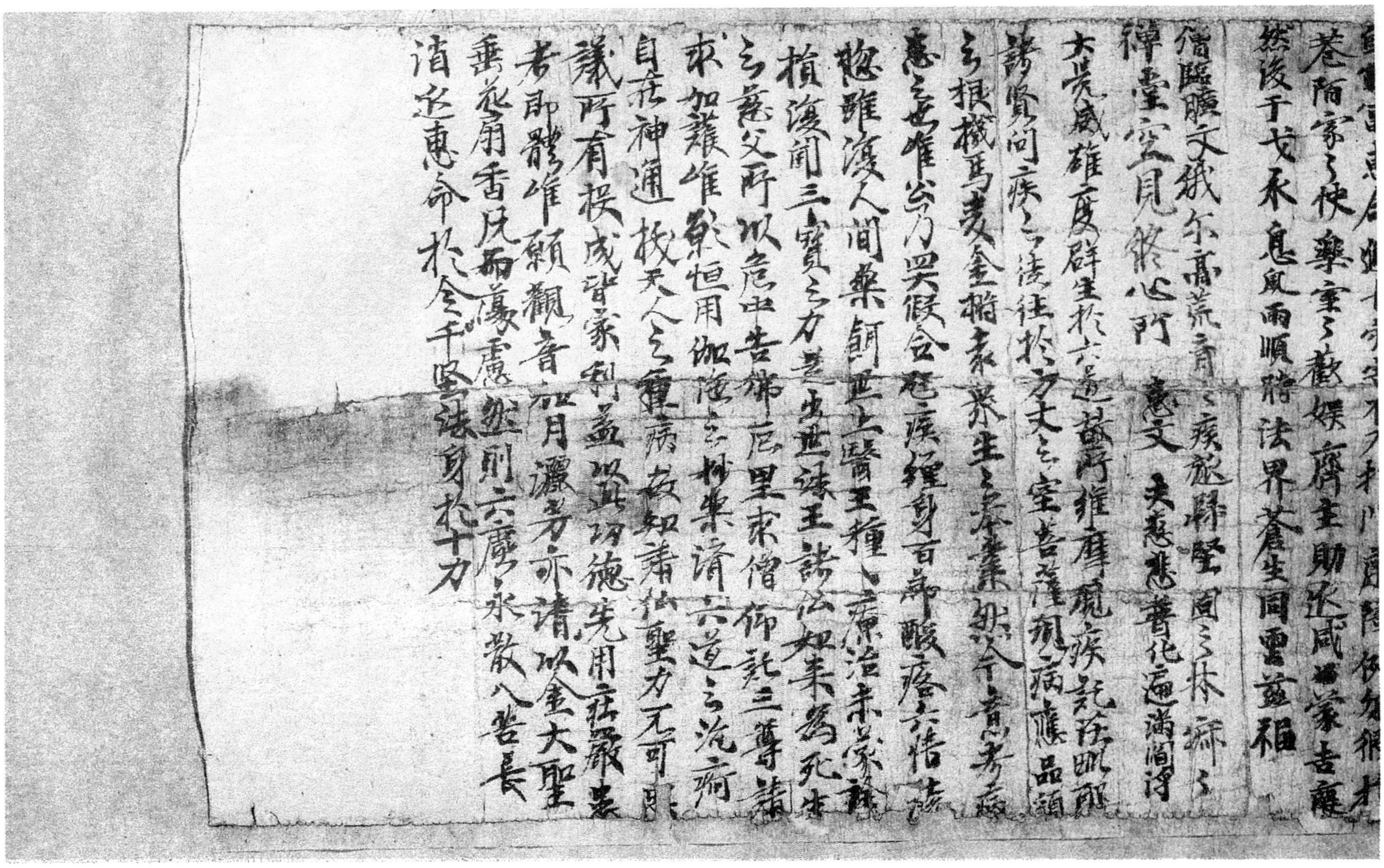

巷陌家家快樂，室室歡娛，齊主助泛咸賴，家吉慶
然後干戈永息，風雨順時，法界蒼生，同霑益福
禪臺空見終心門　患文　夫慈悲普化，遍滿閻浮
僧臨曠文號尓高蕪齊之疾，慈歸堅固之林，擁之
大覺威雄，度群生於六道；故所維摩現疾，託疾毗耶
誘賢問疾之徒，往於方丈之室；皆菩薩現病，應品類
之根機，馬麥金槍，表衆生之業報。然今會意者，病
患之者，唯公乃四大假合，起疾纏身，百節酸疼，六情恍
惚。雖復人間藥餌，世上醫王，種種療治，未蒙痊
損。復聞三寶之力，甚出世法王，諸法如來，為死生
之慈父，所以危中告佛，厄里求僧，仰託三尊，請
求加護。唯願恒用伽陀之妙藥，濟六道之沉痾，
自在神通，救天人之重病。故知諸佛聖力，不可思
議。所有捉成，皆家剎益，以其功德，先用莊嚴患
者，即體唯願觀音施月藏菩薩亦請，以金大聖
垂花雨香，風而蕩盡，然則六塵之永散，八苦長
消，返患命於金剛，堅法身於十力

BD15390 號　某僧手本（擬）　（2–2）

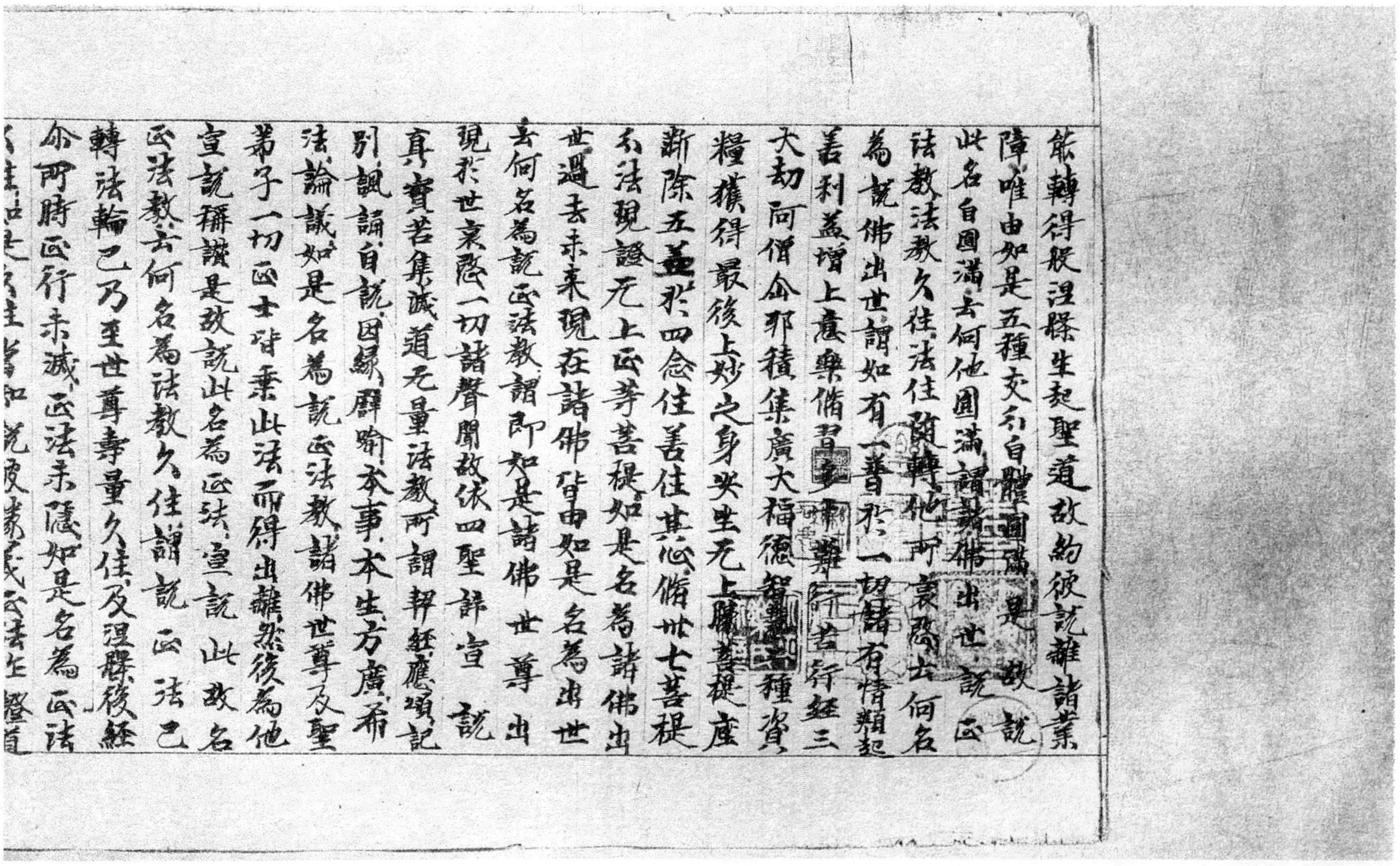

能轉得般涅槃生起聖道故，納彼説離諸業
障，唯由如是五種支分自體圓滿，是故説
此名自圓滿。云何他圓滿？謂諸佛出世，説正
法教，法教久住，法住隨轉，他所哀愍。云何名
為説佛出世？謂如有一普於一切諸有情類起
善利益增上意樂，備習多[illegible]難行苦行，經三
大劫阿僧企耶，積集廣大福德智慧二種資
糧，獲得最後上妙之身，坐無上勝菩提座，
斷除五蓋，於四念住善住其心，修卅七菩提
分法，現證無上正等菩提，如是名為諸佛出
世。過去未來現在諸佛，皆由如是名為出世。
云何名為説正法教？謂即如是諸佛世尊出
現於世，哀愍一切諸聲聞故，依四聖諦，宣説
真實苦集滅道無量法教，所謂契經、應頌、記
別、諷誦、自説、因緣、譬喻、本事、本生、方廣、希
法、論議，如是名為説正法教。諸佛世尊及聖
弟子一切正士，皆秉此法而得出離，然後為他
宣説稱讚，是故説此名為正法，宣説此故，名
正法教。云何名為法教久住？謂説正法已，
轉法輪已，乃至世尊壽量久住，及涅槃後，經
爾所時正行未滅，正法未隱，如是名為正法

BD15391 號　瑜伽師地論卷二一　（18–1）

宣說稱讚是故說此名為正法宣說此故名
正法教云何名為法教久住謂說正法已
轉法輪已乃至世尊壽量久住及涅槃後經
爾所時正行未滅正法未隱如是名為正法
久住如是久住當知說彼勝義正法作證道
理云何名為法住隨轉謂即如是證正法者
了知有力能證如是正法衆生即如所證隨
轉隨順教授教誡如是名為法住隨轉云何
名為他所哀愍他謂施主彼於行者起哀愍
心惠施隨順淨命資具所謂如法衣服飲食
諸坐臥具病緣醫藥如是名為他所哀愍
云何善法欲謂如有一或從佛所或弟子所
聞正法已獲得淨信得淨信已應如是學在
家煩擾若居塵宇出家閑曠猶處虛空是
故我今應捨一切妻子眷屬財穀珍寶於善
說法毗柰耶中正捨家法趣於非家既出家
已勤脩正行令得圓滿於善法中生如是欲
名善法欲云何正出家謂即由此勝善法欲
增上力故白四羯磨受具足戒或受勞策所
學尸羅是名正出家云何戒律儀謂彼如是
正出家已安住具戒堅牢防護別解律儀
軌則所行皆得圓滿於微小罪見大怖畏受
學一切所有學處是名戒律儀云何根律儀
謂即依此尸羅律儀守護正念脩常委念
以念防心行平等位眼見色已而不取相不
取隨好感依是處由不脩習眼根律儀防護
而住其心漏泄所有貪憂惡不善法故即於
彼脩律儀行防護眼根依於眼根脩律儀行

BD15391 號　瑜伽師地論卷二一　（18–2）

以念防心行平等位眼見色已而不取相不
取隨好感依是處由不脩習眼根律儀防護
而住其心漏泄所有貪憂惡不善法故即於
彼脩律儀行防護眼根依於眼根脩律儀行
如是行者耳聞聲已鼻嗅香已舌嘗味已
身覺觸已意了法已而不取相不取隨好感
依是處由不脩習意根律儀防護而住其心漏
泄所有貪憂惡不善法故即於彼脩律儀行
防護意根依於意根脩律儀行是名根律
儀云何於食知量謂彼如是守諸根已以正
思擇食於所食不為倡蕩不為憍逸不為飾
好不為端嚴食於所食然食所食為身安
住為暫支持為除飢渴為攝梵行為斷故受
為令新受當不更生為當存養力樂无罪安
隱而住如是名為於食知量云何初夜後夜
常勤脩習悎寤瑜伽謂彼如是食知量已於晝
日分經行宴坐二種威儀從順障法淨脩其
心於初夜分經行宴坐二種威儀從順障法
淨脩其心過此分已出住處外洗濯其足右
脅而臥重累其足住光明想正念正知思惟
起想於夜後分速疾悎寤經行宴坐二種威
儀從順障法淨脩其心如是名為初夜後夜
常勤脩習悎寤瑜伽云何正知而住謂彼
如是常勤脩習悎寤瑜伽已若往若來正知而
住若覩若瞻正知而住若屈若申正知而住
若持僧伽胝及以衣鉢正知而住若食若飲若噉
若嘗正知而住若行若住若坐若臥正知而住

BD15391 號　瑜伽師地論卷二一　（18–3）

住若覩若瞻正知而住若屈若申正知而住
若僧伽胝及以衣鉢正知而住若食若飲若噉
若嘗正知而住若行若住若坐若卧正知而住
於覺寤時正知而住若語若默正知而住於
解勞睡時正知而住是名為正知而住云何
樂遠離謂由如是所修善法无倒修治初業
地已遠離一切卧具貪著住阿練若樹下空
室山谷峯穴草積迥露冢間林藪曠野
邊際卧具是名樂遠離云何清淨諸蓋謂彼
如是住阿練若或復樹下或空室等於五種
蓋淨修其心所謂貪欲瞋恚惛沈睡眠掉舉
惡作及以疑蓋從彼諸蓋淨修心已心離諸
蓋安住賢善勝三摩地如是名為清淨諸蓋
云何依三摩地謂彼如是斷五蓋已便能遠
離心隨煩惱遠離諸欲惡不善法有尋有伺
離生喜樂入初靜慮具足安住尋伺寂靜於
內等淨心一趣性无尋无伺定生喜樂第二
靜慮具足安住遠離喜貪安住捨念及以正
知身領受樂聖所宣說捨念具足安樂而住
第三靜慮具足安住究竟斷樂先斷於苦喜
憂俱沒不苦不樂捨念清淨第四靜慮具足
安住如是為依三摩地彼由如是漸次修
行後後轉勝轉增轉上修集諸緣初自圓滿
依三摩地以為最後得如是心清淨鮮白无
諸瑕穢離隨煩惱質直堪能安住无動若復
獲得依四聖諦為令遍知永斷作證修習
他音教授教誡便有有如是堪能勢力發生如

BD15391號　瑜伽師地論卷二一　（18–4）

依三摩地以為最後得如是心清淨鮮白无
諸瑕穢離隨煩惱質直堪能安住无動若復
獲得依四聖諦為令遍知永斷作證修習
他音教授教誡便有有如是堪能勢力發生如
理所引作意及彼為先所有正見由此便能於
四聖諦入真現觀圓滿解脫於无餘依般涅
槃界而般涅槃當知此中始從正見圓滿解
脫於无餘依般涅槃界而般涅槃是名種姓
真實修集從自圓滿乃至最後依三摩地當知
是名修集方緣若依四諦法教增上所有教
授教誡他音若如正理所引作意當知是名
修集勝緣如是名為種姓安立
云何住種姓者所有諸相謂與一切无涅槃
法補特伽羅諸相相違當知即名安住種姓
補特伽羅所有諸相問何等名為无涅槃法
補特伽羅所有諸相答成就彼故應知說名无
涅槃法補特伽羅彼无涅槃法補特伽羅有
眾多相我今當說彼相少分謂彼最初不住
種姓无涅槃法補特伽羅阿頼耶愛遍一切
種皆悉隨縛附屬所依成无量法不可傾拔
久遠隨逐畢竟堅固依附相續一切諸佛所
不能救是名第一不住種姓補特伽羅无種
姓相復有所餘不住種姓補特伽羅无種姓
相謂彼聽聞以无量門呵毀生死眾多過失
又復聽聞以无量門稱讚涅槃眾多功德而
於生死不見少分戲論過失不見少分所有
過患亦復不能少分厭離如是見厭於過去
世不能已生於未來世不能當生於現在世

BD15391號　瑜伽師地論卷二一　（18–5）

又復聽聞以无量門稱讚涅槃衆多功德而
於生死不見少分厭論過失不見少分所有
過患亦復不能少分厭離如是見厭於過去
世不能已生於未來世不能當生於現在世
不能正生又於愛盡寂滅涅槃不見少分下
劣功德不見少分所有勝利亦復不能少分欣
樂如是見樂於過去世不能已生於未來世
不能當生於現在世不能正生是名第二不
住種姓補特伽羅无種姓相復有所餘不住
種姓補特伽羅无種姓相謂彼本性成就上
品无慚无愧由是因緣无有厭惡心无怯畏
以歡喜心現行衆惡由是因緣未曾追悔
唯觀現法由是因緣自身財寶衰退過患是
名第三不住種姓補特伽羅无種姓相復有
所餘不住種姓補特伽羅无種姓相謂一切
種圓滿无明稱當道理美妙殊勝易可解了
或依苦諦或依集諦或依滅諦或依道諦宣
說開示正法教時不能獲得微小發心微小信
解況能獲得身毛為豎悲泣墮淚如是亦依
過去未來現在世別是名第四不住種姓補
特伽羅无種姓相復有所餘不住種姓補特
伽羅无種姓相謂彼或時於善說法毗柰耶
中暫得出家或為國王所逼迫故或為狂賊
所逼迫故或為債主所逼迫或為怖畏所逼
迫故或不活畏所逼迫故非為自調伏非為
自寂靜非為自涅槃非為沙門性非為婆羅
門性而求出家既出家已樂與在家及出家

迫故或不活畏所逼迫故非為自調伏非為
自寂靜非為自涅槃非為沙門性非為婆羅
門性而求出家既出家已樂與在家及出家
衆共諠雜住或發邪願修諸梵行謂求生天
或餘天衆或樂退捨所學禁戒或犯尸羅由
懷朽敗外現貞實如水所生雜穢蝸牛螺音
狗行實非沙門自稱沙門非行梵行自稱梵
行如是亦依過去未來現在世別當知如是
不住種姓補特伽羅假相出家非不樂學補
特伽羅名真出家受具足或成苾芻性由此
異門由此意趣義顯於彼本非出家唯有住
持出家相狀墮出家數是名第五不住種姓
補特伽羅无種姓相復有所餘不住種姓補
特伽羅无種姓相謂彼少有所作善業或由
於身或語或意一切皆為希求諸有或求當
來殊勝後有或求財寶或求殊勝所有財寶
是名第六不住種姓補特伽羅无種姓相如
是等類有衆多相成就彼故墮在不般涅槃
法數
云何安住種姓補特伽羅謂住種姓補特伽
羅或有唯住種姓而未趣入亦未出離或有
安住種姓亦已趣入而未出離或有安住種
姓亦已趣入及已出離或有耎根或有中根
或有利根或有貪行或有瞋行或有癡行或
生无暇或生有暇或有縱逸或无縱逸或有
邪行或无邪行或有障礙或无障礙或遠或
近或未成熟或已成熟或未清淨或已清淨

或有利根，或有貪行，或有瞋行，或有癡行，或
生无暇，或生有暇，或有縱逸，或无縱逸，或有
邪行，或无邪行，或有障礙，或无障礙，或遠，或
近，或未成熟，或已成熟，或未清淨，或已清淨。
云何名為安住種姓補特伽羅唯住種姓
而未趣入，亦未出離？謂如有一補特伽羅
成就出世聖法種子，而未獲得親近善士，聽
聞正法，未於如來正覺正說法毗柰耶獲
得正信，未受持淨戒，未攝受多聞，未增長
惠捨，未調柔諸見，如是名為唯住種姓而未
趣入，亦未出離補特伽羅。云何名為安住種
姓亦已趣入而未出離補特伽羅？謂前所說
所有黑品相違白品，當知即名安住種姓亦
已趣入補特伽羅。而差別者，謂猶未得所
有聖道及聖道果煩惱離繫。云何名為安住
種姓亦已趣入及已出離補特伽羅？謂如前
說。而差別者，已得聖道及聖道果煩惱離繫。
云何耎根補特伽羅？謂有如是補特伽羅於
所知事所緣境界所有諸根極遲運轉微劣運
轉，或聞所成，或思所成，或修所成，作意相應，謂
或信根，或精進根，或復念根，或復定根，或復
慧根，无有堪能，无有勢力通達法義、速證真
實，是名耎根補特伽羅。云何中根補特伽羅？
謂有如是補特伽羅於所知事所緣境界所
有諸根少遲運轉，一切如前應當廣說
是名中根補特伽羅。云何利根補特伽羅？
謂有如是補特伽羅於所知事所緣境界所
有諸根不遲運轉，不劣運轉，或聞所成，或思

有諸根少遲運轉，一切如前應當廣說
是名中根補特伽羅。云何利根補特伽羅？
謂有如是補特伽羅於所知事所緣境界所
有諸根不遲運轉，不劣運轉，或聞所成，或思
所成，或修所成，作意相應，謂或信根，或精進
根，或復念根，或復定根，或復慧根，有所堪
能，有大勢力通達法義、速證真實，是名利根
補特伽羅。云何貪行補特伽羅？謂有如是補
特伽羅於可愛事可染著事所緣境界有猛
利貪，有長時貪，是名貪行補特伽羅。云何瞋
行補特伽羅？謂有如是補特伽羅於可憎事
可瞋恚事所緣境界有猛利瞋，有長時瞋，
是名瞋行補特伽羅。云何癡行補特伽羅？謂有
如是補特伽羅於所知事所緣境界有猛利
癡，有長時癡，是名癡行補特伽羅。若生无暇，
若有縱逸，若有邪行，若有障礙補特伽羅，如
是一切如前應知，與此相違，應知即是生
於有暇，无有縱逸，无有邪行，无有障礙補
特伽羅。云何名遠補特伽羅？謂有如是補特伽
羅由時遠故去涅槃遠，或有復由加行遠故
說名為遠。云何名為由時遠故去涅槃遠？謂
有如是補特伽羅經多百生，或多千生，多百
千生，然後方能值遇勝緣，得般涅槃。云何
名為加行遠故說名為遠？謂有如是補特伽
羅唯住種姓而未趣入，不能速疾值遇勝
緣得般涅槃，彼於涅槃未能發起勝加行
故，由加行遠，說名為遠，不由時遠，如是二種
總略為一，說名為遠補特伽羅。云何名近

緣得般涅槃彼於涅槃未能發起勝加行
故由加行遠說名為遠不由時遠如是二種
總略為一說名為遠補特伽羅云何名近
補特伽羅謂有如是補特伽羅由時近故
去涅槃近或有復由加行近故說名為近云
何名為由時近故去涅槃近謂有如是補特
伽羅住最後生住最後有住最後身即由此
身當得涅槃或即由此剎那無間於煩惱
斷當得作證如是名為由時近故去涅槃近
云何名為由加行近說名為近謂有如是
補特伽羅安住種姓亦已趣入如是二種總
略為一說名為近補特伽羅云何未成熟補特
伽羅謂有如是補特伽羅未能獲得最後
有身謂住於此能般涅槃或能趣入正性離
離生是名未成熟補特伽羅云何已成熟
補特伽羅謂有如是補特伽羅已能獲得最
後有身謂住於此能般涅槃或能趣入正性
離生是名已成熟補特伽羅云何未清淨補
特伽羅謂有如是補特伽羅未生聖道於
聖道果煩惱離繫未能作證是名未清淨補
特伽羅云何已清淨補特伽羅謂與上相違應
知其相如是名為安住種姓補特伽羅所有差
別為度彼故諸佛世尊出現於世謂若未趣
入令其趣入若未成熟令其成熟若未清淨
令其清淨轉正法輪制立學處
本地分中聲聞地第十三初瑜伽處趣入地第二
如是已說種姓地云何趣入地嗢拕南曰

BD15391號　瑜伽師地論卷二一　（18–10）

入令其趣入若未成熟令其成熟若未清淨
令其清淨轉正法輪制立學處
本地分中聲聞地第十三初瑜伽處趣入地第二
如是已說種姓地云何趣入地嗢拕南曰
若略說一切　趣入地應知　謂自性安立　諸相數取趣
謂若趣入自性若趣入安立若趣入者所有
諸相若已趣入補特伽羅如是一切總略為
一名趣入地
云何趣入自性謂安住種姓補特伽羅本性
成就涅槃種子若於爾時有佛出世生於中
國不生邊鄙彌戾車中乃至廣說初得見
佛及佛弟子往詣承事從彼聞法得初正信
受持淨戒攝受多聞增長惠捨調柔諸見從
是已後由此法受由此因緣身滅壞已度此
生已獲得六處異熟所攝殊勝諸根能住
長時轉勝正信生趣依止亦能與彼受持淨
戒攝受多聞增長惠捨調柔諸見轉上轉勝轉
復微妙為所依止復由如是轉上轉勝轉復微
妙信等諸法更得其餘殊勝異熟由此異
熟復得其餘隨順出世轉勝善法如是展轉
身為依因身與勢力於後後生轉轉勝進乃
至獲得最後有身謂住於此得般涅槃或能
趣入正性離生是名趣入何以故若道若路
若正行跡能得涅槃能趣涅槃彼於爾時能
外能入能正行展轉漸趣向至極究竟是故說此
名已趣入如是名為趣入自性
云何建立趣入謂或有種姓或有趣入或有

BD15391號　瑜伽師地論卷二一　（18–11）

外能入能正行履漸趣向至極究竟是故說此
名已趣入如是名為趣入自性
云何建立趣入謂或有種姓或有趣入或有
將成熟或有已成熟或有唯趣入非將成熟
非已成熟或有亦趣入亦將成熟非已成熟
或有亦趣入亦已成熟非將成熟或有非趣
入非將成熟非已成熟云何有種姓謂如前
說云何有趣入謂住種姓補特伽羅最初獲
得曾所未得於諸如來正覺正說法毗柰耶
所有正信受持淨戒攝受多聞增長惠捨調
柔諸見是名趣入云何將成熟謂即如是已
得趣入補特伽羅除所獲得最後有身謂
住於此得般涅槃或能趣入正性離生從趣
入後於後後生修集諸根轉上轉勝轉復微
妙是名將成熟云何已成熟謂所獲得最後
有身若住於此得般涅槃或能趣入正性離生
是名已成熟云何唯趣入非將成熟非已成
熟謂初獲得於諸如來正覺正說法毗柰耶
所有正信廣說乃至調柔諸見未從此後復
經一生是名唯趣入將非成熟非已成熟云
何亦趣入亦將成熟非已成熟謂初獲得於
諸如來正覺正說法毗柰耶所有正信廣說
乃至調柔諸見從此已後復經一生或二或
多而未獲得最後有身謂住於此得般涅槃餘
如前說是名亦趣入亦將成熟非已成熟云
何亦趣入亦已成熟非將成熟謂即如是已
得趣入補特伽羅復已獲得最後有身若住

如前說是名亦趣入亦將成熟非已成熟云
何亦趣入亦已成熟非將成熟謂即如是已
得趣入補特伽羅復已獲得最後有身若住
於此得般涅槃餘如前說是名亦趣入亦已
成熟非將成熟云何非已趣入非將成熟非
已成熟謂即如是有涅槃法補特伽羅唯住
種姓而未趣入是名非已趣入非將成熟非
已成熟補特伽羅有堪能定當趣入當
得成熟復有一類補特伽羅定无堪能當得
趣入當得成熟謂離種姓无涅槃法補特伽
羅當知如是補特伽羅无種姓故定无堪能當
得趣入及當成熟何況當能得般涅槃當
知此中如是一切補特伽羅六位所攝何等為
六一有堪能補特伽羅二成就下品善根補
特伽羅三成就中品善根補特伽羅四成就
上品善根補特伽羅五究竟方便補特伽羅
六已到究竟補特伽羅云何堪能補特伽羅
謂安住種姓補特伽羅而未獲得最初於佛
正覺正說法毗柰耶所有正信廣說乃至調
柔諸見是名堪能補特伽羅云何成就下品
善根補特伽羅謂安住種姓補特伽羅已能
獲得最初於佛正覺正說法毗柰耶所有正
信廣說乃至調柔諸見是名成就下品善根補
特伽羅云何成就中品善根補特伽羅謂安
住種姓補特伽羅已能獲得最初於佛正
覺正說法毗柰耶所有正信廣說乃至調柔
諸見從是已後或經一生或二或多展轉勝

特伽羅云何成就中品善根補特伽
住種姓補特伽羅已能獲得最初於佛正
覺正說法毗柰耶所有正信廣說乃至調柔
諸見從是已後或經一生或二或多展轉勝
進而未獲得最後有身謂住於此能般涅槃或
能趣入正性離生是名成就中品善根補特伽
羅云何成就上品善根補特伽羅謂即如是
展轉勝進補特伽羅已能獲得最後有身若
住於此能般涅槃或能趣入正性離生是名
成就上品善根補特伽羅云何名為究竟方
便補特伽羅謂已獲得最後有身補特伽羅
為盡諸漏聽聞正法或得無倒教授教誡正
脩加行而未能得遍一切種諸漏永盡未到
究竟如是名為究竟方便補特伽羅云何名
為已到究竟補特伽羅謂即如是補特伽羅
為盡諸漏聽聞正法獲得無倒教授教誡如
是如是正脩加行已能獲得遍一切種諸漏
永盡所作已辦究竟獲得第一清涼如是名為
已到究竟補特伽羅當知此中堪能種類補
特伽羅即以種姓為依為住便能獲得下品
善根及能趣入既趣入已下品善根為依為
住復能獲得中品善根以此善根而自成熟
彼於如是自成熟時中品善根為依為住復
能獲得上品善根已得成熟彼由如是上品
善根脩集為因所得自體復能脩集轉勝資
糧由是緣證心一境性復能趣入正性離生
證預流果或一來果或不還果而未能證最
勝第一阿羅漢果如是名為究竟方便補特

BD15391號　瑜伽師地論卷二一　（18–14）

善根脩集為因所得自體復能脩集轉勝資
糧由是緣證心一境性復能趣入正性離生
證預流果或一來果或不還果而未能證最
勝第一阿羅漢果如是名為究竟方便補特
伽羅若已證得一切煩惱皆悉永斷阿羅漢
果爾時名為已到究竟補特伽羅此則顯示
由初中後一切聲聞所脩正行所立六種補
特伽羅由有種姓聲聞正行顯示最初補特
伽羅由到究竟聲聞正行顯示最後補特伽
羅由餘聲聞所脩正行顯示中間補特伽羅
問已得趣入補特伽羅為有定量一切時等
得般涅槃為無定量一切時不爾而不齊等得
般涅槃答無有定量亦非一切時爾齊等得
般涅槃然隨所應如所遇緣有差別故而般涅
槃當知中或有一類極經久遠或有一
類非極久遠或有一類最極速疾得般涅槃
謂住種姓補特伽羅最極速疾般涅槃者要
經三生第一生中最初趣入第二生中脩令
成熟第三生中脩成熟已或即此身得般涅
槃或若不得般涅槃者必入學位方可夭沒
極經七有得般涅槃如是名為趣入差別
云何名為已趣入者所有諸相謂安住種姓
補特伽羅纔已趣入便轉餘生於自大師及
善說法毗柰耶中雖復忘念若遇世間現有
惡說法毗柰耶及有善說法毗柰耶雖久聽
聞以無量門讚美惡說法毗柰耶有勝功德
而不信解愛樂脩行亦不於彼而求出家設
雖出家纔得趣入尋復速疾棄捨退還為性

BD15391號　瑜伽師地論卷二一　（18–15）

聞以无量門讚美惡說法毗柰耶有勝功德
而不信解愛樂脩行亦不於彼而求出家設
暫出家纔得趣入尋復速疾棄捨退還為性
於彼不樂安住如蚤生蟲置之嚴酢或如愛
樂受妙欲者置彼渥中彼由宿世妙善因力
所任持故若暫聽聞讚美善說法毗柰耶
少分功德或全未聞雖暫少聞或全未聞而
能速疾信解趣入愛樂脩行或求出家既出
家已畢竟趣入終无退轉為性於此愛樂安
住如蚤生蟲置之上饌或如愛樂受妙欲者置
勝欲中彼由宿世妙善因力所任持故是名
第一已得趣入補特伽羅已趣入相復
有所餘已得趣入補特伽羅已趣入相謂雖
未得能往一切惡趣无暇煩惱離繫而能不
生惡趣无暇世尊依此已得趣入補特伽羅
密意說言若有世間上品正見雖歷千生不墮
惡趣彼若已入上品善根漸向成熟尒時便
能不生无暇及餘惡趣是名第二已得趣入
補特伽羅已趣入相復有所餘已得趣入補
特伽羅已趣入相謂暫聞佛或法或僧勝功
德已便得隨念清淨信心行發廣大出離善
法數數緣念馳練淨心身遂毛竪悲泣雨淚
是名第三已得趣入補特伽羅已趣入相復
有所餘已得趣入補特伽羅已趣入相謂性
成就猛利慚愧於所現行諸有罪處深生
羞恥是名第四已得趣入補特伽羅已趣入相
復有所餘已得趣入補特伽羅已趣入相謂

成就猛利慚愧於所現行諸有罪處深生
羞恥是名第四已得趣入補特伽羅已趣入相
復有所餘已得趣入補特伽羅已趣入相謂
於受持讀誦請問思惟觀行求善法中有深
欲樂猛利欲樂是名第五已得趣入補特伽
羅已趣入相復有所餘已得趣入補特伽羅
已趣入相謂於一切无罪事業脩集一切善品
加行正方便中能善脩集堅固發起長時發
起決定發起是名第六已得趣入補特伽羅
已趣入相復有所餘已得趣入補特伽羅已
趣入相謂彼為性塵垢微薄煩惱羸劣雖趣
諸纏而不長時相續久住无諂无誑能自陳
惕我我所執好取功德憎背過失是名第七
已得趣入補特伽羅已趣入相復有所餘已
得趣入補特伽羅已趣入相謂般若巧慧讓
其心於諸廣大所應證處不自輕蔑不自安處
无力能中其所信解增多猛盛是名第八已
得趣入補特伽羅已趣入相如是等類已得
趣入補特伽羅已趣入相當知无量我於是
中已說少分如是諸相若有安住下品善根
而趣入者當知下品名有間隙未能无間未
善清淨若有安住中品善根而趣入者當知
中品若有安住上品善根而趣入者當知上
品无有間隙已能无間已善清淨如是名為
已得趣入補特伽羅已趣入相成就如是趣
入相者當知隨在已趣入數應知如是安住
種姓已得趣入補特伽羅所有衆多吉祥之相

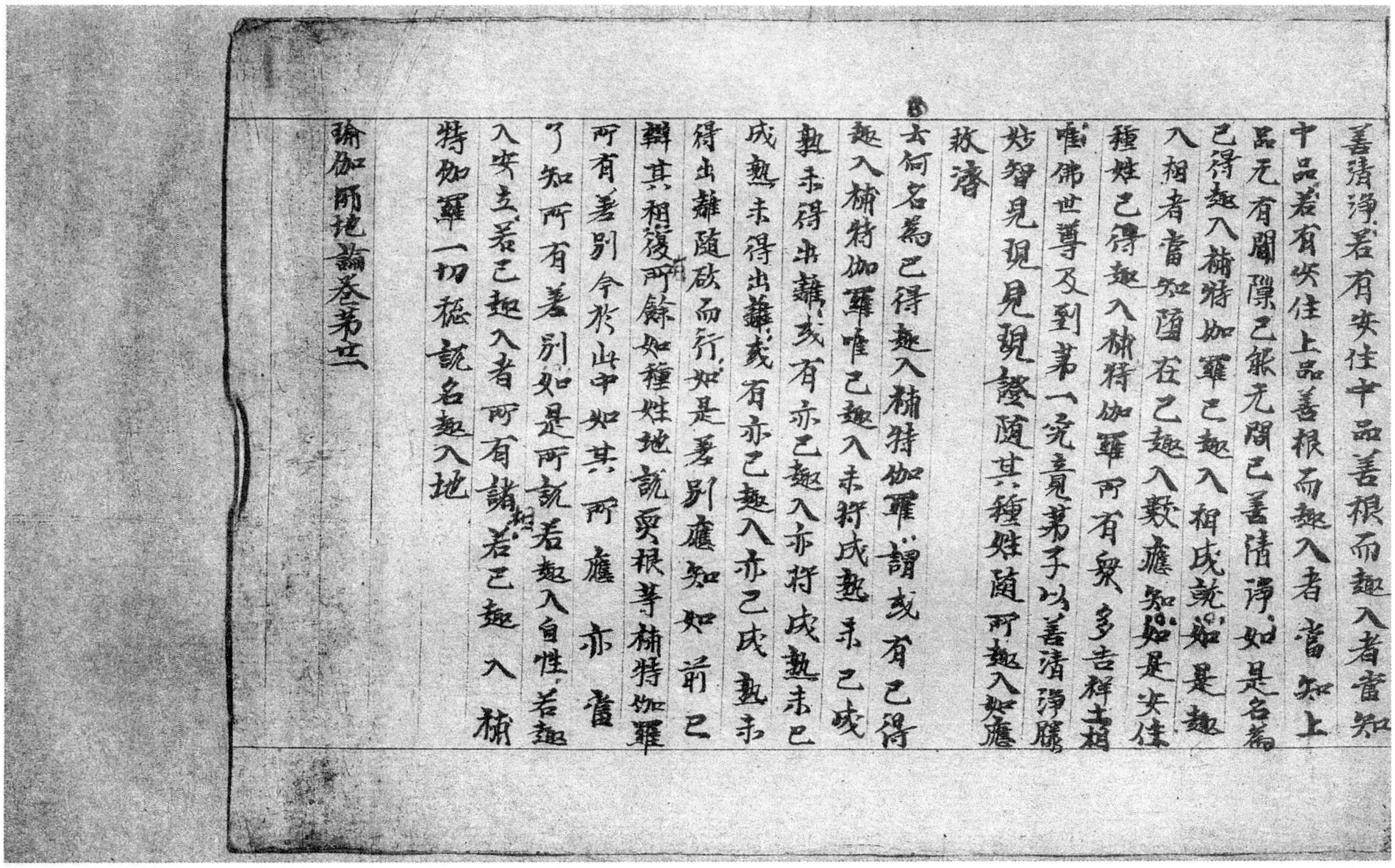

善清淨若有安住中品善根而趣入者當知
中品若有安住上品善根而趣入者當知上
品无有間隙已能无間已善清淨，如是名爲
已得趣入補特伽羅已趣入相，成就如是趣
入相者當知隨在已趣入數。應知如是安住
種姓已得趣入補特伽羅所有衆多吉祥之相
唯佛世尊及到第一究竟弟子以善清淨勝
妙智見現見現證，隨其種姓隨所趣入如應
救濟
云何名爲已得趣入補特伽羅。謂或有已得
趣入補特伽羅唯已趣入未得成熟未已成
熟未得出離，或有亦已趣入亦得成熟未已
成熟未得出離，或有亦已趣入亦已成熟未
得出離隨欲而行。如是差別應知如前已
辯其相，復所餘如種姓地說要根等補特伽羅
所有差別，今於此中如其所應亦當
了知。所有差別，如是所說若趣入自性若趣
入安立若已趣入者所有諸相若已趣入補
特伽羅一切總說名趣入地
瑜伽師地論卷第廿一

BD15391 號　瑜伽師地論卷二一　（18–18）

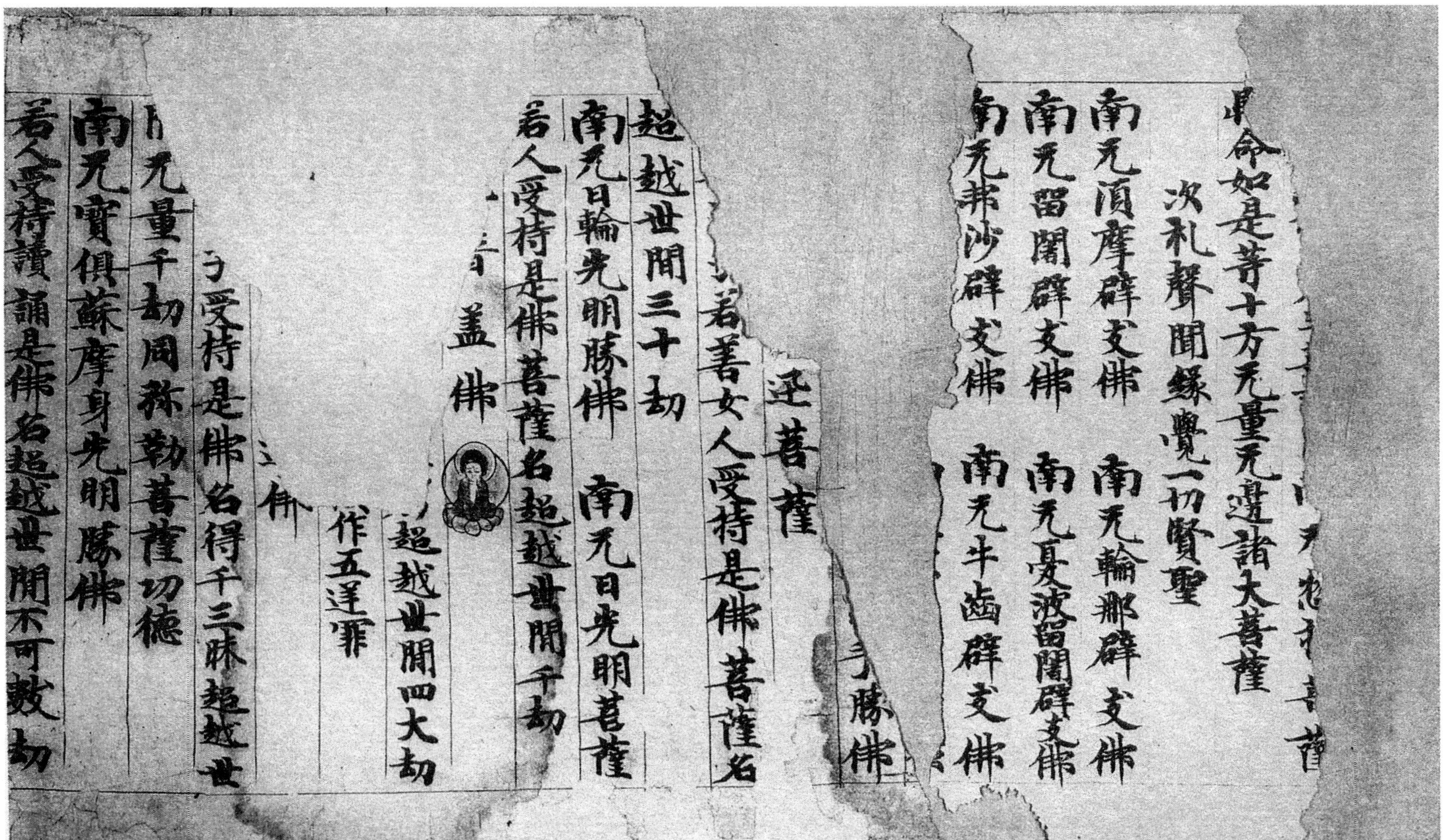

歸命如是等十方无量无邊諸大菩薩
次禮聲聞緣覺一切賢聖
南无須摩辟支佛　南无輪那辟支佛
南无留闍辟支佛　南无夏波留闍辟支佛
南无弗沙辟支佛　南无斗齒辟支佛
逆菩薩
手勝佛
若善女人受持是佛菩薩名
超越世間三十劫
南无日輪光明勝佛　南无日光明菩薩
若人受持是佛菩薩名超越世間千劫
蓋佛
超越世間四大劫
作五逆罪
子受持是佛名得千三昧超越世
无量千劫周称勒菩薩功德
南无寶俱蘇摩身光明勝佛
若人受持讀誦是佛名超越世間不可數劫

BD15392 號 A　佛名經（十六卷本）卷五　（9–1）
BD15392 號 B　佛名經（十六卷本）卷八

子受持是佛名得千三昧超越世
无量千劫同弥勒菩薩功徳
南无寶俱蘇摩身光明勝佛
若人受持讀誦是佛名超越世間不可數劫
南无㲉勝波頭摩奮迅勝佛
若人受持是佛名超越世間卅劫
里香勝王佛
受持是佛名超越世間无量劫
常得宿命
南无寶華奮迅如來

若人受持讀誦是佛名得千三昧諸衆生歸
命是人為諸佛如來所歎是人超越世間千劫
不久轉法輪
南无大光明如來
子受持是佛名超越世間卅劫
藏佛

若善男子受持是佛名超越世間六十劫
南无寶勝佛
若善男子受持是佛名若復有人捨七寶
如須弥山以用布施及恒沙世界若復有人受持
讀誦是佛名此福勝彼
南无名降伏魔人勝佛　南无降伏貪人名自在佛

BD15392 號 B　佛名經（十六卷本）卷八　（9–2）

讀誦是佛名此福勝彼
南无名降伏魔人勝佛　南无降伏貪人名自在佛
南无降伏瞋人勝佛　南无降伏癡自在佛
南无降伏除魔人勝佛　南无降伏限自在佛
南无嫉人勝佛　南无降伏諂曲自在佛
南无降伏耶見人勝佛　南无降伏戲自在佛
南无法清淨人勝佛　南无業勝得名自在佛
南无如意通清淨得名人勝佛　南无超施得名自在佛
南无起持戒清淨名勝佛　南无起忍辱得名自在名佛
南无起清進得名人勝佛　南无施思惟得名自在勝佛
南无法忍辱思惟得名自在佛　南无起思惟精進得名人勝佛
南无起禪成就自在佛　南无起般若得名人勝佛
南无禪思惟得名自在佛　南无般若思惟得名人勝佛
南无行不可思議得名自在勝佛　南无行不可思議得名人勝佛
南无行起得名自在佛　南无捻持智清淨光明勝佛
南无捻持色清淨得名自在佛　南无陁羅尼莊清淨自在勝佛
南无陁羅尼稱清淨得名勝佛　南无陁羅尼施清淨得自在佛
南无空得名人勝佛　南无空无我得名自在佛
南无眼光明人勝佛　南无耳光明人自在佛
南无鼻光明人勝佛

南无舌光明自在佛　南无身光明人勝佛
南无心光明自在佛　南无色光明人勝佛

BD15392 號 B　佛名經（十六卷本）卷八　（9–3）

南无鼻光明人勝佛 
南无舌光明自在佛 南无身光明人勝佛
南无心光明自在佛 南无色光明人勝佛
南无聲光明自在佛 南无降伏香人勝佛
南无味光明自在佛 南无觸光明人勝佛
南无法光明自在佛 南无炎光明人勝佛
南无讚歎光明自在佛 南无火光明人勝佛
南无風光明自在佛 南无光明人勝佛
南无事光明自在佛 南无世光明人勝佛
南无拔苦自在佛 南无陰光明人勝佛
南无戒光明自在佛 南无不二光明人勝佛
南无生光明自在佛 南无聲光明人勝佛
南无地華光明自在佛 南无勝光明人勝佛
南无香蓋光明自在佛 南无水光明人勝佛
南无成就義佛 南无畏王佛
南无不動佛 南无觀世自在佛
南无无量命佛 南无尼弥佛
南无炎弥留佛 南无金剛佛
從此以上六千五百佛十二部經一切賢聖
南无初日出然燈月華寶波頭摩金光明身盧
舍那放无量寶光明照十方世界王佛
南无降伏龍佛 南无善調心佛

BD15392 號 B　佛名經（十六卷本）卷八　（9–4）

舍那放无量寶光明照十方世界王佛
南无降伏龍佛 南无善調心佛
南无寶聚佛 南无火首佛
南无炎積佛 南无一切光明佛
南无日光佛 南无不可思議佛
南无无邊精進佛 南无无邊思惟佛
南无金色華佛 南无善香香佛
南无諍行佛 南无无漏佛
南无无邊智佛 南无賢身佛
南无賢佛 南无見佛
南无无邊威德佛 南无次佛
南无堅安隱佛 南无莎羅佛
南无得名佛 南无波頭摩勝佛
南无稱蓮花佛 南无花佛
南无莊嚴佛 南无奮迅佛
南无善見佛 南无善敵對佛
南无善讓世佛 南无无邊威德佛
南无第一勝佛 南无善行佛
南无无量威德佛 南无妙勝佛
南无勝供養佛 南无大奮迅智自在王佛
南无電光佛 南无照一切佛
南无不可思議佛 南无无量色佛

BD15392 號 B　佛名經（十六卷本）卷八　（9–5）

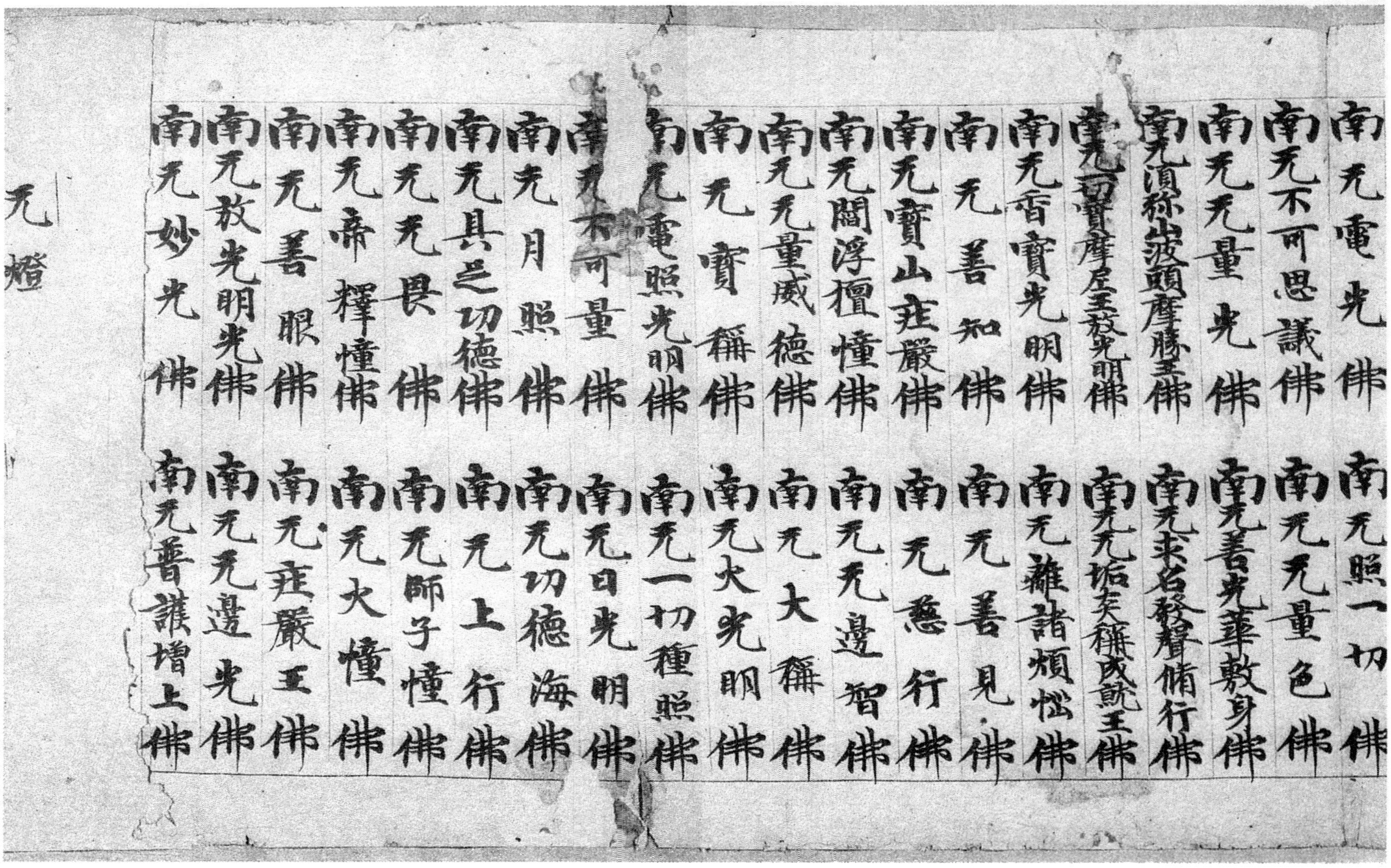

南无電光佛　南无照一切佛
南无不可思議佛　南无无量色佛
南无无量光佛　南无善光華敷身佛
南无須弥山波頭摩勝王佛　南无求名發聲脩行佛
南无一切寶摩尼王放光明佛　南无无垢炎稱成就王佛
南无香寶光明佛　南无離諸煩惱佛
南无善知佛　南无善見佛
南无寶山莊嚴佛　南无慈行佛
南无閻浮檀幢佛　南无无邊智佛
南无无量威德佛　南无大稱佛
南无寶稱佛　南无火光明佛
南无電照光明佛　南无一切種照佛
南无不可量佛　南无日光明佛
南无月照佛　南无功德海佛
南无具足功德佛　南无上行佛
南无无畏佛　南无師子幢佛
南无帝釋幢佛　南无火幢佛
南无善眼佛　南无莊嚴王佛
南无放光明光佛　南无无邊光佛
南无妙光佛　南无普讃增上佛
无　燈

BD15392 號 B　佛名經（十六卷本）卷八　（9–6）

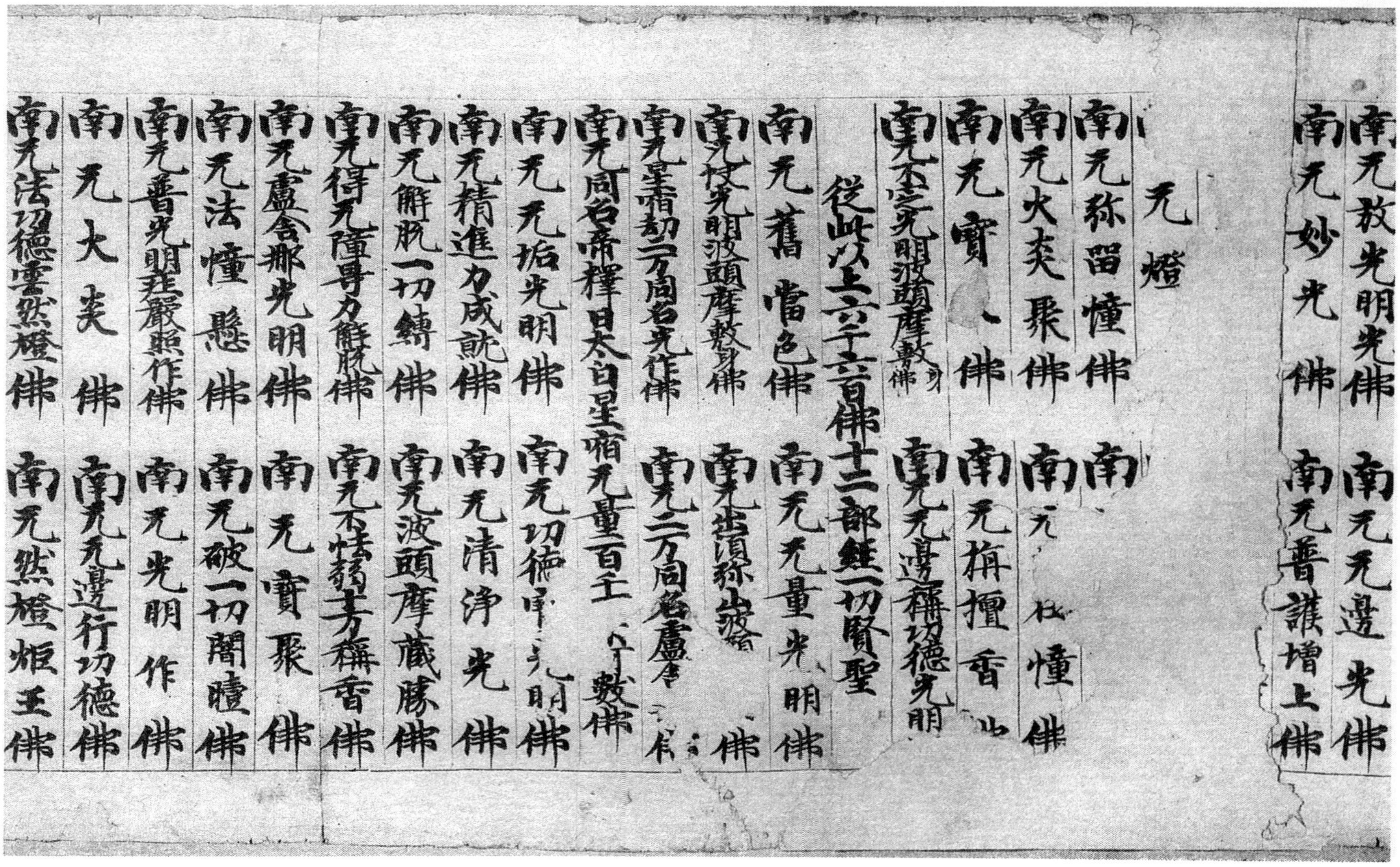

南无放光明光佛　南无无邊光佛
南无妙光佛　南无普讃增上佛
无　燈
南无弥留幢佛　南[illegible]
南无火炎聚佛　南无[illegible]杖幢佛
南无寶、佛　南无栴檀香[illegible]
南无不空光明波頭摩敷身佛　南无无邊稱功德光明
從此以上六千六百佛十二部經一切賢聖
南无舊眚色佛　南无无量光明佛
南无杖光明波頭摩敷身佛　南无出須弥山波[illegible]佛
南无星宿劫二万同名光作佛　南无二万同名盧舍[illegible]
南无同名帝釋日太白星宿无量百千[illegible]八千數佛
南无无垢光明佛　南无功德王光明佛
南无精進力成就佛　南无清淨光佛
南无解脫一切縛佛　南无波頭摩藏勝佛
南无得无障导力解脫佛　南无不怯弱王方稱香佛
南无盧舍那光明佛　南无寶聚佛
南无法幢懸佛　南无破一切闇障佛
南无普光明莊嚴照作佛　南无光明作佛
南无大炎佛　南无无邊行功德佛
南无法功德雲然燈佛　南无然燈炬王佛

BD15392 號 C　佛名經（十六卷本）卷八　（9–7）

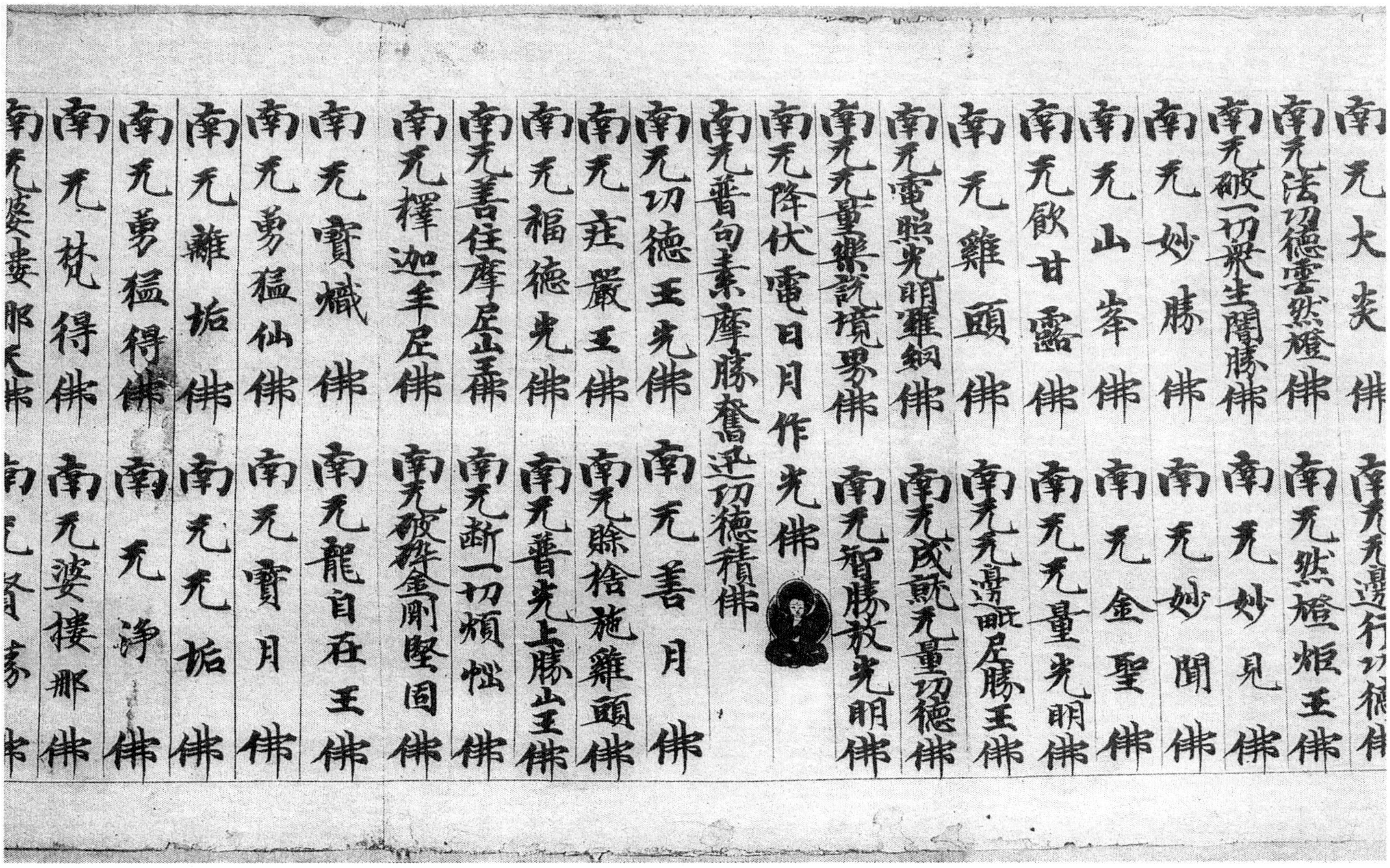
南无大炎佛　南无无邊行功德佛
南无法功德雲然燈佛　南无然燈炬王佛
南无破一切衆生闇勝佛　南无妙見佛
南无妙勝佛　南无妙聞佛
南无山峯佛　南无金聖佛
南无欲甘露佛　南无无量光明佛
南无雞頭佛　南无无邊毗尼勝王佛
南无電照光明羅網佛　南无成就无量功德佛
南无无量樂說境界佛　南无智勝放光明佛
南无降伏電日月作光佛
南无普句素摩勝奮迅功德積佛
南无功德王光佛　南无善月佛
南无莊嚴王佛　南无除捨施雞頭佛
南无福德光佛　南无普光上勝山王佛
南无善住摩尼山王佛　南无斷一切煩惱佛
南无釋迦牟尼佛　南无破碎金剛堅固佛
南无寶幟佛　南无龍自在王佛
南无勇猛仙佛　南无寶月佛
南无離垢佛　南无无垢佛
南无勇猛得佛　南无淨佛
南无梵得佛　南无婆摟那佛
南无婆婁那天佛　南无賢勝佛

BD15392 號 C　佛名經（十六卷本）卷八　（9–8）

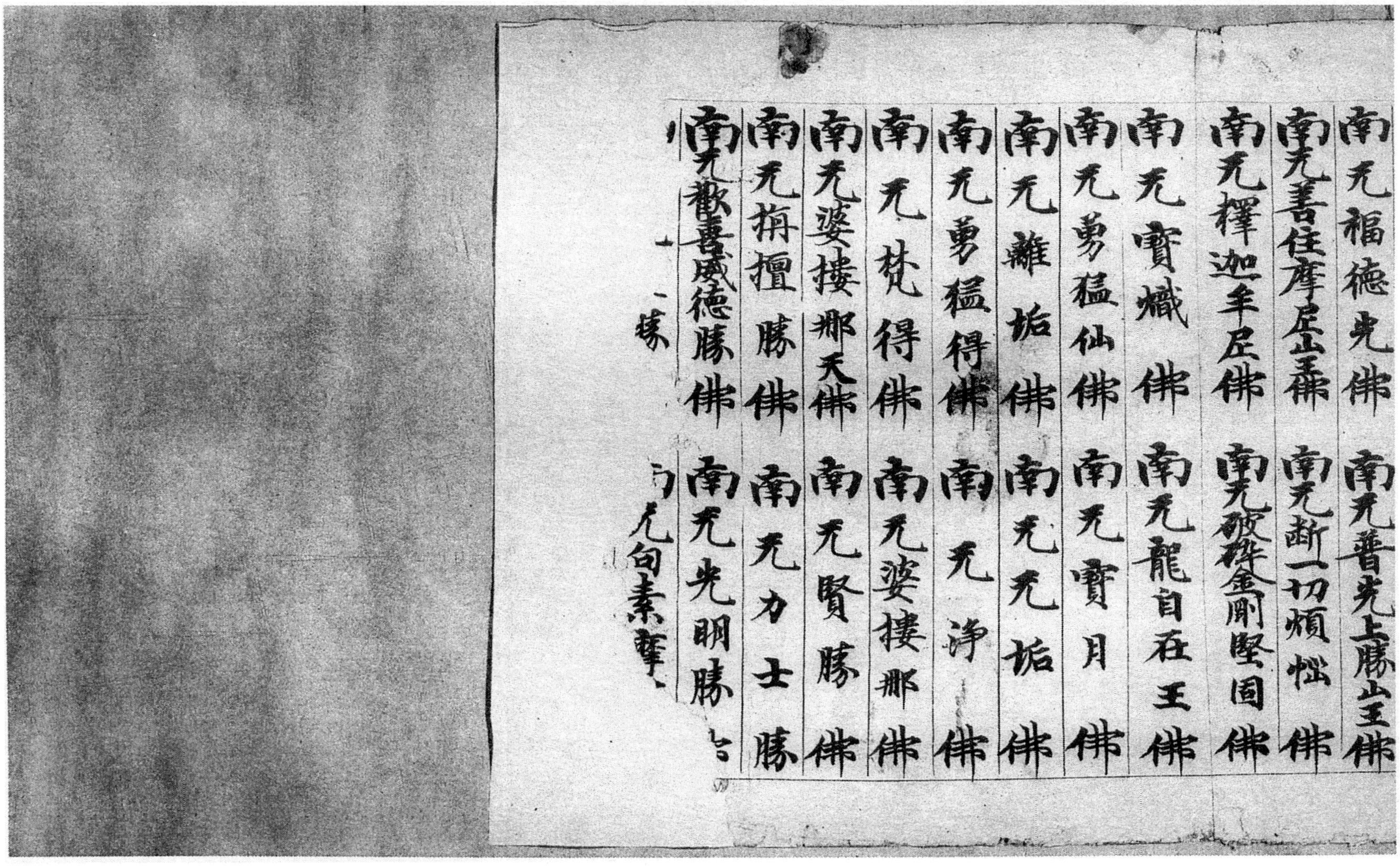
南无福德光佛　南无普光上勝山王佛
南无善住摩尼山王佛　南无斷一切煩惱佛
南无釋迦牟尼佛　南无破碎金剛堅固佛
南无寶幟佛　南无龍自在王佛
南无勇猛仙佛　南无寶月佛
南无離垢佛　南无无垢佛
南无勇猛得佛　南无淨佛
南无梵得佛　南无婆摟那佛
南无婆摟那天佛　南无賢勝佛
南无栴檀勝佛　南无力士勝
南无歡喜威德勝佛　南无光明勝
一勝　南无句素摩

BD15392 號 C　佛名經（十六卷本）卷八　（9–9）

菩薩處胎經想无想品第六
尒時世尊告弥勒菩薩今此座上有異類
純一生補處今當說識想受无識无想无受
是時菩薩云何說識想受於是菩薩分別說
識想受識非想非受受非識非想非受非
識想非過去非未來非現在受非過去非未
來非現在識非過去非未來非現在非識非
過去非未來非現在非想非過去非未來非
現在非受非過去非未來非現在云何識非
過去來來現在於是菩薩入无礙定化受識
衆生從有住地至无住地此識非過去非未
來非現在復次菩薩摩訶薩化想衆生從住
地至无住地菩薩化受衆生從住地至无住
地尒時尊者大迦葉即從座起偏露右髀右
膝著地前白佛言世尊意心識受想有何差
別佛告迦葉知身即知差別為衆生故從足
至頭支節各各別名如樹喻經說根皮莖節
枝葉故名為樹心意識受想亦復如是大迦
葉白佛言想是外法受是內法云何為一佛

至頭支節各各別名如樹喻經說根皮莖節
枝葉故名為樹心意識受想亦復如是大迦
葉白佛言想是外法受是內法云何為一佛
告大迦葉想從外來從內出世迦葉白佛言
想從外來何以故知若外无形內想何由得
生若外物不當內何由得痛佛告迦葉此事
不然何以故此識非外非內非兩中間識住
處非識住處外想外受即是內法非外法世
菩薩摩訶薩信解甚深內外中間法乃能解
了識所住處此是衆生此非衆生乃至有无
法非此非彼便入无礙獨步三昧迦葉白佛
言今聞說法增益狐疑何以故如佛所說識
想亦是受受亦是想識法分別說識亦是想
亦是受想想自空受受自空識識自空想空
非識空識空非受空受空非想空如樹喻者
是事不然佛告迦葉我當與汝說喻智者以
喻得解往昔有王王名持異王有四子一名
喜悅二名長壽三名百歲四名无畏彼長壽
子不滿月數即便命殞喜悅子者身生創疣
見者惡賤父母猒患常无歡心百歲子者不
滿百日便取命終无畏子者脣騫鼻嶢及齒
橫牙人見恐畏此亦如是想受識无若干差
別佛告迦葉吾今與汝說識想受一一分別
過去九十一劫有王名智慧專行十善以法

橫牙人見恐畏此亦如是想受識无若干差
别佛告迦葉吾今與汝説識想受一一分别
過去九十一劫有王名智慧專行十善以法
治化无有煩惱察衆生意行知彼衆生所念
不同即遣侍臣案行國界諸有盲人盡仰來
集宫庭悉受王教即出巡行國界得五百盲
人將詣庭内王復以五百白象羅列殿前一
一令諸盲人自在捉象是時盲人或捉象鼻
或捉象耳或捉象頭或捉象脚或捉象腹或
捉象尾王問諸盲人曰象何所像類盲人各
曰捉鼻者言如角捉頭者言如甕捉耳者言
如箕捉腹者言如壁捉脚者言如柱捉尾者
言如椊時傍觀有目之士笑彼盲者不得象
具相盲人屏處自共論説各言已是而共争
競此衆生類亦復如是識想受法各各不同
佛告迦葉猶如有人設百味食粳米豆麦大
小麻子當其所得得粳米者不知有餘豆麦
之屬迦葉此亦如是識想受法各各不同觀
諸法性无異无别尒時世尊即與迦葉而説
頌曰
見額知有顛　覩烟知有火　覩雲知有雨　觀行知體性
雲雨雨是尊　水影不可捉　言議盡法師　結使盡涅槃
想盡在无想　受滅亦无受　識滅无有識　梵行无上道
吾從无數劫　常為識所惑　今世及後世　不遇安樂處

BD15393 號　菩薩從兜術天降神母胎說普廣經卷三　（6–3）

想盡在无想　受滅亦无受　識滅无有識　梵行无上道
吾從无數劫　常為識所惑　今世及後世　不遇安樂處
我今見在胎　分别諸法相　不見想受名　況當有識法
尒時世尊説此偈時五百比丘得不起法忍
有千衆生心樂空行於无餘涅槃界心得自
在
菩薩處胎經住不住品第七
尒時座中有菩薩名曰无住法行即從座起
偏露右臂右膝着地叉手前白佛言善哉善
哉此諸大會快得善利得聞如來无量法義
昔所積願今乃得聞即於佛前以偈歎曰
盡空无邊界　演出无量義　有无不生滅　淡泊无受想
過去諸佛等　脩施戒忍辱　入定心不亂　慧光炤世間
其德不可量　非有亦不无　音響極清淨　无等无酬匹
一音報万億　由是得成佛　法鼓聲遠聞　聲聞各各别
猶如轉輪王　念則雨七寶　佛聲極遠振　雨七覺意寶
脩治佛道場　莊嚴道樹果　不住不不住　慈悲護衆生
心念身相具　不辭劫數難　十方諸如來　發印開法藏
我等今得聞　得住无為岸　善哉如來力　廣大无崖底
解縛不處有　真際齊相法　欲界煩惱世　教化諸愚癡
佛秘深藏義　亦現示衆生　塵界无邊際　皆得无上道
尒時无住菩薩説此偈讃佛已前白佛言過
去當來現在五陰清淨不住不不住乃至三
十七品梵行不住不不住前後中間境界究

BD15393 號　菩薩從兜術天降神母胎說普廣經卷三　（6–4）

尒時无住菩薩説此偈讃佛已前白佛言過
去當來現在五陰清淨不住不不住乃至三
十七品梵行不住不不住前後中間境界究
竟淨不淨空不住不不住我不造非不造非
梵行非不梵行唯願世尊説住不住佛告无
住菩薩曰色相不住不不住受相不住不不
住想相不住不不住行相不住不不住識相
不住不不住內法清淨不住不不住外法清
淨不住不不住內外法清淨不住不不住從
發意乃至道場斷除諸想淨一切智不住不
不住除衆生垢清淨不住不不住莊嚴佛土
清淨不住不不住入金剛三昧堅固其志清
淨不住不不住碎身舍利清淨不住不不住
遊戲百千三昧清淨不住不不住不在凡夫
地不入賢聖室清淨不住不不住不自稱已
我成道果清淨不住不不住三十二大人之
相放大光明遠照十方无量世界一切衆生
尋光來至得聞如來深奧之法隨彼所念上
中下語悉令充足分別諸法住亦不住不不
住亦不住色受想行識十二因緣四无礙慧
空无相願四禪四无量慧清淨不住不不住
以禪足力入于五道清淨不住不不住入解
脱門或身定身慧身解脱身解脱知見身清
淨不住不不住佛告迦葉今當説八清淨甘

BD15393 號　菩薩從兜術天降神母胎說普廣經卷三　（6–5）

空无相願四禪四无量慧清淨不住不不住
以禪足力入于五道清淨不住不不住入解
脱門或身定身慧身解脱身解脱知見身清
淨不住不不住佛告迦葉今當説八清淨甘
露法味池何等為八如我今日坐自在講堂
東覩清淨浴池周帀蘭楯七寶所成當恭
時亦不興衆生説皆集滅道飲此池水皆成
道果是謂菩薩神力所住在南西北方亦復
如是我本成佛四方以右不從四惟成佛四
惟成佛者亦現成佛不賓何以故從无數阿
僧祇劫成就八味法何謂為八一為喜味二
為盡味三為定味四為到味五為靜味六
為相味七為不動味八為不究竟味是為浴
池八味若菩薩摩訶薩飲此甘露漿者不入
地獄餓鬼畜生成无上道從初發心乃至道樹
洗除心垢永盡无餘何者七覺意池八解脱
水初心解脱未至中間已至已至中間住二
地尒乃得名菩薩若復菩薩從八池水分別
氣味此味非味此道非道耳不別聲鼻不別
香舌不別味一一分別无所有諸法體故是
為菩薩摩訶薩淨脩清淨行

BD15393 號　菩薩從兜術天降神母胎說普廣經卷三　（6–6）

大乘入楞伽經偈頌品第十之二 卷七 三藏沙門實

若諸修行者 不起於分別 不久得三昧 力通

修行者不應 妄執從微塵 時勝性作者 緣生於

世從自分別 種種習氣生 修行者應觀 諸有如夢幻

恒常見遠離 誹謗及建立 身資及所住 不分別三有

不思惟飲食 正念端身住 數數恭敬禮 諸佛及菩薩

善解經律中 真實理趣法 五法二無我 亦思惟自心

內證淨法性 諸地及佛地 行者修習此 處蓮華灌頂

流輪諸趣中 厭離於諸有 往塚閒靜處 修習諸觀行

有物無因生 妄謂離斷常 亦謂離有無 妄計為中道

妄計無因論 無因是斷見 不了外物故 壞滅於中道

恐墮於斷見 不捨所執法 以建立誹謗 妄說為中道

以覺了唯心 捨離於外法 亦離妄分別 此行契中道

唯心無有境 無境心不生 我及諸如來 說此為中道

若生若不生 自性無自性 有無等皆空 不應分別二

不能起分別 愚夫謂解脫 心無覺智生 豈能斷二執

以覺自心故 能斷二所執 了知故能斷 非不能分別

BD15394號　大乘入楞伽經卷七　（7–1）

若生若不生 自性無自性 有無等皆空 不應分別二

不能起分別 愚夫謂解脫 心無覺智生 豈能斷二執

以覺自心故 能斷二所執 了知故能斷 非不能分別

了知心所見 分別即不起 分別不起故 真如心轉依

若見所起法 離諸外道過 是智者所取 涅槃非滅壞

我及諸佛說 覺此即成佛 若更異分別 是則外道論

不生而現生 不滅而現滅 普於諸億剎 頓現如水月

一身為多身 然火及注雨 隨機心中現 是故說唯心

心亦是唯心 非心亦心起 種種諸色相 通達皆唯心

諸佛與聲聞 緣覺等形相 及餘種種色 皆說是唯心

從於無色界 乃至地獄中 普現為眾生 皆是唯心作

如幻諸三昧 及以意生身 十地與自在 皆由轉依得

愚夫為相縛 隨見聞覺知 自分別顛倒 戲論之所動

一切空無生 我實不涅槃 化佛於諸剎 演三乘一乘

佛有三十六 復各有十種 隨眾生心器 而現諸剎土

法佛於世間 猶如妄計性 雖見有種種 而實無所有

法佛是真佛 餘皆是佛化 隨眾生種子 見佛所現身

以迷惑諸相 而起於分別 分別不異真 相不即分別

自性及受用 化身復現化 佛德三十六 皆自性所成

由外熏習種 而生於分別 不取於真實 而取妄所執

迷惑依內心 及緣於外境 但由此二起 更無第三緣

迷惑依內心 而得生起已 六十二十八 故我說為心

知但有根境 則離於我執 悟心無境界 則離於法執

BD15394號　大乘入楞伽經卷七　（7–2）

迷惑依內心　及緣於外境　但由此二起　更無第三緣
迷惑依內心　而得生起已　六十二十八　故我說為心
知但有根境　則離於我執　悟心無境界　則離於法執
由依本識故　而有諸識生　內依內處故　有似外影現
無智恒分別　有為及無為　皆悉不可得　如夢星毛輪
如乾闥婆城　如幻如燄水　非有而見有　緣起法亦然
我依三種心　假說根境我　而彼心意識　自性無所有
心意及與識　無我有二種　五法與自性　是諸佛境界
習氣因為一　而成於三相　如以一彩色　畫壁見種種
五法二無我　自性心意識　於佛種性中　皆悉不可得
遠離心意識　亦離於五法　復離於自性　是為佛種性
若身語意業　不脩白淨法　如來淨種性　則離於現行
神通自在力　三昧淨莊嚴　種種意生身　是佛淨種性
內自證無垢　遠離於因相　八地及佛地　如來性所成
遠行與善慧　法雲及佛地　皆是佛種性　餘悉二乘攝
如來心自在　而為諸愚夫　心相差別故　說於七種地
第七地不起　身語意過失　第八地所依　如夢渡河等
八地及五地　解了工巧明　諸佛子能作　諸有中之王
智者不分別　若生若不生　空了及與不空　自性無自性
但唯是心量　而實不可得
為諸二乘說　此實此虛妄　非為諸佛子　故不應分別
有非有悉非　亦無剎那相　假實法亦無　唯心不可得
有法是俗諦　無性第一義　迷惑於無性　是則為世俗

BD15394號　大乘入楞伽經卷七　　（7–3）

有非有悉非　亦無剎那相　假實法亦無　唯心不可得
有法是俗諦　無性第一義　迷惑於無性　是則為世俗
一切法皆空　我為諸凡愚　隨俗假施設　而彼無真實
由言所起法　則有所行義　觀見言所生　皆悉不可得
如離壁無畫　離質亦無影　識藏若清淨　諸識浪不生
依法身有報　從報起化身　此為根本佛　餘皆化所現
不應妄分別　空及以不空　妄計於有無　言義不可得
凡愚妄分別　德實塵眾色　一一塵皆无　是故無境界
眾生見外相　皆由自心現　所見既非有　故无諸外境
如為溺深泥　不能復移動　聲聞住三昧　昏醉亦復然
若見諸世間　習氣以為因　離有無俱非　法无我解脫
自性名妄計　緣起是依他　真如是圓成　我經中常說
心意及與識　分別與表示　本識作三有　皆心之異名
壽及於煖識　阿賴耶命根　意及與意識　皆分別異名
心能持於身　意恒審思慮　意識諸識俱　了自心境界
若實有我體　異蘊及蘊中　於彼求我體　畢竟不可得
一一觀世間　皆是自心現　於煩惱隨眠　離苦得解脫
聲聞為盡智　緣覺寂靜智　如來之智慧　生起無窮盡
外實無有色　唯自心所現　愚夫不覺知　妄分別有為
不知外境界　種種皆自心　愚夫以因喻　四句而成立
智者悉了知　境界自心現　不以宗因喻　諸句而成立
分別所分別　是為妄計相　依止於妄計　而復起分別
展轉互相依　皆因一習氣　此二俱為客　非眾生心起
安住三界中　心心所分別　所起似境界　是妄計自性

BD15394號　大乘入楞伽經卷七　　（7–4）

展轉互相依　皆因一習氣　此二俱為客　非衆生心起
安住三界中　心心所分別　所起似境界　是妄計自性
影像與種子　合為十二處　所依所緣合　說有所作事
猶如鏡中像　翳眼見毛輪　習氣覆亦然　凡愚起妄見
於自分別境　而起於分別　如外道分別　外境不可得
如愚不見繩　妄取以為蛇　不了自心現　妄分別外境
如是繩自體　一異性皆離　但自心倒惑　妄起繩分別
妄計分別時　而彼性非有　云何見非有　而起於分別
色性無所有　瓶衣等亦然　但由分別生　所見終無有
無始有為中　迷惑起分別　何法令迷惑　願佛為我說
諸法無自性　但唯心所現　不了於自心　是故生分別
如愚所分別　妄計實非有　異此之所有　而彼不能知
諸聖者所有　非愚所分別　若聖同於凡　聖應有虛妄
以聖治心淨　是故無迷惑　凡愚心不淨　故有妄分別
如母語嬰兒　汝勿須啼泣　空中有果來　種種任汝取
我為衆生說　種種妄計果　令彼愛樂已　法實離有无
諸法先非有　諸法不和合　本不生而生　自性無所有
未生法不生　離緣無生處　現生法亦尒　離緣不可得
觀實緣起要　非有亦非无　非有無俱非　智者不分別
外道諸愚夫　妄說一異性　不了諸緣起　世間如幻夢
我無上大乘　超越於名言　其義甚明了　愚夫不覺知
聲聞及外道　所說皆慳㤹　令義迷敗壞　皆由妄計起
諸相及自體　形狀及與名　攀緣此四種　而起諸分別

BD15394號　大乘入楞伽經卷七　（7–5）

我無上大乘　超越於名言　其義甚明了　愚夫不覺知
聲聞及外道　所說皆慳㤹　令義迷敗壞　皆由妄計起
諸相及自體　形狀及與名　攀緣此四種　而起諸分別
計梵自在作　一身與多身　及日月運行　彼非是我子
具足於聖見　通達如實法　善巧轉諸想　到於識彼岸
以此解脫印　永離於有无　及離於去來　是我法中子
若色識轉滅　諸業失壞者　是則無生死　亦无常无常
而彼轉滅時　色處雖捨離　業住阿賴耶　離有无過失
色識雖轉滅　而業不失壞　令於諸有中　色識復相續
若彼諸衆生　所起業失壞　是則無生死　亦無有涅槃
若業與色識　俱時而滅壞　生死中若生　色業應無別
色心與分別　非異非不異　愚夫謂滅壞　而實離有无
緣起與妄計　展轉无別相　如色與無常　展轉生亦尒
既離異非異　妄計不可知　如色無常性　云何說有無
善達於妄計　緣起則不生　由見於緣起　妄計則真如
若滅妄計性　是則壞法眼　便於我法中　建立及誹謗
如是色類人　當毀謗正法　彼皆以非法　滅壞我法眼
智者勿共語　比丘事亦弃　以滅壞妄計　建立誹謗故
若隨於分別　起於有無見　彼如幻毛輪　夢焰與乾城
彼非學佛法　不應與同住　以自墮二邊　亦壞他人故
若有修行者　觀於妄計性　寂靜離有無　彌取與同住
如世間有處　出金摩尼珠　彼雖無造作　而衆生受用
業性亦如是　遠離種種性　所見業非有　非不生諸趣

BD15394號　大乘入楞伽經卷七　（7–6）

智者勿共語　比丘事亦棄　以滅壞妄計　建立誹謗故
若隨於分別　起於有無見　彼如幻毛輪　夢乾闥婆城
彼非學佛法　不應與同住　以自墮二邊　亦壞他人故
若有脩行者　觀於妄計性　寂靜離有無　攝取與同住
如世間有處　出金摩尼珠　彼雖無造作　而衆生受用
業性亦如是　遠離種種性　所見業非有　非不生諸趣
如聖所了知　法皆無所有　愚夫所分別　妄計法非無
若愚所分別　彼法非有者　既無一切法　衆生無雜染
以有雜染法　無明愛所繫　能起生死身　諸根悉具足
若謂愚分別　此法皆無者　則無諸根生　彼非正脩行
若無有此法　而為生死因　愚夫不待脩　自然而解脫
若無有彼法　凡聖云何別　亦則無聖人　脩行三解脫
諸蘊及人法　自共相無相　諸緣及諸根　我為聲聞說
唯心及非因　諸地與自在　內證淨真如　我為佛子說
未來世當有　身著於袈裟　妄說於有無　毀壞我正法
緣起法無性　是諸聖所行　妄計性無物　計度者分別
未來有愚癡　揭那諸外道　說於無因論　惡見壞世間
妄說諸世間　從於微塵生　而彼塵無因　九種實物常
從實能成實　從德能生德　真法性異此　撥謗說言無
若本無而生　世間則有始　生死無前際　是我之所說

BD15394 號　大乘入楞伽經卷七　（7–7）

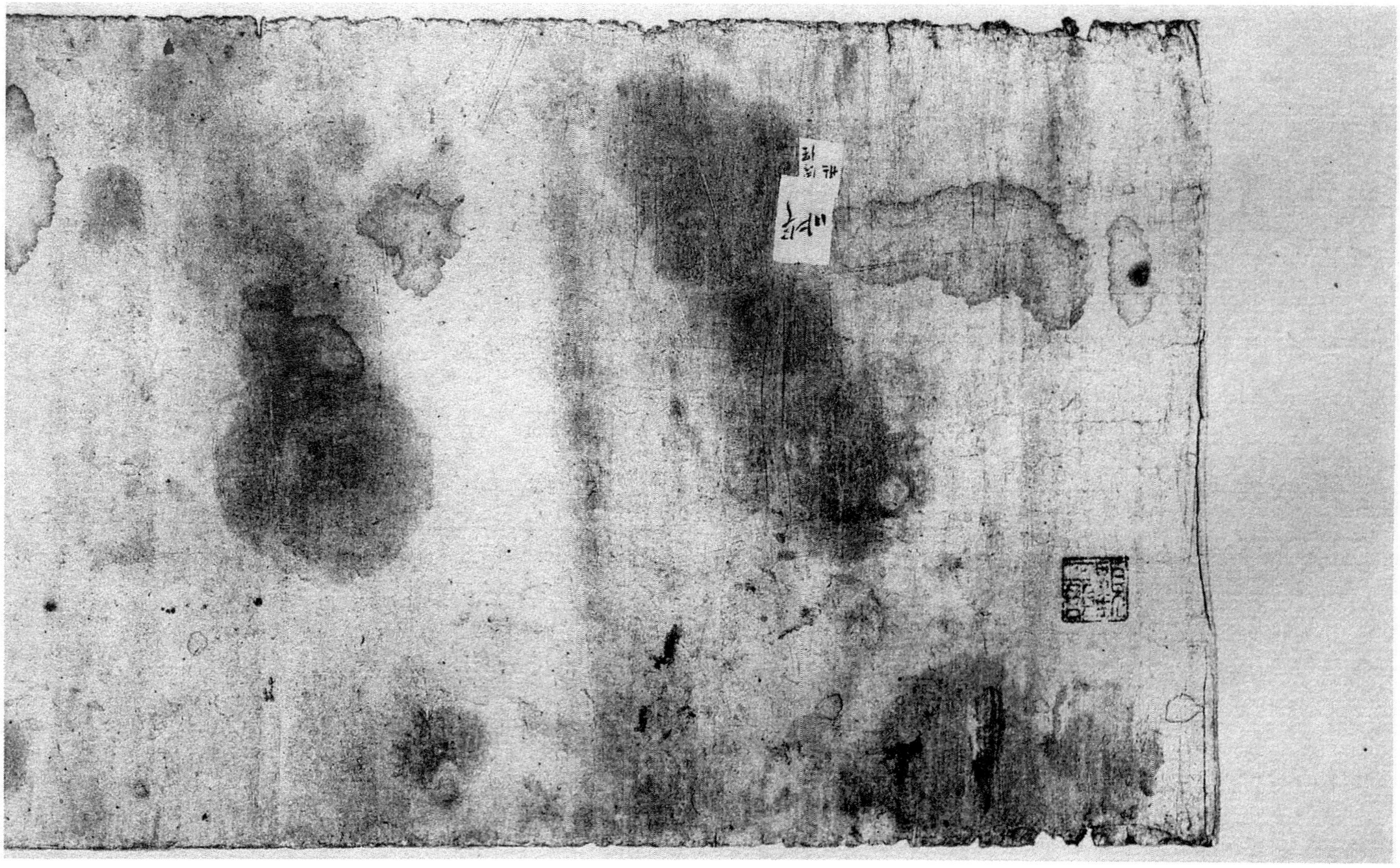

BD15394 號背　勘記、印章　（1–1）

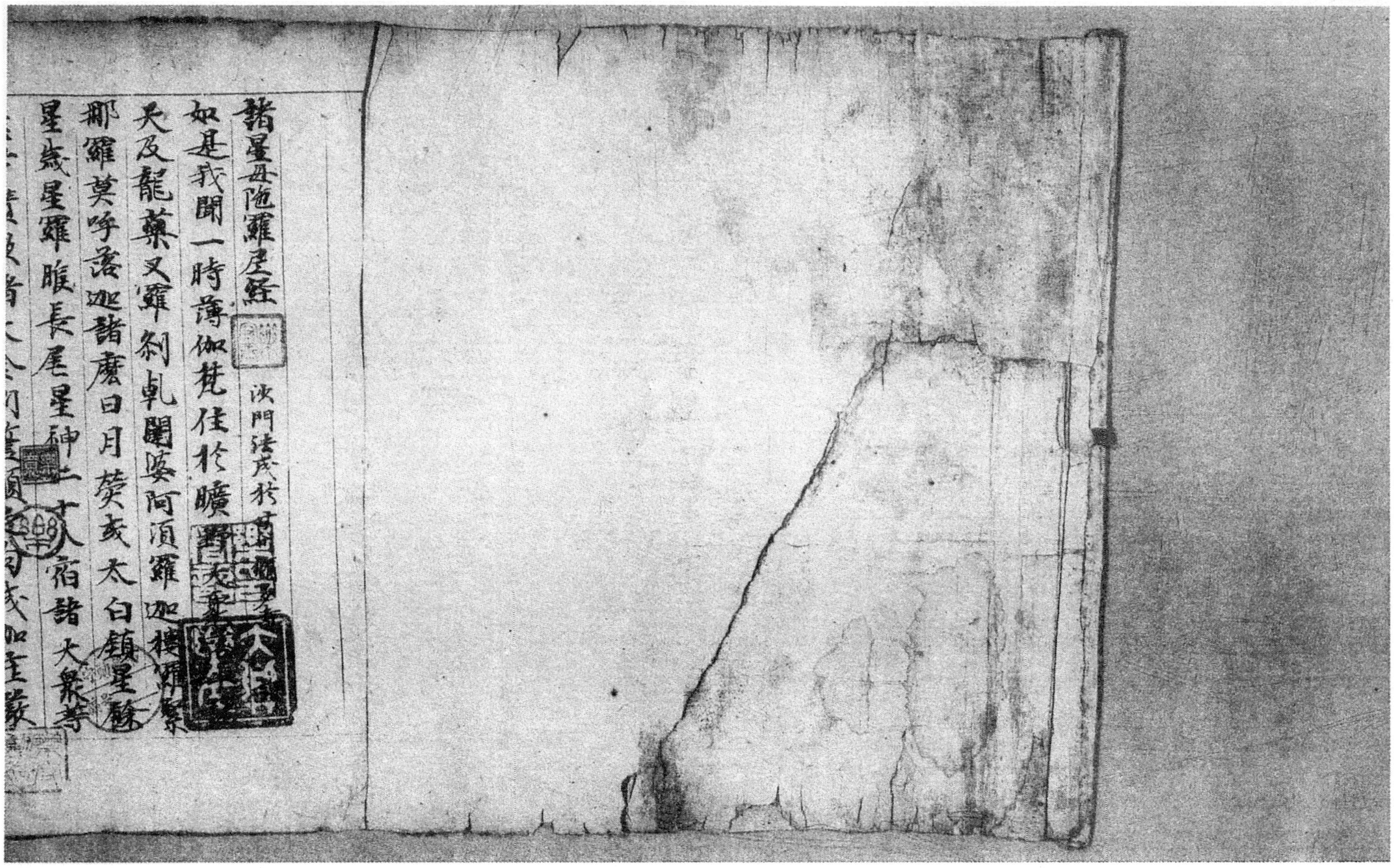

諸星母陀羅尼經　沙門法成於甘州修多寺譯
如是我聞一時薄伽梵住於曠
天及龍藥叉羅刹乾闥婆阿須羅迦樓羅緊
那羅莫呼落迦諸曜日月熒惑太白鎮星蘇
星歲星羅睺長尾星神二十八宿諸大衆等

BD15395 號　諸星母陀羅尼經　（6–1）

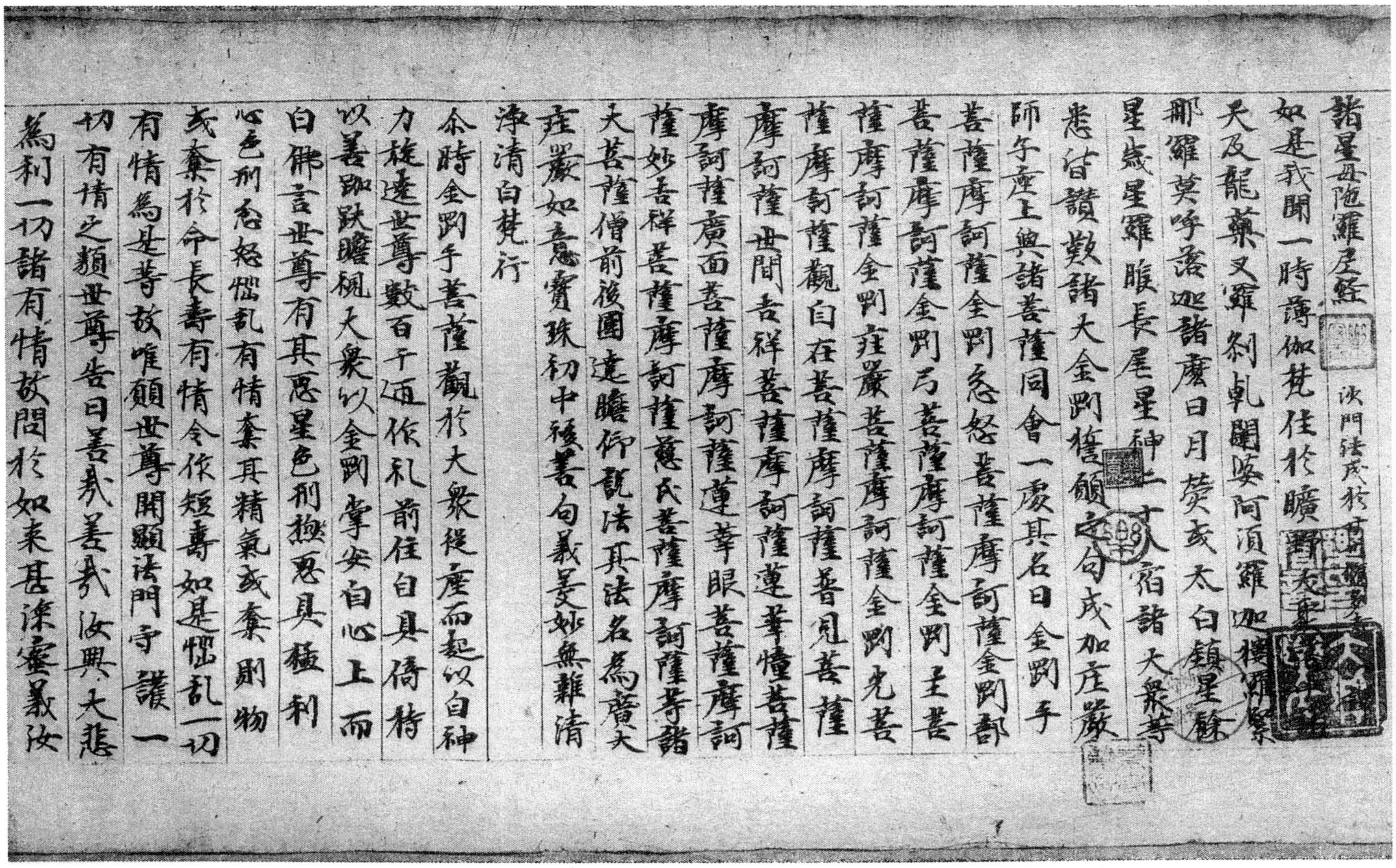

諸星母陀羅尼經　沙門法成於甘州修多寺譯
如是我聞一時薄伽梵住於曠野大聚落
天及龍藥叉羅刹乾闥婆阿須羅迦樓羅緊
那羅莫呼落迦諸曜日月熒惑太白鎮星蘇
星歲星羅睺長尾星神二十八宿諸大衆等
悉皆讚歎諸大金剛擭護之句成加莊嚴
師子座上與諸菩薩同會一處其名曰金剛手
菩薩摩訶薩金剛忿怒菩薩摩訶薩金剛部
菩薩摩訶薩金剛弓菩薩摩訶薩金剛王菩
薩摩訶薩金剛莊嚴菩薩摩訶薩金剛光菩
薩摩訶薩觀自在菩薩摩訶薩普見菩薩
摩訶薩世間吉祥菩薩摩訶薩蓮華幢菩薩
摩訶薩廣面菩薩摩訶薩蓮華眼菩薩摩訶
薩妙吉祥菩薩摩訶薩慈氏菩薩摩訶薩等諸
大菩薩僧前後圍遶瞻仰說法其法名為廣大
莊嚴如意寶珠初中後善句義深妙無雜清
淨清白梵行
尒時金剛手菩薩觀於大衆從座而起以白神
力旋遶世尊數百千匝作礼前住白具倚持
以善跏趺瞻覩大衆以金剛掌安自心上而
白佛言世尊有其惡星色刑撫惡具極利
心色刑忿怒惱亂有情棄其精氣或棄財物
或棄於命長壽有情令作短壽如是惱亂一切
有情為是等故唯願世尊開顯法門守護一
切有情之類世尊告曰善哉善哉汝興大悲
為利一切諸有情故問於如來甚深密義汝

BD15395 號　諸星母陀羅尼經　（6–2）

有情為是等故唯願世尊開顯法門守護一
切有情之類世尊告曰善哉善哉汝興大悲
為利一切諸有情故問於如來甚深密義汝
今諦聽善思念之我當說其惡星瞋怒破
壞之法及說供養行施念誦秘密之義
若行供養當供養　若依其惡當作惡
如是諸星形色等　云何而令皆歡喜
諸天及與諸非天　緊那羅等及諸龍
諸藥叉等并羅刹　人及迦多冨多那
極利威德諸大神　瞋怒云何而殄滅
秘密言辭供養法　今當次第而宣說
尒時釋迦如來從自心上而放慈心遊戲光
明入於諸星頂髻足中尋時日月一切星神從
座而起以諸天供即以供養釋迦如來膝輪
著地合掌作礼而白佛言世尊如來應供
正真等覺利益我等唯願世尊宣說法門
令於我等而聚集已守備防護說法之師
令得吉慶遠離力秋消滅毒藥作結男
尒時釋迦如來即便為說供養星法及以密
言陁羅尼曰
唵護呼羅迦耶莎訶　唵尸儋奢蔽莎訶　唵䕻
落當伽俱麼囉也莎訶　唵粮須也粮須也莎訶　唵
粮阿伽悉婆須也莎訶　唵阿須囉薩多麼也莎訶
唵吒哩悉囊皺囉那也莎訶　唵阿蜜多畢哩耶
莎訶　唵禧底𮂔多皺莎訶
金剛手此則是彼九星秘密心呪讀便成辨

唵吒哩悉囊皺囉那也莎訶　唵阿蜜多畢哩耶
莎訶　唵禧底𮂔多皺莎訶
金剛手此則是彼九星秘密心呪讀便成辨
當作十二指一色香壇中安供養或凡或銅
金銀等器奉獻供養一一供養當誦一百八
遍金剛手然後誦此諸星母陁羅尼秘密言
辭滿足七遍一切諸星而作守護所有貧窮
悉得解脫命將欲盡而得長壽金剛手若苾
蒭苾蒭尼鄔波索迦鄔波斯迦及餘有情之
類若歷耳根而不中夭金剛手諸星壇中設
供養已每日而讀誦者彼說法師一切諸星
如彼所願悉令滿足與彼同類貧匱諸事
皆得消滅
尒時釋迦如來即便為說諸星母陁羅尼
即說呪曰
南謨佛陁耶　南謨婆揭囉底囉耶　南麼鉢麼
達囉耶　南麼薩婆迦囉訶　南麼薩婆阿奢
波囉甫迦喃　南謨諸奢多囉喃　南謨據多
奢囉尸喃　怛也没底没底　皺室囉皺室囉
鉢明鉢明　婆囉婆囉　鉢婆囉婆囉　三婆囉
三婆囉　基多耶基多耶　麼囉麼囉　麼託
隨麼託隨　伽須耶　薩婆碧達　俱嚕俱嚕
晉那晉那　乞舍波耶乞舍波耶　扇彤皇弦
須麼耶須麼戌　呬嚕多作　達奢耶羯麼喃
薄伽薄帝　落叉耶落叉耶　麼那婆波哩波藍
婆囉波薩都王悉棻　薩婆吃訶　那乞奢多囉

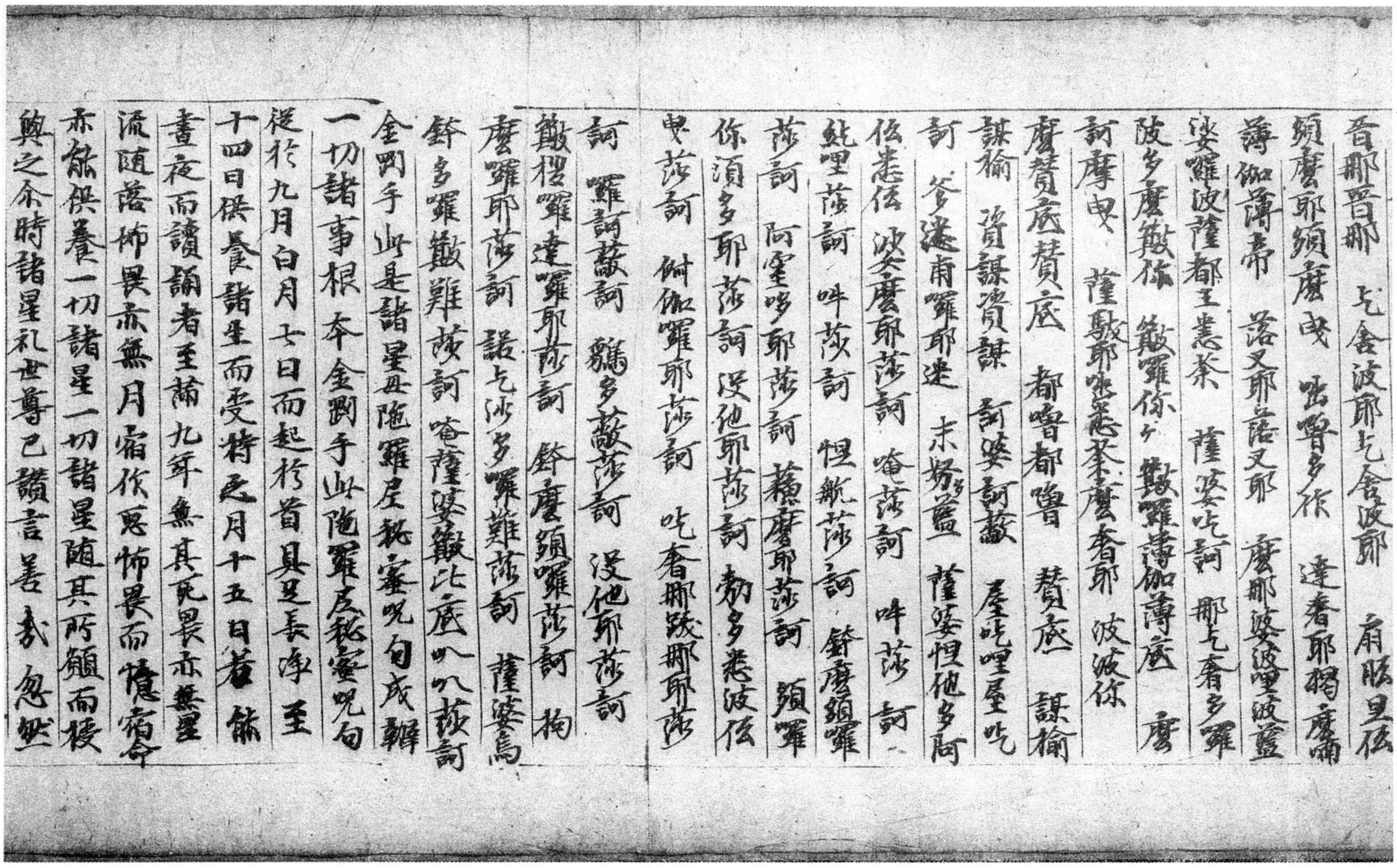
吾耶晉耶　乞舍波耶乞舍波耶　扇陁里伭
頞麼耶頞麼曳　明曾多伱　達奢耶羯麼喃
薄伽薄帝　落叉耶落叉耶　麼耶娑波哩波藍
娑囉波薩都王悪柰　薩婆吒訶　耶乞奢多囉
陂多麼皺伱　皺囉伱伱　皺囉薄伽薄底　麼
訶摩曳　薩皺耶唯悪柰柰麼奢耶　波波伱
麼贊底贊底　都嚕都嚕　贊底　諜揄
諜揄　資諜資諜　訶娑訶蘞　屡吃哩屡吃
訶　参遙南囉耶逑　末努多藍　薩婆怛他多阿
伭悉伭　波娑麼耶莎訶　唵莎訶　吽莎訶
虓哩莎訶　吽莎訶　怛皺莎訶　鉢麼頞囉
莎訶　阿室哆耶莎訶　藕麼耶莎訶　頞囉
伱須多耶莎訶　没他耶莎訶　勃多悉波伭
曳莎訶　俐伽囉耶莎訶　吃奢瑯跋瑯耶莎
訶　囉訶蘞訶　鷄多蘞莎訶　没他耶莎訶
皺櫻囉達囉耶莎訶　鉢麼頞囉莎訶　拘
麼囉耶莎訶　諾乞沙多囉難莎訶　薩婆烏
鉢多囉皺難莎訶　唵薩婆皺比底吘吘莎訶
金剛手此是諸星母陁羅尼秘密呪句成辨
一切諸事根本金剛手此陁羅尼秘密呪句
從於九月白月七日而起首具足長淨至
十四日供養諸星而受持之月十五日着　餘
晝夜而讀誦者至滿九年無其死畏亦無星
流隨落怖畏亦無月宿伭惡怖畏而憶宿命
亦能供養一切諸星一切諸星隨其所願而棲
與之尒時諸星礼世尊已讚言善哉忽然

BD15395 號　諸星母陀羅尼經　（6–5）

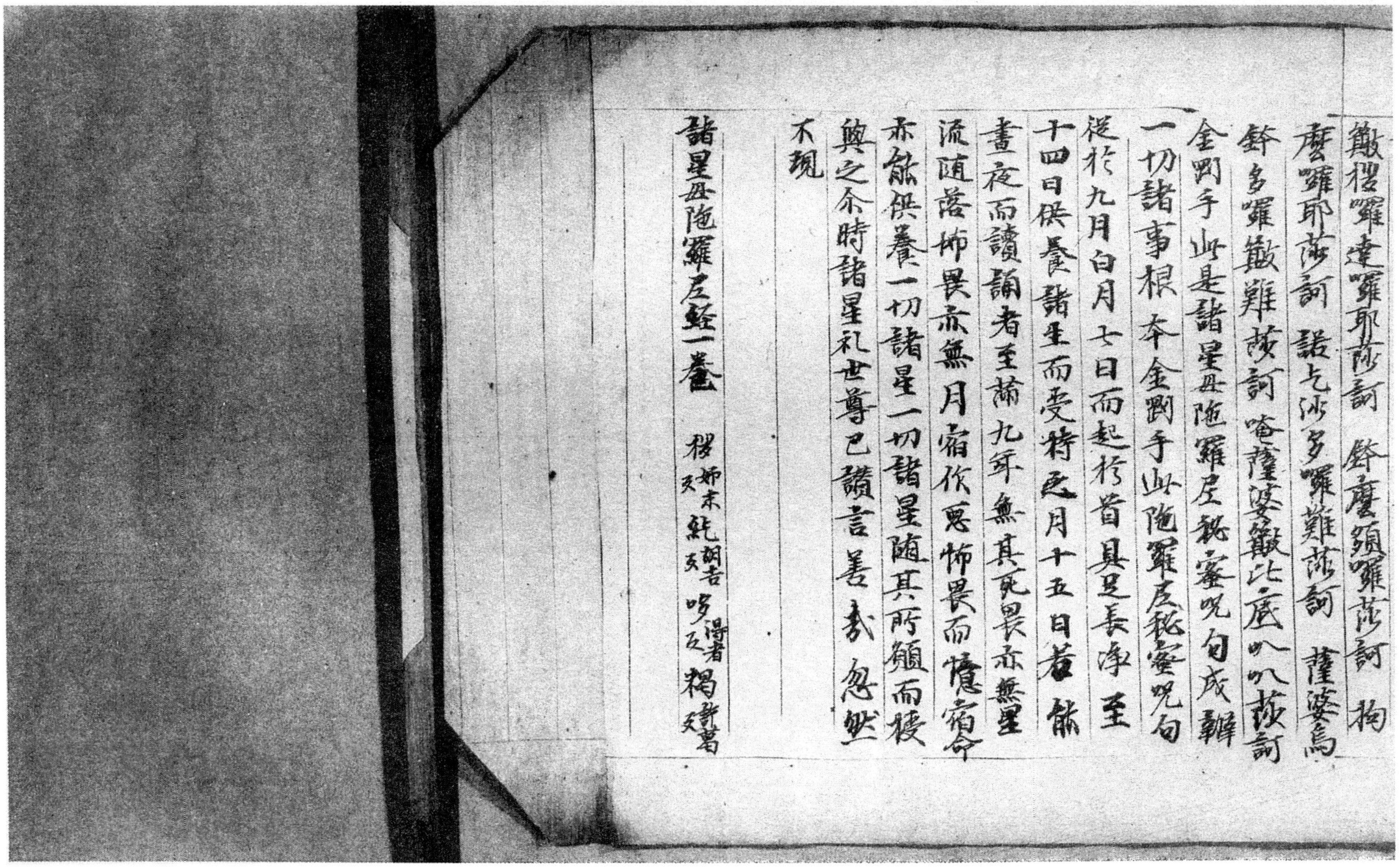
皺櫻囉達囉耶莎訶　鉢麼頞囉莎訶　拘
麼囉耶莎訶　諾乞沙多囉難莎訶　薩婆烏
鉢多囉皺難莎訶　唵薩婆皺比底吘吘莎訶
金剛手此是諸星母陁羅尼秘密呪句成辨
一切諸事根本金剛手此陁羅尼秘密呪句
從於九月白月七日而起首具足長淨至
十四日供養諸星而受持之月十五日着　餘
晝夜而讀誦者至滿九年無其死畏亦無星
流隨落怖畏亦無月宿伭惡怖畏而憶宿命
亦能供養一切諸星一切諸星隨其所願而棲
與之尒時諸星礼世尊已讚言善哉忽然
不現

諸星母陁羅尼經一卷　稷姉末反　紇胡吉反　哆得者反　羯許葛反

BD15395 號　諸星母陀羅尼經　（6–6）

遊千百國王四方來感唱法鼓朗然鳴龍幡
畫蓋 物及有五逆者速從无人鄉首羅問曰
賢身里地頗有得道者大仙荅曰閻浮里地
亦有少分得者首羅問曰可有幾數大仙曰
有八万四千恒河沙首羅問曰當來水災何
數得勉恒山五岳盡皆免水災勃海雍盧
之亦得勉水災甘晨山亦得免水災覆舟山亦
得免水災頗資山亦得免水災乳羅山亦得免
水災如此大災皆得免之受吾勑者當將老
令往就之首羅問曰更何方計得免水難
大仙荅曰更有一方亦得免之首羅歡喜更
問之□願說其意大仙荅曰歡信三寶礼佛
念法敬比丘僧持齋礼拜敬信不懈專念
不然如此之人得免大水之難首羅復問大仙
曰□何方計得免疫病之災大仙曰比丘僧
比丘尼優婆塞優婆夷從今以往持戒奉齋
皆及清潔男女大小能行如語皆應受戒如
吾所勑莫如常意可得度脫首羅曰復作
何方計得免妖耶之災大仙告曰妖耶乃至

BD15396號　首羅比丘見月光童子經　（13–1）

比丘尼優婆塞優婆夷從今以往持戒奉齋
皆及清潔男女大小能行如語皆應受戒如
吾所勑莫如常意可得度脫首羅曰復作
何方計得免妖耶之災大仙告曰妖耶乃至
多種受吾勑者慎莫信之月光出世唯有善
者盡得見之五逆大惡衆生終不見也首羅
問曰城池巷陌其事云何大仙荅曰城池巷
陌縱廣七百餘里高千尺下基千尺激城五
百餘尺開七十二門城作紫磨金色中有兜
率城高千尺下基千尺激城亦五百尺亦作
紫磨金色明中五百餘里亦開七十二門中
有八城各三十餘里亦作紫磨金色各有千
巷巷巷相當門門相望出見法王如此城郭
等男女皆悉充滿首羅聞之歡喜踊躍无
量善哉善哉大願將果首羅告四衆言大寶將
至莫作常意決定脩善莫作狐疑吾見大仙
以來消息審之无有疑惑但從吾意脩善奉
道精懃當行莫如常意思之念之必至无為
首羅問大仙曰受樂之時亦有琴樂以不大
仙荅曰月光出世琴有多種首羅曰願說其
意大仙荅曰琴瑟吹詠无量最上音聲逍遙
无極振大法鼓曜大法雷振動三千大千世界
種留爵而着琴瑟盡暢三十六鼓音聲當尒
之時諸天龍宮蝇蝇而動首羅比丘問大仙

BD15396號　首羅比丘見月光童子經　（13–2）

无極振大法鼓㕍大法雷振動三千大千世界
種留爵而着琴皷畫暢三十六皷音聲當尒
之時諸天龍宮蒐蒐而動首羅比丘問大仙
日向者妖耶我不畏之除此小耶更有大耶
以不大仙曰月光出世之時必有大魔而出
首羅問曰大魔出時可却以不大仙荅曰唯
有一人能却此魔者為何人也大仙荅曰三
十三天有一童子名曰赫天乘天龍馬從空
而來捉波梨弓渌沉箭唯有此人能却此大
魔首羅比丘問大仙曰有何方能却唯有此
一人能却餘人不能大仙荅曰如此大魔三
十六人各乘龍馬晉帶四十二金杖左手捉
金剛杵右手捉波梨斧走來攙共蹹石没蹤
超達永階但言唱煞无有當者首羅問大仙
日除此大魔更有何灾大仙荅曰月光臨出
觚有灾也首羅問曰灾復云何大仙荅曰當
有七日闇當尒之時有夜叉羅刹噉舍闍鬼鴆
䑋柔鬼飛行羅刹食人无量唯有受持三歸
五戒奉行齋法如此之人皆得度脫首羅問
日月光出世古月末後乃當出現奉善脩善
皆得見之首羅曰更復何處得免衆灾大仙
荅曰唯有陽州次有𤣥兔固都緜城柳城破
資陽河澗於此之城寅是為良三相大灾皆

BD15396號　首羅比丘見月光童子經　（13–3）

荅曰唯有陽州次有𤣥兔固都緜城柳城破
資陽河澗於此之城寅是為良三相大灾皆
起血流城河白骨如山唯有東南乃得无為
大仙荅曰首羅言好勅衆僧及以白衣坐禪
誦經懃脩三業莫如常意明王大聖今在漢
境未見之間催嚴福德莫如常意汝信脩善
奉善月光出世時前惡後善惡世難度好自
勑厲更別作心莫如不信大仙荅曰吾當虛
言若不尒者使我當來之世金剛力士手捉
金杵碎我身體猶如微塵我若虛言誑汝衆
生當來之世身當如是首羅問大仙曰而今世
間頗有仙人賢聖以不大仙荅曰賢聖仙人
世間无量首羅問曰何人是也大仙荅曰賢
古月興盛是故不見可首羅問曰賢士之人
名号是誰大仙荅曰我說其名首羅曰唯願
說之大仙告曰石賢得嚴賢明孫賢奇范賢
德吴賢使鄭賢當觀賢寶趙賢恩此是八賢
名字汝今可往就之真汝尊師能運生死首羅
日今在何處大仙荅曰今當出世何復問也但當
嚴心時至有之首羅復稽除此八人更有賢不
大仙荅曰觚更有之何人是也大仙荅曰秦
趙世潘道成盧惠顏杦國興扶男陽劉道貴
王延壽趙顯宗張道杦故世安李羅刹如諸
賢士皆遊巡世間汝今实眼不能別之得聞

BD15396號　首羅比丘見月光童子經　（13–4）

王延壽趙顯宗張道栊故世安李羅剎如諸
賢士皆遊巡世間汝今宍眼不能別之得聞
經常行平等何以故大賢諸賢難尒別
故受吾勅者宜應平等十六正士七十二賢
三千人俱如是大士在人間也不可識別或
見顛狂或復愚癡或復闇鈍寒貧下賤或飲
酒食宍或復夜食破齋如此示現何能識之
示衆生有三毒有見相隨順世法難可了知
唯有平等得值賢聖也首羅比丘告諸四衆
比丘尼優婆塞優婆夷大宍將至莫如常意
其有本師父母國王檀越朋友知識因緣親
戚等得吾經者皆示之莫問近遠得吾經者
懃行流布使一切聞之不聽隱匿吾經者當來
之世必墮惡道首羅比丘曰設有一人捨三
千大千國土象馬七珎及國內人民穀帛財
物以用布施不如有人流通吾經諸比丘前
功德倍加百尒首羅曰若得吾經者懃行流
布城邑聚落男女大小皆使聞之其有匿吾
經者現世不吉當來得病首羅曰有智信之
愚者棄之首羅曰吾經當來皆應也莫作不
信一切衆生冝應奉行歡喜信樂此經如海
多有潤澤尒時君子國王大臣宰相一切士
官三千餘人各聞太寧寺上有五百仙人歡
喜踴躍各各嚴駕詣太寧寺中仙人所稽首

BD15396號　首羅比丘見月光童子經　（13–5）

多有潤澤尒時君子國王大臣宰相一切士
官三千餘人各聞太寧寺上有五百仙人歡
喜踴躍各各嚴駕詣太寧寺中仙人所稽首
問曰大仙從何所來欲至何許願說其意大
仙曰我聞月光童子出世是故我來欲到彼
處王及大臣聞是語時歡喜踴躍傾心西望
而不可見西國真人脩何功德得值入善作
何善業得見月光出世而我國人遠而不見大
仙荅曰月光出世人皆普見王今云何生懊歎
心也王聞普見并大臣及諸人民皆大歡喜
各持嚴駕今當去來王問大仙日月光童子
今在何許大仙荅曰善哉善哉大王善聽吾
說月光明王今三千大衆在蓬萊山中海
陵山下閔子窟所以思惟時至現也君子國
大臣宰相一切士官并及國內人民各白大
仙曰今隨從大仙至月光所聽見以不大仙
日月光明王辟如大海亦如大地終不生疑
作留難也王及大臣并及人民隨從大仙有
三万七千人去君子國七千餘里到蓬萊山
中海陵山下閔子窟所見月光童子三千徒
衆諸賢聖等皆集於所月光童子問諸大仙
并及大王今從何所來欲何所至此中嶮難
凡人行步汝今云何能來至此王曰聞世尊
今欲出世故來奉問月光童子曰但當脩善

BD15396號　首羅比丘見月光童子經　（13–6）

并及大王今從何所來欲何所至此中嶮難
凡人行步汝今云何能來至此王曰聞世尊
今欲出世故來奉問月光童子曰但當脩善
懃行精進莫如常意吾今已竟何須復現問
大王曰我聞聖君出世不知法則云何願說其
意我當如心脩善月光童子曰汝若不知當
爲說之月光曰善聽復當善念善思念之
內著心中莫如常意吾見說之當來之年必
有水災高於平地四十餘里當水來時從西
北角出東南而流大水陽波叫聲雷電霹靂
不得爲喻汝復涌出運波叫聲當尒之時人
皆惶怖迫死者多唯有持戒淨潔求懃度世
□□童子使大龍王大引人慱着浮山設復
人造觀世音經一卷設復有人禪思一心
設復有人於惡世懃行勸化設復有人流通
是經不令隱匿章句文字懃行勸樂如此
又辛皆得度世不爲水災之所沒復除不
至心及壽命盡月光復告大王言當來三災疾
病流行十傷九亡種種異患皆當夭命王當
信之各勅國內一歲以上能行知語應受三
歸五戒若老若少皆應勸盡使受三歸五戒
奉行善法如是之人皆得度世除不善不至心
及命壽吾今審教語汝使知惡世流行善法
夭喪莫生悔心吾告汝等世將欲末漸

BD15396 號　首羅比丘見月光童子經　（13–7）

奉行善法如是之人皆得度世除不善不至心
及命壽吾今審教語汝使知惡世流行善法
夭喪莫生悔心吾告汝等世將欲末漸
令惡起來年難遇好作何善莫如常意吾當
出世災亦不善但當努力懃行善法莫如
常意媄耶不詳英雄覺起自然磨滅終不見
吾出見稍世汝等善哉莫如常意受吾教者
誦觀世音千遍防身度世橋穰善果又復有
人各受三歸五戒令當行之莫如常意懃行
此若老若少皆使聞之得度惡世設復有
流布此經處處流傳使人聞知得度身命
以懃流布此經者亦得度世月光曰流行此
經典者我於千劫中筭計是人福報終不能
盡設復有人生疑不信我於千劫中筭是人
罪報終不能盡羔復隱文字章句一點一畫
不令人聞覆人慧眼故世世常盲无所復見
乃墮羅漢常不離盲爲覆慧眼故斷鄣法路
乃獲是殃受吾勅者城邑聚落國王大臣一切
人民皆得聞之能有信心崇奉此經莫問
遠近展轉流通使人聞之千城百國皆使聞
當來世黃河以北弱水以南於其中間
王於漢境大王曰明王言此經從何所出月
光告大王言海陵大聖三千餘人衆議所造
月光告大王言等大衆各各分散順化天下

BD15396 號　首羅比丘見月光童子經　（13–8）

王於漢境大王日明王言此經從何所出月
光告大王言海陵大聖三千餘人衆議所造
月光告大王言菩大衆各各分散順化天下
不須復迴介時大王受教奉行歡喜而去月
光童子日向者所説汝若不信但看迦葉石
像是吾出世記耳善哉索斷合然作乃有善
衆生順莫驚怖吾當出時盡皆得无爲王及
大衆歡喜奉行近化不懈吾告汝等今歳難
到汝宜精進莫如常意各各發願過度惡世
大仙國王并及臣民歡喜奉行作礼而去五
百仙人在太寧山中并見月光童子經一卷
金龍城中見一菩薩龍華樹下見一道人下
此經時爲一衆生成一切衆生心王日爲汝
分別解説法王欲待聖君欲下爲一切童男
童女持百二十賢君申酉年爲衆生説法成
我童男童女成道讀此經時善思取此語男
取无穢女取恒沙男不用取婦月光童子欲
出聖成欲現成一切衆生道若讀此經語可
離此難月光菩薩欲來下説持戒可得見明
君若欲讀此呪時師子虎狼復惡耶魅虎百
鬼自然去一切衆生枉死者多爲一切衆生
貴佛正法
後丘尼優丘尼 但潭但潭 歡離歡離 烏呼烏呼尼
薩呼薩呼 但又但又 又阿由池池呼尼 要他要他

BD15396號 首羅比丘見月光童子經 （13–9）

貴佛正法
後丘尼優丘尼 但潭但潭 歡離歡離 烏呼烏呼尼
薩呼薩呼 但又但又 又阿由池池呼尼 要他要他
索由留菟 尼留菟尼
若讀呪時淨洗手嗽口讀此呪使人晨夜安
隱即見菩薩讀此呪百遍見菩薩放大光明
現在人前長杖一面如紫金色頭上金華大
如車輪手長一尺半初來入時莫作怖迫歸
命佛歸命法歸命僧十方法界三讀此經皆
得解脱世尊玄看衆生作罪不少爲分別解
説可離命得免難明君出時把此經向明君
必見我慎莫迫怖好正念正想正意正身得
見我身有人必難此人或作師子虎狼手把
金杖打人无度依此經語行菩薩行可得見
菩薩説法現身着天衣慎莫言語此人即成
道見香華自然不得動心言語此人必離惡世
第一用意百日在時不用癡貪申酉年時公
不識兒母不識女意此經語可得改心改意
第一不婬欲第一不惡眼視佛爲衆生説法
還得本心佛欲出世愍心懺悔即見月光菩
薩一个賢者得活十人此經不得誹謗闍君
欲起婬耶欲興愍精進即離此難諸道義爲一
切衆生即説法若解吾語即見法王道人死盡
不罪道罪道行死者多道人作罪不少由是

BD15396號 首羅比丘見月光童子經 （13–10）

欲起妖耶欲興懃精進即離此難諸道義為一
切衆生即説法若解吾語即見法王道人死盡
不罷道罷道行死者多道人作罪不少由是
恃生敗責由此國不安寧道人死時會横賊
見死多道意師僧欲責丘僧千个拔一个弟
一用行聖人欲始英雄欲起時節欲到時黄
衣長丈二粳米善地生懃心作福可得見此
事悉此經語即得見我身七月十四日其有
一佐十五日見佛地動莫作迦怖見道人漸
安義下此經語誹謗即有大病患起復見
一老烏足長一丈復見賢者脩道以来七百
餘年紫巖山中復見一道人身著天衣賢者
見之即以供養七日道人師徒三百餘年道
人四語讀經可得免難願佛波多樹下為一
切轉讀視見衆生衆生死盡月光童子復告
世尊衆生可化佛語月光童子前頭隨意即
復辟羅五逆甚多云何可度佛復語月光童
子佛復語四天龍王衆生可憐隨因緣起復
驗百二十賢召除却衆生好惡欲分別佛光
菩薩普光菩薩咸瑁普賢功德不少由諸國
去藥王菩薩堅固菩薩見在人間千村匹有
一村万里有長佛欲見出語衆生懃心作精進
可得見佛若誹謗之人䰟家滅盡定墮地獄
永不見佛佛欲出世懃精進比道欲知比難

BD15396 號　首羅比丘見月光童子經　（13–11）

菩薩普光菩薩咸瑁普賢功德不少由諸國
去藥王菩薩堅固菩薩見在人間千村匹有
一村万里有長佛欲見出語衆生懃心作精進
可得見佛若誹謗之人䰟家滅盡定墮地獄
永不見佛佛欲出世懃精進比道欲知比難
洛陽口西欲知比惡在於瑩西復有瑩北若
有吾弟子解吾口語即我弟子指手心上乃
懃惟思之不但看後頭有杆十手相指喚赫
赫自去善哉童子実後快樂由欲末頭兩手
相拍穆然自去善男子耶快以不惡人去盡
欲大樂惡人後不問女婦盡成道乃一精進
可得免此難佛復有大慈悲快憐衆生不捨
永生心不迴畏衆生死盡有緣值我無緣索
索自去維摩共之定光在人中維摩開妻婦
人使人不識作行世帝下書化人維摩刹
大各四十五里直東維摩有三个兒維摩度
人无崖誰人聞我行婬濫无婬行衆生敢得
此衛看維摩時節欲到无量衆生悔與維摩
度人決得成佛維摩貪財盜語一切衆生懃
心精進可得見維摩諸道義區此島傍海下
此經即見王僧慶行徒七人見此島即燒香
歡喜踊躍七日不食若一切衆生聞我語聲
懃心精進慎莫異意惡欲死盡欲大樂貴祖
六翰

BD15396 號　首羅比丘見月光童子經　（13–12）

赤自去善考童子[illegible]從[illegible]
相相穆然自去善男子耶仗以不悪人去盡
欲大樂悪人後不問女婦盡成道乃一精進
可得免此難佛度有大慈悲仗憐衆生不捨
衆生心不迴畏衆生死盡有緣值我無緣索
索自去維摩共之定先在人中維摩翔妻婦
人[illegible]使人不識作行世帝下曺化人維摩利
大各四十五里直東維摩有三个兒維摩度
人无崖詐人聞[illegible]行婬濫无婬行衆生敢得
此行者維摩時節欲到无量衆生悔與維摩
度人決得成佛維摩貪財盜語一切衆生懃
心精進可得見維摩諸道義區此鳥傍海下
此經即見王僧慶行徒七人見此鳥即燒香
歡喜踊躍七日不食若一切衆生聞我語聲
懃心精進慎莫異意悪欲死盡欲大樂貴祖
不輸

BD15396號　首羅比丘見月光童子經　（13–13）

一切如來隨心真言
唵引 跛羅、三去 跛羅二 跛羅去 印捺哩二合 野尾戌引馱
馱𩕳、吽引 吽引 嚕嚕 左黎引 娑嚩二合引 賀
一切如來心中心真言
唵引 尾麽上 黎引 惹野嚩𩕳引 阿上 蜜㗚二合 帝引 吽引 吽引
吽引 吽引、發吒 發吒 發吒 發吒 娑嚩二合引
一切如來結界真言
唵引 阿上 蜜哩二合 多尾 路引 枳𩕳、薩 婆去 僧去 囉 乞灑二合
捉阿去引 羯灑 捉尼貞反 吽引 吽引 發吒 發吒 娑嚩二合 賀
一切如來灌頂真言
唵引 阿上 蜜㗚二合 多 嚩𩕳引 嚩囉 嚩囉 鉢囉二合 嚩囉 尾
秫詩聿反 弟引 吽引 吽引 引此字如吽列從腹出 發吒此字取半音後同 發吒 娑嚩引二合 賀
一切如來金剛被甲真言
唵引 毋𩕳 毋𩕳 嚩𩕳引 阿鼻詵去 左 覩 鞥引 薩嚩 怛他
去引 蘖多引 薩嚩 尾你野二合 鼻灑 罰引 麽 賀引 嚩日囉二合 迦嚩
左 毋捺羅二合 毋捺哩二合 帶引 薩嚩 怛他引 誐 多 紇哩二合 乃
引 地瑟耻二合 多 嚩日囉二合 娑嚩二合 賀

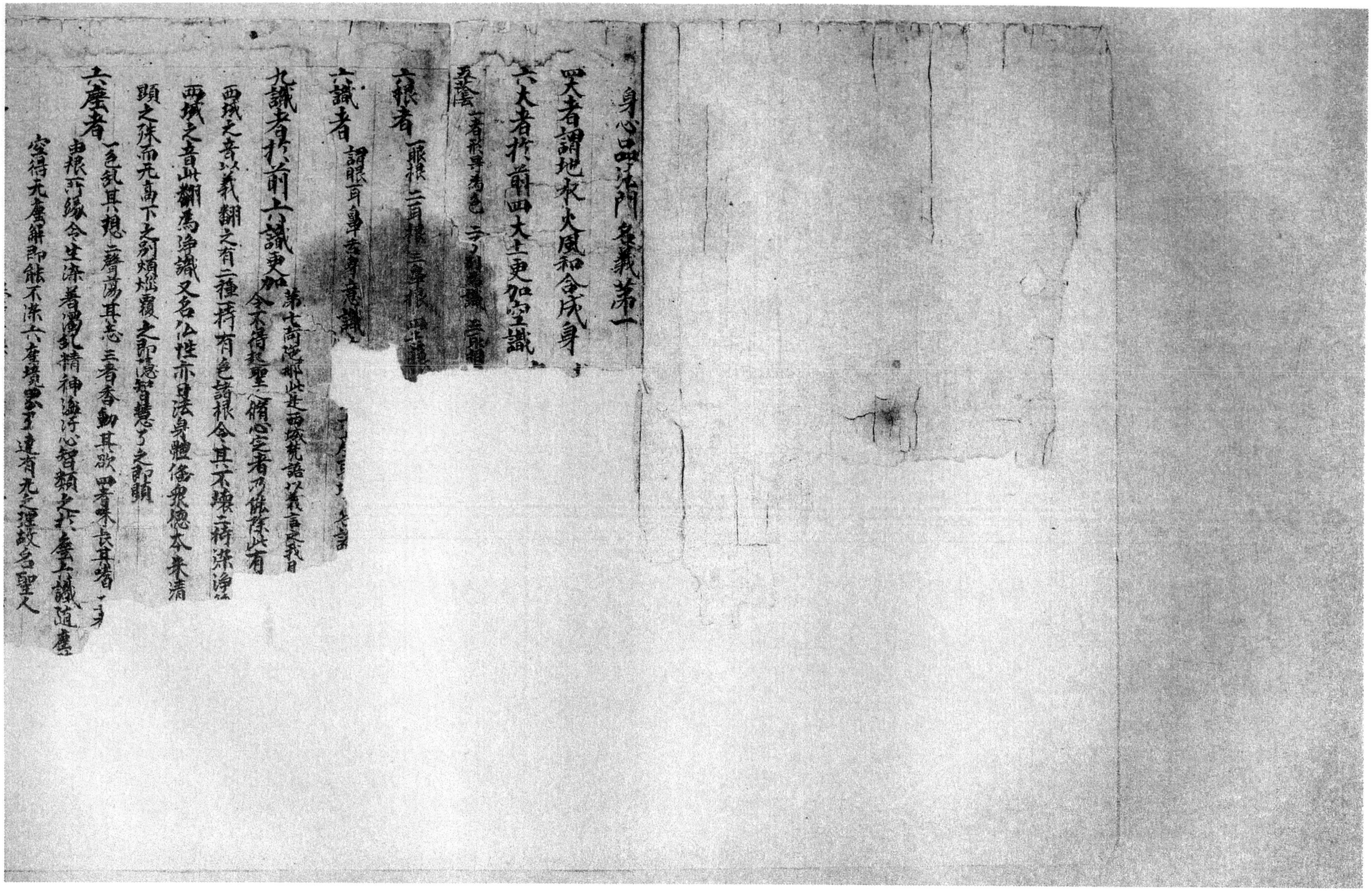

BD15398號　法門名義集（異本）

（3–1）

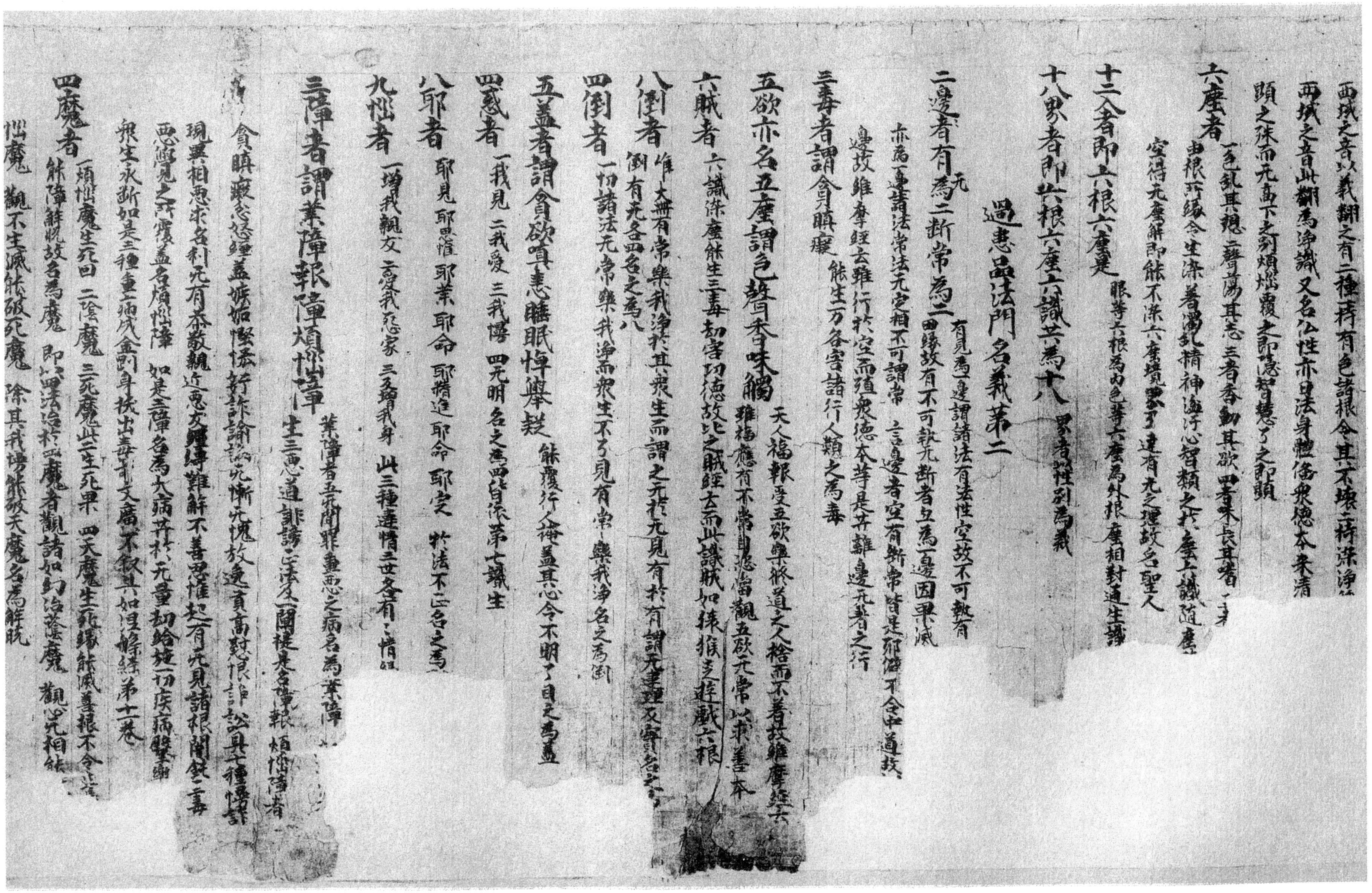

BD15398號　法門名義集（異本）

（3–2）

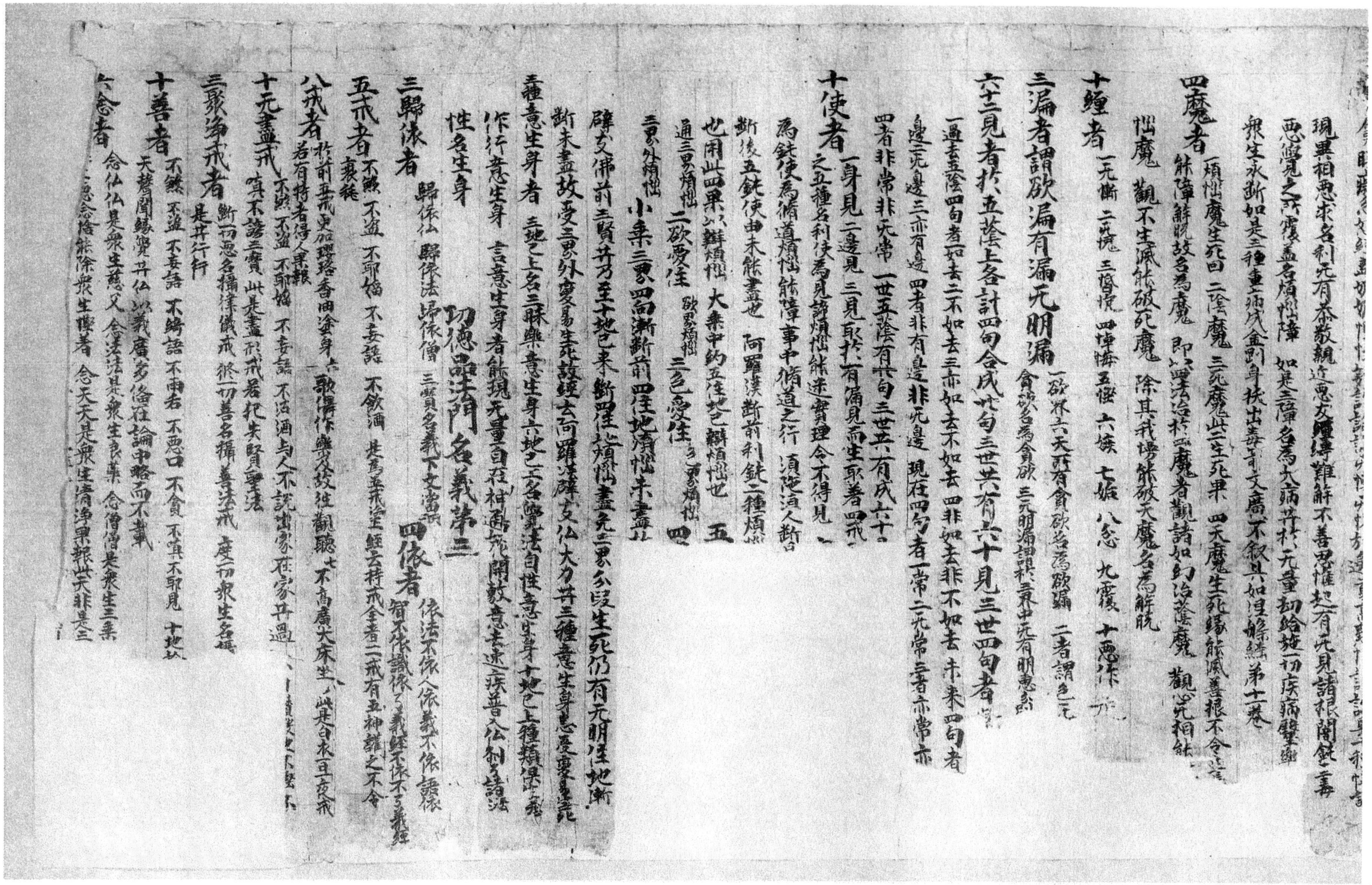

現果相惡求名利无有恭敬親近惡友纏縛難解不善思惟起有无見諸根闇鈍
惡覺觀之所覆蓋名煩惱障 如是三障名為大病菩薩於无量劫給施一切疾病醫藥
衆生永斷如是三種重病成金剛身扶出毒箭文處不叙具如涅槃經第十一卷
四魔者 一煩惱魔生死因 二陰魔 三死魔此二生死果 四天魔生死緣能滅善根不令生長
能障解脫故名為魔 即以四法治於四魔者觀諸如幻治陰魔 觀心无相能
惱魔 觀不生滅能破死魔 除其我慢能破天魔名為解脫
十纏者 一无慚 二无愧 三惛沈 四悼悔 五慳 六嫉 七姤 八忿 九覆 十惡作
三漏者謂欲漏有漏无明漏 一欲界六天所有貪欲名為欲漏 二者謂色无色
貪欲名為貪欲 三无明漏謂根本三界中无有明慧
六十二見者於五陰上各計四句合成廿句三世共有六十見三世四句者
一過去五陰四句者一如去二不如去三亦如去亦不如去四非如去非不如去 未來四句者
一邊二无邊三亦有邊亦无邊四者非有邊非无邊 現在四句者一常二无常三者亦常亦
四者非常非无常 一世五陰有共句三世共有成六十二
十使者 一身見 二邊見 三見取於上有漏見而生取著 四戒
之五種名利使為見諦煩惱能迷實理令不得見 一
為鈍使為脩道煩惱能障事中脩道之行 須陀洹人斷
斷後五鈍使由未能盡也 阿羅漢斷前利鈍二種煩惱
世間此四果以辯煩惱 大乘中約五住地已辯煩惱也 五
通三界煩惱 二欲愛住 欲界煩惱 三色愛住 色界煩惱 四
三界外煩惱 小乘三界四句漸斷前四住地煩惱未盡故
辟支佛前三賢菩薩乃至十地已來斷四住地煩惱盡免三界分段生死仍有无明住地斷
斷未盡故受三界外變易生死故經云阿羅漢辟支佛大力菩薩三種意生身患受變易死
三種意生身者 三地已上名三昧樂意生身 六地已上名覺法自性意生身 十地已上種類俱生无作
作行意生身 言意生身者能現无量自在神通施開敷意去速疾普入佛剎化諸法
性名生身

功德品法門名義第三

三歸依者 歸依佛 歸依法 歸依僧 三寶名義下文當說
四依者 依法不依人 依義不依語 依智不依識 依了義經不依不了義經
五戒者 不殺 不盜 不邪婬 不妄語 不飲酒 是為五戒 涅槃經云持戒全者二戒有五神護之不令
八戒者 於前五戒更加瓔珞香油塗身 六 歌儛倡伎樂故往觀聽 七 不高廣大床坐 八 此是白衣一日一夜戒
若有持者得人天報
十无盡戒 不殺 不盜 不邪婬 不妄語 不沽酒與人 不說出家在家菩薩過
不瞋不謗三寶 此是盡形戒 若犯失賢聖道
三聚淨戒者 斷一切惡名攝律儀戒 修一切善名攝善法戒 度一切衆生名攝
是菩薩行
十善者 不殺 不盜 不妄語 不綺語 不兩舌 不惡口 不貪 不瞋 不邪見 十地以
天魔聲聞緣覺菩薩佛 以義廣多備在論中略而不載
六念者 念佛 佛是衆生慈父 念法 法是衆生良藥 念僧 僧是衆生三業
是惡念捨能除衆生障著 念天 天是衆生清淨果報 此天非是三

BD15398號　法門名義集（異本）　（3–3）

BD15398號背　雜寫　　（1–1）

三衣敷須依　作新應捨故
无不是三衣　難陀隨路出
便指捨墮罪　六羣使尼衆　浣染擗羊毛　[illegible]
使親非是犯　王城一大臣　難陀舊親友　得内遣留[illegible]
兒食与五錢　日月有四患　犄羅煙霧塵　暗了不分明
比丘亦如是　飲酒行欲事　自手捉金銀　邪命諂自身
教人亦同犯　難陀以錢等　種種作文易　成
未作名未成　此物捨与俗　須時應就取
索取無令失　難陀以生薑　村中特易合
身子白世尊　淺治故弊衣　光色如新者
俗人皆共嫌　波利色迦羅　此名貿貝物
不應增一錢　六羣多畜鉢　猶如陶師家　[illegible]
轉降同衣處　難陀持破鉢　多乞不知厭　長者捨与僧
用時如法護　為縫僧伽梨　乞線令他織　又於非親畫
勸織使令堅　跋難陀以衣　与難陀弟子　許行不共法
嗔心種貫來　秋月比丘病　佛聞十種藥　蘇蜜等五藥
時非時聽食　佛從舍衛國　五百乞人隨　私訶羅象師
施佛僧石蜜　有餘与乞兒　更餘須水内　三歸及五戒
受已盡形持　復因婆蹉病　蘇油野狼籍　因斯開七日

勸誡使令堅　跋難陀以衣　与難陀弟子　許行不共諍
嗔心種其来　秋月比丘病　仏開十種藥　酥蜜等五暗
時非時聽食　仏從舍衛國　五百乞人隨　私訶羅象師
施仏僧石蜜　有餘与乞兒　更餘須水內　三飯及五戒
受已盡形持　復因婆蹉病　麵油野狼腊　因斷開七日
轉降事如衣　酥油塗戶鑰　蜜与守園人
七日与比丘　未滿應塗足　畔舍請仏僧　因見路形浴
從仏乞八願　如來哀愍聽　比丘若初來　及以將行者
病人食及藥　數与看病者　施諸比丘粥　与雨衣浴衣
仏為說三頌　彼極心歡喜　世尊安居了　命問婆羅門
於仏奉三衣　比丘僧各二　邊方有賊起　五令二將罸
為慈施主故　開受急施衣　丘比安居訖　八半前夏了
更欲迦提月　住於蘭若處　謂至九月半　為難開離衣
六夜三事成　至七便犯罪　居士欲持衣　施仏及衆僧
跋陀持入已　凡許不應為　在拘律園中　釋迦子儀力
論議多反說　妄語起識謗　見聞觸知境　不實而陳說
前人領解時　即是根本罪　六羣為毀呰　因說犍古牛
是故諸比丘　不應種種罵　因六羣離間　說善牙善博
二畜自相語（同心煞野干）　尊者阿那律　投女宿門旁　見延嘍入家
願言求作婦　被遍現神通　女得法眼淨　遂与受皈戒
制不許同居　六羣心亂睡　形路遊招譏　未具不同眠
羅云開三夜　若与未具人　同句及隨句　味字亦如是
法為仏等說　同句謂同時　隨為隨後說　師語聲未斷
弟子急相連　凡欲教人時　遣令待語竟　不作如是告
便招惡作懺　口教及書字　何等了了時　便得遮燒懺
異此皆輕罪　二篇麁惡罪　說具得提懺　若道餘人時
皆得惡作罪　實得過人法　不向未具陳　若有無智男

BD15399號1　四分律略頌　（7–2）

敝

便招惡作懺　口教及書安　何等了了時　便得遮燒懺
異與皆輕罪　二篇廣惡罪　說具得提懺　若遮餘人時
皆得惡作罪　實得過人法　不向未具陳　若有無智男
不應過五六　五戒八齋法　八聖善不善　女人能開義
隨事並皆開　掘地不應為　及至爪甲損　若損於生種
有五別應知　生謂生草木　種有五不同　根拔節覆子
同時應作淨　蘭陁作異語　慳亂諸比丘　賓力被衆老
慈地生憎恨　十七數僧具　路處不舉敷　後有客比丘
房中并臥具　六群輩駈十七　種奪舊住房　又復起嗔嫌
牽令出房外　若在重房上　受用脫腳林　以溉罪支足
無令有傷損　蘭陁作大屋　要水用和泥　湯相不檢生
此亦招提罪　蘭陁作大房　餘草至三覆　不離見聞處
得罪異斯無　仏在舍衛國　僧尼五百人　愛道請教尼
遊遣難陁往　但說二偈已　尊者入四禪　為現十八變
尼衆皆歡喜　比丘具十法　然後得教尼　我有具多聞
誦二部決斷　善說是貴族　端政令歡喜　不黠於重法
夏滿二十年　尼行敬八法　盡壽不得違　應礼勸戒人
不罵不應舉　我又應兩年　當在於二部　半月請教授
有僧處安居　若對僧自恣　若更說戒時　上座應問言
尼遣誰來請　若有教戒人　迎逆應[illegible]　隨請設供養
說法任當時　難陁教授尼　遊至於日沒　後作譏嫌語
為食而教戒　不得與尼衣　貿易者無犯　迎衣作非法
由此起譏嫌　迎衣并偷蘭　同在屏處坐　與尼同路去
村村盡得提　尼與期乘船　入船便得罪　尼云天授律
即是龍中龍　知尼讚嘆時　比丘不應食　後因緣師違
開施主先心　那律問曠城　婦女隨行去　夫便打尊者
慈心現火光　若施一食處　不應重授食　若有殷勤請

村〻盡得提　足與助乘舩　入船便得罪　足云天授伴
即是龍中龍　知足讚嘆時　比丘不應食　後因梨師達
開施主先心　那律問毗城　婦女隨行去　夫便打尊者
慈心現大光　若施一食處　不應重授食　若有殷勤請
更往許無愆　佛在王舍城　沙竟車五百　載食隨佛後
請僧仏蹈去　因開令施粥　五蓋利比丘　能除飢渴風
宿良調便利　施麨油餅肉　比丘不能飡　佛與彼大臣
受三歸五戒　藥師事同前　因制展轉食　餅麨二餘肉
有緣便更開　仏責天授言　不應別衆食　得受兩三鉢
持歸應共分　若噉於五正　知五處成足　知食知授人
知違威儀捨　五種佉闍尼　根枝葉花果　及以石蜜等
皆須作餘食　若以不善心　勸他令更食　隨胎驚婦女
因不許非時　因迦羅停食　殘宿不許食　後因乞食人
不受不應食　受事有十種　手物不應惡　乞養身無病
相為使無罪　仏行至舍衛　種越奉仏僧　餘餅遣阿難
行與諸外者　由餅相秏者　招識制跡形　後為跋難陀
衆僧食不足　迦留為齋婦　久住惚其實　因制食家中
屏路不安坐　難陀跋比丘　令其不得食　六群往索藥
故惚厚訶男　波斯領兵衆　六群皆往觀　君蜜奉世尊
因斯仏呵責　王兵有四種　象馬車步殊　有事至軍中
不得過三夜　隨往不觀陣　方圓半月張　若有障難緣
通觀不成犯　尊者娑伽陀　投彼梵志宿　入定以神力
降龍置鉢中　國主生敬信　心願見世尊　奉之以黑酒
娑伽陀大醉　酒有十種過　色惡少氣力　目視不分明
似現嗔恚想　壞業增疾病　益鬭惡名流　智減墮惡道
由思不應飲　酒有色味香　不草沛口中　餘藥所不治
為盲開無犯　十七水中戲

殺龍不成犯　尊者婆伽陀　殺彼梵志宿　入定以神力
降龍置鉢中　国主生敬信　心願見世尊　牽之以黒酒
婆伽陀大醉　酒有十種過　色惡少氣力　目視不分明
似觀（現）嗔恚想　壞業增疾病　益鬪惡名流　智滅墮惡道
由思不應飲　酒有色味香　不葦沛口中　餘藥所不治
為病開無犯　十七水中戲　夫人寄石蜜　仏因此訶責
不應水中戲　不應相擊歷　及以不受諫　世尊棄雨衣
經行夭欲曉　彼羅被毛毯　故欲恐世尊　天主何因問
善日當清淨　不以色香等　恐怖於比丘　若使利等憍
作聲者無犯　瓶沙許比丘　常在池中浴　王因不得洗
制半月應知　六群路燒樹　葉出着炮驚　無病路拾燃
屋內便無犯　糠麩等在聚　然炭得輕懲　凡遺然火時
皆須知是語　六群藏十七　衣鉢匿餘緣　与他淨施衣
不問不應取　二種淨施衣　對面及展轉　對面必須問
後不問隨情　不著白色衣　要作三種壞　迦留殺烏鳥
若命遂招提　飲雜虫水時　皆悉得提罪　或作輕悩意
令他心不安　故覆雜隨罪　初二重餘輕　童子憂波離
不學餘依術　但令出家去　無若得身安　不能夜忍飢
制年滿二十　若受具戒已　應數胎中月　數閏十四日
不滿退沙彌　諍除更發舉　有四諍應知　偷稅賊伴行
比丘亦令死　阿利吒惡見　欲說不障道　若知共止宿
四屋並招提　難陀二弟子　羯那摩睺迦　說欲事如前
共住同前罪　闡陀不受諫　令人悩愧疑　半月戒經中
隨僧与僧物　不与欲起去　与欲生悔心　竊聽向餘陳
六群打十七　又復以手搏　無根僧殘謗　若離三根外
是謗事應知　舍衛耶若達　臣冒婦黃頭　自恨下賤身
持飯奉調御　供養可王意　酬價百千金　同載入宮中
因名為末利　白王求見佛　嚴駕入祇園　廣問女人身

隨僧與僧物　不與欲起去　與欲生悔心　竊聽向餘陳
六群打十七　又復以手搏　無根僧殘謗　若離三根外
是謗事應知　舍衛耶若達　臣冨婦黄頭　自恨下賤身
持飯奉調御　供養可王意　酬價百千金　同載入宮中
因名為末利　白王求見佛　嚴駕入祇園　廣問女人身
因何有妍醜　無嗔得端正　好施感次財　不起嫉妬心
當招大威力　夫人便自念　前身善惡因　歸依佛法僧
獲得法眼淨　王與夫人卧　迦留見踰形　不應輙入宮
觀王所愛寶　比丘隨道去　持歸至金囊　諂官平斷時
竊盡他財物　因彼俗譏讓　制不應捉寶　復為女莊嚴
輒捉開無罪　若人禁者　問應可說驗　事同應與去
寺物舉無懲　難陀入村內　與俗共摴蒱　同制非時中
不得入聚落　迦留處高座　又遣世尊看　由此制諸床
不應過八指　不應以木綿　貯牀及坐蓐　二牀各五種
用草貯非遮　因作鐵同施　遂使作人貧　若作綵物時
並悉開無犯　世尊遍觀房　見有汙蓐處　聽遮身卧具
應作尼師檀　迦留為大身　手挽欲令長　因此更開聽
疊兩重无犯　因療汙身體　遣作覆瘡衣　作衣同佛色量
復開雨浴衣　第四部　蓮花乞得食　三日與比丘
飢因薄涅中　因制不得受　由尼索美食　越次與六群
若在白衣家　不應指受食　王城夫婦信　施食使家貧
應作羯磨遮　當時當為解　若在蘭若處　寺外不受食
必有病因緣　藍内成非犯　第五
所有衆學法　文斷不踈條　准戒可憶持　無煩為偈頌
一切羯磨皆具十緣　第一斟量前事　二約處以明　三集僧方法
四集僧差別　五和合之相　六簡衆　七與欲　八陳意　九問　十答

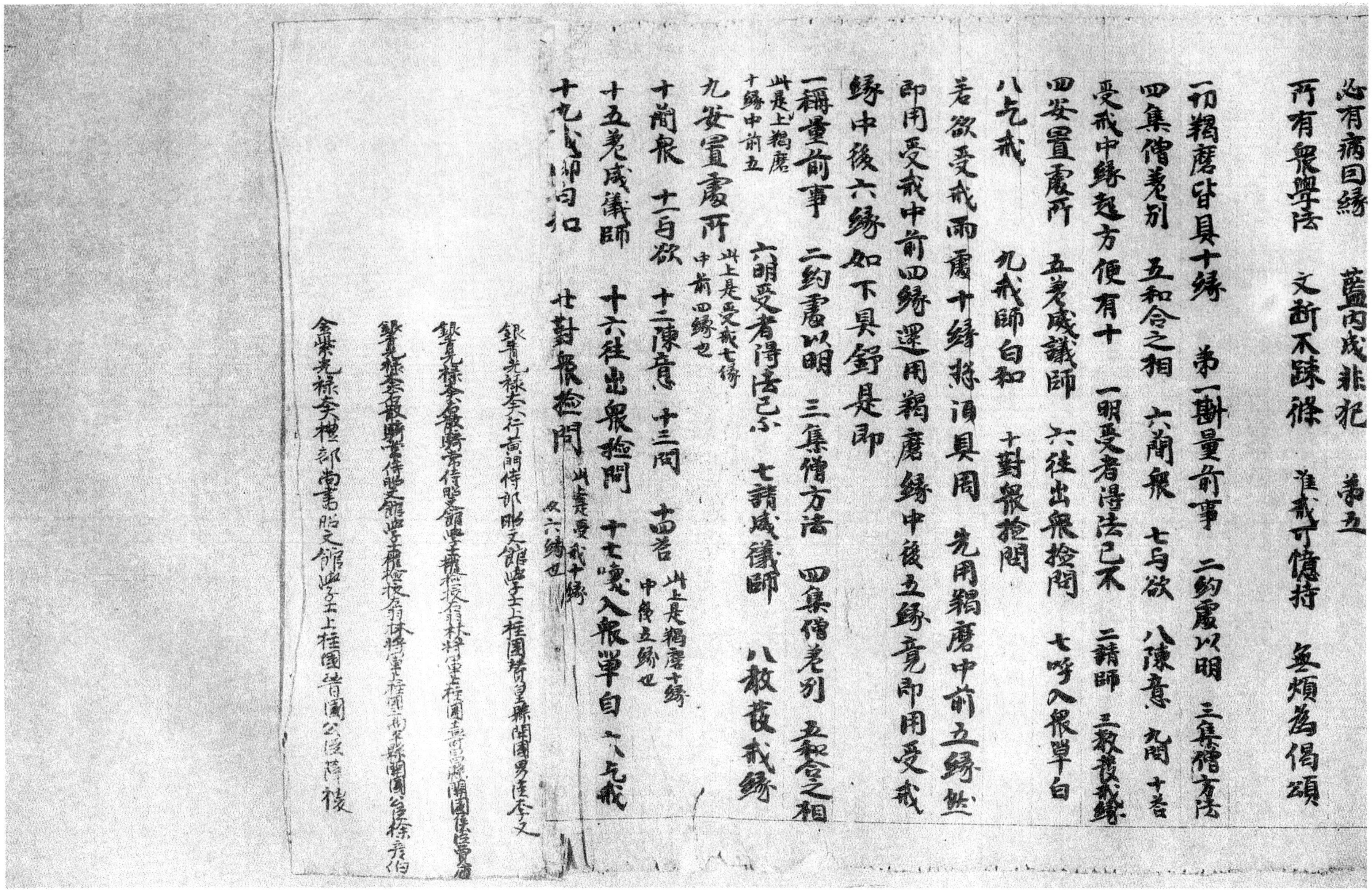
必有病因緣 藍內成非犯 第五
所有衆學法 文斷不踈倦 准戒可憶持 無煩為偈頌
一羯磨皆具十緣 第一斟量前事 二約處以明 三集僧方法
四集僧差別 五和合之相 六簡衆 七與欲 八陳意 九問 十答
受戒中緣起方便有十 一明受者得法已不 二請師 三教發戒緣
四安置處所 五差威儀師 六往出衆撿問 七呼入衆單白
八乞戒 九戒師白和 十對衆撿問
若欲受戒兩處十緣並須具周 先用羯磨中前五緣然
即用受戒中前四緣 還用羯磨緣中後五緣 竟即用受戒
緣中後六緣 如下具錄是即
一稱量前事 二約處以明 三集僧方法 四集僧差別 五和合之相
此是上羯磨十緣中前五 六明受者得法已不 七請威儀師 八教發戒緣
九安置處所 此上是受戒七緣中前四緣也
十簡衆 十一與欲 十二陳意 十三問 十四答 此上是羯磨十緣中後五緣也
十五差威儀師 十六往出衆撿問 十七喚入衆單白 十八乞戒
十九戒師白和 廿對衆撿問 此上是受戒十緣後六緣也
銀青光祿大夫行黃門侍郎弘文館學士上柱國晉昌縣開國男臣李乂
銀青光祿大夫散騎常侍弘文館學士權檢校右羽林將軍上柱國高平縣開國侯臣賈
銀青光祿大夫散騎常侍弘文館學士權檢校右羽林將軍上柱國[illegible]縣開國公臣徐彥伯
金紫光祿大夫禮部尚書弘文館學士上柱國晉國公臣薛稷

BD15399 號 1　四分律略頌
BD15399 號 2　文書末官銜（擬）

（7–7）

體者菩合是語業為體任意取捨十一處中以法為體依經部以不相
應為體依有部以色為體俱是法處攝 問律儀有幾種 答四種
一靜慮律儀是色界尸羅 二無漏律儀為無漏身中所起尸羅 三斷律
儀 斷煩惱名斷律儀 四別斷解脫律儀為欲界尸羅為別別防非名別
解脫律儀 客舊還 昔大師在日親為教主客苾芻至自唱善來
又復西方寺眾多為制法凡見新來無論客舊及弟子門人舊人即須
迎前唱莎揭哆譯曰善來客乃尋聲即云窣莎揭哆譯曰極善來如
不說者一違寺制二准律有犯無問大小悉皆如此即為收取瓶鉢掛在
壁牙隨處安坐令其憩息幼向尊處尊乃房前畢則敬上而執拂
其踏後及遍身尊乃撫下而頻按其皆不至脅足齊年之類事無間然
既解疲勞方澡手濯足次就尊所申其禮敬但為一禮跪而按足尊乃垂
其右手撫彼肩背若別非經久手撫不為師乃問其安不弟子隨事見答然後
退在一邊恭敬而坐實無立法然西方軌則多坐小枯復符露足東夏既
無斯事執足之禮不行經說人而來至仙所頂禮雙足退坐一面即其儀矣
然後釋其時候恭給湯飲蘇蜜沙糖飲噉隨意或餘八漿並須羅濾
澄清方飲如果濁滓此定不開 香湯之流體是稠濁准依道理全非飲限
律云凡漿淨濾色如黃荻此謂西師弟門徒客舊相逢迎之禮豈有冒寒創
至觸熱新來或遍體汗流或手足皆凍寂卻來慎急事和南情狀怱忙漢
乖執式師乃立之閑聞餘事蔑我太急將為紹隆言和南者梵云畔睇或
云畔憚南譯為敬禮但為採語不真喚和南矣不能移舊且道和南的

迎前唱菩揭哆譯曰善來客乃彈聲即云寧菩揭哆譯曰極善來如
不說者一違寺制二准律有犯無問大小悉皆如此即為杖取瓶錫執植
歸牙隨處安坐令其憩息幼向屏處尊乃房前畢則敬上而執捌
其踏後及遍身尊乃按下而頻按其皆不至暑足齊了年之類事無聞坐
既解疲勞方澡手濯足次就尊所申其礼敬但為一礼跪而按足尊乃垂
其右手撫彼肩背若別非經久手撫不為師乃問其安不弟子隨事見答然後
退在一邊恭敬而坐實無立法然西方執則多坐小枯複皆露足東夏既
無斯事執足之禮不行經說人而來至仙所頂礼雙足退坐一面即其儀矣
然後釋其時候恭給湯飲蘊審沙糖飲啜隨意惑戴餘八漿並須羅濾
澄清方飲如兼濁滓此定不開香湯之流體是稠濁准依道理全非飲限
律云凡眾淨濾色如黃荻此謂西師弟門徒客舊相逢迎之礼豈有胃寒創
至觸熱新來或遍體汗流或手足皆凍放卻未慎急事和南情狀悠怔澡
乖執武師乃立之閑問餘事識我太急將為紹隆言和南者梵云畔睇或
云畔憚南譯為敬礼但為採語不真喚和南矣不能移舊且道和南的
取正音應云畔睇又道行眾集礼拜非儀合掌低頭口云畔睇故經云或
複但合掌乃至小低頭即是致敬也南人不審依希合度向使改不審為畔睇
斯乃全同律教矣

小鈔一卷

量亦不[illegible]空可思
[illegible]无住相布施[illegible]
提菩[illegible]也
[illegible]以身相見如来不不也
[illegible]見如[illegible]何以故如来所
佛告須菩提凡所有相皆
是虚妄若見諸相非相即見如来
須菩提白佛言世尊頗有衆生得聞如是言
説章句生實信不佛告須菩提莫作是説如
来滅後後五百歳有持戒脩福者於此章句
能生信心以此為實當知是人不於一佛二
佛三四五佛而種善根已於无量千万佛所
種諸善根聞是章句乃至一念生淨信者須
菩提如来悉知悉見是諸衆生得如是无量福

BD15401 號　金剛般若波羅蜜經　（3–1）

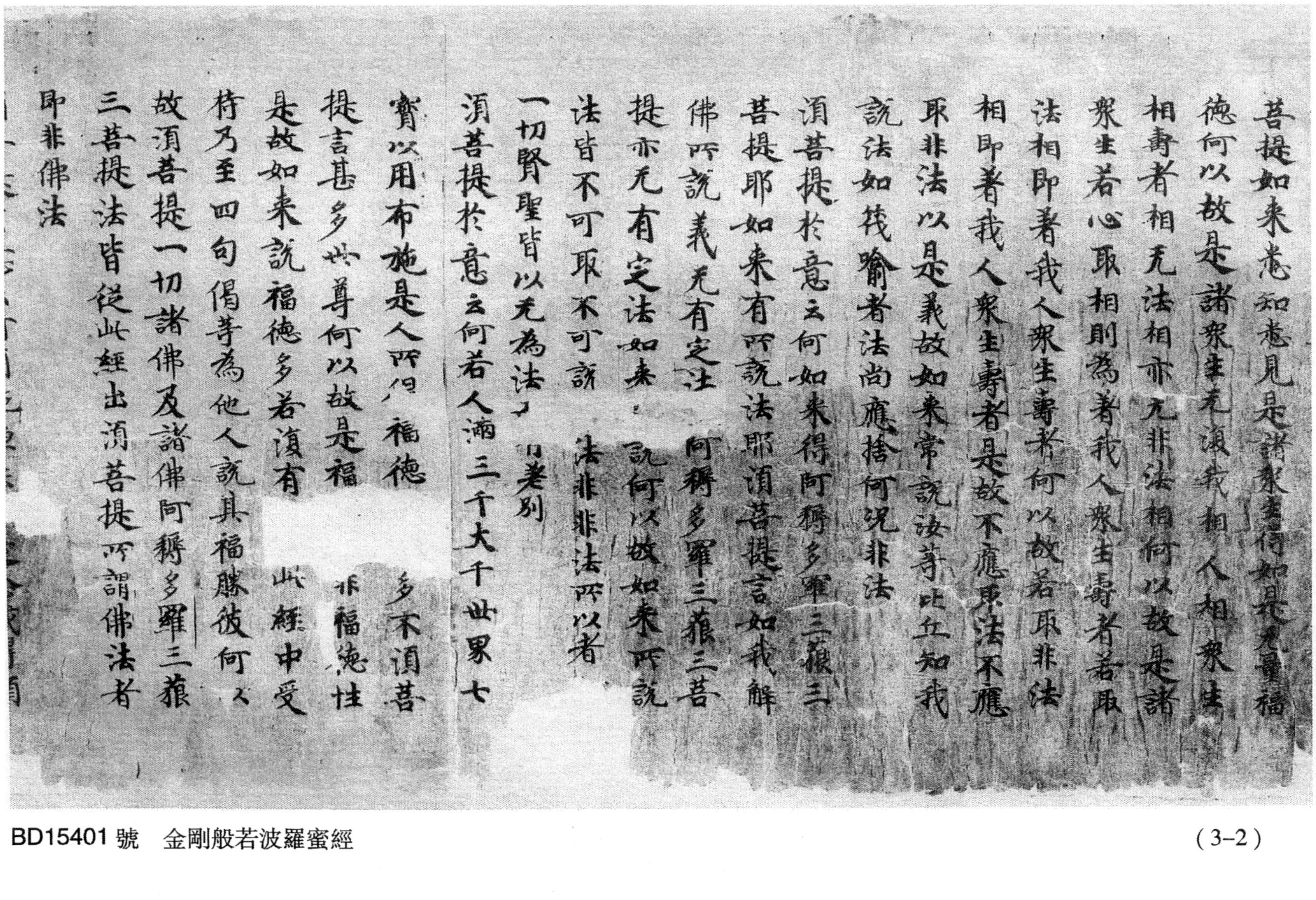
菩提如来悉知悉見是諸衆生得如是无量福
德何以故是諸衆生无復我相人相衆生
相壽者相无法相亦无非法相何以故是諸
衆生若心取相則為著我人衆生壽者若取
法相即著我人衆生壽者何以故若取非法
相即著我人衆生壽者是故不應取法不應
取非法以是義故如来常説汝等比丘知我
説法如筏喻者法尚應捨何況非法
須菩提於意云何如来得阿耨多羅三藐三
菩提耶如来有所説法耶須菩提言如我解
佛所説義无有定法名阿耨多羅三藐三菩
提亦无有定法如来可説何以故如来所説
法皆不可取不可説非法非非法所以者
一切賢聖皆以无為法而有差別
須菩提於意云何若人滿三千大千世界七
寶以用布施是人所得福德寧為多不須菩
提言甚多世尊何以故是福德即非福德性
是故如来説福德多若復有人於此經中受
持乃至四句偈等為他人説其福勝彼何以
故須菩提一切諸佛及諸佛阿耨多羅三藐
三菩提法皆從此經出須菩提所謂佛法者
即非佛法

BD15401 號　金剛般若波羅蜜經　（3–2）

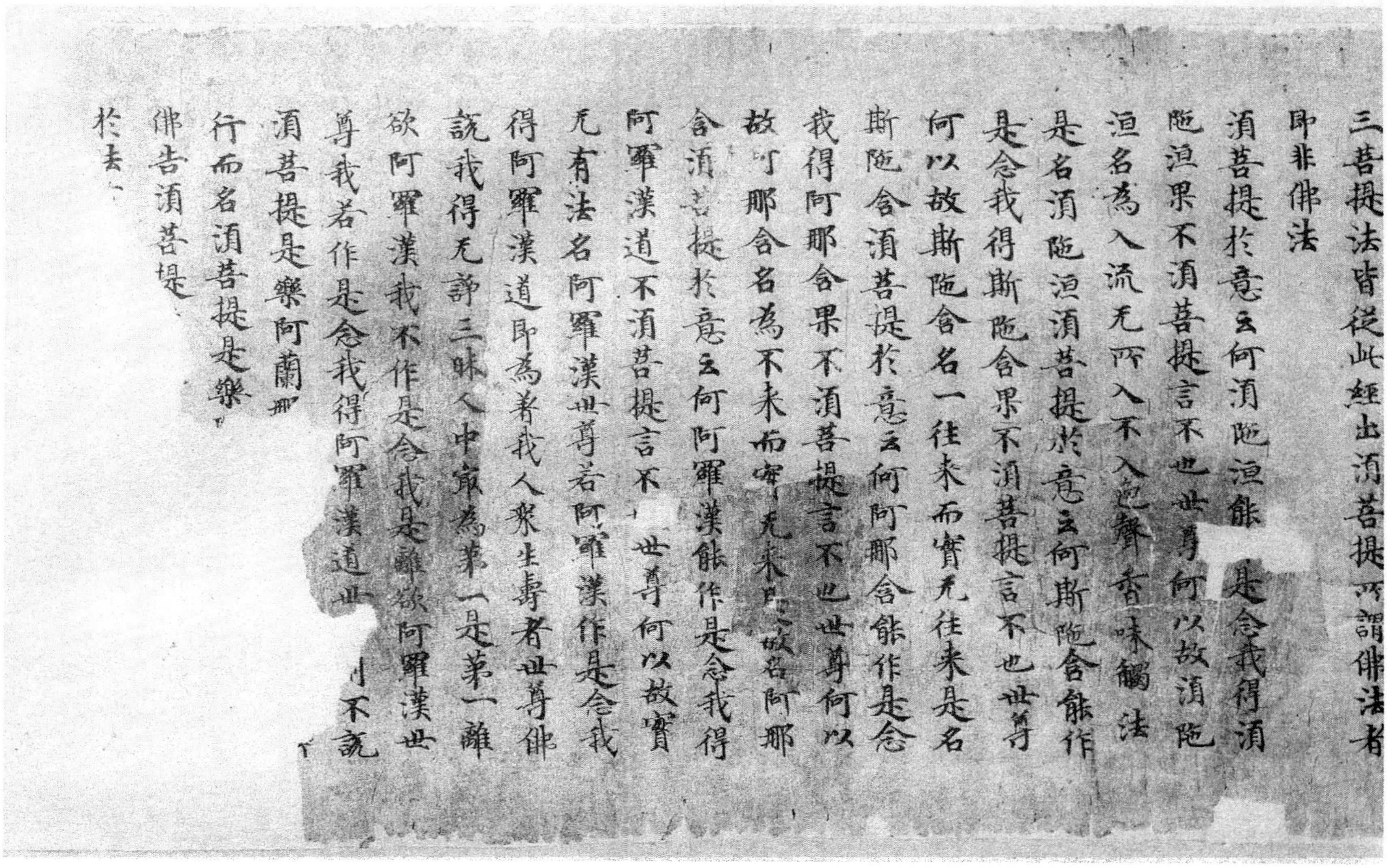

三菩提法皆從此經出須菩提所謂佛法者
即非佛法
須菩提於意云何須陁洹能作是念我得須
陁洹果不須菩提言不也世尊何以故須陁
洹名為入流无所入不入色聲香味觸法
是名須陁洹須菩提於意云何斯陁含能作
是念我得斯陁含果不須菩提言不也世尊
何以故斯陁含名一往來而實无往來是名
斯陁含須菩提於意云何阿那含能作是念
我得阿那含果不須菩提言不也世尊何以
故阿那含名為不來而實无來是故名阿那
含須菩提於意云何阿羅漢能作是念我得
阿羅漢道不須菩提言不　世尊何以故實
无有法名阿羅漢世尊若阿羅漢作是念我
得阿羅漢道即為著我人衆生壽者世尊佛
說我得无諍三昧人中最為第一是第一離
欲阿羅漢我不作是念我是離欲阿羅漢世
尊我若作是念我得阿羅漢道世　則不說
須菩提是樂阿蘭那
行而名須菩提是樂
佛告須菩提
於去

BD15401 號　金剛般若波羅蜜經　（3–3）

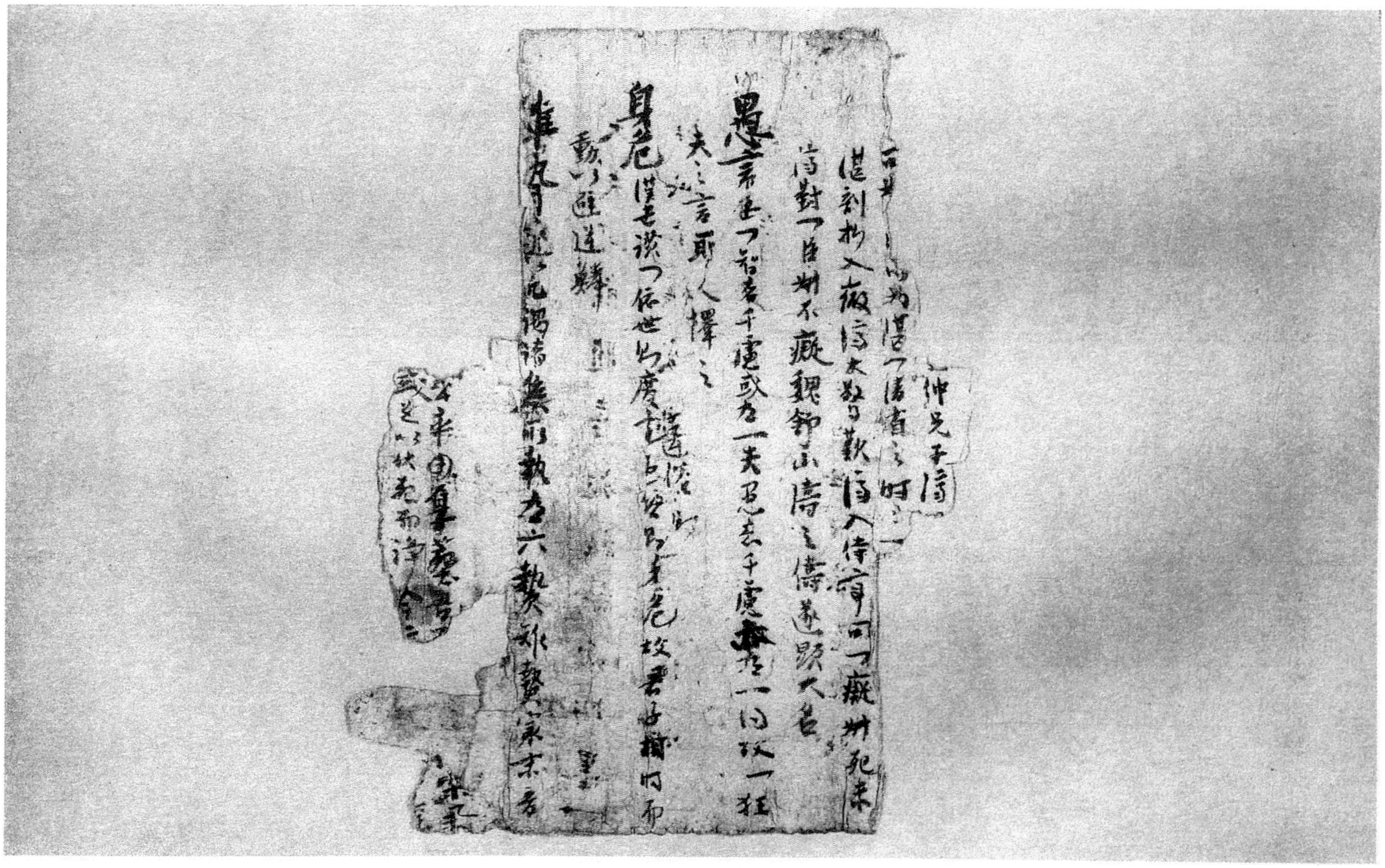

BD15402 號　不知名類書（擬）　（1–1）

BD15402號背　請施抄經紙墨狀（擬）　　（1–1）

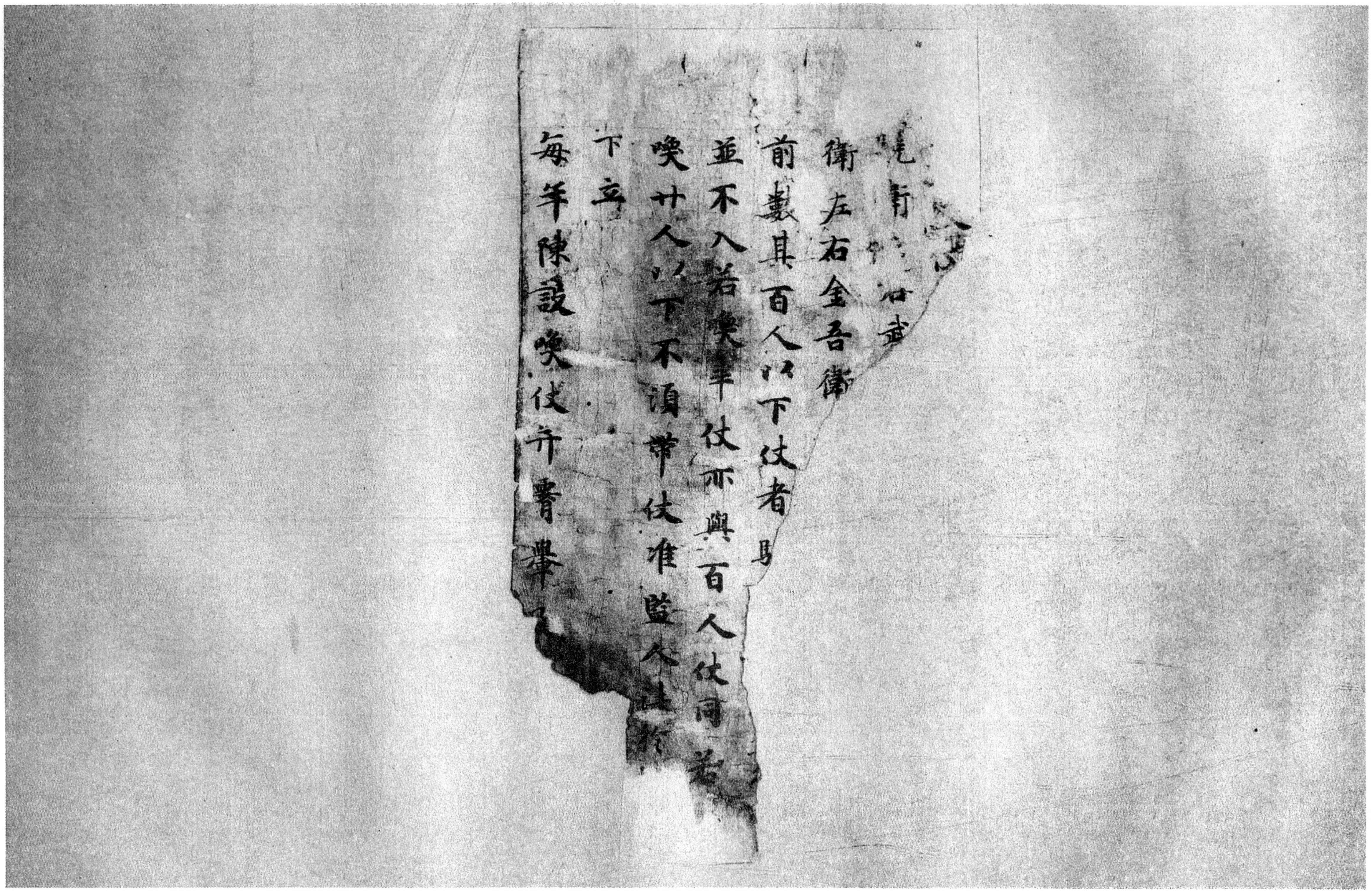

BD15403號　監門宿衛式（擬）　（1–1）

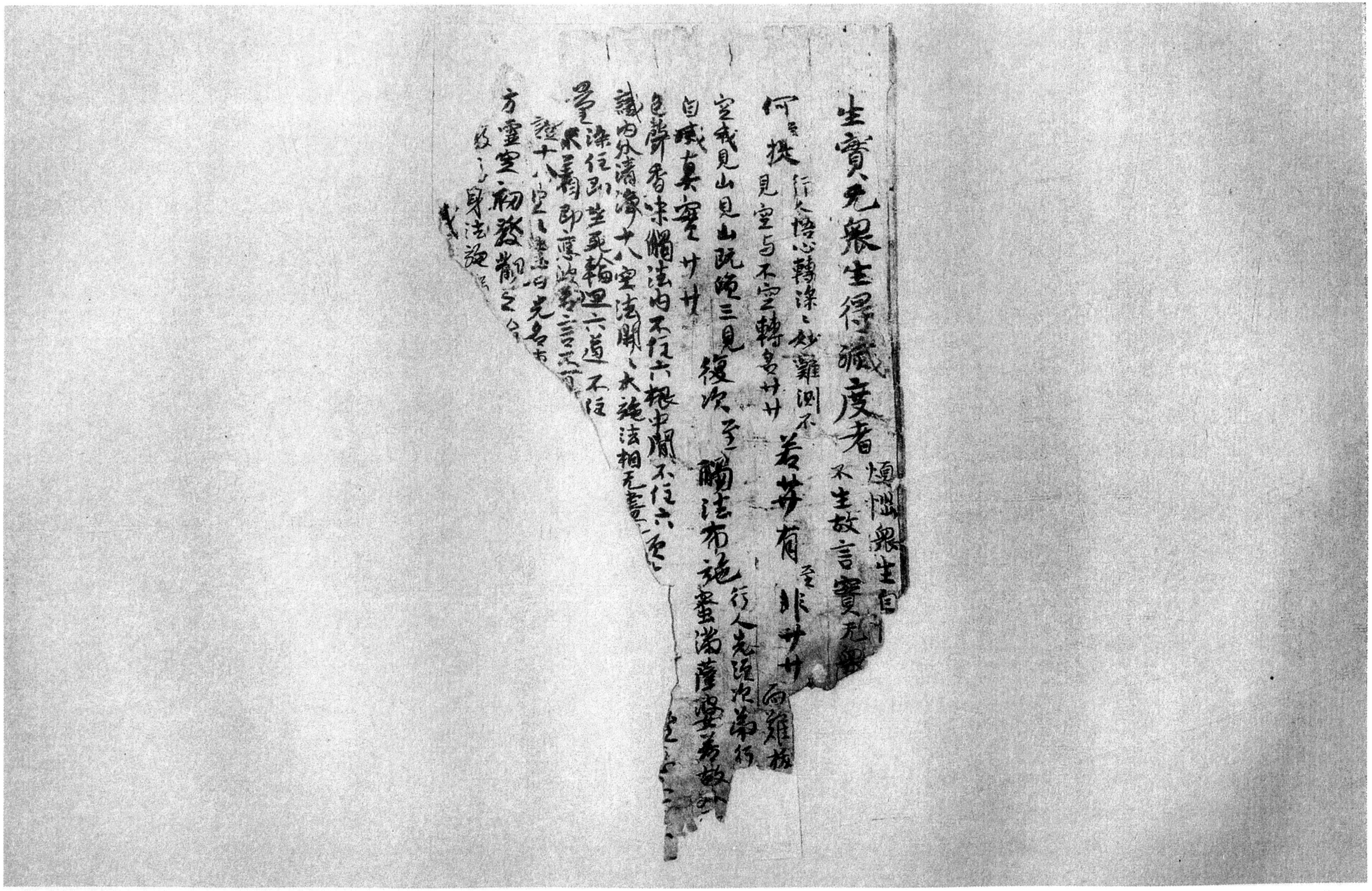

BD15403 號背　夾註金剛經疏（擬）　　（1-1）

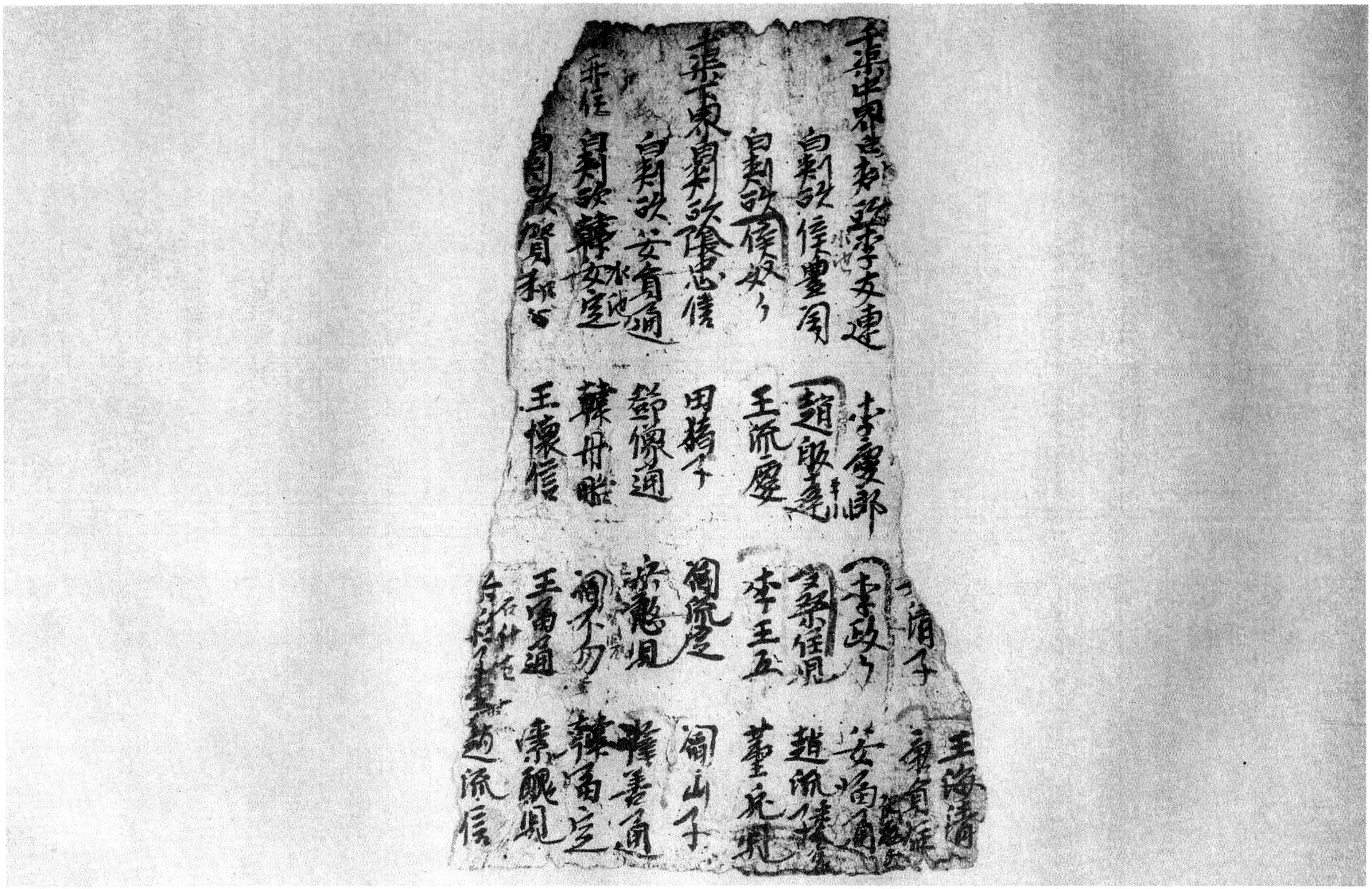

BD15404號　千渠中界下界白刺頭名目（擬）　（1–1）

（1-1）

BD15406號　敦煌縣用印事目歷（擬）

（1–1）

BD15407號　敦煌縣用印事目歷（擬）

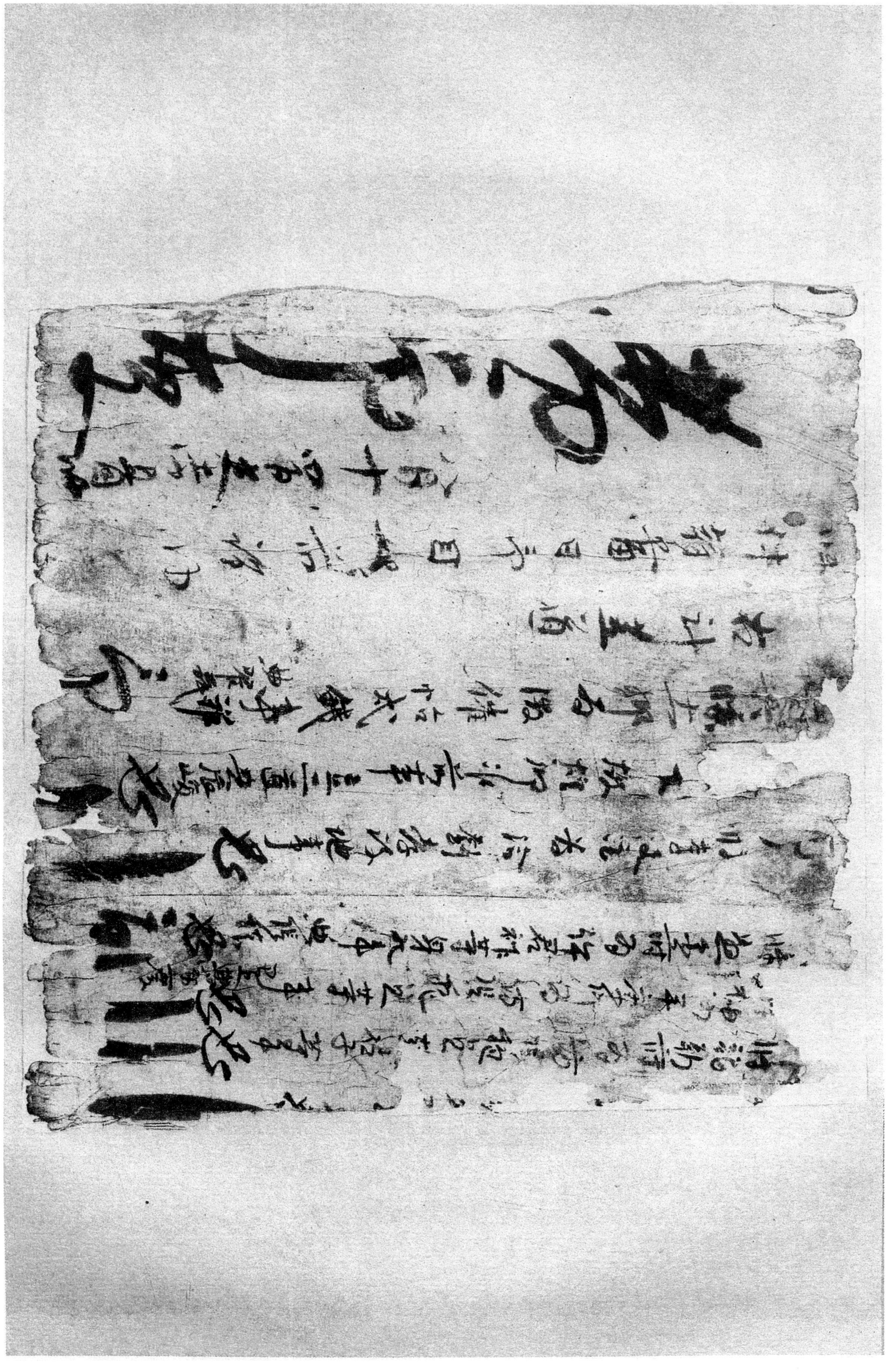

（1-1）

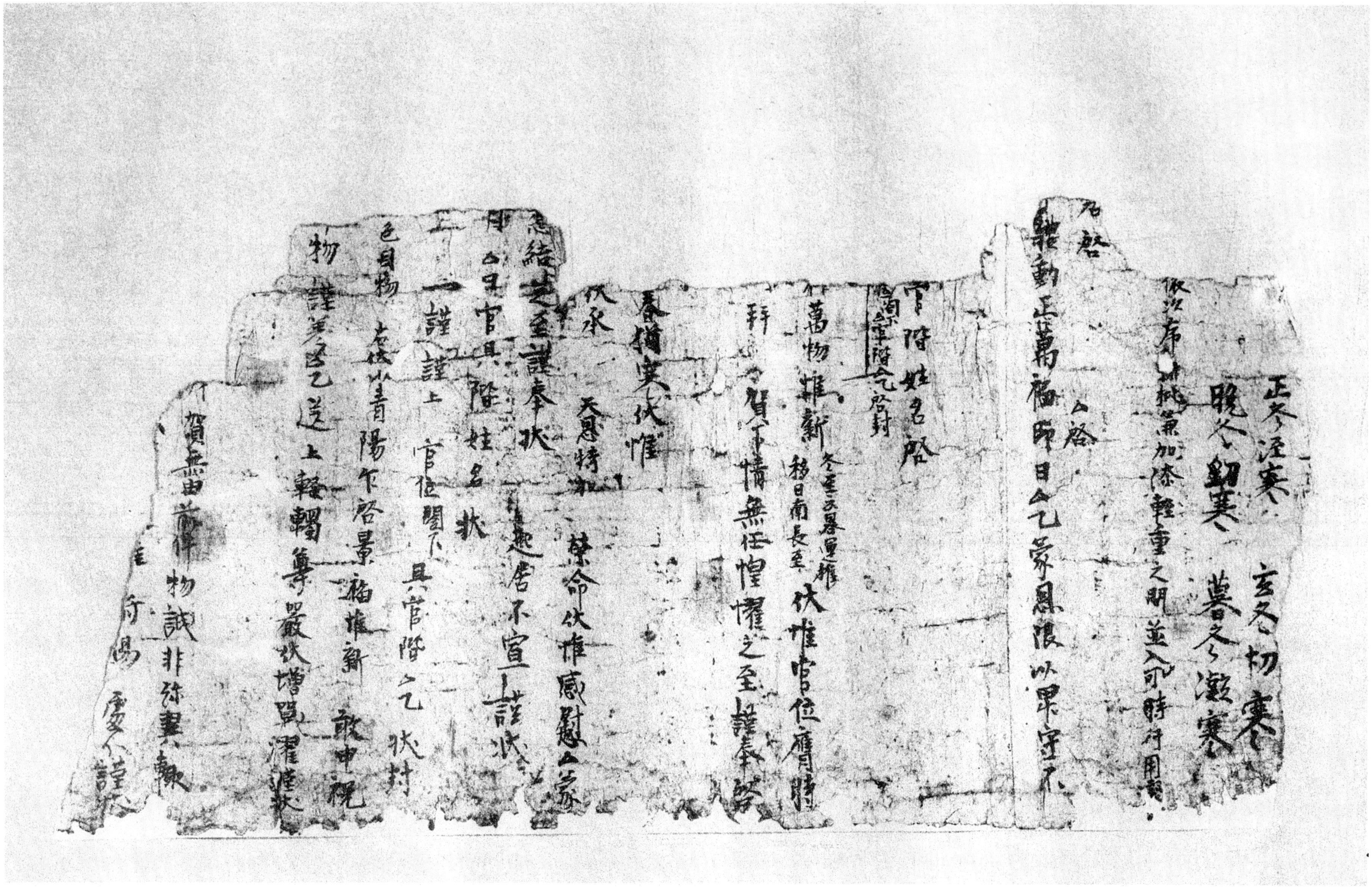

BD15408號　新集吉凶書儀　　（1–1）

BD15408號背　推九天行年災厄法　（1–1）

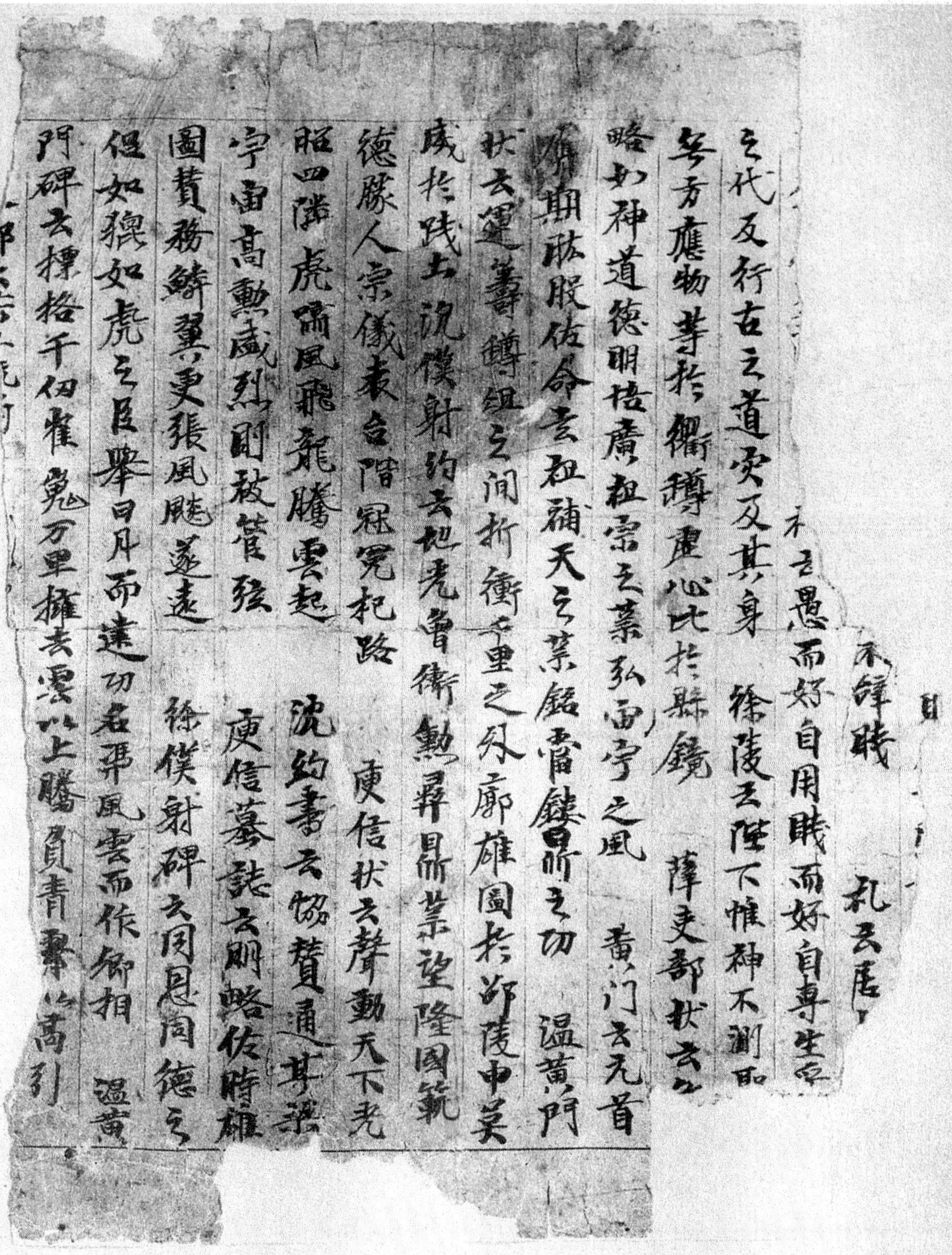
禾鋒賤　礼云居
不云愚而好自用賤而好自專生今
之代反行古之道灾及其身　徐陵云陛下惟神不測
乎方應物等於衡轉虛心比於懸鏡　薛吏部狀云今
略如神道德明括廣拉宗之業弘西宇之風　黃門云元首
作期肱股佐命之拉補天之業銘景鍾鼎之功　溫黃門
狀云運籌樽俎之間折衝千里之外廓雄圖於郊陵中吴
成於踐土況復射鉤之地老曾衛勳彝鼎業望隆國範
德勝人宗儀表台階冠冕杞路　庾信狀云聲動天下老
昭四諜虎嘯風飛龍騰雲起　沈約書云協贊通其梁
宇雷高勳感烈冠破管弦　庾信墓誌云明略佐時雄
圖贊務𦋺翼更張風飈遐遠　徐僕射碑云同恩同德之
但如貔如虎之臣舉日月而遠切名弭風雲而作卿相　溫黃
門碑云標格千仞雀兔万里擁去雲以上騰貫青冥以高引

BD15409號　勵忠節鈔　(1–1)

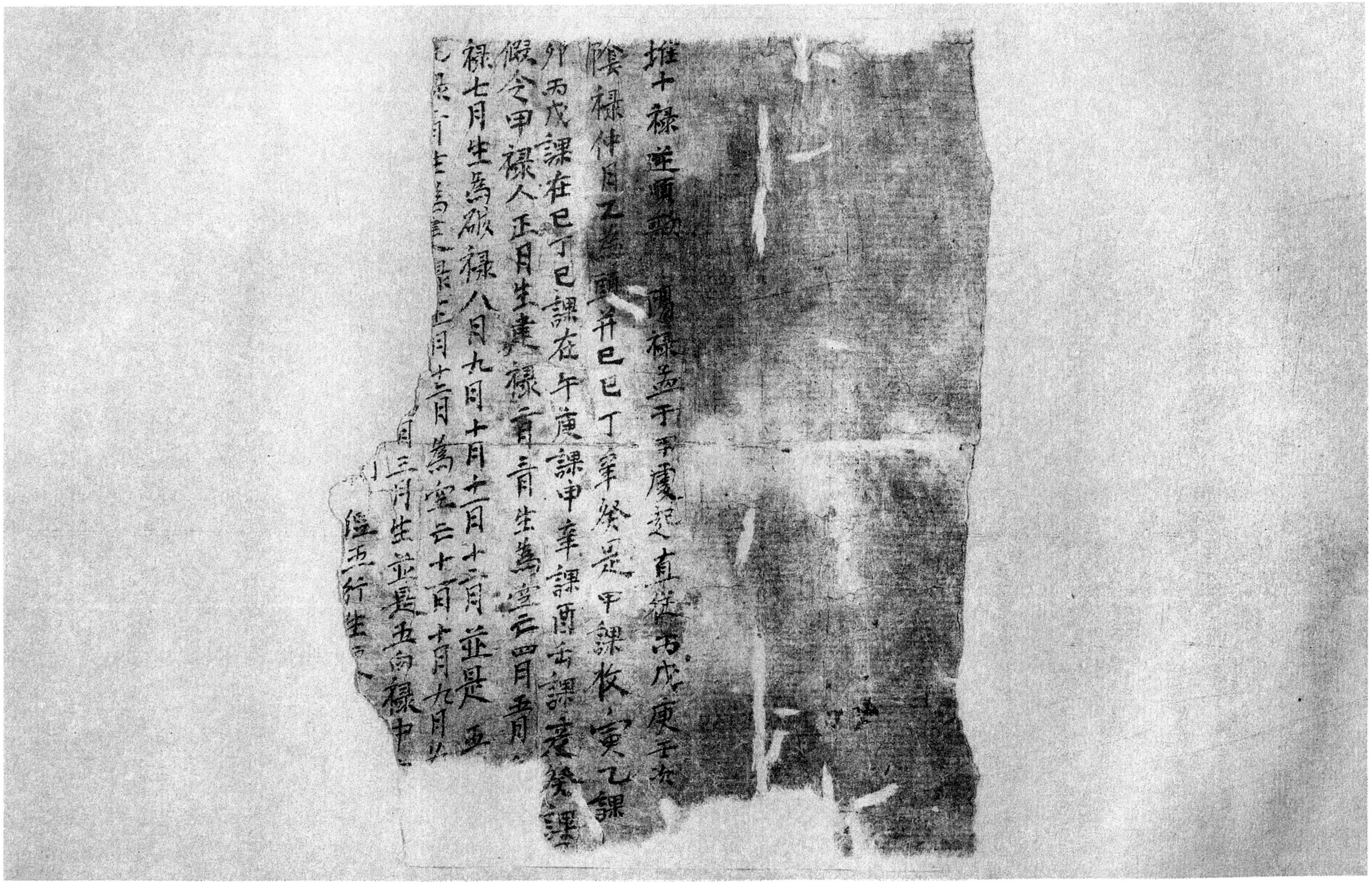

BD15409 號背　堆十祿逆順歌　（1–1）

BD15410號　時要字樣（異本二）

（1–1）

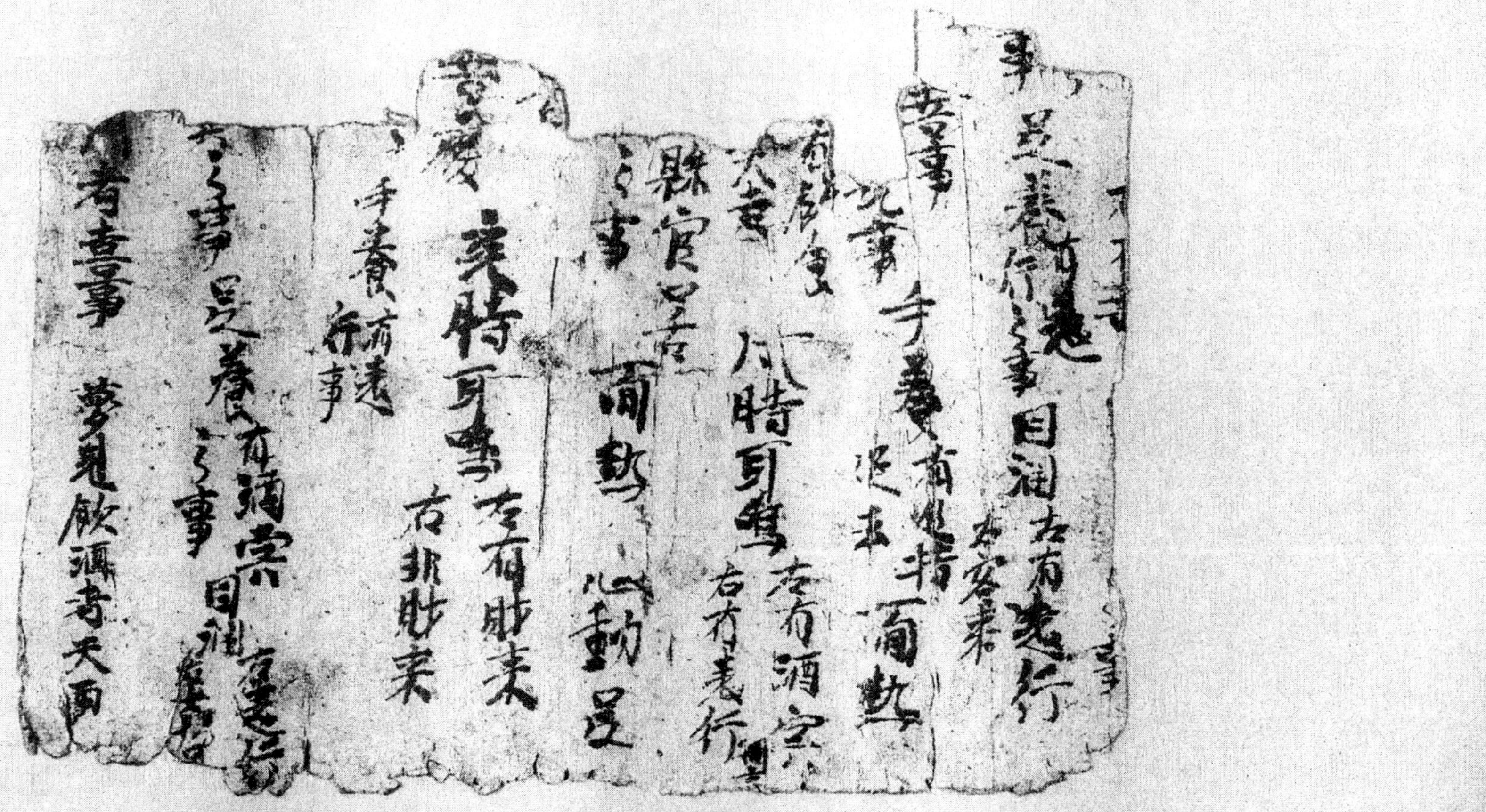

BD15410號背　推十二時耳鳴耳熱足癢手掌癢等法（擬）　（1-1）

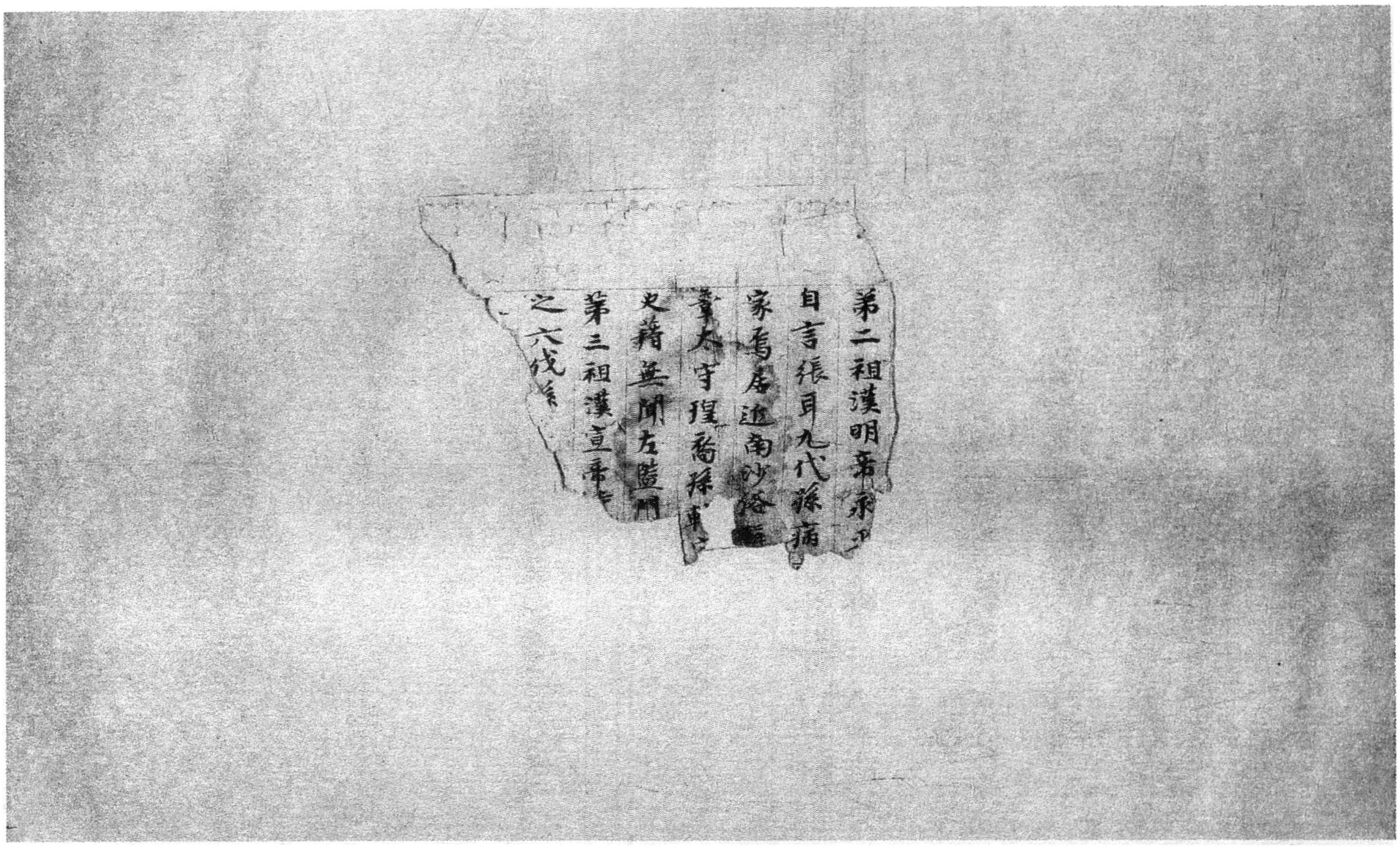

第二祖漢明帝永平
自言張耳九代孫痛
家焉居近南沙洛
章太守瑝裔孫東
史籍並聞左監門
第三祖漢宣帝
之六代

BD15411 號　張氏譜系（擬）　（1–1）

BD15412 號 1　阿張殘牒（擬）
BD15412 號 2　趙元亮等殘名歷（擬）

（1-1）

BD15413 號　殘片四塊（擬）　　（1–1）

何降伏其心

□□菩提如汝所說如來善護念諸菩薩善
付囑諸菩薩汝今諦聽當為汝說善男子善
女人發阿耨多羅三藐三菩提心應如是住
如是降伏其心唯然世尊願樂欲聞
佛告須菩提諸菩薩摩訶薩應如是降伏其
心所有一切衆生之類若卵生若胎生若濕
生若化生若有色若无色若有想若无想若
非有想若非无想我皆令入无餘涅槃而滅
度之如是滅度无量无數无邊衆生實无衆
生得滅度者何以故須菩提若菩薩有我相
人相衆生相壽者相即非菩薩
復次須菩提菩薩於法應无所住行於布施
所謂不住色布施不住聲香味觸法布施須
菩提菩薩應如是布施不住於相何以故若
菩薩不住相布施其福德不可思量須菩提
於意云何東方虛空可思量不不也世尊須
菩提南西北方四維上下虛空可思量不不

BD15414 號　金剛般若波羅蜜經　　（1–1）

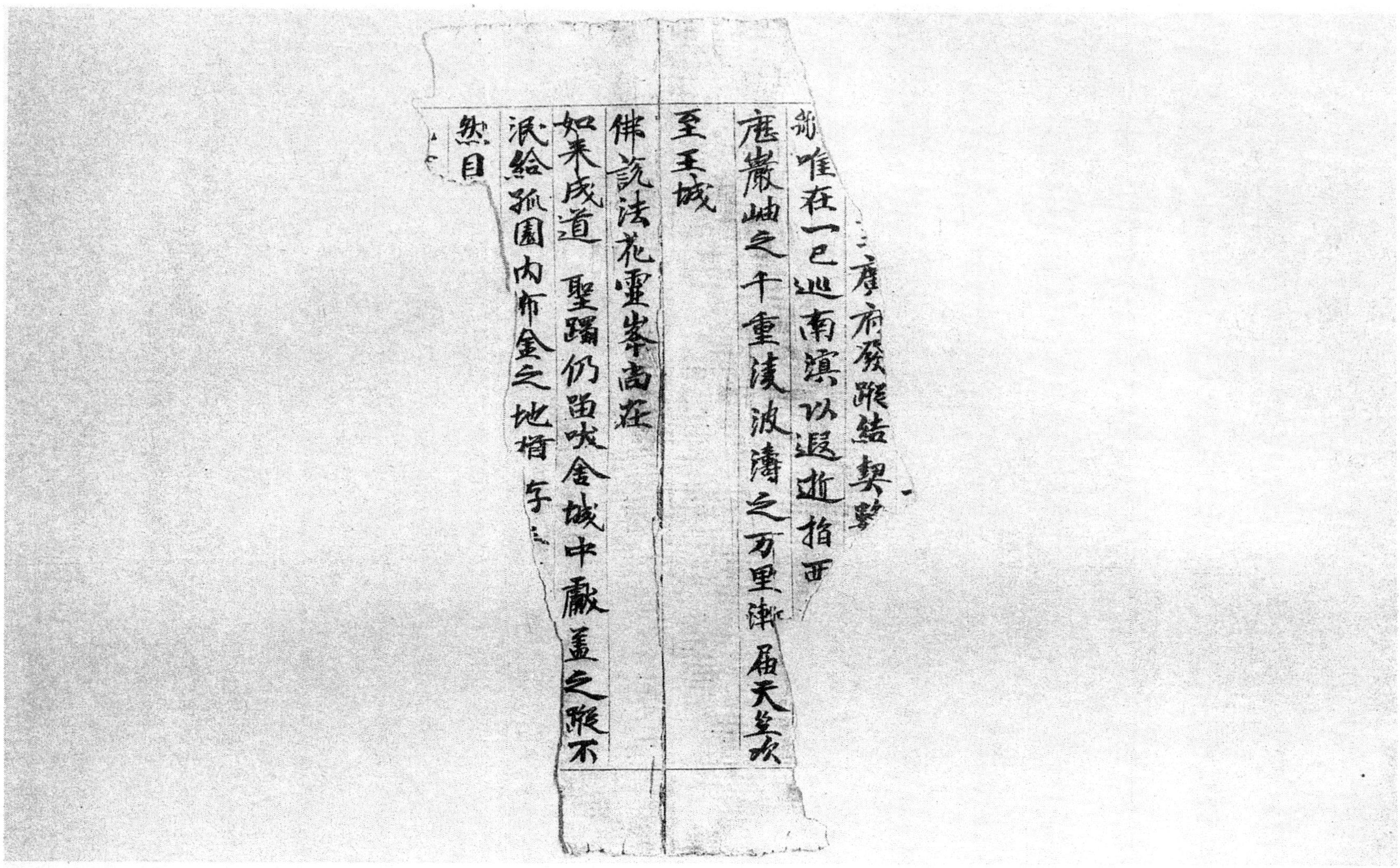
摩府發蹤結契
斯唯在一巳迴南濵以返逝指西
崖巌岫之千重凌波濤之万里漸届天竺欢
至王城
佛說法花靈峯尚在
如来成道 聖躅仍留吠舍城中獻蓋之蹤不
泯給孤園内布金之地猶存
然目

BD15415 號　義淨求法返國表（擬）　（1–1）

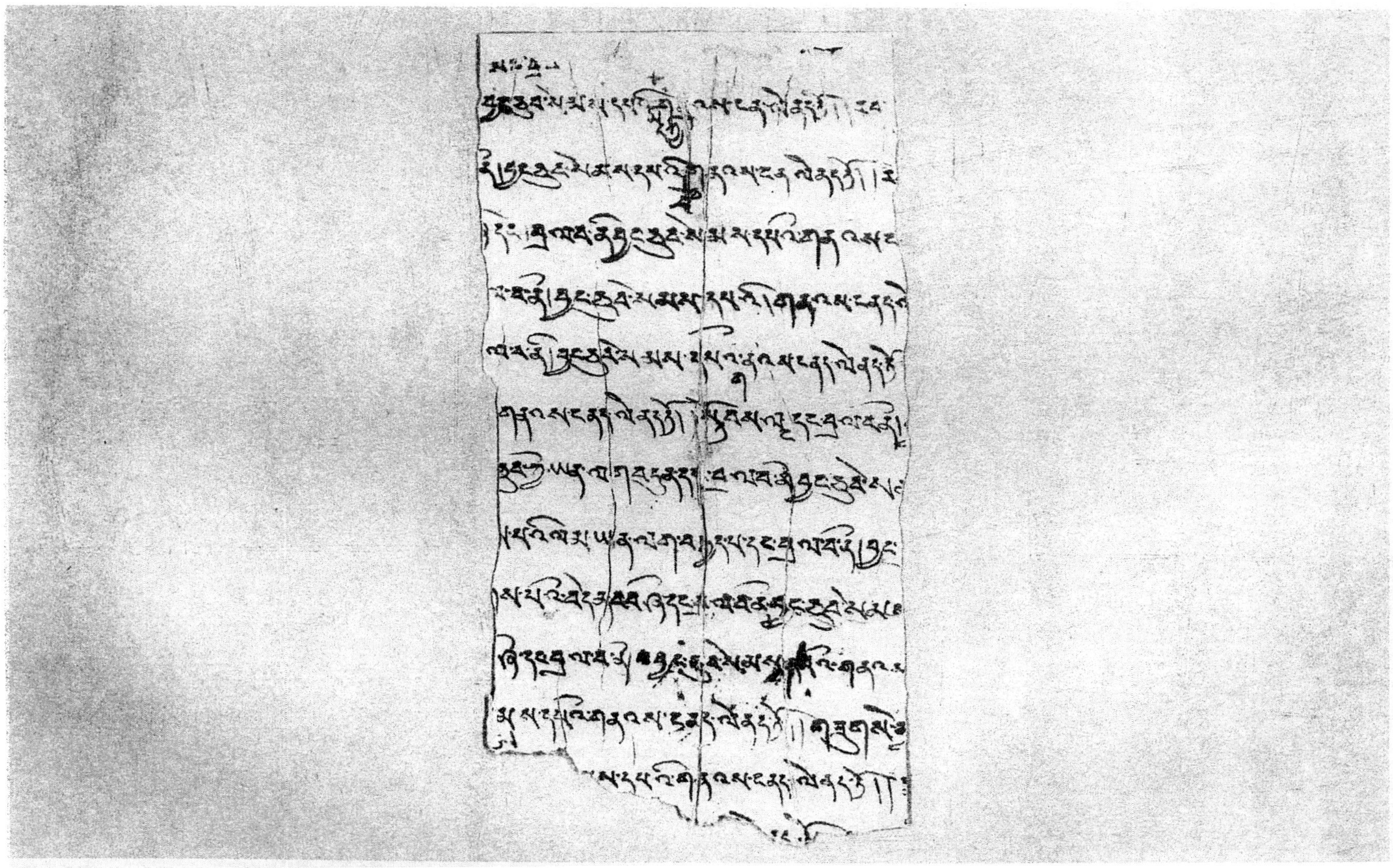

BD15416 號　藏文殘片（擬）　（1–1）

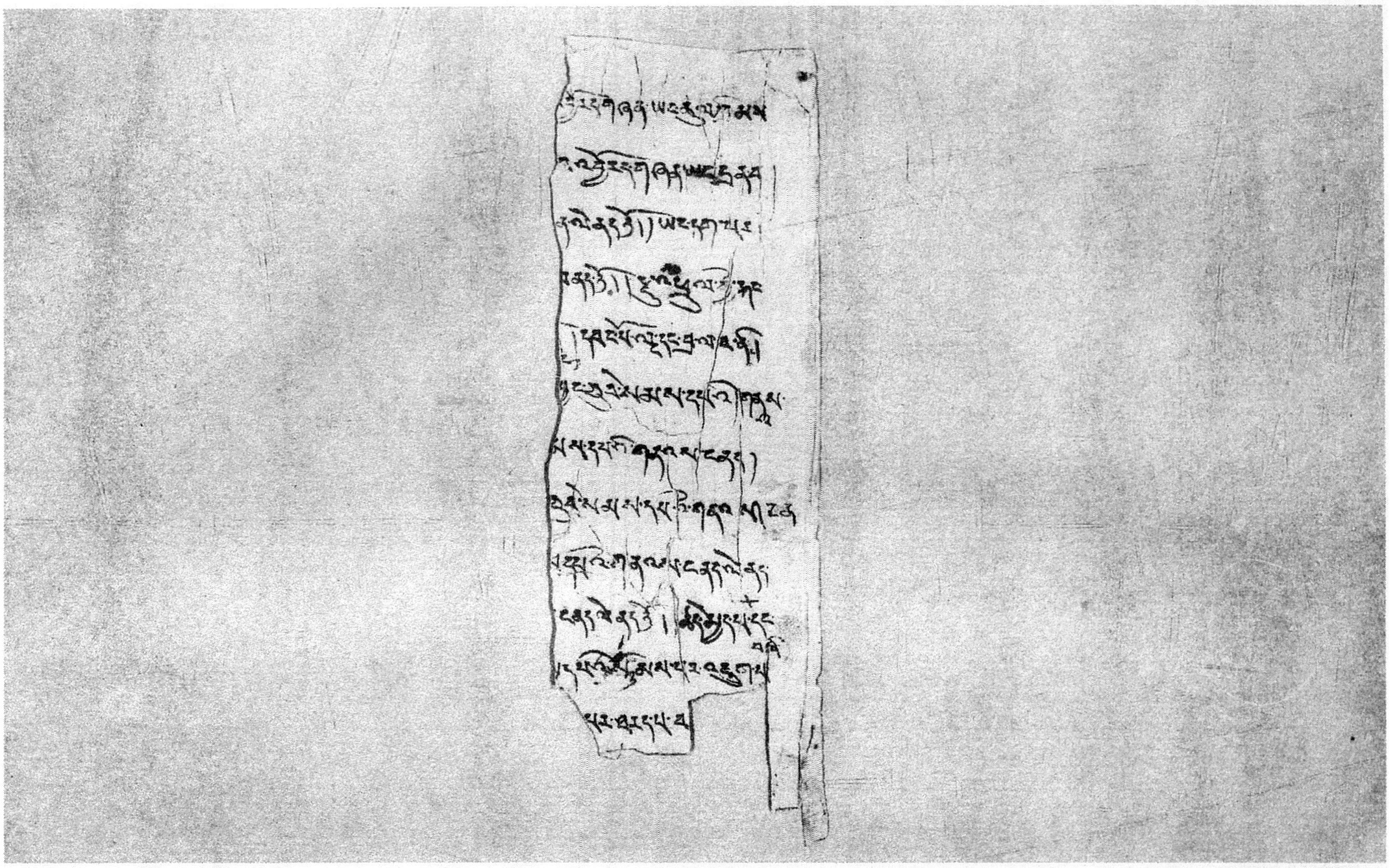

BD15417 號　藏文殘片（擬）　（1–1）

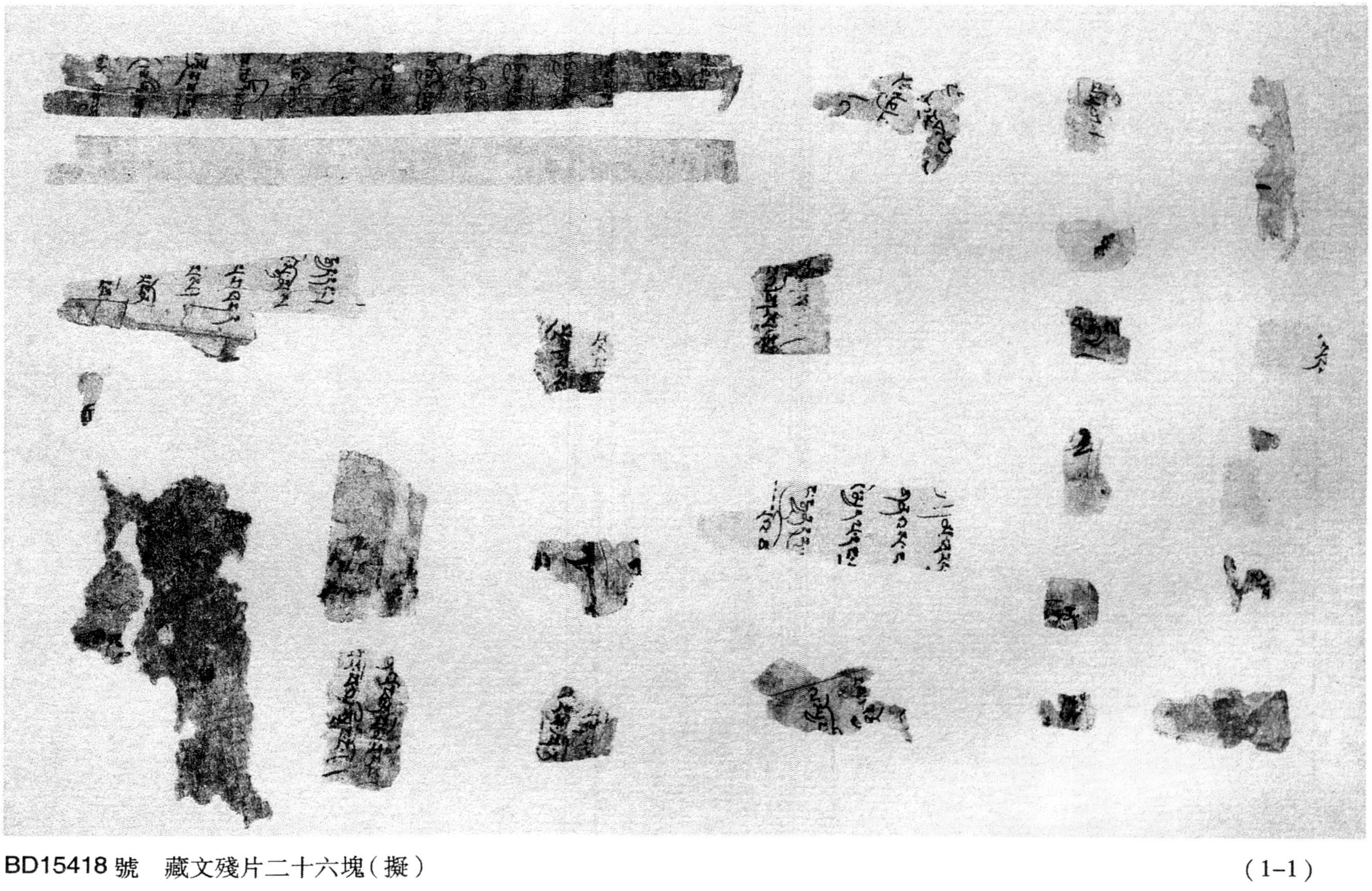

BD15418 號　藏文殘片二十六塊（擬）　（1–1）

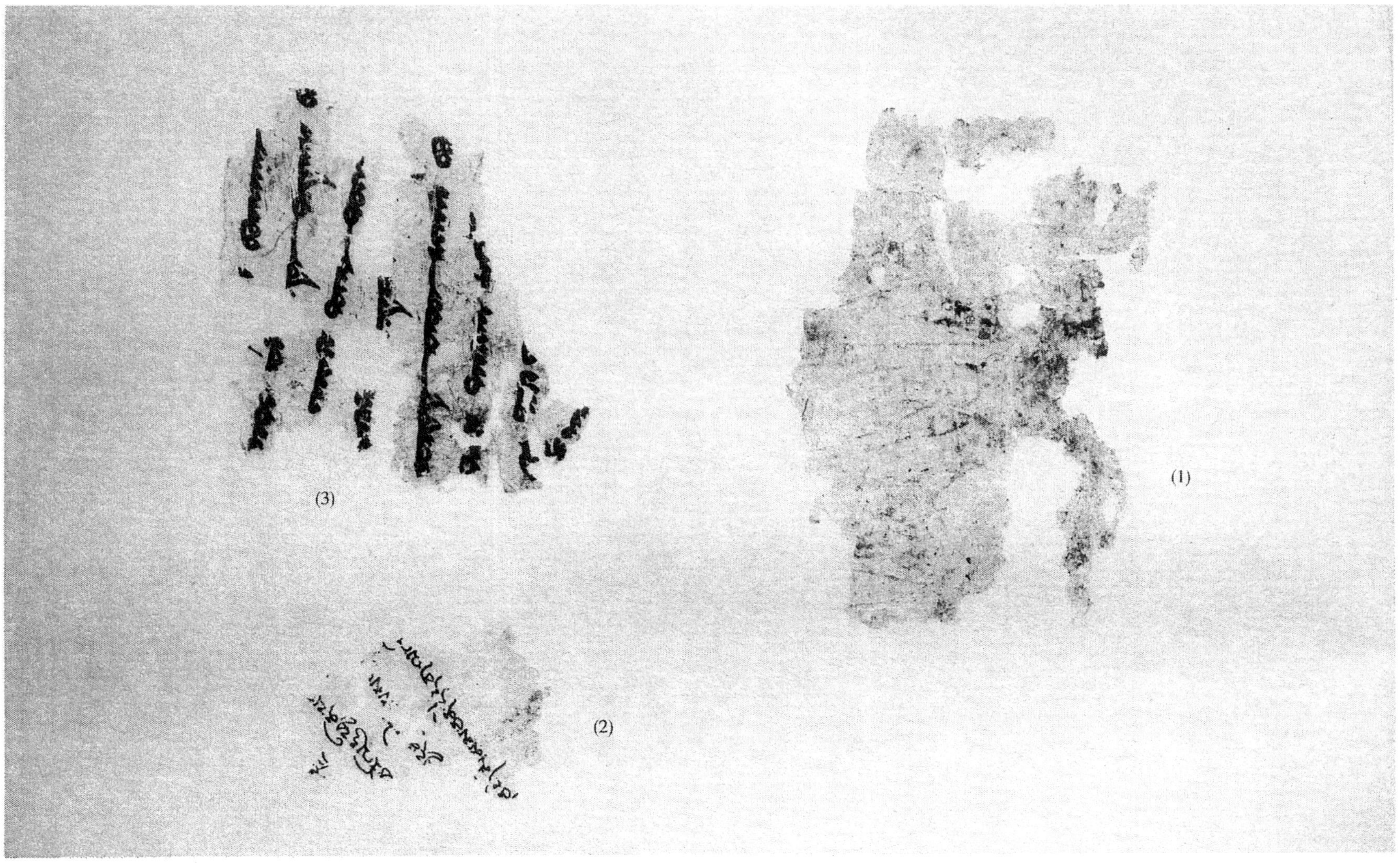

BD15419 號　藏文回鶻文殘片三塊（擬）　　（1–1）

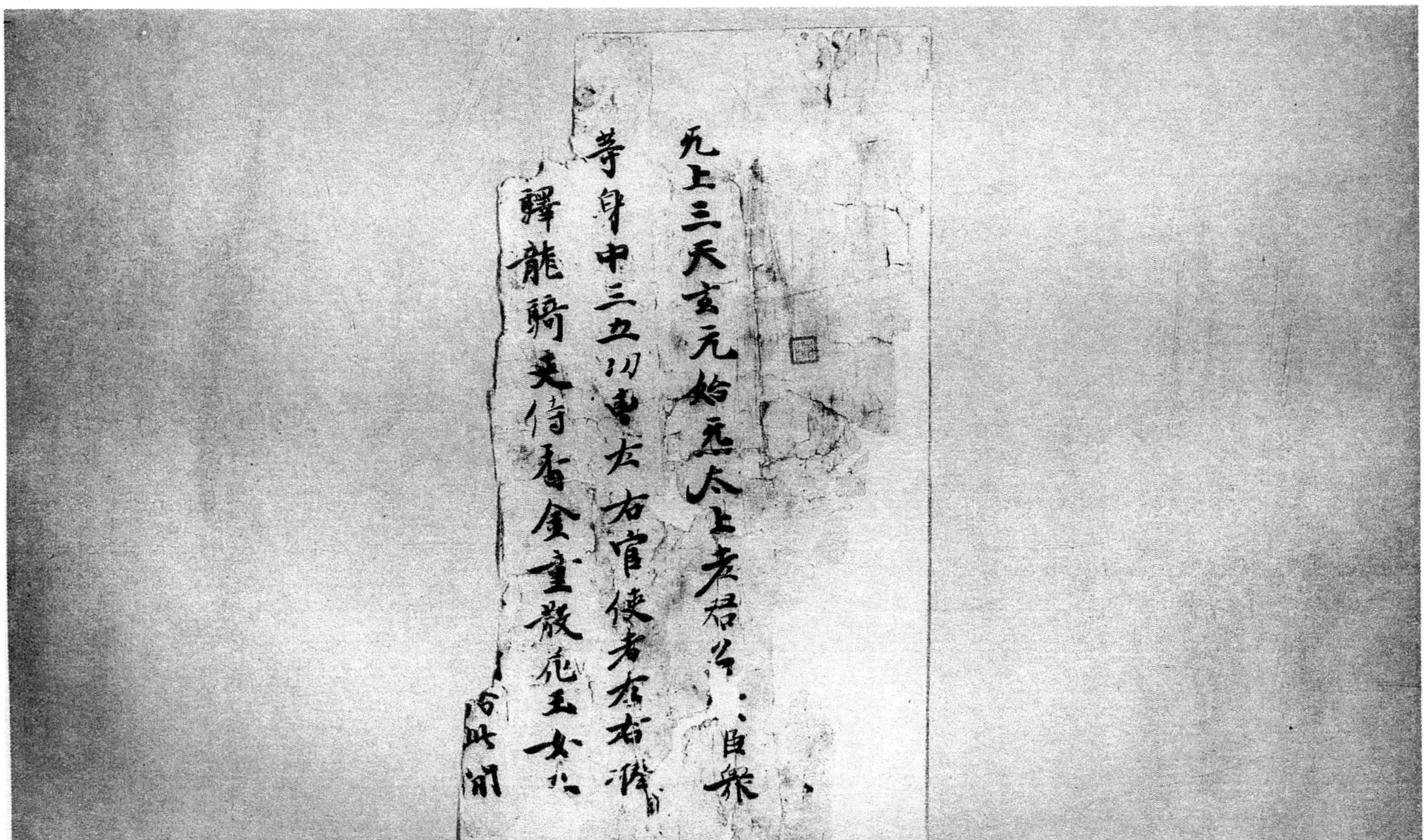

BD15420 號　太上洞玄靈寶赤書玉訣妙經卷上　　（1–1）

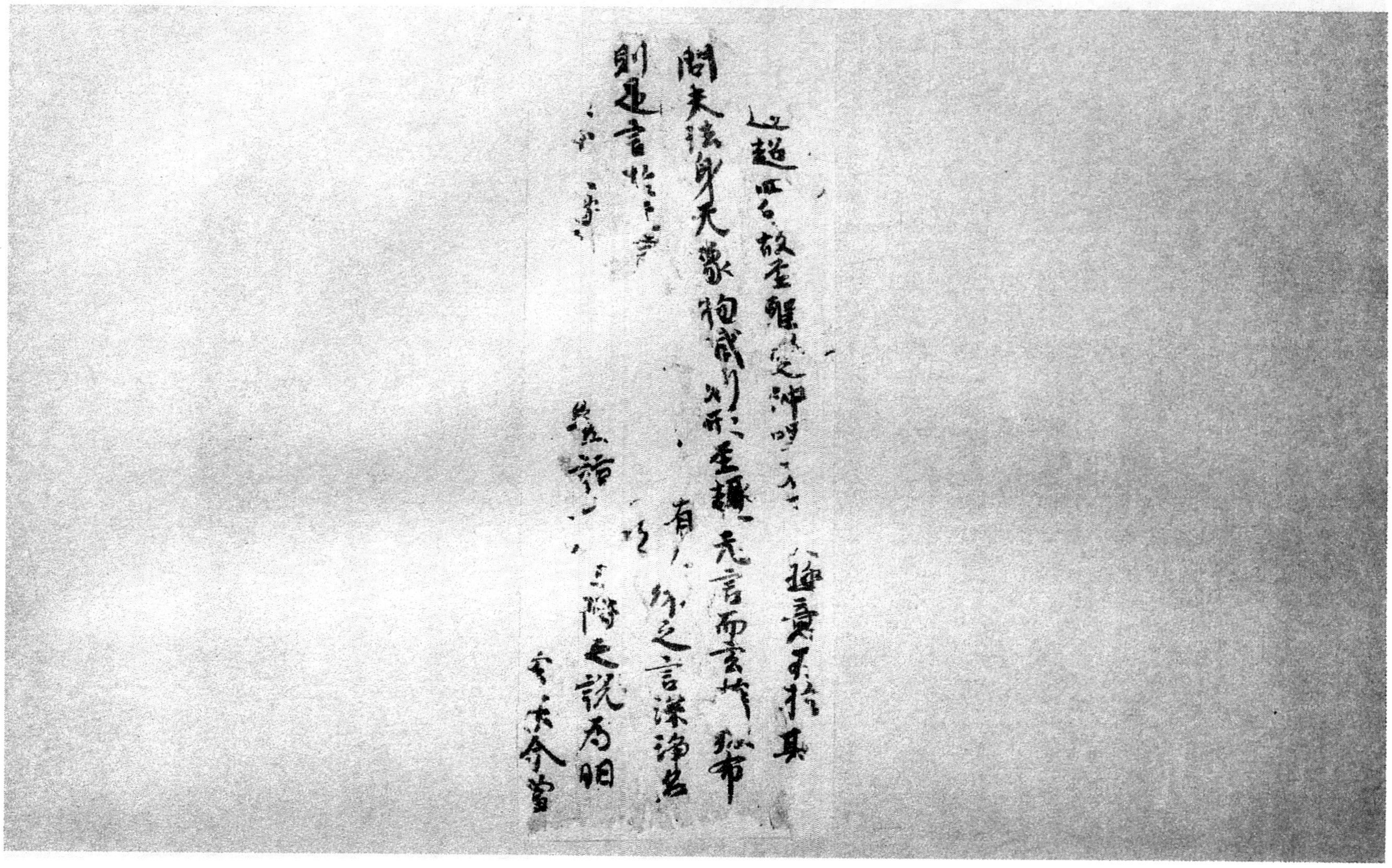

BD15421 號 A　維摩經義疏卷一　　　　（1–1）

BD15421 號 B　維摩經義疏序（擬）　　　　（1–1）

BD15422號　慶玄元皇帝降生齋文（擬）

（1–1）

BD15423號　慶玄元皇帝降生齋文（擬）

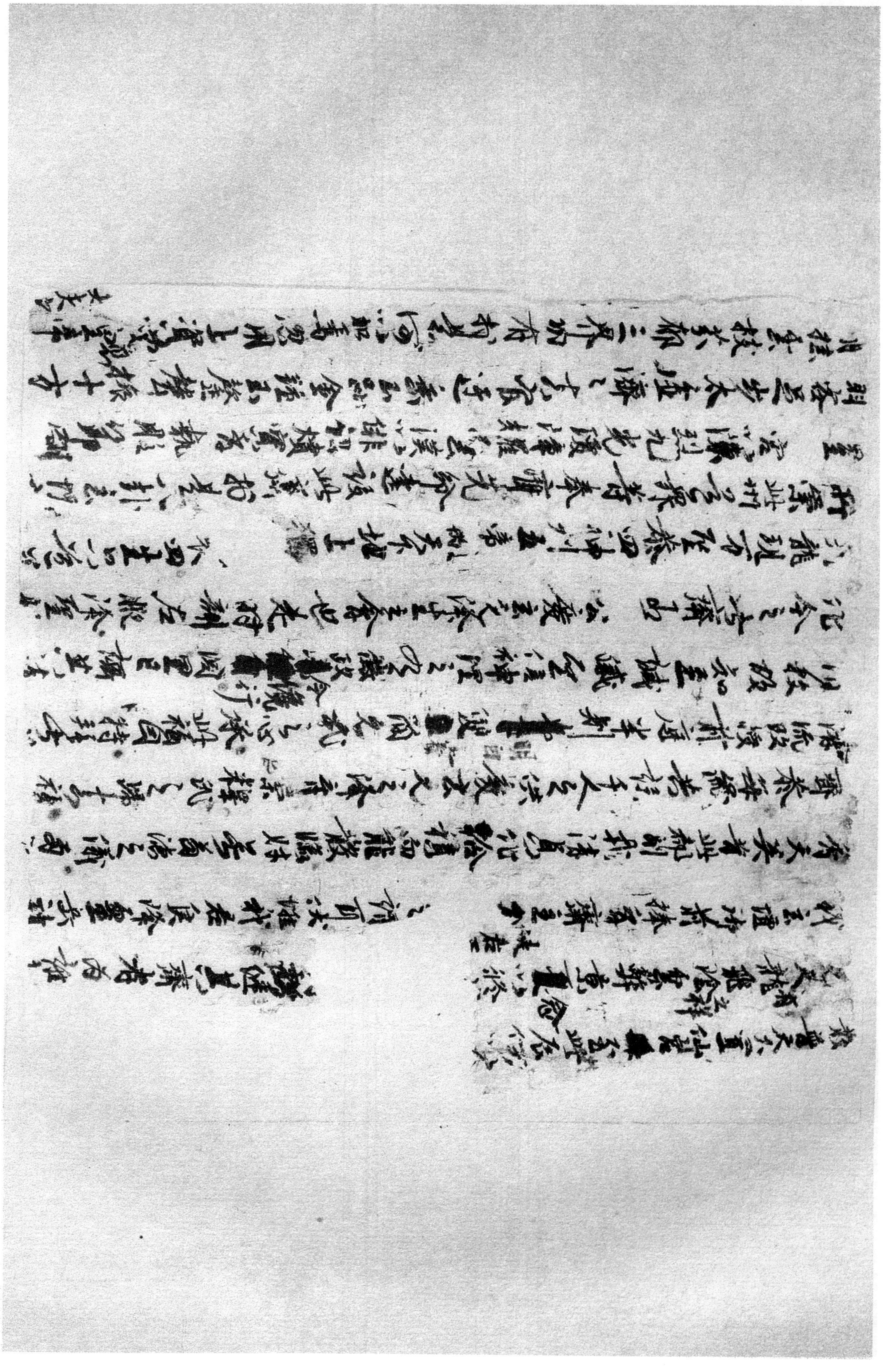

（1–1）

者是故不應取法
常說汝等比丘知我
捨何況非法
阿耨多羅三藐三
耶須菩提言如我解
多羅三藐
說何以故如來所說
非法非非法所以者何
法而有差別
滿三千大千世界七
福德寧為多不須菩

BD15424 號　金剛般若波羅蜜經　（1–1）

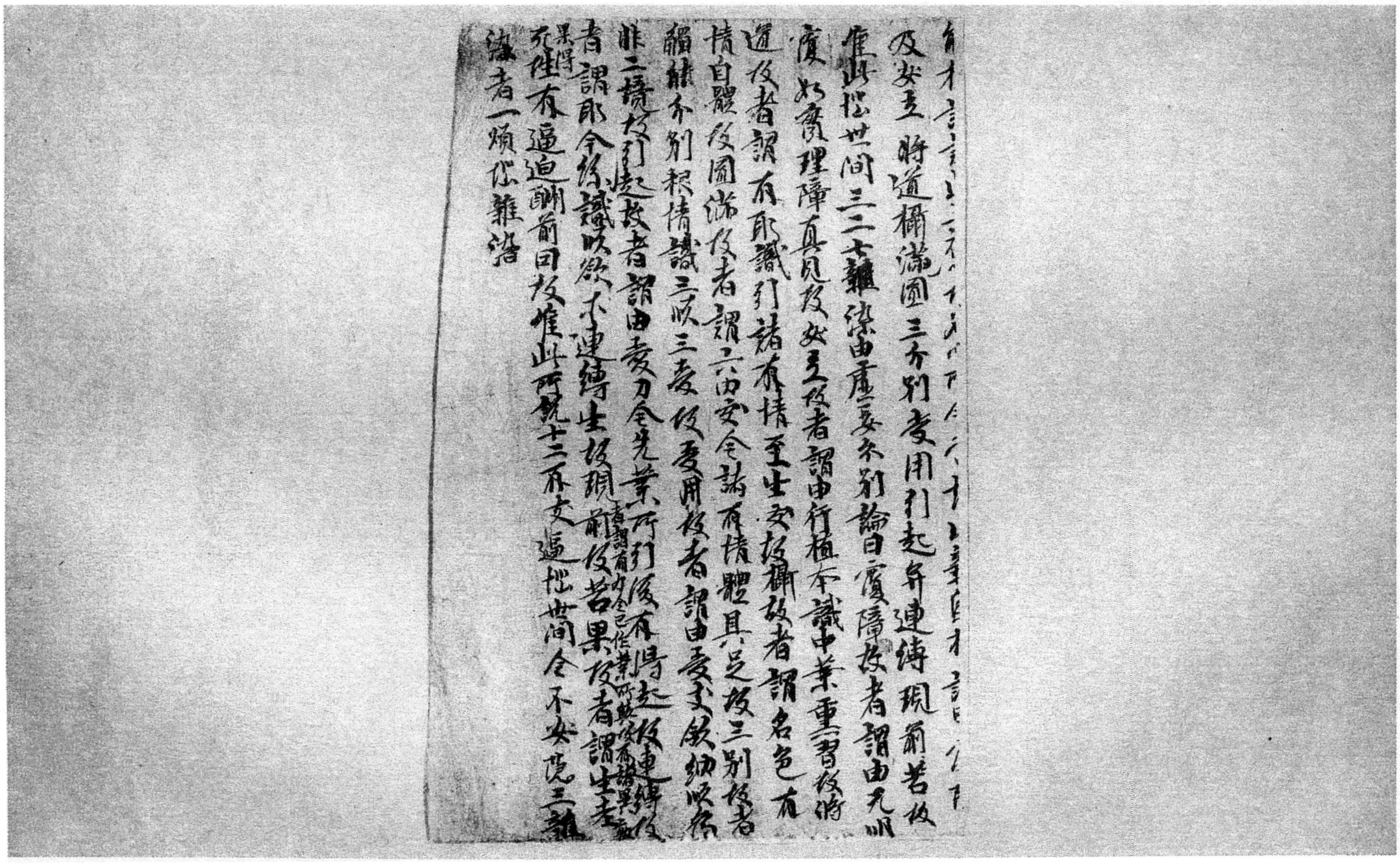

及安立時道稱滿圓三分別受用引起并連縛現前若彼
唯此攝世間三二十二雜染由虛妄分別論曰覆障故者謂由無明
覆如實理障真見故安立故者謂由行植本識中業熏習故將
導故者謂有取識引諸有情至生處故攝故者謂名色有
情自體皆名色攝故圓滿故者謂六處安令諸有情體具足故三別故者
觸能分別根境識三順三受故受用故者謂由受受欲境
非二境故引起故者謂由愛力令先業所引後有得起故連縛故
者謂取令後識欲不連縛生故現前故若果故者謂生老死
果得不唯有邊逼前因故唯此所說十二有支逼攝世間令不安隱三雜
染者一煩惱雜染

BD15425 號　辯中邊論卷上　（1–1）

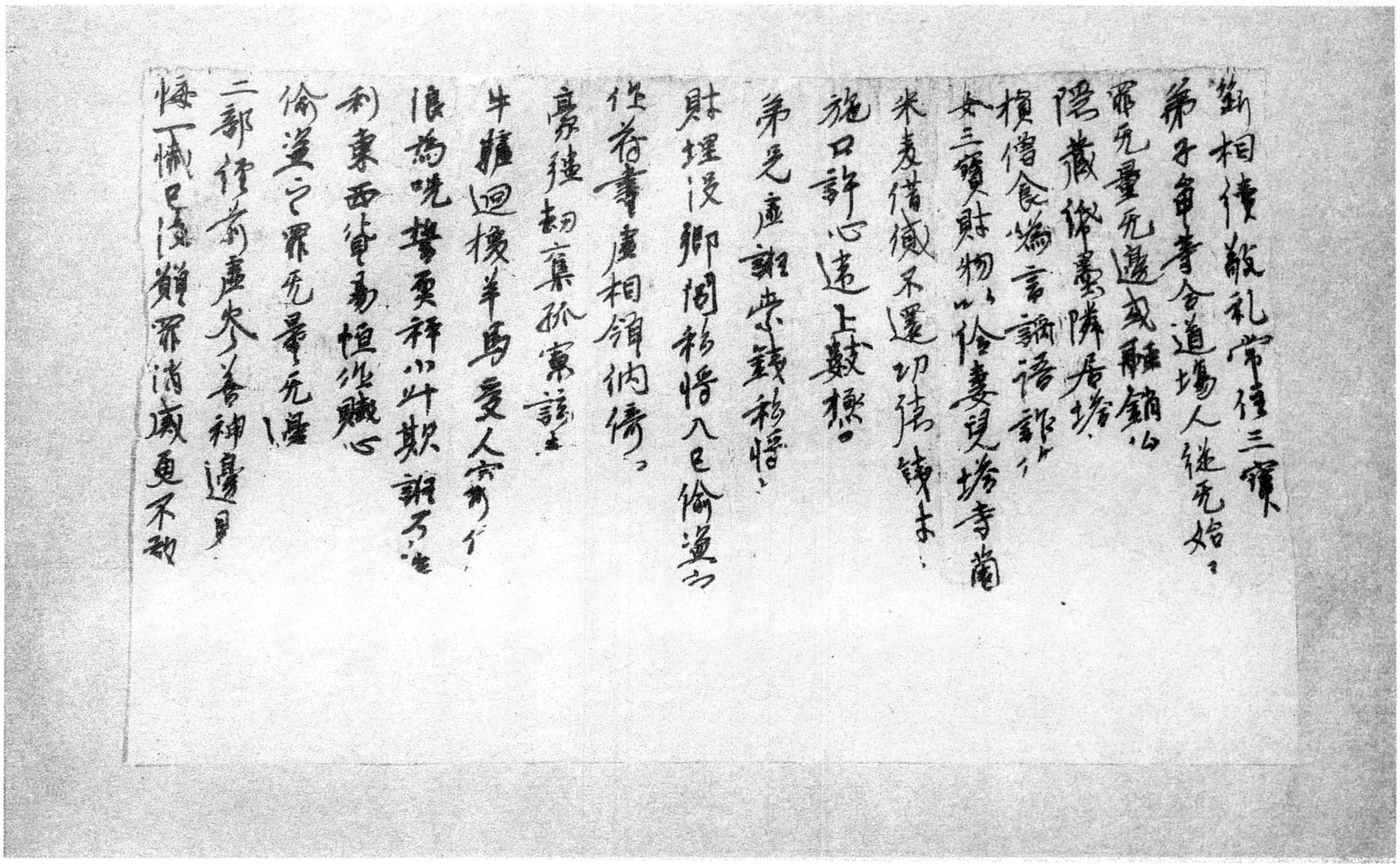
斷相儀敬礼常住三寶
弟子等今道場人從无始以來
罪无量无邊或驅銷山
隱藏佛塔僧塔
損僧食論言謗語訴
女三寶財物以除妻兒塔寺蘭
米麦借債不還切陪錢未
施口許心違上數懺悔
弟受虛誑常錢移借
財埋沒鄉閭移借入己偷盜六
作脊書虛相領納債
豪强劫奪孫寡誑未
牛驢迴換羊馬受人寄附
狼為唬聲更稱小斗欺誑不償
利東西貨易恒作賊心
偷盜之罪无量无邊
二部僧前盡次並香神邊身
悔懺已後願罪消滅更不敢

BD15426 號　禮懺文（擬）　　　　（1–1）

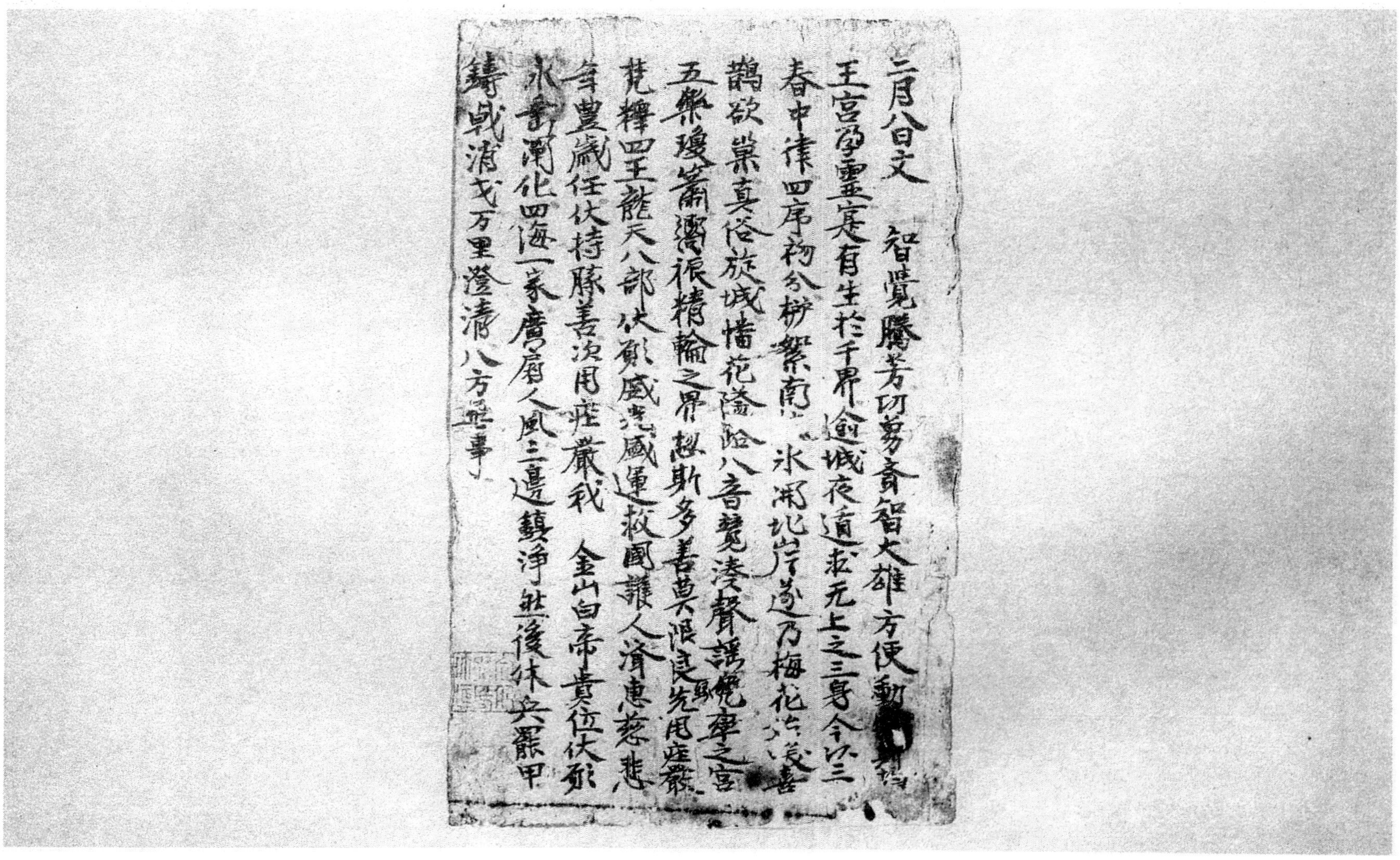
二月八日文　智覺騰芳功萬齊智大雄方便動紆
王宮孕靈匿是有生於千界逾城夜遁求无上之三身今以三
春中律四序初分柳絮南飛冰澌北岸遂乃梅花發喜
鵲欲巢真俗旋城幡花隘路八音競湊聲謠騰摩之宮
五衆瓔簪濟振精輪之界慈斯多善莫限良緣先用莊嚴
梵釋四王龍天八部伏願威光盛運救國護人濟惠慈悲
年豐歲稔伏持勝善次用莊嚴我　金山白帝貴位伏願
永壽闡化四海一家廣扇人風三邊鎮淨然後休兵罷甲
鑄戟消戈万里澄清八方無事

BD15427 號　二月八日文　　　　（1–1）

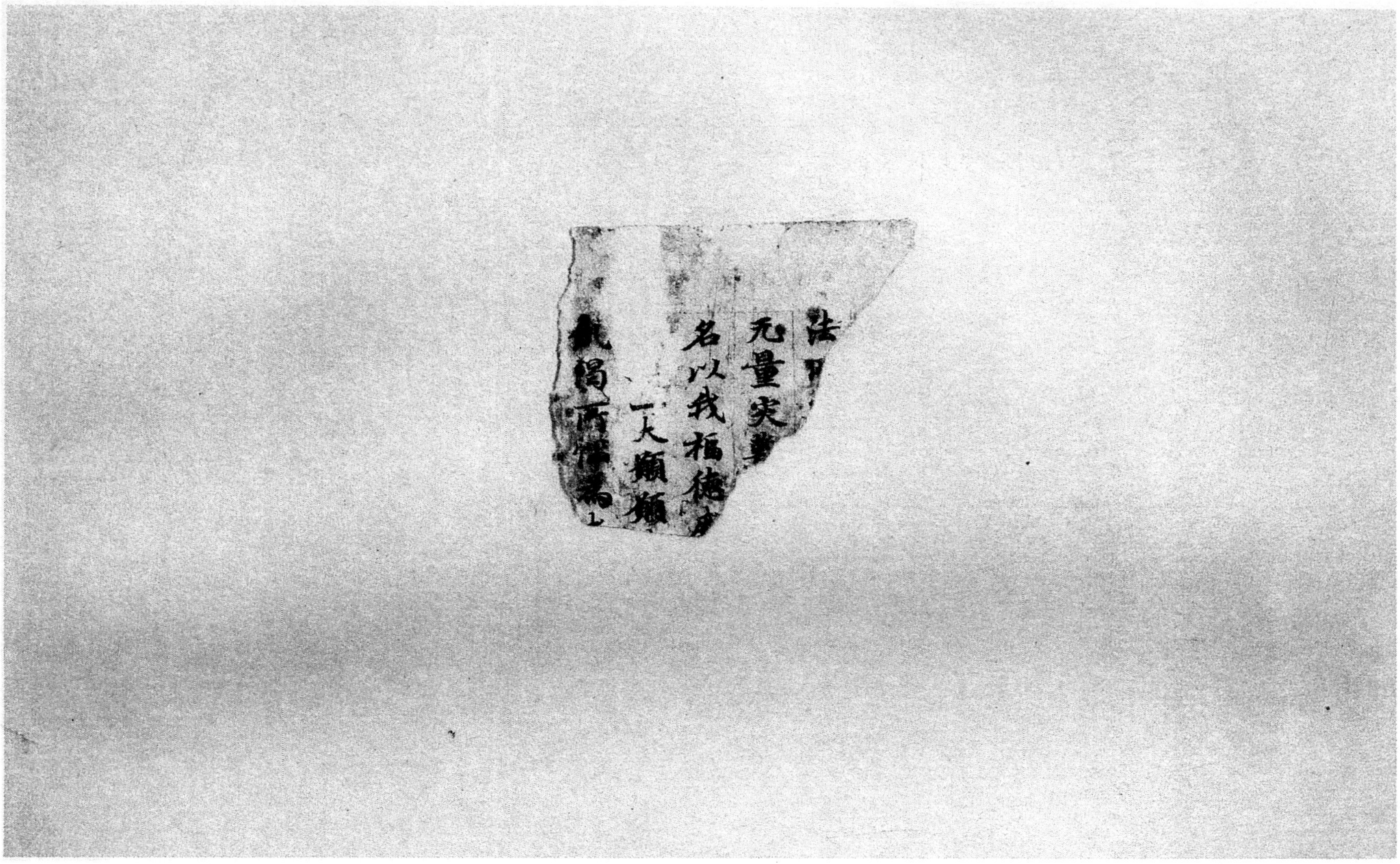

BD15428 號 A　藥師琉璃光如來本願功德經　（1–1）

BD15428 號 B　大般若波羅蜜多經（卷數不清）　（1–1）

BD15429 號 A　般若波羅蜜多心經（異本）　（2–1）

BD15429 號 A　般若波羅蜜多心經（異本）　（2–2）

BD15429 號 B　殘片（擬）　（1–1）

BD15430 號　經帙（擬）　（2–1）

BD15430 號　經帙（擬）　（2–2）

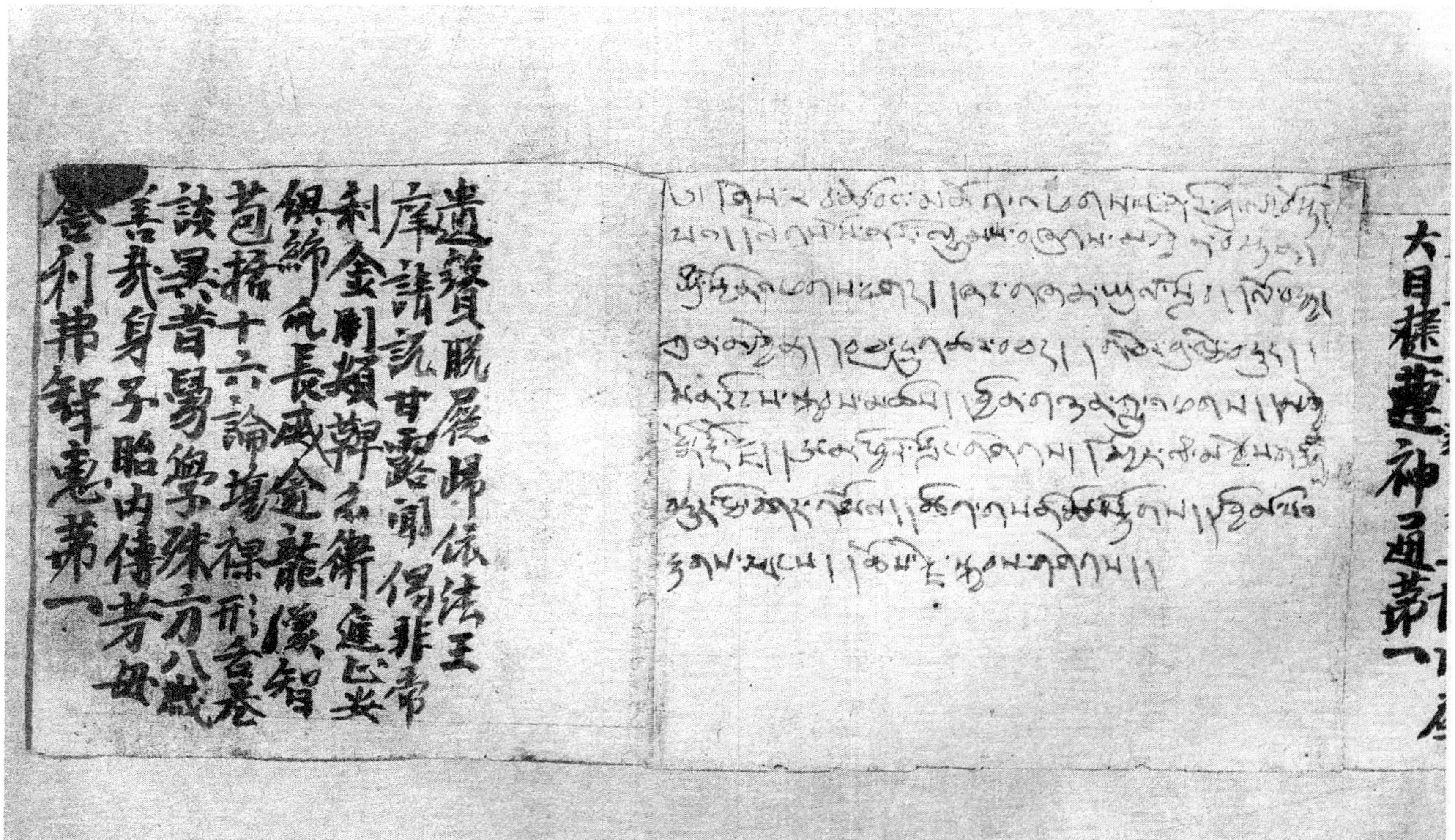

BD15431 號 1　十大弟子贊·舍利弗（擬）　（2–1）
BD15431 號 2　藏文待考文獻（擬）

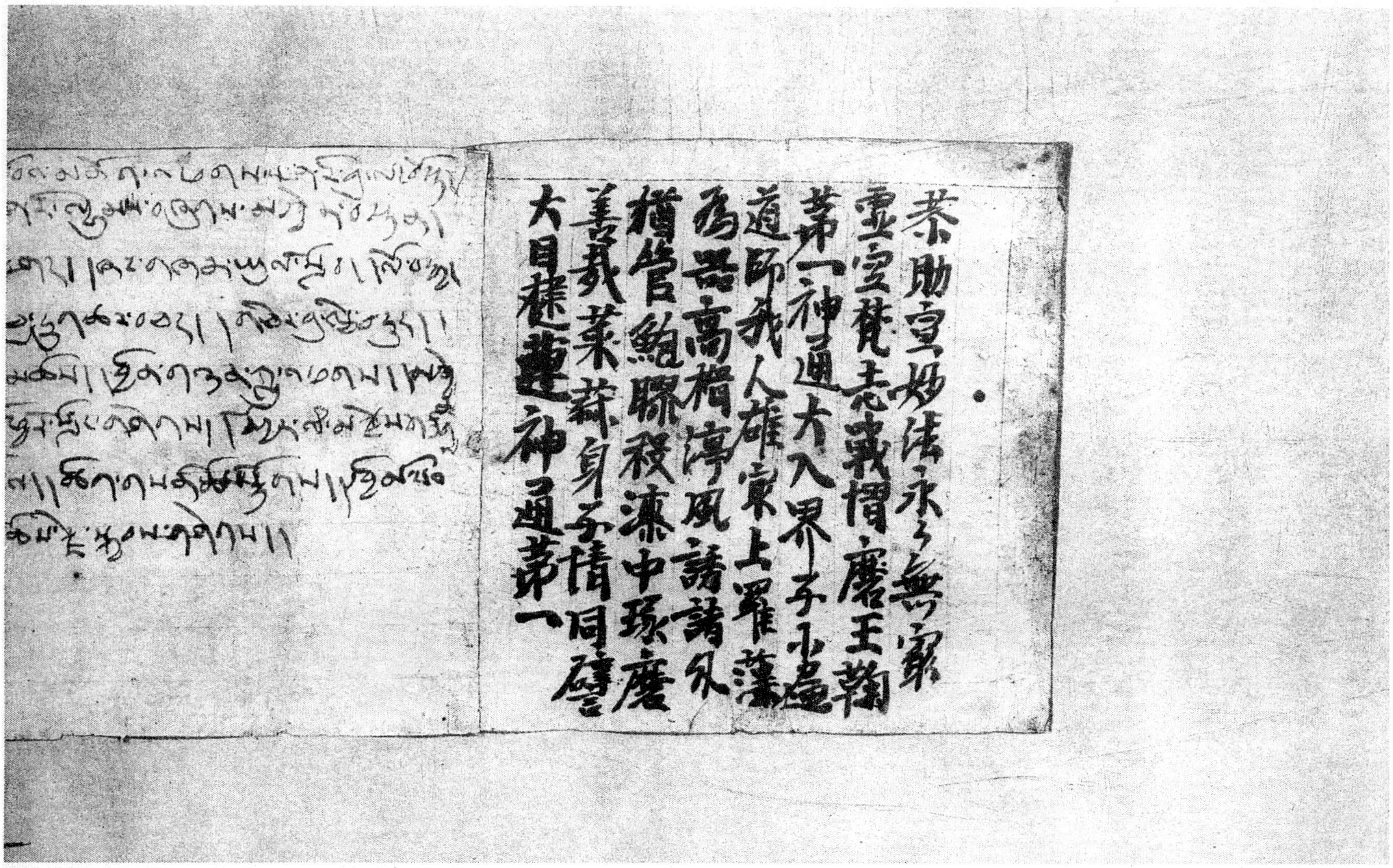

BD15431 號 3　十大弟子贊・大目犍連（擬）　（2–2）

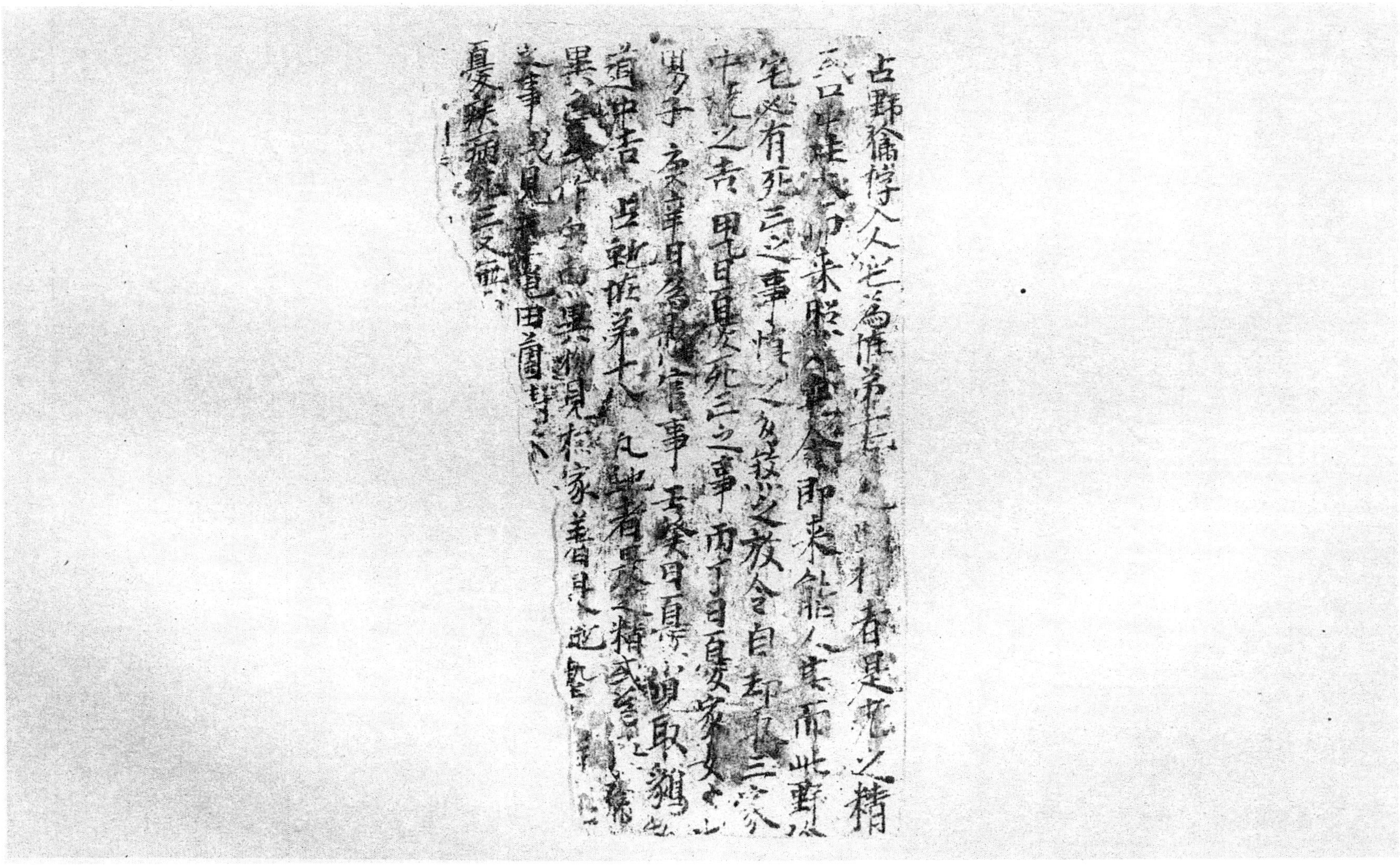

BD15432 號　百怪圖（擬）　（1–1）

BD15433 號 B　太子須大拏經（異本）　　（1–1）

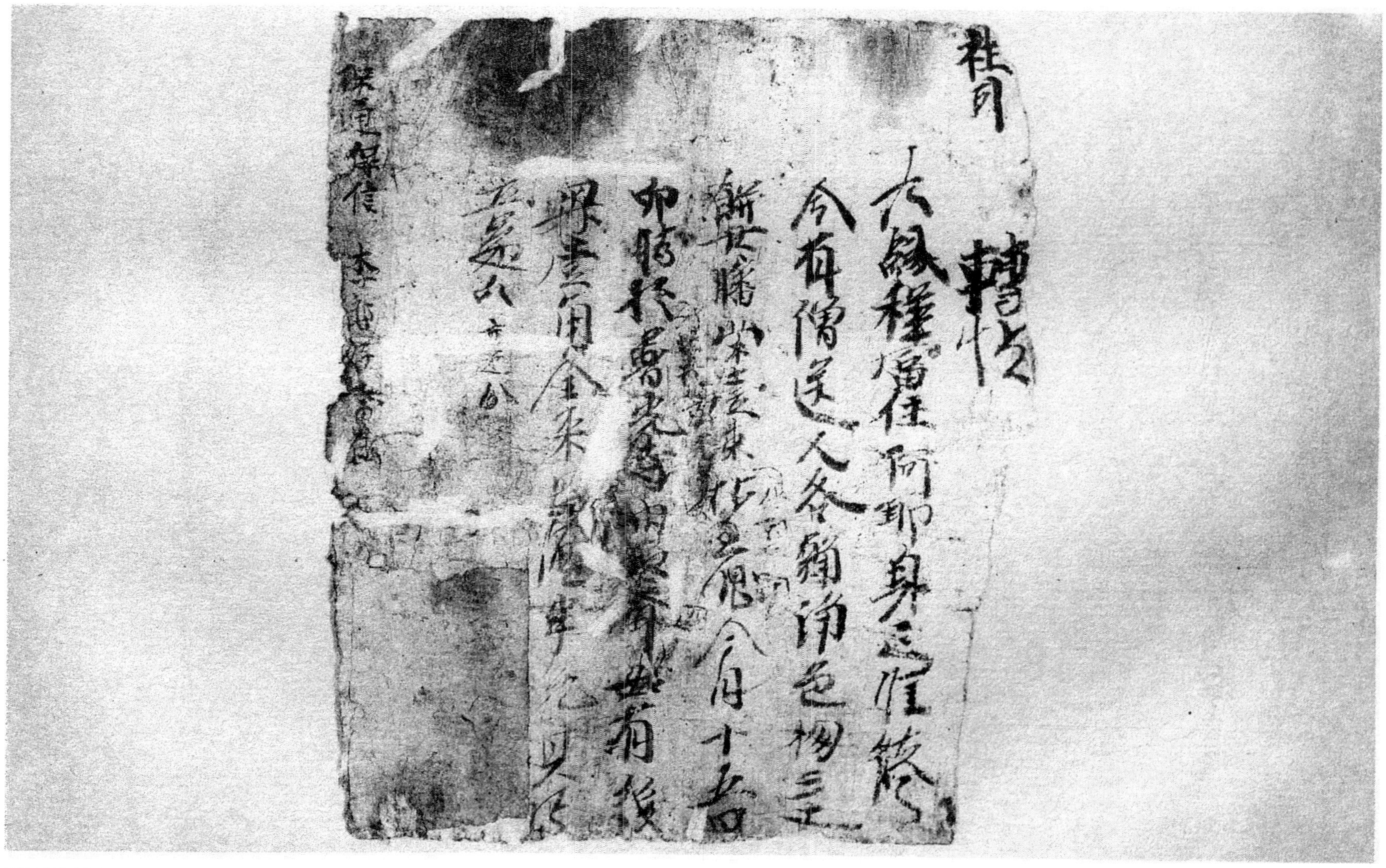

BD15434 號　程富住阿耶身亡社司轉帖（擬）　　（1–1）

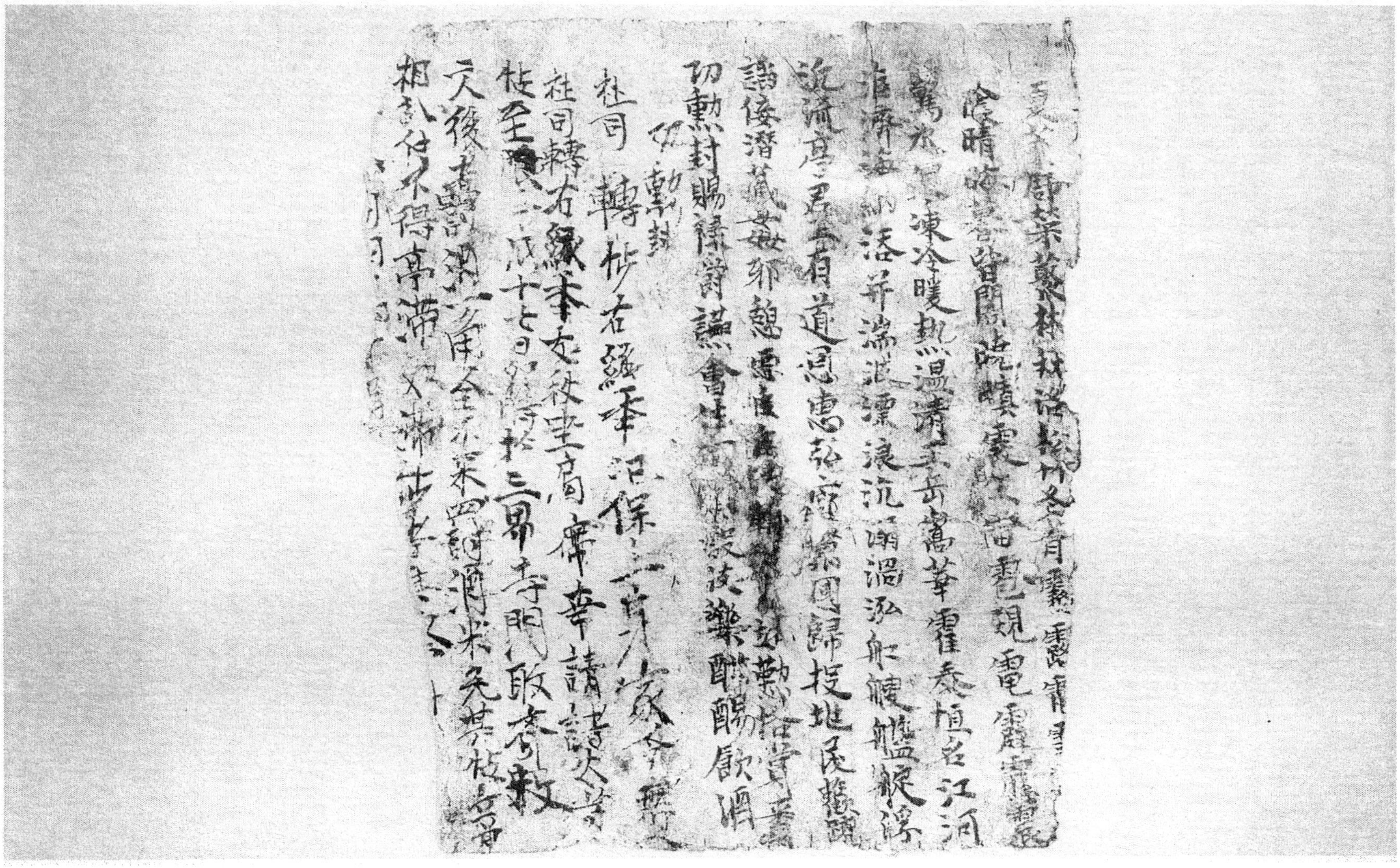

BD15434 號背 1　開蒙要訓　（1–1）
BD15434 號背 2　社司轉帖

BD15435 號　大乘入楞伽經序　（1–1）

祇人令立阿耨多羅三藐三菩提爲
土故常作佛事教化衆生諸比丘富樓那亦
於七佛說法人中而得第一今於我所說法
人中亦爲第一於賢劫中當來諸佛說法人
中亦復第一而皆護持助宣佛法亦於未來
護持助宣无量无邊諸佛之法教化饒益无

BD15436 號　妙法蓮華經卷四　（1–1）

BD15437 號　經袟（擬）　（1–1）

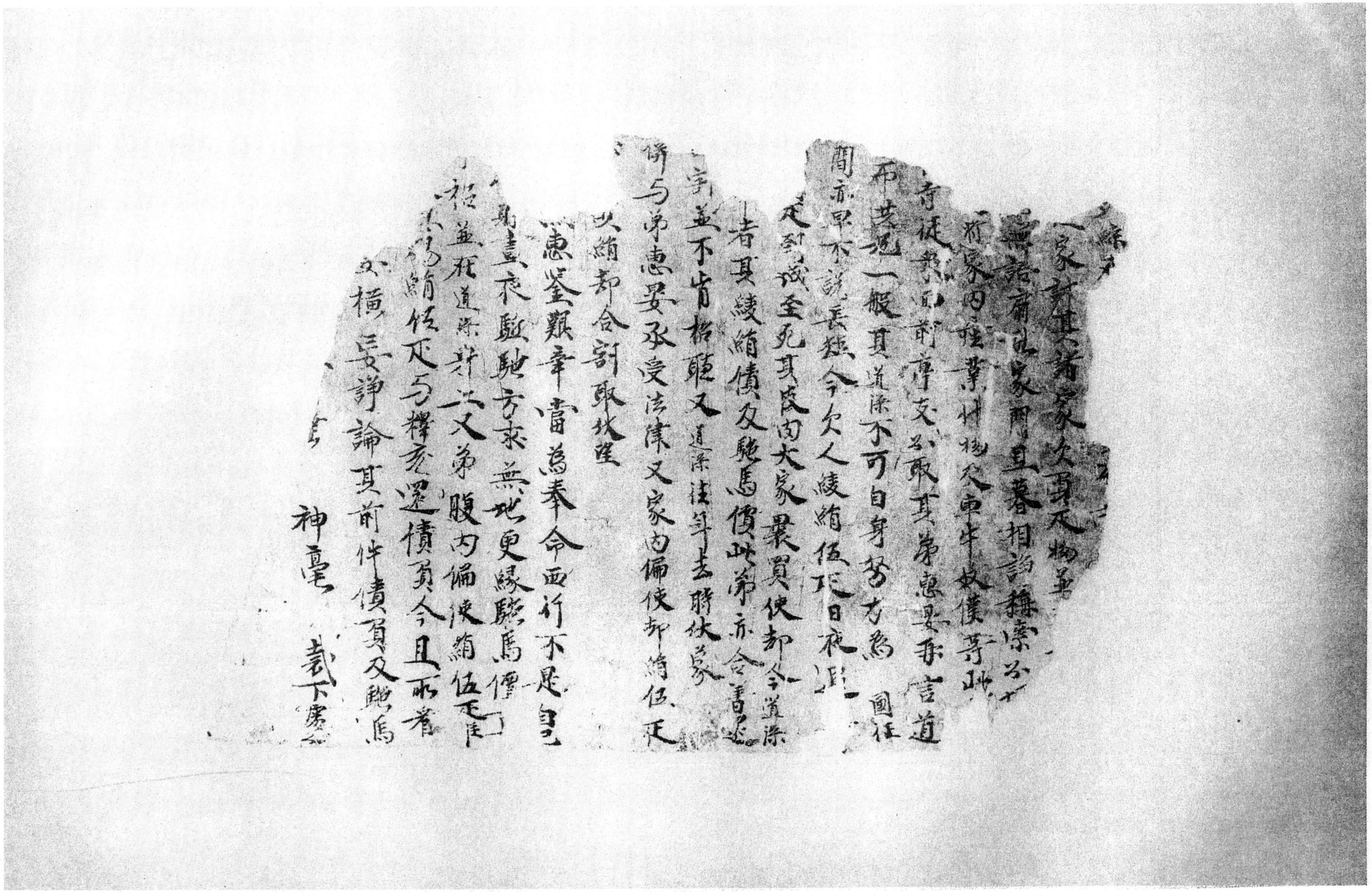

BD15438號　道深為與弟惠晏分割債負上神毫牒（擬）　（1–1）

BD15438號背　四分律卷七

（1-1）

BD15439 號　歸義軍羊籍（擬）　　（2–1）

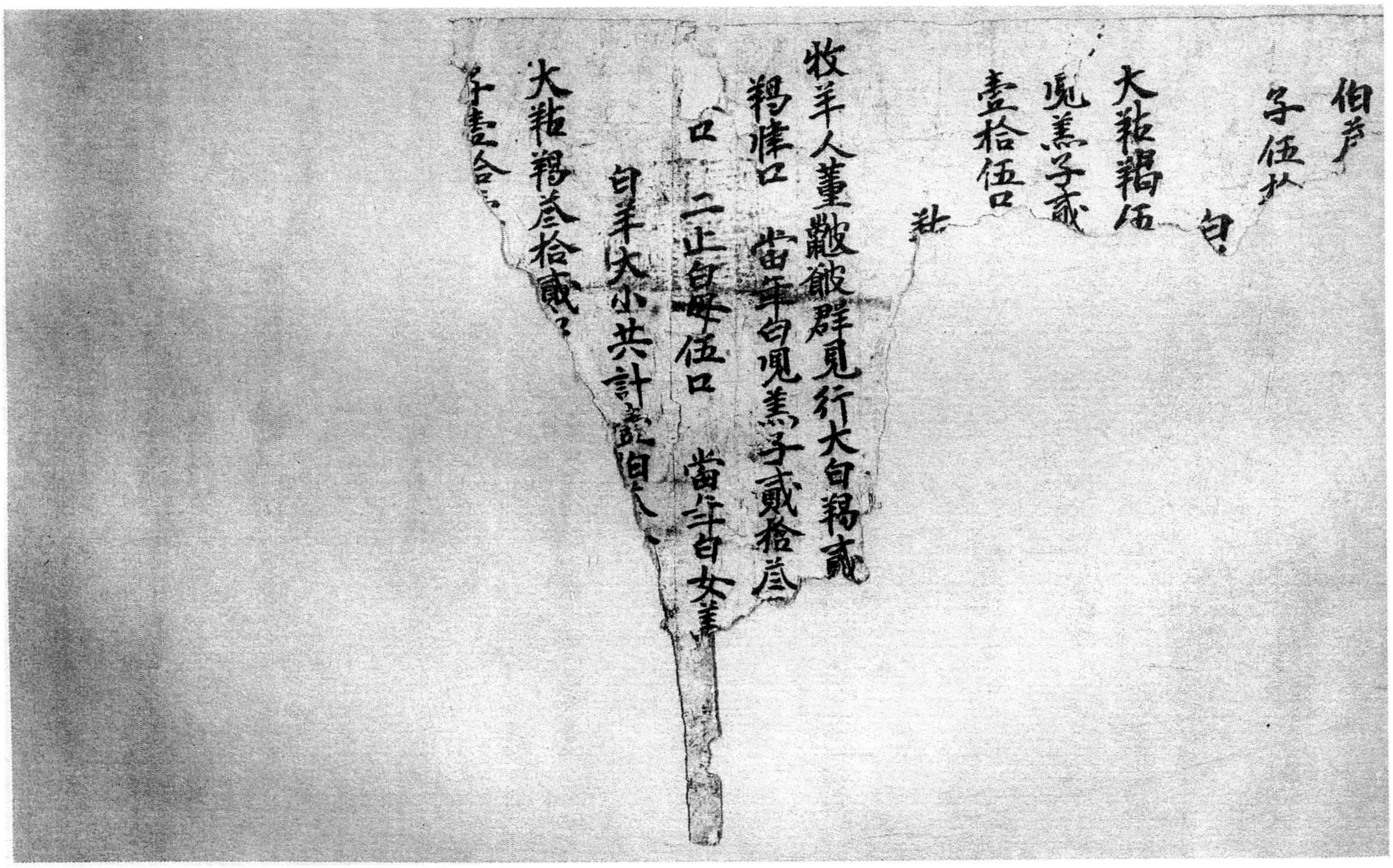

BD15439 號　歸義軍羊籍（擬）　　（2–2）

BD15440 號 A1　貞明七年四月僧道欽惠永等請免役牒並判（擬）　（2–1）

BD15440 號 A1　貞明七年四月僧道欽惠永等請免役牒並判（擬）　（2–2）
BD15440 號 A2　某人請發綾絹價牒（擬）

BD15440 號 B　書儀·端午狀（擬）　（1–1）

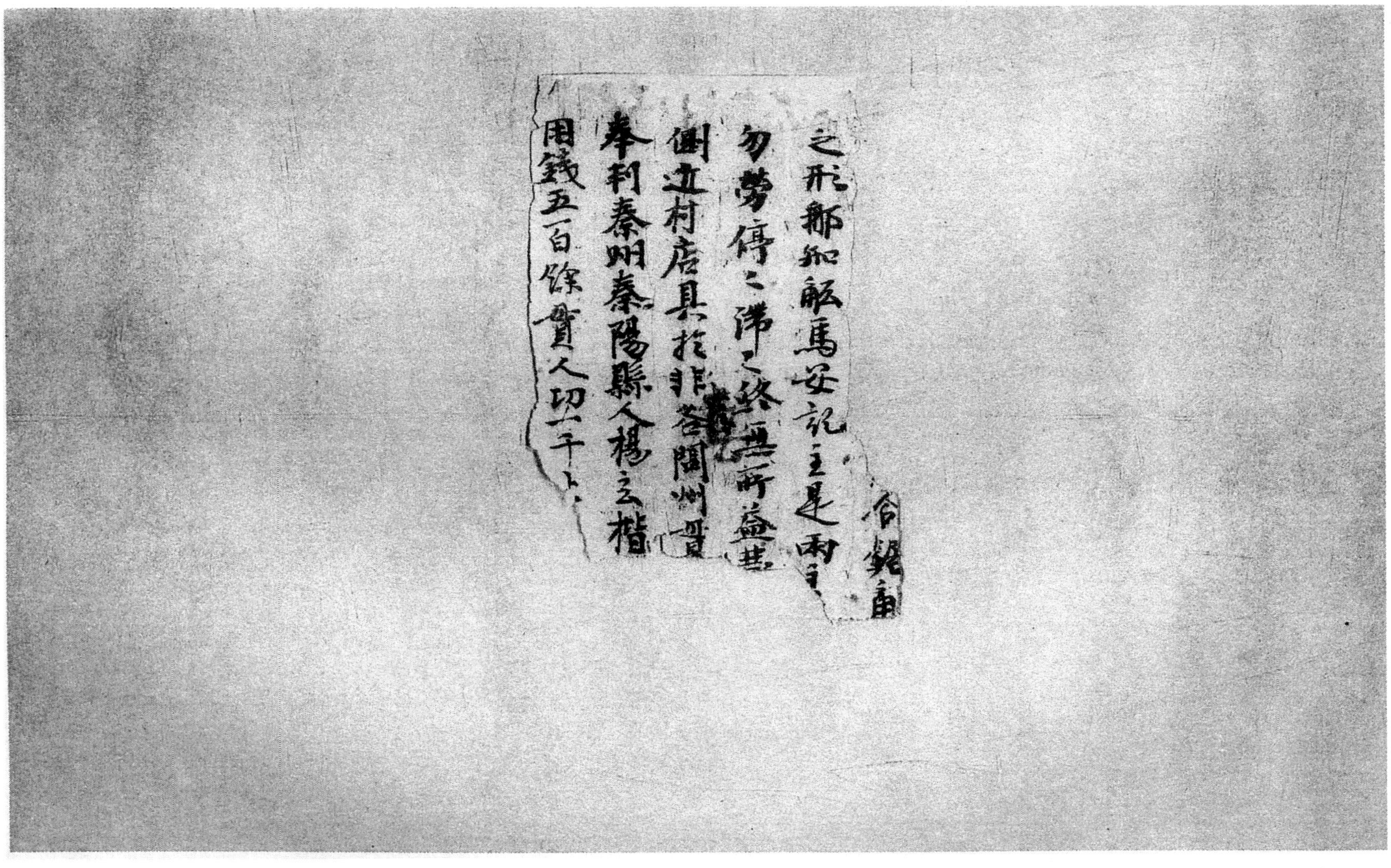

BD15441 號　楊玄楷殘文（擬）　（1–1）

BD15442號　函狀(擬)　(1-1)

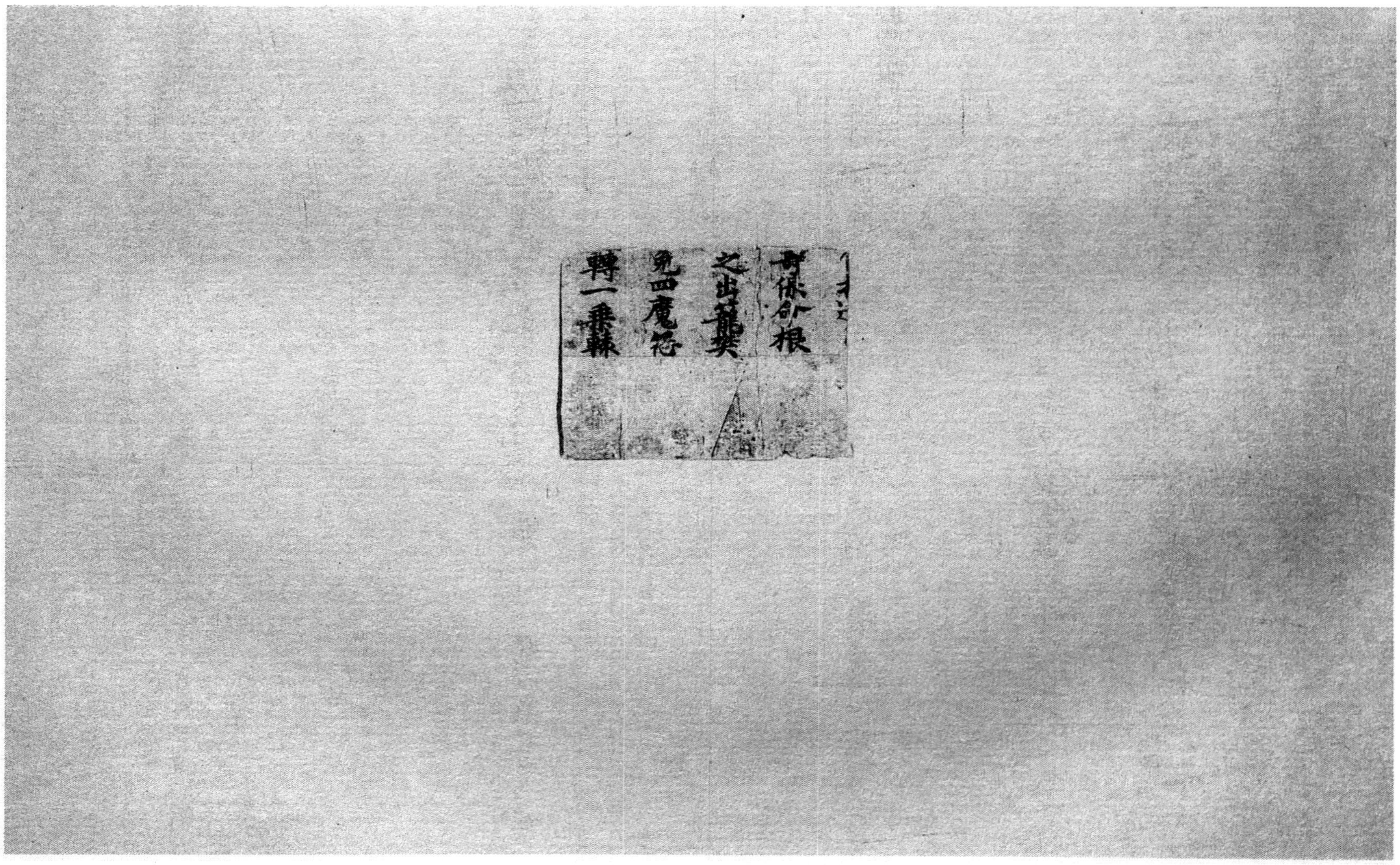

BD15443號　太玄真一本際經卷四　(1-1)

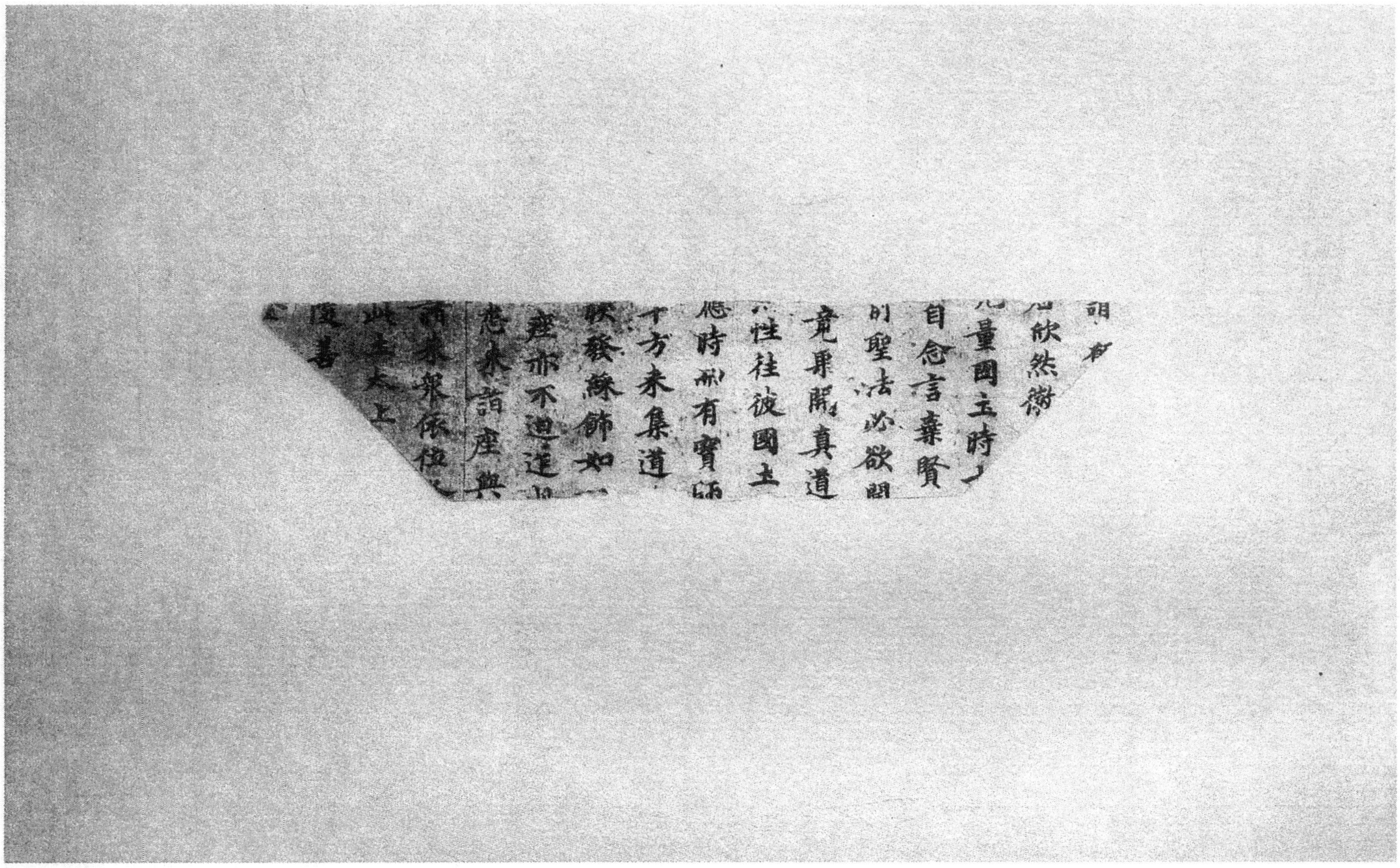

BD15444 號　太玄真一本際經卷四　（1–1）

BD15446 號　太玄真一本際經卷四　（1–1）

BD15447 號　經帙（擬）　（2–1）

BD15447 號背　經帙（擬）　（2–2）

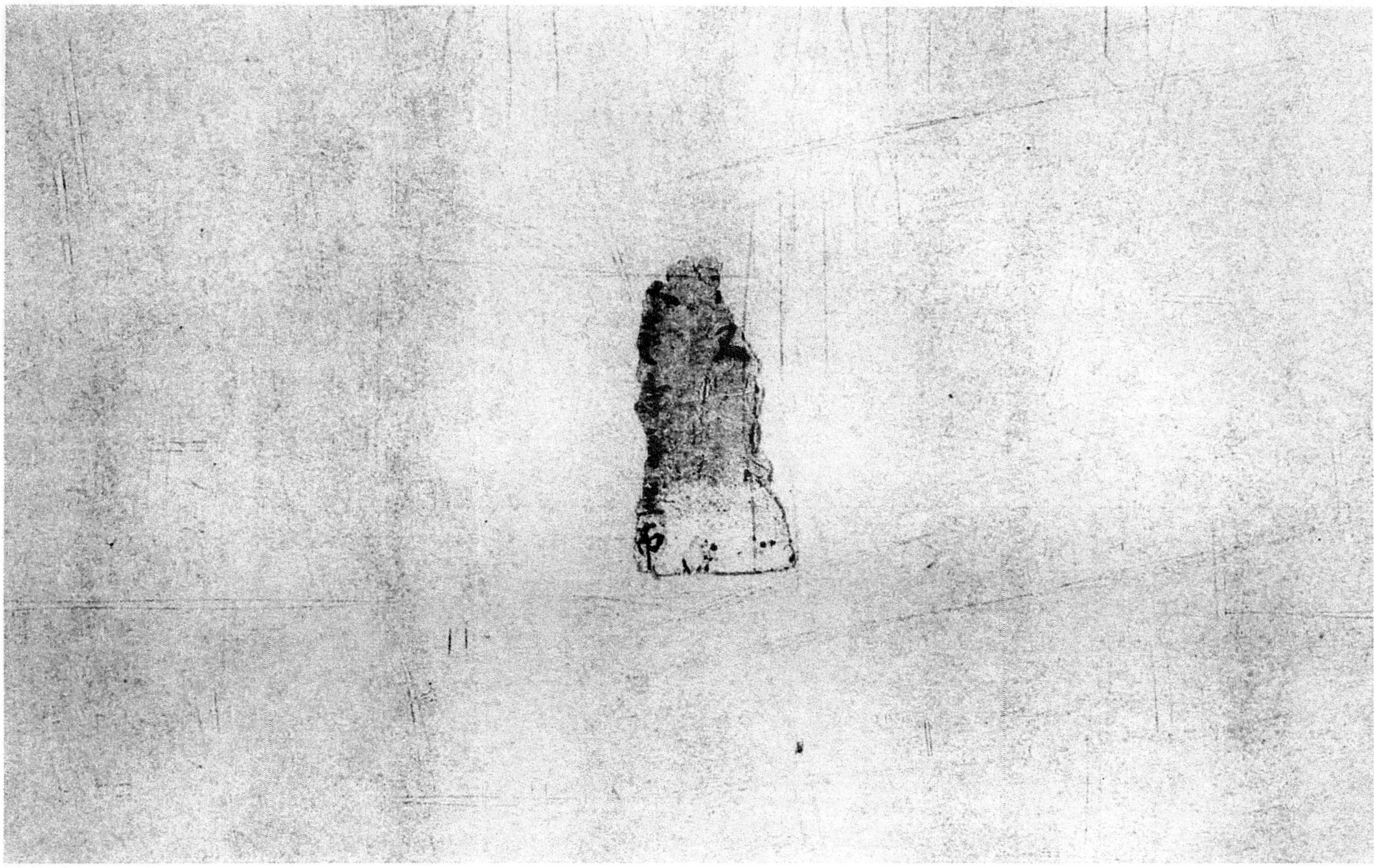

BD15448 號　殘片（擬）　（1–1）

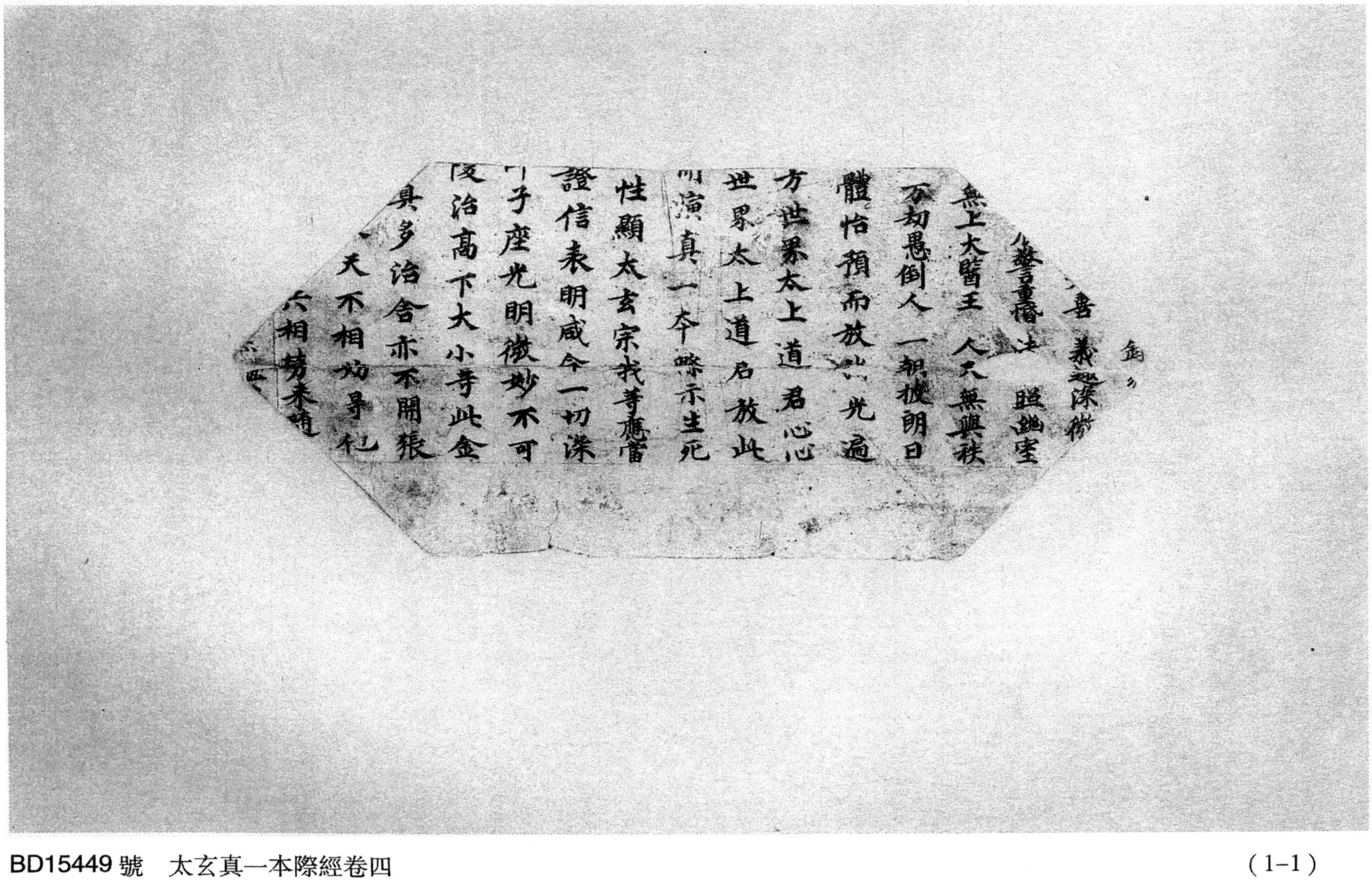

BD15449 號　太玄真一本際經卷四　（1–1）

BD15450 號　孔子項託相問書　　（1–1）

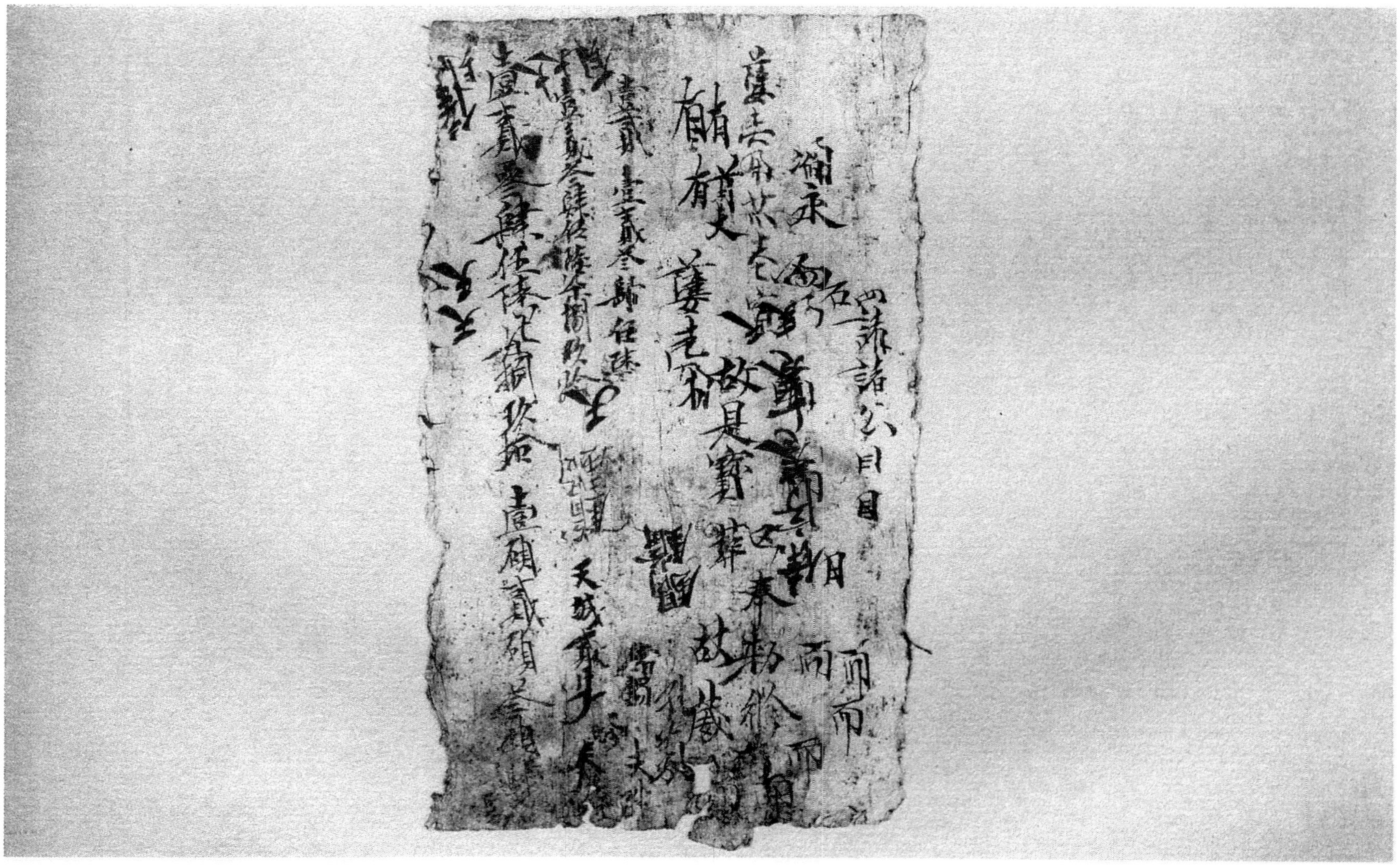

BD15450 號背　雜寫　　（1–1）

BD15451 號　書皮用唐絹（擬）　（1–1）

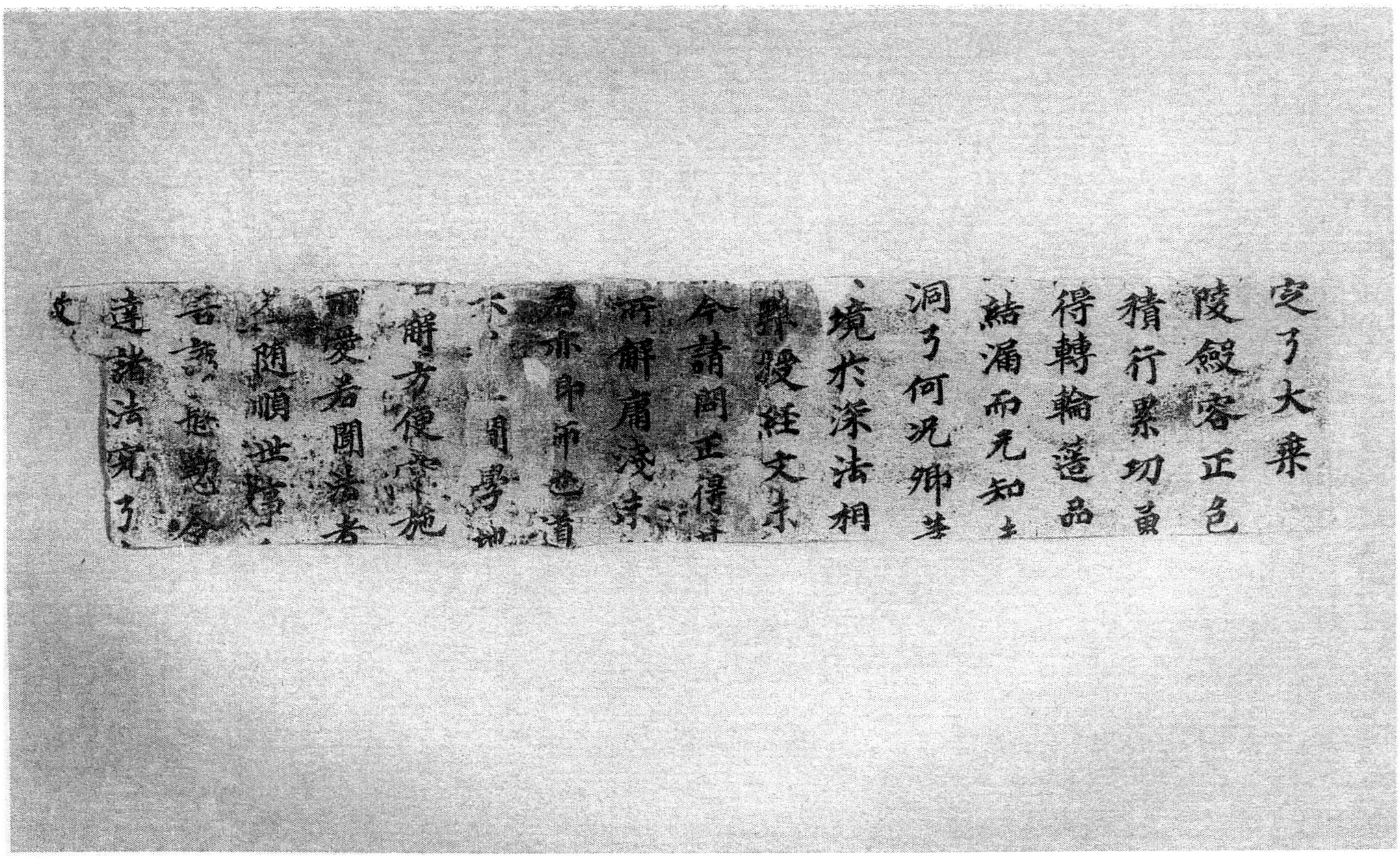

BD15452 號　太玄真一本際經卷四　（1–1）

BD15453號　護首（佛名經）　　（2–1）

BD15453號　護首（佛名經）　　（2–2）

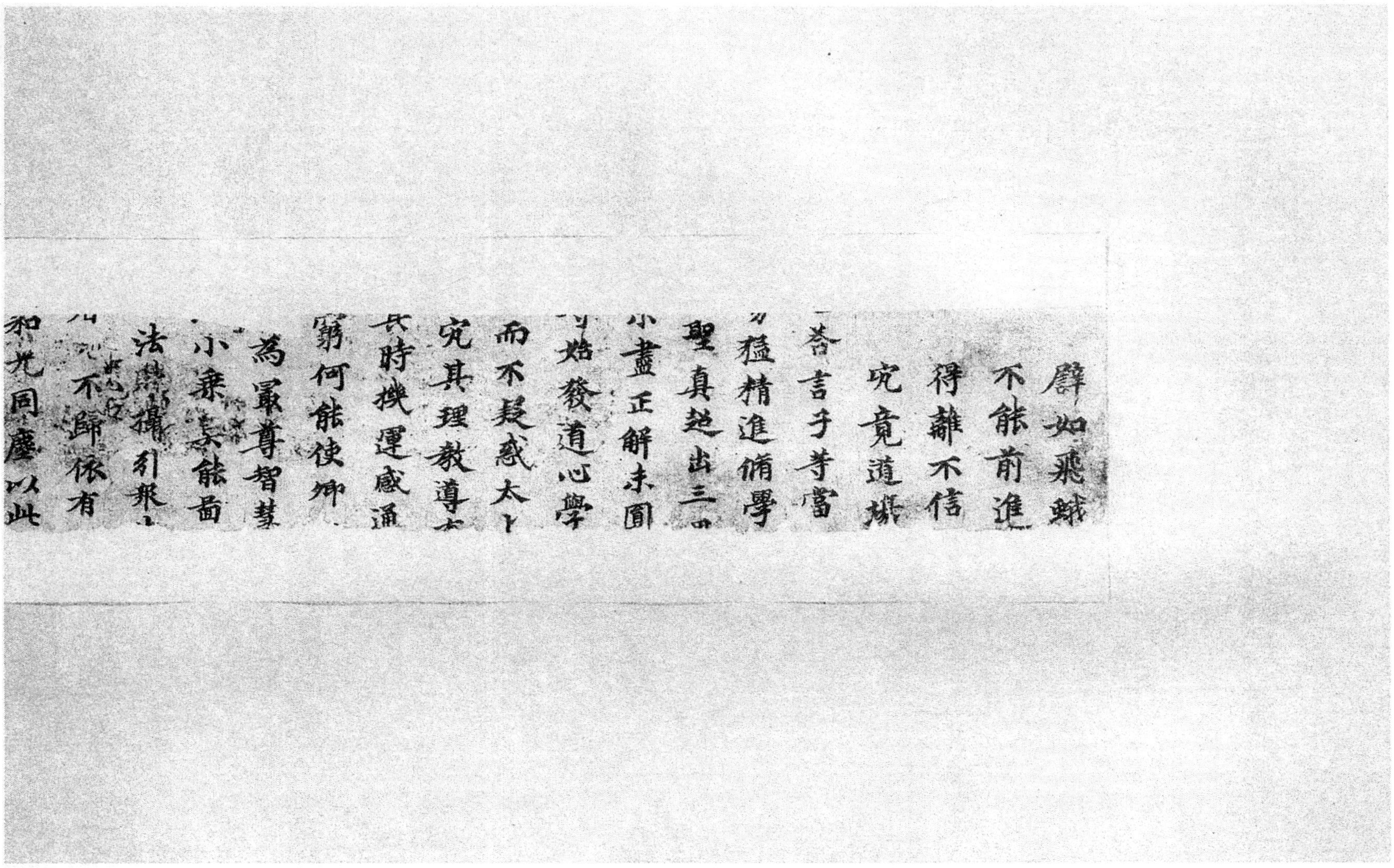
譬如飛蛾
不能前進
得離不信
究竟道場

答言子等當
勇猛精進脩學
聖真超出三界
不盡正解未圓
始發道心學
而不疑惑太上
究其理教導
長時機運感通
窮何能使卿
為冣尊智慧
小乘莫能當
法縛攝引衆
不歸依有
和光同塵以此

BD15454 號　太玄真一本際經卷四　（2–1）

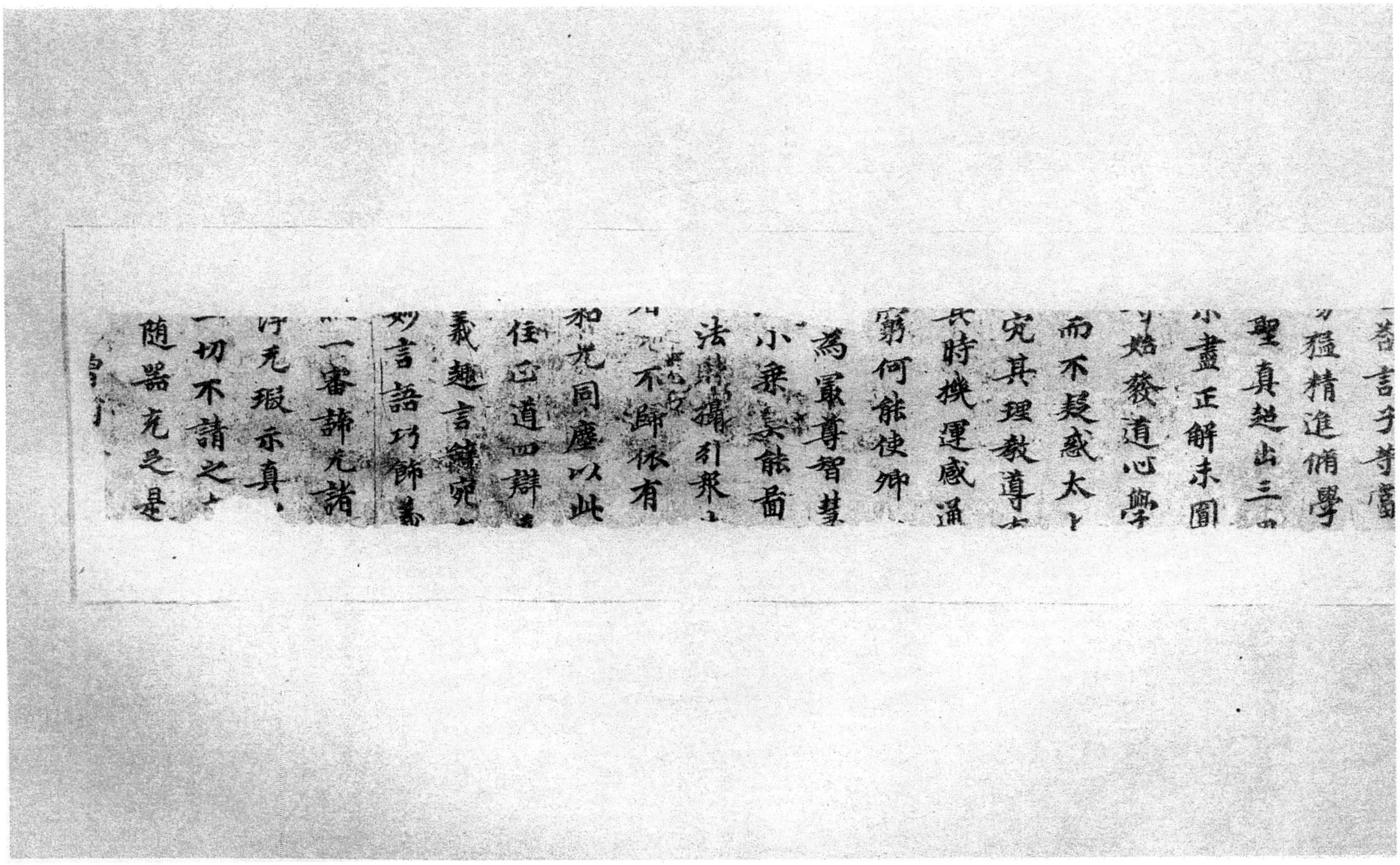
答言子等當
勇猛精進脩學
聖真超出三界
不盡正解未圓
始發道心學
而不疑惑太上
究其理教導
長時機運感通
窮何能使卿
為冣尊智慧
小乘莫能當
法縛攝引衆
不歸依有
和光同塵以此
住正道無礙
義趣言辭究
妙言語巧飾善
一審諦元諸
得元瑕示真
一切不請之
隨器充足是

BD15454 號　太玄真一本際經卷四　（2–2）

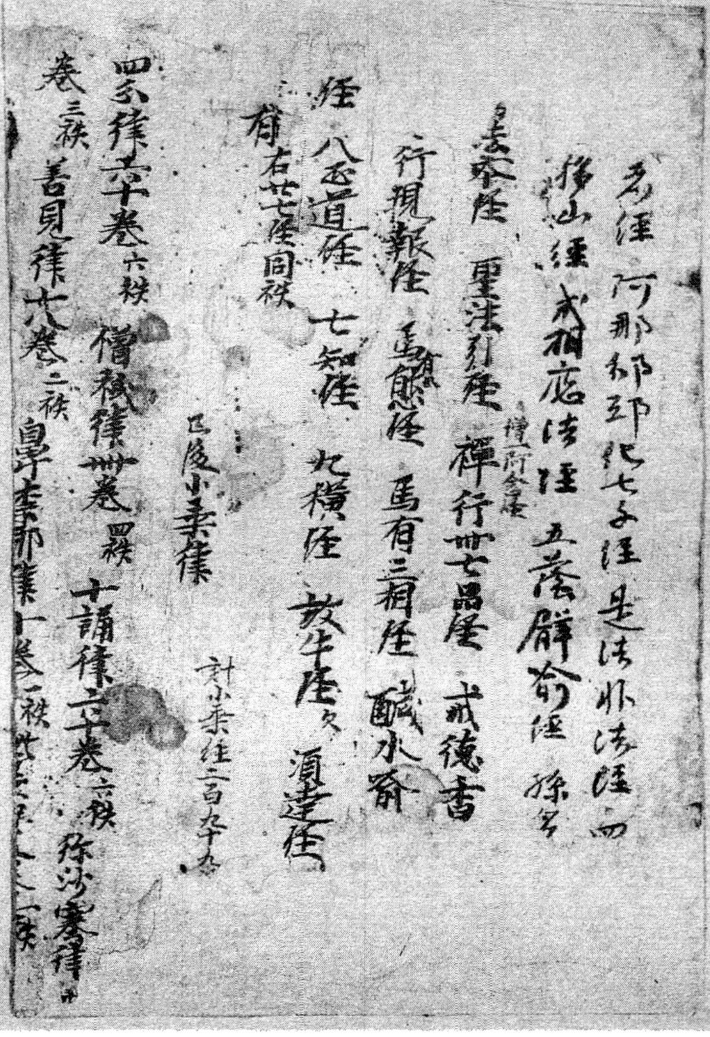

名經　阿那邠邸化七子經　是法非法經　四
諦山經　戒相應法經　五蘊譬喻經　孫多
耶致經　重法身經　禪行斂意經　禪行卅七品經　戒德香
行現報經　馬有八態經　馬有三相經　鹹水喻
經　八正道經　七知經　九橫經　放牛經 欠　須達經
右廿七經同袟　已後小乘律　計小乘經二百九十卷
四分律六十卷 六袟　僧祇律卌卷 四袟　十誦律六十卷 六袟　彌沙塞律
卷 三袟　善見律十八卷 二袟　鼻奈耶集十卷 一袟

BD15455 號　大唐内典錄卷八　　（1–1）

BD15456 號　殘片（擬）　　（1–1）

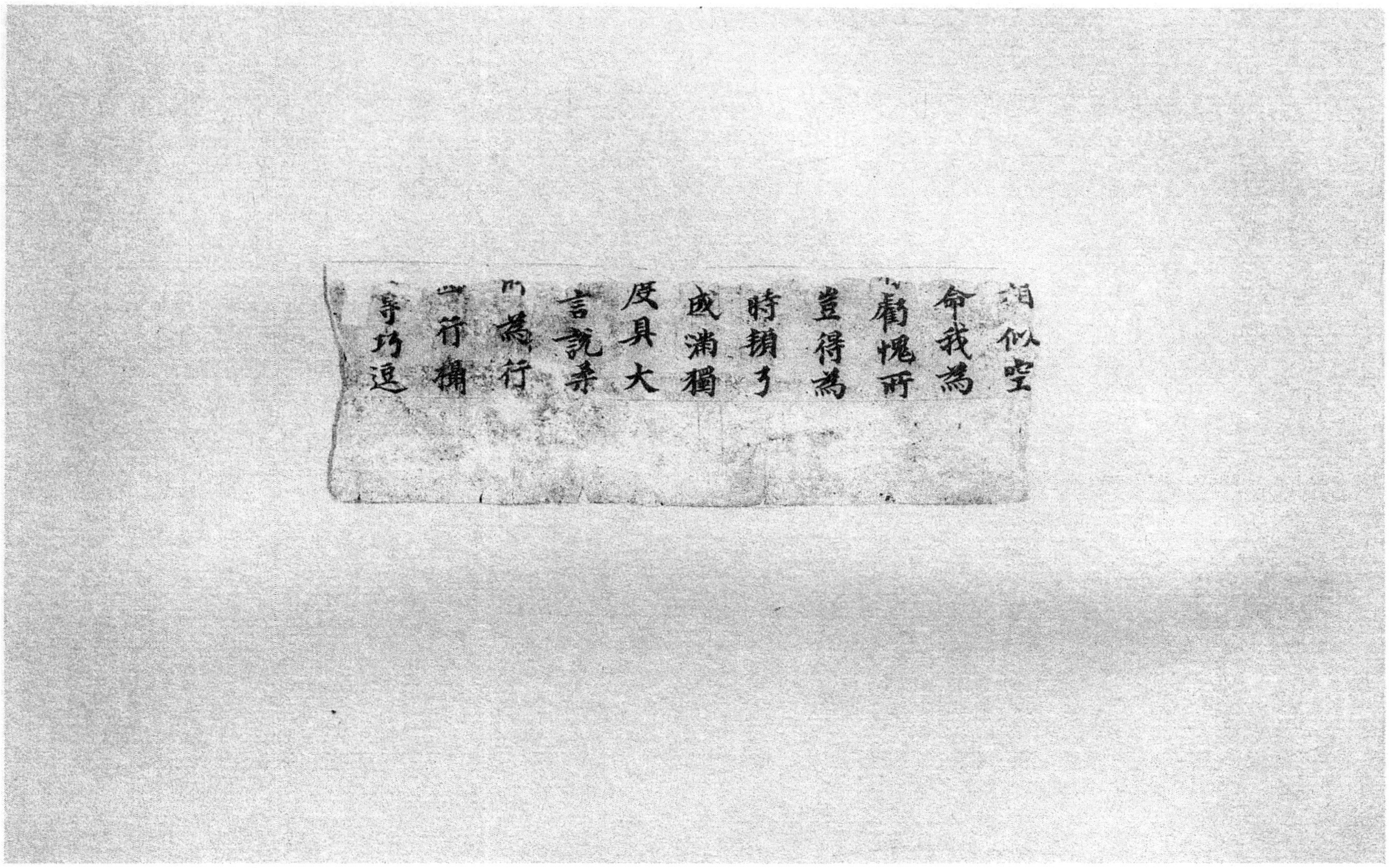

相似空
命我為
慚愧所
豈得為
時頻于
成滿獨
度具大
言說柔
為行
行稱
等均逗

BD15457號　太玄真一本際經卷四　（1–1）

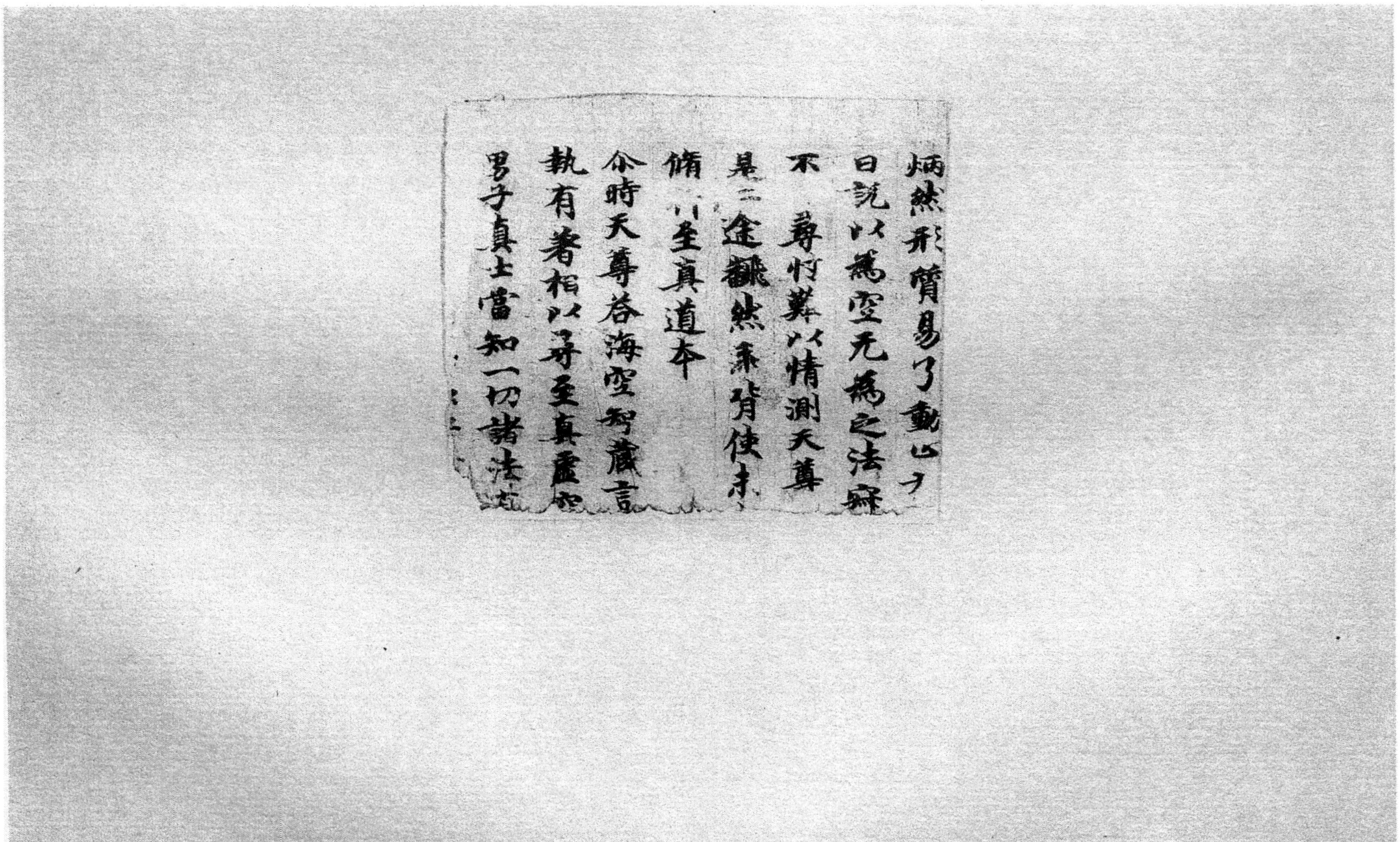

炳然形質易了動心于
曰說以為空无為之法疑
不 尊悄莫以情測天尊
是二途翻然乖背使未
備以至真道本
尒時天尊答海空智藏言
執有者稍以尋至真盡知
男子真士當知一切諸法於

BD15458號　太上一乘海空智藏經卷三　（1–1）

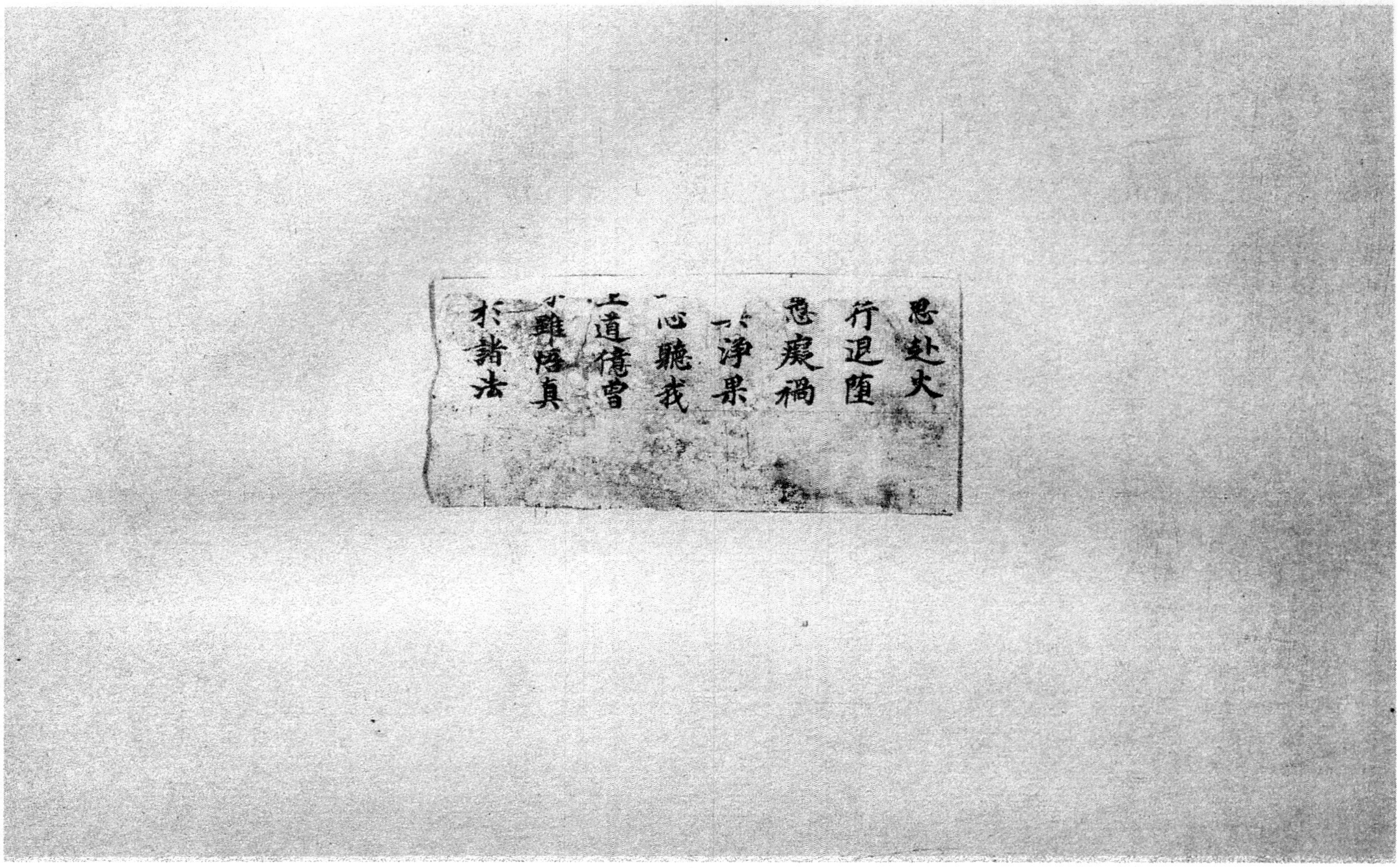
思赴大
行退墮
忽癡禍
于淨果
心聽我
上道億會
雖悟真
於諸法

BD15459 號　太玄真一本際經卷四　　　　（1–1）

BD15460 號　釋淨土群疑論卷七　　　　（1–1）

BD15461 號　張法律名目（擬）　（1–1）

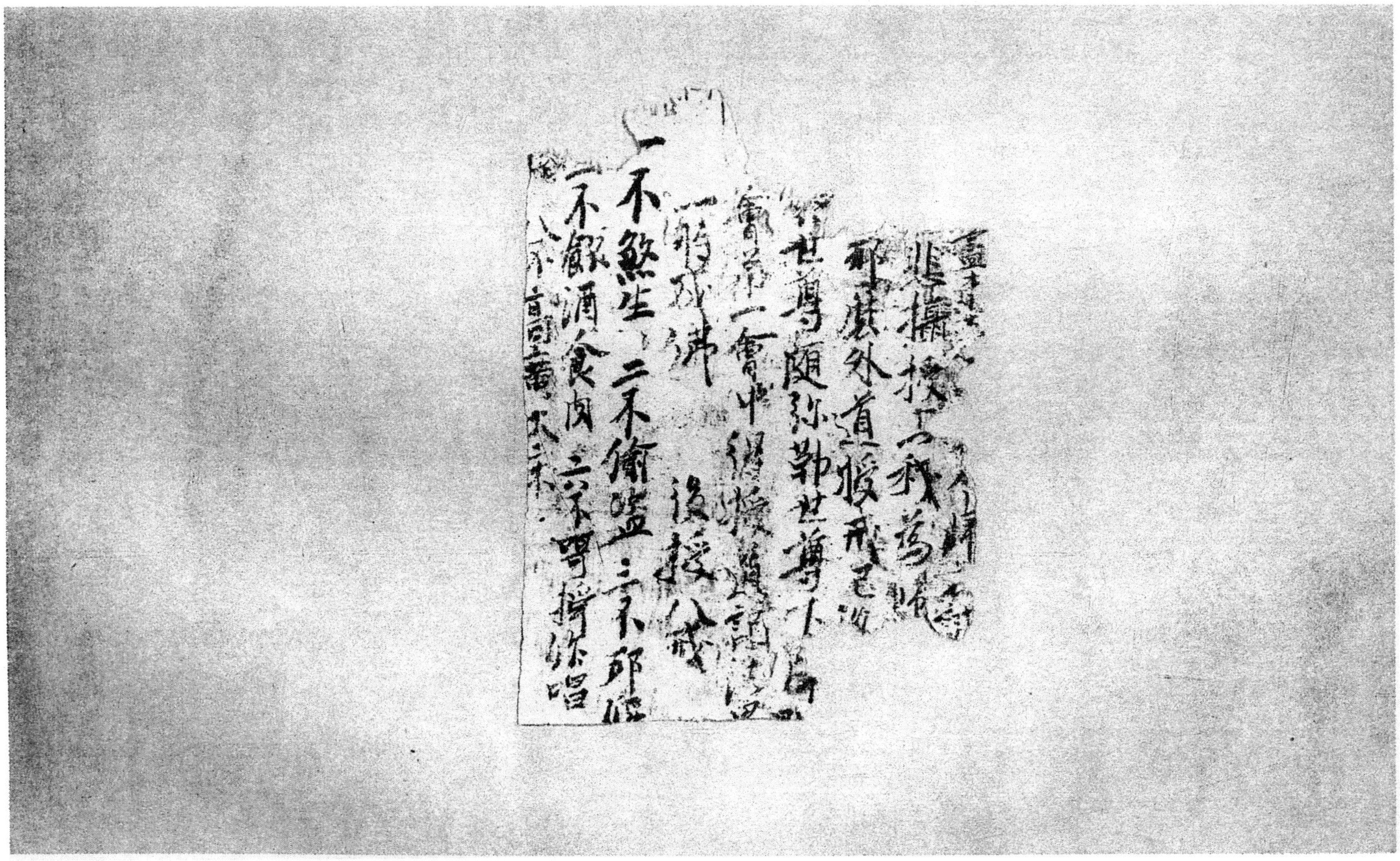

BD15462 號　授八戒文（擬）　（1–1）

著 錄 凡 例

本目錄採用條目式著錄法。諸條目意義如下：

1.1　著錄編號。用漢語拼音首字“BD”表示，意為“北京圖書館藏敦煌遺書”，簡稱“北敦號”。文獻寫在背面者，標註為“背”。一件遺書上抄有多個文獻者，用數字1、2、3等標示小號。一號中包括幾件遺書，且遺書形態各自獨立者，用字母A、B、C等區別。

1.2　著錄分類號。本條記目錄暫不分類，該項空缺。

1.3　著錄文獻的名稱、卷本、卷次。

1.4　著錄千字文編號。

1.5　著錄縮微膠卷號。

2.1　著錄遺書的總體數據。包括長度、寬度、紙數、正面抄寫總行數與每行字數、背面抄寫總行數與每行字數。如該遺書首尾有殘破，則對殘破部分單獨度量，用加號加在總長度上。凡屬這種情況，長度用括弧標註。

2.2　著錄每紙數據。包括每紙長度及抄寫行數或界欄數。

2.3　著錄遺書的外觀。包括：（1）裝幀形式。（2）首尾存況。（3）護首、軸、軸頭、天竿、縹帶，經名是書寫還是貼簽，有無經名號，扉頁、扉畫。（4）卷面殘破情況及其位置。（5）尾部情況。（6）有無附加物（蟲繭、油污、線繩及其他）。（7）有無裱補及其年代。（8）界欄。（9）修整。（10）其他需要交待的問題。

2.4　著錄一件遺書抄寫多個文獻的情況。

3.1　著錄文獻首部文字與對照本核對的結果。

3.2　著錄文獻尾部文字與對照本核對的結果。

3.3　著錄錄文。

3.4　著錄對文獻的説明。

4.1　著錄文獻首題。

4.2　著錄文獻尾題。

5　著錄本文獻與對照本的不同之處。

6.1　著錄本遺書首部可與另一遺書綴接的編號。

6.2　著錄本遺書尾部可與另一遺書綴接的編號。

7.1　著錄題記、題名、勘記等。

7.2　著錄印章。

7.3　著錄雜寫。

7.4　著錄護首及扉頁的內容。

8　著錄年代。

9.1　著錄字體。如有武周新字、合體字、避諱字等，予以説明。

9.2　著錄卷面二次加工的情況。包括句讀、點標、科分、間隔號、行間加行、行間加字、硃筆、墨塗、倒乙、刪除、兌廢等。

10　著錄敦煌遺書發現後，近現代人所加內容，裝裱、題記、印章等。

11　備註。著錄揭裱互見、圖版本出處及其他需要説明的問題。

上述諸條，有則著錄，無則空缺。

為避文繁，上述著錄中出現的各種參考、對照文獻，暫且不列版本説明。全目結束時，將統一編制本條記目錄出現的各種參考書目。

本條記目錄為農曆年份標註其公曆紀年時，未進行歲頭年末之換算，請讀者使用時注意自行换算。

條　記　目　錄

BD15354—BD15462

1.1　BD15354 號
1.3　華嚴經探玄記卷八
1.4　新 1554
2.1　498.5×28.5 厘米；12 紙；正面 288 行，行 21 字。背面 270 行，行 24 字。
2.2　01：42.5，26；　02：42.5，26；　03：42.0，26；
04：42.0，26；　05：41.0，23；　06：41.0，23；
07：41.0，23；　08：41.0，23；　09：41.0，23；
10：41.5，23；　11：41.5，23；　12：41.5，23。
2.3　卷軸裝。首脫尾斷。正面有烏絲欄，背面為刻劃欄。現代接出護首。
2.4　本遺書包括 2 個文獻：（一）《華嚴經探玄記》卷八，288 行，抄寫在正面，今編為 BD15354 號。（二）《金剛般若經旨讚》卷下，270 行，抄寫在背面，今編為 BD15354 號背。
2.5　本遺書先劃烏絲欄，抄寫《華嚴經探玄記》。其後利用其背面抄寫《金剛般若經旨讚》。故抄寫《華嚴經探玄記》的一面應為正面，抄寫《金剛般若經旨讚》的一面應為反面。兩個文獻相互獨立，沒有內在的關聯。
　　現代收藏者不察，接裝護首時將原卷的正反面搞顛倒，故著錄時恢復原貌。
3.1　首殘→大正 1733，35/0269C28。
3.2　尾殘→大正 1733，35/0274B24。
8　8 世紀。唐寫本。
9.1　行草。有合體字“菩提”、“涅槃”。
9.2　有硃筆勾劃。有重文號。
10　現代接出護首，上方貼有文物商店紙簽：“類別：中；貨號：13312；年品名：廣德寫經 1 卷；定價：480.00；備註：背面草書。”

1.1　BD15354 號背
1.3　金剛般若經旨讚卷下
1.4　新 1554
2.4　本遺書由 2 個文獻組成，本文獻為第 2 個，270 行，抄寫在背面。餘參見 BD15354 號。
3.1　首殘→大正 2735，85/0104B12。
3.2　尾殘→大正 2735，85/0109B07。
4.2　金剛般若經旨讚卷下（尾）。
7.1　尾題後有題記：“廣德二年（764）六月十九日客僧法澄於沙州龍興寺寫”。
8　764 年。唐寫本。
9.1　行楷。有合體字“涅槃”、“菩薩”、“菩提”。
9.2　有校改及塗抹。有硃筆科分及行間加行。有硃、墨筆行間校加字及倒乙。有重文號。

1.1　BD15355 號
1.3　大方廣佛華嚴經（晉譯六十卷本　聖本）卷四五
1.4　新 1555
2.1　1052×27 厘米；20 紙；共 520 行，行 17 字。
2.2　01：52.0，25；　02：54.5，27；　03：54.5，27；
04：54.5，27；　05：55.0，27；　06：55.0，27；
07：55.0，27；　08：54.5，27；　09：45.0，27；
10：54.5，27；　11：55.0，27；　12：55.0，27；
13：54.5，27；　14：55.0，27；　15：55.0，27；
16：55.0，27；　17：54.5，27；　18：54.5，27；
19：51.0，25；　20：28.0，11。
2.3　卷軸裝。首全尾全。卷面多水漬、蟲蛀。有烏絲欄。通卷現代托裱，溜邊已脫。
3.1　首全→大正 0278，09/0676A02。
3.2　尾全→大正 0278，09/0683B08。
4.1　大方廣佛華嚴經入法界品第卅四，卌五（首）。
4.2　大方廣佛華嚴經卷第卌五（尾）。
5　與《大正藏》本對照，分卷不同。經文相當於《大正藏》本《大方廣佛華嚴經》卷第四十四入法界第三十四之一，卷第四十五入法界品第三十四之二。與日本《聖語藏》本分卷相同。
8　8～12 世紀。日本平安時期寫本。
9.1　楷書。

10　現代接出黃底團花雲龍織錦護首，已脱落，有玉別子，略殘。護首貼有題簽“唐人寫經墨迹卷，曲石精廬□，甲子春日曲靖孫光庭題”。上邊貼有紙簽“登錄號：99998，函：1 軸”。

玉池為撒金箋，右上方有殘陽文硃印，殘存 1.5×3.3 厘米，印文為“□廬”。有大字橫書：“唐人寫華嚴經墨蹟，曲石精廬主人命題，甲子春黃葆鉞。”黃葆鉞題款下方有正方形陰文硃印，1.9×1.9 厘米，印文為“藹農/金石/書畫/”。

卷首有 7 枚印章，自上而下依次為：

1　正方形陽文硃印，1.7×1.7 厘米，印文為“七啓/盦/”；

2　正方形陰文硃印，1.1×1.1 厘米，印文為“景邃/堂/”；

3　正方形陽文硃印，1.3×1.3 厘米，印文為“北京圖書館藏”；

4　正方形陽文硃印，1.7×1.7 厘米，印文為“田偉/後裔/”；

5　長方形陽文硃印，1.6×4 厘米，印文為“神護寺”；

6　正方形陰文硃印，1.6×1.6 厘米，印文為“審美/珍藏/”；

7　正方形陽文硃印，1×1 厘米，印文為“根源”。

卷尾有 3 枚印章：

1　正方形陽文硃印，1.3×1.3 厘米，印文為“北京圖書館藏”；

2　正方形陽文硃印，2.4×2.4 厘米，印文為“曲石/精廬/所藏/”；

3　正方形陰文硃印，2.8×2.8 厘米，印文為“李根源/字印泉/號雪生/”。

拖尾有題跋：

“敦煌石室寫經校異/

晉譯華嚴入法異品。/

宋、元、明、麗四本異者，四十八條。/

題目：/

“大方廣佛華嚴經”為第 1 行。“經”下有“卷［第］四十五”五字。（麗作“四十四”。按：為小字旁註。）/“入法界品”提作第三行。“卅”作“三十”。又“四”下有“之一”兩/字。另有“東晉天竺三藏佛馱跋陀羅譯”/十二字為第二行。/

“文殊師利菩薩為上首”，“為”上有“而”字；/

“眼淨天冠菩薩”，“眼”作“明”；/

“一切虛空摩尼寶王”，“摩”上有“寶”字；/

“勝上菩薩”，“勝”上有“薩”字；/

“月妙德菩薩”，“月”上有“薩”字；/

“雲雷音菩薩”，無“雷”字；/

“至無礙處一切諸佛”，“礙”作“量”；/

“未曾忌失，守護群生”，“忌”作“忘”；/

“一切天人無能知”，“一”上有“如來法”三字；/

“衆寶藍植”作“衆寶欄楯”；/

“高顯榮伐”，“伐”作“茂”；/

“髻幢”，“髻”作“鬘”，以下同；/

“寶乘帶幢”，“乘”作“垂”；/

“佛刹後塵等世”，“後”作“微”；/

“如意寶王為髻明珠，髻作髻”，下同（按：乃字形不同）；/

“法義慧炎王”，“炎”作“餤”；/

“佛白豪相圓滿”，“豪”作“毫”；/

“香烟炎雲”，“烟”作“煙”；/

“佛足全闕智幢王”，“足”作“號”，“闕”作“礙”；/

“一切衆生語海音雲”，“音雲”作“雲音”；/

“一切支節”，“支”作“肢”，下同；/

“隨所應化，成就衆生”，“就”作“熟”，下同；/

“決定了智一切衆生”，“智”作“知”；/

“不求諸佛離世善根”，“根”作“眼”；/

“不得普賢清淨知眼”，“知”作“智”；/

“非諸聲聞智慧界”，“界”上有“境”字；/

“翳悉分別，知雖捕獨”，“翳”作“醫”，“獨”作“獵”；/

“地水火風，無衆生境”，“無”作“天”；/

“所以者何，以如來境”，“如”上無“以”字；/

“無量自在力”，“力”作“法”；/

“一切諸言道”，“諸”作“語”；/

“牟尼迷超越”，“迷”作“悉”；/

“淨日光明曜”，“曜”作“耀”；/

“世界所依作”，“作”作“住”；/

“能除勢渴愛”，“勢”作“熱”；/

“成熟菩薩道”，“熟”作“就”；/

“明子一切法”，“子”作“了”；/

“結使所縛纏”，“【縛纏】”作“纏結”；/

“除滅諸疑惑（或）”，“或”作“惑”；/

“無量功德力”，“力”作“身”；/

“能自決定智”，“智”作“知”；/

“伐衆生苦故”，“伐”作“代”。/

元、明本同，麗異者一條：/

“一切衆生如熟時炎生”，上無“衆”字。/

宋、元、明本同，麗異者三條：/

“導師自然智”，“導”作“道”；/

“帝釋宮殿園觀林池”，“池”作“流”；/

“若有見佛者”，“若”作“苦”。/

明本同，宋、元、麗異者一條：/

“亦不守護如來種性”，“性”作“姓”。/

麗本同，宋、元、明本異者二條：/

“安住三世妙智慧”，“妙”上有“勝”字；/

“譬如有人以瞳身藥”，“瞳”作“翳”。/

“爾時不可壞精進勢力王”下，宋、元、明三本分作“三十四之二”。/

“爾時壞散一切衆魔智幢王”下，麗本分作“三十四之

二”。/

印泉先生以敦煌石室寫經屬/跋，為校異如右。除可決知傳寫之誤字，/有足補證四本之誤者不少，若得國內/收藏家盡出所藏，及得英、法人所藏，/悉校一過，可稱四本外之唐本。文以會而/資徵，學以散而足惜。數萬元足葳厥/事，天下好學嗜古者僂為之。/

民國十三年春季宜黃歐陽漸識。”

題跋後有印章2枚：（一）正方形陰文硃印，2.2×2.2厘米，印文為“竟無”。（二）正方形陰文硃印，2.2×2.2厘米，印文為“漸”。

錄文“【】”中為雙行小字。

1.1 BD15356號
1.3 藏文（無量壽宗要經甲本）
1.4 新1556
2.1 135×31厘米；3紙；共112行，行約45字母。
2.2 01：45.0，38；　02：45.0，36；　03：45.0，37。
2.3 卷軸裝。首全尾全。每紙2欄。上邊略有水漬，卷面保存尚好。卷首、末有粘接痕。有烏絲欄。
3.4 說明：
本文獻首全尾全。為藏文《無量壽宗要經》。
4.1 Rgya－gar－skad－du ’ Apar＝mita’ ayur nama mahayana sutra。Bod_ skad_ du tshe dpag_ du_ myed_ pa zhes_ bya_ ba theg_ pa chen_ povi mdo。（首）。
4.2 Tshe dpag_ du_ myed_ pa zhes_ bya_ ba theg_ pa_ chen_ povi mdo。（尾）。
7.1 卷尾有題名：“抄寫者：Levu－legs－gi－bris（魯良）。”
8 8～9世紀。吐蕃統治時期寫本。
9.1 正書。

1.1 BD15357號
1.3 四分戒本疏卷一
1.4 新1557
2.1 166.3×30.5厘米；5紙；共91行，行29字。
2.2 01：17.3，10；　02：44.0，25；　03：44.0，25；
04：44.0，25；　05：17.0，06。
2.3 卷軸裝。首脫尾脫。首紙上方有破裂，卷尾上下邊有油污。尾有餘空。有烏絲欄。
3.1 首殘→大正2787，85/0568C02。
3.2 尾殘→大正2787，85/0570A29。
6.1 首→BD15359號。
8 8～9世紀。吐蕃統治時期寫本。
9.1 楷書。

1.1 BD15358號
1.3 大乘稻芊經隨聽手鏡記
1.4 新1558
2.1 136×31厘米，4紙；共86行，行30餘字。
2.2 01：43.5，27；　02：33.5，25；　03：17.5，15；
04：41.5，19。
2.3 卷軸裝。首脫尾全。紙張不一。首紙有污穢。尾紙有破裂、殘洞及蟲繭，多水漬。首紙有烏絲欄，後3紙為折疊欄。
3.1 首殘→大正2782，85/0554B16。
3.2 尾全→大正2782，85/0556B19。
4.2 大乘稻芊經隨聽手鏡記（尾）。
5 與《大正藏》本對照，文字有差異。參見大正85/556A1～18。
7.1 卷尾有題記：“大番國沙州永康寺沙彌於卯年十二月廿五日寫記，歸三。”
8 8～9世紀。吐蕃統治時期寫本。
9.1 楷書。
9.2 有行間校加字、倒乙及圈改。

1.1 BD15359號
1.3 四分戒本疏卷一
1.4 新1559
2.1 139.7×31厘米；4紙；共80行，行27字。
2.2 01：25.2，15；　02：44.0，25；　03：44.0，25；
04：26.5，15。
2.3 卷軸裝。首脫尾斷。卷首中部橫向破裂，有油污。有烏絲欄。
3.1 首殘→大正2787，85/0567A17。
3.2 尾殘→大正2787，85/0568C02。
6.2 尾→BD15357號。
8 8～9世紀。吐蕃統治時期寫本。
9.1 楷書。
9.2 有行間加行。

1.1 BD15360號
1.3 摩訶般若波羅蜜經卷一〇
1.4 新1560
2.1 49×26厘米；1紙；共32行，行17字。
2.3 卷軸裝。首脫尾脫。打紙。上邊有破裂。
3.1 首殘→大正0223，08/0296B22。
3.2 尾殘→大正0223，08/0296C27。
8 6世紀。南北朝寫本。
9.1 楷書。

1.1 BD15361號
1.3 大般涅槃經（北本　思溪本）卷四
1.4 新1551
2.1 773.8×23.2厘米；17紙；共457行，行17字。
2.2 01：46.0，26；　02：47.2，28；　03：47.0，28；
04：46.9，28；　05：47.0，28；　06：47.0，28；

07：46.9，28；　08：46.8，28；　09：46.9，28；
10：47.0，28；　11：47.1，28；　12：47.1，28；
13：46.9，28；　14：46.6，28；　15：47.0，28；
16：46.8，28；　17：23.6，11。

2.3　卷軸裝。首全尾全。上邊略有殘缺，卷面保守完好。有烏絲欄。通卷現代托裱。

3.1　首全→大正 0374，12/0384C26。

3.2　尾全→大正 0374，12/0390B08。

4.1　大般涅槃經名字功德品第三，四（首）。

4.2　大般涅槃經卷第四（尾）。

5　與《大正藏》本對照，分卷不同。此卷經文相當於《大正藏》本卷第三後部與卷第四全部。與《思溪藏》本分卷相同。

8　7～8 世紀。唐寫本。

9.1　楷書。

10　現代接出灰黑色菊花圖案織錦護首，有玉別子。護首有題簽："唐人寫大般涅槃經，皖肥聶氏珍藏。"

護首題簽下部寫有"25.00"。護首上方貼有 2 個紙簽："7821，唐人寫經卷"、"0531，1950"。護首下方貼有紙簽"1950"。首題下寫有"剩一紙半"。

1.1　BD15362 號

1.3　四分比丘尼戒本

1.4　新 1562

2.1　（1.9＋1107.9）×26.4 厘米；25 紙；共 652 行，行字不等。

2.2　01：23.0，13；　02：49.1，28；　03：47.1，29；
04：47.3，29；　05：47.2，29；　06：47.3，29；
07：47.3，29；　08：47.3，28；　09：47.5，29；
10：47.4，28；　11：47.4，29；　12：35.8，22；
13：11.5，07；　14：47.4，29；　15：47.5，29；
16：47.5，29；　17：47.3，29；　18：47.5，29；
19：47.5，29；　20：47.5，29；　21：47.4，29；
22：47.5，29；　23：47.6，29；　24：47.5，29；
25：39.3，03。

2.3　卷軸裝。首殘尾全。卷面有水漬、油污，保存尚好。有烏絲欄。現代托裱為手卷。

3.1　首行下殘→大正 1431，22/1032A12～13。

3.2　尾全→大正 1431，22/1041A18。

4.2　四分戒本一卷（尾）。

7.1　尾題後有題記"癸亥四月四日比丘尼聖藏興心寫此戒為己身一生讀誦護持"。現代偽造。

8　9～10 世紀。歸義軍時期寫本。

9.1　楷書。

9.2　有行間加行、刪除號、行間校加字及倒乙。

10　現代接出綠底紅、藍花紋織錦護首，上有題簽"唐比丘尼聖藏寫四分戒"。

1.1　BD15363 號

1.3　妙法蓮華經卷六

1.4　新 1563

2.1　269.5×24.5 厘米；7 紙；共 173 行，行 17 字。

2.2　01：11.5，07；　02：43.5，28；　03：43.5，28；
04：43.5，28；　05：43.5，28；　06：43.5，28；
07：40.5，26。

2.3　卷軸裝。首斷尾斷。打紙，砑光上蠟。卷面多水漬，第 4 紙上邊有殘缺。有烏絲欄。

3.1　首殘→大正 0262，09/0047C02。

3.2　尾殘→大正 0262，09/0050B22。

8　7～8 世紀。唐寫本。

9.1　楷書。

10　尾有後配木軸。

13　卷首有品題"妙法蓮華經法師功德品第十九"。

1.1　BD15364 號

1.3　大般若波羅蜜多經卷三五一

1.4　新 1564

2.1　（2＋797.5）×26 厘米；17 紙；共 464 行，行 17 字。

2.2　01：39.0，23；　02：48.0，28；　03：47.5，28；
04：47.5，28；　05：47.5，28；　06：47.5，28；
07：47.5，28；　08：47.5，28；　09：47.5，28；
10：47.5，28；　11：47.5，28；　12：47.5，28；
13：47.5，28；　14：47.5，28；　15：47.5，28；
16：47.5，28；　17：47.5，21。

2.3　卷軸裝。首殘尾全。打紙，砑光上蠟。首紙上下邊有破裂，下邊有等距離油污。有燕尾。有烏絲欄。現代接出護首。

3.1　首行上下殘→大正 0220，06/0803A08～09。

3.2　尾全→大正 0220，06/0808B05。

4.2　大般若波羅蜜多經卷第三百五十一（尾）。

8　8～9 世紀。吐蕃統治時期寫本。

9.1　楷書。有武周新字"人"、"月"、"正"、"地"、"證"。使用不周遍。

9.2　有行間校加字。

10　現代接出護首。卷尾背有墨書"唐經"及鉛筆寫"十三尺，有尾"。

1.1　BD15365 號

1.3　金光明最勝王經卷七

1.4　新 1565

2.1　244.6×24.2 厘米；6 紙；共 140 行，行 17 字。

2.2　01：44.3，25；　02：44.5，26；　03：45.0，26；
04：45.0，26；　05：45.0，26；　06：20.8，11。

2.3　卷軸裝。首斷尾斷。卷面多油污。有烏絲欄。通卷現代托裱。

3.1　首殘→大正 0665，16/0433A13。

3.2　尾殘→大正 0665，16/0434C14。
8　9～10 世紀。歸義軍時期寫本。
9.1　楷書。
9.2　有倒乙。
10　現代接出黑白萬字不斷頭織錦護首，上有題簽“金光明勝王經”。護首旁托裱紙上有鉛筆“六萬元”。尾軸頭為白玉。
　　扉葉上方寫有：“551”和硃色鉛字“藻”。

1.1　BD15366 號
1.3　摩利支天經（異本）
1.4　新 1566
2.1　69×25.5 厘米；3 紙；共 26 行，行 14～19 字。
2.2　01：13.5，00；　02：47.5，26；　03：08.0，00。
2.3　卷軸裝。首全尾全。有護首及拖尾。首紙有橫向破裂。有烏絲欄。
3.4　說明：
　　本文獻首全尾全。為中國人依據不空譯《摩利支天經》縮略改寫的佛教經典。未為歷代大藏經所收。
4.1　摩利支天經（首）。
4.2　摩利支天經（尾）。
7.4　護首有殘經名“摩利支天經”。上有經名號。
8　9～10 世紀。歸義軍時期寫本。
9.1　楷書。

1.1　BD15367 號
1.3　大般涅槃經（北本異卷）鈔（擬）
1.4　新 1567
2.1　48.6×26.3 厘米；1 紙；共 28 行，行 17 字。
2.3　卷軸裝。首脫尾脫。有等距離蟲蛀殘洞，卷尾略殘。有烏絲欄。
3.4　說明：
　　本遺書為大般涅槃經（北本）鈔。詳情如下：
　　第 1～17 行：大正 374，12/559A19～B9。
　　第 18～24 行：大正 374，12/560A11～17。
　　第 26～28 行：大正 374，12/563A24～27。
5　與《大正藏》本對照，此卷所抄前兩段經文屬於卷三二，第三段經文屬於卷三三。但第三段經文前有卷次謂“卷第三十四”。故底本之分卷與《大正藏》本不同，為異卷。
7.2　卷尾下部經文空白處有正方形陽文硃印，2.3×2.3 厘米，印文為“敦煌令印”。乃後人偽造。
8　7～8 世紀。唐寫本。
9.1　楷書。
9.2　有硃筆斷句及校改。
10　卷尾上角有蘇州碼子“7”。

1.1　BD15368 號
1.3　妙法蓮華經卷五
1.4　新 1568
2.1　289.5×25.5 厘米；6 紙；共 159 行，行 17 字。
2.2　01：51.0，28；　02：51.0，28；　03：51.0，28；
　　04：51.0，28；　05：51.0，28；　06：34.5，19。
2.3　卷軸裝。首脫尾斷。經黃打紙。卷面多油污及水漬，首紙中間有殘洞。背有現代裱補。有烏絲欄。已修整。
3.1　首殘→大正 0262，09/0039C18。
3.2　尾殘→大正 0262，09/0042A28。
8　7～8 世紀。唐寫本。
9.1　楷書。
10　配有木盒及白裹藍面綢包皮，木盒上貼有殘紙簽“第六號，□法蓮□‥□第五”。卷首下方有長方形陽文硃印，1.6×3.3 厘米，印文為“歙許芚父遊隴所得”。卷首背有蘇州碼子“27”及鉛筆寫“第六號”。
13　卷首有品題“妙法蓮華經從地踴出品第十五”。

1.1　BD15369 號
1.3　佛為心王菩薩說頭陀經
1.4　新 1569
2.1　1286.5×27 厘米，31 紙；共 709 行，行 17 字。
2.2　01：26.5，00；　02：42.0，23；　03：42.0，24；
　　04：42.0，24；　05：42.0，24；　06：42.0，24；
　　07：42.0，24；　08：42.0，24；　09：42.0，24；
　　10：42.0，24；　11：42.0，24；　12：42.0，24；
　　13：42.0，24；　14：42.0，24；　15：42.0，24；
　　16：42.0，24；　17：42.0，24；　18：42.0，24；
　　19：42.0，24；　20：42.0，24；　21：42.0，24；
　　22：42.0，24；　23：42.0，24；　24：42.0，24；
　　25：42.0，24；　26：42.0，24；　27：42.0，24；
　　28：42.0，24；　29：42.0，24；　30：42.0，24；
　　31：42.0，14。
2.3　卷軸裝。首全尾全。有護首及竹質天竿，已殘。卷面有等距離水漬，前 3 紙有破裂及殘洞。卷尾上下有蟲繭。有燕尾。有烏絲欄。
3.1　首全→《藏外佛教文獻》，01/253A02。
3.2　尾全→《藏外佛教文獻》，01/318A05。
4.1　佛為心王菩薩說投陀經卷上，五陰山空寺惠辯禪師注（首）。
4.2　佛為心王菩薩說投陀經卷上（尾）。
7.3　卷背有雜寫“天干方”、“諸”、“大”、“戒”等。
7.4　護首有經名“心王投陀經卷上”。上有經名號。
8　8 世紀。唐寫本。
9.1　楷書。
10　護首背有鉛筆字“第二號”。

1.1　BD15370 號
1.3　賢愚經卷一

1.4 新 1570

2.1 320.8×21.5 厘米；15 紙；正面 194 行，行 17 字。背面 244 行，行約 8 字母。

2.2 01：25.9，16；　02：26.8，15；　03：26.7，16；
04：25.5，16；　05：27.0，16；　06：26.6，16；
07：26.7，16；　08：26.7，16；　09：27.0，17；
10：26.9，16；　11：13.4，08；　12：13.6，09；
13：13.9，08；　14：07.6，05；　15：06.5，04。

2.3 卷軸裝。首殘尾殘。通卷殘爛較嚴重，現殘斷為 15 紙，卷面多殘洞、殘破。有烏絲欄。現代通卷鑲裱，背有現代裱補，上下邊有溜邊。

2.4 本遺書包括 2 個文獻：（一）《賢愚經》卷一，194 行，抄寫在正面，今編為 BD15370 號。（二）《回鶻文待考文獻》（擬），244 行，抄寫在背面，今編為 BD15370 號背。

3.4 說明：

本文獻殘爛，現斷為 15 紙。為避文繁，統一著錄如下：

01 首殘→大正 0202，04/0353B01～02。
尾殘→大正 0202，04/0353B17。

02 首殘→大正 0202，04/0353B21。
尾殘→大正 0202，04/0353C08。

03 首殘→大正 0202，04/0353C09。
尾殘→大正 0202，04/035C26。

04 首殘→大正 0202，04/0353C28～29。
尾殘→大正 0202，04/0354A16。

05 首殘→大正 0202，04/0354A19。
尾殘→大正 0202，04/0354B06。

06 首殘→大正 0202，04/0354B08。
尾殘→大正 0202，04/0354B25。

07 首殘→大正 0202，04/0354B27～28。
尾殘→大正 0202，04/0354C14。

08 首殘→大正 0202，04/0354C17～18。
尾殘→大正 0202，04/0355A05。

09 首殘→大正 0202，04/0355A05～06。
尾殘→大正 0202，04/0355A23。

10 首殘→大正 0202，04/0355A25。
尾殘→大正 0202，04/0355B12～13。

11 首殘→大正 0202，04/0355B23。
尾殘→大正 0202，04/0355C01～02。

12 首殘→大正 0202，04/0355C16。
尾殘→大正 0202，04/0355C24～25。

13 首殘→大正 0202，04/0356A03～04。
尾殘→大正 0202，04/0356A10～11。

14 首殘→大正 0202，04/0356A29。
尾殘→大正 0202，04/0356B03～04。

15 首殘→大正 0202，04/0356B20。
尾殘→大正 0202，04/0356B24。

8 8 世紀。唐寫本。

9.1 楷書。

10 現代通卷鑲裱，接出護首，上有題簽，已殘：“唐人寫經殘卷，高昌出土，□□珍藏。/”有玉別子。題簽下有鉛筆字“第九號”。

配有木匣，匣蓋上貼有紙簽“第九號，/賢愚因緣經”。

卷背回鶻文寫經前有題簽：“畏吾兒寫經殘卷。”卷背回鶻文寫經後有題跋：“此畏吾兒書也。畏吾為回鶻之轉音。/世居高昌，為西域大國。元平西域，專/用畏吾兒字。後命巴思八造國書，即/本畏吾兒，而語言不同。蓋當時其種/族最繁，皆從釋教者也。畏吾書/出吐魯番及鄯善諸境，大半書於唐/經紙背。考其時，當在唐後。/辛亥（1911）五月將有都門之行，/澤堂仁兄出此卷屬題，因匆匆考/訂如右。即希教正。/新城王樹枏識於北庭。/”

題跋下有正方形陽文硃印，1.7×1.7 厘米，印文為“晉卿”。

13 因通卷殘斷，故 2.2 項不按照原紙，而按照目前殘斷之 15 紙計量。

1.1 BD15370 號背

1.3 回鶻文待考文獻（擬）

1.4 新 1570

2.4 本遺書由 2 個文獻組成，本文獻為第 2 個，抄寫在背面，244 行。餘參見 BD15370 號。

3.4 說明：

本文獻為回鶻文，抄寫在殘爛為 15 紙的背面，每紙所抄行數多寡不一，大致如下：

01：19 行；　02：20 行；　03：19 行；
04：21 行；　05：21 行；　06：22 行；
07：20 行；　08：20 行；　09：21 行；
10：22 行；　11：10 行；　12：11 行；
13：10 行；　14：04 行；　15：04 行。

內容待考。

8 9～12 世紀。晚唐五代北宋寫本。

1.1 BD15371 號

1.3 稱讚淨土佛攝受經

1.4 新 1571

2.1 486.5×24.5 厘米；9 紙；共 253 行，行 17 字。

2.2 01：54.0，28；　02：57.0，30；　03：57.0，30；
04：57.0，30；　05：57.0，30；　06：57.0，30；
07：57.0，30；　08：57.0，30；　09：33.5，15。

2.3 卷軸裝。首全尾全。卷面有蟲蛀殘洞，有等距離水漬。有烏絲欄。通卷現代托裱。

3.1 首全→大正 0367，12/0348B18。

3.2 尾全→大正 0367，12/0351B23。

4.1 稱讚淨土佛攝受經，三藏法師玄奘奉詔譯（首）。

4.2 稱讚淨土佛攝受經（尾）。

8　8～12 世紀。日本平安寫本。
9.1　楷書。
10　現代接出黄地菊花織錦護首，上有題簽："稱讚淨土佛攝受經，全"。

護首上方有 3 枚印章：

1：長方形陽文硃印，1.8×3.2 厘米，印文為"卿雲輪（綸?）㊍/蓋覆其上/"。

2：正方形陽文硃印，1.7×1.7 厘米，印文為"浩劫/之遺/"。

3：正方形陰文硃印，1.4×1.4 厘米，印文為"楊守/敬印/"。

尾題後有 2 枚硃印：

1：正方形陰文硃印，1.6×1.6 厘米，印文為"楊印/守敬/"。

2：正方形陽文硃印，2.4×2.4 厘米，印文為"楊惺吾/東瀛所/得秘笈/"。

尾軸上寫有："天平之年號者，後人書加。然共經文天平時代之者，無疑者也。/明治十二年（1879）十二月東京西久保大養寺住僧桑門祐學誌之。"

尾軸內容與經文不合，疑非原軸。

1.1　BD15372 號
1.3　大般涅槃經（南本）卷四
1.4　新 1572
2.1　794.4×26 厘米；17 紙；共 426 行，行 17 字。
2.2　01：21.4，00；　02：46.6，26；　03：49.2，28；
04：49.4，28；　05：49.2，28；　06：49.4，28；
07：49.4，28；　08：49.4，28；　09：49.4，28；
10：49.4，28；　11：49.4，28；　12：49.4，28；
13：49.4，28；　14：49.4，28；　15：49.4，28；
16：49.4，28；　17：35.6，08。
2.3　卷軸裝。首全尾全。經黄打紙，研光上蠟。有護首，護首有經名，扉葉有現代人題記。卷面多水漬。有烏絲欄。已修整。
3.1　首全→大正 0375，12/0625B02。
3.2　尾全→大正 0375，12/0630B17。
4.1　大般涅槃經四相品上第七，四（首）。
4.2　大般涅槃經卷第四（尾）。
7.4　護首有經名"大般涅槃經卷第四，一（本文獻所屬袟號）"，上有經名號。
8　7～8 世紀。唐寫本。
9.1　楷書。
9.2　有硃筆行間校加字。
10　卷上邊標注有小字蘇州碼子，用以統計行數，最後的數字為"426"。

扉葉有題跋：

"敦煌縣石室秘寶。/

甘肅敦煌縣鳴沙山石洞，【古名莫高窟，俗名千佛洞。】為宋初西夏構兵時藏書之所。外蔽/以壁且飾以佛像，故歷千年，人罕知之。光緒庚子（1900），壁破而書現。由是稍稍流/傳人間。丁未（1907）冬，法國文學士伯希和君來遊迪化。睹其書知為唐人寫本，/函往購求。得藏書強半，分置十巨簏，捆載寄歸巴黎圖書館。猶存數冊/焉。存古學會。抄有正書局題語。/

中國書籍，自六朝隋唐以後，改卷軸為冊本，惟佛經多仍其舊。明/以後，佛經又改卷軸為折疊，取其易於翻閱也。此經制為長卷，是古式，/可寶也。/"

錄文"【】"中為雙行小字。

1.1　BD15373 號
1.3　妙法蓮華經卷三
1.4　新 1573
2.1　494.5×26 厘米；10 紙；共 279 行，行 17 字。
2.2　01：49.5，28；　02：49.5，28；　03：49.5，28；
04：49.5，28；　05：49.5，28；　06：49.5，28；
07：49.5，28；　08：49.5，28；　09：49.5，28；
10：49.0，27。
2.3　卷軸裝。首脱尾全。經黄打紙，研光上蠟。卷面多水漬，第 4 紙下部殘缺一大塊，第 6、7 紙和第 8、9 紙接縫處上部開裂，尾紙上邊有破裂。有烏絲欄。
3.1　首殘→大正 0262，09/0023A13。
3.2　尾全→大正 0262，09/0027B09。
4.2　妙法蓮華經卷第三（尾）。
8　7～8 世紀。唐寫本。
9.1　楷書。
10　卷首背有鉛筆寫"第五號"、"妙法蓮華經卷第三"。

1.1　BD15374 號
1.3　金光明最勝王經卷一
1.4　新 1574
2.1　395.5×25.5 厘米；9 紙；共 232 行，行 17 字。
2.2　01：25.0，15；　02：46.5，28；　03：46.5，28；
04：46.5，28；　05：46.5，28；　06：46.5，28；
07：46.5，28；　08：46.5，28；　09：45.0，21。
2.3　卷軸裝。首斷尾全。卷面油污、多水漬，上下邊有殘破，尾有蟲繭及破裂。有燕尾。背有古代及現代裱補。有烏絲欄。
3.1　首殘→大正 0665，16/0405A11。
3.2　尾全→大正 0665，16/0408A28。
4.2　金光明最勝王經卷第一（尾）。
8　8～9 世紀。吐蕃統治時期寫本。
9.1　楷書。
9.2　有刮改。
10　背面各紙接縫處有正方形陽文硃印，1.4×1.4 厘米，印文為"謹慎留心"。前 2 紙接縫處背尚有正方形陽文硃印，1.8×1.8 厘米，印文待辨。

卷首背有鉛筆寫："《金光明最勝王經》第一卷，第七號。"

卷尾背有勘記，似“華”，待考。

1.1　BD15375 號
1.3　妙法蓮華經卷六
1.4　新 1575
2.1　（11＋14＋21）×26 厘米；2 紙；正面 25 行，行 17 字。背面 40 行，行約 10 詞。
2.2　01：05.0，02；　　02：41.0，23。
2.3　卷軸裝。首殘尾殘。卷首右下、卷尾左上殘缺。有烏絲欄。已修整。
2.4　本遺書包括 2 個文獻：（一）《妙法蓮華經》卷六，25 行，抄寫在正面，今編為 BD15375 號。（二）《回鶻文待考文獻》（擬），40 行，抄寫在背面，今編為 BD15375 號背。
3.1　首 5 行中下殘→大正 0262，09/0047C15～23。
3.2　尾 12 行上中殘→大正 0262，09/0048A03～20。
8　7～8 世紀。唐寫本。
9.1　楷書。

1.1　BD15375 號背
1.3　回鶻文待考文獻（擬）
1.4　新 1575
2.4　本遺書由 2 個文獻組成，本文獻為第 2 個，40 行，抄寫在背面。餘參見 BD15375 號。
3.4　説明：
　　本遺書為回鶻文，内容待考。
8　9～10 世紀。歸義軍時期寫本。

1.1　BD15376 號
1.3　般若波羅蜜多心經
1.4　新 1576
2.1　43.7×26 厘米；1 紙；共 18 行，行 17 字。
2.3　卷軸裝。首全尾全。卷面有蟲蛀殘洞。有烏絲欄。通卷現代托裱。
3.1　首全→大正 0251，08/0848C04。
3.2　尾全→大正 0251，08/0848C24。
4.1　摩訶般若波羅蜜多心經（首）。
5　與《大正藏》本對照，經名多“摩訶”兩字。
8　8～12 世紀。日本平安寫本。
9.1　楷書。
10　現代接出灰底黄色菱形花紋織錦護首，貼有題簽“多心經。從日本岡寬齋得之”。題簽下有陰文硃印，1.6×1.6 厘米，印文為“楊印/守敬/”。用洒金、銀箔箋通卷托裱，配水晶尾軸。

　　卷首下有 3 枚印章：

　　1　長方形陽文硃印，1.8×3.2 厘米，印文為“卿雲輪（綸?）㊍/蓋覆其上/”。

　　2　正方形陽文硃印，1.7×1.7 厘米，印文為“浩劫/之遺/”。

　　3　長方形陽文硃印，2.7×3.3 厘米，印文為“惺吾海/外訪得/秘笈/”。

　　拖尾有日本題跋：“隅寺心經一卷。/弘法大師真跡，無疑者也。/丑，十月，/古筆了仲。/”此後有陽文墨印，1.3×1.3 厘米，印文為“琴山”。

　　尾題與日本題跋之間有題跋：

　　“右心經一卷，白麻紙書。書法不甚精，唯波磔尚足。舊/袟後有日本題，爲弘法大師書，謬也。弘法大師者，/釋空海之號。余見其手跡可與唐代名家抗行。/此書之尚遠。光緒庚寅（1890）三月楊守敬記。/”

　　題跋左上有長方形陽文硃印，1.2×2 厘米，印文為“長壽”。題跋下有陰文硃印，1.6×1.6 厘米，印文為“楊印/守敬/”。

1.1　BD15377 號
1.3　華嚴一乘十玄門
1.4　新 1577
2.1　521.5×28 厘米；10 紙；共 288 行，行 20 餘字。
2.2　01：54.5，31；　02：56.0，32；　03：56.0，32；
　　04：56.0，32；　05：56.0，32；　06：56.0，32；
　　07：56.0，32；　08：56.0，32；　09：56.0，30；
　　10：19.0，03。
2.3　卷軸裝。首全尾全。卷面多水漬，通卷多蟲蛀，第 5，6 紙接縫處脱開。有烏絲欄。通卷現代托裱，現代接出護首。
3.1　首全→大正 1868，45/0514A21。
3.2　尾全→大正 1868，45/0518C16。
4.1　華嚴一乘十玄門，大唐終南太一山至相寺人智儼撰，丞杜順和上撰（首）。
4.2　華嚴經一乘十玄門（尾）。
7.1　尾題後有題記：“建久六年（1195）四月十四日，申尅許於神護寺書寫畢。/以同本一校了。/”
8　1195 年。日本鎌倉時期寫本。
9.1　楷書。
9.2　有行間校加字及重文號。行間有日文假名。
10　現代接出護首，有題簽“華嚴一乘十玄門”。題簽下方有鉛筆字“第十二號”。有墨筆寫“285”。

　　首紙與扉頁下邊騎縫處有長方形陽文硃印，1.5×2.4 厘米，印文為“惺吾東瀛/訪古之記/”。首紙下有陽文硃印，1.8×3.9 厘米，印文為“高山寺”。卷面騎縫處有橢圓形陽文硃印，0.9×1.2 厘米，印文為日文假名。

　　尾題下方有 2 枚印章：（一）正方形陰文硃印，1.6×1.6 厘米，印文為“楊印/守敬/”。（二）正方形陽文硃印，2.4×2.4 厘米，印文為“楊惺吾/東瀛所/得秘笈/”。尾題後有長方形陽文硃印，0.7×2 厘米，印文為“飛青閣”。

1.1　BD15378 號
1.3　四分律卷六〇

1.4 新1578
2.1 (569+2)×24.3厘米；13紙；共331行，行17字。
2.2 01：23.0，00； 02：45.5，26； 03：46.5，28；
04：46.5，28； 05：46.5，28； 06：46.5，28；
07：46.5，28； 08：46.0，28； 09：46.0，28；
10：46.5，28； 11：46.0，28； 12：45.5，28；
13：40.0，25。
2.3 卷軸裝。首全尾殘。有護首及竹質天竿，有土黄色縹帶，長32.5厘米。通卷殘破嚴重，下部黴爛，下邊有等距離殘缺、霉洞，後部殘爛尤甚。有烏絲欄。已修整。
3.1 首全→大正1428，22/1008B05。
3.2 尾行中下殘→大正1428，22/1012B28～29。
4.1 四分律藏卷第六十，第四分，卷十一，後秦三藏佛陀邪(耶)舍譯(首)。
7.4 護首有經名"四分律藏卷第六十□…□"，上有經名號。
8 8～9世紀。吐蕃統治時期寫本。
9.1 楷書。

1.1 BD15379號
1.3 不知名類書・歲時部(擬)
1.4 新1579
2.1 (1.5+11.5+17)×27厘米；1紙；正面14行，行27字。背面1行，行12字。
2.3 卷軸裝。首殘尾殘。卷尾左上殘缺，卷面有油污，下邊有殘缺。已修整。
2.4 本遺書包括2個文獻：(一)《不知名類書・歲時部》(擬)，14行，抄寫在正面，今編為BD15379號。(二)《宋晟等麥歷》(擬)，1行，抄寫在背面，今編為BD15379號背。
3.3 錄文：
(首殘)
初伏毒□…□
欝正毒【平】《月令》曰：秦懿公二年，初置伏梨拘禦蟲。
五月五日【木心劍山，解(?)季(?)長絲續命。《史記》曰：屈原被讒，遂以是日投於汨。人哀之。為筒粽五色，投水祀之。五色絲，蛟龍所憚。】
伏必以庚辛者，金夏火德，金畏火故，伏火獨用，故火熱。仰庭槐以嘯風，風既至兮如湯。
七月七【七夕，牽牛織女期會之夕。河漢有奕奕之氣，即應也。穿針曝書。晉阮籍以是日曝犢鼻褌於竿，曰：予不免俗也。】
八月五【星(皇)上降誕之辰。初為千秋節，後改爲天長節。百官以金鏡承露上壽。】
九月三日。
□…□尚熱。
九月九【登高飲菊酒。漢費長房是日語桓曰："爾遠歸！登高飲酒，可除不祥。"果如其言。及歸至家中，牛羊盡死。長房聞之曰："無災矣。"晉陶潛以是曰摘菊盈把，坐於舍亭。須臾，白衣載酒而來，人乃王弘也。《風俗土記》曰："是日折茱萸插頭，以禦温氣。】
□…□
冬至日【長冬日，南至日，日冬行比陸黑道，冬至極南至。魏文帝以襪履相遺，至今因之。】
□…□
臘日【夏□曰"臘"，周曰□…□乎。臘者□…□合聚萬□…□】
(錄文完)
錄文"【】"中為雙行小字。
3.4 說明：
本文獻首1行中下殘，尾6行上中殘。原卷分上、中、下三欄書寫，上欄大字，寫歲時；中欄大字，寫節日；下欄雙行小字，引證諸書。上、中、下欄歲時內容相合。錄文時按歲時內容，不保留原文行款。
8 8～9世紀。吐蕃統治時期寫本。
9.1 楷書。

1.1 BD15379號背
1.3 宋晟等麥歷(擬)
1.4 新1579
2.4 本遺書由2個文獻組成，本文獻為第2個，1行，抄寫在背面。餘參見BD15379號。
3.3 錄文：
麥六馱，內壹馱半，沒立熱、宋晟□…□。
(錄文完)
8 8～9世紀。吐蕃統治時期寫本。
9.1 楷書。

1.1 BD15380號
1.3 大方廣佛華嚴經(晉譯六十卷本 聖本)卷二八
1.4 新1580
2.1 917×27厘米；17紙；共473行，行17字。
2.2 01：18.0，08； 02：57.0，30； 03：55.5，29；
04：55.5，29； 05：55.5，29； 06：55.5，29；
07：55.5，29； 08：55.5，29； 09：55.5，29；
10：55.5，29； 11：55.5，29； 12：55.5，29；
13：55.5，29； 14：55.5，28； 15：57.0，30；
16：57.0，30； 17：64.0，28。
2.3 卷軸裝。首全尾全。卷面蟲蛀殘損嚴重，第2紙下邊有殘缺。背有現代托裱。有烏絲欄。
3.1 首全→大正0278，09/0564A02。
3.2 尾全→大正0278，09/0571A04。
4.1 大方廣佛華嚴經十地品之四，卷第廿八(首)。
4.2 大方廣佛華嚴經卷第廿八(尾)。
5 與《大正藏》本對照，卷次不同。《大正藏》為卷第二十六。分卷與日本《聖語藏》本相同。

7.1　首、尾紙有硃筆“第一”、“第十七”字樣。每紙有硃筆記數，有些文字注“廣本”。
8　8～12 世紀。日本平安時期寫本。
9.1　楷書。
9.2　有行間校加字、行間加行及塗抹。有朱筆批點。有硃筆行間校加字及科分。
10　現代接出護首，有題簽“大方廣佛華嚴經第二十八”。下方寫有阿拉伯數字“468”。
卷尾有題跋：“□□七年六月十五日午始□□/□寺回廊以東大寺尊勝□□□/□致合了/同九年九月五日以神護寺觀舊本唐經。/□□□/”。
卷首下方有 2 枚印章::
1：正方形陰文硃印，1.3×1.3 厘米，印文為“楊印/守敬/”。
2：長方形陽文硃印，2.7×3.2 厘米，印文為“惺吾海/外訪得/秘笈/”。
第 13、14 紙背接縫處有正方形陽文硃印，1.6×1.6 厘米，印文為“望公”。
13　第 13、14 紙背面接縫處有印本《春秋》殘紙作裱補紙。詳情待考。

1.1　BD15381 號 A1
1.3　藏文（無量壽宗要經乙本）
1.4　新 1583
2.1　270×31 厘米；6 紙；共 225 行，行約 50 字母。
2.2　01：45.0，38；　02：45.0，38；　03：45.0，35；
04：45.0，38；　05：45.0，38　06：45.0，36。
2.3　卷軸裝。首全尾全。卷面有水漬。每 2 欄，有烏絲欄。卷首卷末有粘接痕。
2.4　本遺書包括 2 個文獻：（一）《藏文》（無量壽宗要經乙本），112 行，今編為 BD15381 號 A1。（二）《藏文》（無量壽宗要經乙本），113 行，今編為 BD15381 號 A2。
3.4　說明：
本文獻首全尾全。為藏文《無量壽宗要經》（乙本）。
4.1　Tshe dpag_ du_ myed_ pa zhes_ bya_ ba theg_ pa_ chen_ povi mdo（首）。
4.2　Tshe dpag_ du_ myed_ pa zhes_ bya_ ba theg_ pa_ chen_ povi mdo（尾）。
8　8～9 世紀。吐蕃統治時期寫本。
9.1　正書。

1.1　BD15381 號 A2
1.3　藏文（無量壽宗要經乙本）
1.4　新 1583
2.4　本遺書由 2 個文獻組成，本文獻為第 2 個，113 行。餘參見 BD15381 號 1。
3.4　說明：
本文獻首全尾全。為藏文《無量壽宗要經》（乙本）。
4.1　Tshe dpag_ du_ myed_ pa zhes_ bya_ ba theg_ pa_ chen_ povi mdo（首）。
4.2　Tshe dpag_ du_ myed_ pa zhes_ bya_ ba theg_ pa_ chen_ povi mdo 無量壽宗要經（尾）。
8　8～9 世紀。吐蕃統治時期寫本。
9.1　楷書。

1.1　BD15381 號 B
1.3　藏文（無量壽宗要經乙本）
1.4　新 1583
2.1　138×31 厘米；3 紙；共 100 行，行約 50 字母。
2.2　01：46.0，42；　02：46.0，42；　03：46.0，16。
2.3　卷軸裝。首全尾全。卷尾被撕去。尾有餘空，有烏絲欄。卷首卷末有粘接痕。
3.4　說明：
本文獻首全尾全。為藏文《無量壽宗要經》（乙本）。
4.1　Tshe dpag_ du_ myed_ pa zhes_ bya_ ba theg_ pa_ chen_ povi mdo。（首）。
4.2　Tshe dpag_ du_ myed_ pa zhes_ bya_ ba theg_ pa_ chen_ povi mdo。（尾）。
7.1　卷尾有題記：“抄寫者：mdo－ces－bris（董杰寫）。”
8　8～9 世紀。吐蕃統治時期寫本。
9.1　楷行。

1.1　BD15381 號 C
1.3　藏文（無量壽宗要經乙本）
1.4　新 1583
2.1　132×31 厘米；3 紙；共 114 行，行約 50 字母
2.2　01：44.0，38；　02：44.0，38；　03：44.0，38。
2.3　卷軸裝。首全尾全。有界欄，卷首卷末邊有粘接痕。
3.4　說明：
本文獻首全尾全。為藏文《無量壽宗要經》（乙本）。
4.1　Tshe dpag_ du_ myed_ pa zhes_ bya_ ba theg_ pa_ chen_ povi mdo。（首）。
4.2　Tshe dpag_ du_ myed_ pa zhes_ bya_ ba theg_ pa_ chen_ povi mdo。（尾）。
7.1　卷尾有題記：“抄寫者：Cang－ts＝－dam－bris（張子達寫）。”
7.3　卷背有雜寫字痕。
8　8～9 世紀。吐蕃統治時期寫本。
9.1　楷行。
10　背有“梵文”，“第十五號”。

1.1　BD15382 號
1.3　麻布經袟（擬）
1.4　新 1582

2.1　46×28 厘米。
2.3　經袟。首全尾全。內面原粘有櫬紙，已殘碎。麻布的布料較粗，表面略有破損。
3.4　說明：
　　本件為麻布經袟，四周折邊，用線縫成。原背面有僻紙，已殘缺破碎。
8　9～10 世紀。歸義軍時期寫本。
10　櫬紙上有正方形陽文硃印，2.1×2.1 厘米，印文為“木齋審定”。
　　包裹報紙上寫有：“何遂先生捐贈，/經袟乙件。/”

1.1　BD15383 號 1
1.3　救拔焰口餓鬼陀羅尼經
1.4　新 1583
2.1　257.5×25.3 厘米；6 紙；共 109 行，行 17 字。
2.2　01：20.7，00；　02：45.9，27；　03：48.0，28；
　　04：48.0，28；　05：48.0，26；　06：47.3，00。
2.3　卷軸裝。首全尾全。有護首及拖尾，護首有竹質天竿及彩色折疊縹帶，長 45 厘米。尾有原軸，兩端鑲蓮蓬形軸頭，已壞。
2.4　本遺書包括 2 個文獻：（一）《救拔焰口餓鬼陀羅尼經》，85 行，今編為 BD15383 號 1。（二）《金剛頂瑜伽中略出念誦經》卷一，24 行，今編為 BD15383 號 2。
2.5　從形態看，本遺書主要抄寫《救拔焰口餓鬼陀羅尼經》，其後從《金剛頂瑜伽中略出念誦經》卷一中抄出若干經文，作為輔助儀軌，故抄寫時並沒有嚴格按照《金剛頂瑜伽中略出念誦經》卷一的原文抄寫，有省略語改動。
　　故本遺書上的兩個文獻，以《救拔焰口餓鬼陀羅尼經》為主，以《金剛頂瑜伽中略出念誦經》卷一抄出經文為輔，形成一個從事佛教儀軌活動的文獻。本目錄為便於分析文本起見，作為兩個文獻著錄。
3.1　首全→大正 1313，21/0464B17。
3.2　尾全→大正 1313，21/0465B26。
4.1　佛說救拔焰口餓鬼陀羅尼經（首）。
4.2　佛說救拔焰口餓鬼陀羅尼經（尾）。
5　與《大正藏》本對照，本件卷末有缺文及衍文。
7.4　護首有經名“佛說餓鬼焰口經一卷”。上有經名號。
8　9～10 世紀。歸義軍時期寫本。
9.1　楷書。

1.1　BD15383 號 2
1.3　金剛頂瑜伽中略出念誦經卷第一
1.4　新 1583
2.4　本遺書由 2 個文獻組成，本文獻為第 2 個，24 行。餘參見 BD15383 號 1 之第 2 項。
3.1　首缺→大正 0866，18/0224B09。
3.2　尾缺→大正 0866，18/0224C28。
5　與《大正藏》本對照，此件為鈔經，中有缺文，文字也有不同。
8　9～10 世紀。歸義軍時期寫本。
9.1　楷書。

1.1　BD15384 號
1.3　瑜伽師地論卷二
1.4　新 1584
2.1　495.1×27 厘米；11 紙；共 293 行，行 17 字。
2.2　01：45.3，26；　02：47.0，28；　03：47.0，28；
　　04：47.0，28；　05：47.0，28；　06：46.9，28；
　　07：47.0，28；　08：46.7，28；　09：46.7，28；
　　10：46.5，15；　11：28.0，00。
2.3　卷軸裝。首全尾全。卷面保存尚好，第 3 紙、第 4 紙間接縫處開裂。有烏絲欄。
3.1　首全→大正 1579，30/0284A24。
3.2　尾全→大正 1579，30/0289C20。
4.1　瑜伽師地論卷第二，彌勒菩薩說，沙門玄奘奉詔譯（首）。
4.2　瑜伽師地論第二（尾）。
5　與《大正藏》本對照，第 3 紙、第 4 紙之間缺頁，依《大正藏》本計，缺文 176 行，見大正 1579，30/285A25～287A28。
7.3　第 11 紙天頭有雜寫“少”。
8　9～10 世紀。歸義軍時期寫本。
9.1　楷書。
9.2　有行間校加字、刮改及校改。有硃筆科分、斷句及校改。有朱筆句讀及校改。上邊有校改字。
10　卷首背寫有經名“瑜伽師地論”及“首尾全卷”。卷首背上方有紙簽：“112。”
　　卷首有 8 枚印章：
　　1. 正方形陰文硃印，1.2×1.2 厘米，印文為“樂意”。
　　2. 長方形陽文硃印，1.5×3.5 厘米，印文為“大興樂氏收藏/金石書畫之記/”。
　　3. 圓形陽文硃印，直徑 1.8 厘米，印文為“樂”。
　　4. 正方形陽文硃印，1.6×1.6 厘米，印文為“樂/守玉/”。
　　5. 圓形陽文硃印，直徑 2.8 厘米，印文為“守勳藏書，編號”。
　　6. 正方形陽文硃印，2×2 厘米，印文為“樂守/勳印/”。
　　7. 正方形陰文硃印，2.6×2.6 厘米，印文為“北平/樂氏/珍藏/”。
　　8. 正方形陰文硃印，3.5×3.5 厘米，印文為“大興/樂氏/”。
　　卷首背有橢圓形陽文硃印，1.5×2.5 厘米，印為為“秘□/□□/”。

1.1　BD15385 號
1.3　金有陀羅尼經
1.4　新 1585
2.1　（18.5＋117.5）×26.7 厘米；3 紙；共 78 行，行 16～

18字。

2.2 01：45.0，27； 02：45.3，28； 03：45.7，23。

2.3 卷軸裝。首殘尾全。首紙殘破，右下殘缺，卷面有水漬、污穢。有烏絲欄。已修整。後配趙成軸。

3.1 首11行下殘→大正2910，85/1455C16～27。

3.2 尾全→大正2910，85/1456C10。

4.1 金有陀羅尼經（首）。

4.2 金有陀羅尼經一卷（尾）。

7.1 卷尾有藏文題記。

8 9～10世紀。歸義軍時期寫本。

9.1 楷書。

10 首紙有7枚印章：

1. 正方形陰文硃印，1.2×1.2厘米，印文為“樂意”。

2. 正方形陽文硃印，1.9×1.9厘米，印文為“樂缽/紹虞/”。

3. 正方形陽文硃印，1.6×1.6厘米，印文為“樂/守玉/”。

4. 圓形陽文硃印，直徑2.8厘米，印文為“守勳藏書，編號”。

5. 正方形陽文硃印，2×2厘米，印文為“樂守/勳印/”。

6. 正方形陰文硃印，2.6×2.6厘米，印文為“樂印/聞韶/”。

7. 正方形陰文硃印，3.5×3.5厘米，印文為“大興/樂氏/”。

1.1 BD15386號

1.3 法門名義集（異本）

1.4 新1586

2.1 （12.5＋476.7）×27厘米；12紙；共229行，小行30餘字。

2.2 01：06.5，03； 02：50.0，24； 03：49.5，24；
04：49.5，24； 05：49.5，24； 06：49.5，24；
07：48.5，24； 08：44.0，21； 09：44.0，21；
10：44.0，21； 11：39.2，17； 12：15.0，02。

2.3 卷軸裝。首殘尾全。卷首右下殘缺。有烏絲欄。已修整。後配趙城軸。

3.1 首6行下殘→大正2124，54/0196C16。

3.2 尾全→2124，54/0204B28。

4.2 大乘法門名義集一卷（尾）。

5 與《大正藏》本相比，品名相同，條目及次序大體相同，但釋文行文頗有參差，有些釋文差異甚大。應視為異本。

6.1 首→BD15398號。

7.1 尾題後有題記：“二”、“慈光沙彌書也”各1行。卷首背有勘記：“大乘法門集義，全尾首破。”卷尾背有勘記：“大乘法門明（名）義集一卷全卷。”

8 9～10世紀。歸義軍時期寫本。

9.1 楷書。

10 卷首背有花押。有紙簽“123”。

第2紙首下部有6枚印章：

1. 正方形陰文硃印，2.6×2.6厘米，印文為“北平/樂氏/珍藏/”。

2. 正方形陰文硃印，3.5×3.5厘米，印文為“大興/樂氏/”。

3. 正方形陽文硃印，2×2厘米，印文為“樂守/勳印/”。

4. 圓形陽文硃印，直徑2.8厘米，印文為“守勳藏書，編號”。

5. 正方形陽文硃印，1.6×1.6厘米，印文為“樂/守玉/”。

6. 正方形陰文硃印，2.6×2.6厘米，印文為“樂印/聞韶/”。

1.1 BD15387號

1.3 無常經

1.4 新1587

2.1 128.4×26厘米；4紙；共59行，行16字。

2.2 01：20.0，00； 02：07.2，10； 03：50.5，28；
04：50.7，21。

2.3 卷軸裝。首全尾全。有護首，有笈笈草天竿，有米黃色折疊縹帶，長37.5厘米。通卷保存完好。有燕尾。有烏絲欄。

3.1 首全→大正0801，17/0745B07。

3.2 尾全→大正0801，17/0746B08。

4.1 佛說無常經，亦名三稽經（首）。

4.2 佛說無常經一卷（尾）。

7.1 卷尾有題記：“大宋開寶四年，散此隨年《無常三稽經》四十卷。施主奉　宣往西天取/經僧永進兼誦得此經。因為病重，發願書寫。先願皇王萬歲，郡主千秋，/國泰人安，時豐歲稔。然願夫人貴壽，福樂百年。管內僧俗，並皆樂業。/法界有情，同登彼岸。/”

7.2 尾題後有陽文墨印，1.7×6.4厘米，印文為“淨土寺藏經”。

7.4 護首有經名“佛說佛無常經，土（敦煌淨土寺簡稱）”，上有經名號。

8 971年。歸義軍時期寫本。

9.1 楷書。

10 卷首及護首經名旁各寫有：“大宋開寶四年。”

1.1 BD15388號

1.3 妙法蓮華經卷三

1.4 新1588

2.1 116×27.5厘米；3紙；共67行，行17字。

2.2 01：18.5，11； 02：49.0，28； 03：48.5，28。

2.3 卷軸裝。首斷尾脫。卷面多水漬，上下邊有殘損和破裂。有烏絲欄。已修整。

3.1 首殘→大正0262，09/0021B01。

3.2 尾殘→大正0262，09/0022A23。

8 9～10世紀。歸義軍時期寫本。

9.1　楷書。

1.1　BD15389 號
1.3　摩訶般若波羅蜜經（四十卷本異卷）卷三九
1.4　新 1589
2.1　454.5×26.6 厘米；10 紙；共 284 行，行約 24 字。
2.2　01：22.0，00；　02：49.4，32；　03：50.0，33；
04：50.0，33；　05：50.0，33；　06：49.7，33；
07：50.0，33；　08：48.9，32；　09：46.5，31；
10：38.0，24。
2.3　卷軸裝。首全尾全。有護首，有蘆葦天竿。卷面多水漬。保存尚好。有烏絲欄。
3.1　首全→大正 0223，08/0413C10。
3.2　尾全→大正 0223，08/0418C19。
4.1　摩訶般若波羅蜜經平等品第八十五，卅九（首）。
4.2　摩訶般若波羅蜜經卷第卅九（尾）。
5　與《大正藏》對照，卷次品次不同，相當於《大正藏》本《摩訶般若波羅蜜經》卷二六平等品第八十六首部，至《摩訶般若波羅蜜經》卷二七常啼品第八十八中部。為四十卷本。但與歷代大藏經分卷均不同，為異卷。
7.4　護首有經名"摩訶般若經卷第卅九，第卌（本卷袟號）"。上有經名號。
8　9～10 世紀。歸義軍時期寫本。
9.1　楷書。

1.1　BD15390 號
1.3　某僧手本（擬）
1.4　新 1590
2.1　（3＋54.3）×28 厘米；1 紙；共 31 行，行 19 字。
2.3　卷軸裝。首殘尾全。卷首右上有殘缺，卷中有方形殘洞，似被剪去。卷面有油污，卷尾有餘空。有折疊欄。已修整。後配趙城軸。
3.4　說明：
本遺書為某僧人為舉辦齋會準備的手本，內容為《齋意文》。包括 3 個子目：第一篇首殘，無首題，16 行，內容為"官錄已下諸公"之齋會。第二篇首題作《僧臨曠文》，1.5 行，僅為號頭。第三篇為《患文》，13.5 行，基本完整。
8　9～10 世紀。歸義軍時期寫本。
9.1　楷書。
12　從本遺書背面揭下古代裱補紙 5 塊，今編為 BD16401 號、BD16402 號、BD16403 號。

1.1　BD15391 號
1.3　瑜伽師地論卷二一
1.4　新 1591
2.1　657.6×26.5 厘米；16 紙；共 416 行，行 17 字。
2.2　01：44.5，28；　02：44.3，28；　03：44.3，28；
04：44.4，28；　05：44.4，28；　06：44.4，28；
07：44.4，28；　08：44.5，28；　09：44.3，28；
10：44.5，28；　11：44.3，28；　12：44.5，28；
13：44.5，28；　14：44.5，28；　15：05.8，04；
16：35.8，20。
2.3　卷軸裝。首脫尾全。下邊有等距離油污。有烏絲欄。
3.1　首殘→大正 1579，30/0396C07。
3.2　尾全→大正 1579，30/0401C07。
4.2　瑜伽師地論卷第廿一（尾）。
8　9～10 世紀。歸義軍時期寫本。
9.1　楷書。
9.2　有硃筆科分及校改。有硃墨筆行間校加字。有倒乙。
10　卷首有 9 枚印章：
1. 正方形陰文硃印，2.6×2.6 厘米，印文為"樂印/聞韶/"。
2. 正方形陰文硃印，3.5×3.5 厘米，印文為"大興/樂氏/"。
3. 圓形陽文，直徑 2.8 厘米，印文為"守勳藏書，編號"。
4. 正方形陽文硃印，1.2×1.2 厘米，印文為"樂"。
5. 正方形陽文硃印，2×2 厘米，印文為"樂守/勳印/"。
6. 正方形陽文硃印，3.3×3.3 厘米，印文為："香山/居士/"。
7. 正方形陰文硃印，1.2×1.2 厘米，印文為"樂意"。
8. 正方形陽文硃印，1.9 厘米×1.9 厘米，印文為"樂缽/紹虞/"。
9. 正方形陰文硃印，2.6×2.6 厘米，印文為"北平/樂氏/珍藏/"。
卷首背下方貼有紙簽"114"。

1.1　BD15392 號 A
1.3　佛名經（十六卷本）卷五
1.4　新 1592
2.1　（4＋7.4＋3.2）×32 厘米；1 紙；共 5 行，行字不等。
2.3　卷軸裝。首殘尾殘。有烏絲欄。
3.1　首行上殘→《七寺古逸經典研究叢書》，03/0238A08。
3.2　尾行上殘→《七寺古逸經典研究叢書》，03/0238A12。
8　9～10 世紀。歸義軍時期寫本。
9.1　楷書。

1.1　BD15392 號 B
1.3　佛名經（十六卷本）卷八
1.4　新 1592
2.1　（8.4＋255）×32 厘米；6 紙；共 109 行，行字不等。
2.2　01：34.4，14；　02：45.6，19；　03：45.6，19；
04：46.0，19；　05：46.2，19；　06：46.0，19。
2.3　卷軸裝。首殘尾殘。卷首上部有大塊殘缺，卷面有等距離水漬，上邊有等距離殘缺，卷尾上下有殘欄。有彩繪佛像。有烏

絲欄。已修整。

3.1 首3行上殘→《七寺古逸經典研究叢書》，03/0380A04 ~06。

3.2 尾殘→《七寺古逸經典研究叢書》，03/0389A12。

3.4 說明：

第1~3紙有2.5×3.5厘米的彩繪佛像4尊。

6.4 與BD15392號C為同文獻。

8 9~10世紀。歸義軍時期寫本。

9.1 楷書。

1.1 BD15392號C

1.3 佛名經（十六卷本）卷八

1.4 新1592

2.1 (15+82.8+5.3)×32厘米；3紙；共42行，行字不等。

2.2 01：34.0，14； 02：46.2，19； 03：22.9，09。

2.3 卷軸裝。首殘尾殘。卷首殘破，卷面有水漬。有烏絲欄。已修整。

3.1 首5行上下殘→《七寺古逸經典研究叢書》，03/0390A05 ~10。

3.2 尾2行上下殘→《七寺古逸經典研究叢書》，03/0393A12 ~13。

3.4 說明：

第2紙有2.5×3.5厘米的彩繪佛像一尊。

6.4 與BD15392號B為同文獻。

8 9~10世紀。歸義軍時期寫本。

9.1 楷書。

1.1 BD15393號

1.3 菩薩從兜術天降神母胎說普廣經卷三

1.4 新1593

2.1 213.4×25.9厘米；5紙；共121行，行1字。

2.2 01：29.9，17； 02：49.4，28； 03：49.4，28；
04：49.5，28； 05：35.2，20。

2.3 卷軸裝。首斷尾斷。經黄打紙，砑光上蠟。上下邊有等距離水漬。有烏絲欄。

3.1 首殘→大正0384，12/1026A12。

3.2 尾殘→大正0384，12/1027C05。

8 7~8世紀。唐寫本。

9.1 楷書。

10 卷首有11枚印章：

1. 正方形陰文硃印，1.2×1.2厘米，印文為“樂意”。

2. 正方形陰文硃印，2.6×2.6厘米，印文為“樂印/聞韶/”。

3. 正方形陰文硃印，3.5×3.5厘米，印文為“大興/樂氏/”。

4. 正方形陰文硃印，2.6×2.6厘米，印文為“北平/樂氏/珍藏/”。

5. 正方形陽文硃印，1.6×1.6厘米，印文為“樂/守玉/”。

6. 正方形陽文硃印，2×2厘米，印文為“樂守/勷印/”。

7. 正方形陰文硃印，5.6×5.6厘米，“樂氏/守勷/之印/”。

8. 長方形陽文硃印，1.5×3.5厘米，印文為“大興樂氏收藏/金石書畫之記/”。

9. 正方形陽文硃印，1.9×1.9厘米，印文為“樂鉢/紹虞/”。

10. 正方形陽文硃印，1.2×1.2厘米，印文為“樂/守忠/”。

11. 圓形陽文硃印，直徑2.8厘米，印文為“守勷藏書，編號”。

卷首背下方有紙簽：“119。”

1.1 BD15394號

1.3 大乘入楞伽經卷七

1.4 新1594

2.1 (7.9+240.7)×26厘米；5紙；共134行，行20字。

2.2 01：49.9，26； 02：49.7，27； 03：49.7，27；
04：49.7，27； 05：49.6，27。

2.3 卷軸裝。首全尾脫。卷首右下殘缺，第2紙上邊破裂，卷面多水漬、斑點。有烏絲欄。

3.1 首3行下殘→大正0672，16/0631A02~10。

3.2 尾殘→大正0672，16/0634A07。

4.1 大乘入楞伽經偈頌品第十之二，卷七，三藏沙門□…□（首）。

8 7~8世紀。唐寫本。

9.1 楷書。

10 卷尾背有正方形陽文硃印，2×2厘米，印文為“顧二郎”。

卷尾背有兩個紙簽，一個寫有蘇州碼子“32號”，另一紙簽寫有蘇州碼子“唐經，廿七”。

1.1 BD15395號

1.3 諸星母陀羅尼經

1.4 新1595

2.1 187.6×25.5厘米；6紙；共96行，行17字。

2.2 01：23.0，00； 02：43.5，26； 03：44.4，28；
04：44.4，28； 05：26.0，14； 06：06.3，00。

2.3 卷軸裝。首全尾全。有護首，有竹質天竿，有咖啡色縹帶殘根。尾有原軸，兩端塗咖啡色漆。正、背面均有現代裱補。有烏絲欄。

3.1 首全→大正1302，21/0420A03。

3.2 尾全→大正1302，21/0421A14。

4.1 諸星母陀羅尼經，沙門法成於甘州修多寺譯（首）。

4.2 諸星母陀羅尼經一卷（尾）。

5 尾附音義。

8 9~10世紀。歸義軍時期寫本。

9.1 楷書。

10　卷首有7枚印章：

1. 正方形陽文硃印，1.6×1.6厘米，印文為“樂/守玉/”。

2. 正方形陰文硃印，2.6×2.6厘米，印文為“樂印/聞韶/”。

3. 正方形陰文硃印，3.5×3.5厘米，印文為“大興/樂氏/”。

4. 圓形陽文硃印，直徑2.8厘米，印文為“守勳藏書，編號”。

5. 正方形陰文硃印，1.2×1.2厘米，印文為“樂意”。

6. 正方形陽文硃印，1.2×1.2厘米，印文為“樂”。

7. 正方形陽文硃印，2×2厘米，印文為“樂守/勳印/”。

護首上方貼有2個紙簽，寫有“諸星母陀羅尼經”與“118”。護首下方貼有紙簽，寫有“32.1682”、“76.466”。

1.1　BD15396號
1.3　首羅比丘見月光童子經
1.4　新1596
2.1　449.1×25.7厘米；10紙；共249行，行17字。
2.2　01：45.3，25；　02：50.5，28；　03：50.7，28；
04：50.3，28；　05：50.4，28；　06：50.3，28；
07：50.5，28；　08：50.3，28；　09：50.3，28；
10：03.8，00。
2.3　卷軸裝。首脫尾全。經黄打紙，砑光上蠟。卷面多水漬，尾有等距離黴斑。有現代裱補。有烏絲欄。
3.1　首殘→大正2873，85/1356A16。
3.2　尾全→大正2873，85/1358C22。
5　與《大正藏》對照，本件卷首多10行經文，第11行“首羅問曰更……”為《大正藏》本卷首。《大正藏》本首8行已殘，此件可予補正。
8　7～8世紀。唐寫本。
9.1　楷書。

1.1　BD15397號
1.3　一切如來真言鈔（擬）
1.4　新1597
2.1　42×39.8厘米；1紙；共17行，行約24字。
2.3　單葉紙。首全尾全。卷面略有水漬，保存尚好。
3.3　錄文：

（首全）

一切如來隨心真言/

唵【引】跛囉，跛囉，三【去】跛囉，三跛囉【去】，印捺哩【二合】，野尾戍【引】，/馱顊，吽【引】吽【引】，嚕嚕，左黎【引】，娑嚩【二合引】賀。/

一切如來心中心真言/

唵【引】尾麼【上】，黎【引】，惹野嚩𡁠【引】，阿【上】蜜㗚【二合】，帝【引】吽【引】吽【引】，/吽【引】吽【引】，登吒登吒登吒登吒娑嚩【二合引】。/

一切如來結果真言/

唵【引】阿【上】蜜哩【二合】，多尾路【引】积顊，薩婆【去】僧【去】囉，乞灑【二合】/抳阿【去引】，羯灑抳【尼貞文】，吽【引】吽【引】，登吒登吒娑嚩【二合】賀。/

一切如來灌頂真言/

唵【引】阿【上】蜜哩【二合】，多嚩𡁠【引】，嚩囉，嚩囉，鉢囉【二合】，嚩囉尾，/林【詩聿反】第【引】吽【引】吽【引，此字如吽，吼聲從胸中出】，登吒【此字取半音，後同】，登吒娑嚩【二合引】賀。/

一切如來金剛被甲真言/

唵【引】毋顊毋顊毋顊嚩𡁠【引】阿鼻詵【去】左覩輅【引】薩嚩怛他/【去引】薩多【引】薩嚩尾你野【二合】鼻灑罽【引】麼賀【引】嚩羅【二合】迦嚩/左母捺囉【二合】，母捺哩【二合】，帶【引】薩嚩，怛他【去引】誐多纥哩【二合】，乃◇/【引】地瑟恥【二合】多嚩𡁠【二合】娑嚩【二合】賀。/

（錄文完）

錄文“【】”中為雙行小字。
8　9～10世紀。歸義軍時期寫本。
9.1　楷書。

1.1　BD15398號
1.3　法門名義集（異本）
1.4　新1598
2.1　（45.4＋54＋8）×27.2厘米；3紙；共58行，行字不等。
2.2　01：15.2，00；　02：48.2，28；　03：44.0，30。
2.3　卷軸裝。首殘尾殘。卷首下部殘缺嚴重，下邊多殘缺。卷面有油污。有烏絲欄。已修整。
3.1　首19行下殘→大正2124，54/0195A21。
3.2　尾4行下殘→大正2124，54/0196C14。
5　與《大正藏》本相比，品名相同，條目及次序大體相同，但釋文行文頗有參差，有些釋文差異甚大。應視為異本。
6.2　尾→BD15386號。
7.3　護首背端有雜寫“至心”。
8　9～10世紀。歸義軍時期寫本。
9.1　楷書。

1.1　BD15399號1
1.3　四分律略頌
1.4　新1599
2.1　252.5×28.7厘米；7紙；共148行，行字不等。
2.2　01：39.0，24；　02：41.0，24；　03：41.5，24；
04：41.5，24；　05：41.5，24；　06：40.0，23；
07：10.0，05。
2.3　卷軸裝。首脫尾脫。薄皮紙。首紙下邊有殘缺，卷面多有破裂，第6紙有殘洞，下邊殘缺。第6紙第10行空白。第7紙與前各紙紙質不同。有烏絲欄。

2.4 本遺書包括2個文獻：（一）《四分律略頌》，144行，今編為BD15399號1。（二）《文書末官銜》（擬），4行，今編為BD15399號2。
3.4 說明：
本文獻首行下殘，尾全。本文獻未為歷代大藏經所收。與其他敦煌遺書《四分律略頌》相比，偈頌部分相同，其後長行部分不同。詳情待考。
8 7～8世紀。唐寫本。
9.1 楷書。"愍"字避諱。
9.2 有倒乙。有行間校加字。上邊有校改字。有校改。
10 卷首背貼有紙簽："賬號：1－1760；件數：一卷；名稱：唐人受戒十緣，後有官銜款；年代：唐；現狀：首殘；原賬號：佳；集藏：20元。"

1.1 BD15399號2
1.3 文書末官銜（擬）
1.4 新1599
2.4 本遺書由2個文獻組成，本文獻為第2個，4行。餘參見BD15399號1。
3.3 錄文：
（首殘）
銀青光祿大夫行黃門侍郎昭文館學士上柱國贊皇縣開國男臣李義；/
銀青光祿大夫右散騎常侍昭文館學士權檢校右羽林將軍上柱國壽昌縣開國侯臣賈應□；/
銀青光祿大夫右散騎常侍昭文館學士權檢校左羽林將軍上柱國高平縣開國公臣徐彥伯；/
金紫光祿大夫禮部尚書昭文館學士上柱國柱晉國公臣薛稷。/
（錄文完）
8 7～8世紀。唐寫本。
9.1 楷書。

1.1 BD15400號
1.3 小鈔
1.4 新1600
2.1 43.5×28.2厘米；1紙；共23行，行字不等。
2.3 卷軸裝。首脫尾全。上下有破裂。有折疊欄。
3.4 說明：
本遺書首殘尾全，未為歷代大藏經所收。
4.2 小鈔一卷（尾）。
8 9～10世紀。歸義軍時期寫本。
9.1 楷書。
9.2 有硃筆斷句及科分。

1.1 BD15401號
1.3 金剛般若波羅蜜經
2.1 （14.7＋75.7＋9.2）×24.5厘米；2紙；共57行，行17字。
2.2 01：51.2，30；　02：48.5，27。
2.3 卷軸裝。首殘尾殘。卷首上下殘缺嚴重，卷面多殘洞，有油污，下邊殘缺。首8行係補寫經文，紙張、字體與後部均不相同。背有古代裱補。有烏絲欄。已修整。
3.1 首9行上下殘→大正0235，08/0749A15～25。
3.2 尾5行中下殘→大正0235，08/0749C13～17。
8 7～8世紀。唐寫本。
9.1 楷書。

1.1 BD15402號
1.3 不知名類書（擬）
1.9 簡068070
2.1 19.6×26.7厘米；1紙；正面12行，行23字。背面3行，行約4字殘。
2.3 殘片。首殘尾殘。卷面有污斑。背有古代裱補。有折疊欄。已修整。
2.4 本遺書包括2個文獻：（一）《不知名類書》（擬），12行，抄寫在正面，今編為BD15402號。（二）《請施抄經紙墨狀》（擬），3行，抄寫在背面，今編為BD15402號背。
3.3 錄文：
（首殘）
□…□仲兄子濟□…□/
問：叔［何用此］為。湛曰：清（?）省之時，時一□…□/
湛剖析入微，濟大驚歎。濟入侍，帝問曰：癡叔死未?/
濟對曰：臣叔不癡，魏舒、山濤之儔。遂顯大名。/
愚言。正曰：智者千慮，或有一失。愚者千慮，亦有一得。故曰：狂/
夫之言，聖人擇之。/
身危。漢亡（王）讚曰：依世則度盡（?），違俗則身危。故君子相時而/
動，以避逆鱗。/
準□。□…□凡謁諸侯，所執有六贄，雖贄最末，音（?）/
□…□/
□…□公平（?）周厚葬□…□/
□…□或足以伏死而諍。今□…□/
（錄文完）
3.4 說明：
本遺書首尾均殘，共存五條：第一條之條目殘，首殘；第二條之條目為"愚言"；第三條之條目為"身危"；第四條之條目為"準□"，尾殘；第五條條目殘，尾殘。
第一條可參見《太平御覽》卷五一二，"宗親部·伯叔"：
王湛，字處沖，司徒渾之弟也。兄子濟輕之，嘗詣湛，見床頭有《周易》，問曰："叔父何用此為?"湛曰："體中不佳時，

脫復看耳。”濟請言之。湛因剖析玄微，妙有奇趣，皆所未聞也。濟才氣抗邁於湛，略無子侄之敬。既聞其言，不覺慄然，心形俱肅。遂留連彌日累夜，自視缺然。乃歎曰：“家有名士，三十年而不知，濟之罪也。”濟有從馬絕難乘，濟問湛曰：“叔頗好騎否？”湛曰：“亦好之。”因騎此馬，姿形既妙，回策如素，善騎者無以過之。又濟所乘馬，湛愛之。湛曰：“此馬雖快，然力薄不堪苦行。近見督郵馬當勝，但芻秣不至耳。”濟試養之，而與己馬等。湛又曰：“此馬雖快，任方知之，平路無以別也。”於是當蟻封內試之。濟馬果躓，而郵馬如常。濟益歎異，還白其父曰：“濟始得一叔，乃濟以上人也。”武帝亦以湛為癡，每見濟，輒調之曰：“卿家癡叔死未？”濟常無以答。及是，帝又問如初。濟曰：“臣叔殊不癡。”因稱其美。帝曰：“誰比？”濟曰：“上比山濤不足，下比魏舒有餘。”湛聞曰：“欲處我季孟間乎？”

7.3　卷面有雜寫“違俗則”。

8　　9～10世紀。歸義軍時期寫本。

9.1　行書。

1.1　BD15402號背

1.3　請施抄經紙墨狀（擬）

1.9　簡068070

2.4　本遺書由2個文獻組成，本文獻為第2個，3行，抄寫在背面。餘參見BD15402號。

3.3　錄文：

（首殘）

□…□般（？）□…□/

□…□經袟內欠□…□/

□…□/

（錄文完）

3.4　說明：

原卷文字被裱補紙遮蓋，難以辨認，從透過背面之墨痕似可見“大夫可（？）能（？）隨喜施紙□兩怗，墨一”云云。從現存文字看，本文獻應為某人要求布施紙張、筆墨以供抄補佛經的函狀。

8　　9～10世紀。歸義軍時期寫本。

9.1　楷書。

1.1　BD15403號

1.3　監門宿衛式（擬）

1.9　簡068073

2.1　15×25厘米；1紙；正面8行，行14字。背面7行，行約17字。

2.3　殘片。首殘尾脫。通卷下殘。卷面殘破。有烏絲欄。已修整。

2.4　本遺書包括2個文獻：（一）《監門宿衛式》（擬），8行，抄寫在正面，今編為BD15403號。（二）《夾註金剛經疏》（擬），7行，抄寫在背面，今編為BD15403號背。

3.3　錄文：

（首殘）

□…□仗□…□/

驍衛左右武□…□/

衛左右金吾衛□…□/

前數其百人以下仗者□…□/

並不入若喚半仗亦與百人仗同若/

喚廿人以下不須帶仗准監人法於□/

下立/

每年陳設喚仗並腰鞶及（？）□…□/

（錄文完）

8　　7～8世紀。唐寫本。

9.1　行書。

1.1　BD15403號背

1.3　夾註金剛經疏（擬）

1.9　簡068073

2.4　本遺書由2個文獻組成，本文獻為第2個，7行，抄寫在背面。餘參見BD15403號。

3.4　說明：

本文獻為《金剛經》註疏，經文用大字，但僅抄寫被註疏經文的首尾，用“至”連接。註疏用小字。未為歷代大藏經所收。

8　　9～10世紀。歸義軍時期寫本。

9.1　行楷。有合體字“菩薩”。

9.2　有重文號。

1.1　BD15404號

1.3　千渠中界下界白刺頭名目（擬）

1.9　簡068066

2.1　19×29.5厘米；1紙；共10行，行約19字。

2.3　殘片。首殘尾殘。卷面殘破，有殘洞。已修整。

3.3　錄文：

（首殘）

□…□ ┏王海清/

□…□清子，┏康員住/

張慈子

千渠中界，白刺頭，┏李友連，李慶郎，┏李政政，安福通/

水池　平（？）水　采友（？）　住奴

白刺頭，侯豐潤，┏趙皈達，┏桑住兒，趙流子/

白刺頭，┏侯奴奴，┏王流慶，┏李王丘，董兔┏兒/

千渠下界，白刺頭，陰忠信，田豬子，閻流定，閻山子/

白刺頭，安員通，鄧像通，宋憨兒，┏薛善通/

水池　張□兒

張再住　白刺頭，韓安定，韓舟略，閻不勿，韓富定/

□…□ 白刺頭，┏賀和子，王懷信，王富通，索醜兒/

石什屯（？）

□…□趙流信。/
（錄文完）
說明：錄文中下無行號者，均為行間夾註字。
8　9～10 世紀。歸義軍時期寫本。
9.1　行楷。
9.2　有行間加字。有勾稽號。

1.1　BD15405 號
1.3　併粟柴人名目（擬）
1.9　簡 068066
2.1　26.7×45.6 厘米；1 紙；共 13 行，行約 8 字殘。
2.3　殘片。首殘尾殘。通卷上殘。本遺書實乃上下 3 紙粘接而成，現殘缺成三角形，為便於統計，著錄為 1 紙。已修整。
3.3　錄文：
（首殘）
□…□粟柴/
押牙索幸宗併粟柴/
索保定併/
索保住併粟柴/
索定奴併粟柴/
張佛奴看（?）伕（?）併粟柴/
馬保長併粟柴/
張買兒併粟柴/
張全子併粟柴/
張海清併粟柴/
武丑奴併粟柴/
令狐恩子併粟柴/
令狐丑胡併粟柴/
□…□粟柴。/
（錄文完）
3.4　說明：
本遺書分上下兩排書寫，上排文字已殘，僅剩餘一“柴”字，位於“張買兒”、“張全子”上部。為避文繁，不錄文。
8　9～10 世紀。歸義軍時期寫本。
9.1　行楷。

1.1　BD15406 號
1.3　敦煌縣用印事目歷（擬）
1.9　簡 068067
2.1　22.9×28 厘米；1 紙；共 9 行，行約 20 字。
2.3　殘片。首殘尾殘。本遺書為雙層紙粘貼在一起。上下邊殘破。已修整。
3.3　錄文：
（首殘）
叁拾玖道勘印訖記書/
十三日/
□…□為申前後□獲進兵事。典宋長祥（?）。印。/
司倉牒（?）莫高鄉，為種（?）蒠子事。典呂俊。思。——/
司戶牒上州司馬，為首僞濫勳蔭人汜貞禮等收入課役事。思。/
由□□為縣令到任已來報攏逃還戶口事。思。——/
牒龍勒府為孫智感身死事。思。——/
牒神泉觀為置陰嗣慶婢伊勒（?）事。思。——/
下敦煌鄉為陰嗣慶婢伊勒（?）賣與神泉觀事。思。——/
（錄文完）
3.4　說明：
本文獻前為八月十三日印目計會，勘印三十九道。後爲八月十四日印目，現存七道。多數行末有絕止號“——”。
6.4　與 BD11177 號（L1306）、BD11178 號（L1307）、BD11180 號（L1309）、BD15407 號原為同遺書，中間有殘缺，不能直接綴接。
8　7～8 世紀。唐寫本。
9.1　行書。
9.2　有絕止號。有勾稽號。
13　第 7 行上部露出下層紙抄寫之字，難以辨認。

1.1　BD15407 號
1.3　敦煌縣用印事目歷（擬）
1.9　簡 068067
2.1　29.2×28 厘米；1 紙；共 10 行，行約 18 字。
2.3　殘片。首殘尾殘。本遺書為雙層紙粘貼在一起。上下邊殘破。卷面多水漬。已修整。
3.3　錄文：
（首殘）
牒龍勒府為訪張□貞趙君子等事。思。——/
牒神沙平康鄉為訪張□貞等事。已上典宋慶。思。——/
牒懸泉府為許君祚等身死事。典張懷。思。二日。——/
司戶牒李汶（?）注（?）為給劉孝◇地事。思。——/
□…□下敦煌鄉准前事，已上二道。典張峻。思。——/
司兵（?）牒十一鄉為徵催帖戍錢事。祥。典翟舜。印。/
右計廿五道/
牒件錄當日印目如前謹牒/
八月十四日□□□□/
勘印（押）/
（錄文完）
3.4　說明：
本文獻為八月十四日印目，共計二十五道，現存六道。有當日印目計會。多數行末有絕止號“——”。
6.4　與 BD11177 號（L1306）、BD11178 號（L1307）、BD11180 號（L1309）、BD15406 號原為同遺書，中間有殘缺，不能直接綴接。
7.2　騎縫處有殘官印，難以辨認。
8　7～8 世紀。唐寫本。

9.1　行書。
9.2　有絕止號。有勾稽號。

1.1　BD15408 號
1.3　新集吉凶書儀
1.9　簡 068069
2.1　34.6×16.7 厘米；2 紙；正面 18 行，行 16 字殘。背面 21 行，行 15 字殘。
2.2　01：07.7，05；　　02：26.9，13。
2.3　殘片。首殘尾殘。通卷上殘，下邊殘破。卷面有殘破、殘洞。背面有烏絲欄。已修整。
2.4　本遺書包括 2 個文獻：（一）《新集吉凶書儀》，18 行，抄寫在正面，今編為 BD15408 號。（二）《推九天行年災厄法》，21 行，抄寫在背面，今編為 BD15408 號背。
3.1　首殘→《敦煌寫本書儀研究》，01/0520A07。
3.2　尾殘→《敦煌寫本書儀研究》，01/0522A12。
8　9～10 世紀。歸義軍時期寫本。
9.1　楷書。

1.1　BD15408 號背
1.3　推九天行年災厄法
1.9　簡 068069
2.4　本遺書由 2 個文獻組成，本文獻為第 2 個，18 行，抄寫在背面。餘參見 BD15408 號。
3.3　錄文：
（首殘）
□…□年勝一年/
□…□女人再婚，不宜兄弟。/
□…□財務豐足，男女貞賢。/
□…□長，心常敬信，一代吉昌。/
□…□富貴，合有才名。/
□…□夫妻路隔，團聚何時。/
□…□財物不散，愛逐用輔。/
□…□男忌損手，女忌産亡。/
□…□豐足，財務長之。/
——————
□…□百事不如。男不宜婦，女不宜夫。赤口赤/
□…□行求不得，亦急解除，年至赤虛，/
□…□嚴，終日驅驅走，不見有盈餘，惡/
□…□宜急帶神符。/
——————
□…□百事不成，六神不安，魂魄不寧，静/
□…□急，且亭（停）橫事，媒持符，年至遊盛/
□…□還心唱氣滿手裹之錢財即金/
□…□過忍（？）意代明年/
——————
□…□拄善神來助，少求多得，錢財集裘。/
□…□不見憂若事，官高遷，和宜公符。/
□…□善神護事，官高遷，錢財志積。/
□…□金銀滿倉庫。/
（錄文完）
3.4　說明：
諸烏絲欄中有 3 條雙線欄，應為區隔内容之意。錄文時以“——”表示。
8　9～10 世紀。歸義軍時期寫本。
9.1　行楷。
9.2　用雙烏絲欄表示區隔。

1.1　BD15409 號
1.3　勵忠節鈔
1.9　簡 068098
2.1　（7.5＋15.8＋1.5）×31.2 厘米；1 紙；正面 16 行，行 22 字。背面 8 行，行 22 字。
2.3　殘片。首殘尾殘。下邊多殘缺。卷面油污。有烏絲欄。已修整。
2.4　本遺書包括 2 個文獻：（一）《勵忠節鈔》，16 行，抄寫在正面，今編為 BD15409 號。（二）《堆十祿逆順歌》，8 行，抄寫在背面，今編為 BD15409 號背。
3.1　首殘→《英藏敦煌社會歷史文獻釋錄》，06/227A06。
3.2　尾殘→《英藏敦煌社會歷史文獻釋錄》，06/228A09。
8　8～9 世紀。吐蕃統治時期寫本。
9.1　楷書。
9.2　有硃筆斷句。有倒乙。

1.1　BD15409 號背
1.3　堆十祿逆順歌
1.9　簡 068098
2.4　本遺書由 2 個文獻組成，本文獻為第 2 個，8 行，抄寫在背面。餘參見 BD15409 號。
3.3　錄文：
堆十祿逆順歌：陽祿孟于甲處起，直從丙戊庚壬次，/
陰祿仲月乙為頭，並巳（己）巳丁辛癸是。甲課收寅乙課/
卯，丙戊課，在己，丁巳課在午。庚課申，辛課酉，壬課亥，癸課/
假令甲祿人，正月生建祿，二月三月生為空亡，四月五月□…□/
祿，七月生為破祿，八月九月十月十一月十二月並是五□…□/
□…□正月十二月為空亡，十一月十月九日為□…□/
□…□三月生並是五向祿中□…□/
□…□經五行生□…□/
（錄文完）
8　9～10 世紀。歸義軍時期寫本。
9.1　行楷。

1.1 BD15410 號
1.3 時要字樣（異本二）
1.9 簡 068071
2.1 23.6×16.3 厘米；1 紙；正面 11 行，行約 10 字殘。背面 8 行，行約 8 字殘。
2.3 殘片。首殘尾殘。通卷下殘。已修整。
2.4 本遺書包括 2 個文獻：（一）《時要字樣》（異本二），11 行，抄寫在正面，今編為 BD15410 號。（二）《推十二時耳鳴耳熱足癢手掌癢等法》（擬），8 行，抄寫在背面，今編為 BD15410 號背。
3.4 說明：
參見《敦煌經部文獻合集》第 8 冊。與斯 06117 號、俄 02391 號 A 體例相同，應是同一書。本遺書字體與俄 02391 號 A 相似。
8 9～10 世紀。歸義軍時期寫本。
9.1 楷書。
9.2 有硃筆點斷。

1.1 BD15410 號背
1.3 推十二時耳鳴耳熱足癢手掌癢等法（擬）
1.9 簡 068071
2.4 本遺書由 2 個文獻組成，本文獻為第 2 個，8 行，抄寫在背面。餘參見 BD15410 號之第 2 項。
3.3 錄文：
（首殘）
□…□/
□…□【事】。足養，【有遠行之事。】目潤，【左有遠行，右客來。】/
□…□【吾事，□…□事。】手養，【有◇指，促去。】面熱/
□…□【有餅食，□…□大吉。】戌時耳鳴，【左有酒肉，右有表行。】/
□…□【縣官口舌，□…□之事。】面熱，心動足（?）/
□…□【◇，□…□慶。】亥時耳鳴，【左有財來，右非財來。】/
□…□手養，【有遠行事。】/
□…□【之事。】足養，【有酒肉之事。】目潤，【左遠行，右女（?）◇。】/
□…□門（?）者喜事。夢見飲酒者，天雨（?）/
（錄文完）
3.4 說明：
本遺書為占卦書，以人體足養、目潤、手養、面熱、耳鳴等感覺及這些感覺發生的時刻乃至做夢等占算吉凶。
8 9～10 世紀。歸義軍時期寫本。
9.1 行楷。

1.1 BD15411 號
1.3 張氏譜系（擬）
1.9 簡 068072
2.1 15.5×12.6 厘米；1 紙；共 7 行，行 8 字殘。
2.3 殘片。首殘尾殘。通卷下殘，卷面有水漬。有烏絲欄。已修整。
3.3 錄文：
（首殘）
第二祖漢明帝永平□…□/
自言張耳九代孫，病□…□/
家焉。居近南沙，俗稱□…□/
章太守理裔孫□…□/
史籍無聞。左監門□…□/
第三祖漢宣帝□…□/
之六代孫□…□/
（後殘）
8 7～8 世紀。唐寫本。
9.1 行楷。

1.1 BD15412 號 1
1.3 阿張殘牒（擬）
1.9 簡 068075
2.1 30×19.5 厘米；1 紙；共 14 行，行約 6 字殘。
2.3 殘片。首殘尾殘。上下均殘。上下乃兩紙粘成，為便於著錄，計為 1 紙。上下紙均抄寫文獻，文字方向相反。背面亦有文字，但因有古代裱補紙遮壓，難以辨認，不予著錄。已修整。
2.4 本遺書包括 2 個文獻：（一）《阿張殘牒》（擬），11 行，今編為 BD15412 號 1。（二）《趙元亮等殘名歷》（擬），3 行，今編為 BD15412 號 2。
3.3 錄文：
（首殘）
見阿宋及夫劉（對?）□…□/
逃走向西去當□…□/
二娘等十餘人□…□/
嫁阿張與嵩充（?）□…□/
介（?）田廣收前司（?）□…□/
後被南宮◇情□…□/
阿張往逐（?）□…□/
將書取來（?）□…□/
母□難□…□/
□允昇朝□…□/
□…□/
（錄文完）
8 9～10 世紀。歸義軍時期寫本。
9.1 行楷。
13 本遺書 2.1 項之行數，為兩個文獻各自行數之和。

1.1 BD15412 號 2

1.3　趙元亮等殘名歷（擬）
1.9　簡 068075
2.4　本遺書由 2 個文獻組成，本文獻為第 2 個，3 行。餘參見 BD15412 號 1。
3.3　錄文：
（首殘）
曹□…□/
曹元□…□/
趙元亮□…□/
（錄文完）
8　9～10 世紀。歸義軍時期寫本。
9.1　行楷。

1.1　BD15413 號
1.3　殘片四塊（擬）
2.1　60×（1～17）厘米；4 紙。
2.2　01：31.0，00；　02：04.5，00；　03：17.0，00；　04：07.5，00。
2.3　殘片。首殘尾殘。共包括 4 塊大小不等的殘片。
3.4　說明：
本號包括殘片 4 塊，說明如下：
（1）31×17 厘米，不規則殘片，紙面兩處粘有長形紙條，上有字痕，僅可辨“再”，其餘均為殘字。
（2）4.5×1 厘米，刀形殘片（展開後應為小長條），有殘字痕。
（3）17×3.5 厘米，長條殘片，色深褐。
（4）7.5×4 厘米，啄形殘片，邊緣有殘字痕。
8　9～10 世紀。歸義軍時期寫本。
9.1　行楷。

1.1　BD15414 號
1.3　金剛般若波羅蜜經
1.9　簡 041049
2.1　（2.8+27.8）×25.4 厘米；1 紙；共 18 行，行 17 字。
2.3　殘片。首殘尾脫。經黄打紙。卷面有油污。有烏絲欄。已修整。
3.1　首 2 行上下殘→大正 0235，08/0748C28～29。
3.2　尾殘→大正 0235，08/0749A18。
8　7～8 世紀。唐寫本。
9.1　楷書。
10　背有陽文硃印，0.8×0.8 厘米，印文為“李少白”。

1.1　BD15415 號
1.3　義淨求法返國表（擬）
1.9　簡 041054
2.1　（4.2+6.3+4.4）×25 厘米；2 紙；共 8 行，行 17 字。
2.2　01：07.5，04；　02：07.4，04。
2.3　殘片。首殘尾殘。打紙。背有古代裱補。有烏絲欄。已修整。
3.3　錄文：
（首殘）
□…□廣府發蹤，結契數□…□/
航（?），唯在一已。巡南溟以遐逝，指西□□□□。/
歷巖岫之千重，凌波濤之萬里。漸屆天竺，次/
至王城。/
佛說法花，靈峰尚在；/
如來成道，聖躅仍留。吠舍城中，獻蓋之蹤不/
泯；給孤園內，布金之地猶存。□…□/
然目□…□/
（錄文完）
3.4　說明：
本文獻首尾均殘，無首尾題。察其內容，為某僧人自敘從廣州出發，經海路到印度求法之行蹟。就其體裁，應為返國向朝廷所上之表章。考文內行歷，與義淨吻合，故應為義淨返國向武則天所上表章。此文獻亡佚已久，雖為殘文，亦屬可貴。
8　8～9 世紀。吐蕃統治時期寫本。
9.1　楷書。
10　背有正方形陽文硃印：0.9×0.9 厘米，印文為“李少白”。

1.1　BD15416 號
1.3　藏文殘片（擬）
1.9　簡 041057
2.1　21×10.7 厘米；1 紙；共 13 行，行 21 字母殘。
2.3　殘片。首殘尾殘。通卷下殘。有烏絲欄。已修整。
3.4　說明：
本文獻首尾均殘，為藏文文獻，內容待考。
8　8～9 世紀。吐蕃統治時期寫本。
10　背有陽文硃印：0.9×0.9 厘米，印文為“李少白”。

1.1　BD15417 號
1.3　藏文殘片（擬）
1.9　簡 041057
2.1　23×7.5 厘米；1 紙；共 12 行，行 12 字母殘。
2.3　殘片。首殘尾脫。通卷下殘。有烏絲欄。已修整。
3.4　說明：
本文獻首尾均殘，為藏文文獻，內容待考。
8　8～9 世紀。吐蕃統治時期寫本。

1.1　BD15418 號
1.3　藏文殘片二十六塊（擬）
1.9　簡 041057
2.2　01：02.4，14；　02：01.5，03；　03：04.8，01；　04：01.8，01；　05：01.5，01；　06：03.5，06；　07：02.3，02；　08：02.2，02；　09：02.2，01；

10：02.0，01；　11：02.4，01；　12：01.0，01；
13：05.7，01；　14：03.0，01；　15：03.5，01；
16：08.5，05；　17：01.6，01；　18：01.1，00；
19：01.5，00；　20：03.0，02；　21：02.5，02；
22：05.5，02；　23：01.7，01；　24：01.5，01；
25：02.0，01；　26：04.4，00。
2.3　殘片。首殘尾殘。均為小殘片。有烏絲欄。已修整。
3.4　說明：
本遺書為26塊藏文殘片，詳情如下：
(1) 2.4×22.6厘米；
(2) 1.5×22.5厘米；
(3) 4.8×3.3厘米；
(4) 1.8×2.5厘米；
(5) 1.5×5.7厘米；
(6) 3.5×10.3厘米；
(7) 2.3×2.6厘米；
(8) 2.2×3.5厘米；
(9) 2.2×1.7厘米；
(10) 2×1.7厘米；
(11) 2.4×1.3厘米；
(12) 1×2厘米；
(13) 5.7×22厘米；
(14) 3×5.8厘米；
(15) 3.5×2.7厘米；
(16) 8.5×2.8厘米；
(17) 1.6×3厘米；
(18) 1.1×0.7厘米；
(19) 1.5×2.3厘米；
(20) 3×5厘米；
(21) 2.5×2.8厘米；
(22) 5×3厘米；
(23) 1.7×1.8厘米；
(24) 1.5×2厘米；
(25) 2×1.5厘米；
(26) 4.4×2厘米。
8　8~9世紀。吐蕃統治時期寫本。

1.1　BD15419號
1.3　藏文回鶻文殘片三塊（擬）
1.9　簡041055
2.2　01：11.7，00；　02：08.0，04；　03：11.6，08。
2.3　殘片。包括大小殘片3塊。已修整。
3.4　說明：
本遺書為殘片3塊，詳情如下：
(1) 11.7×17厘米，仅仅有极为模糊的字痕。
(2) 8×6厘米，4行。
(3) 11.6×13.4厘米，回鶻文，8行。
8　8~9世紀。吐蕃統治時期寫本。

1.1　BD15420號
1.3　太上洞玄靈寶赤書玉訣妙經卷上
1.9　簡041056
2.1　15.5×27.5厘米；1紙；共4行，行15~16字。
2.3　殘片。首殘尾殘。卷面殘碎。已修整。
3.3　錄文：
（首殘）
無上三天玄元始炁太上老君召出臣衆/
等身中三五功曹、左右官使者、左右捧/
［香］驛龍騎吏、侍香金童、散花玉女、/
［五帝直符，各卅六人出關］啟此間/
（錄文完）
3.4　說明：
參見《中華道藏》第三冊第31頁中欄到下欄。
8　7~8世紀。唐寫本。
9.1　行楷。
10　卷首有陽文硃印：0.9×0.9厘米，印文為“李少白”。
13　王卡擬定為《洞玄靈寶自然齋行道儀》，謂內容為齋儀開始時發爐咒香文。參見王卡：《敦煌道教文獻研究》，第114頁。

1.1　BD15421號A
1.3　維摩經義疏卷一
1.9　簡041060
2.1　10.5×27.2厘米；1紙；共5行，行19字。
2.3　殘片。首殘尾殘。全卷碎損。已修整。
3.1　首殘→大正1781，38/0910A19。
3.2　尾殘→大正1781，38/0910A25。
6.4　與BD15421號B原為同卷。
8　9~10世紀。歸義軍時期寫本。
9.1　行楷。

1.1　BD15421號B
1.3　維摩經義疏序（擬）
1.9　簡041060
2.1　5.5×7厘米；1紙；共2行，行3字殘。
2.3　殘片。首殘尾殘。通卷下殘，卷面碎損。已修整。
3.3　錄文：
（首殘）
風移而□…□
太平（?）之□…□
（錄文完）
3.4　說明：
從紙張字體考察，本文獻與BD15421號A為同一文獻，但現存文字在《維摩經義疏》中無查，疑或為早已亡佚之序文。待考。

6.4 與 BD15421 號 A 原為同卷。
8 9～10 世紀。歸義軍時期寫本。
9.1 行楷。

1.1 BD15422 號
1.3 慶玄元皇帝降生齋文（擬）
1.9 簡 039201
2.1 12.5×28 厘米；1 紙；共 7 行，行約 20 字。
2.3 殘片。首脫尾斷。上邊有殘損。已修整。
3.3 錄文：
（首殘）不成熟
唯願秘◇南山，化◇東戶（?），連清寓（?）縣（?），海內宴如。□…□/
□百靈翊衛，五福恒綏。永承 天休，常寵帝闕，使君/
◇薦修，德名遐舉。作元戎之牙爪，為明公之股肱。既鴻漸/
此州，保台鉉之榮貴。夫人柔襟永念，◇◇遐彰。男樸（?）/
聲聲，如光國史。長◇已下，行香文武官等，惟以芳名，彰於/
◇◇，榮祿寵於天官。然後（?）境內無虞，年豐稔，干戈罷退，/
動成貞（?）稽兮歸依正真三六人人/
（錄文完）
3.4 說明：
王卡指出：“唐代皇室追尊太上老君為聖祖玄元皇帝，每年春天老君誕辰（農曆二月十五日），京師及各州宮觀名山均舉行祭祀慶賀齋會，極為隆重。本篇當即記錄唐代沙州地方官員民衆慶賀玄元皇帝降生法會之文。‘君侯’指歸義軍節度使。”參見王卡：《敦煌道教文獻研究》，233 頁。
6.4 本文獻與 BD15423 號原為同卷。現中間有空缺，不能直接綴接
8 9～10 世紀。歸義軍時期寫本。
9.1 行草。
9.2 有行間加字及倒乙。有塗抹。

1.1 BD15423 號
1.3 慶玄元皇帝降生齋文（擬）
1.9 簡 041058
2.1 （7.8+19.5）×28 厘米；1 紙；共 14 行，行約 20 字。
2.3 殘片。首殘尾殘。卷中有殘洞。字跡模糊。褪色黃紙。已修整。
3.3 錄文：
（首殘）不成熟
其中有：“伏惟我君侯降靈嶽瀆”；“此齋公慶玄元降生之會也。是時酬左腋，滌聖慮，六龍現，萬聖恭，四神列，五帝賓，天下地上，獨□□衣，四生六道，所彙此州。道衆等奉齋，先命建設此齋”；“步出太虛，濟濟春宮” 等文句。末行殘存 “皇帝” 二字。
3.4 說明：
本文獻首 3 行中下殘，尾殘。與 BD15422 號原為同卷，參見 BD15422 號說明項。
6.4 本文獻與 BD15422 號原為同卷。現中間有空缺，不能直接綴接。
8 9～10 世紀。歸義軍時期寫本。
9.1 行草。
9.2 有行間加字。有重文號。有塗抹。
10 背有陽文硃印：0.9×0.9 厘米，印文為“李少白”。

1.1 BD15424 號
1.3 金剛般若波羅蜜經
1.9 簡 041059
2.1 19.7×12.8 厘米；1 紙；共 11 行，行 8 字殘。
2.3 殘片。首殘尾脫。經黃打紙。通卷上殘，卷面有殘洞。有烏絲欄。已修整。
3.1 首殘→大正 0235，08/0749B09。
3.2 尾殘→大正 0235，08/0749B20。
8 7～8 世紀。唐寫本。
9.1 楷書。
10 背有 2 枚陽文硃印：0.9×0.9 厘米，印文為“李少白”。

1.1 BD15425 號
1.3 辯中邊論卷上
1.9 簡 041061
2.1 18.2×28.5 厘米；1 紙；共 10 行，行 25 字。
2.3 殘片。首脫尾斷。尾有餘空。已修整。
3.1 首殘→大正 1600，31/0465B01。
3.2 尾殘→大正 1600，31/0465B17。
8 9～10 世紀。歸義軍時期寫本。
9.1 行書。
9.2 有行間加行。有塗抹。有倒乙。
10 卷背下有陽文硃印：0.9×0.9 厘米，印文為“李少白”。

1.1 BD15426 號
1.3 禮懺文（擬）
1.9 簡 071027
2.1 38.3×17.8 厘米；2 紙；共 18 行，行 11 字殘。
2.3 卷軸裝。首殘尾殘。通卷下殘，下邊殘破成等距離弧形。已修整。
3.3 錄文：
（首殘）
斷相續。敬禮常住三寶。/
弟子厶甲等合道場人，從無始□…□/
罪無量無邊，或融銷佛□…□/

隱藏紙墨，鄰居塔□…□/
損僧食，偽言諂語，詐作□…□/
女，三寶財物，以給妻兒，塔寺園□…□/
米麥，借貸不還，功德錢財□…□/
施，口許心違。上數極□…□/
弟兄，虛誑索錢，移將□…□/
財，埋沒鄉閭，移將入己，偷盜□…□/
作苻（符）書，虛相領納，倚□…□/
豪強，劫奪孤寮（寡），該□…□/
牛驢，迴換羊馬，受人寄□…□/
浪為咒誓，𠰒秤小升，欺誑□□□…□/
利，東西貨易，恒做賊心，□…□/
偷盜之罪，無量無邊，□…□/
二部經前，虛參善神，邊見□…□/
悔，一懺已後，愿罪消滅，更不敢□…□/
（錄文完）

8　7～8 世紀。唐寫本。

9.1　行書。

1.1　BD15427 號

1.3　二月八日文

1.9　簡 071028

2.1　15.9×26.1 厘米；1 紙；共 9 行，行約 23 字。

2.3　單葉紙。首全尾全。卷中有殘洞、污穢。下邊有界欄。已修整。

3.3　錄文：

二月八日文

智（至）覺騰芳，功勇齊智（著）；大雄方便，動物斯均。王宮孕靈，實有生於千界；逾城夜遁，求無上之三身。今以三春中律，四序初分。柳絮南枝，冰開北岸。遂乃梅花始笑，喜鵲欲巢。真俗旋城，幡花隘（溢）路。八音競湊，聲謠（搖）兜率之宮；五樂瓊簫，嚮振精（金）輪之界。總斯多善，莫限良緣。先用莊嚴梵釋四王，龍天八部，伏願威光盛運，救國護人。濟惠慈悲，年豐歲任（稔）。伏持勝善，次用莊嚴我 金山白帝貴位。伏願永垂闡化，四海一家；廣扇人（仁）風，三邊鎮淨（靜）。然後休兵罷甲，鑄戟銷戈；萬里澄清，八方無事。

（錄文完）

8　911 年。歸義軍時期寫本。

9.1　楷書。

9.2　有硃筆斷句。有間隔號。有行間校加字。有篇名號。

10　卷尾有正方形陽文硃印，殘存 2×1.9 釐米，印文為“合肥孔氏珍藏”。

13　關於張承奉稱帝年代，諸說不同。此處取 910 年稱帝、911 年撤號說。

1.1　BD15428 號 A

1.3　藥師琉璃光如來本願功德經

2.1　11×9.7 厘米；1 紙；共 5 行，行 6 字殘。

2.3　殘片。首殘尾殘。通卷下殘，卷面殘損。有烏絲欄。已修整。

3.1　首殘→大正 0450，14/0405B14。

3.2　尾殘→大正 0450，14/0405B19。

8　7～8 世紀。唐寫本。

9.1　楷書。

1.1　BD15428 號 B

1.3　大般若波羅蜜多經（卷數不清）

2.1　2×6.2 厘米；1 紙；共 1 行，行 3 字殘。

2.3　殘片。首斷尾斷。通卷上殘。有烏絲欄。已修整。

3.4　說明：

本遺書僅存“儒童清”3 個完整字，另可見後一行“斷故儒”三個字的殘字痕。從紙張、字體考察，應為吐蕃時期所寫《大般若波羅蜜多經》。但《大般若波羅蜜多經》中“儒童清”下行接抄“斷故儒”者甚多，難以確定具體卷數。

8　8～9 世紀。吐蕃統治時期寫本。

9.1　楷書。

1.1　BD15428 號 C

1.3　素紙一塊（擬）

2.1　15.9×5.4 厘米；1 紙。

2.3　殘片。首斷尾斷。有界欄。

10　卷背寫有阿拉伯數字“280”，又用鋼筆劃去。

1.1　BD15429 號 A

1.3　般若波羅蜜多心經（異本）

1.9　簡 039205

2.1　68.8×15 厘米；2 紙；共 33 行，行 8 字殘。

2.2　01：36.4，22；　　02：32.4，11。

2.3　卷軸裝。首殘尾全。通卷上殘。有油污。有烏絲欄。已修整。

3.1　首殘→《般若心經譯注集成》，01/016A03。

3.2　尾殘→《般若心經譯注集成》，01/017A04。

7.1　尾有題記：“□…□曹元深手寫《多心經》一卷，永充供養。”

8　9～10 世紀。歸義軍時期寫本。

9.1　楷書。

1.1　BD15429 號 B

1.3　殘片（擬）

1.9　簡 039205

2.1　10×7.5 厘米；1 紙。

2.3　殘片。首殘尾殘。通卷上殘。已修整。

3.4　說明：

僅存殘字痕，難以辨認。

8　8~9 世紀。吐蕃統治時期寫本。
9.1　楷書。

1.1　BD15430 號
1.3　經帙（擬）
1.9　簡 039559
2.1　（45.9+6.6）×28.4 厘米；2 紙；共 3 行。
2.2　01：43.7，03；　02：08.8，00。
2.3　卷軸裝。首脫尾殘。卷面有殘洞、水漬。已修整。
3.4　說明：
本遺書原為多層紙張粘貼的經帙，後脫落。從現有表面殘剩倒印字痕考察，與本遺書粘貼在一起的經卷係正背雙面抄寫，本遺書脫落時粘有該經卷背面文獻的殘字痕，且在下方殘留該經卷正面 3 行 8 字。作“心者於”、“解脫衆”、“由道（至）”。
6.1　首→BD15447 號。
8　9~10 世紀。歸義軍時期寫本。

1.1　BD15431 號 1
1.3　十大弟子贊・舍利弗（擬）
2.1　54.3×17.8 厘米；3 紙；共 24 行，行 9 字。
2.2　01：17.5，08；　02：19.8，08；　03：17.0，08。
2.3　卷軸裝。首脫尾斷。有烏絲欄。此卷自左至右書寫。已修整。
2.4　本遺書包括 3 個文獻：（一）《十大弟子贊・舍利弗》（擬），8 行，今編為 BD15431 號 1。（二）《藏文待考文獻》（擬），8 行，今編為 BD15431 號 2。（三）《十大弟子贊・大目犍連》（擬），8 行，今編為 BD15431 號 3。
3.3　錄文：
（首全）
舍利弗智慧第一/
善哉！身子。胎內傳芳。母/
談異昔，舅學殊方。八歲/
苞括，十六論場。裸形舌卷，/
俱絺爪長。威逾龍像，智/
利金剛。頞鞞分衛，進止安/
庠。請說甘露，聞偈非常。/
遺簪脫履，歸依法王。/
（錄文完）
8　8~9 世紀。吐蕃統治時期寫本。
9.1　楷書。
13　為方便起見，本遺書將漢文、藏文行數統一計算。行字數則僅統計漢文，未計藏文。

1.1　BD15431 號 2
1.3　藏文待考文獻（擬）
2.4　本遺書由 3 個文獻組成，本文獻為第 2 個，8 行。餘參見 BD15431 號 1 之第 2 項。
3.4　說明：
疑為《十大弟子贊・舍利弗》（擬）之藏譯。
8　8~9 世紀。吐蕃統治時期寫本。
9.1　楷書。

1.1　BD15431 號 3
1.3　十大弟子贊・大目犍連（擬）
2.4　本遺書由 3 個文獻組成，本文獻為第 3 個，8 行。餘參見 BD15431 號 1 之第 2 項。
3.3　錄文：
（首全）
大目犍連神通第一/
善哉！菜（採）菽。身子情同。譬/
猶管鮑，膠投漆中。琢磨/
為器，高稽淳風。誘諸外/
道，師我人雄。最上羅漢，/
第一神通。大人界（芥）子，小遍/
虛空。梵志戰慴，磨（魔）王鞠/
恭。助宣妙法，永永無窮。/
（錄文完）
8　8~9 世紀。吐蕃統治時期寫本。
9.1　楷書。
9.2　有重文號。

1.1　BD15432 號
1.3　百怪圖（擬）
2.1　（9.5+5）×24.5 厘米；1 紙；共 9 行，行 20 字殘。
2.3　殘片。首斷尾殘。通卷下殘。原作裱補紙，後脫落。現表面多漿糊。已修整。
3.3　錄文：
（首殘）
占野禽悖人人宅為怪第十七，凡野狩（獸）者是老（光?）之精□…□/
或口中吐火而來，照人宅舍，即來能人，其而此野□…□/
宅必有死亡之事，慎之，勿殺之。放令自御，取三家□…□/
中燒之，吉。甲乙日，憂死亡之事。丙丁日，憂家女子□…□/
男子。庚辛日，為懸官事。壬癸日，憂小兒取雞（?）□…□/
道中，吉。占蛇怪第十八，凡蛇者是之精，或為□…□/
異色，或作蟲魚異物，見於家，著是地□…□/
之事，或見井灶田園□…□/
憂疾病死亡，又無□…□/
（錄文完）
3.4　說明：
參見伯 3106 號。乃同一文獻，但並非同卷。

8　9～10世紀。歸義軍時期寫本。
9.1　楷書。

1.1　BD15433號A
1.3　素紙二塊（擬）
2.1　12.2×（6.2～9.2）厘米；2紙。
2.3　殘片。首殘尾殘。包括殘片兩小塊。已修整。
3.4　說明：
本遺書為2塊殘片，詳情如下：
（1）7.7×9.2厘米。
（2）4.5×6.2厘米。
8　8～9世紀。吐蕃統治時期紙張。

1.1　BD15433號B
1.3　太子須大拏經（異本）
2.1　6×16厘米；1紙；共3行，行10字殘。
2.3　殘片。首殘尾殘。通卷上殘，卷面殘破。有烏絲欄。已修整。
3.3　錄文：
（首殘）
□…□不復笑我。婿言：我/
［極貧窮，當於何所］得奴婢耶？婦言：不為我索/
［奴婢者，我便當去不復］與卿［共居］□…□/
3.4　說明：
從殘存文字看，應屬《太子須大拏經》，但行文與現藏經中《太子須大拏經》文字有異。或為異本，詳情待考。
8　7～8世紀。唐寫本。
9.1　楷書。
13　本遺書右上角有一小殘片，上有“葉”字，雖屬同卷，但原來不在這一位置。

1.1　BD15434號
1.3　程富住阿耶身亡社司轉帖（擬）
2.1　25×29.6厘米；1紙；正面8行，行約12字。背面14行，行約19字。
2.3　殘片。首殘尾殘。卷面污穢，有殘洞。背面有些字跡漫漶。正面有古代裱補。已修整。
2.4　本遺書包括3個文獻：（一）《程富住阿耶身亡社司轉帖》（擬），8行，抄寫在正面，今編為BD15434號。（二）《開蒙要訓》，8行，抄寫在背面，今編為BD15434號背1。（三）《社司轉帖》，6行，抄寫在背面，今編為BD15434號背2。
3.3　錄文：
（首全）
社司轉帖/
右緣程富住阿耶身亡，准條。/
合有僧（贈）送。人各鮮淨色物三丈，/
餅廿牆，柴壹束。帖至，限今月十五日/
卯時於普光寺內取齊。如有後，/
罰壹角。全［不］來，罰酒半甕。其帖/
立遞，◇◇◇遞分。/
保通，保信，李郎好，◇◇/
（錄文完）
8　9～10世紀。歸義軍時期寫本。
9.1　行書。

1.1　BD15434號背1
1.3　開蒙要訓
2.4　本遺書由3個文獻組成，本文獻為第2個，8行，抄寫在背面。餘參見BD15434號。
3.1　首殘→《敦煌經部文獻合集》，08/4040A06。
3.2　尾殘→《敦煌經部文獻合集》，08/4040A13。
7.3　有雜寫“功勳封”。
8　9～10世紀。歸義軍時期寫本。
9.1　楷書。

1.1　BD15434號背2
1.3　社司轉帖
2.4　本遺書由3個文獻組成，本文獻為第3個，6行，抄寫在背面。餘參見BD15434號。
3.3　錄文：
（首全）
社司轉帖。右緣年。氾保保一身，家今無人。/
社司轉，右緣年支秋坐局席，幸請諸公等。/
帖至，限本月十七日卯時，於三界寺門取齊。捉/
二人後者，罰酒一角。全不來，罰酒米（半）甕。其帖立遞，/
相分付，不得停滯。如滯貼者，□…□/
□…□/
（錄文完）
4.1　社司轉帖（首）。
8　9～10世紀。歸義軍時期寫本。
9.1　行書。

1.1　BD15435號
1.3　大乘入楞伽經序
2.1　（5.3+21.7）×31厘米；2紙；共16行，行31字。
2.2　01：17.7，10；　　02：09.3，06。
2.3　殘片。首殘尾殘。卷首殘破污穢，上邊殘缺，卷面有殘洞。有烏絲欄。已修整。
3.1　首3行殘→大正0672，16/0587A09～13。
3.2　尾全→大正0672，16/0587B07。
7.3　末尾有雜寫3行：“入山讚，早出纏/早出纏/出纏/。”
8　8～9世紀。吐蕃統治時期寫本。
9.1　楷書。

9.2 有行間校加字。有倒乙。

1.1 BD15436 號
1.3 妙法蓮華經卷四
2.1 (2.4+8.5)×14.7 厘米；1 紙；共 6 行，行 17 字。
2.3 殘片。首殘尾斷。經黄打紙。有烏絲欄。已修整。
3.1 首行上下殘→大正 0262，09/0027C10~11。
3.2 尾殘→大正 0262，09/0027C16。
8 7~8 世紀。唐寫本。
9.1 楷書。

1.1 BD15437 號
1.3 經袟（擬）
1.9 簡 039388
2.1 27.6×11.7 厘米；1 紙。
2.3 殘片。首殘尾殘。背有古代裱補。已修整。
3.4 說明：
本遺書為經袟，乃多層紙張粘貼而成，尚可見有隱約字痕。卷面有殘墨痕。邊緣有粘貼紙條。
8 9~10 世紀。歸義軍時期。

1.1 BD15438 號
1.3 道深為與弟惠晏分割債負上神毫牒（擬）
1.9 簡 039388
2.1 31×20.7 厘米；1 紙；正面 18 行，行約 18 字殘。背面 3 行，行約 7 字殘。
2.3 殘片。首殘尾殘。通卷上殘。卷面殘損，下邊有殘缺。背有古代裱補，上面有字。已修整。
2.4 本遺書包括 2 個文獻：（一）《道深為與弟惠晏分割債負上神毫牒》（擬），18 行，抄寫在正面，今編為 BD15438 號。（二）《四分律》卷七，3 行，抄寫在背面裱補紙上，今編為 BD15438 號背。
3.3 錄文：
（首殘）
□…□綵□…□/
□…□人（?）家。計其諸家欠負疋物並□…□/
□…□無語，扇亂家門，旦暮相諍。稱索分□…□/
□…□將家內產業什物及車、牛、奴僕等，此□…□
□…□寺徒衆面前，亭支分取。其弟惠晏再言道/
□…□布，共兄一般。其道深不可。自身努力，為 國征/
□…□間，亦早不說長短。今欠人綾絹伍疋，日夜追［索］/
□…□到城至死，其皮肉大家裹買使卻，令道深/
□…□者。其綾絹債及駝馬價，此弟亦合著還。/
□…□割。並不肯招聽。又，道深往年去時，伏蒙 /
□…□併與弟惠晏承受法律。又家內偏使卻絹伍疋/
□…□其絹卻合割取。伏望 /
□…□惠鑒艱辛，當爲奉命西行。不是自己/
□…□財，盡夜驅馳，方求無地。更緣駝馬價□/
□…□招（?），盡在道深身上。又弟腹內偏使（私），絹伍疋唯（?）/
□…□絹伍疋與釋充還債負。今且所看/
□…□橫妄爭論。其前件債負及駝馬/
□…□垂 神毫 裁下處分。
（後殘）
3.4 說明：
道深可見俄 01424 號（960 年，時任僧正），惠晏可見斯 11293 號（954 年）、斯 2142 號（964 年，時任經司僧正）、斯 0626 號。
本文獻對研究歸義軍時期僧人的家庭財產、家庭關係、承擔役使具有一定的價值。
8 9~10 世紀。歸義軍時期寫本。
9.1 楷書。

1.1 BD15438 號背
1.3 四分律卷七
1.9 簡 039388
2.4 本遺書由 2 個文獻組成，本文獻為第 2 個，3 行，抄寫在背面裱補紙上。餘參見 BD15438 號。
3.1 首殘→大正 1428，22/0613A29。
3.2 尾殘→大正 1428，22/0613B04。
8 9~10 世紀。歸義軍時期寫本。
9.1 楷書。

1.1 BD15439 號
1.3 歸義軍羊籍（擬）
1.9 簡 068074
2.1 53.7×29.8 厘米；3 紙；共 19 行，行 4 字殘。
2.2 01：04.7，01； 02：41.0，15； 03：08.0，03。
2.3 卷軸裝。首殘尾殘。通卷中下殘，前部僅殘剩上部小條。背面有紅色污痕。已修整。
3.3 錄文：
（首殘）
□…□/
大羖□…□/
子壹□…□/
羖□…□/
牧羊人□…□/
羯□…□/
伯□…□/
子伍拾□…□/
白□…□/
大羖羯伍□…□/
兒羔子貳□…□/

壹拾伍□□…□/
羖/
牧羊人董𢿱皷群見行大白羯貳□…□/
羯肆□。當年白兒羔子貳拾叁□…□/
□口。二止白母五口，當年白女羔/
白羊大小共計壹佰□…□/
大羖羯叁拾貳□…□/
子壹拾□…□/
（錄文完）

3.4 說明：
參見斯 6998 號。

7.2 兩紙騎縫處有正方形陽文硃印 1 枚，5.5×5.5 厘米，印文為“歸義軍節/度使之印/”。

8 9～10 世紀。歸義軍時期寫本。

9.1 楷書。

1.1 BD15440 號 A1

1.3 貞明七年四月僧道欽惠永等請免役牒並判（擬）

1.9 簡 068068

2.1 56.2×19 厘米；2 紙；共 26 行，行 15 字殘。

2.2 01：45.5，21； 02：10.7，05。

2.3 卷軸裝。首殘尾殘。通卷上殘，卷面污穢、有鳥糞。BD15440 號 A 卷首下部與 BD15440 號 B 卷首上部用麻繩縫綴。已修整。

2.4 本遺書包括 2 個文獻：（一）《貞明七年四月僧道欽惠永等請免役牒並判》（擬），21 行，今編為 BD15440 號 A1。（二）《某人請發綾絹價牒》（擬），5 行，今編為 BD15440 號 A2。

3.3 錄文：
（首殘）
□…□永等 狀/
□…□◇衆數內。虛貧雖此少能，亦遇袈裟，/
□…□登。八方傳美◇之秋，四夷稱陶唐之/
□…□虔敬三寶之威。未是貧僧轉念/
□…□不准餘方，緣是子父之軍，僧人/
□…□畜，不令車牛。或有合戶別居，依兄/
□…□寺宇，建立鴻基所要砂墼，人夫/
□…□令般（搬）運砂墼，無車牛者，雇賃/
□…□衝霜遠役。打鐘掃地，逐年一月兩巡。行/
□…□應料，每寺多繞，侵濕房院，總須修全□/
□…□成立。貧僧不為自己磑麵，萬姓同餐。/
□…□接財（?）。且修城稍動俗侶，未是大功。五日/
□…□燒炭借色，兄弟牽連，烽子車牛，鄉/
□…□/
□…□統理萬姓，稅役得均，唯有一侶僧人有/
□…□ 裁下 處分/
□…□［貞］明七年四月 日，僧道欽惠永等牒/
□…□若房內有兄弟/
□…□在免役之限，若/
□…□姪男眷屬者促歸/
□…□◇鄉司善道（?）/
□…□義（?）道（?）/
（錄文完）

8 921 年。歸義軍時期寫本。

9.1 行書。

1.1 BD15440 號 A2

1.3 某人請發綾絹價牒（擬）

1.9 簡 068068

2.4 本遺書由 2 個文獻組成，本文獻為第 2 個，5 行。餘參見 BD15440 號 A1 之第 2 項。

3.3 錄文：
（首殘）
□…□論世界當爾去日，手上闕欠，難往前逞（程），□/
□…□將資體，其絹壹疋，更貼令（?）落段數，共計/
□…□庫家及城官宰相搜將其綾絹，價并不/
□…□分買，覓衣糧，濟存草命，又後得路之/
□…□將到 貴府來時□□為覓◇◇/
（後殘）

8 9～10 世紀。歸義軍時期寫本。

9.1 楷書。

1.1 BD15440 號 B

1.3 書儀・端午狀（擬）

1.9 簡 068068

2.1 36×14.5 厘米；1 紙；共 11 行，行 6 字殘。

2.3 殘片。首殘尾殘。通卷下殘，前部多污穢。已修整。

3.3 錄文：
（首殘）
端午狀/
具銜 厶色□…□/
右伏以中夏初□…□/
端午事出三□…□/
獻延年之神（?）□…□/
陳黷冒觸□…□/
宸嚴伏乞□…□/
臺慈特賜/
上/
牒付狀如前謹［牒］/
厶年 月 日□…□/
（後殘）

3.4 說明：
本文獻為端午向上司饋贈禮品的牒狀。應為書儀，而非實用文書。

8 9～10 世紀。歸義軍時期寫本。

9.1　行楷。

1.1　BD15441 號
1.3　楊玄楷殘文（擬）
2.1　11×16.3 厘米；2 紙；共 6 行，行 12 字殘。
2.2　01：01.5，01；　　02：09.5，05。
2.3　殘片。首殘尾殘。通卷下殘，上邊殘破。已修整。
3.3　錄文：
（首殘）
□…□合鋸□…□/
之形。那知毹馬，安記主是。兩□…□/
勿勞停滯，停滯終無所益。□…□/
側近村店，具於非真。各問州貫□…□/
奉判秦州秦陽縣人楊玄楷□…□/
用錢五百餘貫，人功一千□…□/
（後殘）
8　8 世紀。唐寫本。
9.1　行楷。
9.2　卷中有硃筆補字及句讀。有重文號。

1.1　BD15442 號
1.3　函狀（擬）
2.1　10×7.2 厘米；1 紙；共 6 行，行 5 字殘。
2.3　殘片。首殘尾殘。通卷上殘，卷面殘破。已修整。
3.3　錄文：
（首殘）
□…□色□…□/
…□自□…□/
□…□是（?）也。弟子/
□…□庵裹了大大/
□…□解（?），深有慚/
□…□/
（後殘）
8　8 世紀。唐寫本。
9.1　行書。

1.1　BD15443 號
1.3　太玄真一本際經卷四
2.1　8×6.3 厘米；1 紙；共 4 行，行 4 字殘。
2.3　殘片。首斷尾斷。通卷上殘。有烏絲欄。已修整。
3.1　首殘→《中華道藏》，05/233C03。
3.2　尾殘→《中華道藏》，05/233C08。
6.3　BD15454 號、BD15459 號、BD15474 號、BD15452 號、BD15457 號、BD15446 號、BD15484 號、BD15475 號、BD15483 號、BD15443 號等 10 號依照從右到左、從上到下的次序，可依次綴接，但中間、下部仍有殘缺之處。
6.4　本遺書與 BD15444 號、BD15446 號、BD15449 號、BD15452 號、BD15454 號、BD15457 號、BD15459 號、BD15470 號、BD15474 號、BD15475 號、BD15478 號、BD15483 號、BD15484 號等 13 號原為同卷。該卷被橫向裁成四條後，又被剪為長短不等的矩形或梯形長條。其中 BD15449 號為兩個梯形長條合綴為梭形，合編為 1 號，故共計 14 號 15 條。上述 14 號可以分別綴接為 3 塊，3 塊之間尚有殘缺，不能再予綴接。
8　8 世紀。唐寫本。
9.1　楷書。

1.1　BD15444 號
1.3　太玄真一本際經卷四
2.1　26.9×6.2 厘米；2 紙；共 15 行，行 5 字。
2.2　01：20.6，12；　　02：06.3，03。
2.3　殘片。首殘尾殘。通卷上下殘，卷面殘碎。有烏絲欄。已修整。
3.1　首殘→《中華道藏》，05/233C14。
3.2　尾殘→《中華道藏》，05/234A08。
6.3　BD15449 號、BD15444 號兩號可上下綴接，但部分接縫處略有缺失。
6.4　本遺書與 BD15443 號、BD15446 號、BD15449 號、BD15452 號、BD15454 號、BD15457 號、BD15459 號、BD15470 號、BD15474 號、BD15475 號、BD15478 號、BD15483 號、BD15484 號等 13 號原為同卷。該卷被橫向裁成四條後，又被剪為長短不等的矩形或梯形長條。其中 BD15449 號為兩個梯形長條合綴為梭形，合編為 1 號，故共計 14 號 15 條。上述 14 號可以分別綴接為 3 塊，3 塊之間尚有殘缺，不能再予綴接。
8　7～8 世紀。唐寫本。
9.1　楷書。

1.1　BD15445 號
1.3　素紙一塊（擬）
2.1　17.5×21.4 厘米；1 紙。
2.3　殘片。首斷尾斷。通卷下斷。卷面有水漬、油污。有烏絲欄。已修整。
8　8 世紀。唐紙張。

1.1　BD15446 號
1.3　太玄真一本際經卷四
2.1　5.8×6.2 厘米；1 紙；共 3 行。
2.3　殘片。首殘尾殘。通卷下殘，卷面殘破。有烏絲欄。已修整。
3.1　首殘→《中華道藏》，05/233B08。
3.2　尾殘→《中華道藏》，05/233B10。
6.3　BD15454 號、BD15459 號、BD15474 號、BD15452 號、BD15457 號、BD15446 號、BD15484 號、BD15475 號、BD15483 號、BD15443 號等 10 號依照從右到左、從上到下的次序，可依次綴接，但中間、下部仍有殘缺之處。

6.4　本遺書與 BD15443 號、BD15444 號、BD15449 號、BD15452 號、BD15454 號、BD15457 號、BD15459 號、BD15470 號、BD15474 號、BD15475 號、BD15478 號、BD15483 號、BD15484 號等 13 號原為同卷。該卷被横向裁成四條後，又被剪為長短不等的矩形或梯形長條。其中 BD15449 號為兩個梯形長條合綴為梭形，合編為 1 號，故共計 14 號 15 條。上述 14 號可以分别綴接為 3 塊，3 塊之間尚有殘缺，不能再予綴接。
8　8 世紀。唐寫本。
9.1　楷書。

1.1　BD15447 號
1.3　經帙（擬）
2.1　（6.2 +19.1）×27.9 厘米；1 紙。
2.3　殘片。首殘尾殘。卷面上部下部有紙條粘貼痕跡。已修整。
3.4　説明：
本遺書與 BD15430 號原為同卷，參見 BD15430 號説明項。
6.2　尾→BD15430 號。
8　9 ~10 世紀。歸義軍時期寫本。

1.1　BD15448 號
1.3　殘片（擬）
2.1　2.8 ×5.8 厘米；1 紙；共 1 行，行 6 字殘。
2.3　殘片。首殘尾殘。通卷上殘。已修整。
3.4　説明：
本遺書僅存殘字痕，難以辨認。
8　9 ~10 世紀。歸義軍時期寫本。
9.1　行書。

1.1　BD15449 號
1.3　太玄真一本際經卷四
2.1　27.7 ×12.4 厘米；1 紙；共 15 行，行 8 字殘。
2.3　殘片。首斷尾斷。通卷上邊被剪斷，首尾上下被斜向剪成梭狀。有烏絲欄。已修整。
3.1　首殘→《中華道藏》，05/233C09。
3.2　尾殘→《中華道藏》，05/234A05。
6.3　BD15449 號、BD15444 號兩號可上下綴接，但部份接縫處略有缺失。
6.4　本遺書與 BD15443 號、BD15444 號、BD15446 號、BD15452 號、BD15454 號、BD15457 號、BD15459 號、BD15470 號、BD15474 號、BD15475 號、BD15478 號、BD15483 號、BD15484 號等 13 號原為同卷。該卷被横向裁成四條後，又被剪為長短不等的矩形或梯形長條。其中 BD15449 號為兩個梯形長條合綴為梭形，合編為 1 號，故共計 14 號 15 條。上述 14 號可以分别綴接為 3 塊，3 塊之間尚有殘缺，不能再予綴接。
8　7 ~8 世紀。唐寫本。
9.1　楷書。

1.1　BD15450 號
1.3　孔子項託相問書
1.9　簡 068079
2.1　（16 +1.8）×29.5 厘米；1 紙；共 8 行，行 18 ~20 字。
2.3　殘片。首全尾殘。卷面污穢，有殘洞。已修整。
3.1　首全→《英藏敦煌社會歷史文獻釋録》，06/022A03。
3.2　尾 1 行上下殘→《英藏敦煌社會歷史文獻釋録》，06/022A11。
4.1　孔子項托相問書卷（首）。
5　與對照本相比，文有參差，可供校勘。
7.3　卷首有雜寫：“書卷昔”，“行至荆”；第 1、2 行間有雜寫“之”。背面有“四請諸公”、“故事寶”、“奉勑修”、“壹碩貳碩”及大寫數字等諸多雜寫。
8　9 ~10 世紀。歸義軍時期寫本。
9.1　楷書。
9.2　有行間校加字。

1.1　BD15451 號
1.3　書皮用唐絹（擬）
1.9　簡 068082
2.1　17 ×27.8 厘米。
2.3　唐絹。首斷尾斷。粘貼在紙上，有殘破。已修整。
3.4　説明：
本遺書為唐絹一幅。察其形態，或原為書皮。
8　8 世紀。唐紙張。

1.1　BD15452 號
1.3　太玄真一本際經卷四
2.1　30 ×6.5 厘米；1 紙；共 17 行，行 5 字殘。
2.3　殘片。首斷尾殘。通卷上下殘，卷面有殘損。烏絲欄，已修整。
3.1　首殘→《中華道藏》，05/233A17。
3.2　尾殘→《中華道藏》，05/233B11。
6.3　BD15454 號、BD15459 號、BD15474 號、BD15452 號、BD15457 號、BD15446 號、BD15484 號、BD15475 號、BD15483 號、BD15443 號等 10 號依照從右到左、從上到下的次序，可依次綴接，但中間、下部仍有殘缺之處。
6.4　本遺書與 BD15443 號、BD15444 號、BD15446 號、BD15449 號、BD15454 號、BD15457 號、BD15459 號、BD15470 號、BD15474 號、BD15475 號、BD15478 號、BD15483 號、BD15484 號等 13 號原為同卷。該卷被横向裁成四條後，又被剪為長短不等的矩形或梯形長條。其中 BD15449 號為兩個梯形長條合綴為梭形，合編為 1 號，故共計 14 號 15 條。上述 14 號可以分别綴接為 3 塊，3 塊之間尚有殘缺，不能再予綴接。
8　7 ~8 世紀。唐寫本。
9.1　楷書。

1.1　BD15453 號
1.3　護首（佛名經）
2.1　27.6×22 厘米；1 紙；共 1 行，行 6 字。
2.3　殘片。首全尾殘。通卷下殘。有竹質天竿。卷面有水漬。已修整。
3.4　說明：
　　本遺書為護首，上有經名“佛名經卷第三”。背面原有有字裱補紙，揭後存殘字痕。
8　9～10 世紀。歸義軍時期寫本。
9.1　楷書。

1.1　BD15454 號
1.3　太玄真一本際經卷四
2.1　44×6.5 厘米；1 紙；共 25 行，行 6 字殘。
2.3　殘片。首殘尾殘。通卷上斷下殘，卷面有污穢。有烏絲欄。
3.1　首殘→《中華道藏》，05/233A14。
3.2　尾殘→《中華道藏》，05/233B20。
6.3　BD15454 號、BD15459 號、BD15474 號、BD15452 號、BD15457 號、BD15446 號、BD15484 號、BD15475 號、BD15483 號、BD15443 號等 10 號依照從右到左、從上到下的次序，可依次綴接，但中間、下部仍有殘缺之處。
6.4　本遺書與 BD15443 號、BD15444 號、BD15446 號、BD15449 號、BD15452 號、BD15457 號、BD15459 號、BD15470 號、BD15474 號、BD15475 號、BD15478 號、BD15483 號、BD15484 號等 13 號原為同卷。該卷被橫向裁成四條後，又被剪為長短不等的矩形或梯形長條。其中 BD15449 號為兩個梯形長條合綴為梭形，合編為 1 號，故共計 14 號 15 條。上述 14 號可以分別綴接為 3 塊，3 塊之間尚有殘缺，不能再予綴接。
8　7～8 世紀。唐寫本。
9.1　楷書。

1.1　BD15455 號
1.3　大唐內典錄卷八
1.9　簡 068105
2.1　20.5×31.5 厘米；1 紙；共 9 行，行 24 字。
2.3　殘片。首殘尾殘。上下邊殘破嚴重。卷面多水漬，有殘破。已修整。
3.1　首殘→大正 2149，55/0310A03。
3.2　尾殘→大正 2149，55/0310B11。
3.3　錄文：
　　（首殘）
　　［《閻羅王五天使］者經》，《阿那邠邸化七子經》，《是法非法經》，《四未/
　　［曾有經》、《力士］移山經》，《戒相應法經》，《五蔭（陰）譬喻經》，《孫多［耶致經》、《鴦崛髻經》、］/
　　［《諸］法本經》，《聖法引（印）經》，《增一阿含經》，《禪行卅七品經》、《戒德香［經》、《比丘聽施經》、］/
　　［《行七］行現報經》，《馬有八態經》，《馬有三相經》，《鹹水喻［經》，《不自守意］/
　　經》，《八正道經》，《七知經》，《九橫經》，《放牛經》【欠】，《須達經》，［《阿難同學/
　　經］【有】。右廿七經同袟。計小乘經二百九十九□…□/
　　已後小乘律。/
　　《四分律》六十卷【六袟】，《僧祇律》卌卷【四袟】，《十頌律》六十卷【六袟】，《彌沙塞律》［卅］/
　　卷【三袟】，《善見律》十八卷【二袟】，《鼻柰耶律》十卷【一袟】，□…□【一袟】，/
　　（後殘）
5　與《大正藏》本相比，略有參差。
8　9～10 世紀。歸義軍時期寫本。
9.1　楷書。
9.2　有硃筆點標。有行間校加字。

1.1　BD15456 號
1.3　殘片（擬）
2.1　4.5×6.3 厘米；1 紙；共 3 行，行 6 字殘。
2.3　殘片。首殘尾殘。通卷上殘。卷面殘碎。有烏絲欄。已修整。
3.3　錄文：
　　（首殘）
　　□…□其（真?）論（?）□不逆□/
　　□…□時◇中已可之/
　　□…□給◇/
　　（錄文完）
8　9～10 世紀。歸義軍時期寫本。
9.1　行書。

1.1　BD15457 號
1.3　太玄真一本際經卷四
2.1　19.2×6.2 厘米；1 紙；共 11 行，行 3 字殘。
2.3　殘片。首殘尾殘。通卷上殘。已修整。有烏絲欄。
3.1　首殘→《中華道藏》，05/233B02。
3.2　尾殘→《中華道藏》，05/233B13。
6.3　BD15454 號、BD15459 號、BD15474 號、BD15452 號、BD15457 號、BD15446 號、BD15484 號、BD15475 號、BD15483 號、BD15443 號等 10 號依照從右到左、從上到下的次序，可依次綴接，但中間、下部仍有殘缺之處。
6.4　本遺書與 BD15443 號、BD15444 號、BD15446 號、BD15449 號、BD15452 號、BD15454 號、BD15459 號、BD15470 號、BD15474 號、BD15475 號、BD15478 號、BD15483 號、BD15484 號等 13 號原為同卷。該卷被橫向裁成四條後，又被剪為長短不等的矩形或梯形長條。其中 BD15449 號為兩個梯形長條合綴為梭形，合編為 1 號，故共計 14 號 15 條。上述 14 號可以分別綴接為 3 塊，3 塊之間尚有殘缺，不能再予綴接。

8　7～8世紀。唐寫本。
9.1　楷書。

1.1　BD15458號
1.3　太上一乘海空智藏經卷三
2.1　15×13厘米；1紙；共8行，行10字殘。
2.3　殘片。首斷尾殘。經黄打紙。卷上邊被剪，通卷下殘。卷面字跡被粘受損。有烏絲欄。已修整。
3.1　首殘→《中華道藏》，05/305A14。
3.2　尾殘→《中華道藏》，05/305A21。
5　與《中華道藏》本相比，行文略有參差，可供校勘。
8　7～8世紀。唐寫本。
9.1　楷書。

1.1　BD15459號
1.3　太玄真一本際經卷四
2.1　14.8×6.2厘米；1紙；共8行，行3字殘。
2.3　殘片。首斷尾殘。通卷上殘，卷面有黴斑。有烏絲欄。已修整。
3.1　首殘→《中華道藏》，05/233A14。
3.2　尾殘→《中華道藏》，05/233A22。
6.3　BD15454號、BD15459號、BD15474號、BD15452號、BD15457號、BD15446號、BD15484號、BD15475號、BD15483號、BD15443號等10號依照從右到左、從上到下的次序，可依次綴接，但中間、下部仍有殘缺之處。
6.4　本遺書與BD15443號、BD15444號、BD15446號、BD15449號、BD15452號、BD15454號、BD15457號、BD15470號、BD15474號、BD15475號、BD15478號、BD15483號、BD15484號等13號原為同卷。該卷被横向裁成四條後，又被剪為長短不等的矩形或梯形長條。其中BD15449號為兩個梯形長條合綴為梭形，合編為1號，故共計14號15條。上述14號可以分别綴接為3塊，3塊之間尚有殘缺，不能再予綴接。
8　7～8世紀。唐寫本。
9.1　楷書。

1.1　BD15460號
1.3　釋淨土群疑論卷七
2.1　6.1×9.2厘米；1紙；共4行，行5字殘。
2.3　殘片。首殘尾殘。通卷上下殘。已修整。
3.1　首殘→大正1960，47/0072B14。
3.2　尾殘→大正1960，47/0072B19。
3.3　錄文：
（首殘）
□…□苦無窮□…□/
□…□引惡趣受生□…□/
□…□說甚深諸□…□/
□…□細業障罪□…□/
（錄文完）
8　7～8世紀。唐寫本。
9.1　行書。

1.1　BD15461號
1.3　張法律名目（擬）
2.1　9.5×10.5厘米；1紙；共1行，行4字殘。
2.3　殘片。首殘尾殘。通卷下殘。已修整。卷面上部粘貼有其他卷子的殘字痕，難以辨認。卷尾約有1×5厘米夾層。
3.4　說明：
本遺書僅存殘字“張法律◇”。
8　9～10世紀。歸義軍時期寫本。
9.1　行書。

1.1　BD15462號
1.3　授八戒文（擬）
1.9　簡068090
2.1　15×21厘米；1紙；共9行，行12字殘。
2.3　殘片。首殘尾殘。上部殘缺，通卷下斷。卷面殘碎。已修整。
3.3　錄文：
（首殘）
盡□…□今歸□…□/
□悲攝授，與我為師□…□/
□那麼外道授戒已□…□/
□世尊隨彌勒世尊下降□…□/
會，第一會中得授道記決□…□/
一時成佛。後授八戒□…□/
一、不煞（殺）生，二、不偷盜，三、不邪婬，□…□/
五、不飲酒食肉，六、不歌舞作唱，□…□/
□，八、不高廣大床。/
（錄文完）
8　9～10世紀。歸義軍時期寫本。
9.1　行楷。

新舊編號對照表

新字頭號與北敦號對照表

新字頭號	北敦號	新字頭號	北敦號	新字頭號	北敦號
新 1554	BD15354 號	新 1572	BD15372 號	新 1585	BD15385 號
新 1554	BD15354 號背	新 1573	BD15373 號	新 1586	BD15386 號
新 1555	BD15355 號	新 1574	BD15374 號	新 1587	BD15387 號
新 1556	BD15356 號	新 1575	BD15375 號	新 1588	BD15388 號
新 1557	BD15357 號	新 1575	BD15375 號背	新 1589	BD15389 號
新 1558	BD15358 號	新 1576	BD15376 號	新 1590	BD15390 號
新 1559	BD15359 號	新 1577	BD15377 號	新 1591	BD15391 號
新 1560	BD15360 號	新 1578	BD15378 號	新 1592	BD15392 號 A
新 1561	BD15361 號	新 1579	BD15379 號	新 1592	BD15392 號 B
新 1562	BD15362 號	新 1579	BD15379 號背	新 1592	BD15392 號 C
新 1563	BD15363 號	新 1580	BD15380 號	新 1593	BD15393 號
新 1564	BD15364 號	新 1582	BD15382 號	新 1594	BD15394 號
新 1565	BD15365 號	新 1583	BD15381 號 A1	新 1595	BD15395 號
新 1566	BD15366 號	新 1583	BD15381 號 A2	新 1596	BD15396 號
新 1567	BD15367 號	新 1583	BD15381 號 B	新 1597	BD15397 號
新 1568	BD15368 號	新 1583	BD15381 號 C	新 1598	BD15398 號
新 1569	BD15369 號	新 1583	BD15383 號 1	新 1599	BD15399 號 1
新 1570	BD15370 號	新 1583	BD15383 號 2	新 1599	BD15399 號 2
新 1570	BD15370 號背	新 1584	BD15384 號	新 1600	BD15400 號
新 1571	BD15371 號				

簡編號與北敦號對照表

簡編號	北敦號	簡編號	北敦號	簡編號	北敦號
簡 39201	BD15422 號	簡 39388	BD15438 號	簡 41054	BD15415 號
簡 39205	BD15429 號 A	簡 39388	BD15438 號背	簡 41055	BD15419 號
簡 39205	BD15429 號 B	簡 39559	BD15430 號	簡 41056	BD15420 號
簡 39388	BD15437 號	簡 41049	BD15414 號	簡 41057	BD15416 號

簡 41057	BD15417 號
簡 41057	BD15418 號
簡 41058	BD15423 號
簡 41059	BD15424 號
簡 41060	BD15421 號 A
簡 41060	BD15421 號 B
簡 41061	BD15425 號
簡 68066	BD15404 號
簡 68066	BD15405 號
簡 68067	BD15406 號
簡 68067	BD15407 號
簡 68068	BD15440 號 A1
簡 68068	BD15440 號 A2
簡 68068	BD15440 號 B
簡 68069	BD15408 號
簡 68069	BD15408 號背
簡 68070	BD15402 號
簡 68070	BD15402 號背
簡 68071	BD15410 號
簡 68071	BD15410 號背
簡 68072	BD15411 號
簡 68073	BD15403 號
簡 68073	BD15403 號背
簡 68074	BD15439 號
簡 68075	BD15412 號 1
簡 68075	BD15412 號 2
簡 68075	BD15413 號
簡 68079	BD15450 號
簡 68082	BD15451 號
簡 68090	BD15462 號
簡 68098	BD15409 號
簡 68098	BD15409 號背
簡 68105	BD15455 號
簡 71027	BD15426 號
簡 71028	BD15427 號